T0349729

Ernst Jandl 1925–2000

Hans Haider

Ernst Jandl 1925–2000

Eine konkrete Biographie

 J.B. METZLER

Hans Haider
Wien, Österreich

ISBN 978-3-662-66638-8 ISBN 978-3-662-66639-5 (eBook)
https://doi.org/10.1007/978-3-662-66639-5

Die Deutsche Nationalbibliothek verzeichnet diese Publikation in der Deutschen Nationalbibliografie; detaillierte bibliografische Daten sind im Internet über http://dnb.d-nb.de abrufbar.

Einbandabbildung: Martin Scholz, Wien

Planung/Lektorat: Ferdinand Pöhlmann
J.B. Metzler ist ein Imprint der eingetragenen Gesellschaft Springer-Verlag GmbH, DE und ist ein Teil von Springer Nature.
Die Anschrift der Gesellschaft ist: Heidelberger Platz 3, 14197 Berlin, Germany

Inhaltsverzeichnis

Einleitung   1

Kapitel 1: Jung sein zwischen zwei Kriegen   9
Im toten Herzen der Donaumonarchie   9
Jandl aus Mähren, Rappel aus Bayern   13
Großväter und Großmütter   19
Bank und Pinsel: Der Vater Viktor Jandl   26
Rosenkranz und Reformpädagogik: Die Mutter Luise Jandl   28
Zweimal Gymnasium: katholisch und nationalsozialistisch   38
Gertrude und Edeltraud   45
Drill und Liebchen in Mähren   50
Bunker im Saarland, Baracke in England   54

Kapitel 2: Trümmerlyrik, Trümmerehe   59
Universität Wien: Studentenliebe   59
Unter dem Dach der Schwiegermutter   65
Aufbruch in den *neuen wegen*   69
Andreas Okopenko zum Freund gewonnen   72
Bei Fried, H.G. Adler, Gombrich: Austauschlehrer in London   76

Kapitel 3: Harte Jahre im kalten Wien   87
Treffpunkt Innsbruck, Jugendkulturwoche   87
Erstes Buch *Andere Augen*   93
Ein Versuch bei Friederike Mayröcker   97
Revolte in den *neuen wegen*   103

Allein am Donaukanal   109
Erste Helfer in Deutschland   111
Ballett und Oper für Paul Fürst   116
Der Onkel der ‚Wiener Gruppe'   120
Gemeindewohnung für eine Person   123
Doppelter Versuch mit „Laut und Luise" und „Schleuderbahn"   127

Kapitel 4: Der Weg aus Österreich hinaus   131
Pressendrucker und Kleinverleger   131
Nach Stuttgart zu Bense, Döhl, Heißenbüttel   134
Nach Graz zu Alfred Kolleritsch   140
Nach Prag zu Hiršal, Grögerová, Kolář   146
Nach Schottland zu Ian Hamilton Finlay   151
In der Royal Albert Hall mit Allen Ginsberg   158
Raoul Hausmann und Pierre Granier in Frankreich   163

Kapitel 5: Vom Lautgedicht zum Stereo-Hörspiel   167
Between Poetry and Painting   167
Lautgedichte auf Wiens Festwochen-Bühne   170
Laut und Luise mit Verspätung   172
Ernst Jandl und Friederike Mayröcker in der Literaturgesellschaft   177
Gegen Enzensberger, mit Chotjewitz   180
Heimrad Bäcker, Dieter Glawischnig in Linz   183
Ein Gedicht und sein Autor bei Walter Höllerer in Berlin   185
Die Schule wird unerträglich   188
Erster Sommer auf dem Lande in Rohrmoos   191
Mit Hans Mayer 1968 in St. Veit an der Glan   194
Erstes Buch im Luchterhand Verlag: *sprechblasen* (1968)   195
Hörspielpreis der Kriegsblinden 1969 für *Fünf Mann Menschen*   198
Jandl und Mayröcker bei Klaus Schöning im WDR in Köln   207

Kapitel 6: Westberlin, das Schaufenster der Künste   217
Wien in Ruhe 1968   217
Zaungast bei den Aktionisten   221
Bauer, Handke, Frischmuth, Scharang, Jelinek   223
Kunst und Psychiatrie: Leo Navratil in Gugging   232
Zwei und frei ein Jahr in Berlin   233
Spiel mit Bühnenspielen   242
Experiment Film   244
Klaus Ramm beginnt die Sammlung Luchterhand   249
Eremiten-Presse und Rainer-Verlag   254

Serienfuss und *wischen möchten*   258
Zweite Einladung nach Berlin 1973   260

Kapitel 7: Aufstand gegen den PEN-Club   265
Dichter bei den Germanisten   265
An den Grenzen der Konkreten Poesie   269
Der andere Jandl 1973: *dingfest*   271
Neue Öffentlichkeit: Grazer Autorenversammlung   276
Grazer Nachdenkpause zur Selbsterforschung   288
Der Schreibtisch ist 1974 gedeckt: *ernst jandl für alle*   294
Vorlesungen bei Wendelin Schmidt-Dengler und ein Trakl-Preis 298
Erste Schritte in die DDR und erste Kinderbücher   304
Zurück als Lehrer in die Schule 1975   308

Kapitel 8: Neuer Anfang im Wohnbüro   311
Wohllebengasse 10, Hinterhaus   311
Kunst aus Sprache in Wien im Museum des 20. Jahrhunderts 314
Die schöne kunst des schreibens 1976   318
Heruntergekommene Sprache in „tagenglas"   320
die humanisten für Graz 1976   322
Preis der Stadt Wien und eine Wiener Akademie   326
Georg-Trakl-Preis geteilt: Reiner Kunze, Friederike Mayröcker 329
die bearbeitung der mütze 1978   334
Depression und Melancholie   337
„Sebastian" oder „Meine jetzige Situation"   341
Colloquium Neue Poesie ab 1978 in Bielefeld   348
Ernst Jandl und Friederike Mayröcker vom Schuldienst befreit 355
Konjunktiv auf Bühnen in Graz, Berlin, Zürich: *Aus der Fremde* 358
Gedichte wie im Tagebuch 1980: *der gelbe hund*   367

Kapitel 9: 1980 bis 1990: Ernst Jandls Jahrzehnt   371
Erntefeld der Ehren   371
1983 ein *selbstporträt des schachspielers als trinkende uhr*   373
Die großen Preise in Österreich und Deutschland 1984   377
Poetik-Vorlesung Frankfurt: *Das Öffnen und Schließen des Mundes* 386
Gesamtwerk in drei Bänden zum 60. Geburtstag 1985   391
System und Opposition: Doppelte Bande zur DDR   394
Soziale Fragen der österreichischen Schriftsteller   404
Im Jazz vom Hörer zum Macher   407
Ein Leben wie es war   421

Trügerische *idyllen* 1989   429
Die Berliner *tageszeitung* gratuliert zum 65. Geburtstag   434
Staatsdichterehren: Erich Fried in Österreich willkommen   437

**Kapitel 10: Auf dem Weg zurück: Dialekt-Poesie mit
Ziehharmonika**   443
Keine Predigt für Lübeck   443
Ein neuer Motor 1991: *stanzen*   445
Ernst Jandl im Repertoire   455
Eine Wohnung in der Zentagasse für die alten Tage   459
Ernst Jandl gegen Günter Grass in der Luchterhand-Krise   462
Kleist-Preis in Potsdam 1993   464
Nachtaktiv und tagaktiv   468
1994 und 1995: Zweimal ein 70. Geburtstag   473

Kapitel 11: Mit Kraft und Mühe dem Ende zu   485
Lektors Kunst: *peter und die kuh*   485
„Die Literatur ist aus"   487
Begleitung und Begegnung   497
Mit Helga Glantschnig auf dem Eis   514
Bruder Hermann Jandl   517
Im Jenseits mit Jazzmusik   521
Mayröcker und Jandl kurz wieder unter einem Dach   525
Nekrologium   530
Abschiede   533

Anhang   541

Literatur   545

Personenregister   571

Einleitung

Nach Ernst Jandl und Friederike Mayröcker drehten sich auf Wiener
Straßen manche um. Ein bekanntes Paar. Kaum jemand wusste, dass es
nicht verheiratet war und nicht zusammenwohnte. Gemeinsam spazierten
sie aus dem IV. Bezirk ins Café Museum nahe der Oper, zu Konzerten im
Musikverein oder zum Burgkino, wo bis heute amerikanische Filme in
Originalversion zu sehen sind. Seit einer Operation im Jahr 1990 stützte
Mechanik aus Titan das linke Knie des Dichters, und immer öfter brauchte
er den Gehstock. Bedächtig setzte er mit zumeist schräg gesenktem Kopf
Schritt vor Schritt. Das fast kahle Haupt barg er unter einer Kappe. Sein
gefütterter Trenchcoat um den massigen Leib war Jahrzehnte alt und
schlabberte nun überlang, denn die Wirbelsäule seines Trägers hatte nach-
gegeben. Neben ihm gehend musste Friederike Mayröcker, von ihm „Fritzi"
gerufen, ihr gewohntes Tempo einbremsen. Sie war einen Kopf größer, ihr
schwarzes Haar fiel glatt bis zur Schulter. Zumeist trug sie Schwarz, die
Fahnenfarbe von Trauer und Anarchie. Oft war ihr anzusehen, dass sie fror.
Ihren pelzigen Wintermantel wünschte sie sich sogar in den Sarg. Schon
lange, ehe das Mode wurde, trug sie einen Rucksack. Hätte man sie nach
dem Inhalt gefragt, hätte sie ohne Zögern geantwortet: ein Apparat zum
Blutdruckmessen; und ein zweiter für den Fall, dass der erste versagt.

Ernst Jandls Herz brach am 9. Juni 2000, kurz vor dem 75. Geburtstag.
Der Rettungswagen fuhr ihn ins Spital, er starb noch am selben Tag auf der
Intensivstation. Friederike Mayröcker zog mit ihrer Poesie kometengleich
weiter. Am 4. Juni 2021 stürzte auch sie nach zwölf Tagen Todeskampf

H. Haider, *Ernst Jandl 1925–2000,* https://doi.org/10.1007/978-3-662-66639-5_1

1

ab. Ihre Körper ruhen in einem Ehrengrab auf dem Wiener Zentralfriedhof wie ein einziger. So hatte es sich die Poetessa gewünscht. Seinen und
ihren Namen über eine Doppelbiographie zu setzen, wird der Forschung
noch lange verwehrt sein, denn die Sichtung ihres Nachlasses im Literaturarchiv der Österreichischen Nationalbibliothek in der Wiener Hofburg hat
erst begonnen. Zudem wäre Ernst Jandls Widerwillen mitzudenken, der
einer Münchner Germanistin entgegenschlug, als sie ihn um ein Gespräch
ersuchte: „Wir betrachten uns nicht als ein ‚schreibendes Paar‘. Sollten Sie
uns dennoch einen Abschnitt in ihrem Buch widmen wollen, dann kann
das nicht in Form eines Interviews geschehen, weil ein solches unser Einverständnis mit der Voraussetzung bedeuten würde, wir *seien* ein ‚schreibendes
Paar‘“.[1]

Um Ernst Jandl den Biographen zu entrücken, zog Friederike Mayröcker
zu seinem 70. Geburtstag im Jahr 1995 im Gedicht „wie und warum ich
dich liebe“ eine rote Linie:

> „[…]
> das Geheimnis im Dunkel deines Herzens ist nicht
> um von irgendjemandem gelüftet zu werden
> es zieht mich an am gründlichsten und am tiefsten
> und ist vermutlich das Motiv meiner unbeirrbaren Liebe“.[2]

Biographen streben dem wundersamen Augenblick zu, in dem der oder
die Beschriebene als Figur ‚erscheint‘. Stückwerk, füge dich mit Hausver-
stand zum Ganzen! Pierre Bourdieu warnte im 1986 vorgelegten Aufsatz
„L'illusion biographique“ davor, „eine Lebensgeschichte zu produzieren, das
Leben als eine Geschichte zu behandeln, also als eine kohärente Erzählung
einer bedeutungsvollen und gerichteten Abfolge von Ereignissen, bedeutet
vielleicht, sich einer rhetorischen Illusion zu unterwerfen […].“[3] Sein Vor-
behalt gegenüber autobiographischem Erzählen gilt erst recht einer fremd-
verfassten Biographie: auch sie verfolge das Ziel, „Sinn zu machen, zu
begründen, eine gleichzeitig retrospektive und prospektive Logik zu entwickeln, Konsistenz und Konstanz darzustellen, indem sie einsehbare
Beziehungen wie die der Folgewirkung von einem verursachenden oder

---

[1] Ernst Jandl an Gerda Marko undat. LIT 139/B2050. Ihr Buch *Schreibende Paare* erschien 1995 in
Zürich.
[2] Mayröcker 2004, S. 632.
[3] Bourdieu 1990, S. 76.

letzten Grund zwischen aufeinanderfolgenden Zuständen herstellt, die so zu Etappen einer notwendigen Entwicklung gemacht werden."[4]

Als Alternative zur selbsttäuschend diachronen Zwangslogik der Zeitlinie entlang ließe sich eine synchrone Darstellung imaginieren. Zum Beispiel in einem weitläufigen ‚Museum der deutschen Literatur.‘ Der Name Ernst Jandl wäre verdientermaßen in verschiedenen Abteilungen zu finden, und immer in der Nachbarschaft seiner Zeitgenossen, Kollegen, Freunde und auch Konkurrenten – wie jenen aus der Wiener Gruppe um Gerhard Rühm. In einer Ehrenhalle fände sich Jandl unter den Trakl-, Büchner-, Kleist- und Hölderlin-Preisträgern, als Mitglied der Künstler-Akademien in Berlin-West, Berlin-Ost, Darmstadt und München sowie in einigen Rankings unter den bedeutendsten Lyrikern des Jahrhunderts. Auch die Aufnahme der Worte „rinks" und „lechts" sowie „velwechsern" aus dem Gedicht „lichtung" in die Politiksprache sichern der Marke Jandl Dauer. Im Studier-saal der Germanisten und Sprachwissenschaftler wären seine akustischen und visiblen Erfindungen auf dem Felde der Konkreten Poesie zu würdigen sowie auch die „heruntergekommene" Sprache, der litaneimäßige Kon-junktiv seiner Sprechoper *Aus der Fremde* oder der Kunstdialekt seiner *stanzen* genannten späten Gedichte. Im Medienkabinett lägen zum Abhören gemeinsam mit Friederike Mayröcker um 1968 geschaffene Leitfossilien der Radiokunst bereit, Pionierwerke des Neuen Hörspiels wie *Fünf Mann Menschen*. Ton- und Videokonserven müssten den Vortragsvirtuosen vor begeistertem Publikum sprechend machen. Vom legendären Auftritt vor wenigstens Fünftausend 1965 in der Royal Albert Hall in London an der Seite von Allen Ginsberg und Gregory Corso müsste das Filmdokument *Wholly Communion* gezeigt werden.

In der Darstellung der experimentellen Literatur der 1960er Jahre als weltweites Netzwerk wären Jandls Verbindungen zu Sprachingenieuren in Stuttgart, London, Edinburgh, Prag, Sao Paulo aufzuzeigen sowie zum seit 1978 alljährlich in Bielefeld stattfindenden Colloquium Neue Poesie. Im DDR-Flügel des Museums würde an ihn als Ermutiger des Undergrounds erinnert, der seit 1981 mit dem dünnen Gedichtbändchen *Augenspiel* die Jugend in Deutschland-Ost ebenso begeisterte wie schon, nach Woodstock und dem Mai 1968, mit Antikriegsgedichten auf Wagenbach-Platten jene in Deutschland-West. Unter „Literatur und Gesellschaft" würde an Jandl als Anführer im Aufstand der jüngeren österreichischen Schreibenden gegen das PEN-Club-Establishment im Jahr 1973 und seine späteren Ehrungen durch den Staat erinnert. Unverzichtbar wäre sein Diktum, dass ein Dichter einen

---

[4] Bourdieu 1990, S. 76.

Brotberuf brauche, um sich frei zu wissen – Jandl wie Mayröcker verdingten sich mehr als zwei Jahrzehnte im Schuldienst. Wie aber die Kränkungen des Paares darstellen, das zehn Jahre auf einen Platz in einem potenten Verlag warten musste? Wie Depression, Medikamenten- und Alkoholabusus? Auch die sinnliche Vermittlung seiner Begeisterung für den Jazz als einer Befreiungskunst nach dem Nazi-Mief und die Einbindung seiner Sprechstimme in Konzerte mit Jazzmusikern würden ein Museum überfordern. Nicht aber eine Kinder-Station, wo „ottos mops" aus Pappbüchern hopst und in Fibeln lustvolles Basteln mit der Sprache vorgeführt wird. In der Kohorte der 6- bis 18-jährigen behielt Ernst Jandl in Schulbüchern auch nach seinem Tod ein Massenpublikum.

Sofort nach dem Abschied im Jahr 2000 wurde die Dichotomie von Dichtung und Wahrheit bemüht. Die *New York Times* stellte neben ihren Nachruf auf den „internationally known lyric poet whose work could be lighthearted or despairing" Ernst Jandls Gedicht „kommentar":

daß niemals
er schreiben werde
seine autobiographie

daß ihm sein leben
viel zu sehr
als dreck erscheine

daß auch nur wenige
punkte, blutige
er noch erinnere

daß aber niemals
er zögern werde
in den dreck zu fassen

um herauszuziehen
was vielleicht
einen stoff abgäbe

für poesie
seinen widerlichen
lebenszweck[5]

---

[5] 24.7.2000. Die Übersetzung von Margitt Lehbert war in *Poetry*, Oct.–Nov. 1998, erschienen.

Einem Druck, sich in der Rolle eines Autobiographen selbst zu erforschen, wollte sich der Dichter nie vollends aussetzen, es blieb bei Versuchen wenige Manuskriptblätter lang. Der „Dreck", den Jandl aus seinem Leben spielerisch elegant, mit mathematisch kühlem Kalkül, in Rage oder im heulenden Elend ‚herauszog', springt aus manchen seiner rund 2500 veröffentlichten Werke in bestürzender Deutlichkeit ins Auge. 1999, noch zu Jandls Lebzeiten, brachte der Luchterhand Verlag eine Sammlung solcher vom Herausgeber Klaus Siblewski als „autobiographisch" klassifizierter Gedichte heraus unter dem Titel *aus dem wirklichen leben*.[6] Ein noch umfangreicheres Buch mit hundert Texten, *Der beschriftete Sessel*, gaben Bernhard Fetz und Klaus Siblewski 2012 heraus.[7] Derartige Collagen von Lebensbezüglichkeiten verführen die Leser dazu, sich selber ein Bild auszumalen – jeder mit dem Pinsel seiner eigenen Empire und egal, ob er sich einer gefühlten Konkordanz öffnet oder – ‚DER hat unter uns gewohnt?' – zu erschauern geneigt ist.

In seinem ersten ausführlichen Rückblick auf sein Leben 1979 schien ihm wichtig, sich unter dem Titel „Wie kommt man zu einem Verlag?" als bereits trittsicher im Literaturbetrieb vorzustellen. Im selben Jahr ergänzte er den Neudruck seiner *Sprechblasen* bei Reclam-Stuttgart um sechs Seiten „Autobiographische Ansätze". Sie beginnen gequält: „Daß dieses Leben keine Geheimnisse birgt – welches denn täte es? Jedoch genug, das mir die Zunge lähmt, die Kehle schnürt ..." Zur Premiere seines häuslichen Zustands-Tableaus *Aus der Fremde* 1980 in der Berliner Schaubühne warnte er im Programmheft vor jeder Engführung biographischer Forschung: „Alles von irgendwem Geschriebene ist Bestandteil seines Lebens und damit potentiell Material seiner Biographie."[8] Als er 1997 im Wiener Literaturhaus eine neue Gesamtausgabe seiner poetischen Werke vorstellte, „überraschte er die Zuhörer mit ausführlichen Erläuterungen, welche persönlichen Lebensumstände bei welchem Gedicht eine Rolle gespielt haben".[9]

Die genaueste Beschreibung des ihn bedrückenden Alltags entließ Ernst Jandl schon 1979 in die Öffentlichkeit im Dreipersonenstück *Aus der Fremde*. Als Gymnasiallehrer für Deutsch und Englisch, nach 21 Jahren auf dem Katheder soeben frühpensioniert, bildete Jandl in diesem

---

[6] Jandl 1999a.
[7] Jandl 2012b. Nicht ident mit Jandl 1991 unter demselben Titel.
[8] Aus der Fremde. [Programmheft]. 1980. Berlin: Schaubühne am Halleschen Ufer Berlin. [unpaginiert].
[9] Klaus Siblewski: „Editorische Notiz". Jandl 1999a, S. 181.

Zustandsdrama mit der Präzision eines Fotorealisten eineinhalb Tage Leben ab in seinem dürftigen Arbeitszimmer, das zugleich sein Schlafzimmer ist. Die Freundin kommt zweimal auf Besuch, und einmal ein junger Freund und neuer Nachbar. „er2" nannte ihn der Dichter im Manuskript. Dass nun dieser „er2" eine Biographie vorlegt, ist dem Mangel geschuldet, dass eine solche zwanzig Jahre nach dem Tod des Dichters noch immer fehlte. Eile gebot auch die Beobachtung, dass die Quellen der Oral history nach und nach verstummen.

Die persönliche Bekanntschaft seit 1972, und bald auch Freundschaft mit Ernst Jandl und Friederike Mayröcker bedeutet für den Verfasser zugleich Privileg und Handicap. Sie erwies sich als nützlich bei der Recherche, weil ihm viele Namen und Ereignisse nicht fremd waren. Mit der Bezeichnung „konkrete Biographie" soll die dem ‚subjektiven Faktor' ebenso wie feuilletonistischen Ausmalungen widersagende Beschränkung auf nachprüfbare Fakten und Texte herausgestrichen werden. Im Literaturarchiv der Österreichischen Nationalbibliothek lagen Jandl-Korrespondenzen im bereits geordneten Nachlass bereit. Der Leitung und den Mitarbeiterinnen und Mitarbeitern ist ebenso zu danken wie hilfreichen Händen in weiteren Archiven in Österreich, Deutschland, der Schweiz, Tschechien, Slowakei, Polen, England und den USA. Mit überlebenden Verwandten, Schriftstellern, Musikern, bildenden Künstlern, Schülern, Lektoren, Verlegern, Regisseuren, Veranstaltern und Ärzten[10] wurden, im Gespräch oder schriftlich, Interviews geführt. Friederike Mayröcker unterstützte das Vorhaben mit Wohlwollen und Rechteeinräumungen.

Das vorliegende Buch verdankt sich auch reichen Vorarbeiten Anderer. Kristina Pfoser-Schewig schloss schon 1971 eine erste Dissertation über Jandl ab und erarbeitete 1985 eine erste Bibliographie.[11] Klaus Siblewski trug 2000 eine Wanderausstellung zusammen und gestaltete den Katalog dazu als eine Jandl-Bildmonographie.[12] Wendelin Schmidt-Dengler, ein Jandl-Freund und Leiter des Literaturarchivs der Nationalbibliothek bis zu seinem unzeitig frühen Tod 2008, konnte den ‚Vorlass' schon 1996 für die Republik erwerben. Bernhard Fetz, sein Nachfolger im staatlichen Literaturarchiv, hatte noch selber gute Kontakte zum Dichterpaar. In Kooperation mit dem auf sieben Jahre befristeten und 2013 aufgelösten Ludwig-Boltzmann-Institut für Geschichte und Theorie der Biographie lief

---

[10] Weibliche und andere Geschlechtsformen werden in diesem Buch respektvoll mitgedacht.
[11] Schewig 1971.
[12] Siblewski 2000.

die Arbeit am Nachlass in der Nationalbibliothek weiter. Dieses Team[13] hinterließ den exzellenten Katalog einer Ernst-Jandl-Ausstellung 2010 im Wienmuseum[14] sowie eine interaktive DVD mit Fotos von Dokumenten aus dem Nachlass.[15] Auf eine konventionelle Lebenserzählung wurde mit dem Hinweis auf Bourdieus Einwände verzichtet.[16] Stattdessen stellte die Nationalbibliothek die Datenbank *Biographeme*[17] ins Internet, in welcher die Werke Ernst Jandls, nach Entstehungsdatum geordnet, samt Angaben über Erst- und Folgeveröffentlichungen ausgewiesen sowie von Jandl selbst verfasste tabellarische Lebensläufe als Scans abgebildet sind. Dieses Pickup-Verfahren für jedermann sollte, so ein Mission Statement, die „Narration" ersetzen.[18] Für die nun vorliegende faktenbasierte *konkrete Biographie* erwies sich diese Datenbank als nützlicher Behelf.

Ernst Jandls Lebensgeschichte beginnt in einem Lower-middle-class-Haushalt in den Chaosjahren nach dem Zusammenbruch der Habsburger-Monarchie, in denen sich bereits rechte und linke Kräfte für einen Bürgerkrieg bewaffneten. Als er 1946 in Wien als Kriegsheimkehrer mit 21 aus dem Zug stieg, war er schon im fünften Rechtssystem angekommen – wohl in einem demokratischen, doch für immer politisiert. Der Schriftsteller Josef Haslinger, der ihm eine Zeit lang als Sekretär nahestand, nannte als die zwei Bereiche traditioneller Unterordnung, mit denen Jandl gehadert habe: „Vaterland" und „Religion".[19] Trotz tiefer Zweifel verließ Jandl nie die Sozialdemokratische Partei und nie die Katholische Kirche. Ihm gelang erst mit vierzig und nur im deutschsprachigen Ausland mit dem Gedichtband *Laut und Luise* der literarische Durchbruch. Seine Biographie ist auch eine Chronik der Kulturpolitik und des Literaturbetriebs während mehrerer Jahrzehnte in Österreich und in den beiden Deutschland. Heute unvorstellbar: ein Bandenwesen, in dem Schriftsteller, obwohl in konträren theoretischen Positionen, solidarisch den Etablierten die Amtsmacht und die Medien entwinden.

---

[13] Es blieb an der Universität Wien als ‚Forschungsverbund' unter der Leitung von Univ.-Prof. Mag. Dr. Stefan Krammer weiter bestehen.

[14] Fetz u. Schweiger 2010.

[15] Schweiger 2010b.

[16] Hannesschläger 2017.

[17] https://jandl.onb.ac.at.

[18] „Biographeme löst die geschlossene, lineare Erzählform der Lebensbeschreibung zugunsten einer modularen Biographik auf, deren einzelne Bausteine sich je nach Interesse und Fragestellung immer wieder neu kombinieren lassen, sodass jeder User seinen eigenen Weg durch das Leben der Biographierten beschreiten kann." https://gtb.lbg.ac.at/de/4/2/1.

[19] APA178 vom 10.6.2000.

In Ernst Jandls Lebensgeschichte flossen viele wortgenaue Zitate aus seinen Korrespondenzen ein. Schriftlich sich zu erklären behagte ihm mehr als in Interviews mit Journalisten, in welchen, so fürchtete er, rasch gegebene Antworten über Jahre hindurch konserviert würden.[20] In Summe fügen sich die Briefstellen zu einem kaum je durch Emotionen verzerrten sachlich-kühlen Ton – eine Art Cantus firmus in gleichbleibender Distanz zu jeder poetischen Rede. In seinen Schreiben ist der skeptische und schonungslose Realist am Wort. Über die bisherige Forschung hinaus wurden frühe Dramenentwürfe auf lebensgeschichtliche Inhalte untersucht und publiziert. Für die Erlaubnis, bisher unpublizierte Schriften abzudrucken, ist der Inhaberin der Urheberrechte, Frau Edith Schreiber in Wien, zu danken, und auch dem Luchterhand Verlag in München für die eingeräumten Lizenzen. Bei Metzler warteten auf den Verfasser Vertrauen und Kompetenz. Sein Buch soll mit seinem Faktengerüst dem interpretierenden – dabei sprachlich weit ambitionierteren – Zweig der Literaturwissenschaft nützen, Anregungen geben und vor Irrmeinungen bewahren.

---

[20] „Ich selber brauche recht lange dazu, um halbwegs klare Gedanken halbwegs klar niederzuschreiben". Jandl an Otto Breicha 27.8.1974. LIT 139/99, 2.3.3.3.

Kapitel 1: Jung sein zwischen zwei Kriegen

Im toten Herzen der Donaumonarchie

Als Ernst Jandl am 1. August 1925 in Wien geboren wurde, waren das Habsburger- wie das Hohenzollernreich nach der Niederlage an den Fronten und der Gründung von wackeligen Republiken untergangen. Viktor Jandl war bei der Geburt seines ersten Sohnes dreißig, Luise Jandl sechsundzwanzig. Seit 5. Oktober 1924 waren sie gut katholisch verheiratet.[1] Viktor Jandl war als Offizier mit nur leichten Blessuren von der Ostfront heimgekehrt. Das Ingenieursstudium an der Wiener Technischen Hochschule konnte er nicht mehr aufnehmen, weil das Geld fehlte. In einer Bank fand er Arbeit am Schalter. Eine Hochzeitsreise war noch leistbar – nach Lussingrande, heute Veli Lošinj, auf der kroatischen Insel Lošinj. Luise, geborene Rappel, verließ nach der Heirat ihren Dienst als Lehrerin in einer Schule der Schwestern von St. Ursula. Ihr Vater Anton Rappel, Offizier im technischen Dienst der Artillerie, war an höchster Stelle, nämlich dem kaiserlich-königlichen ‚Arsenal‘ in Wien, beschäftigt gewesen und hatte dort im Objekt XVI seine Dienstwohnung. Nach Kriegsende wurde er in Pension geschickt und delogiert. Im Jahr zwischen der Heirat seiner Tochter Luise und Ernsts Geburt starb ihm seine Frau.

An Ernst Jandls Geburtstag, dem 1. August, trug die ehemalige k.u.k. Residenzstadt Trauer. Wiens erster sozialdemokratischer Bürgermeister war

---

[1] Geburts- und Taufschein Ernst Jandl, Pfarre Maria Geburt in Wien, III., Abschrift BG Wien Innere Stadt 11.7.1950, Bildungsdirektion Wien, Personalakt.

nach kurzer Amtszeit gestorben. Die *Arbeiter-Zeitung* vom Tag meldete: „Heute Samstag, ½ 3 Uhr nachmittags, wird auf dem großen Platz vor dem neuen Wiener Rathaus die Totenfeier für Jakob Reumann begangen. Die Arbeiterschaft wird von den Bezirkssammelplätzen geschlossen in Zehnerreihen zu ihrem Aufstellungsplatz auf den Ring marschieren." Auf derselben Krawallmeile gab es eine Woche davor Verletzte, als deutschnationale Schlägertrupps gegen die Abhaltung des 14. Zionistischen Weltkongresses ausrückten. Am 30. August 1925 bekundete auf dem menschenvollen Rathausplatz der sozialdemokratische Stadtrat Paul Speiser „unter stürmischen Beifallskundgebungen, daß wir fest und treu an dem Anschlussgedanken festhalten und nicht rasten werden, bis nicht unser Ziel, die große deutsche Republik, erreicht sein wird", so der Bericht in der *Arbeiter-Zeitung*. Die Mobilisierung der Straße wird die Kindheit Ernst Jandls als Dauerton begleiten. Anschwellend im Jahr 1934, als die autoritär regierende konservative Mitte Putschversuche von links und rechts niederschlagen musste, und enthemmt 1938 auf dem Heldenplatz unter dem Führer Adolf Hitler auf dem Balkon der Hofburg.

Der Krieg blieb zum Greifen nahe. Der Dichter wurde, topographisch gesehen, in das tote Herz der habsburgischen Militärmacht hineingeboren. Österreich-Ungarn war von der Armee zusammengehalten sowie von einer starren, doch soliden Bürokratie. Zwei Gehminuten von der Jandl-Wohnung entfernt endeten die Gleise, die Blutadern des Systems, in den Hallen des Süd- und des Ostbahnhofs. Hier machten sich auch die englisch-neogotischen Ziegeltürme des Arsenals breit, bis Kriegsende zugleich Kaserne, Waffendepot, Rüstungsfabrik, Museum und Ruhmeshalle. In Sichtweite davon, im hochbarocken Schloss Belvedere, hatte sich Erzherzog Franz Ferdinand in seiner ‚Militärkanzlei', einer von Kaiser Franz Joseph geduldeten Nebenregierung, auf die Thronfolge vorbereitet. Bis zur Reise nach Sarajewo im Frühsommer 1914.

Ernst der Stammhalter wurde zur Taufe am 15. August, dem „Hohen Frauentag" im katholischen Festkalender, in die Waisenhauskirche am Rennweg getragen. Sie behauptet einen Ehrenplatz in der Geschichte, denn zur Einweihung 1768 schrieb der damals zwölf Jahre alte Mozart eine Messe und dirigierte sie im Beisein von Kaiserin Maria Theresia selbst. Das Kind Ernst bekam als weitere Taufnamen Viktor, Anton und Maria – nach seinem Vater, seinem Großvater mütterlicherseits und seiner Großmutter väterlicherseits, einer geborenen Späth. „Oberst der Reserve" Anton Rappel wurde als Taufpate in die Matrikel seiner Pfarrkirche eingetragen.

Am Geburtshaus an der Ecke Landstraßer Gürtel/Jacquingasse erinnert keine Gedenktafel an den bekanntesten Bewohner. Gräfin Marie

Palais Lanckoroński, und oberer Teil der Jacquingasse

Abb. 1 Das Palais Lanckoroński und die Muttergottes-Kirche vor den Fenstern der Jandl-Wohnung

Razumovsky aus der böhmischen Linie der weitverzweigten Familie ließ hier 1902 ein Palais mit angeschlossenem Zinshaus bauen. An der Adresse Jacquingasse 57 empfing die Salonière Gäste mit großen Namen. Gregor Razumovsky, ihr Urenkel, öffnete hundert Jahre später die Salons für „ungestörte Vorstands- und Kamingespräche", und mit dem Hinweis im Werbeprospekt, dass hier die Schriftsteller Heimito von Doderer, Friedrich Torberg, Hilde Spiel, Milo Dor und Thomas Bernhard sowie der Komponist Gottfried von Einem verkehrt hätten. Von Ernst Jandl sind keinerlei Bemühungen bekannt, in dieser Salongesellschaft Fuß zu fassen, die sich bis in die 1990er Jahre um Andreas Razumovsky scharte, einen rechts-konservativen Korrespondenten der *F.A.Z.*

Das Domizil der Grafen Razumovsky sah freilich ärmlich aus gegenüber dem Palast, den sich Graf Karl Lanckoroński 1894/95 von den Theaterarchitekten Helmer und Fellner für seine Kunstsammlung zeichnen ließ. Aus ihren fünf Fenstern im Mezzanin blickten die Jandl auf eine neubarocke Prunkfassade. Die Universität pflegt nebenan seit 1754 ihren Botanischen Garten. Richard Strauss, seit 1919 als Mitdirektor an der Staatsoper engagiert, ließ sich eben an der Jacquingasse eine Villa bauen. Die Kunstsammlung der Lanckoroński wurde von den Nationalsozialisten konfisziert, der Palast nach dem Zweiten Weltkrieg von Plünderern in Brand gesteckt, die Ruine 1960 abgetragen. Auch der Doppelkopfbahnhof aus der Monarchie verlor im Bombenkrieg seine Hallen und wurde durch einen Neubau ersetzt. Auf der Café-Terrasse an der Ostseite dieses inzwischen ebenso demolierten ‚Südbahnhofs' verbrachte der Dichter mit Friederike Mayröcker viele sonnige Nachmittage – mit Blick hinüber auf Ernsts erstes Zuhause.

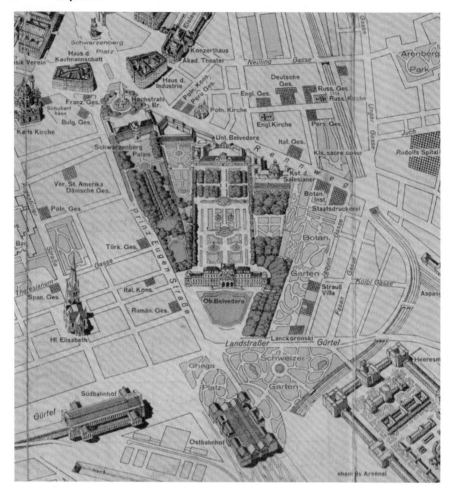

Abb. 2 Stadtplan Wien 1937. Links die Kirche St. Elisabeth, wo Ernst Jandls Eltern und er selbst geheiratet haben, unten die beiden Bahnhöfe – in den 2000er Jahren zum Hauptbahnhof vereint – und das Arsenal, seines Großvaters Anton Rappel Arbeitsplatz. (Foto: Wikimedia Commons)

Gräfin Razumovskys Mietparteien gelangten in ihre Wohnungen durch ein unauffälliges Haustor am Landstraßer Gürtel 9. Dieser äußere Wiener Straßenring auf den Freiflächen des geschliffenen Linienwalls umschließt sieben frühere Vorstädte und war großzügig wie ein Pariser Boulevard angelegt. Der auf englische Art angelegte Naturpark zwischen Gürtel und Arsenal bekam den Namen von Erzherzogin Maria Josepha, Mutter von Karl I., dem letzten Kaiser. 1920 wurden die Grünflächen in Dankbarkeit für eidgenössische Hilfslieferungen vom republikanisch rot gewordenen

Wien in ‚Schweizergarten' umbenannt. Der Kampf gegen die Nachkriegsnot blieb täglich Gebot. Am Tag von Ernst Jandls Geburt am 1. August 1925, einem Samstag, kündigten die Zeitungen eine Senkung des amtlichen Brotpreises an, als Zeichen einer neuen Stabilisierung nach der Hyperinflation. Doch blieb noch ungeklärt, ob am Montag ein Laib billiger sein wird oder dessen im Weltkrieg auf 1260 Gramm reduziertes Gewicht auf 1340 Gramm erhöht würde.

Ein Foto von Viktors und Luises Hochzeit zeigt 13 Freunde und Verwandte in dunkler Festkleidung in einem hohen Salon. Viermal männlich, siebenmal weiblich. An der Seite der Braut thront Mutter Anna Rappel, an der Seite der Bräutigam-Mutter Maria Jandl. Viktor Jandl trägt Smoking, der Brautvater seine Uniform mit dem ihm 1913 verliehenen Goldenen Verdienstkreuz mit der Krone an der Brust. Karl Humula, der Mann von Luises Schwester Anna, steht hinten. Auf dem Serienfoto im Atelier trägt Luise den weißen Kranz im Haar und reichlich Tüll und Spitzen, Viktor einen Frack mit schwarzer Weste – aus dem Leihhaus oder ein Erbstück? Die Rappel-Linie war schon eine Generation früher zu bürgerlicher Reputation gekommen. Viktor Jandl, Arbeitersohn und Oberleutnant aus einem Arbeiterbezirk, heiratete somit gesellschaftlich die Leiter hinauf-, nämlich in eine Obristenfamilie ein. Noch höher wird sein Sohn Ernst aufsteigen, wenn er in derselben Kirche St. Elisabeth wie seine Eltern und genau an seinem 24. Geburtstag Roswitha Birti ehelicht. Deren bei Kriegsende umgekommener Vater, Oberst a.D. Dr. Anton Birti, führte noch den ererbten Militäradelstitel eines „Edlen von Lavarone".

Jandl aus Mähren, Rappel aus Bayern

Woher stammen die Wiener Jandl? Ernst Jandl formulierte seine Absage an jede genealogische Neugier um Allerseelen 1959, den Tagen mit dem obligaten Gräberbesuch:

> wir wollen wissen wo wir her-
> kommen
>
> wer ist unser ur-
> ahn unser alt-
> vorderer dieses arsch-
> loch

damit wir uns ihm ehr-
fürchtig nah'n

damit wir uns ihm ehr-
fürchtig nah'n

Die Genetik diskreditierte sich im nationalsozialistischen Deutschland, indem sie sich zur Komplizin menschenunwürdiger, menschenver-
nichtender Politik machte. Doch wer nach der Vererbung von besonderen
Fähigkeiten fragt, darf sich allemal auf Goethe berufen, der an sich Vaters
„Statur" erkannte und Mutters „Frohnatur und Lust zu fabulieren." Freilich führte der Weimarer in diesem Gedicht in den „Zahmen Xenien" solche
Selbstbeforschungen ins Absurde in den zumeist weggelassenen Schlusszeilen: „Was ist denn an dem ganzen Wicht / Original zu nennen". Unter
Ernst Jandls Verwandten erwarb sich nur Herbert Hrachovec, geboren 1947
in Wien, Rang und Namen im Sprachfach: als Germanist, Philosoph und
Kommunikationsforscher. Ernst Jandls Großvater Anton Rappel war einer
seiner Urgroßväter.

Ernst Jandls Stammbaum bildet ab, was die Bevölkerungsstatistik weiß:
Vor allem durch die Zuwanderung stieg in Wien die Einwohnerzahl von
123.000 im Jahr 1700 auf 1,2 Millionen 1880 und auf 2,1 Millionen
1910. Aus Ernst Jandls Elternpaar war nur der Vater, aus den zwei
Großelternpaaren noch niemand in Wien geboren. Ernst Jandls Vorfahren
dieses Namens haben ihre Wurzeln in einer deutschen Sprachinsel in
Mähren mit dem Namen Schönhengstgau und den Hauptorten Landskron,
Zwittau und Mährisch Trübau – heute Lanškroun, Moravská Třebová,
Svitavy. Der nationaldeutsche Priester Ottokar Kernstock – er schrieb 1920
den republikanischen Text für die alte Haydn-Hymne der Monarchie – verfasste 1922 ein „Schönhengstgauer Heimatlied" mit den Reimen „Unsre
holde Muttersprache / Unsrer Ahnen biedre Art / Werden unter jedem
Dache / Wie ein köstlich Gut gewahrt." Die deutschen ‚Schönhengster'
wurden 1945/46 vertrieben. Als ihn ein Heimatforscher Rudolf Jandl 1964
in einem Brief auf den „gemeinsamen Heimatort ‚Rothmühl'" aufmerksam
machte, besuchte ihn Ernst Jandl in Deutschland. Doch zu den Kulturein-
richtungen der Vertriebenen hielt er Distanz. Zurecht vermutete er dort
militante Sprachschützer.

Ernsts Jandls Ururgroßvater Andreas Jandl heiratete, 31 Jahre alt, im
August 1819 in der Stadt Retz (Niederösterreich) die dort ansässige 22 Jahre

alte Weinhauertochter Elisabeth Strobl.[2] Als Beruf gab er Dachdecker-
geselle an. Seine Eltern, der Schneidermeister Ignaz Jandl und Anna, lebten
in Mährisch Rothmühl/Radiměř. Ihre Standesdaten sind in den Matriken[3]
nicht mehr exakt fassbar, denn zu viele Jandl gab es hier, auch mit denselben
Vornamen. Jandl ist in Rothmühl auf den Gedenktafeln nach dem Ersten
Weltkrieg der häufigste Gefallenenname.

Der Brautvater hieß Franz Strobl, war Weinbauer in Mitterretzbach,
stammte aus Slawathen/Slavetin in Südmähren und war katholisch verheiratet mit Eleonore Gutmann.[4] Gutmann war vornehmlich als jüdischer
Familiennamen verbreitet; wie auch Hirschler, der Mädchennamen von
Ernst Jandls Urgroßmutter aus der Rappel-Linie. Jüdische Familien-
geschichten sind in Mähren und in Folge auch im benachbarten Niederösterreich nicht verlässlich dokumentierbar, weil die antisemitischen
‚Familiantengesetze‘, nach denen in Mähren nur ein Sohn in jeder Familie
zurecht heiraten durfte, im 18. Jahrhundert zu zahllosen nicht registrierten
Verbindungen und Scheinehen führten.

Andreas und Elisabeth Jandl bekamen einen Sohn, der am 6. Oktober
1821 auf den Namen Johann getauft wurde.[5] Er baute sich eine Existenz als
Schustermeister auf. Im Februar 1852, 30 Jahre alt, heiratete er die 36 Jahre
alte Maria Preyer.[6] Mit ihr wuchs ihm eine an Köpfen reiche bäuerliche
Verwandtschaft in Mitterretzbach zu. Die Preyer und die Kargl – so der
ledige Name seiner Schwiegermutter – waren dort Winzer. Dem Schuster
Johann Jandl wurden vier Kinder geboren, die alle das Erwachsenenalter
erreichten: Vinzenz,[7] Johann,[8] Gregor[9] und Juliane.[10] Das wahrscheinlich
älteste erhaltene Familienfoto zeigt ihn mit Johann, Gregor und Juliane auf

---

[2] Trauungsbuch Pf. Retz (1805–1820) fol. 89.
[3] https://vychodoceskearchivy.cz/zamrsk/files/2020/02/8700_Sbrika-matrik-Vychodoceskeho-kraje-1587-1949_NAD_190-stav-2020-02-14.pdf.
[4] Trauungsbuch Pf. Retz (1784–1804) fol. 45.
[5] Taufbuch Pf. Retz (1798–1823) fol. 337. Andreas Jandl verliert sich nach dieser Taufe in den Retzer und Retzbacher Matrikeln. Es ist denkbar, dass der Dachdecker-Wandergeselle aus Mähren in Nieder-österreich ein Verlegenheits-Bräutigam war, den die mit einem Erben beschenkten Begüterten gerne ziehen ließen.
[6] Trauungsbuch Pf. Mitterretzbach (1833–1884) pag. 109.
[7] Taufbuch Pf. Retz (1852–1866) fol. 25. 23.3.1853.
[8] Taufbuch Pf. Retz (1852–1866) fol. 70. 20.11.1854.
[9] Taufbuch Pf. Retz (1852–1866) fol. 111. 8.9.1856.
[10] Taufbuch Pf. Retz (1852–1866) fol. 165. 10.2.1859.

einem Sofa sitzend. Schuster Johann starb als ‚Armenpfründner' 1885 mit 63 Jahren in Retz am Schlagfluss.[11]

Der Sog der Großstadt Wien wurde mächtiger mit dem Anschluss von Retz 1871 an die Nordwestbahn zwischen Znaim und Wien. 1872 war ihr pompöser Endbahnhof in Wien fertiggestellt, ein Investment mit Blick auf die Wiener Weltausstellung 1873.

Gregor Jandl verschlug es in den Wiener Vorort Hernals. 1879 heiratete er die Förstertochter Maria Späth.[12] Auch sie war eine ‚Zugereiste', aus dem Dorf Szalakusz bei Neutra/Nitra im nahen Oberungarn, heute Slowakei.[13] Als Gregors Beruf wurde Buchbinder ins Trauungsbuch eingetragen. Sein Trauzeuge war wohl sein Chef in der Mayerhofgasse 7 im Bezirk Wieden. Nun waren die Jandl, nach Schneiderelle, Dachdeckerhammer, Rebschere und Schusterpech, beim Buchbinderleinen angekommen. Sohin schon in der Buchkultur.

Gregor Jandl, Ernsts Großvater väterlicherseits, nannte als erste Adresse in Hernals die Karlsgasse (seit 1894 Pezzlgasse) Nummer 9. 1882 wohnte die junge Familie bereits in der Elisabethgasse im Bezirk Ottakring.[14] Am 24. Dezember 1894 kam dort Viktor, der Vater des Dichters, als viertes Kind nach Otto, Berta und Emmerich zur Welt.[15] Ein ‚Christkindl', und am Festtag der Heiligen drei Könige, dem 6. Januar, getauft: Welcher Fromme dächte da nicht an Gottesgnade? Wann die Jandl zurück in den Nachbarbezirk Hernals in die Bergsteiggasse 1 übersiedelten, ist ungewiss.[16] Von Ernsts Großmutter Maria Jandl, der Frau aus dem oberungarischen Dorf, ist in der Familie überliefert, dass sie bei den Mehlmessern am Ottakringer Brunnenmarkt Hafer für die Pferde verkaufte.[17] Als sie 1935 mit 83 starb, übernahm ihr Sohn Emmerich Jandl die Wohnung in der Bergsteiggasse.[18]

---

[11] Sterbebuch Pf. Retz (1862–1893) fol. 213.

[12] Trauungsbuch Pf. Wien-Hernals (1879–1879).

[13] Štátny archív v Nitre, Taufregister Sokolníky (Szalakusz), 9.3.1852, Familienname der Mutter Matyejovsky.

[14] Taufbuch Pf. Wien-Altottakring (1982), fol. 121.

[15] Taufbuch Pf. Wien-Altottakring (1894) fol. 794. Mit Hinweis auf 2. Ehe 18.4.1942 Standesamt 20 Wien-Hietzing, Familienbuch Nr. 118/42, Wien III., Jacquingasse, Muttergottespfarre mit Hedwig Maria Nikitowicz, gestorben 28.4.1973 St.A. Penzing 03270/73.

[16] In den Kirchenbüchern wird Gregor Jandl als Buchbindergeselle und -gehilfe geführt. Weshalb ihm die Aufnahme ins offiziöse Wiener Einwohnerverzeichnis verwehrt war, denn „Lehmanns Adressbuch" verzeichnete keine „Gewerbegehilfen, Taglöhner, Dienstboten und Nicht-Selbständige".

[17] Mitteilung Roswitha und Nikolaus Jandl 2020.

[18] https://www.friedhoefewien.at/eportal3/fhw/vs/beginVerstorbenensuche.do?resetSearch=true Jandl Marie.

Das Haus Bergsteiggasse 1 an der Grenze von Hernals zu Ottakring, in dem Viktor mit seinen Geschwistern im 1. Stock aufwuchs, wurde um die Jahrhundertwende gebaut. Es gehörte der im Armen- und Bildungswesen engagierten jüdischen Eigentümerfamilie der Ottakringer Brauerei, den Edlen von Kuffner. Möglich, dass das Armeleutekind in die Gunst einer Förderung durch die Kuffner kam. Die staatliche Realschule am Schuhmeierplatz, die er besuchen durfte, heißt heute Realgymnasium 16. Im Schuljahr 1912/13 machte er die Matura. Am 6. Oktober 1913 begann er an der Technischen Hochschule ein Studium zum Bauingenieur.[19] Als Freifach belegte er italienische Literatur bei Carlo Battisti.[20]

Viktor Jandls Studienfortschritt im ersten Jahr ist als sehr gut einzustufen. Im Herbst 1914 rückte er als Einjährig-Freiwilliger ein[21] – ein Privileg für Studenten, das den Präsenzdienst auf ein Jahr und die Reservistenpflichten auf elf Jahre verkürzte. Wie auch sein Sohn Ernst war er von kleiner Statur – Körpermaß: 1,64 – und Brillenträger. Er wurde in Preßburg und Ödenburg zum Artilleristen ausgebildet, doch zur Infanterie überstellt, ehe er 1915 an die russische Front kam. In Galizien wurde er 1916 verwundet: „Weichteildurchschuß d.r. Vorderarmes". Mit dem Spitalszug kam er nach Wien. Er kämpfte schon wieder im Osten, als ihn 1917 die Nachricht vom Tod seines Vaters erreichte.[22] 28 Monate Dienst an der Front, 12 im Feld wies er dem Deutschösterreichischen Staatsamt für Heereswesen nach, als er im März 1920, noch immer Gebäudeverwalter eines Truppenbarackenlagers in Wien-Döbling, um die Aufnahme ins neue österreichische Heer ansuchte und eine Loyalitätserklärung unterschrieb: „Ich bekenne mich mit meinem Manneswort zur demokratischen Republik Österreich."[23] Obwohl er sich als „mittellos" und sorgepflichtig für seine verwitwete Mutter auswies, wurde er abgewiesen. 1924 stand er vor dem Traualtar schon als Bankbeamter.

Viktor Jandls Braut hieß Luise Rappel. Sprach Ernst Jandl diesen Namen aus, dann überdeutlich. Der Zuhörer sollte an den gleichlautenden

---

[19] TUWA [TU Wien Archiv], Hauptkataloge der ordentlichen Hörer für das Studienjahr 1913/14, Matr. Nr. 16 (Viktor Jandl).

[20] Dieser an der Universität Wien promovierte Romanist aus Trient (1882–1977) war von 1908 bis 1914 Lehrbeauftragter an der TH Wien und tat sich nach dem Ersten Weltkrieg im faschistischen Italien bei der sprachideologischen Definition der Brennergrenze und bei der Italianisierung deutscher Ortsnamen in Südtirol hervor, in Partnerschaft mit Ettore Tolomei.

[21] Österreichisches Staatsarchiv (ÖStA). Kriegsarchiv. Hauptgrundbuchblatt Jandl Viktor.

[22] Sterbebuch Pf. Hernals (1917) fol. 79, 8.4.1917.

[23] ÖStA/AdR, BMLV/Reichskommissionen, Viktor Jandl (*1894). Anmeldeblatt zur Aufnahme in das österreichische Heer.

Abb. 3 Luise Rappel heiratete in der Kirche ihrer Pfarre St. Elisabeth im Wiener Bezirk Wieden am 3. Oktober 1924 Viktor Jandl. (Foto: Klingemann-Jandl)

Zustand denken, den die Brüder Grimm als „*verrücktheit des kopfes oder plötzlich aufsteigender zorn*" beschreiben.[24] Obwohl ein selbstschonungsloser Realist, kokettierte er nicht ungern mit dieser magischen Erblast. Zwei Rappel, Johann Georg und Joseph, kamen um 1800 aus Hemau bei Regensburg in Bayern nach Klosterneuburg in Niederösterreich, der eine wurde Hutmacher, der andere Gastwirt und Kantineur in der Korneuburger

---

[24] Grimm 1893, Bd. 14, Sp. 117.

Schiffswerft.[25] Dessen Tochter Barbara Rappel[26] brachte nach Vaters Tod[27] unverheiratet fünf Kinder zur Welt. Nur der 1835 geborene Anton Rappel, der Großvater von Luise Jandl, überlebte die ersten Wochen. Er fand Arbeit in der Nagelfabrik Fischer in Wiener Neustadt, stieg dort auf zum ‚Beamten' und heiratete 1863 Anna Dinhobel, Tochter von Mathias Dinhobel und Elisabeth, eine geborene Hirschler.[28] 1864 kam Sohn Anton der Jüngere zur Welt und wurde in der Propsteipfarre von Wiener Neustadt getauft.[29]

Die niederösterreichische Stadt Wiener Neustadt ist ein Platz mit gleich viel imperialer wie militärischer Tradition: Kaiserresidenz mit dem Ehrentitel „Die ewig Getreue", Grablege von Kaiser Maximilian I., Festungsbau und Theresianische Militärakademie, wo der Prinz-Eugen-Marsch von aller Leutnants Lippen tönt. Anton Rappel d.J. verschlug die Armeekarriere in die ungarische Reichshälfte. In Peterwardein (ungarisch Pétervárad, serbisch Petrovaradin) tat er auf dem von der Donau umspülten Felsen gegenüber von Neusatz/Novi Sad bei der Festungsartillerie Dienst. Dort heiratete er 1892 Anna Spüller, die Tochter eines „Bourgeois" in Semlin – so der Eintrag im Kirchenbuch, als in Wiener Neustadt seine am 2. Dezember 1902 geborene jüngere Tochter Aloisia Emilie, genannt Luise, am 14. Dezember getauft wurde.[30] Semlin, heute als Zemun ein übel beleumundeter Stadtteil Belgrads, war eine bedeutende Quarantänestation an der mariatheresianischen Militärgrenze, Abschnitt Banat, in Schussweite der Kanonen auf der Festung von Belgrad am Donaustrom. Die Vorfahren von Anna Spüller, Ernst Jandls kurz vor seiner Geburt verstorbener Großmutter, hießen Sasz, Manolino, Marinovic – zusammen ein deutsch-ungarisch-romanisch-slawisches Siedler-Bouquet.

Großväter und Großmütter

Anton Rappel d.J. litt darunter, dass ihm seine Anna aus Semlin nur zwei Mädchen gebar. Als ‚Büchsenmacher' wurden auf dem Kasernenhof wie im Offizierskasino Männer wie er mit nur weiblicher Nachkommen-

---

[25] Zur Geschichte der Familien Rappel und Humula vgl. Glatz (2009).

[26] Taufbuch Klosterneuburg-Stiftspf. (1804–1924) fol. 63. 17.1.1811.

[27] Sterbebuch Klosterneuburg-Stiftspf. (1831–1851) fol. 39. 17.10.1834.

[28] Taufbuch Wiener Neustadt-Hauptpf. (1863–1866) fol. 99.

[29] Taufbuch Wiener Neustadt-Hauptpf. (1863–1866) fol. 99.

[30] Taufbuch Wiener Neustadt-Hauptpf. (1901–1902) fol. 338.

schaft verhöhnt. Anna kam am 16. Juli 1896 in der Pulverfabriksiedlung in Blumau bei Wiener Neustadt zur Welt.[31] Als 1902 ihre Schwester Luise in Wiener Neustadt, nun schon in einem Direktionshaus der Heeresverwaltung am Maria-Theresien-Ring 3, geboren wurde, habe der Vater aus Enttäuschung zwei Wochen lang nicht mit seiner Frau gesprochen, schreibt Antons Urenkelin Evamaria Glatz in ihrer Familiengeschichte.[32]

Anton Rappel wurde bald aus der Pulverfabrik ins Arsenal nach Wien kommandiert. Aufgestiegen zum Artilleriezeugs-Offizial 1. Klasse gab er 1908 im Verlag Röting in Ödenburg/Sopron eine *Übersicht über die Jagd-, Gebirgs-, Belagerungs-, Festungs- und Küstengeschütze und deren Munition* heraus. Ein reines Tabellenwerk. Als Artillerie-Zeugsverwalter saß er im Arsenal an der Schnittstelle zwischen Rüstungsindustrie und Truppe.[33] Noch im September 1918, zwei Monate vor Kriegsende, wurde er zum Artillerie-Oberzeugsverwalter und Oberstleutnant befördert. Ohne Feindberührung überlebte er den Krieg.

Großvater Rappel führte bis zu seinem Tod im Jahr 1936 das Kommando in der gutbürgerlichen 110-Quadratmeter-Wohnung, die er nach Kriegsende mietete. Im März 1925 wurde die Krone durch den Schilling abgelöst. 6000 Kronen im Monat bekam er 1919 als Pension zugesprochen, im Jahr seines Todes 1936 zahlte ihm der Staat 385 Schilling, heute mit einer Kaufkraft um 1000 Euro. Die Möblage in der Wohnung gehörte der Tochter und war wohl ihre Mitgift: ein Salon, ein Schlafzimmer, ein „Weichholzzimmer", vermutlich Zirbe. Luise Jandl zählte diese Einrichtungsstücke in einem Testament auf, das sie vor ihrer ersten Geburt abfasste, um Viktor ihr Erbteil zu sichern, falls sie nicht überlebt.

Der Großvater bewohnte nun das im Bauplan[34] so bezeichnete „Dienerzimmer". Auf den Gassen erwarteten ihn nicht nur Grüßer. Weil die Pensionen für das einem Großreich angemessen Offizierskorps die kleingeschrumpfte Republik noch ärmer machten, gingen Arbeiter auf die Straße. In einer seiner wenigen biographischen Selbstauskünfte beschreibt Ernst Jandl die miterlebte Befindlichkeit in der degradierten Offiziersschicht nach dem Kollaps des Vielvölkerreichs so präzise und elegant wie Robert Musil: „Es gab in ihr weder den Leichtsinn des sich Treibenlassens von Tag zu Tag, nicht die Unbekümmertheit eines Lebens von der Hand in den Mund, wie

---

[31] Tauf-, Trauungs-, Sterbebuch Pf. Blumau-Neurisshof (1896–1914) fol. 2.
[32] Glatz 2009, S. 106.
[33] *Wiener Zeitung*, 28.4.1914.
[34] Stadt Wien. MA 37. Gebietsgruppe Süd – Planarchiv. Landstraßer Gürtel 9, KG 01006, EZ 2360.

Abb. 4 Das Eckhaus Landstraßer Gürtel 9 mit dem Palais Razumovsky in der Jacquingasse 57. Fünf Fenster der Jandl-Wohnung im Mezzanin (schräg rechts über der Palais-Pforte). (Foto: Hans Haider)

es sozial tiefer möglich gewesen wäre, noch gab es das Vertrauen des sozial Höhergestellten in die eigene Substanz, in den eigenen Fundus und in die Tragfähigkeit des eigenen gesellschaftlichen Fundaments, daher auch keine Gelassenheit gegenüber Künftigem."[35]

Die k.u.k. Artillerie stand an Korpsstolz der Kavallerie längst in nichts mehr nach. Der Theodolit fordert eine feinere Hand als der Hafersack. Anton Rappels d.J. anderer Schwiegersohn Karl Humula absolvierte die Artilleriekadettenschule Traiskirchen und stieg als Berufsoffizier bei der Artillerie zum Hauptmann auf. Auch zwei jüngere Humula-Brüder wurden Offiziere. Oberst Rappel und seine Schwiegersöhne bewahrten den Offiziersrock auch in der neuen Republik im Schrank. Zwei geschlagene Generationen, unbedankt, gedemütigt. „Sie sind 1918 mit Schimpf und Schande nach Hause gekommen, ihnen wurden die Epauletten

---

[35] „Zur Problematik des Freien Schriftstellers", Jandl 2016, Bd. 6, S. 158.

heruntergerissen": Diese Klage wurde in vielen Familienchroniken überliefert, auch von Nachkommen Anton Rappels.[36]

An gutbürgerlicher Adresse im Bezirk Josefstadt, Fuhrmanngasse 3, war
beim Major a.D. Karl Humula und seiner Anna zur Freude des Großvaters
bereits im Mai 1925 ein Knabe angekommen. Dieser Cousin Herbert wird
im November 1944 bei Snina in den Karpaten fallen, während Ernst Jandl
in einer Artilleriekaserne in Brünn noch auf den Abtransport an die Westfront wartet – und schon auf dem Postweg seine Immatrikulation an der
Universität Wien vorbereitet. Ernst aber, den zweiten Enkel, hütete Anton
Rappel in den eigenen vier Wänden. Knapp älter als ein Jahr, wird Ernst
im weißen Hemdchen auf einem Plaid im Wald fotografiert: ohne Windel,
sodass jeder sieht, dass er ein Bub ist. Sommers wurde die Mutter mit den
Kindern auf das Land geschickt. Aus Buchbach, einem Dorf unweit ihrer
Vaterstadt Wiener Neustadt, berichtete sie ihrem „Manni" in der Bank:
„Ernsti hat ein Federngesteck wie ein Indianer, ein Schwert, Pfeil und
Bogen und ist selig damit."[37] Auf einem Foto von Weihnachten im selben
Jahr 1932 posiert der sieben Jahre alte Ernst schon mit Luftdruckgewehr
vor Christbaum und Krippe. Von den Offizieren a.D. war der ganze junge
Mann gefragt: Ernst steht auch auf Fotos breitbeinig Parade mit Feuerwehr-
helm, mit Schild, Schwert und Lanze und in Pfadfinder-Montur, auch die
leicht paramilitärisch.

Der Vater, Großvater und mehrere Onkel sammelten in ihrer Offiziers-
laufbahn Kompetenzen in Technik, Arbeitsdisziplin, Organisation und
Untergebenenführung. Kasernenhoftöne begleiteten Ernst seit seiner Kindheit. Die akustische Kulisse aus dem Ersten Weltkrieg wurde ihm ein-
getrichtert, von den zwei Monaten Fronteinsatz am Westwall blieben ihm
im Kopf Granatengewumm, Maschinengewehrgeratter, Schrapnellgezisch,
Nachladegeschnapp. In vielen Lautgedichten donnerte Ernst Jandl mit
eigener Stimme gegen diesen Dauerlärm an. Beim Abspielen von Jazzplatten drehte Ernst Jandl den Lautstärkeregler gerne bis zum Anschlag,
so als müsse er den ärgsten Tinnitus niederkämpfen. Er behielt auch eine
manchem Angst machende Schärfe und Strenge in der Stimme. Hatte er
einen Gesprächspartner niedergeredet, wenn nicht gar niedergebrüllt – in
öffentlichen Diskussionen oder Sitzungen von Komitees, in denen er wenig
redete, aber wenn, dann messerscharf Ideen und Interessen verteidigend –
brach er die gespannte Ruhe mit verlegenem Lachen, und erschrocken über

---

[36] Glatz 2009, S. 122.
[37] Literaturarchiv der Österreichischen Nationalbibliothek (LIT), Nachlass Ernst Jandl, 139/99, 2.3.1.1.

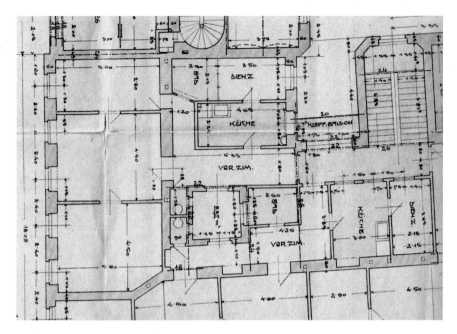

Abb. 5 Wohnung der Familie Jandl seit 1919 mit zwei Zimmern, einem Kabinett, Bad und „Dienerzimmer". 1942 zog der Vater mit den Söhnen Robert und Hermann in die Auhofstraße zu seiner neuen Frau. Stadt Wien. MA 37. Gebietsgruppe Süd – Planarchiv

sich selbst. Auch gegenüber der sanftmütigen, oft weltvergessenen Friederike Mayröcker konnte er laut werden; aus Ungeduld, wenn sie seinen Argumenten oder Dispositionen nicht sogleich folgte, doch nicht böse.

Ernst Jandls letzter Lektor Klaus Siblewski im Luchterhand Verlag konnte in einem Interview 1999 nur mehr vage Erinnerungen an den Großvater einsammeln: „Im Gegensatz zu den anderen Mitgliedern der Familie war der Großvater mütterlicherseits, Anton Rappel, ein leidenschaftlicher Raucher. Der Geruch von Zigaretten, des Zigaretten Rauchens, und der Geruch seines Älterwerdens, die kann ich beide nicht auseinanderhalten, sondern ich habe nur einen Geruch wahrgenommen, das war der Geruch des Zigarettenrauchens plus Älterwerdens."[38] Die Kinder aus Viktor Jandls zweiter Ehe mit Hedwig Nikotowicz,[39] die Anton Rappel nicht mehr erlebt haben, erzählten über den Großvater: Er habe „Würde gezeigt, gepaart

---

[38] https://www.ernstjandl.com/epilog.php.

[39] Roswitha Klingemann, geb. 1943 als Roswitha Jandl, und Nikolaus Jandl, geb. 1949, leben in Wien-Hacking im Familienhaus.

vielleicht mit einer gewissen Neigung zum Humor, einer Neigung, sich über andere Leute lustig zu machen." Wie ihr Vater sei auch schon ihr Großvater leicht in Jähzorn, Rage geraten. Anton Rappel habe viel und Viktor Jandl kaum getrunken.

In dem 1957 geschriebenen Gedicht „zur erinnerung an meinen/ großvater dereinarmer / offiziergewesen"[40] deutet Ernst Jandl im Schluck-aufmodus einen weihnachtlichen Alkoholexzess an. Schon aus der vierten Zeile tönt der Imperativ „sauf ihn!" heraus.

de
zember
schultertmich

aufinsaufinsaufinsauf

ihn
den wein der
  wei

hnacht

Ein Familiengeheimnis überliefern die vier Zeilen „in erinnerung an meinen großvater, / anton rappel, und an dessen tochter, / luise jandl geb. rappel, meine mutter", ebenfalls erst 1996 veröffentlicht:[41]

hööfz, hoda geschrian, kinda hööfz!
soi man grossvoda rettn?
hod sei dochta xogt: kinda bleibz
schee brav in de bettn.

Nur eine Krise, nicht schon der Tod! Die Pflege des Großvaters überforderte die Familie am Landstraßer Gürtel. Anton Rappelwurde am 30. Dezember 1935 in ein privates Pflegeheim für Nervenleidende im Siedersgraben in Weidling in Niederösterreich, heute ein Stadtteil von Klosterneuburg, gebracht. Dort starb er am 1. Februar 1936, 71 Jahre alt, laut Totenschein an Altersschwäche.[42] An der Seite seiner ihm 1924 vorausgegangenen Frau

---

[40] Jandl 2016, Bd. 1, S. 303.
[41] Jandl 2016, Bd. 4, S. 337.
[42] Sterbebuch Pf. Weidling (1924–1938) fol. 36.

Anna wurde er am Friedhof Wien-Simmering beerdigt.[43] In Uniform. Ernst durfte nun daheim in der Wohnung nachrücken: „als mein großvater starb, als ich vielleicht zehn jahre alt war, kam ich ins kabinett, wo bisher er gelebt hatte und das nun mir gehörte."[44] Da hatte er aber schon zwei Brüderchen: Am 12. August 1929 kam Robert zur Welt, der in Regensburg als Architekt reüssieren wird, und am 1. März 1932 Hermann – ein Lehrer und Schriftsteller, doch im Schuldienst und in der Literatur im Schatten von Ernst.

Am 14. August 1935 starb Ernsts Großmutter Maria Jandl im Elisabeth-Spital in Wien.[45] Zwanzig Jahre später erinnerte er daran im Text „das gleiche": „beim empfang der nachricht vom tod seiner mutter sah ich meinen vater zum ersten mal weinen. meine mutter hielt ihn wie ein kind und streichelte seinen kopf. / als mir wenige jahre später das gleiche zustieß, bemühte ich mich vergeblich, dem beispiel meines vaters zu folgen. allerdings hatte ich auch keine mutter, mich zu halten."[46] Ernst hielt nach dem Tod seiner Großmutter weiter Kontakt nach Hernals in die Bergsteiggasse zum gleichaltrigen Kurt. Als dieser 1987 starb, schrieb er dessen Partnerin Anni Jandl über seinen „lieben Cousin": „Was für ein Erlebnis waren doch für mich als Kind immer die Besuche in der Bergsteiggasse und die Gegenbesuche bei uns am Landstraßer Gürtel. Später dann – sein Vater tot, meine Mutter tot – spazierten wir beide, an Wochenenden, stundenlang durch den Prater, zwei Heranwachsende, deren Zukunft durch den Krieg völlig verstellt war; das ging bis zum Einrücken."[47]

Von der vor seiner Geburt verstorbenen Großmutter Anna Rappel blieben Ernst Jandl nur Erzählungen seines Vaters in Erinnerung. Darunter eine herzlose Grobheit von Großvater Anton Rappel. Ernst ließ sie in das mit Friederike Mayröcker entworfene Hörspiel *Gemeinsame Kindheit* eintröpfeln:

„die Frau, Mutter meiner Frau, wir waren noch verlobt, kleine schwächliche Frau, und immer dieses Husten, und der Grossvater ‚Hust nicht so!' schreit er, und dabei war die Frau, aber er immer ‚So hör doch auf!' als ob sie 's zu fleiß […] und ein Strahl, wie ein Arm, dick wie ein Arm, Blut aus dem Mund,

---

[43] Sterbebuch Pf. Wien Rennweg – Maria Geburt (1923–1924) fol. 35. Das Grab ist schon neu belegt. Die Namen auf dem neuen Monument: Familie Haider-Maurer.

[44] *Anmerkungen zu „deutsches gedicht"*. Jandl 2016, Bd. 2, S. 473.

[45] WStLA. Todfallsaufnahme BG Hernals 5A 1038/35.

[46] Jandl 1974, 2016, Bd. 1, S. 519.

[47] Ernst an Anna Jandl 9.1.1987. In Verwahrung der Empfängerin, Deutsch-Wagram (Niederösterreich).

und wir sofort, […] und ihn aus dem Kino, Tränen gelacht, sein ganzes Leben nicht so gelacht, und sie inzwischen – –".[48]

Großvater saß im Kino vor Pat-und-Patachon-Slapstick. Einmal schleppt der Großvater den nachtschlafenen Ernst zum Fenster, um ihm den Zeppelin (1929 und 1931 in Wien) zu zeigen. Das Kind will das nicht und sieht auch nichts.

Bank und Pinsel: Der Vater Viktor Jandl

Viktor Jandl fand seinen ersten Posten bei der Niederösterreichischen Escompte-Gesellschaft. Der Name soll nicht täuschen, weil er heute provinziell klingt: Die Gesellschafter ließen sich kurz vor dem Ersten Weltkrieg einen ansehnlichen Bankpalast bauen, 1938 zog dort die Länderbank ein und 2014 das Park Hyatt Hotel. In der Kärntnerstraße Nr. 7 unterhielt die Escomptebank eine Wechselstube. Diese Privatbank war 1934 der Stützpfeiler beim Wiederaufbau der systemrelevanten Österreichischen Creditanstalt nach deren Pleite und ging in dieser auf. Die Weltwirtschaftskrise erschütterte schon seit 1929 Österreichs Finanzsystem. Nicht nur die Bezüge von Staatsbeamten, auch die Gehälter von Bankangestellten wurden gekürzt. Vater Jandl kam als Schalterbeamter in die Filiale Mariahilferstraße 60 und blieb dort bis zur Pensionierung um 1960.

In der Freizeit zeigte er Freude und Ehrgeiz beim Malen. Von nichts mehr schrieb Ernst Jandl über den Vater in seinen „Autobiographischen Ansätzen" als über dessen künstlerische Neigungen. Mit verhaltenem Mut in der Farbgebung „und mit geringer Beziehung zu den radikaleren Erscheinungen der Malerei seiner Zeit" habe er Landschaften, Blumen und die Familie aquarelliert, ganz nach der Natur. Auch Klein-Ernst malte, doch „aus der Fantasie".[49] Luise schenkte Viktor einen Fotoapparat. Die neue Leidenschaft hinterließ viele Bilddokumente aus Wien und von den jährlichen Urlaubswochen am Lande, in Nußdorf am Attersee oder Waidring in Tirol. Viktor Jandl stand wie ein Reporter am Straßenrand, als Anton Rappel und, mit seiner Schulklasse, Sohn Ernst bei der Fronleichnamsprozession durch die nahe Nachbarpfarre St. Elisabeth zogen.

---

[48] Jandl u. Mayröcker 1971, S. 87–88.
[49] „Ich mit Umwelt". Jandl 2016, Bd. 6, S. 66.

„Auch die Fotografie betrieb er als Kunst, und Kunst ging ihm über alles, nahezu (verbrachte er doch sein Leben hinter Bankschaltern *für uns*); und ihr ebenfalls ging Kunst, als sie einmal begonnen hatte und die ersten bescheidenen Erfolge sich einstellten – Abdrucke in Zeitungen und Zeitschriften –, nahezu über alles; außer Religion und der Familie, für die beide zu kämpfen sie bereit war ‚wie eine Löwin‘ (ihre Worte)."[50]

Viktor Jandl war christlichsozial geprägt, tat sich aber politisch nicht hervor. Er blieb der NSDAP fern, als 1938 die Creditanstalt gleichgeschaltet wurde, und blieb an seinem Schalter. Daheim hatte er damals eine kranke Frau und drei lebhafte Buben. 1940 starb Luise. Die Restfamilie zerbrach im Jahr 1942 doppelt: Am 18. April heiratete er die 17 Jahre jüngere Kindergärtnerin Hedwig Nikitowicz; am 2. Dezember gebar die Haushaltshilfe in der Jacquingasse Gertrude Schiller, ein ‚Mädel vom Land‘, eine Tochter und ließ sie auf Edeltraud Eleonora taufen.[51] Als Vater wurde der 17 Jahre alte Ernst namhaft gemacht.[52] Der Vater zahlte die Alimente bis Ernst einrückte und nach dem Krieg solange Ernst studierte. Nach Vaters Tod am 28. April 1973 dachte er an eine gerichtliche Klärung von Edeltrauds Genese mittels einer Blutprobe; dazu kam es aber nie. Im Gedicht „zwei gesänge" rief Jandl 1978 als ein gedemütigtes und in einer Existenzfrage im Unklaren gelassenes Kind in zwei Sätzen seinem Vater hinterher: „will nicht in die knie gehn aber wenn ich in die knie geh will ich auf die knie weiterrutschen", und „vater du bist mir noch eine antwort schuldig aber du bist dazu viel zu lang tot und ich viel zu lang noch nicht".

Aus Viktor Jandls Geburtsjahrgang 1894 gab es nur vereinzelte Einberufungen zur Wehrmacht. 1944 wurde er zum Volkssturm eingeteilt. Nach Kriegsende fing er wieder in der Bank an, und auch mit seinem Hobby. Es brachte ihn in Kontakt mit der Malerin Gerda Matejka-Felden – Frau des kommunistischen Kulturstadtrats von Wien Viktor Matejka und Gründerin des Vereins Künstlerische Volkshochschule. Im Mai 1947 stellte sie eine Ausstellung mit dem Titel „Maler aus dem Volk" zusammen; der sozialdemokratische Bürgermeister Theodor Körner, später Bundespräsident,

---

[50] „Autobiographische Ansätze". Jandl 2016, Bd. 6, S. 428.

[51] Geburtsurkunde im Personalakt, Bildungsdirektion Wien: Standesamt 3, Wien-Alsergrund, Nr. 6220/42. Mutter: Gertrude Schiller, Hausgehilfin, katholisch, wohnhaft in Wien, I., Rudolfsplatz 5. Lebt als Edeltraud Slowaczek in Niederösterreich.

[52] Vaterschaftsanerkenntnis vom 28.1.1943, Bezirksjugendamt Josefstadt, BH. 1/8/9 BJA 8/III. Die Fürsorge machte den Vater zahlungspflichtig, weil der Sohn noch nicht volljährig war. Während der Militärdienstzeit und Gefangenschaft zahlte die Fürsorge den Unterhalt für Edeltraud. Im Schuldienst bekam Ernst Jandl von 1949 bis zu Edeltrauds Volljährigkeit 1963 eine Kinder- und Haushaltszulage.

hielt die Eröffnungsansprache. Viktor Jandl wurde als „graphisch nicht
unbegabt" im Bericht in der kommunistischen *Volksstimme* erwähnt.[53]
Die einzige kleine Personalausstellung – „Viktor Jandl Graphik" – verschaffte ihm Sohn Ernst 1971 in der Galerie Autodidakt in der Operngasse
9 (‚Porrhaus') bei den sozialdemokratischen Gewerkschaftern. Die Malerei
füllte nun sein Pensionistenleben aus. Im Testament[54] erwähnt er eigens den
Ölmalkasten, Farben, Mal- und Zeichenvorräte sowie den Klassiker unter
den Lehrbüchern: Max Doerners *Malmaterial und seine Verwendung im
Bilde*, seit 100 Jahren immer wieder neu aufgelegt.

Rosenkranz und Reformpädagogik: Die Mutter Luise Jandl

Hinter der Tür 3 im Mezzanin im Haus Landstraßer Gürtel 9 fehlte die
helfende Hand, die eine junge Mutter braucht. Denn Anna Rappel war zu
Weihnachten 1924 einer Lungenblutung erlegen.[55] Luise, brav katholisch
erzogen in der Lehrerinnen-Bildungsanstalt der Ursulinen und schon als
Lehrerin tätig,[56] hatte in der Besorgung des Haushalts an Mutters Stelle
zu treten. Eine Dreifachbelastung durch Vater, Mann und Kind, vielleicht
gemildert durch ein Dienstmädchen. In die Schule kehrte sie nach der
ersten Geburt nicht mehr zurück.

Ernst war knapp über ein Jahr alt, als sich Luise in einen einsemestrigen
Kurs für Kindererziehung einschrieb. Kursleiterin war Helene Goldbaum[57],
die Verfasserin des Buches *Die Mutter als Lehrmeisterin ihres Kindes*,[58] 1920
in Leipzig erschienen. Sie bildete in Wien für die 1901 gegründete ‚Vereinigung arbeitender Frauen' auf der Basis von Alfred Adlers Individual-
psychologie Erzieherinnen aus. Luise Jandls sorgsame Mitschrift in einem
Schulheft folgt Schritt für Schritt Goldbaums Buch, von der „Sinnesent-
wicklung und Sinnespflege" über Selbstbewusstsein des Kindes, Gedächtnis,

---

[53] *Österreichische Volksstimme* 14.5.1947.

[54] WStLA BG Hietzing, A4/3-3A: Viktor Jandl.

[55] Sterbebuch Pf. Wien 03., Rennweg – Maria Geburt (1.1.1923–31.12.1924), 2. Teil, fol. 35.

[56] Mitteilung der Schülerin Paula Jedlicka vom 22.9.93. LIT 139/B653.

[57] 1883– ?, verheiratete Goldbaum-Plohn. Sie überlebte den Holocaust in Shanghai, siehe Plohn,
Helene (née Goldbaum) – Vienna. *My experiences in Vienna and Shanghai 1938–1947*. January 1960.
Eyewitness Accounts: Doc. No. P.II.b. No. 1165: 8 pages. Testaments to the Holocaust: Series One:
Archives of the Wiener Holocaust Library, London, Reel 47.

[58] Goldbaum 1920.

Phantasie sowie „Die Bedeutung der Kunsterziehung" bis zu „Anleitungen zur Beobachtung der geistigen Entwicklung des Kindes". Käthe-Kruse- und Dora-Petzold-Puppen, eben in Mode gekommen, finden im Kurs die Wertung „nicht geeignet". Dass sich die bis zur Bigotterie fromme Luise Jandl einer wissenschaftlichen Modernität bar jeder religiösen Zielvorgaben öffnete, überrascht.

Ein Foto zeigt die Mutter mit zwei Söhnen im Elternschlafzimmer unter einem Kruzifixus knien. Danach Gutenacht: „Gelernt habe ich das von der Mutter, die das gegenüber der Großmutter oder dem Großvater gesagt hat. Es ist ein schöner Gruß: Küss die Hand, gute Nacht."[59]

In der Jacquingasse hatte sich die Kongregation der Töchter der göttlichen Liebe, ein 1868 in Wien von Franziska Lechner gegründeter Schulschwesternorden, mit Mutterhaus, Kirche und Volksschule niedergelassen. Mit sechs Jahren wurde Ernst im Herbst 1931 eingeschult. Die 1891 eingeweihte Muttergotteskirche, ein neuromanisches Backsteinwerk mit Trichterportal und zwei Spitztürmen, nur 200 Meter von der Wohnung entfernt, war Luise Jandls zweites Zuhause. Altar und Klassenzimmer in nächster Nähe, und daheim die fromme Frau Mutter: Da hieß es für den Buben sich beugen und biegen. Und da war noch der Vater! „ich / brech / dich / doch / noch // liebervaterbittebiegmichlieber" fleht ein Kind im Gedicht „redensart"[60] aus dem Jahr 1964. Mehr Spuren von körperlicher Züchtigung als Ernst sie in Gedichte einfließen ließ, finden sich in Texten seines Bruders Hermann.[61] „Wenn Sie Näheres über meine Kindheit im engeren Sinn erfahren wollen", riet Ernst in der fünften seiner Frankfurter Vorlesungen 1984, wäre bei Brecht die „Erste Lektion: Bittgänge" der *Hauspostille* nachzulesen; dort fänden sich Not und Gewalt. Überliefert wird, dass Luise auch an Werktagen zur Messe ging. Ihren innigsten Ausdruck findet die Marienverehrung in der festlichen Marienlitanei – der ‚Lauretanischen', benannt nach dem vielfach duplizierten Pilgerziel Loreto – und im täglichen Rosenkranzgebet mit seinen Multi-Repetitionen und getakteten Permutationen. Der Rosenkranz begleitete, verfolgte den Dichter sein Leben lang. Die rhetorische Struktur der Litanei belebte er in Gedichten immer wieder. Auf seinen nachdrücklichen Wunsch wurde Ernst Jandl nach seinem Tod im Jahr 2000 mit einem Rosenkranz in den Händen in den Sarg gelegt.

---

[59] Siblewski 2000, S. 215.
[60] Jandl 2016, Bd. 1, S. 307.
[61] Inguglia-Höfle 2021, S. 204–212.

Als im Jahr 1979 der Reclam-Verlag Stuttgart für Schüler eine Billigausgabe von Jandls *Sprechblasen* veröffentlichte, schickte der Autor im Nachwort Erinnerungen aus seinen eigenen Kindertagen mit.

„Mit sieben hing mein Leben an einem Faden, als ich nach Masern Wassersucht und Nierenentzündung mit urämischen Erscheinungen bekam und wochenlang auf dem Bauch liegen und alles ohne Salz essen mußte, aber es kam dann nicht wie mit dem kleinen Guido über den ich ein Buch gelesen hatte das seine Mutter geschrieben hatte um für alle aus ihm einen kleinen Heiligen zu machen, sondern meine Mutter betete mich gesund und hatte auch ein Fläschchen mit Lourdeswasser für mich besorgt, obwohl sie gewußt haben mußte warum wir zum Abendgebet immer sagten: lass mich lieber sterben als eine Todsünde begehen, wozu damals noch die Gelegenheit bestanden hätte, und keiner hätte dann jemals von meinen Gedichten erfahren, die ja die meisten erst viele Jahre später kamen, und es hätte keine Lücke gegeben und niemand hätte etwas gefehlt."[62]

Ernst wird schon älter als sieben gewesen sein, denn das Buch *Guido, der kleine Bote Gottes* von P. Jón Svensson S.J. – Isländer, bekannt als Verfasser von zwölf autobiographischen „Nonni"-Büchern – erschien deutsch erst im Herbst 1934 im katholischen Herder-Verlag. In dem als ‚Heiliges Kind' verehrten Guy de Fontgalland (1913–1925) erfüllte sich alles, worum seine Mutter Luise gebetet haben mag: ein Kind in der Großstadt, enggeführt von der Mutter, ohne eine einzige Lüge im Leben, vorzeitige Erstkommunion, mit Jesus auf Du und Du. Die trauende Mutter Fontgalland stieß in Paris eine weltweite Welle der Verehrung an, Wunder um Wunder wurde berichtet, doch ein Seligsprechungsverfahren in aller Stille eingestellt.

Ernst wurde am 20. Mai 1934 im Stephansdom gefirmt. Damals setzte die Mutter ihren Ernst für ein Foto als Heiliges Kind in Positur: im Matrosenanzug, vor einem Tischchen mit einem Gebetbuch, ein Kruzifix in der Hand, halb so groß wie das Kind. Bis zu ihrem Tod 1940 wachte die Mutter darüber, dass die Buben ihr Abendgebet sprechen. Und dann die Hände über der Bettdecke! Denn „für einmal onanieren / wirst ewig du die hölle spüren".[63] An sein Kindergebet erinnerte Ernst Jandl im späten Gedicht „hernals",[64] und an die Kindersünde, der er auch alt geworden nicht widersagte.

---

[62] „Autobiographische Ansätze". Jandl 2016, Bd. 6, S. 426.
[63] „ave maria". Jandl 2016, Bd. 4, S. 324.
[64] Jandl 2016, Bd. 4, S. 385.

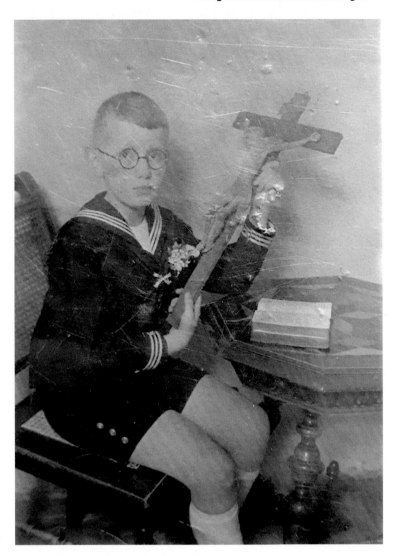

Abb. 6   Ernst Jandl mit Kruzifix. Vermutlich Studioaufnahme am Tag der Firmung 1934. (Foto mit Kratzspuren: Klingemann-Jandl)

[…]
„lieber gott, laß mich eher sterben
als eine todsünde begehen"

wie es eben jetzt geschehen könnte
denn es ist sonntag
und ich habe nicht die absicht zur messe zu gehen

was eine todsünde ist
sondern bleibe im warmen bett
um noch ein bißchen zu onanieren
was ebenfalls eine todsünde ist
wie meine mutter mir erklärt hat
ehe man sie begraben hat
auf dem hernalser friedhof
hoch über der stadt, meinem geliebten
wien.

seltsam, wie oft
er mein gebet schon nicht erhört hat.

Mutters Stolz und Ernsts Freude sind im Gedicht „die tür bleibt offen" aus dem Jahr 1952 bewahrt: „[…] er ist erst sieben jahre / und geht einkaufen / wie ein großer".[65] Die Einkaufsstraße ums nächste Eck ist die Fasangasse, in die die 4er-Tram vom Gürtel ins Zentrum des Bezirks Landstraße abbog. „Mein Verhalten, ich erinnere mich genau, wurde in meiner Kindheit von Freunden meiner Eltern als mit meinem Vornamen übereinstimmend gelobt."[66] Als ihn die Mutter aufklärte, sei er schon neun gewesen, mutmaßt er im Erinnerungs-Doppelhörspiel mit Friederike Mayröcker aus 1969 *Gemeinsame Kindheit*: Wenn Mann und Frau sich sehr lieb haben, beginnt unter dem Herzen der Frau ein Kind zu wachsen. Und nach neun Monaten kommt das Kind auf die Welt.[67]

Vor der Haustür hatten Ernst, Robert und Hermann ihren Abenteuerspielplatz. Ernst schreibt 1984 dem Dichterfreund Ian Hamilton Finlay: „In the schweizergarten where I spent so much time as a child".[68] Nur der Gürtel mit den Gleisen der Straßenbahnlinie 4 – vom Südbahnhof durch die Fasan-, Ungar- und Sechskrügelgasse zur Prater Hauptallee – waren zu überqueren. Ein Paradies für Kinder, und auch für Pensionisten wie Anton Rappel. Eine künstliche Naturlandschaft konservierte hier den menschengerechten Maßstab inmitten der aufgedonnerten Adels-, Eisenbahn- und Militärpaläste rundum. Auf den Buben wartete dort eine kleine Freiheit. Denn Ernst fehlte in den vier Jahren Volksschule bei den Töchtern der Göttlichen Liebe der lange Schulweg, auf dem sich Kinder nach der Zwangsruhe auf der Schulbank austoben können.

---

[65] Jandl 2016, Bd. 1, S. 381.
[66] „Zur Wichtigkeit, Ernst und ernst zu sein." Jandl 2016, Bd. 6, S. 435.
[67] Jandl u. Mayröcker 1971, S. 101.
[68] 4.7.1984. LIT 139/B1, 2.3.3.5.

Viele von Luise Jandls Prosatexten sind Gebete, zum Einlegen in ein Gebetsbuch auf klein zugeschnittene Zettel geschrieben. Darauf werden Liebe und Ehe kirchenfromm gepriesen. Im Text „25. Juli – Krypta – Österreich" erinnert sie an die Ermordung von Bundeskanzler Engelbert Dollfuß durch ein nationalsozialistisches Terrorkommando am 25. Juli 1934. Für die Kinder verfasste Luise Märchen, darunter über ihren Viktor. Als „Weihnachtsbüblein"[69] sei er 1894 von einem Schutzengel wie ein Paket zugestellt worden. Und nun sei er „ein großer Mann, den der Segen des Himmels durch Schützengräben, Serethwinter[70] und Trommelfeuer unversehrt hindurchgeführt hat. Ich kenne ihn sogar und bin ihm sehr, sehr gut. Denn er ist der treue Vater meiner lieben drei – Buben."

Ein Dutzend Gedichte von Luise Jandl ist erhalten, einige davon auf der freien Rückseite von Geschäftspapieren geschrieben, die ihr Mann aus der Bank mitbrachte. Besinnliches, naturnahes, jugendbewegtes, patriotisches und vor allem frommes Reimeschmieden, unter Titeln wie „Für mich ist immer Lenz", „Durch mein Heimatland", „Betende Hände", „Winterhilfe" („St. Elisabeth geht durch die Nacht…"). In seiner Biederkeit entsprachen sie der herrschenden vaterländischen Politik; die inszenierte dem von den Sozialisten in Wien ausgerufenen proletarischen Internationalismus gezielt schollengebunde Heimatkunst entgegen. In der „Ballade im Mai" zwängt Luise Jandl mitleidlos das Schicksal eines Mädchens vom Stelldichein mit dem Galan bis zum Selbstmord im Wasser in fünf Vierzeiler.

Am Fensterladen klopft der Wind.
Heissa hei!
Feinliebchen, komm heraus geschwind,
Nur einmal blüht der Mai.

Das Mädchen wirft die Spindel hin.
Holla he!
Das Stubenhocken hat kein' Sinn,
Zu Spiel und Tanz ich geh.

Es rauscht die Nacht ihr Lied im Blut.
Hurre hei!
Der Teufel schürt die rote Glut –
Es brennt ein Kranz im Mai.

---

[69] LIT 139/99, 4.2.4.4.1.
[70] Front im besonders kalten Winter 1916/17 am Fluss Sereth in Rumänien.

Ein Sturmwind fährt durchs Blütendach.
Hissa hoss!
Im Morgengrau der Tag wird wach,
Ein Schlüssel knarrt im Schloss.

Das Mädchen hat kein Kränzel nit.
Weia weh!
Es sucht und sucht bei jedem Schritt
Und findet es – im See.

Zeitungen und Zeitschriften katholisch-konservativer Observanz drucken ihre Texte ab. Die weiteste Verbreitung fanden sie in der Monatsschrift *Alte und neue Welt* des Benzinger-Verlags in Einsiedeln in der Schweiz. 1937 erschienen dort die Gedichte „Winterhilfe", „Für mich ist immer Lenz" und „Sehnsucht", und im März 1938, just als die Deutsche Wehrmacht in Österreich einmarschierte, „Wir alle wandern nach Golgotha…"

Wir wandern weh, wir wandern still,
Wir wandern so, wie Gott es will.
Die Erden ist hart, das Leid ist nah –
Für jeden gibt es ein Golgotha.

Wir tragen Lasten und dürfen nicht rasten,
Wir sind die Brücken, schier alles will drücken,
Die Schultern sind wund, das Kreuz ist da –
Für jeden gibt es ein Golgotha.

Wir wollen nicht sinken, denn drüben winken
Die ewigen Sterne der himmlischen Ferne.
Wir sind geborgen, der Heiland ist nah
Für jeden, der wandert nach Golgotha.

Ein Gedicht Luise Jandls landete 1937 in der in Aussig an der Elbe von Monsignore Heinrich Donat herausgegebenen, nach dem Anschluss der Sudetengebiete verschwundenen Zeitschrift *Die deutsche Familie*; ein anderes in der *Oedenburger Zeitung*. Die *Mütterzeitung* der österreichischen Einheitspartei Vaterländische Front druckte noch im Januar 1938 ihr Gedicht „Wir Mütter von heute". Als *Das kleine Volksblatt* in Wien am 15. Mai 1938 den Muttertag beweihräucherte, kam zum letzten Mal Luise Jandl mit dem tieffrommen Gedicht „Werdende Mütter" zu Ehren; oben auf der Zeitungsseite wird schon Hitler zitiert: „Ich hatte den Vater verehrt, die Mutter jedoch geliebt".

Ernst Jandls Freizeit stand unter strenger Kontrolle.

„Das Kino zum Beispiel war für meine Mutter eine Quelle sittlichen Verfalls oder zumindest großer Gefährdung. Das hat sich auf alles erstreckt bis
zu einem gewissen Alter, auf alle Filme, der erste Film war ‚Die weiße Hölle
des Piz Palü‘ von G.W. Pabst, da bin ich mit meinem Vater zum ersten Mal
ins Kino gegangen. Lesen durfte ich nur, was ihre Billigung gefunden hatte,
d. h. von vornherein Sachen, die sie gekannt hat. Das ist soweit gegangen, daß
Bücher, die der Deutschlehrer dann im Gymnasium empfohlen hat, zuerst von
ihr gelesen wurden, und wenn sie dann auf eine kritische Stelle gekommen
ist, durfte ich das Buch nicht lesen. Die ‚Buddenbrooks‘ z. B. von Thomas
Mann sind uns in der ersten Klasse im Schottengymnasium – von einem sehr
katholischen Deutschlehrer übrigens – sehr empfohlen worden. Natürlich ist
das so gegangen, daß meine Mutter das Buch zuerst gelesen hat, und dann
durfte ich es *nicht* lesen.“[71]

Die Mutter lehnte Karl May ab und schenkte ihm zu Weihnachten das 1928
erschienene Erbauungsbuch *Charakter des jungen Menschen* von Tihamer
Toth, Bischof von Veszprém. Ein Fehlgriff, denn „[d]urch dieses Buch bin
ich nicht durchgekommen.“

Ernst Jandl betonte, „daß es die Mutter war, die mit Gedichten begann,
worauf der Knabe, imitierend, alsbald seine eigenen schrieb und eine
Absicht fürs Leben faßte, und daß der Vater zeichnend und malend ebenfalls für die Kunst warb […].“[72] Doch diese Initiation war überschattet
von Mutters Krankheit, die 1940 mit ihrem frühen Tod im 37. Lebensjahr endete. Seit der Geburt von Hermann 1932 ließ die Myasthenie die
Muskeln der Mutter erschlaffen.[73] Mit dem Nachgeben der Sprech-, Kau-
und Schluckmuskulatur magerte Luise Jandl rasch ab.

„Ihre acht Jahre währende, zum Tod führende Krankheit, Myasthenia gravis,
steigerte nicht nur ihre Religiosität ins – wie mir damals schien – Maßlose,
sondern ließ sie auch mit dem Schreiben beginnen, erst von kurzer Prosa und
dann zunehmend von Gedichten. Das erste, was sie von dieser Krankheit
merkte, war, daß sie eines Tages beim Kämmen die Hände nicht hinauf bis
zum Kopf brachte, und dann kamen und gingen alle möglichen Symptome,

---

[71] Jandl 1991b, S. 13.
[72] „Autobiographische Ansätze“, Jandl 2016, Bd. 6, S. 425.
[73] Die Myasthenie kann verschiedene Ursachen haben. Dass man daran mit 39 Jahren stirbt, lässt auf
einen ungewöhnlich schweren Verlauf oder Zusatzfaktoren schließen. Die amtliche Todfallsaufnahme
ist im WStLA wohl indiziert, der Akt aber verschollen.

so daß es immer wieder ein paar Tage oder Wochen die Hoffnung gab nun sei alles überstanden aber das war es nicht, und es gab auch die Tage an denen sie nur mühsam sprechen konnte, nämlich so als ob ihr ein Kloß im Munde steckte. Trotz ihrer körperlichen Beeinträchtigung tat sie, infolge wachsender wirtschaftlicher Schwierigkeiten nur fallweise von einer Putzfrau unterstützt, die Haushaltsarbeit für fünf Leute praktisch allein, auf der Anrichte ('Küchenkredenz') zwischendurch ihre Einfälle notierend, aus den dann (wann eigentlich?) ihre Gedichte und Prosatexte entstanden."[74]

Ihr langjähriger Betreuer Prof. Hans Hoff musste als Jude schon 1938 flüchten. Sie starb, „den kopf an den arm meines vaters gelehnt",[75] am 6. April 1940 an einer beidseitigen Lungenentzündung in der Psychiatrisch-Neurologischen Universitätsklinik von Professor Pötzl.[76] Fünfzig Jahre später beichtete Ernst einer Vertrauten, wofür er sich besonders schäme, und was ihn noch immer belaste: Die drei Buben, er als ältester voran, hätten sich über die fortschreitende Ohnmacht der Mutter, ihr Antlitz zu beherrschen, lustig gemacht, ja Mutter nachgeäfft. Auf die Mutter bezogene Selbstbezichtigungen durchziehen sein ganzes Werk. Zu Weihnachten 1977 brachte er im Tonfall mittelhochdeutscher Klagen sein heulendes Elend zu Papier.

heunt

heunt sein ich drauffenkommen (heulnd)
daß in mein altern von firzen jahren
firzen jahren!! ich han verloren han
meinen mutteren (muttern) – und heunt
(heulnd) sein ich mehren denn zweienfümzig
mehren denn!! so sei ich (üch)
drauffenkommen: heunt! heulnd! heuleuleul!
sie han sich der dod gehohlen,
und ich sein seiter nicht erhohlen. (haaben).
gönnen! gönnen!

Damals gab es schon ein Familiengrab auf dem Hernalser Friedhof nahe am Eingang, wo Ernsts Großeltern Gregor und Maria unter viel Marmor

---

[74] „Autobiographische Ansätze", Jandl 2016, Bd. 6, S. 427.

[75] „Die Prophezeiung des Tischlers. Meine Schulzeit im Dritten Reich". *F.A.Z.*, 5.9.1981. Jandl 2016, Bd. 6, S. 436–442.

[76] „Anmerkungen zu ‚deutsches Gedicht'". Jandl 2016, Bd. 2, S. 473.

Abb. 7 Familiengrab in Wien am Hernalser Friedhof 2020. Die Namen in der Schatulle am Kreuz waren 2020 noch lesbar, das Gedicht „Wir alle wandern nach Golgotha…" nicht mehr. (Foto: Hans Haider)

beerdigt liegen. Für Luise wurde ein höher gelegener Ruheplatz gefunden.[77] Ein steiler Weg führt hangaufwärts. Ein geschmiedetes Eisenkreuz, schwarz lackiert, wacht über grünem Rasen. In einer Kassette ist die Abschrift des Gedichts „Wir alle wandern nach Golgotha…" hinterlegt; mit den Jahren ist sie vermodert. Drumherum ein Reif mit acht eisernen Rosen – ein Rosenkranz! Viktor Jandl ließ das Gedicht auch auf die Rückseite der beim Begräbnis verteilten Andenkenbildchen drucken. Auf der Vorderseite: ein Porträt der Heiligen Theresia vom Kinde Jesu, Karmelitin in Liseux, die ebenfalls Gedichte schrieb und jung starb. Viktor Jandl wurde 1973 neben Luise begraben, 1986 dort auch seine zweite Frau Hedwig.

Ernst Jandl setzte seiner Mutter ein Denkmal im Titel des Buchs, das seinen dauerhaften Rang in der Poesiegeschichte begründen wird: *Laut und Luise*. Dreimal wurde es aufgelegt: 1966 als teures Kunstbuch, 1972 als Taschenbuch, 1976 als stets lieferbares Reclam-Heft. „Ein Titel wie ‚Laut und Luise' kommt nur einmal im Leben, und man hat auch nur einmal im Leben eine Mutter, die Luise heißt", bekannte der Dichter, als er 1978 zu einer Autobiographie ansetzte, doch den Plan rasch aufgab.[78] Zum Namen

---

[77] Gruppe 67, Reihe 1, Nr. 24.
[78] „Autobiographische Ansätze". Jandl 2016, Bd. 6, S. 424.

von Mutter Luise drängt sich im Ohr das Wort ‚leise', und zwingend dazu das Gegenwort ‚laut', als Substantiv oder Adjektiv.

Zweimal Gymnasium: katholisch und nationalsozialistisch

Nach der Aufnahmeprüfung im Frühjahr begann für Ernst im Herbst 1935 der Unterricht im Schottengymnasium, einer Ordensschule der Benediktiner und für Buben in Wien die Lehranstalt mit dem höchsten Ansehen. Der 1922 in der Verbannung auf Madeira verstorbene Kaiser Karl I. war Schottenschüler. Dieses Privatgymnasium kostete Geld. Ernst erinnerte sich dankschuldig der drei Schuljahre, „als sich meine eltern noch das geld vom mund absparten, um mich ins schottengymnasium schicken zu können".[79] Der Schulweg war bequem: Ernst fuhr vom Südbahnhof mit der Straßenbahnlinie D über die Ringstraße, am Heldenplatz, Parlament, Rathaus und Burgtheater vorbei, zum Schottentor. Also durch das imperiale Wien, wo der Historismus in der Architektur im Stil der Neorenaissance seine Prunkfassaden aufgebaut hatte.

Zu festlichen Anlässen, etwa bei den Schulmessen, wurde die Schuluniform getragen, mit blauen Schiffchenmützen und einer Krawatte mit dem Pax-Christi-Zeichen. 54 Schüler saßen in der 1. Klasse.[80] Deutsch und Latein unterrichtete im ersten Jahr Dr. Ferdinand Schupp, ein Altphilologe auf Hochschulniveau. Der Sohn des Schalterbeamten Jandl überflügelte die Träger alter und junger Adelsnamen – wie Chavanne, Chiari, Corti, Gotthilf-Miskolc, Lennkh, Obenaus, Stockert – durch seine Leistung: Ernst bekam ein Vorzugszeugnis, mit ‚Sehr gut' in Betragen, Religion, Deutsch, Mathematik, Zeichnen, Handarbeit – und nur ein ‚Genügend' in Leibesübungen.[81] Vorzug auch in der zweiten Klasse. Sein Interesse für die Literatur muss früh aufgefallen sein. Als im August 1937, während des Familienurlaubs in Tirol, die Zeitungen aus ganz Mitteleuropa Unwetterkatastrophen meldeten, schickte Ernst das Gedicht „Hochwasser" an das regierungstreue *Neuigkeits-Welt-Blatt*. Am 19. September wurde die kurze,

---

[79] „anmerkungen zu ‚deutsches gedicht'". Jandl 1974, S. 62.
[80] Jahresberichte 1935/36–1937/38.
[81] Archiv des Schottengymnasiums Wien, Hauptkataloge 1935/36–1937/38.

an Schillers „Taucher" angelehnte Ballade abgedruckt. Der Autor: „Ernst Jandl. Schottengymnasiast". In der Klasse unter ihm war schon Wolfgang Kraus eingeschult, der 1961 die Österreichische Gesellschaft für Literatur gründen und ihm ein Helfer sein wird.

Zum Ende der dritten Klasse blieb der Vorzug aus: ‚Sehr gut' nur mehr in Betragen, Religion, Physik, ‚Genügend' in Latein, Englisch, Französisch, Griechisch, körperlichen Übungen. Drei Gründe dafür nennt Jandl in seiner unter dem Titel „Die Prophezeiung des Tischlers" in der *F.A.Z.* (5. September 1981) erschienenen Rückschau auf seine Gymnasialzeit:

> „Meine Mutter, […] zu Boden gedrückt durch die Hausarbeit für fünf, vergeblich ihre drei tollwütigen Söhne – dreizehn, neun und sechs – in Güte wie Strenge zu besänftigen suchend, war außerstande, meine Arbeit mit derselben Genauigkeit zu kontrollieren wie in den Jahren vorher und hatte überdies keinen Zugang zum Altgriechischen, dessen Unterricht in dieser Klasse einsetzte; ehe die ersten negativen Resultate evident waren, vertraute sie meinen Beteuerungen, es funktioniere auch ohne ihre Mithilfe alles klaglos."

Während Ernsts frühen Schuljahren veränderte sich der Staat Österreich. Einer Parlamentskrise folgte die Machtübernahme durch die Christlich-Sozialen im März 1933. Über das Land senkte sich das Monopol einer reaktionären Partei und ihrer bewaffneten Verbände. Sie erlaubte Offizieren a.D. wie seinem Großvater das Tragen kaiserlicher Uniformen und Orden. Schwarz-Gelb, die Farben der Monarchie, blieben Jandl verhasst. Im Gedicht „verscheuchung zweier farben" schreibt er sie zweimal und spiegelverkehrt und setzt dazwischen die Zeile s——c——h. Ob die Buchstaben so etwas ein Bekenntnisgedicht darstellen, fragte schon Helmut Heißenbüttel im Nachwort zu *Laut und Luise* 1966. Jandl zeigte nie Hemmungen, das Wort ‚Scheiße' laut, nachdrücklich auszusprechen.

Österreich war in drei Lager gespalten: Braun, Rot, Schwarz. Die Jahre 1933 bis 1938 nennen die Historiker, je nach Lagerzugehörigkeit, Systemzeit, Austrofaschismus oder Kanzlerdiktatur. Anton Wildgans, Josef Weinheber und Karl Heinz Waggerl gaben den lyrischen Ton an. In Paraden wurde den Wienern ländliches Brauchtum aus Österreich zwischen Puszta und Bodensee vorgeführt. Die christlich-soziale Alleinregierungspartei wandelte gerne den Lobspruch Franz Grillparzers auf Feldmarschall Radetzky zur Werbung für sie selbst ab: „In unserem Lager ist Österreich!"

Nach Hitlers ‚Tausendmarksperre‘[82] vom Mai 1933 drohte dem Touris-
mus der Ruin, der Staatsterrorismus aus Deutschland forderte Dutzende
Todesopfer. Die autoritäre Politik in Allianz mit der katholischen Kirche
und uniformierten Verbänden wuchs sich aus zur beklemmenden Alltags-
kulisse. Die von der Regierung und ihrer Einheitspartei („Vaterländische
Front") gegen alle „Anschluss"-Wünsche forcierte Österreich-Ideologie
stützte sich auf Hugo von Hofmannsthal. Sein Etikett „Kultur-Nation"
sollte ein neues Selbstwertgefühl in der 1918 ausgerufenen Republik
‚Deutsch-Österreich' zum Wachsen bringen. Für den Ständestaat adaptierte
der Hofmannsthal-Freund Leopold von Andrian in Schriften wie *Österreich
im Prisma der Idee. Katechismus der Führenden* diesen Staatskulturpatriotis-
mus für den ‚Ständestaat‘[83]. Der war immerhin nicht antisemitisch, aber
ignorierte oder bekämpfte die radikale Moderne. Nach dem neuerlichen
Weltkrieg und dem Holocaust wurden das Burgtheater, die Staatsoper und
die Salzburger Festspiele wiedererrichtet als Stützen eines so restaurativen
wie repräsentativen Kulturbetriebs. Als „salzburger fetzenspiele", „burgentheatern", „operan" wird sie Jandl 1976 im Konversationsstück *die
humanisten* zorn- und lustvoll schänden.

„Bis in den Tod! Rot-Weiß-Rot! Österreich!": Mit diesen Ausrufen
beendete Bundeskanzler Kurt Schuschnigg am 24. Februar 1938 im Parla-
mentsgebäude seinen Widerstandsappell gegen Hitler. Im Kürzestgedicht
„eine fahne für österreich" [„rot / ich weiß / rot"][84] gab Jandl ein Echo.
Nach Schuschniggs von Hitler erzwungenem Rücktritt am 11. März
1938 jubelten die Nazis: „Der Kurt ist furt / die Missgeburt / Jetzt geht's
uns gurt". In den *humanisten* kehren die Reime wieder: „der kurten sein
furten / die missen geburten / jetzt es gehen uns gurten".[85] Jandl memorierte
noch im Alter öfter den rohen Spruch und wusste um sein eigenes
Dilemma: Für Schuschnigg wollte er, als ein Nachkriegs-Sozialdemokrat,
kein Verständnis riskieren, doch die Siegesfreude der Nazis konnte er erst
recht nicht teilen. Er hatte sie hautnah erlebt: „14jährig, auf der Wiener

---

[82] Nach der Ausweisung von Hans Frank, damals bayerischer Justizminister (später Generalgouverneur in Krakau, 1946 in Nürnberg gehenkt) aus Österreich im Mai 1933 erließ die Reichsregierung ein Gesetz, das jeden Deutschen vor einer Reise nach Österreich die Zahlung von 1000 Reichsmark auferlegte. Da zuvor ca. 40 % der Touristen aus Deutschland kamen, entstand Österreich großer wirtschaftlicher Schaden. 1000 RM hatten damals eine Kaufkraft von ca. € 4800.

[83] So die Selbstbezeichnung dieses Einparteienstaates; auch als Austrofaschismus, Klerikalfaschismus oder Kanzlerdiktatur beschrieben.

[84] *Manuskripte* 25, 1969.

[85] *Manuskripte* 54, 1976.

Ringstraße, nahe dem Heldenplatz, eingezwängt in eine Menge, die zu einer Kundgebung gekommen war".[86]

Keinen Lebensabschnitt beschrieb Ernst Jandl genauer als die Schulzeit vom März 1938 bis zum Februar 1943, von der vierten bis zur achten Klasse Gymnasium und Matura in der Kundmanngasse. Mittendrin: der Tod der Mutter 1940, „nach einer letzten bitteren Klage über den Kummer, den ihr die drei Söhne seit Jahren bereitet hatten. Der zweite Grund war das stürmische Einsetzen meiner Pubertät; der dritte die politischen Erschütterungen, von denen auch ein Dreizehnjähriger nicht unberührt blieb."[87]

Nach dem Einmarsch der Deutschen Wehrmacht im März 1938 machten sich bei den Schotten sofort Karrieristen wichtig, die die ganze Klasse, ohne die jüdischen Mitschüler, der Hitlerjugend zuführten. So wurde Ernst für drei Monate Hitler-Junge. Statt Schotten-Uniform nun weißes Hemd, kurze Hose, weiße Kniestrümpfe, und statt der erbauenden Einkehrtage Geländespiele. Den Benediktinerpatres wurde das Schule-Halten bald verboten. Die Mutter wollte Ernst ins staatliche Akademische Gymnasium, schicken, ebenfalls eine Prestigeadresse. „Ich leistete ihr entschiedenen Widerstand, da ich mich eher nach unten gezogen fühlte, ins Allgemeine, erhofft Vulgäre, als hinauf ins angeblich Besondere, dessen Tücken ich in den letzten drei Jahren erfahren hatte."[88] Darum landete er im Herbst 1938 im Gymnasium seines Heimatbezirks Landstraße in der Kundmanngasse, von daheim nur wenige Stationen mit der 4er-Tram entfernt. Aus dem Schottengymnasium zog ein einziger Kamerad mit in die Klasse 4b: Ludwig Ambrozi aus einer geadelten Ärztedynastie; er stieg auf zum Professor für Neuropsychologie; nach seinem Tod 1996 sprach Ernst für ihn die Trauerrede.

Am 1. September 1939 beginnt das neue Schuljahr mit Ernst Jandl in der 5b und der Weltkrieg mit dem Überfall auf Polen. In der Kundmanngasse war Ernst gewitzt genug, der Ha-Jott zuvorzukommen, indem er einen Erste-Hilfe-Kurs besuchte und beim Deutschen Roten Kreuz eine Mitgliedskarte löste. Ernsts Klassenvorstand in den fünf Jahren hieß Ferdinand Rudisch, ein Altphilologe mit Parteibuch. Er galt bei den Schülern als „nicht allzu gefährlich". In Deutsch und Englisch bekam er Anton Sieberer als Lehrer.[89] An ihn wird er sich noch fünfzig Jahre später erinnern in einem

---

[86] Höllerer 1967, S. 383.
[87] „Die Prophezeiung des Tischlers". Jandl 2016, Bd. 6, S. 436.
[88] „Die Prophezeiung des Tischlers". Jandl 2016, Bd. 6, S. 437.
[89] *150 Jahre die Kundmanngasse GRG 3*. 2019. Wien: Eigenverlag.

Offenen Brief an den Architekten Roland Rainer, Präsident im Österreichischen Kunstsenat und als EU-Gegner hervorgetreten vor der Volksabstimmung 1994 über den Beitritt Österreichs: „Sie hatten nicht Dr.
Anton Sieberer zum Lehrer, der uns von der Vision eines Pan-Europa[90]
erzählte, ohne Krieg, ohne Diktatur, ohne Verfolgung. Mit glühenden
Wangen hörten wir ihm zu, und von dem schon lange verstorbenen Mann
haben wir noch immer die Botschaft im Herzen: *Auf zu einem Vereinten
Europa!*"[91] Sieberer formte auch Jandls Ohr für die Lautbildungen. Er
habe – so Jandl 1997 vor Wiener Germanisten in deren Bibliothek – „jeden
Konsonanten auf die gefühlsmäßige Befindlichkeit untersucht. So wird das
M als besonders die Ablehnung aussprechendes Ungeheuer dargestellt."[92]

Eine 250-Seiten-Anthologie mit Lyrik der Gegenwart wurde das Haus-
buch des Gymnasiasten.[93] Die Auswahl beginnt bei Storm, Hebbel,
Fontane. Im Expressionismus führt die Spur über Franz Werfel, Georg
Heym, Georg Trakl und Else Lasker-Schüler zu *Hymnen* 1923/24 von
Johannes R. Becher[94] sowie Wilhelm Klemms und August Stramms Front-
gedichten. Je drei Gedichte von Becher, Klemm und Stramm nannte Jandl
später seinen „lyrischen Proviant zwischen 1938 und 43". „Angeregt durch
diese Anthologie habe ich dann auch selbst Gedichte geschrieben – ohne
daß ich die bewunderten Vorbilder auch nur in irgendeiner Weise erreichen
konnte."[95] Sein engster Schulfreund Dietrich Burkhard begeisterte ihn
für das ebenfalls darin abgedruckte Gedicht „Was ich liebe" des Wieners
Felix Dörmann, geboren 1870. Der Herausgeber Oskar Benda stelle ihn
als „Gipfelpunkt deutscher ‚Verfalls'- (Dekadenz)poesie" vor. Doch nach
solcher gierten „wir fiebernden, denkend gequälten, zerstochenen Herzens,
wir fahlen, bleichen, müden, uns nach Freiheit verzehrenden, nach Frauen
glühenden, wir klagenden, bangenden, seltsamen, kranken Knaben von
einst", bekannte Ernst Jandl ein halbes Jahrhundert später in einer Inter-

---

[90] 1922 gründete Richard Coudenhove-Kalergi (1894–1972) die „Paneuropa-Union" als übernationale
und überparteiliche politische Bewegung mit einem vereinten Europa als Ziel. Sie hatte ihr Zentralbüro
in Wien in der Hofburg, wurde von den Nationalsozialisten verboten und wurde 1945 wiederbelebt.

[91] „Offener Brief an einen großen alten Mann", *Die Presse*, 11.6.1994.

[92] *Der Standard*, 10.4.1997.

[93] Die Lyrik der Gegenwart – Von der Wirklichkeits- zur Ausdruckskunst. Eine Einführung von Dr.
Oskar Benda. 1926. Wien u. Leipzig: Österreichischer Bundesverlag.

[94] Becher schuf 1949 den Text der nur in der DDR akzeptierten deutsche Nationalhymne „Aufer-
standen aus Ruinen".

[95] Jandl 1991b, S. 16.

pretation von „Was ich liebe" für Marcel Reich-Ranickis *Frankfurter Antho-logie*.[96] Die letzte der sechs Strophen:

Ich liebe, was niemand erlesen,
was keinem zu lieben gelang:
mein eignes, urinnerstes Wesen
und alles, was seltsam und krank.

Aus Bendas Anthologie gewann Jandl ein erstes literaturkritisches Rüstzeug. Dort war Johannes R. Bechers lyrisches Programm in nur drei Zeilen vorgestellt: „Der Dichter meidet strahlende Akkorde. / Er stößt durch Tuben, peitscht die Trommel schrill. / Er reißt das Volk auf mit gehackten Sätzen."[97] Auch Wilhelm Klemm programmatisches Stoßgebet[98] fand in Jandl einen begeisterten Leser: „O Herr, vereinfache meine Worte, / laß Kürze mein Geheimnis sein. / Gib mir weise Verlangsamung. / Wie viel kann beschlossen sein in drei Silben!" Er wird in *Laut und Luise* vormachen, wie viel in drei Lauten oder drei Buchstaben beschlossen sein kann. Oder gar in einem.

Das NS-Schulsystem stellte die „Leibeserziehung" über alle anderen Fächer, auch im Zeugnisformular des humanistischen Gymnasiums. „Zufriedenstellend bis auf die Leibeserziehung" wurden seine Leistungen beurteilt im Schuljahr 1939/40, in dem er seine Mutter verlor.[99] Und er sei „kameradschaftlich, aber im falschen Sinn, daß er gelegentlich Schwindel unterstützt." „Sehr gut" ist er nur in Deutsch und Kunsterziehung. In der Klasse 6b, 1940/41 mit 20 Schülern, werden im Hauptkatalog eine Besserung in den Leibesübungen notiert sowie „lebhaftes Interesse für Literatur und Kunst". In der 7b 1940/41 bekommt er Eva Hitschmann[100] in Deutsch, auch sie war wie Anton Sieberer gegen das Regime resistent.

1940 starb die Mutter. Ernst rannte oft mehrmals am Tag ins Kino.[101] Nun durfte er lesen, was ihm verboten war, und selbstverständlich griff er zur *Josefine Mutzenbacher*. In den Romanen von Maria von Peteani, nur damals populär, tummeln sich starke Frauen, die die Ehe verachten, und

---

[96] „Ein Gedicht und ein Freund". 1992. Frankfurter Anthologie Bd. 15.

[97] Benda 1926, S. 231.

[98] Benda 1926, S. 233.

[99] GRG 3 Kundmanngasse, Archiv, Hauptkataloge 1939/40–1942/43; 1938/39 ist verloren.

[100] Nach dem Krieg Direktorin des Gymnasiums Wien 13, Wenzgasse.

[101] Jandl 1991b, S. 13–14.

Prostituierte. In der Schule wich man dem Gesinnungsdrill von oben in eine Unterschicht-Lässigkeit aus. Jandl beschreibt den bewunderten Typ des ‚Schlurfs' mit geöltem langem Haar, Taschenkamm in der Brusttasche des Sakkos und schmaler langer Krawatte. In Gruppen und solo inspizierte man die dürftige Rotlichtszene, so das in einem Gedicht schon 1957 gewürdigte Etablissement „Lou" in der Kleeblattgasse.[102] Vor der Einberufung zur Wehrmacht möglichst viel Leben tanken! Tröstlich ein Heldentod mit viel Leben hinter sich. Wer noch nichts erlebt hat, war tot der ärmste Hund. Das Leben, über das man in der Schule schon so rüde wie beim Militär sprach, waren ‚die Weiber'.

Voll Neugier und Begeisterung näherte man sich auch allem Neuen, Spitzen, Explosiven in der Kunst. „Von moderner bildender Kunst erfuhren wir, wenngleich nur in dürftiger Andeutung, aus dem Katalog der Ausstellung ‚Entartete Kunst', deren Besuch Jugendlichen untersagt war."[103] Diese Bilder- und Skulpturenschau machte im Frühjahr 1939 in Wien im Künstlerhaus Station. Moderne Architektur blickte in der Kundmanngasse streng zu den Klassenzimmerfenstern herein: die 1925/28 nach Plänen von Paul Engelmann und Ludwig Wittgenstein für Margarethe Stonborough, Schwester des inzwischen nach Cambridge emigrierten Philosophen, erbaute Villa.

Dietrich Burkhard, der versierteste Klavierspieler in der Klasse, machte Ernst mit Paul Hindemiths dissonanzenprallem Suite *1922* bekannt sowie mit Ernst Kreneks schon 1931 aus dem Repertoire der Staatsoper verbannten Oper *Jonny spielt auf*. „Über mein stümperhaftes Klavierspiel, ihm lange verborgen, war er entsetzt; ich hielt mich besser an meine Gedichte." „Dietrich Burkhard gehörte zu denen, die meine erste ‚Seele' begutachteten … er war der einzige, dem ich damals meine Gedichtversuche zeigte".[104] Burkhard starb im Februar 1944 bei einem Fliegerangriff auf einen Transport nahe Halle, den er als Soldat begleitete. Erst im Dezember 1945 erfuhr Ernst davon aus einem Brief seines Vaters in die Gefangenschaft nach England. Er setzte Dietrich in einem der frühesten Gedichte, mit 25. Mai 1952 datiert, ein Monument: „lebensbeschreibung in erinnerung an dietrich burkhard". Dort tauscht er sein Ich in einer gespenstischen Blutsbrüderschaft mit dem des Freundes: „ich habe dietrich geheißen".[105]

---

[102] „Kleeblattgasse". Jandl 2016, Bd. 2, S. 301.

[103] „Die Prophezeiung des Tischlers". Jandl 2016, Bd. 6, S. 439.

[104] „Poesie und Engagement (1)", Vortrag an der Technischen Universität Wien 20.4.1977, fol. 10.

[105] „lebensbeschreibung". Jandl 2016, Bd. 2, S. 204.

Gertrude und Edeltraud

Der Vater, tagsüber in der Bank, war mit der Aufsicht über drei aufgeweckte
Buben bald überfordert. Also ging er auf Brautschau. Die Chronistin aus der
Humula-Linie Evamaria Glatz wollte wissen, dass Viktor bei der ebenfalls
kurz zuvor verwitweten Schwester Luises anklopfte. Das wurde von Ernst
und Hermann Jandl empört zurückgewiesen.[106] Wohl bald nach seiner
Heirat mit Hedwig Nikotowicz am 18. April 1942 wurde die Schwangerschaft der 19 Jahre alten Hausgehilfin Gertrude, genannt Trude, Schiller
aus Ottenschlag im Waldviertel offenbar. Eine Abtreibung, an die Ernst
dachte – er blieb immer ein Befürworter und zwängte dieses Thema auch in
sein Sprechstück „die humanisten" –, kam für seinen Vater aus katholisch-
moralischen Gründen nicht in Frage. Nichts im späteren Leben – auch
nicht als ihn die Militärmaschinerie, Tritt für Tritt in den Arsch, verein-
nahmte – kippte Ernst Jandl jäher aus dem Gleichgewicht, als mit sechzehn
als Vater registriert worden zu sein und doch berechtigte Zweifel zu haben.
Noch während Trudes Schwangerschaft nutzte er die Chance, sich nicht als
ein Gestraucheletr auf dem Pfad der Moral, sondern als ein Suchender auf
dem Heilsweg zur Kunst in Szene zu setzen. Seine junge Deutschlehrerin
Eva Hitschmann gab ihm, wahrscheinlich mütterlich-fürsorglich gezielt, den
Anstoß zu einer Selbstdarstellung, indem sie ein Goethe-Wort aus den *Wahl-*
verwandtschaften als Thema ausgab: „Man weicht der Welt nicht sicherer aus
als durch die Kunst und man verknüpft sich nicht sicherer mit ihr als durch
die Kunst."

Ernst setzte am 17. Juni 1942 während zweier Schulstunden eine
1000-Wörter-Reinschrift ins Schulheft – sein wahres Opus 1, ein erzähltes
Selbsterlösungs-Drama und das erste von vier Theaterstücken mit und
über sich selbst. Das zweite, das Libretto einer Kammeroper im Auftrag
des Komponisten Paul Fürst, schloss Jandl im Sommer 1959 ab: „Anti-
Rousseau", ein Familientableau als Kammeroper, mit der Denunziation
eines Vaters als Verführer minderjähriger Mädchen und einem Knaben
wie er selbst einer war als beobachtendes Kind aus erster Ehe. Das dritte,
„Sebastian – Meine jetzige Situation", zwölf Szenen aus dem Leben eines
Mannes mit dem Namen des als homoerotische Ikone verehrten Märtyrers,
blieb als Entwurf liegen, wahrscheinlich weil Ernst Jandl das Drei-Zeilen-
Schema und den Konjunktiv entdeckte für sein viertes, als einziges

---

[106] Glatz 2009, S. 112.

publiziertes und auf den Bühnen erfolgreiches abendfüllendes Stück *Aus der Fremde*, 1979.

Ernst Jandl verfasste seinen Schulaufsatz als ertappter Liebhaber, doch wahrscheinlich noch unbelastet vom Wissen, dass Fräulein Trude schwanger ist. Mit Kunstanspruch schrieb er als Sünder seine Erlösung durch die Kunst herbei, und das schon „wie gedruckt", indem er mit die Zeilen nicht füllenden Kürzestabsätzen Buchtypographie simulierte. Mit Furor unter Leidensdruck stürmt das angeschlagene Ich voran:

> „Hier stehe ich und dort steht das Weib – zwischen uns, um uns aber ist das Schicksal …
>
> Das Weib! Früher Inbegriff alles Göttlichen, ist es mir jetzt eine Ausgeburt der Hölle. Ich hasse die Kreatur, die mich dem Untergang geweiht, ich hasse das ganze weiblich Geschlecht, ausrotten möchte ich sie, alle, alle sind nur Dirnen, gottverfluchte …
>
> Aber ich …
>
> Bin ich besser?
>
> Bin ich nicht das schrecklichste Untier, das zwischen Himmel und Hölle vegetiert?
>
> Meine Finger krampfen sich um das Stück Stahl, das allein rettungsverheißend mich anglotzt aus finsterem Auge. Dann aber werfe ich es weg: So teuer als möglich will ich es verkaufen, mein Glück, mein Leben, nicht achtlos zertreten.
>
> Ich rase durch Straßen, die vollgepfropft von Menschen, ich blicke die Weiber mit sturem Blick an: Alle, alle ermorden, in ihrem Blut sich wälzen – seligste Erfüllung …
>
> Überall grinsen mich aufreizende Huren an, die mich in verlogener Umarmung erwürgen wollen, Dämonen rennen auf mich zu, nackte Leiber kollern über die Fliesen und reißen mich mit Schlangenarmen in die Gosse, Leute, die ich anremple und niederrenne, schreien mich an, alles um mich versinkt in einem unentrinnbaren Wirbel, ich klammere mich an einem Laternenpfahl an, lasse es an mir vorbeirasen, meine Knie schlottern, ein bitter galliger Geschmack erfüllt meinen Mund."[107]

Mehr Otto Weiningers *Geschlecht und Charakter* als Nietzsche, mehr Strindbergs *Inferno* und *Nach Damaskus* als Wagner und ein bisschen *Faust* begleiten ihn auf dem Weg der Läuterung. In einer von Kerzen erleuchteten Halle findet er sich wieder, weiß gekleidet. „Die Mutter – jetzt schon lange tot – führt mich zum Altar." Noch verflucht er den Heiland der Kindheit.

---

[107] LIT 139/W1133.

„Auf einmal sehe ich den Weg, den Pfad des Vergessens. Mag es auch ein Trug-
pfad sein, er muß Rettung bringen.
Vergessen! Lösung vom Irdischen, Aufstieg zum Höchsten, zum Unwirk-
lichsten, zur seligen Lüge …
Ich kniee.
Schwer ist meine Schuld, aber ich will sühnen.
‚Mea culpa‘.
Dumpf anklagend stampft die Orgel auf mich ein, sie spielt für mich allein.
Ich weine.
Ich bin wieder das, was ich war, als mich die Mutter zum Heiland führte, ich
will wieder Kind werden – ich falte die Hände …
Da braust es wieder auf, kraftvoll erhebend.
‚Te Deum, laudamus!‘
Unsichtbare Hände richten mich auf, und Gott spricht zu mir, ein großer,
gewaltiger Gott:
‚Kämpfe!‘“

Der Leidensdruck ist christkatholisch abgebaut, die Mutterbindung per-
petuiert. Der junge Mann schreitet nun friedvoll eine Straße voran mit dem
Vorsatz „Ich muß ein anderer werden! Demut und Entsagung sollen mein
Lebensziel sein." In einem Park wartet die Erlösung der anderen Art: „das
jüngste Kunstwerk des großen Bildhauers". Ein Name ist nicht genannt.
Der von Arno Breker drängt sich auf.

„Es ist der Leib eines jungen Mädchens, die kaum erwachte Blüte, in weißem
Marmor gehauen.
Seltsam, wie schnell die Töne der Orgel, der Bann des Domes bei diesem
Anblick verfliegen.
Dieses keusche Antlitz, der junge, marmorne Mund. Wenn man ihn wach-
küssen könnte!
Der wohlgeformte Hals, die jugendstraffen Brüste … Der Blick, erst künst-
lerisch-kritisch betrachtend und abwägend, gleitet langsam ins Sinnliche …
die Brüste abwärts, die wohlgeformten Hüften …
[…]
… dann braust das Blut in mir wie eine wild dämonische Melodie, von der
jedes Te Deum verstummen muß …
Ich starre das Marmorbild an … Kunst … Leben … ein einziges, höllisches
und himmlisches zugleich!
- - - - - - - - -
Ich rase auf in sinnlichen Wirbel hämmernden Rhythmen, ich kralle gierig die
Finger in das nackte Fleisch des Weibes, ich hebe die Hände zum Schwur, zum

Bekenntnis des blühenden Lebens, das mir an der Schwelle des Todes gezeigt wurde durch lebensspendend – lebensbejahendes Menschheitsschaffen, das die Gewalt in sich hat, Tote zum Leben zu erwecken."

Die Deutschlehrerin schrieb ihr Urteil darunter: „Das Goethewort wird nicht vom Standpunkt verschiedener Erfahrungen aus beleuchtet, sondern durch das dichterisch gestaltete Erlebnis eines Menschen gedeutet. Sehr gut."[108]

Ernst nahm das Heft mit nach Hause und bewahrte es auf. Jahrzehnte später versuchte er ein knappes Resümee:

„Die Zeit im Gymnasium, abgeschlossen mit dem Abitur, verlief, im ganzen gesehen, trist, und blieb von persönlichem Mißgeschick nicht verschont. Diesem meinte ich durch Versuche im Schreiben begegnen zu können, ja ich hegte durch lange Zeit die Vermutung, Unzulänglichkeit im Leben gehöre zu den Voraussetzungen für Kunst."[109]

Hedwig wohnte mit ihren Großeltern väterlicherseits sowie ihren Eltern in einer Villa mit großem Garten in der Auhofstraße 243 am Westrand Wiens, in Hütteldorf-Hacking.[110] Sodass Viktor ein zweites Mal zu einer Ehegattin ziehen konnte. Wie Viktor zeigte Hedwig künstlerische Ambitionen. Noch heute schmücken viele Hinterglasbilder mit frommen Motiven die Wohnungen ihrer beiden Kinder. Viktor Jandl brachte Robert, dreizehn, und Hermann, zehn, in die Villa Nikitowicz mit. Briefe belegen, dass Hedwig sofort als neue „Mama" akzeptiert wurde; auch von Ernst.[111] Der blieb nun in der zu großen Wohnung am Landstraßer Gürtel zurück – in einem Quartier ohne Aufsicht. Weihnachten wurde gemeinsam gefeiert. Zu Weihnachten 1942 verschenkte er Egon Caesar Conte Cortis Maria-Theresia-Buch mit der Widmung „Dein Enkel Ernst".

Die Sommerferien 1942 verbrachte Ernst in Lackenbach im Burgenland. Dort erreichte ihn die Aufforderung zur Musterung für den Reichsarbeitsdienst (RAD).[112] In der Schule in der Kundmanngasse wurden im Herbst

---

[108] LIT 139/W1133. Gruppe 1.17.2, Schulzeit Schulheft Deutsche Arbeiten 1941/42.

[109] Entwurf in LIT 139; Faksimile in Ernst Jandl vernetzt. Schweiger 2010 [Stichwort: Glaube].

[110] Michael Nikitowicz, geb. 8.9.1882 Wien, Sohn des Theophil Nikitowicz und der Maria, geb. Pfeiffenberger, Oberleutnant der Reserve, Verwaltungsbeamter der Stadt Wien, als Amtsrat in den Ruhestand getreten, gest. 7.5.1963. Heirat am 6.2.1909 Pfarre Ober St. Veit mit Anna Nikitowicz, geb. Holzner, geb. 4.6.1886 in Maria Brunn, gest. Mai 1979.

[111] LIT 139/99, 2.3.1.1–2.3.1.3.

[112] LIT 139/L11.

1942 die Klassen 8a und 8b zusammengelegt, mit nunmehr 17 Schülern. Zu viele waren schon zum RAD und zur Wehrmacht einberufen. Ernst war seit September als Luftschutz-Melder registriert. Ein Gedicht legt die Vermutung nahe, dass er sich vorm Militär drücken wollte, doch ein Arzt verweigerte ihm die Diagnose, dass er geistig nicht für das Militär gerüstet sei: „leute wie sie / werden heute dringend an der front gebraucht / wo sie im nu, das garantiere ich ihnen junger freund / von ihrer sie jetzt so beunruhigenden / nervenschwäche kuriert sein werden."[113]

Das Schuljahr endete vorzeitig mit Ende des zweiten Trimesters am 27. Februar 1943. Wer in der achten Klasse war, bekam mit diesem Datum ein Maturazeugnis ohne Maturaprüfung. Den schon nach der siebten Klasse in die Uniform Gezwängten wurde ihr Maturazeugnis nachgeschickt, wenn sie eine Bestätigung ihrer Einheit schickten. Rasch meldeten sich ein Flieger aus Brüssel, ein Obergrenadier im Lazarett, ein Kanonier aus Olmütz, ein Funker in der SS.

Ernst Jandls allgemeine Beurteilung im verkürzten Schuljahr: „Körperlich weniger kräftig, aber willig in der Leibesübung; lebhaftes Interesse für Literatur, diszipliniert und kameradschaftlich."[114] Die Leibesübungsnote im Maturazeugnis: ausreichend. Sehr gut in Deutsch und Kunsterziehung. Er weiß, dass kein Studium, sondern Kommiss und Krieg auf ihn warten. Er hält inne mit einem Gedicht, datiert mit 3. März 1943 und geschult an August Stramm[115]:

Vor der Entscheidung

Das grosse Tor ist zu.
In finstrer Ruh
Oed und verlassen
Liegen die Gassen.
Oellaternentran
Träufelt zur Erde.
In mir fängt Toben an
Wie Huftritt scheuer Pferde.
Zu ist das Tor.

---

[113] „gerade *weil* ich". Jandl 1999a, S. 35.
[114] Bundesgymnasium und Bundesrealgymnasium – GRG3 Kundmanngasse. Archiv. Haupt- und Klassenkatalog 1942/43.
[115] Faksimile in Siblewski 2000, S. 49.

Nun Mut empor!
Die Hand zuckt vor
Sinkt nieder
Greift die Klinke wieder.
Wild tost das Herz
Das Tor reisst auf
Ein zager Schritt
Ein schneller Tritt
Schneidender Schmerz
Die Hand krampft zitternd
Um die Schnalle:
Entscheidung falle!

Gleich hieß es schon im Reichsarbeitsdienst zu malochen, im Lager ‚Otto Planetta' in Pottenbrunn (Niederösterreich), von den Nazis benannt nach einem der Todesschützen auf Bundeskanzler Dollfuß. Zur Vereidigung am Muttertag im Mai lud Ernst die Eltern ein. In Reihe standen Burschen in schmutzig-grauem, hundertmal gewaschenem Tuch. Ende Juni endete der Drill mit dem Spaten. Jetzt wurde er zur Wehrmacht eingezogen.

Drill und Liebchen in Mähren

„Nach ziemlich unangenehmer Fahrt von 18 Stunden im Viehwaggon bin ich hier angekommen", schreibt Ernst am 27. Juli 1943 aus der Alt-Starhembergkaserne in Olmütz in Mähren.[116] Wie schon der Vater und Großvater hatte er als Kanonier begonnen. Sein Cousin Herbert Humula[117] war ebenfalls bei der 1. leichten Artillerie Ersatz- und Ausbildungsabteilung 102 gelandet.[118] Dort lernte er als Kameraden Kurt Skalnik kennen,[119] später in der Hofburg in Wien im Dienst mehrerer Bundespräsidenten. Von daheim erbittet er sich Zigaretten, Alkohol und Gedichte. Zum Scharfschießen wird nach Bruck an der Leitha ausgerückt, mit Ernst als Richtkanonier.

---

[116] LIT 1939/99, 2.3.1.2/2, Briefwechsel Jandl Viktor u. Hedwig (geb. Nikitowicz) – Ernst Jandl. In Teilen abgedruckt in Siblewski 2005.

[117] Am 5.11.1944 bei Snina in der Ostslowakei gefallen. Glatz 2009, S. 130.

[118] Erkennungsmarke -1707-, A.E.u.A.A.102. Abgang zum Grenadier-Ersatz-und-Ausbildungs-Bataillon 482 am 2.12.1943. Deutsches Bundesarchiv B 563/57649, S. 281.

[119] LIT 129/B1533 Walter Werger.

Die Engländer und Amerikaner sind soeben in Italien gelandet. Aus der Ukraine melden die deutschen Heere größere Erfolge. Daheim wird am 4. Oktober Roswitha geboren, Vaters viertes Kind. Aus Wien kommen auch unangenehme Nachrichten: Das Bezirksjugendamt Josefstadt, es ist Amtsvormund, will von Viktor Jandl den Unterhalt für Ernsts Tochter Traude eintreiben.[120] Doch zahlungspflichtig für Soldatenkinder ist der Staat. Ernst will Formulare für eine Fernimmatrikulation an der Universität.[121] Dem Vater bekennt er, das Militär habe alle seine politischen und weltanschaulichen Ansichten erhärtet – „nur daß ich noch wesentlich radikaler geworden bin".[122] Doch weiß er: Seine Chancen, heil aus dem Krieg davonzukommen, steigen mit einer Ausbildung zum Offizier. Er beginnt sie in einem Auslesekurs in Brünn.[123] Ernst muss, was er befürchtete, nach dem bestandenen Eignungstest für einen Reserve-Offiziers-Bewerber-Lehrgang die Artillerie verlassen und wird zur Infanterie[124] nach Mistelbach im Weinviertel überstellt. Die Kriegsweihnacht 1943 feiert die ganze Familie in der Auhofstraße. Auf Robert und Hermann wartet schon die Kinderlandverschickung. Erste Station: Els im Waldviertel.

Aus Mistelbach schickte Ernst mit der Post zwei Gedichte an den Vater mit der Bitte, sie abzutippen. „Fabrik" vom 11. März 1944 („Grau reckt sich das kahle Gemäuer…") blieb unveröffentlicht. Mit dem anderen, ohne Titel, provoziert er bei der Feier für einen Reserve-Offiziers-Bewerber-Lehrgang einen Eklat. Nach seinem Vortrag erhoben sich die Offiziere wortlos und verließen, gefolgt von den Feldwebeln und Unteroffizieren, den Raum. „Damit war die Feier beendet, und keiner der im Festsaal Zurückgebliebenen machte mir einen Vorwurf."[125] Grenadier Jandl hatte Wilhelm Klemm und August Stramm zu einem Frontgedicht mit einer für ihn gefährlichen Drohung weitergeschrieben:

Kotverkrustet, ausgemergelt,
wankt in wundenmüdem Tritt

---

[120] Abgang zum Grenadier-Ersatz-und-Ausbildungs-Bataillon 482 am 2.12.1943. Deutsches Bundesarchiv B 563/57649, Seite 281. LIT 1939/99, 2.3.1.2/2, 4.11.1943.

[121] Keinerlei Registrierung in den Matrikeln der Universität. Auskunft Archiv der Universität Wien.

[122] LIT 1939/99, 2.3.1.2/2, 23.10.1943.

[123] 2./s. Art./Ausb. Abt. (mot.) 109, Vorschulungslehrgang.

[124] Gren. E.J. ROB = Lehrgang 2./Gren. Ers. U. Ausb. Btl. I./482 Mistelbach. LIT 1939/99, 2.3.1.2/2, 9.12.1943.

[125] „1944". Jandl 2016, Bd. 6, S. 405.

graues Heer durch graue Straßen
und ich wanke mit ......

Lippen, schmerzensmüd zerbissen,
Haar zerrauft und stur der Blick,
lumpeneingehüllt, zerrissen –
stumm wanke ich mit ......

Weiter geht es. Endlos, ewig
pulst der gleiche dumpfe Schritt
durch die Menschen aller Zeiten.
Doch ich – geh nicht ewig mit.

In Mistelbach begann Ernst Mitte Juni 1944 ein Bekenntnis und eine Rechtfertigung unter dem Titel „Gertrude" in einem Schulheft zu notieren.[126] Der erste Griff in die Unterwäsche datiert auf den Tag, an dem Hitler den USA den Krieg erklärte, am 11. Dezember 1941. Hier wird auch deutlich gemacht, dass Gertrude mit einem Soldaten namens Franz verlobt ist. In der Reinschrift[127] ist die Erfüllung des Wunschtraums dramatisch stilisiert.

„Ich danke euch für den Gott, den ihr mir in meiner Kindheit gegeben habt, mit allen seinen seelenlosen, starren Lehren, mit denen ihr mich zum Heiligen machen wolltet. Lange genug mußte ich Komödie spielen, mit eurem jämmerlichen Gott habt ihr mich lügen und heucheln gelehrt, jeder Gang zur Kirche, zum Beichtstuhl, zur Kommunion war Hohn, nichts als furchtbarer Hohn. [...] Jetzt wundere dich nicht, Vater, wenn ich gerade das Gegenteil von dem werde, was euch im Traum vorschwebte. Ich fühle, ich weiß, daß auf die Zeit der völligen Abgeschlossenheit eine furchtbare Reaktion folgen muß. Das ist nicht nur Notwendigkeit, das ist auch mein Wille. Aber Eure Schuld.' Mein Vater steht auf, kreidebleich. Sein Gesicht zuckt. Seine Hände umkrampfen die Lehne des Stuhles. Plötzlich reiß er beide Fäuste hoch, das Weiß seiner Augen quillt aus den Höhlen, seine Stimme brüllt gellend wie die eines Wahnsinnigen: ‚Verfluchter!' Ich lächle. Dann drehe ich ihm den Rücken zu und warte, bis er gegangen ist."

Mit nietzscheanischem Hochmut gegenüber dem ‚Weib' und bukolischer Innigkeit tastet sich der Ich-Erzähler weiter. „Wird sie wollen? Vielleicht

---

[126] LIT 1939/99, W643.

[127] Jandl. Prosa 1 [Heft 29 Bl.], S. 28. Deutsches Literaturarchiv Marbach (DLA), Luchterhand Sammlung Siblewski. Gekürzt in Siblewski 2005, S. 99–107.

ist sie noch unberührt, keusch, ahnungslos. Darfst du dann die jugend-
frische Blüte brechen?" Das Repertoire romantischer Liebe wird durchgespielt: Händchenhalten im Kino, Sternenzelt, Schlaflosigkeit, Schweigen
zu zweit. Dazwischen kalkuliert der sich „Ernstl" nennende Zauderer über
den Standesunterschied und schämt sich vor der strengen toten Mutter. Die
Freunde werden eingeweiht. „Wir tranken Wein und Schnaps und rauchten
Zigaretten ... Jetzt wäre der Augenblick gekommen, da ich es ihnen sagen
könnte. Ludwig, Egon das Boxergesicht (Klavier). Dietrich neben mir. ‚Wir
haben zu Hause eine achtzehnjährige Wirtschafterin.' Wie weit ist die Sache
schon? ‚Vorläufig noch garnichts.'" Fünfzig Jahre später schrieb er nieder:

> „[...] als ich den körpergeruch unseres neunzehnjährigen dienstmädchens
> schon zu tief eingesogen hatte, um mir von ihrem permanenten kotzen seit
> dem letzten besuch ihres frontbräutigams auf urlaub die gewißheit zu holen,
> er und nicht ich, nein, keinesfalls ich, hätte sie geschwängert. so wurde ich mit
> 17 vater."[128]

Nie bekam Ernst Jandl Gewissheit, dass er der Erzeuger von Edeltraud,
genannt Traude, ist.[129] Im Dezember 1973 erkundigte er sich bei Juristen[130]
über die Chancen einer Klage zur Feststellung der Nichtvaterschaft auf Basis
eines serologischen Gutachtens. Soeben hatte die von Bruno Kreisky als
Bundeskanzler angeführte sozialdemokratische Alleinregierung die Rechte
unehelicher Kinder deutlich verbessert – auch deren Erbrecht nach dem
biologischen Vater.[131] Aufgeschreckt durch Vaters Tod am 28. April 1973
begann er, sich um die Verteilung seiner eigenen Hinterlassenschaft zu
sorgen. Plötzlich kam die Einsicht, dass seinem einzigen Kind ein Pflichtteil zustünde und damit auch die Verfügung über die Urheberrechte. Ein
Testament wurde aufgesetzt mit Friederike Mayröcker, seiner Gefährtin
seit 1954, als Universalerbin und Verwalterin des literarischen Nachlasses,
gemeinsam mit dem Literaturkritiker Otto Breicha und der Akademie der
Künste in Westberlin. Für den Fall des Todes beider flösse der Erlös in einen

---

[128] 15.8.1995. LIT 139/W240.

[129] Nicht nur Trudes „Verlobter" wäre denkbar. Karin Wachmann, geb. Slowaczek, Traudes Tochter,
behauptete, gegenüber dem Verfasser, dass Viktor Jandl ihr Großvater sein könnte und sie darüber ein
Buch schreiben wolle. Ankündigung auch in „Letzte Begegnung mit Mayröcker: ‚Wie eine zarte Blume'
[Interview mit Karin Wachmann]. *Niederösterreichische Nachrichten* 14.6.2021.

[130] Im Justizministerium beim späteren Wiener Stadtrat und Vizebürgermeister Sepp Rieder, federführend beim Fristenlösungsgesetz. LIT 139/L32.

[131] Bundesgesetz vom 30. Oktober 1970 über die Neuordnung der Rechtsstellung des unehelichen
Kindes, BGBl 1973/108.

zu gründenden „Friederike Mayröcker – Ernst Jandl – Gedenkfonds zur Förderung avantgardistischer Literatur". Die Akademie der Künste in Berlin sollte ihn gründen und verwalten – in Zusammenwirken mit Otto Breicha, Otto F. Walter und seinem Lektor Klaus Ramm. Die Testamentsentwürfe blieben in der Schublade.

Bunker im Saarland, Baracke in England

Offizier wollte Ernst Jandl 1944 nicht mehr werden. Die Schulheft-Beichte seiner pubertären Mutprobe bei und mit Gertrude war noch nicht fertiggeschrieben, da fand er in der nächsten Garnison, in der mährischen Grenzstadt Nikolsburg/Mikulov, was junge Kämpfer, die auf den Befehl zum Abmarsch an die Front warten, brauchen und suchen – und noch viel mehr: „Ich bin verliebt, schrecklich verliebt in ein herrliches Weib", schreibt er wie trunken dem Vater, „Ich juble dem Leben entgegen, das Genuß der Schönheit ist … Hinausposaunen möchte ichs in alle Welt, wie glücklich ich bin. In den Armen eines Weibes bin ich zum elenden Narren geworden, in den Armen *dieses* Weibes werde ich zum Mann."[132] Der Vater wirft ihm vor, aus seinem ersten „Abweg" keine Lehre gezogen zu haben, warnt vor einer Enttäuschung, mahnt Reinheit und Traualtar, Moral und Gottesfurcht ein. „Du sprichst noch von der Aussicht aufs Jenseits. Davon weiß ich nichts", antwortet Grenadier Jandl, nun in Znaim.

> „Meiner großen Chance, bald mehr darüber zu wissen, bin ich mir bewußt. Ich bin aber glücklich, daß ich nicht leeren Herzens hinaus muß auf den Acker des Todes, sondern erfüllt bin von grenzenloser Liebe, und wenn es wirklich soweit kommen sollte, dann werde ich in letzter Stunde weder fluchen noch einen unbekannten Gott anflehen, sondern in grenzenloser Lust und namenlosem Schmerz den Namen des geliebten Weibes hinausschreien aus qualerfüllter Brust, bis mich der Atem verläßt."[133]

Am 1. Dezember rollt der Zug los von Salzburg an die Westfront ins Saar-Mosel-Dreieck. Der Orscholzriegel, den Jandls Einheit halten sollte, ist Teil des „Westwalls" an der deutschen Grenze von der Nordsee bis Basel. Grenadier Jandl – Festungs-Infanterie-Regiment 712 in der 416.

---

[132] LIT 139/99, 2.3.1.2/3, 22.10.1944.
[133] LIT 139/99, 2.3.1.2/3, 4.11.1944.

Infanteriedivision – meldet am 10. Dezember 1944 nach Hause: „Wir liegen in einer Ortschaft im Saargebiet und sind fertig zum Einsatz … Die Zivilbevölkerung in einer frontnahen Stadt, in die täglich Artillerie und Flieger hineinschießen, hat es furchtbar."[134] Am 16. Dezember 1944 beginnt die deutsche Ardennenoffensive. Ein letztes Aufgebot. Nach Weihnachten bezieht Ernst mit fünf Kameraden einen „sehr kleinen, aber sehr starken Bunker … etwa 500 Meter entfernt liegt in den Wäldern der Amerikaner."[135] Noch einmal geht es nach hinten in alte Dörfer zur Ausbildung.[136] Die große Schlacht vor sich, schickt er den Eltern ein Dankeschön für alle Liebe: „Was mir die Liebe ins Herz gesät, als ich daheim war, jetzt geht es auf zu einem wundervollen Blütenzauber, jetzt läßt es mir leicht werden, was ich sonst kaum ertragen könnte."[137]

Die Ardennenoffensive brach rasch zusammen. Bei der benachbarten 712. Infanterie-Division sprach sich Mitte Januar herum, dass sie an die Ostfront, in den Warthegau verlegt werde. Am 19. Februar durchbrachen US-Truppen den Orscholzriegel. Ernst Jandl wechselte mit Gleichgesinnten über die Linie zu den Amerikanern. „Es bedurfte […] einfach einer Abstimmung, einer demokratischen Abstimmung, das sei betont, um die Gruppe von Soldaten, der ich angehörte, zu Beginn des Jahres 1945 in amerikanische Gefangenschaft und somit ins Weiterleben hinüberzuführen."[138] In Keßlingen, Landkreis Merzig-Wadern, im Saargau nahe Schengen an der Mosel, wurde er gefangengenommen[139] und sofort aus dem Kampfgebiet der 94th Infantry Division hinter die Front nach Frankreich gebracht, in ein Auffanglager in der Kaserne von Stenay (Meuse). Die Wehrmacht registrierte auf einer neu angelegten Karteikarte den Grenadier „Jandel" (*sic!*) als „vermisst";[140] zuletzt sei er gesehen worden am 20. Februar 1945 in Oberleuken, heute ein Ortsteil der Gemeinde Perl.

---

[134] LIT 139/99, 2.3.1.2/3, 10.12.1944.

[135] LIT 139/99, 2.3.1.2/3, 29.12.1944.

[136] Abgang am 6.1.1945 von der 1. Kompanie Feldersatz-Bataillon 416 zum Grenadier-Regiment 712. Deutsches Bundesarchiv B 563/14244, S. 36.

[137] LIT 139/99, 2.3.1.2/3, 8.1.1945.

[138] „Das Röcheln der Mona Lisa". *2. Vorlesung.* Jandl 2016, Bd. 6, S. 326.

[139] LIT 139/L8.

[140] Deutsches Bundesarchiv B563-1 KARTEI/J-90/307.

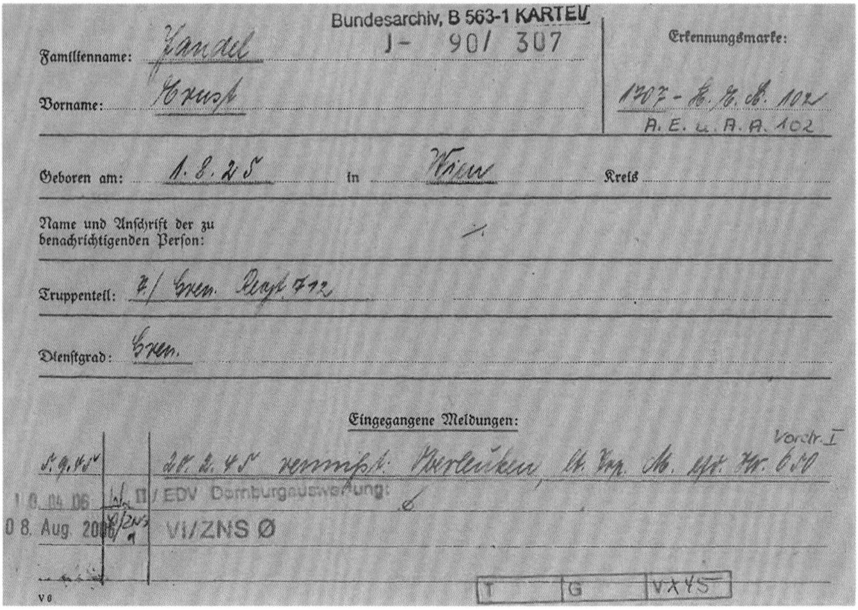
Bundesarchiv, B 563-1 KARTEI
J- 90/ 307
Familienname: Jandl
Vorname: Ernst
Erkennungsmarke:
A. E. u. A. A. 102
Geboren am: 1. 8. 25 in Wien Kreis
Name und Anschrift der zu benachrichtigenden Person:
Truppenteil:
Dienstgrad:
Eingegangene Meldungen:
Vordr. I
EDV Dornburgauswertung:
08. Aug. 2006
VI/ZNS Ø

Abb. 8 Der Militärakt Ernst Jandl ist verschollen. Aufgefunden wurde eine Karteikarte mit dem letzten Eintrag „vermisst". Deutsches Bundesarchiv Berlin

Von nun an war Ernst Jandl Prisoner of War (POW) 31 G-1 353 693.[141] Gleich bei der Registrierung gab er als „skill" an: „speaks & writes English", und als Civilian Occupation: „stud. phil.". Das sollte ihm bald nützen. Denn bei der Evakuierung der Gefangenen nach England wurde er als Dolmetscher einer Service-Einheit („Labor Supervision Company") für ein amerikanisches Feldspital in Stockbridge, Grafschaft Hampshire, eingeteilt. Dort waren die Baracken des 34th General Hospital der US Army erst im Sommer 1944 aufgestellt worden – zwei Kilometer östlich des kleinen Städtchens in einer hügeligen Grasfläche an der Straße nach Winchester mit dem Namen Stockbridge Down.[142] Noch heute sind Spuren des Wegenetzes zwischen den Bauten im Rasen zu erkennen. Die hundert Kriegsgefangenen, in der Mehrheit Sanitätspersonal, waren hinter Stacheldraht und unter Flutlicht in Zelten untergebracht. Die Wachen standen hinter zwei Maschinengewehren.

[141] Keine Dokumente auffindbar in den National Archives, Washington (Office of the Provost Marshal General; U.S. Army Records of the Army Staff; Records of the War Department; General and Special Staffs Records of the Central Intelligence Agency (CIA)).

[142] https://www.med-dept.com/unit-histories/34th-general-hospital.

Die Eltern sind ohne Nachricht von Ernst. Darum kann er auch keine Antwort bekommen. Jede Postverteilung im Lager wird für ihn, der leer ausgeht, eine schmerzhafte Enttäuschung. Erst am 17. Februar 1946, da ist er schon 11 Monate in Stockbridge, kann er endlich nach Wien schreiben: „Nun ist die schwerste Zeit für mich um: Ich weiß, daß Ihr alle lebt und gesund seid. Es war der schönste Tag für mich, als ich Euren lb. Brief vom 30.12. bekam."[143] Mit Verspätung kam dann auch ein früherer Brief des Vaters an. „Mit Gottes Hilfe" sei die Familie wieder vereint. Viktor Jandl kam aus Eggern im Waldviertel zurück und bekam wieder seinen Posten in der Bank. Robert kehrte aus Bayern heim und Hermann aus Vorarlberg – wo er sich so wohl gefühlt hatte, dass er wieder dorthin zurück wollte. Hedwig Jandl war mit dem Baby Roswitha dem Bombenkrieg eine Zeit lang in die Hinterbrühl ausgewichen.

Der Vater riet Ernst, in England zu bleiben, gar in Oxford anzuklopfen. „Deine politische Unbelastetheit und Deine demokratische Einstellung wären eine günstige Voraussetzung für Dich, im angelsächsischen Kulturbereich glücklich und zufrieden zu werden. [...] Du könntest Dir und Deinen Brüdern weit mehr helfen, wenn Du Dich drüben durchsetzen würdest, meinetwegen gleich in Amerika."[144] Ernst hatte sich in Stockbridge schon selber ein Studienprogramm verordnet. Er musste sein Schulenglisch verbessern und kopierte in winziger Schrift 6000 Wörter samt Betonungszeichen in ein eigenes Dictionary. Das Vordringen in die neue Sprache empfand er als eine Wiedergeburt. Zeitlebens kam er in Gesprächen und Reden auf die befreiende Wirkung des Englischen zurück.[145]

In der Spitalsbibliothek, zu der er Zugang fand, stieß er auch auf neueste Literatur: auf Carl Sandburg, E.E. Cummings, Hemingway und Gertrude Stein. In einem alten *LIFE Magazine*, erinnerte er sich, sei sie ihm das erste Mal begegnet.[146] Ein Fotograf im Tross der 7th Army hatte die 70-Jährige in einem freigekämpften französischen Dorf entdeckt. Mit Jazz war Ernst jetzt via BBC reichlich versorgt – mit Aufnahmen von Glenn Miller und seiner Army Air Force Band und vielen anderen aus der Truppenbetreuung wie Tommy Dorsey, Duke Ellington, Benny Goodman, Louis Armstrong. Erinnerungen an den Mief des Nationalsozialismus wurden buchstäblich weggeswingt. Doch dann kamen die Bilder aus den Konzentrationslagern an

---

[143] LIT 1939/99, 2.3.1.2/3.
[144] LIT 1939/99, 2.3.1.2/3, 15.2.1946.
[145] Zu Jandls „Englisch als Sprache der Freiheit" vgl. Stuckatz 2014, S. 27.
[146] The Liberation of Gertrude Stein. *Time* 2.10.1944.

die Anschlagtafel des Lagers. Schock, Schande, Scham. „Da haben wir erst gesehen, was tatsächlich gewesen war."[147]

Schon am 4. Juli 1945 verabschiedete sich das 34th General Hospital mit einem Fest für die Einheimischen. Die Einheit wurde auf der Queen Elizabeth nach New York verschifft. Die Bewachung und Betreuung der German POWs übernahm die Militärpolizei.[148] Die Gefangenen wurden in die Hospital-Baracken übersiedelt. 1953, als Austauschlehrer für Deutsch in London, zog es Ernst Jandl wieder auf einen Lokalaugenschein nach Stockbridge. Nach Wien brachte er das erst 1973 veröffentlichte Gedicht „Stockbridge"[149] mit, mit den Zeilen:

teerpappe platzt an barackenwänden, schilder
sind verwaschen vom regen und lassen
nicht mehr erkennen was früher
ihr zweck war.

wir wohnten in zelten, trugen kohle
aus einem winkel hinter dem waschhaus
und bemühten uns
einzuschlafen solange uns warm war.

Eine Stockbridge-Kurzgeschichte im unterkühlten Hemingway-Ton („War es hier?" „Ich glaube", sagte ich.) druckte Hans Weigel 1954 im Jahrbuch *Stimmen der Gegenwart*.

---

[147] Siblewski 2000, S. 58.
[148] https://www.med-dept.com/unit-histories/34th-general-hospital.
[149] Jandl 2016, Bd. 2, S. 225.

Kapitel 2: Trümmerlyrik, Trümmerehe

Universität Wien: Studentenliebe

Am 12. April 1946 bekam Ernst Jandl in Wien seine Entlassungspapiere, genau ein Jahr nach der Befreiung Wiens durch die Rote Armee.[1] Als Beruf gab er „Student" an, als Adresse Auhofstraße 243, denn die Wohnung am Landstraßer Gürtel war aufgegeben und angeblich geplündert. Am 18. April suchte er an der Universität Wien um die Aufnahme im Bereich ‚Kulturwissenschaft' an.[2] Einen Monat später war sie ihm bewilligt und dem mittel- und vermögenslosen Kriegsheimkehrer die halbe Studiengebühr erlassen.[3] Die Fahrt aus der britischen Besatzungszone vom Westende Wiens durch die russische Zone zu den Vorlesungen im Hauptgebäude der Universität am Dr.-Karl-Lueger-Ring in der internationalen Zone führte ihn an den Ruinen der Staatsoper und des Burgtheaters vorbei. Tageszeitungen erschienen mit vier bis acht Seiten. Im Mai 1946 belief sich der Nährwert der von der UNRRA in Wien verteilten Lebensmittel auf 950 Kalorien pro Tag. In Kinos in ganz Österreich lief in diesem April die amerikanische KZ-Dokumentation *Todesmühlen* an. Die Psychoanalytische Vereinigung, 1908 von Sigmund Freud gegründet, meldete ihre Wiederbetätigung an mit dem Wunsch, „die schweren, durch die Ereignisse der letzten Jahre bedingten

---

[1] Siblewski 2000, S. 58.

[2] LIT 139/L44–45.

[3] Archiv der Universität Wien, Nationale der Philosophischen Fakultät, SS 1946, Jandl, Ernst.

© Der/die Autor(en), exklusiv lizenziert an Springer-Verlag GmbH, DE, ein Teil von Springer Nature 2023
H. Haider, *Ernst Jandl 1925–2000*, https://doi.org/10.1007/978-3-662-66639-5_3

seelischen Schäden und Verwirrungen auf Grund der Erkenntnisse Freuds zu bekämpfen und überwinden zu helfen."[4]

Jandl muss seinen eigenen heilsamen Weg vor sich gesehen haben: nach Hitler, Barras und Gefangenschaft das Schreiben von Gedichten in neuer und dazu akademischer Freiheit. Eine Selbsttäuschung? Die aus dem englischen Exil heimgekehrte Schriftstellerin Hilde Spiel notierte 1946 im Tagebuch: „Die Kräfte der Vernunft liegen verschüttet unter vielen Schichten von Trümmern, Verwesung und Verfall, und es scheint ein langwieriger und schwieriger Vorgang, sie wieder auszugraben. Andere Kräfte haben sich freilich dicht unter der Oberfläche erhalten: man stößt plötzlich auf sie, wie man auf einer Bombenruine Blumen unter dem Unkraut entdeckt."[5] Jandls Fächerwahl kam nicht überraschend: Mittelschullehramt in Deutsch und Englisch. In Deutsch hatte er die besten Noten im Gymnasium, aus dem Gefangenenlager brachte er literarisches und Umgangs-Englisch heim. Ziel war vorerst die Lehramtsprüfung, nicht das Doktorat. Denn er wollte und musste an der Schwelle der Volljährigkeit mit 21 rasch Arbeit und Erwerb finden. Knapp rutschte er noch ins Sommersemester 1946, das schon im März begonnen hatte.

Unter den ersten Professoren, die Jandl hörte, stand einzig Eduard Castle für einen politischen Neubeginn in der Pädagogenausbildung: Der Neugermanist und Literaturhistoriker war von 1938 bis 1945 aus der Lehre entfernt.[6] Der als Südmährer deutschnational gefärbte Altphilologe Richard Meister war zwar kein Parteigenosse, galt jedoch im Dritten Reich als ‚zuverlässig' und hielt nach dem Zusammenbruch als Prorektor schützend die Hand über NS-belastete Kollegen. Meister, später Präsident der Österreichischen Akademie der Wissenschaften, las 1946 über „Pädagogische Psychologie". Jandls Sprechbildung hatte früh angefangen: „Mach den Mund auf! hieß es von Vater und Mutter, nicht wenn ich essen sollte, sondern um mich das deutliche Sprechen zu lehren".[7] Beim Kriegsheimkehrer Felix Trojan, Dozent für Phonetik, belegte Jandl gleich zwei Kurse: Sprecherziehung und Übungen in freier Rede.

Der altgediente Englischseminar-Lektor Oskar Bock hatte immerhin Kontakte zum Widerstand. Ein Weltmann aus New England trug über die „Dichter Neu-Englands" vor: James P. Pettegrove aus Maine, der in Harvard

---

[4] *Kurier*, 19.4.1946.
[5] Spiel 1968, S. 106.
[6] Pfefferle 2014, S. 53, 128.
[7] „Autobiographische Ansätze", Jandl 2016, Bd. 6, S. 425.

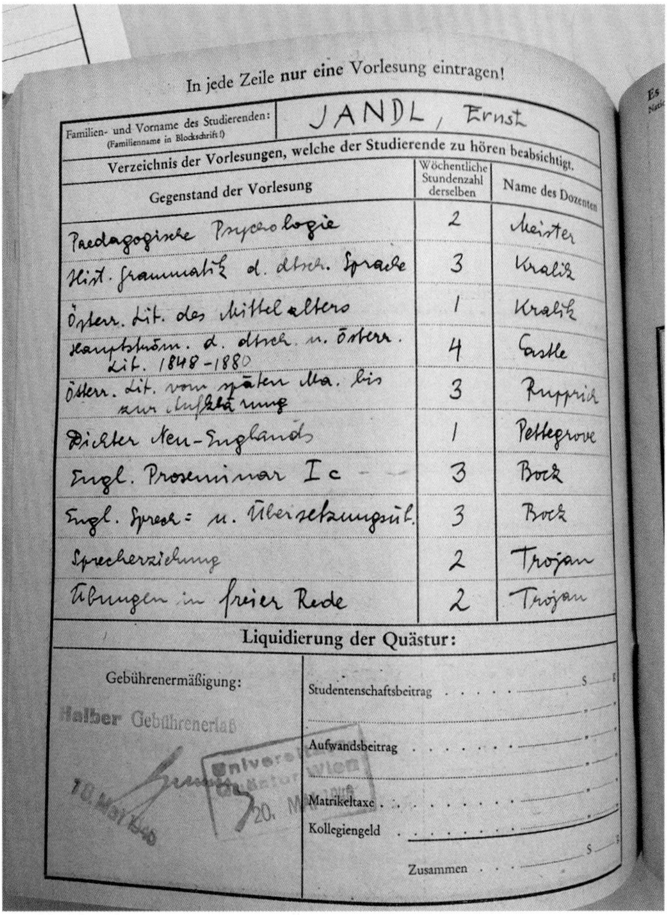

In jede Zeile nur eine Vorlesung eintragen!

Familien- und Vorname des Studierenden: (Familienname in Blockschrift!) JANDL, Ernst

Verzeichnis der Vorlesungen, welche der Studierende zu hören beabsichtigt.

Gegenstand der Vorlesung	Wöchentliche Stundenzahl derselben	Name des Dozenten
Paedagogische Psychologie	2	Meister
Hist. Grammatik d. dtsch. Sprache	3	Kralik
Österr. Lit. des Mittelalters	1	Kralik
Hauptström. d. dtsch. u. österr. Lit. 1848–1880	4	Castle
Österr. Lit. vom späten Ma. bis zur Aufklärung	3	Rupprich
Dichter Neu-Englands	1	Pettegrove
Engl. Proseminar I c	3	Bock
Engl. Sprech- u. Übersetzungsüb.	3	Bock
Sprecherziehung	2	Trojan
Übungen in freier Rede	2	Trojan

Liquidierung der Quästur:

Gebührenermäßigung: Halber Gebührenerlaß

10. Mai 1946

Universitäts-Quästur Wien 20. Mai 1946

Studentenschaftsbeitrag . . . . . S

Aufwandsbeitrag . . . .

Matrikeltaxe . . . .

Kollegiengeld . . . .

Zusammen . . . S

Abb. 1 Nationale des ordentlichen Hörers Ernst Jandl im Sommersemester 1946 (verso). Archiv der Universität Wien

studiert hatte und in Oxford mit dem aus Deutschland geflüchteten Ernst Cassirer dessen *Philosophie der Aufklärung* übersetzte. In Wien marschierte er 1945 mit dem American Forces Information Service ein.[8] Bald saß Jandl auch in den Vorlesungen und Übungen des im Gymnasium verehrten Anton Sieberer, der sich 1946 bei den Indogermanisten habilitierte und 1947 auch die Lehrerlaubnis für Englisch bekam.

[8] *Washington Academy Today*, Spring/Summer 2006. East Machias, p. 12. https://www.washington-academy.org/uploaded/Publications/WA_Today_2006_Spring.pdf (4.8.2020).

Bald fand Ernst Jandl an der Universität eine Freundin. Dass er sich nach so viel Chaos zu bürgerlicher Manierlichkeit hingezogen fühlte, wird auch seinen Eltern gefallen haben: Ernst verlobte sich im März 1947 mit der gleichaltrigen Kommilitonin Roswitha Birti (1926–2017. Sie wird im Personenindex als Roswitha Jandl geführt). Um ihre Hand musste er bei ihrer Mutter anhalten. Denn Eva Birti, eine geborene Obermayer (1887–1959),[9] hatte unter tragischen Umständen ihren Mann verloren. Ein Sowjetsoldat schoss Anton Birti am 11. April 1945, vier Tage vor dem Ende der „Schlacht um Wien", nahe beim Zinshaus der Obermayer in der Favoritenstraße 27–27a nieder, weil er, mit einem Koffer aus dem Luftschutzkeller kommend, auf einen Anruf nicht oder falsch reagiert haben soll. Sein Leichnam wurde rasch im Park des nahen Palais Schönburg eingegraben, dann von der Polizei ‚enterdigt' und auf dem Zentralfriedhof im Familiengrab der Obermayer beigesetzt.[10]

Die Verbindung mit Roswitha verhieß den Aufstieg in die solide Bürgergesellschaft. Denn Dr. phil. Anton Birti wurde 1882 als Sohn eines Oberstleutnants in der elterlichen Villa in Wien-Döbling geboren, noch mit dem Ehrenwort „Edler" und dem Prädikat „Lavarone" – junger Militäradel, auch Systemadel genannt, das 1877 seinem Vater gleichen Namens und, Major, verliehen wurde.[11] Als ordentliches Mitglied des Instituts für Österreichische Geschichtsforschung bekam er im Oktober 1918 eine Stelle in der Amtsbibliothek des Ministeriums für soziale Fürsorge.[12] Im österreichischen Ständestaat 1933–1938 stieg er zum Direktor der Bibliothek der von der Regierung gleichgeschalteten Arbeiterkammer auf. Nach deren Auflösung durch die Nationalsozialisten war er arbeitslos. 1942 kam er im Archiv der Kriegsmarine unter und dann in der Bibliothek der Wiener Akademie der bildenden Künste.[13]

Anton Birtis Bruder Franz, Kavallerieoffizier in Galizien, hatte Helene Obermayer geheiratet, die Schwester Evas. Sie machte sich nach 1945 unter dem Namen Helene Lahr einen kleinen Namen als Schriftstellerin sowie,

---

[9] Der seltene Familienname weist auf einen Weiler in der Gemeinde San Sebastiano di Folgaria (St. Sebastian in Vielgereuth) in einer zimbrischen Sprachinsel im Trentino hin, zu der auch das benachbarte Lavarone (Lafraun) gehört.

[10] WStLA.M.Abt.213a – Totenbeschaubefunde, Grabanweisungen; Verlassenschaftsabhandlung im WStLA BG Innere Stadt, A 4/25-25A Birti Anton. Grab auf Friedhofsdauer am Wiener Zentralfriedhof Gruppe B, Reihe 9, Nr. 5.

[11] Adelsakt AT-OeStA/AVA Adel HAA AR 78.

[12] Vgl. Enderle-Burcel, Neubauer-Czettl, Stumpf-Fischer 2013.

[13] Personalakt Anton Birti. Archiv der Akademie der bildenden Künste Rektoratszahl 895/1942. Zl 224/1945 (UAABKW) 19.4.1945. ÖStA AdR, BMfU. Vgl. auch Sinell 2019.

gemeinsam mit ihrem Lebensgefährten Oskar Jan Tauschinski, als Übersetzerin aus dem Polnischen; das Paar lebte mit den Birti unter einem Dach in der Favoritenstraße.[14] Ein noch älteres familiäres Band zur Literatur gab es von Ernsts künftiger Schwiegermutter: Die Schriftstellerin Rosa Mayreder (1858–1938), eine Wiener Säulenheilige der bürgerlichen Frauenbewegung, war eine geborene Obermayer.

Adel verpflichtet – obwohl das „von" in der Republik seit 1919 verboten war. Darum durfte im Jahr 1947 die sechzig Jahre alte Witwe Eva Birti ihre knapp 21-jährige Tochter nur in standesgemäßer Form einem Mann anvertrauen. Ganz förmlich zeigten im März 1947 stud. phil. Ernst Jandl und stud. phil. Roswitha Birti ihre Verlobung auf Karten mit Büttenrand Verwandten und Freunden an.[15] Im Sommer machten sie schon gemeinsam Ferien in Mallnitz in Kärnten. Zwei Verliebte in den Wonnen des Glücks: So stellen sich die zweieinhalb Jahre bis zur Hochzeit am 1. August 1949 in den Briefen Roswithas dar, wenn sie in den Sommern getrennt waren.[16] Roswitha musste die Mutter in die Sommerfrische in die Steiermark begleiten. Ernst war einmal in Unterburg am Klopeinersee untergebracht, wo sich Vaters Arbeitgeber, die Creditanstalt, ein Ferienheim leistete. Roswitha schrieb ihn aus Bad Mitterndorf (Steiermark) als „Mein lieber Zucki" an und haderte mit der Zukunft: „Wir werden unsere Hochzeitsreise lieber in den Lainzer Tiergarten machen – zerbrich Dir nicht den Kopf darüber, was nächstes Jahr sein wird … wir wissen ja noch nicht einmal, ob wir in diesem Winter erfrieren werden oder nicht." Auch ein noch realeres Problem ist brieflich zu bereinigen. Ihre Mutter musste sie erst jetzt über Ernsts Vorleben („wie soll man das nennen?") schonend informieren. „Seither hat sie nun eine neue Falte mehr auf der Stirn."

Ernst schickte neue Gedichte. „Thanks for your poems", schrieb sie ihm, ihr Englisch übend, im August 1948 aus Haus im Ennstal nach Gröbming. „They are fine! You have a cheek to all them religious! I am collecting them for the ‚Gesammelte Werke' (That's not a joke, I am not always ironical. I was once before I met you)." Drei Tage später folgte noch das Kompliment: „Papa Castle would be ever so delighted about the theoretical part of it." Und: „It is very romantic."

---

[14] Vgl. Tauschinski u. Koenig 1981, S. 260–302.
[15] LIT 139/L28.
[16] LIT 139/99, 2.3.1.14.

Roswithas Liebe wuchs nicht über die Grenzen romantischer Galanterie hinaus. 1948 schrieb Ernst frustriert sechs Zeilen.[17] Ob er sie abschickte, ist ungewiss.

Ach, und ich dachte
wenn ich dich liebe
Könnte ich sein
Dürfte ich leben –
Narren denken so!
Schurken denken so!

Jandl gab 1991 in seinem Gespräch mit Kristina Pfoser-Schewig[18] in der ungebremsten Offenheit des alternden Mannes Auskunft über sein Defizit als Verlobter.

„Wir haben vier Jahre miteinander studiert – vier Jahre ohne Geschlechts-verkehr – das kann man sagen, und das bedeutet natürlich auch was. Wobei dieses ‚ohne Geschlechtsverkehr' nicht auf mich zurückzuführen war, sondern nur auf sie, auf ihre Vorstellung, ohne daß sie ein besonders religiöser Mensch gewesen wäre. Aber sie hatte Vorstellungen, daß sie vor der Eheschließung eben keinen Geschlechtsverkehr wollte."

Roswitha, Kosename „Bita", und ihre Mutter steuerten gradewegs auf den standesobligaten reinweißen Jungfernkranz bei der Hochzeit zu. Doch es kam zum Krach, und Ernst löste vorerst die Verlobung. Sein Vater wollte ihn längst schon aus dem Haus haben, denn in der Wohnung in der Nikitowicz-Villa in der Auhofstraße wurde es eng mit den drei Söhnen aus erster Ehe, seiner zweiten Frau Hedwig und dem im Oktober 1943 geborenen Töchterchen Roswitha – sie wird im Namensindex unter Roswitha Klingemann geführt. Im Januar 1949 kam noch der Nachzügler Nikolaus dazu. Auch Ernsts Brüder Robert und Hermann waren noch im Haus. Robert Jandl studierte seit 1948 Architektur an der Technischen Hochschule, arbeitete in privaten Büros und holte 1954 seinen Abschluss als Diplomingenieur nach.[19]

---

[17] Heller 2009, S. 64. https://ernstjandl.com/gedichte/ach_und_ich_dachte.pdf (27.7.20). jandl.onb. ac.at registriert nur dieses eine Gedicht zwischen 1944 und 1952.

[18] Jandl 1991b, S. 17.

[19] Archiv der Technischen Universität Wien. Hauptkatalog der ordentlichen Hörer für das Studienjahr 1948/49, Matr. Nr. 501 (Robert Jandl).

An der Universität Wien nahm Ernst rasch alle Hürden. War für eine Hausarbeit zwischen zwei Themen zu wählen – „Was verlange ich von einem Buch?" oder „Das Deutschland der Zukunft wird ein Bauernreich sein oder es wird zugrunde gehen" (ein Hitler-Zitat 1931) –, entschied er sich für das Buch und erörterte das Problem in einem Dialog.[20] Mit einer Seminararbeit über das auch in ihm rumorende Thema „The Relation between Man and Woman in the Prose-Works of D.H. Lawrence" hatte er Glück: Sie wurde ihm bei der Lehramtsprüfung im Juni 1949 als regelgerechte Prüfungsarbeit („Psychologisch tiefgründig") anerkannt.[21] In Deutsch wurde ihm die Hausarbeit erlassen. Bei der mündlichen Prüfung erlaubten sich die Professoren, die um Ernsts Verbindung wussten, einen Spaß: Er hatte den germanischen Namen „Hrothswith" zu erklären sowie das nur mehr Wagnerianern bekannte mittelhochdeutsche Verbum *kiesen* (auserwählen) in den Formen *kos, kuren, gekoren.* Auch seine Hrothswith beendete ihr Studium so rasch wie Ernst. Jetzt konnte im September 1949 das Berufsleben anfangen.

Zuvor versöhnten sich die Verlobten. Die Hochzeit wurde auf den 1. August 1949 angesetzt, einen Montag und Ernsts 24. Geburtstag. „Damit ich den Hochzeitstag nicht vergesse", witzelte er gerne. In der Kirche am Elisabethplatz auf der Wieden hatten 1924 schon Ernsts Eltern geheiratet. Auf einem Hochzeitsfoto wirkt Roswitha mit ihrem scharf geschnittenen Gesicht älter als Ernst und nicht überglücklich. Im Februar 1954, als die Ehe nicht mehr zu retten war, blickte Jandl auf diese Zeremonie zurück:

„[...] Wir haben Gott zum Zeugen / [...] jedoch als Gratulanten / graue Elternreste / und teegefüllte Tanten // Wir werden am Buffet / vor glacierten Torten / nebeneinander   aufgestellt / und   lebengelassen / und   verabschiedet / mit freundlichen Worten / und alleingelassen / und ausgezählt [...]."[22]

Unter dem Dach der Schwiegermutter

Ernst übersiedelte in die Favoritenstraße unter das Dach von Eva Birti. Ihr Reichtum im Grundbuch täuschte, denn das Mieterschutzgesetz 1922 mit seinem eingefrorenen „Friedenszins" machte solche Zinshäuser Jahr für Jahr

---

[20] LIT 139/99, 1.17.2.

[21] Prüfungszeugnis. Bildungsdirektion Wien, Personalakt.

[22] „Hochzeitslied", veröffentlich in den *neuen wegen* im September 1954, gleich nach der Trennung von Roswitha.

ärmer an Ertrag, sodass viele Eigentümer Reparaturen aus eigener Tasche zahlen mussten. Die Schwiegermutter überließ dem jungen Paar zweieinhalb Zimmer und begnügte sich mit einem Kabinett. „Sie war eine gebildete, charmante Frau, aber sie war eben da."[23] Jandl eröffnete 1969 dem Germanisten Alfred Doppler, damals Dozent in München, den Hintergrund der Zeilen „eun stöck zöcker / zweu stöck zöcker" „Dort gab es, neben meiner damaligen Frau, zwei alte Damen[24] (Schwiegermutter und deren Kusine), sehr vornehm, altertümlich, vieles fast noch vor 1914, dazu Biedermeiermöbel, der Alltag bestimmt von einer Art Etikette; auch wurde viel Tee getrunken, mit Zeremoniell; dies, und die Sprechweise eines gehobenen Wiener Bürgertums von einst, überlappend mit niederem Adel"[25] habe er im Gedicht „die tassen" festgehalten.

Für das Schuljahr 1949/50 ergatterte Ernst eine Stelle im Realgymnasium Stubenbastei in der Innenstadt.[26] Roswitha schaffte es nur in eine Hauptschule. Jetzt holte Ernst sich an der Universität bei Professor Castle das Dissertationsthema „Die Novellen Arthur Schnitzlers" und füllte neben dem Schuldienst 160 Typoskriptseiten.[27] Zur Promotion schritt er am 21. Dezember 1950. Roswitha hatte ihr Studium aufgegeben.[28] Im Februar 1950 trat Jandl dem Bund sozialistischer Mittelschullehrer im Bund Sozialistischer Akademiker (BSA) bei. Die Partei, betonte er vierzig Jahre später im Gespräch mit Kristina Pfoser-Schewig, habe in seinem Leben überhaupt keine Rolle gespielt. Nach den Jahren des Nationalsozialismus war es verständlich, dass sich fast jeder Bewerber um eine Stelle im Bundesdienst für die eine oder andere demokratische politische Partei entschied und entweder den christlichen oder den sozialistischen Mittelschullehrern

---

[23] Jandl 1991b, S. 17.

[24] Eva Birti und Dora Sääf. LIT 2.3.1.14, 532/86/8. Eine Fanny Sääf von Norden, geb. 1857, war eine Tochter von Franz und Magdalena Obermayer und mit Dr. Karl Sääf von Norden verheiratet. https://www.geni.com/people/Fanny-Sääf-von-Norden/600000014682847585.

[25] Jandl. „Einiges zu einigen Gedichten aus ‚Laut und Luise'". Typoskript 1969, 1 Bl. LIT 139/B1757.

[26] Dass Jandl, wie in Sibleswki 2000, S. 65, dargestellt, in diesem Schuljahr unter dem Pseudonym „F. Merburg" zwei Liebesromane für den Wiener Groschenheft-Verlag Pauline Helm geschrieben habe, ist aus dem Nachlass nicht belegbar. Dagegen sprechen Thema und Machart. Eher dürfte sich Roswitha Jandl oder eine andere Dame im Haushalt damit ein ‚Körberlgeld' verdient haben. Der Titel *Durch Leid zum Glück* war seit 1923 durch Hedwig Courths-Mahler besetzt. Ernst Jandl könnte beim Platzieren der Manuskripte eingesprungen sein, um die Anonymität der Autorin zu wahren.

[27] Ernst Jandls und Elisabeth Eisserers zeitgleiche Arbeit „Arthur Schnitzler als Seelenforscher in den Novellen" waren die ersten Dissertationen an der Universität Wien über den von den deutschnationalen Professoren schon vor 1938 geächteten Schnitzler.

[28] Roswitha Jandl hatte noch 1953 als Austauschlehrerin in England die Absicht, eine Dissertation zu schreiben. Jahrzehnte später, als dies ein Gesetz möglich machte, ließ sie sich auf Grund der absolvierten Lehramtsprüfung den akademischen Grad „Magister" eintragen.

beitrat. „Eine gewisse Opposition gegenüber dem sehr katholischen Elternhaus meiner Jugend hat natürlich zweifellos auch eine Rolle gespielt, daß ich mich eher der Sozialdemokratie zuwandte als einer konservativen Partei."[29]

Neben den Probestunden in der Schule und seiner Schnitzler-Dissertation begann Jandl immer intensiver zu schreiben – „das war dann die Hauptlast und -lust und ist es bis heute geblieben", sagte er im Rückblick 1991. Nach dem Ende des Probejahrs im Juni 1950 war noch keine Anstellung in Sicht. Darum suchte er für alle Fälle um eine Arbeitslosenunterstützung an. Die wurde abgelehnt, doch es kam es besser: Für zwei Wochen im August wurde er ins „Seminar of European Studies" im Schloss Leopoldskron in Salzburg eingeladen.[30] Der einstige fürsterzbischöfliche Sommerpalast war 1918 von Max Reinhardt gekauft, von den Nazis enteignet und der Familie restituiert worden. Reinhardts Witwe Helene Thimig vermietete das Schloss der amerikanischen Besatzungsmacht, die in der Stadt Salzburg ihre Headquarters[31] unterhielt. Durchwegs Professoren aus den USA sollten, wie auch im großen Maßstab im Fulbright-Stipendienprogramm, österreichische Jungakademiker auf amerikanische Denkungsart einstimmen.

Jandl verfasste einen Dreiviertelstunden-Vortrag über den ihm seit der Lektüre in der Gefangenschaft vertrauten Carl Sandburg.[32] Nach Wien meldete er: „Manchmal geht mir die konzentrierte Beschäftigung mit Gedichten auf die Nerven". Auch Roswitha versuchte sich poetisch. Ernst empfahl ihr E.E. Cummings und Gertrude Stein zu lesen. Roswitha wehrte ab: „Mir kommt vor, Dein Stil gleicht sich den gr. Vorbildern an. Soll ich auch am Ende so schreiben?" Sie nannte ihn „Eliot-Fanatiker".

In Leopoldskron bekam er den „Kinsey-Report" in die Hände, in den USA schon 1948 unter dem Titel *Sexual Behavior in the Human Male* erschienen, deutsch erst 1955. Sein latenter Frust in der Ehe, nach zweieinhalb sexuellen Hungerjahren während der Verlobung, fand im Zitieren daraus ein Ventil. In einem zweiseitigen Brief konfrontierte er Roswitha mit Statistiken über verheimlichte Bedürfnisse und diverse Sexualtechniken amerikanischer Universitätsabsolventen beiderlei Geschlechts. Sollte der implizite Vorwurf des Mangels an Bereitschaft und Phantasie auf der Seite Roswithas eigene Defizite oder Neigungen beiseiteschieben? Ernst Jandls Sammlung von Pornomaterial deutet darauf hin, dass er zumindest im Alter Stimulantien, Fetische brauchte. Impotenz als ein Leiden rief er wiederholt

---

[29] Jandl 1991b, S. 17.
[30] Vgl. Stuckatz 2014, S. 35–38; Stuckatz 2017, S. 127.
[31] Ernst Jandl pflegte jeden barsch zu korrigieren, der dieses Wort im Singular verwendete.
[32] LIT 1939/99, 2.3.1.14.

im Bekennerton in Gedichten an. Als Fetisch erdachte sich schon der Ich-Erzähler im Schulaufsatz von 1942 die weiße gemeißelte Marmorfigur einer Barbusigen, die vor seinen Augen wie die Hostie in der katholischen Liturgie die Substanz ändert: „ich kralle gierig die Finger in das nackte Fleisch des Weibes".[33]

Aus dem Salzburger international-intellektuellen Postgraduate-Kurs heimgekehrt, bekam Ernst Jandl im September 1950 im Realgymnasium in der Zirkusgasse im 2. Bezirk einen halben Dienstposten als Vertragslehrer für Englisch in einer ersten Klasse. Als Kollegen lernte er dort Franz Austeda (1923–2009) kennen, einen jungen Lehrer für Philosophie; der sollte bald eine steile Karriere in der städtischen Schulverwaltung machen und Jandl zu jahrelangen Beurlaubungen und zur frühen Pensionierung verhelfen. Im Schuljahr 1951/52 unterrichte Jandl schon vier Klassen, die 2b sogar als Klassenvorstand.[34] Ohne Erfolg schrieb er ein Ansuchen um ein Fulbright-Stipendium in die USA. Für die Bewerbung um eine Austauschstelle in England gab ihm sein Direktor Franz Staudinger eine warmherzige Empfehlung mit.[35] Doch erst für 1952/53 wurde ihm eine Stelle am Nordrand Londons bewilligt: an der East-Barnet Grammar School, Hartfordshire. Zugleich bekam Roswitha Jandl eine Schule in Canterbury zugewiesen.

Der Ausbruch aus der Wohngemeinschaft mit Schwiegermutter und Tante sowie aus dem Schultrott rückte näher. Noch vor der Abreise nach England deponierte er bei der „Lieben Mama" – und Besitzerin eines stattlichen bürgerlichen Zinshauses – die Voraussetzungen für einen entspannten Neubeginn:

> „Nachdem Du uns schon drei Jahre in liebenswürdiger Weise einen großen Teil Deiner Wohnung zur Verfügung gestellt und dabei auf viele Annehmlichkeiten selbstlos verzichtet hast […] sind wir sicher alle – Du, Roswitha und ich – überzeugt, daß nur eine Wohnung, in der wir bleiben, arbeiten und auch einmal als eigene Familie leben können, eine dauerhafte Lösung aller Schwierigkeiten bedeutet. Nach diesem Jahr wird unser Bestreben, endlich ‚seßhaft' zu werden, wohl größer sein als je. Läßt sich nur hoffen, daß wir

---

[33] LIT 139/W1133.

[34] Zwei seiner Schüler kamen zu Bekanntheit: Erwin Puls (1939–2003), Aktionist im politisch-ironischen Fach, und Günter Tolar (*1939), TV-Moderator und früher Aktivist in der österreichischen Schwulenbewegung. GRG Zirkusgasse, Archiv, Hauptkataloge.

[35] Bildungsdirektion Wien, Personalakt.

es dann doch zu einer Wohnung bringen, die mit Küche, Bad, WC, einem Abstellraum, Schlaf- u. Wohnzimmer und einem Arbeitsraum für mich ausgestattet ist, hell und gesund ist und ruhig liegt."[36]

Dass er alternativ ein Ansuchen um eine Kommunalwohnung in Erwägung ziehe, musste eine ‚Edle von Birti' als Drohung auffassen. Eine Adresse in einem ‚roten' Gemeindebau würde ihre Tochter – die freilich wie Ernst dem sozialistischen Lehrerverein beigetreten war[37] – soziales Prestige kosten.

Aufbruch in den *neuen wegen*

Im Frühjahr 1952 bereitete Ernst Jandl mit einer Sorgfalt, mit der manche Dichter ihren post mortem zu veröffentlichenden Nachlass sichten, seinen Eintritt in die literarische Öffentlichkeit vor. Vierzig Gedichte machte er eilends in Reinschriften druckfertig, in einem, wie er sagte, ersten von später „wiederholten Schüben",[38] in einer „Schreib-Explosion".[39] Er schickte die Texte an die Redaktion der Zeitschrift *neue wege*. Dieses monatliche Ankündigungsblatt des kommunalen Theaters der Jugend wurde in den Wiener Schulen an Lehrer und Oberstufenschüler gratis verteilt. Noch vor der Abreise erschienen schon acht Gedichte, alle in der schulregelrechten Großkleinschreibung. Das erste, „Zwei Balken hat das eine Joch", wurde im März 1952 gedruckt,[40] und dann nie wieder. Man muss wohl Soldat gewesen sein, um die darin angerufene Desertion mitzufühlen.

Zwei Balken hat das eine Joch
Die Spanne eines Armes trennt ihn
vom Fliehen wie vom letzten Sich-Ergeben.
Es fehlt an Kraft, den Arm zu heben.
Er hat die Kenntnis nicht. Sie brennt ihn
zuweilen nur als Stoß von oben.
Dann springt der Stein, der Leib entblößt
sich einen Augenblick dem Sein.

---

[36] 25.8.52. LIT B532/B3.
[37] 9.10.1952. LIT 2.3.1.14, 532/21/B4.
[38] „Andere Beine und weitere Wege". Juli 1975. Jandl 2016, Bd. 6, S. 420.
[39] „Mitteilungen aus der literarischen Praxis". Jandl 2016, Bd. 6, S. 216.
[40] *Neue wege*, Jg. VII 1951/52, Heft 74, S. 623. Jandl 2016, Bd. 1, S. 377.

Die Arme beide schnellen hoch.
Ergeben- und Entkommenwollen:
zwei Balken hat das eine Joch.

Aus den ersten acht veröffentlichten Gedichten blieben Jandl nur die dunkle Selbstreflexion „Viele Wege kreuzen sich in mir"[41] und die zeitlose Moment-miniatur „Der Knabe und die Straßenbahn"[42] wichtig. Doch der erste Schritt in die Öffentlichkeit, fürs erste nur eine Schul-Öffentlichkeit unter Beobachtung durch kritische Kollegen, war gewagt.

Im Wien der Trümmerjahre schufen die Besatzungsmächte Netzwerke zur Förderung von Literatur und Publizistik. Was Bertolt Brecht 1947 im Gedicht „Der Anachronistische Zug" kritisch hinterfragte, nämlich „Freiheit und Democracy", sollte unter der Pax Americana auch in Österreich wiedererstehen. Mit den U.S. Forces kehrten vertriebene Theaterleute wie Ernst Lothar und Ernst Haeusserman zurück, die den Kulturbetrieb, wie es Theodor W. Adorno in den *Minima moralia* prophezeite, von ihren Telefontischen aus wieder aufzubauen begannen. Auch mit der Roten Armee waren Schriftsteller nach Wien heimgekehrt, die in Moskau Stalins Säuberungswellen überlebt hatten. So Ernst Fischer, nun der intellektuelle Bannerträger der Kommunistischen Partei, und der Majakowski-Übersetzer Hugo Huppert. Bald lief durch Wiens literarische und publizistische Szene die Frontlinie des Kalten Krieges. Im staatseigenen Radio Wien füllten österreichische Genossen zweimal pro Woche „Die Russische Stunde". Die Amerikaner betrieben den Sender Rot-Weiß-Rot; Ingeborg Bachmann kam dort 1951 unter. Die BBC sendete Informations- und Kulturprogramme in deutscher Sprache. Der als 17-Jähriger aus Wien geflohene Erich Fried hatte dort in London seinen Arbeitsplatz gefunden.

Unter den Jungen, die sich im Trümmer-Wien die Gräuel von Krieg und Shoa weg- und eine menschenwürdige Zukunft herbeischreiben wollten, ging der aus politischen Feindschaften geborene Spruch um: „Es ist unmöglich, von Hans Weigel *nicht* gefördert zu werden". Weigel war als kämpferischer Antikommunist aus der Emigration in Basel nach Wien heimgekehrt. Im Café Raimund gegenüber dem Volkstheater hielt er Hof. Stammgäste wie Ilse Aichinger, Ingeborg Bachmann, Jeannie Ebner, Hertha Kräftner, Reinhard Federmann, Gerhard Fritsch, Marlen Haushofer oder Milo Dor nannte er reichlich possessiv seine „schreibende Jugend" oder

---

[41] *Neue wege*, Jg. VII 1951/52, Heft 76, S. 690. Jandl 2016, Bd. 2, S. 202.
[42] *Neue wege*, Jg. VII 1951/52, Heft 77, S. 708. Jandl 2016, Bd. 1, S. 10.

„Schützlinge".[43] Aus dem Café Raimund wurden erste Brücken nach West-deutschland und damit zu potenten Verlagen und Radiosendern geschlagen. Ilse Aichinger und Ingeborg Bachmann dockten 1951/52 bei der Gruppe 47 an, bei deren Tagungen in Bad Dürkheim und Bad Niendorf. Milo Dor unterlag 1951 bei der Abstimmung über den Preis der Gruppe 47 nur knapp Heinrich Böll.

Weigel lernte schon Ende der vierziger Jahre Friederike Mayröcker kennen. Sie machte eben das Abitur nach, unterrichte aber schon seit 1946 als Hauptschullehrerin für Englisch im Arbeiterbezirk Favoriten. „Mensch-lich ein etwas schwieriger, introvertierter Typ", notierte der *homme à femmes* Weigel 1950, jedoch „von ungeheurer sprachlich visionärer Kraft".[44] Ehe Ernst Jandl im Sommer 1952 nach England abreiste, erreichte ihn ein Signal aus dem Café Raimund. Jeannie Ebner lud ihn in Weigels Namen ein, Bei-träge für dessen Jahrbuch *Stimmen der Gegenwart* einzuschicken. Jandls Gedicht „Lebensbeschreibung", das Memento für den gefallenen Schul-freund Dietrich Burkhard, erschien dann prominent als Fronttext im Jahres-band 1953.

Die Runde im „Raimund" naschte an der Prominenz mit, die Weigel als Theaterkritiker begleitete. Ernst Jandl debütierte wenig glamourös bei Lehrerkollegen und Schulkindern. Seit 1950 trugen die *neuen wege* den Untertitel „Kulturzeitschrift junger Menschen". Als Redakteur wurde Friedrich Polakovics (1922–2011) eingesetzt. Dieser in der Normandie traumatisierte Kriegsheimkehrer[45] stieg nach einem Kunststudium im Schuldienst zum Zeichenlehrer auf. Wie Jandl hatte auch er in der amerikanischen Gefangenschaft Englisch gelernt und wusste seine Schüler als Übersetzer von Schauergeschichten von Rudyard Kipling, Joseph Sheridan Le Fanu und Algernon Blackwood für die Literatur zu begeistern.[46]

Um Polakovics wuchs schon 1950 ein Arbeitskreis junger Autoren mit unterschiedlichen poetischen Positionen. In seiner offenen Redaktion gingen René Altmann, H.C. Artmann, Jeannie Ebner, Herbert Eisenreich, Gerhard Fritsch, Ernst Kein, der bald in den USA lehrende Psychologe Walter Toman und, als jüngster, der 1932 geborene Hanns Weissenborn ein und aus. In den wöchentlichen Treffen wurde wechselseitig vorgetragen, lektoriert,

---

[43] Straub 2016, S. 257, http://phaidra.univie.ac.at/o:539004.

[44] Straub 2016, S. 245.

[45] Vgl. Okopenko 1966, S. 89–104; Okopenko 1989, S. 52–126.

[46] Erst 2002 erschien der von Polakovics bereits 1966 skizzierte Essay-Roman im Wieser Verlag (Klagenfurt) *Versuch über den Krieg. Das Buch von den zweimal elf Jahren.*

abgeurteilt. Im Lesesaal des US Information Centers in der Kärntnerstraße hinter der Oper kam stetig neue Literatur in die Regale. Wie Ausgehungerte stürzten sich die jungen Schreibenden auf die Nachschublieferungen und referierten die Lesefrüchte im Café Raimund.

Verhaltener, intimer als die Begeisterung für die Surrealisten und Existentialisten aus Frankreich wuchs das Interesse am Amerikaner T.S. Eliot. Auch Jandl öffnete sich ihm, wandte sich dann aber in der Lautdichtung radikal von ihm ab.[47] Mehr die Gedichte als Eliots Dramen *Thomas Becket* und *Die Coctailparty* gaben in diesen Wiederaufbaujahren vielen vom Faschismus verwundeten Seelen Kraft und Trost. In den Umerziehungsstrategien hielt Eliot einen Frontplatz als zum Katholizismus konvertierter ‚public intellectual'. Jandl indes näherte sich amerikanischer Literatur, wie auch dem Jazz, mit dem Glücksgefühl eines vom Terror und Mief der Nazis Befreiten, und das mit dem Sezierbesteck aus der Poetologie.[48]

Andreas Okopenko zum Freund gewonnen

In Wien wie in Westdeutschland wurde der Surrealismus als Vademecum gegen den von den Nazis auf Volk und Raum reduzierten Biedersinn gefördert. Er unterlief auch spielerisch den im Ostblock diktierten proletarischen Realismus. Dennoch sperrten sich die reimseligen österreichischen Konservativen dagegen und verhöhnten die Neutöner pauschal als Epigonen der Vorkriegsavantgarden. Für Andreas Okopenko waren 1950 René Altmann und H.C. Artmann Surrealisten. Artmann wiederum hob Okopenko auf den Surrealistensockel, neben Paul Éluard und Friederike Mayröcker. Okopenko sammelte sogar Unterschriften für eine Resolution zugunsten des Surrealismus; doch am 25. Oktober 1950 notierte er: „Meine surrealistische Zeit ist vorbei".[49]

H.C. Artmann stellte 1950 eine Anthologie junger österreichischer Literatur zusammen: *Der Wiener Keller.*[50] Der Wiener Dichter mit dem fingierten Geburtsort St. Achaz am Walde schrieb im Geleitwort: „Ich will auf den folgenden Seiten lediglich diejenigen zu Worte kommen lassen,

---

[47] Vgl. Leucht 2017.
[48] Vgl. Stuckatz 2014, S. 16.
[49] Okopenko 2019, 01.10.1950–31.12.1950, S. 31.
[50] 1994 neu herausgegeben mit einem Nachwort von Max Blaeulich im Wieser Verlag (Klagenfurt).

welche von einem seit jeher vorherrschenden Konventionalismus zu scheinbarem Schweigen verurteilt sind; trotzdem können gerade sie das wahrhaft nötige Frischwasser für den absterbenden Teich unserer Dichtung
bedeuten." Ob Fisch- oder Frischwasser: Mit Artmann schwammen darin
René Altmann, Gerhard Fritsch, Ernst Kein, Okopenko und Weissenborn. Bei den Lesern der *neuen wege* – Schüler, Lehrer, Eltern – wuchs
die Zustimmung für die Gedichte vor allem von Altmann, Artmann und
Okopenko „teils wegen ihrer zeitkritischen und spießerfeindlichen Bissig-
keit, teils wegen ihrer experimentellen Stile und surrealen Elemente".[51] Freilich mehrten sich auch die ablehnenden Stimmen. „Und bald fiel unsere
Tätigkeit behördlichem Druck zum Opfer", so Okopenko weiter.

Keinem stand Jandl in seinen Anfangsjahren näher als diesem Flücht-
lingskind aus der Karpato-Ukraine, dessen Vater als Arzt im psychiatrischen
Krankenhaus am Steinhof arbeitete – ehe ihn nach der Befreiung Wiens
die Sowjets verschleppten.[52] Mit seiner Mutter durfte er noch bis 1953 in
der Dienstwohnung am Steinhof bleiben. Er gab sein Chemiestudium
auf, schrieb Gedicht um Gedicht und begann bald für „die skandalisierten
Autoren, aber auch andere, die mir gefielen", eigene *publikationen einer
wiener gruppe junger autoren* herzustellen. Die Wachsmatrizen für die Vervielfältigung auf Billigpapier im A-4-Format tippte er selbst. Die Nummer 1
erschien im Februar 1951.

Jetzt trat der fünf Jahre ältere Ernst Jandl in Andreas Okopenkos Leben.
„Gute Arbeiten von Jandl sind gekommen! (Polakovics hat ihn ,ent-
deckt'.)", schrieb er am 13. Juni 1952 ins Tagebuch.[53] Zwei Tage später
pilgerte Polakovics auf den Steinhof, um sich mit Okopenko über Jandls
Texte zu beraten; zwei wurden ausgesucht für die *publikationen*. Bei einem
ersten Treffen am 10. Juli in der City präsentierte sich Jandl, so Okopenko,
„weniger extrem als ich angenommen hatte". Vor der Abreise nach England
brachte Jandl noch eine Übersetzung der „Preludes" von Eliot am Steinhof vorbei. Auch Okopenko übersetzte dieses Großstadtgedicht und ver-
vielfältigte beide Versuche in den *publikationen* 8, zusammen mit Jandls
Gedicht „Donnerstag" und dessen Übersetzung von W.H. Audens „As I

---

[51] Okopenko 1998, S. 21.

[52] Okopenko, Andreas. Als Kind in Idylle und Untergang. Karpatenbeben 1938/39: Die Zerstörung eines autonomen Ukrainerstaates vor fünfzig Jahren. *Die Presse*, 25.3.1989. Im Gespräch bezeichnete A.O. seinen Vater oft als „General" – wohl in der nationalen ukrainischen Bewegung „Siš" gegen die Ungarn und Slowaken. Frau und Sohn hatten Angst, Andrij Okopenko werde von den Sowjets hingerichtet. Er starb 1965 in Moskau.

[53] Okopenko 2019.

walkend out one evening". „Jandl als Freund gewonnen", setzte Okopenko auf die Habenseite in seiner Jahresbilanz zu Silvester 1952.

Was für ihn die Gedichte und der Freund Okopenko bedeuteten, bekannte Jandl in einem Geleitwort zur Ausgabe von Okopenkos *Gesammelter Lyrik* zu dessen 50. Geburtstag:

> „[...] Es waren die erregendsten Gedichte damals, und sie kamen ganz dicht an mich heran, durchdringend, hinein in das Dunkle, in das ich nicht sehen kann und von dem ich gefüllt bin. [...] Damals war ich ein einen eigenen Weg für das Schreiben von Gedichten erst Suchender und traf diesen, den Gedichten des als Person mir noch Unbekannten, ganz und gar Unvorstellbaren, einen, der seinen eigenen Weg ganz und gar gefunden hatte, und auf ihm unaufhaltsam und stürmisch dahineilte, und dies tun würde bis in alle Ewigkeit. [...] Als er als Person mich dann zum ersten Mal einlud, gab es immerhin schon eine Handvoll von solchen, die ich als meine eigenen auslassen konnte, und er hatte daran gelesen und rief darum zu diesem Treffen."[54]

Okopenko erinnerte nach Jandls Tod im Juni 2000 an den Frühling 1952, in dem sie einander kennenlernten – „im Frühling der Jungverliebtheit des einen in die lyrischen Texte des anderen".[55] Beide bekräftigten einander in ihren politischen Anschauungen in oder nahe der Sozialdemokratie. Beiden war ein Brotberuf aufgezwungen, denn aus seinem Chemiestudium war Okopenko in einen Bürojob in der Papierindustrie geflüchtet. Er parodierte in absurden Zuspitzungen seine mathematisch-naturwissenschaftliche Denkstrenge und protokollierte sein Gefühlsleben, wie auch das literarische Geschehen in Wien, mit der Genauigkeit eines Buchhalters. In vertrackten Systemen, wie dem *Lexikon-Roman*, präsentierte er Partikel phantastischer Erfindungen und reale Fundstücke. Er blieb der liebenswürdig-hilfsbereite Kauz, als Jandl schon als Adler in den Lüften kreise, bereit, jede Chance aufzugreifen.

Okopenko beobachtete Jandl genauer als Jandl ihn. 1964 bestellte Gerhard Fritsch als Redakteur des staatlichen Literaturorgans *Wort in der Zeit* bei Okopenko ein Jandl-Porträt. Als wüsste er Jandl seiner Freundschaft entglitten, stichelte Okopenko:

> „Er war in Deutschland, in Avantgardistenkreisen, jenen, die Mon, Rühm und Gomringer großschreiben, hat mit Reinhard Döhl gesprochen und Max Bense gelesen. Nun schwört Jandl dem Erlebnishaften in der Dichtung hitzig ab, will

---

[54] „Hinein ins Dunkle". *Protokolle* 1/1980, S. 255.
[55] Okopenko 2000.

das ‚wissenschaftliche' Experiment, das streng gezielte Arbeiten, den Serienversuch. Am liebsten ein IBM-Gerät dressieren, eine elektronische Anlage, die vom Dichter-Rechner programmiert, Jandl-Schübe auswirft."[56]

Döhl, seit einem Jahr schon Jandls Freund und Helfer in Stuttgart, ärgerte sich – und Jandl schrieb quasi als Entschuldigung: „Okopenko und ich nehmen bei aller Freundschaft seit Jahren auf den meisten Gebieten konträre Standpunkte ein, und manches von dem, was er schreibt, ist vielleicht eher das Ergebnis weinerhitzter Diskussionen als objektiver Untersuchungen meiner Texte."[57]

1966 zeichnete Okopenko für die ebenfalls staatlich arrangierte Nachfolge-Zeitschrift *Literatur und Kritik* das Literaturgeschehen mit all seinen Gruppenbildungen in Wien seit Kriegsende nach.[58] Darin sah er Jandl neben Konrad Bayer, Gerhard Rühm, Artmann und Mayröcker bei den „Avantgardisten der sprachlichen, typographischen und dramaturgischen Spiele in Nachbarschaft der poésie concrète und des Absurdismus". Auf dem Symposion in Mürzzuschlag zu Jandls 70. Geburtstag eilte Okopenko, so der Titel seiner Freundesrede, im Zeitraffer „Mit Ernst durch die Jahre".[59] 1954 habe er sich durch Ernst überrumpelt gefühlt: „Und kaum daß ich ahnungslos einmal ihn, einmal meine alte Brief- und Gesprächsfreundin Mayröcker treffe, habe ich aus meiner Welser Verbannung[60] den beiden schon zu schreiben, wie fröhlich mich ihre Verbindung macht und wie heilsam die Osmose zwischen ihren Stilen ist." Tatsächlich litt er unter Jandls Erfolg bei „Möcki", in die er seit drei Jahren so glühend wie schüchtern verliebt war.

Andreas blieb „Möcki" und Ernst in der ihm eigenen umständlichen Zärtlichkeit auch verbunden, als ihn beide längst mit ihren Büchern und Preisen in den Schatten stellten. Erst im Jahr 1998 setzten Jandl, Mayröcker und Rühm im Kunstsenat des Ministeriums für Okopenko den Großen Österreichischen Staatspreis durch. Den kleinen Staatspreis, genannt ‚Würdigungspreis', hatte Okopenko indes schon 1977 erhalten – sogar ein Jahr vor Jandl. Dass Okopenko mit seinen von Geist sprühenden und oft so herzzerreißend komischen Texten bei Lesungen kein größeres Publikum

---

[56] Okopenko 1964, S. 17–18.

[57] Jandl an Döhl 1.3.1964. Reinhard-Döhl-Archiv in der Akademie der Künste Berlin 1140.

[58] Okopenko 1966.

[59] Okopenko 1996, S. 5.

[60] Andreas Okopenko gab Ende 1950 sein Chemiestudium an der Universität Wien auf und übernahm eine Bürostelle in der Papierindustrie mit zeitweiligem Dienstort Wels in Oberösterreich.

im In- und Ausland fand, war einer psychischen Schwäche geschuldet: Seine Agoraphobie hätte ihn schon auf dem Vorplatz des Wiener Westbahnhofs zur Umkehr gezwungen. Daran scheiterten auch Jandls Versuche, Okopenko an die Akademie der Künste in Berlin anzukoppeln.

Als Kombattant beim Aufbau des „Gegen-PEN" in den siebziger Jahren war er Jandl eine Stütze, weil beide einander in bürokratischer Sorgfalt – bis nahe zur Pedanterie – um nichts nachstanden. Jandls autoritärer Ton in den Vorstandssitzungen weckte bei ihm Widerstand. Ein, zwei Mal im Jahr bat Andreas „Möcki" mit Ernst zum Heurigen an den Stadtrand nach Strebersdorf. Klein wie seine Formen in der Poesie waren Abendgesellschaften mit den Autorenkollegen und ihn Bewundernden aus dem lokalen Winzerstand. Hinter weinseligen Schauseiten verbarg sich ein außenseiterisches Leben voll absonderlicher Freuden und selbstquälerischer Fragen: „Auch unser Nahekommen als Menschen löste ihn für mich nicht auf", schrieb Jandl zum Fünfzigsten von „Oki"; „und jedes Wiedersehen erfüllt die Erwartung anhaltender Rätsel".[61] „Oki" überlebte Ernst um zehn Jahre.

Bei Fried, H.G. Adler, Gombrich: Austauschlehrer in London

In Wien wurde im Juni 1952 der Stephansdom nach seiner Instandsetzung wiedereröffnet und die neue Pummerin eingeläutet. Anfang September gingen Ernst und Roswitha Jandl nach einer Woche Sightseeing in Paris in Dover von Bord. Ernst hatte mehr Glück als seine Frau. Die Grammar School, wo er unterrichten sollte, liegt am Nordrand Londons, die Fahrt mit Bus und U-Bahn aus East Barnet, Hertfordshire, zu den Museen, Theatern und Konzertsälen in der City dauert keine ganze Stunde. Roswitha war der Domstadt Canterbury zugeteilt, zwei Bahnstunden von Ernst entfernt.[62] Die Schule empfand Ernst als „sehr fad (wie erwartet)",[63] die Lehrerkollegen unzugänglich. Ernsts vierzehn Wochenstunden auf dem Katheder waren von Montag bis Donnerstag angesetzt,[64] sodass ihm an den langen Wochen-

---

[61] Okopenko 1980, S. 12.

[62] Ernst Jandl wohnte 49 Knoll Drive, Southgate, in London N/4, Roswitha Jandl in 81 Whitestable Road, ab Januar 249 Old Dover Road, in Canterbury.

[63] 10.01.1953. LIT 139/L51-L63.

[64] Stundenpläne LIT 139/L346/1.

enden viel Zeit für sich blieb. Die Bezahlung in den Schulen war mit 26 Pfund pro Monat nicht mehr als ein Taschengeld. Beide wohnten in Untermiete in bescheidenen Zimmern und froren im Winter vor Petroleumöfen. Ernst hatte das erste Mal seit der Einberufung zum Arbeitsdienst 1943, dem Barras, der Enge bei den Eltern in Hacking und dem Kommando der hausbesitzenden Schwiegermutter in Favoriten wieder eine eigene Adresse und ein Zimmer für sich allein. Von den Ehefesseln blieben ihm nur der Briefverkehr nach Canterbury und einige Besuche und Gegenbesuche.

Ernst brachte Ideen, Konzepte, Skizzen in die neue Freiheit mit. Wie in ein Laboratorium zum Ausprobieren. Zwei Wochen nach der Ankunft schickte er ein Gedicht nach Canterbury samt dem Geständnis „Heute habe ich mich zu einer Arbeit gezwungen".[65]

Trost

Noch kehrt in mich der schöne Frühling wieder
mit den Spielen der Affen. Einen Besen fürs Narrenhaus!
Die Sonne führt das Auf und Nieder,
wie es der Unteroffizier gewollt hat, aus.

Das Herz eines toten Soldaten
wird eine halbe Stunde massiert
Und nach vierzehn heiteren Tagen
an die Front zurücktransportiert.

Der Wehmut Balsam beizt das Auge.
Man hat uns die Häuser verheizt. Die rauchen.
Doch ist der Mensch noch immer zu gebrauchen,
solang man ihn zur Hoffnung reizt.

Dieser Paraphrase auf Hölderlins Gedicht „An Neuffer" (1794) – die erste Zeile ist identisch – fügt er eine Selbsterklärung, Selbstbezichtigung an:

„Der richtige Dichter, der Nur-Dichter, der nur Gedichte schreibt, ist das scheußlichste Tier, das es gibt. Der braucht Papier, Tinte und Feder. Nicht viel mehr. Dann kann er sich in sich verbeißen. Dann kann er ethisch werden oder unmoralisch, alles nur theoretisch. Ein richtiges Drama schreiben oder richtige Prosa, dazu muß einer ein Mensch sein, der nicht wie ein Hund

[65] 23.9.1952. LIT 139/99, 2.3.1.

winselnd an allen Konflikten vorbeirennt oder aus sicherer Entfernung kläfft – der muß leben können, wie er will, und der Mensch sein, der er sein will, also ein Mensch sein, der der Mensch sein kann, der er sein will usw. usw. Man muß sich selber beiseitestellen können, man sieht ja überhaupt nichts mehr, man steht sich ja selber immer im Weg! Andererseits: Kafka – aber furchtbar teuer bezahlt. Oder Trakl (der typische Nur-Dichter): Schluß ohne Jubel. Im übrigen: es kommt nicht drauf an, was die anderen glauben, es kommt drauf an, was man selber glaubt. Rilke ist entwischt, auch Lawrence. Ruhe haben sie ja trotzdem nicht gehabt. Wer verlangt auch Ruhe?"

Schon am 25. September 1952 suchte er Erich Fried auf, einen „österr. Dichter, lebt hier, arbeitet beim BBC. Sehr nett, 31 Jahre. Macht sehr gute Sachen".[66] Die Adresse hatte er von Hans Weigel sowie Hermann Hakel. Der war in Wien neben Weigel ein zweiter Gruppenmagnet, ein Charismatiker mit den Wundmalen aus Faschisten-Lagern, in der Dichtung autoritär konservativ. Fried verschaffte Ernst und Roswitha bald Termine zu Interviews gegen Honorar. Ernst trug im deutschen Dienst der BBC Gedichte vor. Bei seiner Schwiegermutter erbat er Nachschub. Sie sollte Texte aus Ernsts Mappen zu dessen Vater bringen zum Abtippen und Abschicken – und der sollte auch Gedichte kopieren, die er für Ernst im Safe seiner Creditanstalt-Filiale verwahrte.[67]

Auch zum Prager deutschen Juden H.G. Adler wurde Jandl von Fried rekommandiert. Der stellte ihm dann ein so schönes wie unverständliches Zeugnis aus:

> „Der Weg, den Sie, wie mir scheint, gewählt haben, führt von der Erkenntnis gesellschaftlicher Akzessorien, die einen zeitgenössischen Menschen bedienen wie vergewaltigen und durch beides jedenfalls mitformen, zu einer dichterisch berechtigten Anschauung dieser tragischen (fast möchte ich sagen: melodramatischen) Verhältnisse. Dabei wird wohl, je reifer Sie schreiben werden, das berufene Instrumentarium dieser Akzessorien zum unmittelbaren lyrischen Akzessorium im Ausdruck werden."[68]

Jandl bemühte sich in Wien vergebens um einen Verlag für die Gedichte von Franz Baermann Steiner aus Prag, der 1952 in London starb und dessen Nachlass Adler betreute. Adlers Sohn Jeremy bat 1985 „den lieben Ernst"

---

[66] LIT 139/L51-L63, 27.09.1952.
[67] 25.9.52. LIT B332/B3.
[68] LIT 139/B3.

um ein Gedicht zum 75. Geburtstag seines Vaters. Jandl lieferte „zirkus und armbanduhr" wie bestellt bei Andreas Mytze ab, der in Westberlin die Zeitschrift *Europäische Ideen* herausgab.

Ernst Jandl lernte auch den aus Wien über Prag nach London geflohenen Fritz Brügel kennen.[69] Doch störte ihn an den Gedichten dieses sozialdemokratischen Parteiaktivisten dessen Festhalten an alten Formen; er wird sie in seinem Gedicht „Zeichen" „harmonische Krüge" nennen. Der ebenfalls aus Wien stammende Schriftsteller und Literaturagent Josef Kalmer bat das Ehepaar Jandl zum Schnitzelessen in ein tschechisches Restaurant.

Ernst und ihre Tochter waren schon brieflich Londoner Freunden der Familie Birti-Sääf avisiert: dem 1936 aus Wien an das Warburg Institute gekommenen Kunsthistoriker Ernst Gombrich – 1972 geadelt – und seiner Frau Ilse. Sie wurden auch bald besucht. Die Gombrichs führten das junge Wiener Paar zu den Rembrandts in der Wallace Collection. Gombrich wies Jandl auf ein Gedicht des Barockpoeten Quirinus Kuhlmann hin. Als Ilse Gombrich 1953 ihrem Mann zum Geburtstag eine Nestroy-Gesamtausgabe schenken wollte, besorgte sie Ernst mit Hilfe der Schwiegermutter.[70]

Mit Okopenko korrespondierte Jandl so reichlich wie mit niemand anderem in Wien. Doch notiert Okopenko im Tagebuch, er habe „unangeregte Gedichte" aus London bekommen, und „England muß fürchterlich fad sein". In Wien schlug derweil H.C. Artmann die große Poesietrommel: Im April 1953 verkündete er seine „acht-punkte-proklamation des poetischen acts" mit dem provokanten Diktum, „dass man dichter sein kann, ohne auch irgendjemals ein wort geschrieben oder gesprochen zu haben".[71] Die auf Handzetteln verbreitete Proklamation ist zwar nicht die Gründungsurkunde der Wiener Gruppe, doch kann damit der Zeitpunkt präzisiert werden, an dem Artmann und Rühm mit Konrad Bayer und Oswald Wiener zusammenfanden.[72]

Ernst verbrachte mit Roswitha in London die Weihnachtsferien und ging mit ihr in der Woche nach Ostern auf eine Old-England-Exkursion nach Oxford, Warwick, Worcester und in die Grafschaft Shropshire, mit Übernachtungen in Jugendherbergen. Doch diese Harmonie trog. Anfang Dezember 1952 gestand Ernst erstmals dem Vater in einem Brief, dass er

---

[69] Vgl. Brügel 2001.
[70] Roswitha Jandl an Eva Birti 13.5.1953. LIT 2.3.1.14, 532/21/B4.
[71] Rühm 1985, S. 9.
[72] Vgl. Millner u. Schuster 2018, S. 16.

sich von Roswitha trennen wolle, und bat um einen Unterschlupf in der Auhofstraße, bis er in Wien eine neue Bleibe fände. Viktor Jandl sagte ihm eine solche „auf einige Zeit", aber rügte ihn:

> „Was meinen Standpunkt anbelangt, so weisst Du ja, dass ich prinzipiell gegen eine Scheidung bin. [...] Wir sind samt und sonders mit einer grossen Anzahl von Fehlern behaftet, die, scheinbar klein, im täglichen Zusammenleben zu einer grossen Bürde werden können. Hier zeigt sich am besten der unschätzbare Wert der religiösen Haltung, die für die die sie besitzen, eine Kraft darstellt, die alle Hindernisse bezwingt. Leider hast Du in dieser Hinsicht das Kind mit dem Bade ausgeschüttet, während Roswitha gar nicht in dieser Richtung erzogen wurde."[73]

Auch Roswitha suchte Hilfe in Wien. Vater Viktor zu Dreikönig an Ernst:

> „Roswitha [...] teilte [...] mit, dass Dich ihre Anwesenheit bei Dir nicht glücklich mache – im Gegenteil. Sie habe daher beschlossen, nach Weihnachten nicht mehr zu Dir zu fahren. Es ist eine der traurigsten Erkenntnisse für eine Frau, nicht geliebt zu werden. Und traurig ist ihr Entschluss, Dir nunmehr fern zu bleiben."[74]

Kaum war Roswitha nach den Weihnachtsferien aus London nach Canterbury abgereist, raffte sich Ernst auf, ein Tagebuch zu füllen.[75] Er nannte als Vorsätze für 1953: „Französisch lernen, Ehe beenden; voller leben; und dann vor allem: arbeiten." Damit fing er sogleich an:

> „Den ganzen Nachmittag an einem neuen Gedicht gearbeitet. Thema: Sonntag. Ausgangspunkt: Sonntagsstimmung in England, wie ich sie erlebt habe: Straße, verschlossene Türen, Gottesdienst, Spaziergänger, Abend. Homosexuelle, Dirnen, Kinder, der Mann mit der Flöte, der Mann im Sack (Straßengaukler), Schlangen vor dem Kino. Einsamkeit – Suche nach Licht, Wärme. Über uns: die große Leere. Also: weltanschauliche Tendenz."

Als böte ihm das Gedichteschreiben zu wenig, notierte er am selben Tag auch: „Manchmal wollte ich stricken können. – Vielleicht ist es eine ganz

---

[73] 17.12.1952. LIT 139/99, 2.3.1.1.
[74] 6.1.1953. LIT 139/99, 2.3.1.1.
[75] Notizen in einem Schulheft, wahrscheinlich mit der Abreise aus England im Juli abgeschlossen. Erhalten sind nur Einträge im Januar und Juli 1953. LIT 139/W657.

Abb. 2 Architekt Robert Jandl: Porträt von Ernst Jandl. Bleistift, aquarelliert.
46 × 34,5 cm, sign. u. dat. 4.7.1959 (Foto: Stefan Jandl)

gute Übung: Konzentration und Selbstüberwindung. Übung in Toleranz,
würde es Okopenko nennen."
    Ernst schwankte. Soll er in Wien wieder mit Roswitha zusammenziehen?
Immer wieder bekam Eva Birti in den wöchentlichen Berichten von „Bita"
Ernsts Entschluss, sich zu trennen, gemeldet. Doch zwischendurch auch: „Er
ist möglicherweise am Ende einer Krise – aber das kann man ja bei ihm nie
sagen".[76] Ernst und Roswitha tauschten weiter Stimmungen und Gefühle
aus, Ernst bat sie um die Beurteilung von Gedichtentwürfen, gemeinsam
wurden Theater besucht. Frustration, die sich in Melancholie retten will,
verrät ein Gedicht, das er Februar 1953 Roswitha schickte:[77]

---

[76] 3.2.1953. LIT 2.3.1.14, 532/21/B4.
[77] Unveröffentlicht. 3.2.53. LIT 2.3.1.14, 532/B2.

Aussicht

So beginnt es sich leicht und licht und immer sehr offen
wie das Herz eines aelteren, angeheiterten Mannes;
greifen Sie zu (mit vollem Munde gesprochen) so kann es
in einer schwaecheren Stunde nicht weitergehen.

Allmaehlich verliert sich die Aussicht auf Erweiterung.
Nebel verschmiert das morgendliche Panorama.
Das ist natuerlich; das ist daher nebensaechlich –
aber Nebel in der Mittagssonne ist verdaechtig.

Wenn vergitterte Affen erkennen, ihr Hoffen auf Erklimmen der Palme
ist nicht realisierbar, werden sie reizbar; ich aber
bin Mensch, weil ich weder rase noch bruelle, sondern
zum Optiker gehe um eine Brille fuer meine Nase.

So geht es leicht und licht und immer sehr durchsichtig weiter:
die Fliege faellt, vom Regentropfen gefangen; ich aber
sehe durch die glaeserne Haut meines Hubschraubers
dem Zusammenprall mit der fallenden Welt heiter entgegen.

Dem Diarium klagte er: „Mit allen literarischen Versuchen unzufrieden, Ich muss wieder anfangen." Und: „Vergebliches Erwarten einer ‚Inspiration'. Man muß in deutschsprechendem Land leben. Einsamkeit auf Dauer unerträglich, Leute sind ja da, aber wenn man nichts gemein hat. Ich glaube, ich muß mich einmal ansaufen. Jedenfalls habe ich immer mehr Lust drauf. Dieses Leben macht keinen Spaß." Dazu kamen Geldsorgen. „Die schlechte finanzielle Lage hat ärgerliche Folgen: man sitzt in einem der langweiligsten Bezirke am Rande Londons und muß Fahrten in die Stadt auf ein Mindestmaß einschränken."[78]

Viele Konzert-, Theater- und Ausstellungsbesuche konnte er sich nur leisten, weil ihm der Vater bisweilen aushalf und die *neuen wege* Honorare überwiesen. Hans Weigel ließ ihn per Brief wissen, er habe für einen Leseabend im September 1952 im amerikanischen Kosmos Theater am Neubau auch Jandl-Gedichte ausgewählt. Der Vater schickte eine Ermunterung: „Ich bin nun soweit, dass ich das Wesen dieser Art der Dichtung verstehe und es weit, weit packender finde als die herkömmliche Art der gereimten

---

[78] 1.5.1953. LIT 139/99, 2.3.1.14.

Gedichte."[79] Er berichtete auch von einer Ausstellung des Art-Clubs in dessen neuer Galerie über dem Dom-Café in der Singerstraße; dort hingen auf einer Tafel Jandl-Texte neben solchen von Gütersloh, H.C. Artmann, René Altmann, Jeannie Ebner, Wieland Schmied, Andreas Okopenko und Ernst Kein.[80] Die sozialdemokratische *Welt der Arbeit* druckte das in den *neuen wegen* erschienene Gedicht „Gasthaus" nach.

Obwohl oft das Geld nicht für die Zigaretten reichte, schöpfte Ernst Jandl reichlich aus dem Weltstadtangebot. Er sah *Richard III.* in Stratford. Barsch sein Urteil über *Romeo und Julia* im Old Vic: „Das Stück ist ohnehin ein Blödsinn."[81] Bei einer Vorstellung dort sah er plötzlich Sir Winston Churchill mit seiner Frau in den Zuschauerraum kommen.[82] Er hörte Händels *Messias* in der Royal Festival Hall und – drei Tage nach der Krönung Elizabeths II. – ein Schoenberg Memorial Concert der Anglo-Austrian Music Society in der Wigmore Hall. Doch seine meisten Musikstunden erlebte er vor dem Radio. Er pilgerte in Art Lectures in den großen Museen und berichtete nach Canterbury: „Bilder faszinieren mich mehr als Gedichte".[83] Eine Max-Ernst-Ausstellung im Institute of Contemporary Art enttäuschte ihn: „Der kann zwar nicht zeichnen, erreicht aber recht interessante Effekte durch alle möglichen Tricks."[84] Chagalls Lithos nannte er „technisch reifer als die Gemälde, die ich bisher sah". Als Henry Moores beste Periode wertete er den Surrealismus 1936/40. Von den „Shelter-drawings", Moores rasch berühmt gewordenen Schutzstollenbildern aus der Luftschlacht um England, fand er viele mittelmäßig. Dem Hauptwerk „Madonna und Kind", 1944 für die St. Matthew's Church in Northampton geschaffen, fehle völlig jede religiöse Qualität.[85] Moore nach Jandls Urteil: „ein guter (vielleicht zu guter) Geschäftsmann".[86] Zu Canettis *Blendung* notierte er: „Trotz Widerwillens werde ich versuchen, durchzukommen."[87] Doch als er Robert Neumanns Parodienband *Mit fremden Federn* in die

---

[79] 7.10.1952. LIT 139/L51-L63.

[80] *Die Presse*, 4.3.1953.

[81] 25.09.1972. LIT 139/L51-L63.

[82] Jandl 2016, Bd. 1, S. 166 und Bd. 6, S. 354.

[83] LIT 139/L51-L63, 07.11.1952.

[84] 10.01.1953. LIT 139/L51-L63.

[85] 16.1.1953. LIT 139/L51-L63.

[86] 6.1.1953. LIT Tagebuch p. 5.

[87] 5.1.1953. LIT Tagebuch p. 4.

Hand bekam, jubelte er: „Ein geniales Buch. Noch nie etwas so lustiges [*sic!*] in deutscher Sprache gelesen."[88]

In London gönnte er sich einen Flirt. Das Mädchen, oder die Dame,[89] begleitete ihn in Ausstellungen. „Das ist eine dumme Sache", wusste er hinterher, „es ist vorbei und doch nicht, weil sie nie angefangen hat." Zweimal reiste er nach Stockbridge, wo vom US Army Hospital wenig übrig war.

Am 21. Juni 1953[90] gelangen Jandl in London fünf oft publizierte und als Epochenstatement mit Hölderlin-Echo gedeutete Zeilen:

Zeichen

Zerbrochen sind die harmonischen Krüge,
die Teller mit dem Griechengesicht,
die vergoldeten Köpfe der Klassiker –

aber der Ton und das Wasser drehen sich weiter
in den Hütten der Töpfer.

Im Juni bat der Vater neuerdings Ernst, den „scheinbar doch feststehenden Entschluss", sich von Roswitha zu trennen, zu überdenken.[91] Er dürfe zwar in die Familie zurück, doch dort sei alles sehr beengt, und auch mit dem Geld sei es ein Jammer. Im Hintergrund suchte auch Roswithas Mutter die Ehe zu retten. Und wirklich kam sich das Paar wieder näher. Nach Schulschluss gönnten sie sich ein gemeinsames Kulturprogramm in London. Wozu ihnen Ernst und Ilse Gombrich ihr Haus in Briardale Gardens in Hampstead überließen.[92]

Am 6. August schrieb Ernst noch auf der Heimreise dem Vater: „Wie Du Dir sicher gedacht hast, besteht nach diesem Jahr der Trennung zwischen Roswitha und mir so gutes Einvernehmen, daß wir selbstverständlich unsere früheren Lebensgewohnheiten wenigstens (oder: hoffentlich nur) teilweise

---

[88] 19.1.1953. LIT Tagebuch p. 13.

[89] Im Londoner Tagebuch ist mehrmals eine Alison Ellis genannt. In der Kurzgeschichte „Rückkehr an einen Ort" besichtigt der Ich-Erzähler mit Alison und ihrem Vater das Lagergelände in Stockbridge. Sie besuchte Jandl mehrmals in Wien. Vgl. „Alisons dritter Besuch". Siblewski 2016, Bd. 5, S. 474.

[90] Genaue Datierung auf der Einsendung zur Bewerbung um die Teilnahme an der 5. Österreichischen Jungendkulturwoche Innsbruck. Ernst Jandl „Gedichte". Brenner-Archiv, Universität Innsbruck, 23-40-11.

[91] 26.6.1953. LIT 139/L51-L63.

[92] LIT B332/B3. Gombrichs Anschrift ist in einem Adressbuch aus diesen Jahren verzeichnet.

wieder aufnehmen [...]." Das Paar machte noch bei einer „komischen alten Tante"[93] in Schwenningen am Neckar halt. Doch nach Wien kehrte Roswitha allein zurück. Ernst blieb noch ein paar Tage in München, wo sein Bruder Robert beim Architekten Eduard von der Lippe beschäftigt war.[94] Robert hatte erst im Juli in der Franziskanerkirche in Salzburg eine Tochter des Kunsthistorikers Karl Ginhart[95] geheiratet.

In Wien angelangt, brach Ernst Jandls Ehe vollends auseinander. Er zog noch vor der Rückkehr in die Schule wieder bei den Eltern in der Auhofstraße ein.[96] Dort wohnte auch wieder, nach seiner Rückkehr von der Kinderlandverschickung in Bayern und Vorarlberg, Ernsts jüngerer Bruder Hermann. Der war eben dabei, nach dem Ende seines Lehrerbildungskurses im Pflichtschuldienst Fuß zu fassen und zog, als er dort eine Stelle fand, nach Mödling.

Einige von Jandls in England geschriebenen Gedichten druckten noch während des Austauschjahrs die *neuen wege*. Acht davon platzierte Rudolf Felmayer 1956 im Gedichtband *Andere Augen* – Jandls erstem Buch. Andere, darunter auch „stockbridge", machte der Dichter erst 1973 in der Sammlung *dingfest* bekannt. Das Zeugnis seiner Schule in East Barnet traf erst im Januar 1956 im Wiener Stadtschulrat ein. „Dr. Jandl was very successful. Having already taught, he tackled his classes with confidence, and managed to provoke much conversations. [...] He travelled widely during the holyday periods, and at the weekends."[97]

„Jandl ist von seiner fruchtlosen Reise zurückgekommen", schrieb Andreas Okopenko am 21. August 1953 ins Tagebuch. Jandl kam wieder auf den Steinhof, sie sprachen, notierte Okopenko, „über die wahre Ursprünglichkeit und die falsche – eklektische – Originalität und die Schwerverständlichkeit von Gedichten als Folge ihrer Inexaktheit". Ein ungleiches Paar: der Zögerliche und der Bestimmte. In seiner verbissenen Liebe zur Mathematik, Physik, Chemie steigerte sich Okopenko gerne ins Theoretisieren, Systematisieren. Jandl hielt mit seiner – bisweilen von

---

[93] Rufname Anny. LIT 139/B1189.

[94] TUWA, Protokolle der II. Staatsprüfung aus Architektur, Prot. Nr. 1746 (Robert Jandl).

[95] Der Kärntner Karl Ginhart bekam 1942 eine Lehrkanzel an der Technischen Hochschule Wien und wirkte dort, nach einer kurzen Suspendierung, bis 1960. Er war ein Förderer des Malers Herbert Boeckl, der ihn auch porträtierte. Friederike Mayröcker schrieb Karl Ginhart in frühe Bücher Widmungen (Mitteilung Stefan Jandl 12.11.2020).

[96] Meldeauskunft MA – B-MEW-52924-2021: 19.08.1953 – 01.9.1954.

[97] Bildungsdirektion Wien, Personalakt.

Hypochondrien gebremsten – Vitalität und humanistischen Bildung dagegen. Sie lasen einander ihre Übertragungen von Eliots „The Waste Land" vor. Ernst lud Andreas ins Akademietheater ein zu Federico García Lorcas Vielfrauenstück *Doña Rosita bleibt ledig*. Okopenko plante eine „Lehrerlesung" mit Polakovics und Jandl; bei der Vorbesprechung, so sein Protokoll, „fiel Jandl plötzlich die Bescheidenheit an, ihm kamen meine Sachen besser vor als seine". In den *neuen wegen* gewann Hermann Hakel Einfluss auf das Programm. Jandl erinnerte sich mit Schaudern an den „auf seine Erfahrung pochenden Hermann Hakel, der aus mir einen Dichter machen wollte".[98]

Im Rückblick in einer Vortragsreihe an der Wiener Universität 1978[99] sprach Okopenko von den frühen fünfziger Jahren als Zeit einer Lebenskrise. Er schmachtete damals unbekannte Mädchen in der Straßenbahn an. Ganz kopfverdreht machte er sich Hoffnungen: „Ich weiß nicht, ob man wie Friederike Mayröcker den Wunsch, Gedichte zu schreiben, vor alle anderen Wünsche setzen darf. Aber wahrscheinlich soll diese Reihung der Wünsche nur die wahre Reihung verhüllen."[100]

---

[98] „Von Konrad Bayer". Jandl 2016, Bd. 6, S. 255.
[99] Okopenko 1998.
[100] Okopenko 2019. 20.11.1953.

Kapitel 3: Harte Jahre im kalten Wien

Treffpunkt Innsbruck, Jugendkulturwoche

Ernst Jandl kehrte im Herbst 1953 nicht mehr ans Gymnasium Wien II. in der Zirkusgasse zurück. Zum neuen Arbeitsplatz in der Waltergasse, damals noch eine Bundesrealschule ohne Latein, hatte er aus der Wohnung in der Favoritenstraße nur wenige Schritte. In diesem Schulpalast der ehemaligen k.k. Ober-Realschule bekam auch Roswitha Jandl eine Stelle in einer dort notdürftig untergebrachten Frauenoberschule, die aber bald zum Reumannplatz nach Favoriten übersiedelt wurde. Mit Ernst wechselte auch sein Studienfreund Franz Austeda als Lehrer aus der Zirkusgasse in die Waltergasse.[1] Zwei Jahre später saß er schon im Stadtschulrat, stieg dort zur Grauen Eminenz auf und bewährte sich als Ernsts treuer Helfer.

Aus dem Schulalltag des ersten Jahres in der Waltergasse blieb ein Dokument von Jandls pädagogischen Mühen erhalten, das ihn konform mit dem damals zeitgemäßen autoritären Reglement zeigt. Warum beantragte er für M.R. in „Betragen" im Zeugnis eine Vier?

> „erstens wegen Widersetzlichkeit und äußerst frechen Benehmens gegen einen Platzwart des Sportplatzes Birkenwiese, der ihn schließlich, als er trotz mehrmaliger Ermahnung des Lehrers sein Verhalten nicht änderte, vom Sportplatz weisen mußte;

---

[1] Festausschuss der Kollegenvereinigung Walterrealschule 1955, S. 49.

H. Haider, *Ernst Jandl 1925–2000*, https://doi.org/10.1007/978-3-662-66639-5_4

zweitens wegen Störung des Unterrichts durch Schwätzen, wobei der Schüler wiederholt versucht hat, sich, wenn vom Lehrer ermahnt, durch Lügen aus der Affäre zu ziehen;
drittens wegen seines schlechten Einflusses auf die Mitschüler."[2]

Vorerst brachte Ernst Jandl seine Gedichte nur im Schulmilieu und bei der sozialdemokratischen Partei unter. 17 Texte druckte Friedrich Polakovics, als Zeichenlehrer ein Kollege in der Waltergasse, in den *neuen wegen*. Einige mit Titeln, die Jandls frommer Mutter aus dem Mund perlen hätten können: „Der heilige Franz von Assisi", „Abendandacht" und „Neo-Konservativ". Die kurzlebige Kulturzeitschrift der SPÖ *Die Schau* lud zur Mitarbeit ein. Noch zögerte Jandl: „Ich habe eine Nummer der Schau, die mir so mißfällt, daß ich zur Mitarbeit wenig Lust habe. Schließlich schreibe ich nicht, um zu leben, und ich kann ruhig wählerisch sein."[3] Doch für drei Nummern 1953 lieferte er Beiträge, darunter einen über den neuen Städtebau in England. Die *neue generation*, Organ der sozialistischen Studenten (VSStÖ), druckte das Antikriegsgedicht: „Zehn-Jahre-Pamphlet".

Mitten im Schuljahr 1953/54 tat sich eine neue Chance auf. Bis 15. Januar lief die Einsendefrist für die 1950 in Innsbruck begründete und nun fünfte Österreichische Jugendkulturwoche.[4] Die Lyrik-Jury[5] wählte im März 1954 dreizehn Autoren als Gäste aus – darunter Ernst Jandl, Humbert Fink, Gerhard Fritsch und Wieland Schmied.[6] Der Juror Eduard Lachmann, Germanistikprofessor in Innsbruck, schied Jandl früh aus. Raoul Henrik Strand, ein Kulturjournalist, notierte zu Jandl: „ein starkes Talent. Aber man ist versucht ihn eher [als] ein Literaten-Genie als einen echten Lyriker zu bezeichnen. Es ist sehr viel Intellekt dazwischen".[7] Doch die 1951 als Lyrikerin entdeckte Christine Busta setzte sich vehement für Jandl ein: „Wirklich moderne Gedichte, straff in der Form, präzise und intelligent im Ausdruck, ohne Klischee, verblüffend in der fast unerwarteten Wendung ins Dichterische. Bildstark. Herausstellen!"[8] Mit der Einladung verbanden die

---

[2] Bildungsdirektion Wien, Personalakt.

[3] An Roswitha Jandl 21.3.1953. LIT 139/99, 2.3.1.14.

[4] Vgl. Riccabona 2006.

[5] Annemarie Achenreiner-Newesely, Christine Busta, Hans Faber, Rudolf Felmayer, Raoul Henrik Strand, Eduard Lachmann.

[6] Tiroler Landesarchiv. Amt der Tiroler Landesregierung IVe Landesjugendreferat/Abt. JUFF Pos. 14 Karton 6 Fasz. 5. Österr. Jugendkulturwochen 1954, I. Teil.

[7] Brenner Archiv Innsbruck, Nachlass HR Strand.

[8] Tiroler Landesarchiv. Amt der Tiroler Landesregierung IVe Landesjugendreferat/Abt. JUFF Pos. 14 Karton 6 Fasz. 5. Österr. Jugendkulturwochen 1954, I. Teil.

Veranstalter die Bitte an Jandl, für die *neuen wege* einen Bericht zu schreiben – was Jandl im Gesuch an den Stadtschulrat um Sonderurlaub als besonders triftigen Grund angeben konnte.[9]

Für Innsbruck bereitete er ein Positionspapier vor, eine halbe Seite lang, sein Ich in die Dritte Person transponierend: „Der Dichter, der uns angeht". Schon im Titel ein Doppelsinn: *angehen* meint ,betreffen' und ,attackieren'. Hier in Innsbruck konnte er das erste Mal eine Plattform kapern und sich Luft machen. Er verteidigt „Dichtung, wie sie Carl Sandburg schreibt oder Andreas Okopenko" gegen die Anfeindungen „von denen, deren Gewissen kein Bohrer ist, sondern ein Polster". Und: „Beunruhigt durch die Möglichkeiten zur Ruhe – Felsen ohne Wasser bei Eliot, rostige Maschinenreste bei Sandburg –, stiftet der Dichter, der uns angeht, Unruhe dort, wo die einen die Furcht lähmt und die anderen ruhig schlafen." Doch sei dieser Dichter so nütz wie unnütz: „seine Worte sind wie ein Kamm in der Hand eines Kahlkopfs."[10]

Am speziellen Lyrikabend am 23. Mai im Festsaal im Altstadthaus mit dem ,Goldenen Dachl' stellte Rudolf Felmayer Jandl vor. Dieser Auftritt „war laut Felmayr [*sic!*] nicht nur ein ,großer Erfolg' für mich, sondern dadurch auch für die ,moderne Dichtung'".[11] Ein merkwürdiger Text aus Jandls Innsbrucker Bewerbung tauchte später nie in einem Buch auf: „Der Auserwählte", mit einem Motto aus Matth. 22,14: „Denn viele sind berufen, wenige aber auserwählt".[12] In diesen 46 Zeilen geht auf den als Landstreicher durch die Lande taumelnden Christus ein Mann zu, der „am Ende des Achtstundentags" im blauen Kittel ebenso abgerissen ausschaut wie Gottsohn. Der Arbeiter weist sich als Mitglied „der Partei" aus. Christus dreht aus dessen Parteiausweis eine Zigarette, „bricht sie in der Mitte entzwei, / steckt ein Teil sich und das andre dem Mann in den Mund, / dann rauchen sie, und der Mann / schüttelt wiederholt den Kopf / und beide zucken die Achseln, sooft sie sich ins Gesicht schaun / und dann sagt Christus: ,Eigentlich verstehen wir einander recht gut.'"

Jandl fand damit ein poetisches Bild für seine nie aufgegebene Überzeugung, dass sich Österreichs Sozialdemokraten und Christkonservative versöhnen müssen. Denn die erbitterte Feindschaft hatte beide Parteien in der Ersten Republik im Kampf gegen den Nationalsozialismus geschwächt.

---

[9] Bildungsdirektion Wien, Personalakt.

[10] Jandl 2016, Bd. 6, S. 7.

[11] 25.5.1954. LIT 139/99 2.3.1.

[12] Brenner Archiv Innsbruck 23-40-11 Ernst Jandl Typoskripte.

Er selbst suchte in sich stetig die mentale Balance von katholischer Grundierung und sozialistischem Parteibuch. Er trat nie aus Partei und Kirche aus. Rudolf Felmayer, ein Mann aus dem christlichen Vorkriegslager, schickte Jandl nicht mit dem „Auserwählten" vor das Publikum; er legte für den Beginn das Gedicht „Zeichen" und für den Schluss „Der Heilige Franz von Assisi" fest.

Jandl lernte in Innsbruck Gerhard Rühm und Paul Fürst aus der Abteilung Neue Musik kennen sowie die Lyrikerin und Kunsthistorikerin Lilly von Sauter, später Kustodin der habsburgischen Sammlungen im Schloss Ambras. Seiner Pflicht, für die *neuen wege* einen Bericht zu schreiben, entledigte er sich mit einem zynischen Abgesang:[13] „Innsbruck gefällt mir. Ich habe zwei bis drei freundliche Leute kennengelernt. [...] Wer nicht seine Familie mitbringt, liest in Wien für die Wand. Innsbruck hingegen füllt seine Säle mit Händen, die beklatschen, was die Ohren hörten oder überhörten." An Roswitha berichtete er: „Länger als eine Woche würde ich es wahrscheinlich nicht mit den Leuten aushalten. Als Dauerzustand ist eben bloß das ,Alleinsein' möglich, Begegnungen mit anderen sollten kurz und intensiv sein."[14]

In der Innsbrucker Jugendherberge wohnte auch Friederike Mayröcker. Jandl hatte sie schon in Wien kennengelernt, spätestens am 19. Februar 1954. Am späten Abend dieses Tages begleitete er sie nach einer Lesung im kommunistischen Volksheim Margareten – „Der Anfang war armselig. Insgesamt kamen dann doch über zwanzig Leute"[15] – durch die russische Zone nach Hause. Sie wohnte im Bezirk Margareten, dem fünften, im Haus Zentagasse 16 im obersten Stock bei einer alten Tante. 1952 war sie dorthin kurz nach ihrer Heirat mit dem 15 Jahre älteren Lehrer-Kollegen Georg Heindl aus der Wohnung der Eltern in der nahen Anzengrubergasse übersiedelt – und hatte ihren Bösendorfer-Flügel mitgenommen.[16]

Ihr Vater Franz Mayröcker (1895–1978) stand noch als Lehrer und Direktor im städtischen Schuldienst, die Mutter (1906–1994), geboren als Friederike Pecavar (auch: Petschauer), fertigte als Modistin Kostümpuppen in kleinen Formaten und zeigte sie in Ausstellungen. Ihre Tochter gleichen Namens war eine Sesshafte in einem Orbit nicht viel größer als vier Fußballfelder. Das Haus Anzengrubergasse 17, wo die Dichterin aufwuchs,

---

[13] Ernst Jandl: „1 bis 5 nach der fünften Österreichischen Jugendkulturwoche". 3 Bl., Brenner Archiv Innsbruck 1-11-1.

[14] An Roswitha Jandl 25.5.54. LIT 139/99, 2.3.1.

[15] Okopenko 2019, 19.2.1954.

[16] Siblewski 2020, S. 220.

sowie das Hartmannspital (seit 2017 St. Josef Spital) in der Nikolsdorfer Gasse, wo sie zuletzt Pflege fand und 2021 starb, liegen am selben geraden Straßenzug nur 300 Meter voneinander entfernt. Die Nikolsdorfer Gasse verläuft parallel zur Zentagasse, wo sie 1952 bis 2021 wohnte und arbeitete. Keine 200 Meter Luftlinie trennten ihre Schreibzimmer von ihrem Sterbebett.

Die 29 Jahre alte Friederike Mayröcker schickte ihre Bewerbung um die Teilnahme an der Jugendkulturwoche 1954 unter ihrem Mädchennamen sowie mit der Adresse der Eltern nach Innsbruck.[17] Ihre Texte fanden dort eine Mehrheit in der von Gertrud Fussenegger geleiteten Prosa-Jury. Diese 1945 aus dem nationalsozialistischen ins katholische Lager heimgekehrte Deutschböhmin führte sie auch bei der Lesung am 25. Mai im Festsaal unter dem Goldenen Dachl ein. Mayröcker trug aus der Serie „Mythologischer Stücke" vor, die sie dann für ihr erstes Buch *Larifari* komplettierte. Zu schreiben hatte sie schon 1939 mit fünfzehn und mit religiösen Vorstellungen vom Heiligen Geist begonnen: „Zu Pfingsten. Da habe ich plötzlich den Wunsch gehabt, was aufzuschreiben."[18] Im Krieg stöpselte sie Verbindungen im Telefon-Fernamt am Wiener Schillerplatz. So verbesserte sie im internationalen Verkehr ihr Schulenglisch. Der Wiener Schriftsteller Otto Basil nahm erste Texte der Englischlehrerin[19] 1947 in seine Zeitschrift *Plan* auf, bei Hans Weigel debütierte sie 1952 in seinem Jahrbuch *Stimmen der Gegenwart*.

In Innsbruck wurden Ernst und die von ihm „Fritzi" Gerufene Freunde. 1978 schrieb Jandl in einem Rückblick:[20] „Es war ein Glück, daß ich 1954 mit der Dichterin Friederike Mayröcker zusammentraf, die damals schon einen guten Namen besaß, und ich schrieb an ihrer Seite viele Gedichte. Wir sind bis heute eng verbunden, aber wir leben nicht mitsammen, denn ich verstand es nicht, etwas an Glück dauerhaft zu machen." Andreas

---

[17] Lebenslauf im Tiroler Landesarchiv. Amt der Tiroler Landesregierung IVe Landesjugendreferat/Abt. JUFF Pos. 14 Karton 6 Fasz. 5. Österr. Jugendkulturwochen 1954, I. Teil: „Volksschule, Hauptschule, Kauf. Wirtschaftsschule, private Sprachstudien, Lehrbefähigung in Englisch 1946, Externistenmatura 1950, seit 1946 im öffentlichen Schuldienst. Plan 1947, [Die] Sammlung 1947, Die Furche 1950/53, Neue Wege 51–53, Gegenwart 1953, Wien von A – Z [hrsg. von Hermann Hakel] 1953".

[18] Gespräch mit Hans Haider. *Die Presse*, 10.5.1975.

[19] Bis zu ihrer vorzeitigen Pensionierung am 1.9.1977 auf Grund ärztlicher Gutachten tätig gewesen in Hauptschulen in Wien-Favoriten: Triesterstraße, Hebbelplatz, Herzgasse, Pernersdorferstraße, Quellenstraße, Knöllgasse, Antonsplatz und die letzten zwanzig Jahre, von acht Jahren Karenz unterbrochen, in der Kempelengasse. Der 1983/84 für die Kunst zuständige Unterrichtsminister und spätere Wiener Bürgermeister Helmut Zilk erzählte gerne, dass er zugleich mit Friederike Mayröcker in einer Hauptschule in Favoriten unterrichtet habe.

[20] „Biographische Notiz". Jandl 2016, Bd. 6, S. 423.

Okopenko verlor 1954 ein Objekt seiner Anbetung. Verletzten Herzens fragte er Jandl in einem Brief: „Wissen Sie ein Mädchen für mich? Der Betriebsrat meines Hirnes hat beschlossen, die literarische Produktion so lange einzustellen, bis mir ein ordentliches Mädchen zugeteilt wird."[21] Doch blieb er ein Freund der beiden und mit dabei, wenn spontanes Schreiben angesagt war.

Als Jandl 1975 um ein Statement für ein Mayröcker-Filmporträt gebeten wurde, bejubelte er die Begegnung mit Friederike Mayröcker, der ein kurzes Zusammenleben in ihrer Wohnung folgte, als Rettung, ja Gnadenerweis:

> „Von 10 bis 30 gab es ununterbrochen Kampf, für mich allein, innerlich, ich gegen mich. Kampf gegen das Eindringen, in mich, der faschistischen Barbarei, Kampf ums Überleben im Krieg, dann Kampf gegen das Ersticken im Sumpf der wiedererstandenen österreichischen Kleinbürgerlichkeit. Nach diesen 20 Jahren, mit dreißig, war ich bereits ziemlich kaputt. Dann kam […] Friederike Mayröcker, als der einzige Mensch, der mich herausziehen konnte, und es tat. Ohne sie hätte ich kaum mehr ein brauchbares Gedicht geschrieben, kein Buch wäre da, ich hätte Kinderwagen geschoben. Alles, in diesen letzten 20 Jahren, danke ich ihr. […] Als meine Mutter viele Jahre sehr krank war, wurde ihr Glaube ein Monster, ihre Hoffnung verschwand, und Liebe, für sie, war etwas ganz anderes als das, was ich darunter verstehen wollte. Aus diesen drei Gnaden besteht Friederike Mayröcker, und ein Abglanz davon beleuchtet meinen kümmerlichen Weg."[22]

Vorerst, im Sommer 1954, versuchte Jandl das große Gefühl in vier Definitionen zu fassen, alle noch Metaphern alter Schule.[23]

Meine Liebe
ist der Schmerz meiner zeitweisen Abwesenheit von dir.

Meine Liebe
ist das Lachen beim zeitweisen Wiedersehen mit dir.

Meine Liebe
ist das Aufsagen unbedeutender Worte vor dir.

---

[21] 1954. LIT 139/99, 2.3.3.19.

[22] „Selbst mit fünfzig" für „Oh Scirocco nimm mich auf deiner Zunge" von Gerhard Kleindl, 1975. *Protokolle* 1/1976, S. 16.

[23] „Vier Versuche zu definieren". Jandl 2016, Bd. 1, S. 23.

Meine Liebe
ist der zeitweise ungläubige Thomas in mir.

Roswitha Jandl verbrachte den Sommerurlaub 1954 in Paris. Als sie heim-
kehrte, hatte Ernst schon seine Sachen aus der Wohnung geholt. Auf
einem Zettel hinterließ er die neue Adresse: ein Untermietzimmer in
der Ölzeltgasse 1/11 im dritten Bezirk nahe dem Stadtpark,[24] mit einem
Baron Oppermann als Mitbewohner. Roswitha Jandls Scheidungsklage,[25]
munitioniert mit Zeugenaussagen ihrer Mutter, hatte im Januar 1955 den
erwarteten Erfolg. Ernst wurde schuldig geschieden – bei wechselseitigem
Unterhaltsverzicht. Die Trennung hinterließ auch eine lyrische Spur: „jetzt
sind sie quitt / und gehen auseinander / haß im herzen […]“.[26] Georg
Heindl, aus derselben Schule, war gar nicht erst mit Friederike Mayröcker
zusammengezogen, sondern bei seiner Mutter geblieben. Die Serie ihrer
wechselseitigen Besuche endete bei der Scheidungsverhandlung schmerz-
los:[27] „Das Verschulden trifft beide Parteien zu gleichen Teilen“, sprach das
Gericht am 24. Mai 1955.[28] Ihren Auftritt bei der Innsbrucker Jugendkulturwoche, wo sie wieder vor der Prosa-Jury[29] bestanden hatte, sagte
Mayröcker ab.[30] Wie schon am Tag nach der Scheidung, es waren Oster-
ferien, fuhr sie mit Ernst nach Paris. Lehrer Heindl unterrichtete weiter in
der Knaben- und Mädchenhauptschule Quellenstraße 31 neben Friederike;
sie nahm wieder ihren Mädchennamen an, und Heindl heiratete sofort eine
andere Kollegin an der Schule.[31]

Erstes Buch *Andere Augen*

Österreich wurde 1955 von den Siegermächten freigegeben. Am 15. Mai
unterzeichneten im Schloss Belvedere Vertreter der USA, Großbritanniens,
Frankreichs und Russlands den Österreichischen Staatsvertrag und

---

[24] Magistrat der Stadt Wien. Meldeauskunft MA 8 – B-MEW-53924-2021: 01.09.1954–16.10.1956.

[25] WStLA, Landesgericht f. Zivilrechtssachen, A24 – Cg; Nc – Streitsachen; Außerstreitsachen: 13 Cg 416/54.

[26] „quitt“. Jandl 2016, Bd. 2, S. 266.

[27] Kraller u. Famler 1999, S. 20.

[28] Landesgericht f. Zivilrechtssachen Zahl 2, Cg 70/55-4. Bildungsdirektion Wien, Personalakt.

[29] Gertrud Fussenegger, Lilly von Sauter, Herbert Zand.

[30] Tiroler Landesarchiv. Amt der Tiroler Landesregierung IVe Landesjugendreferat/Abt. JUFF Pos. 14 Karton 6 Fasz. 6. Österr. Jugendkulturwochen 1955, I. Teil.

[31] Wiener Lehrerbuch, 1957.

beendeten damit die Besetzung durch ihre Truppen. Nach Ernst Jandls Selbstbefreiung von Frau und Schwiegermutter, verbunden freilich mit dem Wechsel aus der hausherrlichen Bequemlichkeit in die Beschränkt-heit eines Zimmerherrn, sprudelten neue Gedichte. Knapp fünfzig sind aus dem Schuljahr 1954/55 überliefert – beginnend mit dem „Aussichtslosen Gesuch"[32] mit den Zeilen „Schöne Herren / Musikanten vom Wohnungs-amt / gebt mir ein stilles Zimmer". Für ihren ersten gemeinsamen Urlaub wählten Jandl und Mayröcker ein einfaches Zimmer in Rohrmoos im Enns-tal in der Steiermark – an diesen Ort werden sie als Mieter eines Ferien-hauses zwischen 1968 und 1986 fast jeden Sommer zurückkehren. Doch nun im Sommer 1955 herrschte in der Naturidylle noch bittere Not. Am 1. August stellte er dort sich und Fritzi im Gedicht „Unser Geld oder der dreiszigste [sic!] Geburtstag",[33] mit einer Anrede an „Fritz" [sic!], die brennende Frage „Wenn das Geld nun doch nicht bis zum Samstag langt?"

Zwei Wochen später, und schon in Wien, holte Jandl tief Luft für ein „Zehn-Jahre-Pamphlet"[34] gegen Österreichs Wiederbewaffnung mit einem neuen Bundesheer. Er hatte schon um Weihnachten 1954 im Gedicht „Rüstige Männer"[35] die „Offiziere von dazumal" als Verbrecher an Mädchen in den Frontländern und noch immer anscheinend unwiderstehliche Ver-führer junger Frauen gebrandmarkt. Während der Jugendkulturwoche im Mai 1955 war in Innsbruck eine „Resolution der jungen Kulturschaffenden" gegen ein neues Heer veröffentlicht worden – verfasst wahrscheinlich vom zwanzig Jahre alten Studenten, späteren Radiomann und PEN-Club-Funktionär Roman Roček.[36] Seit 17. Mai 1955 zirkulierte auch H.C. Artmanns polemisches Manifest gegen ein neues Bundesheer:

> „wir protestieren mit allem nachdruck / gegen das makabre kasperl-theater / welches bei wiedereinführung einer / wie auch immer gearteten wehr-macht / auf österreichischem boden / zur aufführung gelangen würde … […] pfeift auf den lorbeer / und laßt ihn den linsen!!! / denkt daran / welche ehre es für österreich / bedeuten würde / bliebe es wie bisher / der einzige staat

---

[32] Jandl 2016, Bd. 1, S. 11.

[33] „Das Schicksal zieht mich an den Ohren. Skizzen aus rohrmoos". In *Protokolle* 2/1985, S. 31–38.

[34] *Alpha* 6, September 1955. Jandl 2016, Bd. 1, S. 75–76.

[35] Jandl 2016, Bd. 1, S. 7.

[36] Tiroler Landesarchiv. Amt der Tiroler Landesregierung IVe Landesjugendreferat/Abt. JUFF Pos. 14 Karton 6 Fasz. 6. Österr. Jugendkulturwochen 1955, I. Teil. Unter dem Titel „Sollte es nicht zum umgehen sein" wurde gefordert: keine schweren Waffen, Panzer, Flugzeuge, keine NS-Ausbildner, Ver-weigerungsrecht.

der welt / der diese unsägliche trottelei / den anderen dümmeren überlässt !! / […].“[37]

In Jandls „Zehn-Jahre-Pamphlet" warten nun Berufskämpfer von gestern auf ihre Stunde: „denn wir kennen uns mit dem Militär und mit nichts sonst / ausgezeichnet aus". Wie punktgenau er in diesem Gedicht den Wirtschaftswunderwohlstand und selbstgefälligen Patriotismus samt Wiederbegründung des Bundesheeres getroffen hat, belegt ein Kommentar in der sozialistischen *neuen generation* nach einem Jandl-Auftritt vor Genossen:

> „Nachdem der Autor in der Dichterlesung geendet hatte, dankte ihm heftiger Applaus. Und da klatschten Leute begeistert, die den ganzen Tag nichts anderes machen, als den Kampf eines Ernst Jandl und aller jener, die ihm ähnlich denken, zunichte machen. Zur Ehrlichkeit gehört eben mehr Mut als zur Parade vor dem Bundeskanzler."[38]

In diesem historischen Jahr der wiedergewonnenen Freiheit für Österreich hatte Jandl ein seine Zukunft bestimmendes Erweckungserlebnis. Im „Selbstporträt 1966" erinnert er sich: „55 erfolgte, parallel zu privaten Umwälzungen, die Zuspitzung zu Groteske und Experiment".[39] In den „Anmerkungen zur Dichtkunst" wird er genauer: „1955 stieß ich zum ersten Mal auf ein Gedicht von Eugen Gomringer und erfuhr, daß es eine neue Art von Dichtung gab, ‚konstellationen‘, ‚konkrete poesie‘."[40] Für ihn ein Signal, dass alles in der Lyrik in Frage stehe, zuvorderst die Innerlichkeit. Von da an liefen die Experimente in mehreren Richtungen, parallel dazu bemühte er sich, seine konventionellen, seit 1952 geschriebenen Texte publiziert zu bekommen. Im März 1956 vollendete er, „knapp vor dem großen Wendepunkt" zu seinen ersten Sprechgedichten hin, die „prosa aus der flüstergalerie" über Eindrücke in seinem Englandjahr. In den Frankfurter Poetikvorlesungen 1984 nannte er diesen Text „meine erste mir gelungen erscheinende Assimilation von Techniken des Jahrhundertgenies Gertrude Stein".[41] Aber noch blieb diese quere neue Prosa in der Schublade.

Im Schuljahr 1955/56 festigte sich Jandls Status im Schuldienst. In der jährlichen Qualifikationsbeschreibung kassiert er doppeltes Lob: „Als

---

[37] Rühm 1985, S. 18.
[38] *Neue generation,* Jg. 1956, Januar, S. 12.
[39] Jandl 2016, Bd. 6, S. 411.
[40] Jandl 2016, Bd. 6, S. 98–99.
[41] Jandl 2016, Bd. 6, S. 341.

Klassenvorstand nimmt sich der Lehrer seiner Schüler wahrhaft väterlich an. Im Unterricht versucht er den modernen Ideen weitgehend Raum zu geben."[42] Unter „Besondere Fähigkeiten" wurde ihm quasi amtlich sein Status beglaubigt: „Österr. Dichter". Denn endlich war es ihm gelungen, mit einer Publikation aus der lehrständischen Enge der *neuen wege* auszubrechen: Im Dezember 1955 lieferte der Bergland Verlag den von Rudolf Felmayer zusammengestellten Lyrikband *Tür an Tür* aus. Unter 32 Autorinnen und Autoren war Jandl mit 13 Texten vertreten – so mit dem Gedicht „Zeichen" und den „harmonischen Krügen" darin und schon dem Liebesgedicht „Andere Augen". Es sollte den Titel für Jandls erstes eigenes Buch abgeben. Im Herbst 1956 erschien es, nur 32 Blatt in dünner Kartonhülle, als Nummer 21 in Felmayers Reihe „Neue Dichtung aus Österreich" – in schulgerechter Großkleinschreibung und mit dem wuchtigen „Zehn-Jahres-Pamphlet" als verlässlichem Aufreger.

Den Sommer 1956 verbrachten Ernst und Friederike in Gastein und in Rauris im Salzburgischen. Felmayer sandte dorthin die Fahnen. Kein Text fehlerfrei. Das erste Mal musste der Präzisionist Jandl mit einer Setzerei bis zum letzten Zeilenfall raufen. Für den Versand von beachtlichen sechzig Rezensions- und Gratisexemplaren hatte er dem Verlag eine Liste von Empfängern geschickt, darunter sein Dienstherr, der Unterrichtsminister Heinrich Drimmel, der erzkonservative Schriftsteller Rudolf Henz, der liberalkonservativ Philosoph und Julien-Green-Übersetzer Hanns von Winter, die Lehrergenossen aus der SPÖ und 17 Zeitungs- und Zeitschriftenredaktionen allein in Deutschland; auch selber verschickte er das Buch; so an Walter Höllerer in der Redaktion der *Akzente,* einer „Anregung von H.C. Artmann und Paul Celan" folgend.[43]

Heimito von Doderer dankte knapp „für ihr schönes lyrisches Werk" und wünschte „ein produktives Jahr 1957".[44] Anders die Einlassung des aus dem englischen Exil heimgekehrten Hofmannsthal-Sekretärs Felix Braun (1985–1973), Herausgeber der weitverbreiteten Lyrikanthologie *Der Tausendjährige Rosenstrauch* (1937). Braun verkehrte im noblen Teil der Nachkriegsszene und wurde dort, weil oft in weltflüchterischer Klassiker-Anbetung versunken, „das Mondschaf" genannt. In einem ersten langen Handschreiben warf er Jandl vor, „wie so viele ihrer Zeitgenossen, der Prosa einen breiten Weg in das Gebiet der Poesie gebahnt oder offengelassen" zu haben.

---

[42] 5.12.1955. Bildungsdirektion Wien, Personalakt.

[43] 20.3.1957. Literaturarchiv Sulzbach-Rosenberg, Nachlass Walter Höllerer, 01AK.

[44] LIT 139/B260. Erst auf *Laut und Luise* reagierte Doderer am 30.9.1966 deutlich zustimmend.

„Es ist aber die Poesie eine Kunst des Absoluten, in der Relatives nur im Augenblick erglänzt und, wie es aus der Zeit stammt, rasch in sie verschwindet. Ihr Talent ist groß, es scheint mir sogar ein besonderes zu sein. Und weil ich das weiß, möchte ich sie bitten, streng gegen die Eingebungen zu sein, die sie verleiten, in den Bezirk des Gedichtes so viel Fremdes eindringen zu lassen. Vielleicht schreiben sie einmal eine Komödie, in die diese Seite ihrer Begabung glänzend zum Ausdruck kommen mag."[45]

Nur sechs Rezensionen erschienen in Zeitungen und Zeitschriften. Die freundlichste Besprechung der *Anderen Augen* schrieb die ihm gewogene Lilly von Sauter in Innsbruck, die schlechteste der Artmann-Intimus Wieland Schmied: „[H]ier wäre eine strengere Auswahl nötig gewesen. Gedichte, wie überhaupt das ‚Hochzeitslied', wirken einfach albern."[46] 1963 wird Jandl dem Schriftsteller Horst Bingel in Frankfurt über eine andere Unbill berichten: „Sie wissen, glaube ich, wie ich meinen ersten Band um ein Linsengericht verschleuderte, und dabei denke ich garnicht so sehr an das Honorar als an die Verschüttung des Bandes in Wiener Volksbibliotheken und im Verlagsdepot."[47] Knapper 1979: „Mein erstes Buch, 1956 in Österreich verlegt, war nie richtig aufgetaucht, doch gründlich untergegangen".[48]

Ein Versuch bei Friederike Mayröcker

Jandls Pragmatisierung[49] im staatlichen Schuldienst stand unmittelbar bevor und erlaubte Gedanken an eine festere Bindung an Friederike. Im Sommer 1956 bat er aus dem Dorf Rauris im Land Salzburg in einem Brief den Vater um Hilfe bei der Suche nach einem Quartier in Wien, „da Fritzi und ich im Herbst vielleicht zusammenziehen werden, wobei wir wenigstens vorläufig planen, uns den Segen des Standesamtes erst zu holen, wenn ‚etwas' passiert ist (Opappa???). (Bis jetzt noch nichts! Dreimal klopppfen!!!!) Wir brauchen zwei bewohnbare Räume, von denen wenigstens einer sonnig sein muß,

---

[45] LIT 139/B147.

[46] Vgl. Kaukoreit 1996, S. 19–30; Wieland Schmied in *Die Furche*, 4.5.1957.

[47] LIT 139/B1679.

[48] „Wie kommt man zu einem Verlag?" Jandl 2016, Bd. 6, S. 430.

[49] Pragmatisierung bedeutet die lebenslange Aufnahme in den Staatsdienst. Im selben Antrag an das Unterrichtsministerium sind auch der Komponist Friedrich Cerha und der spätere Kultursektionschef im Ministerium und Jandl und Mayröcker besonders freundlich gesonnene Hermann Lein genannt.

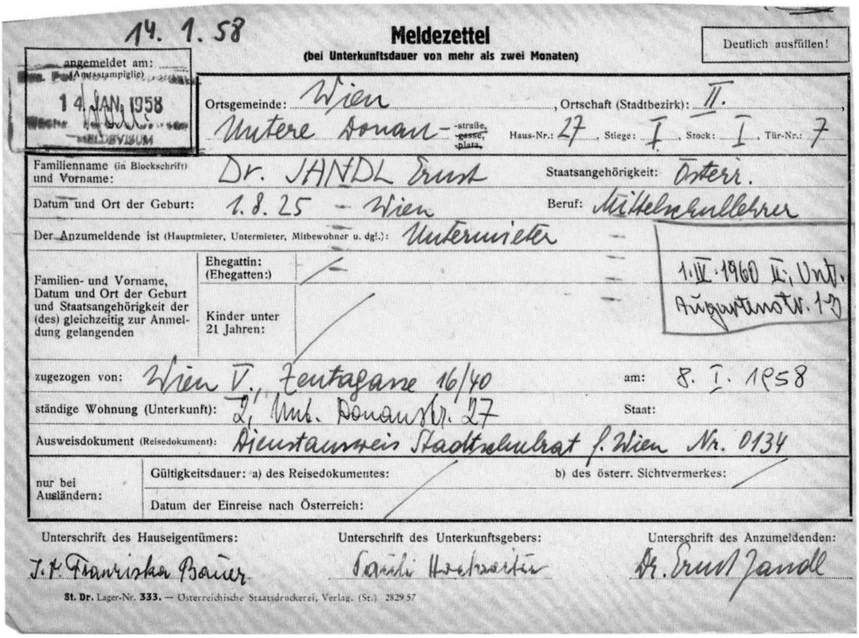

Abb. 1 Ernst Jandl übersiedelte im Oktober 1956 aus einem Untermietzimmer in der Ölzeltgasse 11 in die Wohnung Zentagssse 16 zu Friederike Mayröcker. Um den 8. Januar 1958 zog er in ein Untermietzimmer in der Unteren Donaustraße 27 und am 1. April 1960 in die Untere Augartenstraße. WStLA

dazu Koch- und Badegelegenheit, möbliert, halbmöbliert oder unmöbliert, keinesfalls bei einer Biesgurn."[50] Ernst Jandl war tatsächlich dabei, in die Bahnen einer konventionellen Ehe einzuschwenken. Als die Sommerferien 1956 zu Ende gingen, übersiedelte er in Friederike Mayröckers Zimmer-Küche-Kabinett-Wohnung in der Zentagasse[51] und blieb dort ein Jahr lang und drei Monate.

Auf nur 42 Quadratmetern, WC am Gang, versuchte nun Ernst zum zweiten Mal ein Familienmensch zu werden.[52] Unter abschreckenden Bedingungen: Weil im Kabinett die alte Tante hauste, blieb für Ernst und Friederike im einzigen Zimmer, mit Bett und Klavier, nur der Küchentisch für die Vorbereitungen auf die Schulstunden und die literarischen Arbeiten.

---

[50] LIT 139/99, 2.3.1.1. Biesgurn: scharfzüngige, „bissige" Frau.

[51] Magistrat Wien, Meldeauskunft MA – B-MEW-52924-2021.

[52] Diese Wohnung mit der Türnummer 40 wurde in den achtziger Jahren um die zwei Räume von Türnummer 39 auf ca. 75 m^2 erweitert.

Zu Weihnachten 1956 brach er im Gedicht „urteil" den Stab über sich selbst: „die gedichte dieses mannes sind unbrauchbar".[53] Im Januar 1957 fasste er wieder Tritt. Bis Juli 1957 listet die elektronische Datenbank „biographeme" weit über 100 druckreife Gedichte auf. Sein letzter Lektor Klaus Siblewski wählte in einem *du*-Heft zum 70. Geburtstag des Dichters den Titel „1957 oder das Jahr des Ernst Jandl" für die Bilanz dieses kreativen Kraftakts.[54] Er wird nicht der letzte bleiben.

Trotz aller räumlichen Enge ging es in der Zentagasse gesellig zu. Jandl lockte Okopenko zu Weihnachten nach Margareten mit der Verheißung „Fritzi übt nämlich jetzt die Kunst in der Küche und freut sich der großen Erfolge".[55] „Okis" Erinnerung an den Besuch in einem ‚Chelsea Hotel' auf Wienerisch, doch ohne Morphine:

> „Natürlich lagern sie auf einem Haufen Jazzplatten und Büchern, Neustem was hereinkommt an Bildkunst und Sprachversuch. Möcki fechst ihren schönen nun Alltag in lange Gedichte, und viel Verrücktheit, Ernst steuert nicht nur die Äußerstpunkte der ‚aggressiven Form' an, wie er es nennt, sondern tut auch alles mit riesigviel unüberlesbarem Spaß. Als er mich dann zu Rühm zerren will, wehre ich mich mit Händen und Füßen; schließlich bin ich doch dort; schließlich auch improvisiere ich mit Möcki und Ernst, als obs das schweinischste Kleeblätteln wär, einen Text; h.c. kommt dazu, auf hohem Roß, lobt und tadelt. Den Dreikönig aber nächstens überstehn wir nicht: Alles, schreit Jandl, was wir früher gemacht haben, war Scheiße; wir dürfen nicht dran festhalten, wir müssen ganz neu beginnen."[56]

Im April 1957 hielt Jandl diese beschwingte Zeit im Gedicht „rühm klebt" fest – mit der Wortreihe „klebt-lebt-tanzt".[57] Von einer Gemeinschaftsarbeit Okopenkos, Mayröckers und Jandls in dieser Zeit blieben nur einige Skizzenblätter übrig:[58] Einzelzeilen, auf drei verschiedenen Maschinen getippt, zu einem durchlaufenden Text zusammengeklebt und gewiss für den öffentlichen Vortrag tauglich. Mayröcker, Artmann, Rühm und Jandl lasen einander in der Zentagasse die neuesten Einfälle vor. In Jandls Erinnerung war das „ein strenges Gericht, jedes Gedicht wurde hinterfragt,

---

[53] Jandl 2016, Bd. 2, S. 295.
[54] *Du* Heft 5, Mai 1995, S. 60–67. Erweitert in: Siblewski 1997, S. 37–49.
[55] An Okopenko 4.12.1956. Bäcker 1976.
[56] „Mit Ernst durch die Jahre". Pfoser-Schewig 1985, S. 41–42.
[57] Jandl 2016, Bd. 2, S. 483.
[58] Okopenko, Mayröcker u. Jandl 1989.

es wurden Urteile gefällt: Das ist gut, das ist nicht gut, da sollte man das streichen. Man konnte schwer diskutieren. Artmann ist nicht der Typ des diskutierenden Autors, […] er hat eine eher breiter angelegte Beurteilungsbasis gehabt als zum Beispiel Gerhard Rühm."[59]

Ernst Jandl hatte nun, nach einem Jahr Isolation bei der Familie in Hacking am Stadtrand und zwei Jahren Untermiete in der Ölzeltgasse, in der engen Substandardbleibe in der Zentagasse hautnah Anregung und Korrektiv gefunden. Eine „kurze, glückliche zeit wütenden wetteiferns mit artmann und rühm"[60] begann. Mit Rühm und Artmann trat er am 24. Mai 1957 im „Libresso" der Buchhandlung Geyer mit eigener Lyrik auf.[61] Dort hatte er mit seinen experimentellen, grotesken Gedichten einen ersten beachtlichen Erfolg beim Publikum – was aber „eine größere Mißstimmung zwischen Rühm und mir hervorrief".[62] Doch fürs erste schickte ihm Rühm eine Postkarte in die Zentagasse: „ich möchte dich gerne zu einer freundschaftlichen und geschäftlichen besprechung literarischer, sozialer, sexueller und deutsch-antologischer [sic!] probleme bitten!"[63]

Der Mattias-Hauer-Schüler Rühm beindruckte Jandl mit seinen mathematisch-musikalischen Experimenten und seiner Sprachkunst mit der Präzision eines Metronoms. Artmanns Genieposen und Selbstinszenierungen – mal englischer Lord, mal spanischer Grande, mal Luftschifffahrtskapitän – färbten indes nie auf den grau-in-grau vor den Schulklassen stehenden „Herrn Professor" ab. Ihm fehle „jedes Gefühl fürs sogenannte Geniale, und damit auch jeder Sinn für poetische Lebensführung", so Jandl über sich.[64] Doch durfte sich der Staatsbeamte wenigstens halbtagsweise als Bohemien erleben, im nach bürgerlichen Kategorien „schlampig" zu nennenden Verhältnis mit einer szenebekannten, viele bezaubernden Frau, die als Lehrerin in einer Hauptschule im Arbeiterbezirk Favoriten mit hohen Stöckelschuhen 14-jährige nervös machte. „Oki" verlor bald Terrain als Anreger und Kritiker an die neuen Stammgäste Rühm und Artmann. Die strebten jedoch in die Zentagasse weniger zu Ernst als zum milchweißen Sphinxgesicht unter der tiefschwarzen Pagenkopffrisur in „fritzis vollgeräumter bude" (Rühm). Gerhard Rühm erinnerte sich, dass

---

[59] Jandl 1991b, S. 17.
[60] „Mein Gedicht und sein Autor". Jandl 2016, Bd. 6, S. 41.
[61] Schewig 1981, S. 41.
[62] Grohotolsky 1995, S. 14.
[63] Rühm an Jandl 7.9.1957. LIT 139/99, 2.3.3.23.
[64] „Zur Problematik des freien Schriftstellers". Jandl 2016, Bd. 6, S. 160.

ihm Jandls Gedichtband *Andere Augen* „gar nicht besonders gefallen" habe.[65]
Jandl stand Artmann, dem weltliterarischen Connaisseur und Bewahrer von
exquisitem radikalpoetischem Erbe, sogleich und zeitlebens doch näher.
Gleiche Erlebnisse band die Ungleichen aneinander: Soldatenleid im Drill
und Gefecht sowie die Gefangenschaft, in der beide als Dolmetscher neueste
angloamerikanische Literatur in die Hände bekamen.

Anfang des Jahres 1957 verbeugte sich Jandl kurz vor dem Surrealismus. In „zimmergedanken an die vergänglichkeit",[66] datiert 25. Januar
1957, nannte er Salvador Dalí beim Namen. Auch den damals modischen
makabren Humor streifte er. Doch schon am 5. Februar gewann er die Kraft
zurück im Gedicht „thermopylen"[67] mit einem unverhohlenen Sieg-oder-
Tod-Pathos im Titel und dem doppelt hineingestreuten Namen Leonidas.
Hier füllt das wie Trümmer auf dem Schlachtfeld verstreute Sprachmaterial,
die Wörter „spartanisch" eingepfercht, das klassische Schema einer Ode in
drei sapphischen Strophen mit einem vorangestellten Motto. Beim lauten
Lesen ein verlässlicher ‚Zungenbrecher' und somit ein vorrangig akustisches
Ereignis, ein Lautgedicht:

einer hause blühtet
ob ananas vor des blei

das sumpf füllst kropfes die elfter
ins galoschen spanntest pilzen mal miaut.
dritter wasser kipptest wirst aufgerauhten
zu das leonidas zum.

rotes wäre grille schnitztet hinter
die tor aus auf und ins ozean kein erdet
des zarten scheibe bindest gemäß fast pflegerin
zu das leonidas zum.

offenem ein scheu nach spartet wegen
kratzendsten musik ins himmel unter traurigst.
als gewunken endlich schertest tulpen
klopftet das klingel unter schroffst.

---

[65] Interview in Köln am 14.7.2020. Archiv HH.
[66] Jandl 2016, Bd. 2, S. 300.
[67] Jandl 2016, Bd. 1, S. 422.

Diesem Debüt Ernst Jandls als Zungen-, Lippen-, Gaumenartist ging ein Besuch von Gerhard Rühm voraus. Der fünf Jahre jüngere Rühm erinnert sich an „eine düstere Wohnung,[68] ein Zimmer mit vielen Büchern. [...] Er hat bis damals eher konventionelle, aber nicht immer schlechte Gedichte geschrieben – Stadtgedichte, wir haben das damals ‚Trümmerlyrik‘ genannt. Ich habe damals auf ihn eingeredet. Dann hat er im Februar 1957 ein erstes Lautgedicht[69] geschrieben: ‚bestiarium‘,[70] mit Tiernamen, das hat er mir gezeigt mit einer Widmung an mich." Rühm gefiel das Gedicht nur mäßig, darum zog Jandl später die Widmung zurück. Rühm: „jandl war gegenüber kritik sehr empfindlich, was mir nicht verständlich war, da wir in der ‚wiener gruppe‘ über unsere arbeiten stets miteinander diskutierten."[71]

H.C. Artmann nahm das „bestiarium" schon im März 1957 – neben zwei Mayröcker-Gedichten mit demselben Titel „noch leben alle, die wir lieben" – in die Zeitschrift *publikationen* auf; er konnte sie für zwei Nummern wiederbeleben, nachdem Okopenko sie 1953 aufgegeben hatte. Jandl schwindelte Freund Artmann ins feine Akademische Gymnasium am Beethovenplatz, wo dann beide die Kurbel am Vervielfältigungsapparat drehten.[72] Diese ersten neuen *publikationen* schickte Jandl an Felix Braun. Den erinnerten sie an „dieselben Versuche" von Hugo Ball und August Stramm, und er bekannte: „Seit ich das Heft aufgeschlagen habe, empfinde ich eine Trauer. Alle, die das Gedicht lieben, werden dieselbe Trauer über seine Zerstörung fühlen."[73] Immerhin kam es dann zu einer Aussprache Jandls mit dem vierzig Jahre Älteren.

Aus dem fruchtbaren Monat Februar – fast an jedem Tag ein Gedicht! – sind auch Jandls erste Versuche in der visuellen Poesie dokumentiert. Im Gedicht „der schatten verstreicht auf den dingen" tanzen die Lettern am Blatt nach unten, kommen kurz hoch und verlieren sich. Im „martyrium petri" wird der mit dem Kopf nach unten gekreuzigte Körper von oben nach unten beschrieben – von „fuß fuß" bis „auge auge". „tief graben" ist noch vor der „ode auf N" und „chanson" das erste lange Gedicht. Es beginnt „mit tief / graben / jordan" und mutiert sich in fünfzig Zeilen zu

---

[68] Es muss das Zimmer in der der Ölzeltgasse 1 gewesen sein, wo Jandl bis Oktober 1956 wohnte.

[69] Der Begriff wurde erstmals im Sommer 1916 von Hugo Ball und Franz-Richard Behrens verwendet. Vgl. Ammon 2018, S. 55.

[70] Jandl 2016, Bd. 1, S. 233–238.

[71] Rühm in einer schriftlichen Antwort auf Fragen im Januar 2021. Archiv HH.

[72] In dem vor der Photokopie üblichen Vervielfältigungsverfahren ‚Hektographie‘ wurden Wachsmatrizen im Format A4 beschrieben und über eine Walze gespannt, die mit der Hand zu drehen war.

[73] 12.4.1957. LIT 139/B147.

„tief / fische / toten / meer". „fortschreitende räude" aus dem Jahr 1957 wird Peter Weibel „einen der progressivsten und relevantesten texte der epoche" nennen.[74] Dort sei, so Jandl selbst, „der Beginn des Johannes-evangeliums immer tiefer heruntergedruckt":[75] „him hanfang war das wort hund das wort war bei / gott hund gott war das wort hund das wort hist fleisch / geworden hund hat hunter huns gewohnt [...]"[76] Auch poetische Theorie blieb in seinem Fokus. Für die letzte Nummer von Artmanns *publikationen* im Juni 1957 übersetzte er Carl Sandburgs „Definitionen der Lyrik".

Ernst Jandl und Friederike Mayröcker fanden beim Schreiben zu einer wechselnden, schwer fassbaren Nähe.[77] Kurz ehe Ernst bei ihr einzog, setzte sie in das lange Prosagedicht „Appendix Anhang oder Böllerschüsse" noch die Zeilen: „im nächtlichen Park wo wir wie allesverstehende Götter / ein Gedicht hin- und herreichen". Dem Gedicht „o schrei" fügte Jandl zum Erstdruck in der Sammlung *serienfuss* 1974 den Hinweis hinzu: „erscheint unter meinen manuskripten als ein gedicht von mir, unter friederike mayröckers manuskripten als ein gedicht von ihr. ich veröffentliche es hier im einverständnis mit ihr als ein gedicht von zweifellos einem von uns." Mayröcker sah das viel später anders: „Wir haben unsere Arbeit immer streng getrennt. Er hat mir zwar seine Gedichte gezeigt, aber ich habe nichts hergezeigt."[78]

Revolte in den *neuen wegen*

Am 2. März 1957 schwor Jandl seinen Diensteid und war nun im Schul-dienst unkündbar. Neue Sicherheit – neues Risiko! Jandl musste wissen, dass er mit seinen jüngsten Gedichten die Platzhalter des konservativen Geschmacks in der Dichtung aufscheuchen wird. Friedrich Polakovics, Redakteur der *neuen wege,* konnte unverhofft den Freunden Artmann, Rühm und Jandl melden, dass er nun freie Hand habe, weil der Chef des Theaters der Jugend, das die Zeitschrift herausgab, krank im Spital liege.[79]

---

[74] Weibel 1965.
[75] Bäcker 1976.
[76] Jandl 2016, Bd. 2, S. 115.
[77] Vgl. Saucier 2018.
[78] Kospach 2008 [unpag.].
[79] De Groot 1984, S. 1–15.

Darum durften sich Rühm und Jandl im Mai-Heft[80] an der schulbürokratischen Zensur vorbei mit neuen Texten breitmachen. Nicht ohne Verständnishilfe für Schüler und Lehrer. Rühm schrieb einen kurzen Essay „über das ‚experiment‘ in der modernen dichtung“, mit Rückverweisen auf expressionistische und dadaistische Pioniere sowie auf die von Eugen Gomringer gewählte Bezeichnung „konkrete dichtung“. Auch seine eigenen zwei Proben von „wortgestaltung“ erklärte er: „das erste ‚gedicht‘ bringt zwei einander gegenübergestellte begriffe, die sich bei abnehmenden proportionen schließlich zu einem synthetischen begriff vereinen. das zweite reihenkonstellationen aus drei wortgestalten, die zueinander in lautlich verschiedenen verwandtschaftsgraden stehen.“

Miteinander füllten Rühm und Jandl eine Doppelseite. Erstmals kamen so die oft nachgedruckten Paradenummern unzähliger Jandl-Auftritte als Konterbande an die kleine, von Deutschlehrern durchsetzte schulische Öffentlichkeit – voran das Gedicht „schtzngrmm“:

```
schtzngrmm
schtzngrmm
t-t-t-t
t-t-t-t
grrrmmmmm
t-t-t-t
s--------c--------h
tzngrmm
tzngrmm
tzngrmm
grrrmmmmm
schtzn
schtzn
t-t-t-t
t-t-t-t
schtzngrmm
schtzngrmm
tsssssssssssssss
grrt
grrrrrt
grrrrrrrrrt
scht
```

---

[80] *Neue wege* 12. Jg. Heft 123, S. 10–11. Faksimile in: Bäcker 1976.

```
scht
t-t-t-t-t-t-t-t-t
scht
tzngrmm
tzngrmm
t-t-t-t-t-t-t-t-t
scht
scht
scht
scht
scht
grrrrrrrrrrrrrrrrrrrrrrrrrrrrr
t-tt
```

Auch die „ode auf N" und „Philosophie" (ein von der Redaktion gegebener Titel über „viel / vieh") waren erst im März und April 1957 geschrieben. Jandl gab, didaktisch bemühter als Rühm, in einer Vorbemerkung die Methoden seiner eigenen Wortgestaltung preis: Die Spannung im Gedicht „booooooooooooooooooooooooo" entstehe durch das Aufeinanderfolgen kurzer und langgezogener Laute, der Entzug der Vokale ergebe eine Verhärtung des Wortes „Schützengraben"; die „ode auf N" erklärt er als „zerlegung des wortes und zusammenfügung seiner elemente zu neuen, ausdrucksstarken lautgruppen", zur „Philosophie" sei er gelangt in einem ironischen Spiel „um dieses wort, das aus diesem prozeß erschöpft auftaucht"; und „aller ingrimm rollender rrr gilt der humorlosigkeit, dieser deutschen krankheit, die auch österreicher mitunter befällt". Mit solcherart behauptetem Unernst suchte Polakovics auch Jandls Englandtext „prosa aus der flüstergalerie" mit einer Fußnote zu „entschärfen": es handle sich bloß „um eine humorvoll-ironische Charakteristik der englischen Mentalität". Auch wurde hier erstmals ein Bildgedicht von Jandl vorgestellt, in welchem die Repetitionen von „einganzeslavoir" den Umriss einer Waschschüssel füllen – mit der Bodenzeile „beschützmichgottvorsovielwasser".

Die aufgeschreckte Pädagogen- und Kulturbürokratie versprach den Lesern im Juni-Heft, dass künftig „die wenigen Seiten, die in den *neuen wegen* den Versuchen auf Neuland gewidmet sind, durch die Überschrift ‚experiment' gekennzeichnet werden."[81] Polakovics schwindelte noch rasch unter dem hämischen Titel „demokratie" Jandls Zeilen „unsere ansichten / gehen als freunde / auseinander" neben dieses Editorial. Darauf-

---

[81] *Neue wege* 12. Jg., Heft 124, S. 9.

hin wurde er als Redakteur entlassen und Jandl fortan boykottiert. Die katholische *Wiener Lehrerzeitung* rief nach Sanktionen: „Findet sich denn niemand im Stadtschulrat und im Ministerium, der Einspruch dagegen erhebt, solche ‚Schöpfungen' unseren Pflichtschulkindern in die Hand zu geben?"[82] Erich Fitzbauer, Lehrer, Schriftsteller und Gründer der Wiener Stefan-Zweig-Gesellschaft, gutachtete in der Gewerkschaftszeitung der Mittelschullehrer:

> „Der junge Mensch, der solche sich großsprecherisch als ‚dichtung' gebärdende Erzeugnisse neben echter Dichtung zu sich nimmt, wird nach und nach, bei öfteren Wiederholungen, zumal, nicht nur Geschmack und Urteilsfähigkeit, die er erworben hat, einbüßen, sondern – was noch schlimmer ist – auch den Glauben an das Schöne, und sich in den Regionen jener billigen, anspruchslosen literarischen Erzeugnisse wieder verlieren, aus der [*sic!*] herauszuheben unsere, der Lehrer, Pflicht und innere Lebensaufgabe sein muss."[83]

Jandl war von der Aktualität, ja Notwendigkeit schockierender Gedichte über und gegen den Krieg im Schulunterricht überzeugt. Wahrscheinlich vom Freund Austeda, dem Philosophen im Stadtschulrat, vermittelt, wurde er für April 1957 von der Wiener ‚Ethischen Gemeinde' zu einer Veranstaltung mit dem Titel „Die Welt ist schön! Werden wir den Frieden erhalten können?" eingeladen. Er entwarf zum „deutschen gedicht" eine Einführung, in der er befand: Die „Remilitarisierung der 1945 scheinbar entseuchten Gebiete" werde von einem „Propagandafeldzug des Vergessens" begleitet, „wodurch die durch das Kriegserlebnis eingetretene Immunisierung gegen die Lust zur Ausbildung in der Kunst der organisierten Tötung und Zerstörung wieder behoben werden soll." Sein pädagogisches Vademecum: „Als einzige wirkungsvolle Gegenmaßnahme bietet sich in einem augenblicklich in Frieden lebenden Land die möglichst intensive Erinnerung an die Greuel [*sic!*] des Krieges dar. Vor allem ist die Jugend, die den Krieg nicht aus eigener Anschauung kennt, mit diesem in

---

[82] „Dichtung – aber nicht für Kinder!". Juni 1957.

[83] „Jandl als Erzieher". *Protokolle* 2/1974, S. 101. Fitzbauer verwies 2021 auf seine Kontakte mit der „literarischen Prominenz von damals", darunter Csokor, Felix Braun, Ernst Schönwiese, Christine Busta, Hans Lebert, Friedrich Torberg; Jandls Gedichte lehnte er noch als 93-Jähriger ab: „Ich hätte natürlich Ernst Jandls Sprachproben als Sprachspielereien betrachten können, aber das Spiel hört für mich dort auf, wo es bitter ernst wird: etwa bei dem Schützengraben-Text". Brief an den Verfasser vom 12.1.2021. Archiv HH.

einer Weise bekannt zu machen, daß sie ihn bedingungslos ablehnt."[84] Jandl hatte nun gegen sich die Mehrheit seiner Fachkollegen, von denen wahrscheinlich viele noch die „Edda" und das „Nibelungenlied" nacherzählten und aus Hölderlins „Hyperion" nur Kriegsbegeisterung herauslasen.

Mit der umstrittenen Mai-Nummer 1957 der *neuen wege* hielt er jetzt immerhin ein Vorzeigeexemplar in Händen, das ihm wie eine Visitenkarte noch fast zehn Jahre lang Türen und Netzwerke in der experimentellen Szene öffnen sollte. Sofort schickte er das Heft an Walter Höllerer, damals noch Privatdozent in Frankfurt, ab 1959 Professor für Literaturwissenschaft an der Technischen Universität Berlin sowie Hans Benders Mitherausgeber bei den *Akzenten.* Er fragte Höllerer, ob er solche Arbeiten für diskussionswürdig halte.[85]

Den Rest des Schuljahrs hatte Ernst noch die Angreifer aus den Reihen seiner Lehrerkollegen auszuhalten. In den Sommerferien verlief sich der Protest. Gemeinsam machte er mit Friederike in Osttirol Urlaub. Er durchstreifte das Dorf Innervillgraten und sammelte Aufschriften auf Wegschildern, Reklametafeln, behördlichen Anschlägen und Grabkreuzen. In diesem Dorf, wo bei der Volksabstimmung über den „Anschluss" 1938 Hitler österreichweit das schlechteste Ergebnis erzielte, wurden die Kinder noch in einer „Engelbert-Dollfuß-Gedächtnisschule" unterrichtet. Frömmigkeit wie die von Mutter, Ordnung wie die im Ständestaat! Seine „villgratner texte" werden erst 1963 in den *manuskripten* zu lesen sein. In Wien in der Zentagasse zurück, trübte sich die Stimmung ein. Ernst begann seine Flucht aus dem Kondominium mit Friederike und ihrer Tante zu planen und suchte im Herbst im Unterrichtsministerium um die Entsendung als Austauschlehrer in die USA an.[86] Trotz einer warmherzigen Empfehlung seines Direktors wurden aber andere ausgewählt.

In diesem Herbst 1957 bekam die aus den *neuen wegen* vertriebene Avantgarde politische Unterstützung aus dem Kernbezirk der österreichischen Sozialdemokratie. Hilde Marmorek-Hannak, eine Vertraute des stellvertretenden Parteiführers bis 1934 Otto Bauer, aus Österreich geflüchtet und heimgekehrt, war mit dem Redakteur der *Arbeiter-Zeitung* Jacques Hannak verheiratet und Programmdirektorin der Wiener

---

[84] Einführungsvortrag zum „deutschen gedicht", gehalten am 5.4.57 […]. Hs. Vermerk „nicht gehalten". LIT 139/W791.

[85] 29.6.1957. Literaturarchiv Sulzbach-Rosenberg. Mappe Jandl 3 (Akzente), Bender.

[86] Bildungsdirektion Wien, Personalakt.

Urania.[87] Jandl dufte in ihrem noch in der Monarchie gebauten Leucht-turm der Volksbildung schon am 6. April 1956 mit Gerhard Fritsch und Gerald Bisinger auftreten.[88] Nun lud sie zu vier Samstag-Abenden mit „Experimenteller Dichtung", und Jandl ging ihr bei der Gestaltung und Ver-teilung der Einladungen zur Hand.

Am 19. Oktober 1957 lasen H.C. Artmann seine „Jägermontage" und Gerhard Rühm „Wort- und Lautgestaltungen und Montagen." Am 16. November folgten Jandl und Mayröcker, am 14. Dezember Ernst Kein und Okopenko, am 18. Januar Friedrich Achleitner, René Altmann und Konrad Bayer. Sogar Felix Braun bemühte sich in die Urania, doch fand er dort wenig Genuss. Er ließ Jandl wissen: „Ich warte darauf, daß Sie und Ihre Freunde eines Tages dorthin heimkehren werden, von wo Ihre erste Sehn-sucht nach dem Dichtertum, als sie noch Knaben waren, ausgegangen ist. Frau Mayröcker ist ja auf diesem Heimweg bereits begriffen, wenn ich mich nicht täusche."[89] Jandl bereute später, dass er zur Werbung für die Auftritte in der Urania das Wort-Etikett „Neo-Dadaismus" gewählt hatte, weil dies es seinen und seiner Freunde Feinde leicht machte, experimentelles Schreiben als unoriginell abzutun. Doch musste sich Jandl aus völlig konträren Gründen auch vor dem in Limoges lebenden, aus Wien gebürtigen „Dadasophen" Raoul Hausmann verteidigen, der über die Exklusivität der von ihm in Berlin mitgeschaffenen Marke „Dada" wachte. Jandl in einem Brief an Hausmann im Februar 1965:

> „Damals sandte ich eine Ankündigung dieser Sache ans Radio. Darin hieß es (wir hatten es ausgeheckt, es machte uns riesigen Spaß und wir wußten alle-samt nicht, daß das ein Terminus war, der in dieser oder jener Absicht schon geprägt war, oder geprägt werden sollte), daß ‚in diesen Lesungen zum ersten Mal der ‚Neo-Dadaismus' einem größeren Publikum vorgestellt werden' sollte, oder so ähnlich. Dieses Wort zu verwenden – und ich kann nur für mich reden – das entsprang nicht dem Wunsch, nun Dada etwa zu verbessern, zu einer mehr oder minder okkulten Wissenschaft umzubasteln, oder einfach nochmals zu tun, was die Dadaisten schon getan hatten, sondern – abgesehen vom Schreck vielleicht, den der Name Dada dem Publikum immer noch ein-jagte – unsrer Ehrfurcht für Dada, als der ehrfurchtslosesten Erscheinung

---

[87] Österreichisches Volkshochschularchiv (ÖVA), Urania, Post Juli 1954–12. Okt. 1957; *Mitteilungen der Wiener Urania* Jg. 41, 42. Keine Berichte in den Tageszeitungen *Die Presse, Arbeiter-Zeitung, Neues Österreich, Kurier.*

[88] 8.10.1957. LIT 139/B380.

[89] 1.12.1957. LIT 139/B147.

in der Literatur, die wir kannten, und der wir nacheifern wollten, in ehrfürchtiger Unverschämtheit."[90]

Allein am Donaukanal

Bald nach der gemeinsamen November-Lesung in der Urania endete Ernst Jandls letzter Versuch als Familienmensch. Nach seiner späteren Darstellung will er bei Friederike Mayröcker nur „einige Monate"[91] gewohnt haben. Doch laut Meldeamt waren es ganze vierzehn.[92] Um Neujahr 1958 geriet er in Panik. Die greise moribunde Tante musste in ein Spital verlegt werden. Nun endlich schien ein Leben zu zweit möglich, doch er wusste sich „von der Angst erfüllt, ich komm dort nicht mehr weg".[93] Friederike habe damals den Wunsch nach einem Kind bekundet und sogar eine Bereitschaft, „das Schreiben aufzugeben und mir zu überlassen".[94] Ernst packte seinen Koffer: „viel mehr habe ich nicht gehabt". Schon im Januar wohnte er in einem Untermietzimmer am Donaukanal, gegenüber der Sternwartekuppel der Urania, in der Unteren Donaustraße 27, 1. Stock, Tür 7, bei Frau Paula Hochreiter.[95] Schon bald kam Friederike auf Besuch.

Das erste Mal seit London im Schuljahr 1952/53 hatte er wieder ein Zimmer für sich allein. Es reichte nicht. Noch im Januar ließ er sich im städtischen Wohnungsamt auf die Warteliste für eine ‚Gemeindewohnung' setzen.[96] Überdies dachte er an den Kauf einer Eigentums- oder Genossenschaftswohnung mit mehr Raum als den maximal dreißig Quadratmetern, welche die städtische Norm für einen Singlehaushalt vorsah. Dafür wäre ein Kaufpreis bzw. Baukostenzuschuss zu bezahlen. Darum fing er zu sparen an. Rasch waren im Kalender[97] viele Nachmittage mit Nachhilfestunden belegt. Für diesen Nebenerwerb fand er ein Arrangement mit der privaten Maturaschule Roland, die Schulversagern eine zweite Chance gab. Für einen feinen

---

[90] LIT 139/99, 2.3.3.9.
[91] Jandl 1991b, S. 18.
[92] Meldeauskunft MA – B-MEW-52924-2021: 22.10.1956–08.01.1958.
[93] Jandl 1991b, S. 18.
[94] Marko 1995, S. 433.
[95] Meldeauskunft MA 8 – B-MEW-52924-2021: 14.1.1958–1.4.1960. Zinsbescheinigungen LIT 139/L320.
[96] Taschenkalender 1960. LIT 139/L68.
[97] Taschenkalender. LIT 139/L64-74.

Maßanzug brauchte er einen Kredit, holte ihn sich aber nicht von der Bank, sondern einem diskreten Geldverleiher.

Die wenigen Gedichte aus den ersten Monaten nach seinem Exodus aus der Zentagasse schrieb er in spürbar düsterer Stimmung. In den „sieben kleinen geschichten"[98] mit dem Anfang „es war einmal" scheitern sieben Männer, alle mit christlichen Heiligennamen, an der Kommunikation mit Frauen. Den Dialog „aminadab"[99] spricht im Bade ein „adam" mit einer „mina". Im Minidrama „drei städte"[100] versteckte er hinter den Topoi London, Paris und Rom eine Dreieckaffäre. Rom ist die Frau; sie steigt von einem Baum wie Eva nach dem Sündenfall; die Werbungen der Männer machen sie verlegen; Paris ist, wie bei Homer, der Gewinner, doch im abrupten Ende gehen alle auseinander. Im Gedicht „neben der brücke"[101] meint ein Dichter-Ich am Donaukanal seine Freundin zu sehen, doch er blickt in ein Trugbild, „in eine ferne ähnlichkeit / schwarzhaarig fremd und zu breit".

Im Mai 1957 stellte er einen Radiotext für nicht weniger als 19 Sprecherrollen fertig: *die auswanderer – ein groteskes spiel um die jahrhundertwende.*[102] Den Versuch, dieses erste seiner Hörspiele in Wien unterzubringen, stoppte der Schriftsteller-Kollege Werner Riemerschmid[103] als Außenlektor der staatlichen Österreichischen Radio-Verkehrs AG (RAVAG, später ORF):

> „Viel Aussichten kann ich Ihnen da leider nicht machen. Da sind vor allem die vielen Personen und Stimmen, die eine Aufführung sehr teuer machen … Etwas Ähnliches haben die mit der Lektüre befaßten Herren im Rundfunk wohl noch nie unter ihren Augen gehabt. Gar nicht zu reden von den Rundfunkhörern, die erfahrungsgemäß nur Variationen des Althergebrachten goutieren und bei jedem Experiment ihre langen Ohren zurücklegen und protestieren […] Möglich daß ein deutscher Sender aufgeschlossene Männer hat, die Mut zu einem solchen Wagnis besitzen".[104]

Vom Arzt ließ er sich zu einer Kur nach Gastein schicken. Fritzi machte Ferien bei Landeck, Ernst besuchte sie in Tirol. Immerhin gelangen ihm im Sommer 1958 zwei Spitzennummern im späteren Vortragsrepertoire:

---

[98] Jandl 2016, Bd. 1, S. 139.
[99] Jandl 2016, Bd. 2, S. 534.
[100] Jandl 2016, Bd. 1, S. 170–172.
[101] Jandl 2016, Bd. 2, S. 309.
[102] LIT 139/99 1.3.2.1.
[103] 1895–1967. Seit Mai 1933 NSDAP-Mitglied.
[104] 7.6.1957. LIT 139/B1154.

„falamaleikum" und „zweierlei handzeichen". Doch weiterhin fragte kein Verleger, kein Radioredakteur nach seinen Sprech- und Lautgedichten. Wien war für ihn buchstäblich „zu". Die erlebte Ohnmacht nannte er immer als Motiv seiner späteren Attacken auf das konservative Kulturestablishment. Auch als dieses ihn schon längst wegen seines Ansehens in Deutschland vorsichtig umarmte.

Erste Helfer in Deutschland

Nach Westdeutschland war Ernst Jandl schon unterwegs. Einen ersten Kontakt fand er 1957, nach einem Hinweis von Polakovics: Host Bingel, Dichter, gelernter Buchhändler und Graphiker, richtete mit 23 in Stierstadt nahe Frankfurt am Main mit V.O. Stomps als Partner den Verlag Eremiten-Presse ein und gab dort seine *Streit-Zeit-Schrift* heraus. In Stomps Anthologie *Zyklen beispielsweis* fand sich Jandl im Herbst 1957 erstmals in Deutschland gedruckt. Vier seiner konventionellen Stimmungs-Gedichte aus dem Jahr 1956 („stein", „bach", „glas", „baum", Serientitel „Tetraeder") sind dort mit Texten von René Char, Jan Elburg, Günter Bruno Fuchs, Ernst Meister, Henri Michaux, Giuseppe Ungaretti und Wiktor Woroszylski zusammengespannt. Jandl schickte bald auch Texte von Mayröcker und von seinem Bruder nach Stierstadt.[105] Auf Hermann Jandl antwortete ihm Bingel: „talentiert, noch ein rechter Heißsporn [...] vielleicht, dass warten besser ist – es gart noch zuviel".[106]

Es dauerte noch ein Jahr, bis Jandl mit neuen Arbeiten in Bingels *Streit-Zeit-Schrift* einzog. Das unhandliche Heft, dreimal so hoch wie breit, enthält daneben Texte von Walter Höllerer, Horst Bienek, Günter Bruno Fuchs, Dylan Thomas, René Char, Seferis und Bingel selbst. In Wien wurde es nicht wahrgenommen. Wie bei der Vorstellung seiner Sprechgedichte in den *neuen wegen* hielt er wieder eine vorangestellte Erklärung für notwendig: „das sprechgedicht wird erst durch lautes lesen wirksam. länge und intensität der laute sind durch die schreibung fixiert." Im Einzelnen erklärt er:

> „wo bleibt da' ist die grimmige botschaft des autors an seine widersacher.
>   ‚verscheuchung zweier farben' [Schwarz und Gelb in der Habsburger-Fahne] mag von verehrern des österreichischen kaiserhauses mißfällig aufgenommen werden.

---

[105] Jandl an Bingel 19.8.1957. LIT 139/B1014.
[106] Bingel an Jandl 1.12.1957. LIT 139/B1014.

‚chanson' – einzig möglicher versuch einer europäischen gemeinschaftssprache.
‚16 jahr' erhebt einen häufigen sprachfehler in den bereich der poesie."[107]

Von den beiden letztgenannten Bausteinen vieler seiner Lesungsprogramme teilte Jandl später dem Germanisten Alfred Doppler in München die viel simpleren Genesen mit. „Ich stelle mir vor", so zum „chanson", „daß ich die rhythmische Struktur, die Jamben, den Refrain, im Ohr hatte, bevor ich die Wörter dazu fand; mit dem Lernen von Vokabeln hat es auch etwas zu tun." Und zu „16 jahr": „in der Straßenbahn notiert, beim Vorbeifahren am damals Südostbahnhof genannten Südbahnhof, Elemente aufgefangen aus dem Gespräch zweier nebenan sitzenden Frauen, von denen zumindest die eine den hier festgehaltenen Sprachfehler hatte; der 16-jährige Bursch war das Gesprächsthema."[108]

Doch versuchte Jandl auch bald sein Glück bei Großen in der deutschen Buchbranche. Erfolglos blieb er beim Hermann Luchterhand Verlag: Im März 1958 bekam er sein Manuskript „Sprechgedichte"[109] zurück, „da wir leider keine Verwendung dafür haben".[110] Dem Suhrkamp-Verlag schickte er 38 Gedichte ein[111] – und bekam eine Absage in für die Branche ungewohnt barschen Worten. Der Cheflektor Walter Boehlich schrieb: „Wir erlauben uns, Ihnen Ihre Gedichte wieder zurückzuschicken, da wir uns ausser Stande sehen, in diesen puren Wortspielereien irgend einen lyrischen Gehalt zu entdecken. Man kann vieles als Gedicht bezeichnen, diese Stücke aber nicht."[112]

In Wien gehörte 1958 das literarische Podium H.C. Artmann. Im März erschien sein Buch *med ana schwoazzn dintn – gedichta r aus bradnsee*. Im Juni folgte schon die zweite, im November die dritte Auflage. Der Otto Müller Verlag in Salzburg hatte seinen Hausautor Hans Sedlmayr um ein Geleitwort gebeten. Nicht zur Freude aller Artmann-Freunde. Dieser Kulturphilosoph und Kunsthistoriker, 1945 aus der Universität München als Professor entfernt, doch seit 1951 wieder auf dem Katheder, befeuerte 1948 in seinem Buch *Verlust der Mitte* Antimodernisten unterschiedlichsten

---

[107] LIT 139/B1757-Beilage.

[108] Jandl 1969. Einiges zu einigen Gedichten aus „Laut und Luise". Typoskript, 1 Bl. LIT 139/B1757 -Beilage. Erklärungen auch zu „etüde in f", „calypso", „weltgebräuche", „die tassen", „auf dem lande".

[109] Wahrscheinlich der Bestand LIT 139/W82.

[110] LIT 139/99, 2.4.1.

[111] Davon wurden später vierzehn in *Laut und Luise* und sieben in *serienfuss* gedruckt.

[112] 5.5.1958. LIT 139/99, 2.4.1.

Toleranzniveaus. An Artmann gefiel Sedlmayr der „neue Ton" und die „unwahrscheinlich glückliche Ehe der surrealistischen und der Wiener Sphäre".[113] Luzider dagegen die Einführung, die Friedrich Polakovics dem Buch beigab. Er hatte Artmanns Buchdebüt wie ein eigenes Lebensprojekt organisatorisch durchgeboxt und wurde nicht müde zu betonen, Artmanns Gedichte seien „keine Dialektgedichte. Auch keine Wiener Gedichte, sondern Gedichte aus Wien".[114]

H.C. Artmann eroberte sich ein vorwiegend junges Publikum. Er trug weiter seine Poesie und Posen in die Kellertheater, Tages- und Nachtcafés, wurde rasch jedes Bewunderers Gutfreund und sammelte um sich Jünger, Liebschaften und Unterhaltsverpflichtungen. Elfriede Gerstl berichtete in einer Rückschau auf die Wiener Nachkriegs-Bohème:

„Artmann, der in Mutters Kabinett logierte, war arm wie alle, aber als Graf mit dem Einglas oder Churfürstlicher Sylbenstecher, wie er sich unter anderem bezeichnete, war er ein immer edel gekleideter Gentleman, ein Dandy, der spielerisch allerlei Rollen zitierend sich gerne in vergangene Zeiten eines hochpoetischen Ritter- und Husarentums hineinphantasierte."[115]

Ernst Jandl blieb isoliert. Seine Realschule in der Waltergasse wurde 1960 zum Realgymnasium umbenannt. Er war, so erinnert sich sein Schüler Franz Derdak,

„fast stets in ein graues Fischgrät-Sakko, mit grauer Hose, weißem Hemd, blaugrüner Klubstreifkrawatte gekleidet – zumeist auch auf Wandertagen, die er als Klassenvorstand mit uns unternahm. Vom Deutsch-Unterricht her hatte damals niemand eine Ahnung von den literarischen Aktivitäten unseres Professors. Gelegentlich erwähnte er sein Interesse an Jazz sowie an der damals verstärkt aufkommenden Stereophonie. Bezüglich Schreibaufgaben folgte Jandl traditionellen Bahnen, ebenso in der Klassenlektüre. Wohl in der dritten Klasse lasen wir etwa Nestroy und Raimund, wobei ich noch in Erinnerung habe, dass uns Jandl von dessen Selbstmord erzählte – und auf unser Erschrecken hin cool hinzufügte, dass so etwas in literarischen Kreisen nicht selten ist."[116]

---

[113] Artmann 1958, S. 5.

[114] Artmann 1958, S. 16.

[115] Gerstl 1993, S. 37.

[116] Mitteilung von Dr. Franz Derdak, zuletzt Gymnasialdirektor in Wien-Hietzing, Schüler von Jandl als Deutschlehrer und Klassenvorstand 1959/60 bis 1964/1965. Archiv HH.

Abb. 2   Deutsch- und Englischlehrer Jandl in der Schule in der Waltergasse, ca. 1960. (Foto: Erwin Greiner, der blonde Knabe rechts)

Schüler ab der dritten Klasse lenkte er zu Brieffreundschaften mit amerikanischen Gleichaltrigen. Als Wörterbuch empfahl er den Älteren Michael Wests *The New Method English Dictionary*. In der Klasse mit Derdak saß auch Erwin Adamek, ein Sohn H.C. Artmanns, der damals bei der Mutter des Dichters wohnte.[117]

Jandl wird von Schülern als „wertschätzend und ermutigend" dargestellt – so Erwin Greiner, der einem Machtwort Jandls verdankte, dass ihn seine Mutter trotz finanzieller Not in der Schule beließ.[118] Für den späteren Schriftsteller und Verleger in Wien Werner Herbst („herbstpresse") war er ein „äußerst strenger Englischlehrer, dem er doch recht viel verdankte".[119] Aber nach übereinstimmenden Aussagen ehemaliger Schüler war es in der Waltergasse mehr Friedrich Polakovics, der sie hellhörig für Literatur machte – und das nicht als Deutschlehrer wie Jandl, sondern nur zugelassen für Schönschreiben, bildnerische Erziehung und Werken.

---

[117] Archiv RG4, Waltergasse. Hauptkatalog 1959/60.

[118] Mitteilung von Erwin Greiner, zuletzt Gymnasialdirektor in Wien-Donaustadt. „Ernst Jandl: ‚Der Bub bleibt in der Schule'", *Kurier*, 29.9.2019.

[119] Mitteilung von Gerhard Jaschke. Werner Herbst, Schriftsteller und Verleger („herbstpresse"), Schüler von Jandl ab 1959/60, starb im Alter von 65 Jahren in Wien 2008.

Im Sommer 1958 gab die Schriftstellerin Dorothea Zeemann einem Zeitungsbericht über eine Lesung von Achleitner und Rühm in der Galerie nächst St. Stephan den Titel „Die neue Wiener Dichtergruppe".[120] Artmann, Konrad Bayer und Oswald Wiener wurden bald mitgezählt. Diese fünf, schrieb Zeemann, eine neulinke Salonière in einer winzigen Gemeindewohnung und Mitarbeiterin in der sozialdemokratischen Volksbildung, „distanzieren sich von allen Ismen wie Dadaismus und Futurismus". Diese Gruppe pflege eine „„konkrete Dichtung"". Zeemann warb bei ihrem stadtbekannten Liebhaber Heimito von Doderer um Gunst für diese „Jungen". Was sich herumsprach. Im September 1958 schickte ihr Ernst Jandl Gedichte mit der Bitte, sie an Doderer weiterzureichen.[121] Dessen frühe Begeisterung für den Nationalsozialismus wurde erst bekannt, als sie 1965 von Elias Canetti aus London dem Nobelpreis-Komitee gemeldet wurde.

Artmanns Verkaufserfolg und einige Sympathiebezeugungen Doderers für junge und experimentelle Dichter erweckten rasch alte Geister zum Widerstand. Die hatten weit mehr Macht als die Deutschlehrer in der Schulhierarchie, die 1957 den Auftritt von Rühm und Jandl in den *neuen wegen* skandalisiert hatten. Ernst Schönwiese, seit 1947 mit formstrenger Lyrik am Markt, leitete seit 1954 den Wortbereich des Rundfunks, das waren Literatur, Hörspiel und Wissenschaft, als ein ‚rotes' Gegengewicht zum konservativ-katholischen Gesamtprogrammdirektor Rudolf Henz – auch der ein altgeschulter Literat. Im November 1958 sprach Schönwiese vor dem roten Akademikerbund über „Wertezerfall und neue Werte in der Gegenwartsliteratur".[122] Schönwiese sowie seine Abteilungsleiter Alexander Giese und Roman Roček, alle drei kulturhistorisch hoch gebildet, Sozialdemokraten und Humanisten, sahen im Kultur- und Sprachschutz – gerne als „Kampf gegen Schmutz und Schund zum Schutz der Jugend" getarnt – die zwingende Betriebsideologie eines staatlichen Rundfunks. Um sie herum tummelten sich im Wiener Funkhaus Bravos und Zuträger. So machte Schönwieses Schwiegersohn Joseph Peter Strelka, damals noch Chef des Literaturprogramms der sozialdemokratischen Plattform „Institut für Wissenschaft und Kunst", ab 1964 Professor in Kalifornien, im Wiener Radio gegen Artmann Stimmung, weil „dessen völlig wertlosen Gedichte ohnehin aus irgendwelchen Modegründen von allen Leuten in den Himmel

---

[120] *Kurier*, 23.6.1958.

[121] 9.9.1958. WStLB, Handschriften, I.N. 222.752.

[122] Taschenkalender 21.11.1958. LIT 139/L68.

hinaufgelobt werden".[123] Was von Wert sei, registrierte Strelka in einem 1960 in Wien erschienenen Ergebenheitsbuch mit dem Titel *Rilke, Benn, Schönwiese und die Entwicklung der modernen Lyrik*. Schönwiese verzichtete auf Jandl und Mayröcker, als er die *Literatur in Wien zwischen 1930–1980* in einer Anthologie in seinen eigenen Kanon presste.[124]

Das Unterrichtsministerium mit seiner kleinen Kultursektion finanzierte seit 1955 die Literaturzeitschrift *Wort in der Zeit*. Dort kam Jandl ab 1960 einige Male unter, aber nicht mit Sprech- und Lautgedichten. Herausgeber war Rudolf Henz, im ‚Ständestaat' 1933 bis 1938 ein allmächtiger Staatskulturfunktionär, nun schwarze Eminenz im Rundfunk und ein Geschmackszwilling von Ernst Schönwiese. Offene Ohren fand Jandl noch einmal bei Rudolf Felmayer, dem er den Bucherstling *Andere Augen* verdankte. Erstmals am 13. Januar 1964 wurden in der Reihe „Lyrik der Gegenwart" von 20.30 bis 20.45 Uhr im Lokalradio Wien neue, doch konventionelle Jandl-Gedichte vorgelesen.[125] „Er ist als Lyriker ein Realist, was aber nicht heißt, daß er das Allgemeine durch seinen Vers nicht ins Besondere heben könnte", meinte Felmayer laut Manuskript in seiner Ansage.[126] An Reinhard Döhl in Stuttgart schrieb Jandl später über seine Gedichte im Staatsradio:

„grauenhaft, und ich werde es nicht ein zweites Mal tun, Felmayer hat sie weitergegeben. Ein elender Sprecher – gemütlich/besinnlich – und als Hauptattraktion zwei Vertonungen (die Frau eines Programmdirektors ist Sängerin). Manchmal glaube ich, ich lebe hier unter lauter Idioten. Ich werde hinfort keinen Band konventioneller Gedichte und auch keine Vermischung solcher und solcher mehr anstreben, sondern sie gelegentlich für den Nachlaß verpacken."[127]

Ballett und Oper für Paul Fürst

Lange Zeit durfte Ernst Jandl hoffen, mit Texten für das Theater in die Öffentlichkeit durchzukommen. H.C. Artmann, als schillernder Komödiant in der Nachtszene unterwegs, war schon auf Kellerbühnenniveau erfolgreich.

---

[123] Zitiert in Brief von Horst Bingel an Jandl 19.12.1958. LIT 139/B1014.

[124] Schönwiese 1980.

[125] Jandl an Felmayer 30.6.1963. LIT 139/B1802. ORF Archiv, *Radio Österreich*, 11.1.1964, Nr. 3, S. 15.

[126] ORF-Archiv, *ORF-Pressedienst*, 18.12.1963 Nr. 3 u. 4, S. 8.

[127] 14.1.1964. Akademie der Künste Berlin, Reinhard-Döhl-Archiv 1140.

Der Komponist Paul Walter Fürst, ein Wiener, den er 1954 auf der Jugendkulturwoche in Innsbruck kennengelernt hatte und der nun in der Münchner Philharmonie die Bratsche strich, bestellte bei Jandl im Sommer 1958 ein Ballettszenario; er verleitete also, genau besehen, einen Sprach- und Sprechvirtuosen zu einem wortlosen Selbstverleugnungsakt. Doch schon im Herbst schickte Jandl ein ausgearbeitetes Skript nach München: „Selfmademan. Ein hygienisches Ballett",[128] eine surreale, an Symbolen, Metaphern und Gewaltbildern überreiche Kostümpantomime mit Bezügen zu England, zum Weltkrieg und zu den Besatzungsmächten. Fürst legte dieses Buch[129] unvertont beiseite, als ihn der Dirigent Hans Gabor um ein abendfüllendes Werk für dessen Etablissement Kammeroper in der Wiener City bat. Jandl schickte im Februar 1959 die erste Opernszene nach München. Als Titel schlug er „Anti-Rousseau" vor,[130] doch als er dann im August den letzten Teil des Librettos beendete, hieß die Kammeroper „Prinz Eugen oder Das japanische Dampfschiff".[131] Beide Stücke blieben ungedruckt und unaufgeführt.

Der Gattungsname „Ballett" für die Kostümpantomime „Selfmademan" erinnert an Signalpunkte der Moderne von Satie, Cocteau, Schlemmer. In der Hygiene sah Jandl – wie Foucault und Bourdieu – ein Disziplinierungssystem. Eingestreute Hinweise auf England und Irland erlauben, an eine Abrechnung mit dem britischen Imperialismus zu denken, über den er im London-Jahr gestolpert war.[132] Am Anfang macht die Hygiene allen Menschen Spaß: Sie putzen ihre Zähne füreinander – doch am Ende jeder für sich allein. Die dramatische Veränderung bringt der aus dem Nichts auftauchende „Selfmademan" in die wie von Rousseau erfundene Natürlichkeit. In einem personenreichen Wimmelbild figurieren „die englischen Polizisten" als „wandelnde Apfelbäume", zuletzt trägt der Selfmademan einen Polizeihelm. Von ihm geht Gewalt aus. Bobbies baumeln von den Galgen. In antimilitaristischer Dada-Tradition gebiert ein ordenbehangener General Läuse. „Aber schließlich sprengt der Selfmademan, der ewig junge, als DDT-Hengst auf die Bühne und schleudert seinen weißen Samen gegen die Läuse, die daran zugrunde gehen." Eine als seine Braut bezeichnete Frau

---

[128] 22.11.1958. LIT 139/B394.

[129] LIT 139/W484.

[130] Fürst an Jandl 9.3.1959. LIT 139/B394.

[131] LIT 139/W485.

[132] In der Jandl-Nachlassbibliothek in der Österreichischen Nationalbibliothek ist erhalten: Ritter 1941. Eine männliche Erlöserfigur wie den „Selfmademan" wird Jandl in seinem gemeinsam mit Friederike Mayröcker verfassten und 1969 in Köln realisierten Hörspiel *Der Gigant* vorführen.

gebiert statt eines Kindes eine Kartoffel. Die sei, so Jandl in seiner knappen Erklärung in einem Brief an Fürst, „die einzige Form niedrigen Lebens, die diese im Verein mit dem Selfmademan hervorzubringen vermag".[133]

In der letzten Szene kehrt ein „glücklicher Urzustand", wie im ersten Satz des Librettos beschrieben, wieder: „Vor belaubten Galgen ist ein friedliches Volk an der Arbeit." So illusionslos erweckte Jandl in den Wirtschaftswunderjahren den Mythos von der guten alten Zeit: Friede nach einer Epoche des Terrors, doch die Galgen stehen noch. Nur an einem Blinden geht die neue Zeit vorbei: „Er macht ein paar Schritte zurück, geht wieder vor, stößt an die Wand, tut das immer wieder, und sonst nichts" – und: „er wird nicht beachtet und kann nicht beachten, er ist vorhanden, doch bedeutungslos". Einige Augenblicke lang Beckett pur.

Der Titel „Prinz Eugen oder Das japanische Dampfschiff" erinnert an H.C. Artmanns ironisch-patriotische und zugleich von Fernweh gepeitschte Phantasien. Und wirklich sagt einmal die Mutter in diesem Familiendrama in vier Szenen mit ironischem Happyend zum Vater: „Sprich nicht wie der Artmann." Jandls Figurenkonstellation entspricht auffällig seinem eheflüchtigen Zusammenleben im Schuljahr 1953/54 mit Vater Viktor, Stiefmutter Hedwig und beider Töchterchen Roswitha in der Auhofstraße. Der Sohn aus erster Ehe heißt in seinem Text Eberhard und behauptet: „Der Text ist wie von Henry Miller". In einem paraphilen Pandämonium verbietet der wegen seiner Neigung für unmündige Mädchen vorbestrafte Vater der minderjährigen Tochter Hosen zu tragen und sich zu schminken. Der Sohn Eberhard sucht bei ihm körperliche Wärme. Die Tochter behauptet schwanger zu sein und liebt unstandesgemäß einen Mechanikerlehrling. Ein Freund rät dem Vater, „doch seiner jungen Tochter den Hof zu machen, wie das so viele Väter unbehelligt täten". Dreimal versucht Vater es in Verkleidungen: Einmal bedrängt er die Tochter als „eine Art Baron", dann als blinder Bürstenbinder, dann im Kostüm einer Fürsorgebeamtin. Doch den drei höchst komischen Werbungen ist kein Erfolg beschieden. Zuletzt lockt ihn der Freund der Tochter mit dem Angebot, ihm ein junges Mädchen zuzuführen, in eine Falle. Der Vater muss nun die Verbindung absegnen. Für sich selbst beschließt der Alte die Rückkehr zu dem, was er „Unnatur" nennt: Bis zu seinem Tod will er mit seiner Gattin das Auslangen finden. Die Mutter verspricht, ihren Männern zugeneigten Stiefsohn umzuerziehen.

Unvermittelt kommt der Schluss einer späteren Variante, aus der sich der neue Titel des Stücks erklärt: „Zu welchem Zweck sind Sie nach Japan

---

[133] 29.11.1958. LIT 139/B394.

gekommen?", fragt der Lehrling Gustav. Eberhard: „Ich will nach meiner Heimat eine Karte senden." Die Arien und Duette: scharf geschnittene Sprechgedichte. Die Ballade vom Prinzen Eugen, dem edlen Ritter, kommt als Hymne der österreichischen Artillerie ins Spiel. Real? Surreal? Jandl hinterließ eine ausweichende Antwort: „Die Hauptperson der schönsten und letzten Szene ist der Regisseur. Nun kann dieser Findling im poetischen Lager Fantasie beweisen oder vortäuschen, um in hohem Fluge die bewiesene oder vorgetäuschte Fantasie des Theaterdichters zu erreichen oder zu verfehlen. Hut ab vor solchem Manne…"[134]

Auch dieses Gemeinschaftsprojekt scheiterte. Im Januar 1961 antwortete Fürst auf einen Brief Jandls: „Ich fand es anständig von Ihnen nichts von der Oper zu erwähnen, sie ist noch nicht fertig". Die Wiener Firma Kammeroper kam in finanzielle Schwierigkeiten und durfte sich kein Experiment mehr leisten. Wie weit Fürst die Opera buffa durchkomponierte, blieb unbekannt.[135] Im November 1959 hatte er Jandls letzte Szene auf dem Tisch. Fürst wollte darin sogar einen „Rosenkavalier"-Schluss sehen.[136] Für das Ballett und die Oper interessierte sich noch im Jahr 1970, als Jandl in Berlin lebte, der Musikchef des Schillertheaters Herbert Baumann (1925–2020).[137] Er bekam die Libretti geschickt, doch versuchte Jandl loyal wiederum Freund Paul ins Projekt einzubinden,[138] womit der Kontakt zu Baumann abriss. Jandl nahm in seinen programmatischen Texten zum Theater nie mehr Bezug auf seine frühen Bühnenwerke.

Im dritten Buch für Fürst, dem Ballett „Dorian Gray" nach Oscar Wilde, blieb für Jandls Eigensinn wenig mehr als die Nacherzählung des Romans. Seit 1963 feilte er an dem nur drei Manuskriptseiten langen Szenario.[139] Er ließ Wildes Porträtmaler „in ein Paradies, wo nur Kinder zu Hause sind" eintreten und dort auf Dorian Gray treffen. Dessen Untaten und Sterben werden im großen Finale in einem Wachsfigurenkabinett nachgestellt. Eine Lehrerin kommt mit ihrer Schulklasse – „Kinder von heute" – in die Gruselkammer. „Aber die Zeit ist um, der Aufseher verkündet die Sperrstunde und befreit die Lehrerin von dem Zweifeln ob solche Darstellungen für Kinder

---

[134] LIT 139/W485.

[135] Das Stimmen- und Partiturenarchiv von Paul Walter Fürst wurde um 2015 durch einen Wasserschaden im Haus in Gänserndorf (Niederösterreich) vernichtet. Mitteilung vom Sohn Martin Fürst 2021.

[136] 27.9.1959. LIT 139/B394.

[137] LIT 139/B71.

[138] Taschenkalender 1970.

[139] LIT W488-494, Partituren WStLB Mc64980 und Archiv Doblinger.

passen." „Dorian Gray" wurde Ende 1964 abgeschlossen und die Partitur im Wiener Musikverlag Doblinger 1968 gedruckt.[140] Viel später vertonte Fürst noch sieben Jandl-Gedichte aus dem Jahr 1956: „bitte keine musik", für eine Singstimme und Streicher.[141] Das Ballett „Dorian Gray" sicherte Paul Fürst, der inzwischen längst zum Mitglied der Wiener Philharmoniker und Präsidenten der machtvollen Rechteverwertungsgesellschaft AKM aufgestiegen war, 2011 im Festspielhaus von St. Pölten bei der bisher einzigen Aufführung zu seinem 85. Geburtstags höflichen Applaus. Jandls Name fehlte auf dem Plakat und ist aus der Partitur bei Doblinger getilgt.

Der Onkel der ‚Wiener Gruppe'

Gerhard Rühm, der 1957 zum ersten Mal in der Galerie nächst St. Stephan als Dichter aufgetreten war, veröffentlichte 1959 im Buch *hosn rosn baa* im Wilhelm-Frick-Verlag Dialektgedichte von sich und den Freunden Friedrich Achleitner und H.C. Artmann. Heimito von Doderer schrieb, ohne das Etikett ‚Wiener Gruppe' zu verwenden, das Vorwort zu den vornehmlich makabren Texten. Achleitner zwirbelte das oberösterreichische, Rühm das wienerische Idiom zu Laut- und Sprechgedichten hoch. Die experimentellen Arbeiten der drei fanden damit früher zwischen Buchdeckeln Verbreitung als Jandls Arbeiten aus seinem Glücksjahr 1957. Denn es dauerte noch sechs Jahre, bis Reinhard Döhl dreizehn Stücke aus Jandls experimentellem Fundus in der Sammlung *zwischen räume 8 x gedichte* im Limes-Verlag in Wiesbaden unterbrachte; und erst 1966 kamen sie unter dem Titel *Laut und Luise* als Walter-Druck 12 in den Handel.

Um Ernst Jandl wurde es Ende der fünfziger Jahre ruhig. Von 1959 bis 1961 wollte er mit Nachhilfestunden Geld für den Wohnungskauf verdienen und stellte nicht mehr als ein Dutzend Gedichte fertig. Die Ursache dieser Pause bestätigte er Horst Bingel im November 1961 in einem Brief: „Eine auf drei Jahre befristete Brotarbeit im Zusammenhang mit der Schule ist nun im letzten Jahr, die Last wird schon leichter, und ich werde

---

[140] WStLB Mc 54980.

[141] Enthält: „bitte keine musik", „16 jahr", „wenn alles sonst bemerkt ist [„bemerke ich das unbewegliche Gedränge der großen grünen, fremden Blätter in der Ecke des Zimmers"]", „london: victoria station", „niedergeschlagen" [„wurde und wiedererhoben hat sich oft der Mensch. Seine Stunden errechnet keine Uhr, seinen Tod errechnet kein Henker. Urteile löschen die Forderung nicht. Tränen löschen die Forderung nicht"]", „vater komm erzähl vom krieg". Uraufführung am 15. März 1989 im Hobokensaal der Nationalbibliothek im Albertina-Gebäude. Partitur im Archiv Doblinger.

bald wieder an die Ausführung literarischer Pläne gehen können, die ich derzeit schmiede." Aufmerksamkeit sicherten sich derweil Jüngere im experimentellen Fach. In ihrem „ersten literarischen cabaret" im Dezember 1958 und im zweiten im April 1959 präsentierten sich Achleitner, Konrad Bayer, Gerhard Rühm und Oswald Wiener als die Wiener Gruppe – schon ohne H.C. Artmann, der später gerne behauptete, es habe sie nie gegeben. Diese Distanzierung erklärt Rühm damit, dass für Artmann „die Sachen, die ich und Achleitner gemacht haben, schon viel zu radikal waren".[142] Mit Bayers Tod und Rühms Übersiedlung nach Berlin, beide 1964, löste sich die Gruppe auf. Rühm schrieb erst 1967 in einem mehrmals aufgelegten Buch die Programmatik und Geschichte der Marke ‚Wiener Gruppe' fest.[143] Jandl antwortete auf die oft wiederkehrende Frage nach seiner Zugehörigkeit zur Wiener Gruppe 1989 im Gedicht „verwandte": „der vater der wiener gruppe ist h.c. artmann / die mutter der wiener gruppe ist gerhard rühm / die kinder der wiener gruppe sind zahllos / ich bin der onkel".

Als Gerhard Fritsch und Otto Breicha 1966 in Wien ihre *Protokolle* als literarisches Jahrbuch starteten, präzisierte darin Jandl: „Wer damals, auf ähnlicher Bahn befindlich, mit Artmann und Rühm, tangential zur ‚Wiener Gruppe' als Ganzem, Freundschaft schloß wie (1956) Friederike Mayröcker, oder ich, konnte, und durfte, weil verwandt nach Herkunft und Ziel, sich der Wirkung der beiden nicht entziehen."[144] Für den Volksbildner Heimrad Bäcker in Linz, der dort 1968 die Zeitschrift *neue texte* begann, ergänzte er: „1956 war ich mit Rühm und Artmann in enger Verbindung. Wir alle experimentierten, wir alle übernahmen von anderen Anregungen, ohne daß irgend einer von uns daran gedacht hätte, sich in einem Sekundärverhältnis zu sehen."[145] In den sechziger Jahren arbeiteten die fünf von der Wiener Gruppe nur noch für sich allein weiter, betonte Jandl – und dass 1960 bis 1965 „die Jahre Friederike Mayröckers und Konrad Bayers" gewesen seien.[146]

Artmann, Mayröcker und Jandl blieben einander immer gut. Sie wurden 1967 von Walter Höllerer in der Westberliner Akademie der Künste in der Reihe „Ein Gedicht und sein Autor" vorgestellt und traten dort 1974 gemeinsam mit Gerhard Rühm und Gerald Bisinger auf.

---

[142] Interview in Köln 14.7.2020.
[143] Rühm 1967.
[144] „Österreichische Beiträge zu einer modernen Dichtung". *Protokolle* 1966, S. 135.
[145] 8.1.1967. LIT 139/99, 2.3.3.1.
[146] 15.3.1967. LIT 139/B1826.

Konrad Bayer, geboren 1932, legte am 10. Oktober 1964 in seiner Wohnung eine Matratze vor den Gasherd, öffnete das Ventil und steckte den Kopf ins Backrohr. Jandl kannte ihn schon in den fünfziger Jahren, als er in derselben CA-Bankfiliale auf der Mariahilferstraße arbeitete wie sein Vater.[147] Er schrieb nach Bayers Tod eine Würdigung für das von Andreas Weitbrecht in Frankfurt herausgegebene Graphikfaltblatt *Neues bildereiches Poetarium*.[148]

Oswald Wiener schüchterte mit kompromissloser Radikalität, Quällust und reicher Kenntnis mathematischer, philosophischer, sprachtheoretischer und psychologischer Theorien auch Jandl ein. Doch war es dann Jandl, der Alfred Kolleritsch 1964 auf Wieners Work in progress „die verbesserung von mitteleuropa" aufmerksam machte.[149] Zwischen 1965 und 1969 erschien es in loser Folge in den *manuskripten*. Aber „der Ossi war damals in einer ganz üblen Phase", erinnerte sich Peter Weibel, „er hatte damals in der Judengasse eine Kommune und behandelte Ernst wie einen Trottel – als Lehrer mit Aktentasche und Thermosflasche mit Tee."[150]

Jandls Distanz zur Wiener Gruppe als ganzer rührt von vielen Verletzungen her. Er warf Rühm wie auch Fritz Achleitner vor, dass sie seine Sprechgedichte „damals, als die ersten Sachen entstanden, 1957, 58, als Kabarett abtaten, während ihre eigenen Erzeugnisse selbstverständlich Gedichte genannt wurden".[151] Dass Artmann und Rühm 1957 Jandls zwanzig Druckseiten langes „deutsches gedicht" heftig ablehnten, machte er 1973, als es erstmals gedruckt wurde, in einer vorangestellten Vorrede öffentlich: „ich vermute, es erschien artmann und rühm damals nicht statthaft, im gedicht politisch zu sein; das verstieß offenbar gegen vorstellungen von der reinheit der kunst. vorstellungen, die ich selbst nie gehabt hatte."[152] Jandls Text erinnert wie „wien: heldenplatz" an Österreich im Jahr 1938 und endet im Klageton von Celans „Todesfuge".

---

[147] „Zu Konrad Bayer". *Protokolle* 2/1983, S. 30–32.

[148] Doppelnummer IV–V, 1965.

[149] Jandl an Alfred Kolleritsch 3.12.1964. Kolleritsch, Julian 2005, S. 24. *manuskripte* 208/2015, S. 13.

[150] Interview mit Peter Weibel 8.6.2021.

[151] 13.12.1966. Akademie der Künste Berlin, Reinhard-Döhl-Archiv 1140.

[152] *Protokolle* 2/1973, S. 74.

Gemeindewohnung für eine Person

In den Wiederaufbaujahren wurde in Wien zwar in großem Maßstab neuer Wohnraum geschaffen. Doch um zu einer kostengünstigen kommunalen Wohnung zu kommen, warteten die dafür am Wohnungsamt „Vorgemerkten" oft viele Jahre. Schneller war das Problem mit politischem Anschub zu lösen. Jandl war schon zehn Jahre Mitglied der in Wien regierenden Sozialdemokratischen Partei. Auf einen Single wie ihn wartete bei der Gemeinde freilich nur eine Kleinstwohnung. Weil ihm aber wieder eine „eigene Familie" in den Sinn kam,[153] suchte er nach Alternativen. Er fand eine bei einer Baugesellschaft aus dem bürgerlichen Bankenbereich, dem sein Vater diente: Baukostenzuschuss von 22.000 Schilling für zwei Zimmer plus Wohnküche in der Preindlgasse in Hietzing, knappe zehn Minuten Fußweg von den Eltern in der Auhofgasse entfernt.[154] Die Schulbehörde bewilligte dafür im April 1959 einen „Bezugsvorschuss". Im Herbst 1959 nahm auch Friederike Mayröcker einen Kredit für die Renovierung ihrer Altbauwohnung auf. Wieder wurde nach mehr als zwei Jahren Trennung gemeinsames Wohnen als Thema, als Bedürfnis, als Chance erwogen.

Doch Jandl übersiedelte 1960 weder nach Hietzing noch zurück in die Zentagasse, sondern beschied sich mit den kommunalen 29 Quadratmetern im sechsten Stock eines Gemeindebaus aus den Jahren 1953/54 am Donaukanal – mit Blick auf die Rossauer Kaserne und einem Steinrelief von Gabriele Waldert an der Fassade zum Thema „Der österreichische Arbeiter in seinem Lebenskreis". Die Möblage kaufte er für den halben Vorschuss, durchwegs bei Firmen mit erstklassigem Design wie den Österreichischen Werkstätten und Hagenauer. Im Mai 1960 gab er dem Stadtschulrat seine neue Adresse bekannt: 2. Bezirk, Untere Augartenstraße 1–3/1/19.[155] Aus dieser ersten eigenen Wohnung übersiedelte Jandl erst 1976 in sein „Büro" in die Wohllebengasse. Die 29-Quadratmeter-Garconniere blieb bis zu seinem Tod als sein Hauptwohnsitz polizeilich gemeldet.

Die Last einer Familie schwebte plötzlich im Oktober 1959 auch ganz anders über ihm. In einem ersten Brief aus Ottenschlag im tiefen nieder-

---

[153] Siblewski 2001, S. 168.
[154] Anbot der gemeinnützigen Wohnungsbaugesellschaft „Heimstätte" im Eigentum der Ersten Österreichischen Sparkasse, 9.1.1959. Bildungsdirektion Wien, Personalakt.
[155] Bildungsdirektion Wien, Personalakt.

österreichischen Waldviertel stellte sich Edeltraud Schiller als Tochter vor.[156] Sie arbeite jetzt in einem Friseurladen im Heimatdorf als Lehrling. Jandl schickte ihr bald ein Geschenk zu ihrem 17. Geburtstag am 2. Dezember. „Traude" begann den Dankbrief mit der Anrede „Lieber Papa!". Sie bat ihn, sie in Wien zu treffen. Eine Woche später stand sie erstmals vor ihrem registrierten Vater. Er brachte sie auch zu Weihnachtsfeier mit zu seinen Eltern und Geschwistern in der Auhofstraße. Traude war nur wenig älter als Roswitha Jandl, und ihr Onkel Nikolaus erst elf Jahre alt. Wenige Wochen vor der Patchworkfamilienfeier hatte er sein tieftrauriges „weihnachtslied" geschrieben, mit den Schlusszeilen „froe weihnacht / froe weihnacht / und ich bin nur ein hund".

Bald wechselte Traude auch mit „Tante Fritzi" Briefe und berichtete Ernst: „Sie ist sehr lieb, ich kann sie gut leiden und sie gefällt mir gut." Zu Pfingsten 1960 besuchte Ernst die Familie Schiller in Ottenschlag. Im späten Herbst bestand Traude die Gesellenprüfung. Ernst schenkte ihr ein Ballkleid. Immer öfter schrieb ihr auch Viktor Jandl. Traude hatte einen Unfall, Traude trat auf einer Heimatbühne auf, Traude bestand die Führerscheinprüfung. Nach dem 21. Geburtstag im Dezember 1963 beichtete sie Ernst: „Ich habe geweint vor Freude, weil du fast der Einzige warst, der meine Großjährigkeit nicht vergessen hat." Vergesslich erwies sich auch die Republik nicht, denn nun endete die Auszahlung der Familienzulage an den Vater.

Mit Traudes Volljährigkeit waren Ernsts gesetzliche Pflichten erloschen. Neben dem Austausch von Geburts- und Feiertagsgrüßen wurde weiter zu familiären Großereignissen korrespondiert. Am 12. Februar 1966 gab Traude in Zwettl dem 13 Jahre älteren Franz Slowaczek das Jawort.[157] Schon am 8. August 1966 wurde in St. Pölten ihre Tochter Karin geboren. Ernst schickte Traude einen Fotoapparat und bekam Baby-Fotos zurück. Am 1. Juli 1968 wird der Enkelsohn Franz Slowaczek der Jüngere folgen, und am 5. Juli 1985 die inzwischen 19 gewordene Enkeltochter Karin den ersten Brief an den Großvater schreiben: „Halli, Hallo [...] ich bin ein Mädchen [...]."

---

[156] LIT 139/99 2.3.1.15, Slowaczek, Edeltraud (ledig Schiller) 1959–1964.

[157] Ernst Jandl verwahrte in einer Mappe mit frühen Gedichten als ein nicht verwendetes *object trouvé* den Ausschnitt aus einer Zeitung mit dem Satz: „Gertrude, die mit ihrem Professor auf altgriechisch zu korrespondieren pflegte, hat unterdessen einen Tischler geheiratet und erwartet ein Kind." LIT 139/169.

Abb. 3 Edeltraud Schiller, die Tochter von Gertrude Schiller und Ernst Jandl, ca. 1959/60. LIT 139/99, 2.3.1.15

Noch im Sommer 1985 traf Ernst zum ersten Mal Karin.[158] Die heiratete am 17. Juli 1990 in Zwettl Reinhard Wachmann und zog mit ihm nach Groß-Enzersdorf bei Wien.[159] Merkwürdig distanziert sprach Ernst im Jahr 1995 die damals 53 Jahre alte Traude Slowaczek im letzten bekannten Geburtstagsgruß mit „Liebe verehrte Edeltraud" an, mit der tristen Signatur „Dein viel zu alter Ernst".[160]

Als Schreibender blieb Ernst Jandl in Wien bis auf ein paar Nachdrucke älterer Arbeiten unsichtbar. Hanns Weissenborn, der schon 1955 in seiner

---

[158] LIT 139/99. 2.3.1.16 Wachmann, Karin.

[159] Jandl versteckte den Hochzeitstermin in seinem Taschenkalender unter falschem Namen: „Heidi heiratet in Zwettl". LIT 139/99 Taschenkalender.

[160] 3.12.1995. LIT 139/99, 2.3.1.

Zeitschrift *alpha* das politische „Zehn-Jahre-Pamphlet" publiziert hatte,[161] brachte Ende 1959 dort nochmals Jandls antimilitaristisches Gedicht „Rüstige Männer" aus den *Anderen Augen* unter. Hubert Fabian Kulterer begann 1961 im Selbstverlag die literarische Zeitschrift *Eröffnungen* und druckte bald Jandls „drei visuelle lautgedichte" nach. Der Kärntner Kulterer schuf sich Heimaten am Rande der Wiener Gruppe, bei den um Gütersloh gescharten Meistermalern des Wiener Phantastischen Realismus und beim Komponisten Gerhard Lampersberg am Tonhof in Maria Saal, wo auch die Wiener Artmann, Rühm, Ernst Kölz und Friedrich Cerha zugange waren und mehr als zwei Jahre lang Thomas Bernhard aristokratische Gastfreundschaft und Manierenpolitur genoss. Bernhard wählte den Namen „Kulterer" für die Titelfigur einer 1962 erschienenen Erzählung. 1984 wird er Ernst Jandl und Friederike Mayröcker in seinem Schlüsselroman *Holzfällen* anrempeln.

Wie sollte Jandl den *cordon sanitaire* durchbrechen, mit dem Verleger und Redakteure und Literaturkritiker Österreich vor Angriffen auf die deutsche Sprache und das Wirtschaftswunder-Wohlbehagen beschützen wollten? Während des Schuljahrs 1960/61 suchte er um einen unterrichtsfreien Samstag an, „da meine literarische Arbeit längere Perioden der Konzentration erfordert, wie sie durch zwei aufeinanderfolgende unterrichtsfreie Tage in einem gewissen Maß gegeben wären".[162] Unerwartet tat sich ein Fluchtweg aus dem Unterrichtstrott auf, den das Schulamt nur mehr mit „sehr gut" statt mit „ausgezeichnet" bewertete: Das British Council verschaffte Jandl einen Platz in der Summer School for Contemporary English Language and Literature in Cardiff.[163] Vom 3. bis 24. August 1961 dauerte dieser Intensivkurs in Wales für Lehrer aus ganz Europa. Als aufregendste aktuelle Literatur zirkulierten unter dem Passepartout „Beat Generation" Arbeiten von Allen Ginsberg, Peter Orlovsky, Gregory Corso, Lawrence Ferlinghetti. Diesen Amerikanern wusste sich Jandl wohl im Furor, doch kaum im Lebensstil anverwandt: Jandl blieb zeitlebens bei den Drogen Nikotin und Alkohol. Die Klagelaute der „geschlagenen Generation" im politisch-existenzialistischen Mix sollten bald in den Protestbewegungen in Paris und Berlin, Prag und Bukarest widerhallen. Der Rowohlt-Verlag brachte 1962 als billiges Paperback die Anthologie *Beat* auf Deutsch heraus. Neben den rhetorischen Eruptionen der Beatniks, voran *Howl* von

---

[161] 1. Jg., Heft 6; 3. Jg. Heft 10.
[162] 13.9.1960. Mit Empfehlung des Direktors. Bildungsdirektion Wien, Personalakt.
[163] Vgl. Stuckatz 2014, S. 51.

Allen Ginsberg, wirkte viel deutsche experimentelle Sprech- und Lautpoesie formalistisch-blutleer und akademisch. Doch 1965 riss Jandl in der Royal Albert Hall mit seiner „ode an N" wie später ein Rockstar die Massen von den Sesseln und stahl Ginsberg die Show.[164]

Die Sommerreise nach Wales nutzte Jandl auch für einen Besuch bei Erich Fried in London.[165] Fried holte sich im April 1962 in der soeben gegründeten Österreichischen Gesellschaft für Literatur Applaus bei einer Lesung. Mit einem Gedichtband und einem Roman bei Claasen hatte Fried den Fuß auf den deutschen Verlagsboden bekommen und beriet nun Jandl. Wollte er kein ‚Einbuchautor' bleiben, brauche Jandl Gedichte, die sich einem Verlag in Deutschland verkaufen lassen. Doch solche konventionellen Gedichte „mit Themen aus dem eigenen Erleben, mit Themen zu meinem Leben, aus meiner Umwelt"[166] hatte er seit dem Erscheinen der *Anderen Augen* 1966 hintangereiht. Im Mai 1962 tippte er nun fast täglich ein „gegenstandsgebundenes" Gedicht druckfertig. Sieben davon wählte Gerhard Fritsch für *Wort in der Zeit* aus, alle noch großkleingeschrieben, darunter auch „Schleuderbahn".

Doppelter Versuch mit „Laut und Luise" und „Schleuderbahn"

Jandl wollte mit zwei deutlich unterscheidbaren Büchern auf Lektorate zugehen. „1963 [...] war ich 38 und hatte zwei komplette Manuskripte mit Gedichten: ‚Laut und Luise' und ‚Schleuderbahn'".[167] *Laut und Luise* wird 1966 im Walter-Verlag in Olten erscheinen und seinen Ruf in der Sprech-, Laut- und visuellen Poesie begründen. Die 1962 für die Sammlung „Schleuderbahn" fertigpolierten Gedichte stammen aus Jandls schönen und finsteren Tagen seit 1956 und erzählen vom einsam streunenden Mann („baby doll", „abendbesuch", „mann und mädchen"), dem gefährdeten verrückten Außenseiter („was sie dir antun können") oder dem Lehrer im Schulalltag („am morgen"). Die „Schleuderbahn"-Gedichte kamen erst 1972 im Luchterhand-Band *dingfest* auf den großen Markt.

---

[164] Vgl. Bob Cobbing: „Ernst Jandl". Pfoser-Schewig 1985, S. 13.

[165] 4.11.1961. LIT 139/B1014.

[166] Grohotolsky 1995, S. 12.

[167] „Wie kommt man zu einem Verlag?" [Einleitung zur Lesung „Sprechblasen" am 17.9.1979 in der Alten Schmiede in Wien anlässlich des Erscheinens der Reclam-Ausgabe.] Freibord 4. Jg., Nummer 17, S. 57; Jandl 2016, Bd. 6, S. 430–434.

Mit der Übersiedlung im Frühjahr 1960 in die kleine eigene Wohnung festigte sich Ernsts Alltagsrhythmus für die kommenden Jahrzehnte. Friederike kam aus ihrer sich mit Büchern und Papieren füllenden Bassena-Residenz im fünften Bezirk gegen Abend zu Ernst in den zweiten Bezirk – gerne zu Fuß, zurück fuhr sie, selten später als um neun, im Taxi. Genug Geld „für den Taxler" zu haben nannte sie später oft als ihre größte Sorge in den ersten Jahrzehnten ihrer Dauerbeziehung. Im Schuldienst erreichte sie erst 1966 eine spürbare Aufbesserung mit der Beförderung zum ‚Sprach-oberlehrer'.[168] Freunde wie Artmann, Rühm und den jungen Dichter Priessnitz traf das Paar bei Veranstaltungen in der Galerie des Kirchen-manns Monsignore Mauer nächst St. Stephan in der Grünangergasse. Hans Hollein stieß dort 1962 mit seinem Vortrag „Zurück zur Architektur" eine folgenreiche Debatte an. Zu den üblichen Nachfeiern nach Vernissagen in derselben Gasse im Restaurant Zum grünen Anker der Familie Glück war Friederike schwer zu bewegen. Ernst hingegen verließ nie gerne und früh gesellige Runden wie im „Anker". Das Café Hawelka hatten sich die Protagonisten des Artclubs und deren Jünger schon in den fünfziger Jahren erobert. Dort schaute man nur vorbei, wenn andere Anlässe das Paar in die City führten. Beider zeitlebens bevorzugter Treffpunkt mit ausländischen Gästen wurde das gutbürgerliche Café Museum am Rande des Karlsplatzes, wo Ernst, solange er am Donaukanal wohnte, auf seinem Heimweg von der Schule die Straßenbahn wechseln musste. Denn wie schon den Kaffee-haus-Dauerhockern aus der Wiener Fin-de-Siècle-Literatur fehlten Jandl wie Mayröcker ein zur Repräsentation taugliches Daheim.

Jandl fühlte sich nie wohl in dem mit selbstverliebten Ritualen sein Anderssein pflegenden literarischen Untergrund. Seinen künstlerischen wie politischen Handlungsraum forderte er von der Öffentlichkeit und ihren Institutionen. Die hätten sich radikaler Kunst zu öffnen und dieser, und damit ihm, dienstbar zu sein. Dafür hieß es auch zu kämpfen. In Graz eroberten sich im Jahr 1959 Künstler aller Sparten, mit Alfred Kolleritsch als Frontmann der Literaten, einen leeren Caféhaus-Pavillon und sperrten ihn als ‚Forum Stadtpark' neu wieder auf.

In Wien kam die Gunst für neue Kunst später und, in josephinischer Reformtradition, von oben, nämlich verordnet von der Politik und von

---

[168] Bildungsdirektion Wien. Personalakt.

inspirierten Beamten.[169] Mit der Gründung der Österreichischen Gesellschaft für Literatur im Dezember 1961 durch den Minister Heinrich Drimmel bekamen Schriftsteller aus dem In- und Ausland eine Adresse für Lesungen und Diskussionen. Zugleich begann deren Leiter Wolfgang Kraus, ein Herr mittleren Literaturgeschmacks, seine Bemühungen um die Heimholung 1938 vertriebener österreichischer Dichter und Germanisten. Eine ebenfalls vom Ministerium gegründete Dokumentationsstelle für neuere österreichische Literatur sollte Basis für Forschungen werden, der sich die noch von Nazis durchsetzte Universitätsgermanistik versperrte. Um seinen reaktionären Parteifreund Rudolf Henz als Herausgeber zu zügeln, legte Drimmel die Redaktion der staatlichen literarischen Monatsrevue *Wort in der Zeit* in die Hände des Schriftstellers Gerhard Fritsch, eines Mitglieds der SPÖ. Fritsch druckte sofort, wie zu deren Rehabilitierung, Jandls 1957 in der Skandalnummer der *neuen wege* vorgestellte „prosa aus der flüstergalerie" nach.[170]

Im Schweizergarten, wo Jandl als Kind gespielt hatte, entstand ein erstes Museum des 20. Jahrhunderts mit dem späteren Chef der Hamburger Kunsthalle Werner Hofmann als Direktor. In diesem lichtdurchfluteten Stahlbau[171] hatte sich Österreich auf der Weltausstellung 1958 in Brüssel präsentiert. Die Rede von Minister Drimmel zur Eröffnung im September 1962 enthielt das erste Bekenntnis einer österreichischen Regierung zur Moderne. Bis indes eine Ausstellung „Kunst aus Sprache" in dieses staatliche Museum einzog, sollte es noch dauern. Otto Breicha, Ernst Jandl und Peter Weibel setzten beim Hofmann-Nachfolger Alfred Schmeller erst 1975 diese Dokumentation von akustischer und visueller Poesie, auch in Film und Video, durch.

Im Forum Stadtpark in Graz stand indes von Anfang eine selbstverwaltete Adresse für ein reiches Veranstaltungsprogramm offen, in neun verschiedenen Spartenreferaten, darunter die Literatur. Bei der Eröffnung 1960, zu der auch der Minister anreiste, wurde die erste Nummer der Zeitschrift *manuskripte* vorgestellt: 15 hektographierte Blätter mit Gedichten, darunter drei von Alfred Kolleritsch, dem Herausgeber. Bald war die Wiener Gruppe in den *manuskripten* mit Abdrucken vertreten.[172] Jandl näherte sich erst im

---

[169] Der maßgebliche Reformer, Sektionschef Alfred Weikert, musste 1965 nach Korruptionsvorwürfen ausscheiden. Vgl. Maurer 2020.

[170] *Wort in der Zeit* 1963, Heft 11, S. 38.

[171] Der originale Stahlpavillon von Architekt Karl Schwanzer wurde mehrmals überarbeitet und zuletzt durch Adolf Krischanitz mit einen undimensionierten Büroturm ergänzt.

[172] Vgl. Wiesmayr 1980.

Frühjahr 1963 Kolleritsch: Im Wiener Künstler-Treff Hawelka[173] bot er ihm seine „villgratner texte" an; als Wörterkollektion aus der alpinen Hinterwelt wären sie in *Laut und Luise* fehl am Platz gewesen.[174] Das *manuskripte*-Heft 7, das der Lehrerkollege an einem Grazer Gymnasium nach Wien mitbrachte, hatte schon einen Umfang von 24 Seiten und enthielt Texte von Hans Magnus Enzensberger, Christoph Meckel, Wolfgang Weyrauch, Franz Wurm, Kurt Marti, Peter Bichsel, Andreas Okopenko, Barbara Frischmuth, Doderer – und auch schon von Reinhard Döhl, einem jungen Mitkämpfer von Max Bense und mit ihm eben dabei, Stuttgart zum Knotenpunkt eines vielsprachigen Netzes experimenteller Literatur zu machen.

---

[173] Kolleritsch 1982, S. 8.
[174] 29.7.1963. *manuskripte* 208/2015, S. 7.

Kapitel 4: Der Weg aus Österreich hinaus

Pressendrucker und Kleinverleger

Chancen auf Anerkennung wusste Ernst Jandl zu Ende der 1950er Jahre nur noch in Deutschland und in der Schweiz. Doch der Schuldienst und die Nachhilfestunden zwangen ihn zu beklemmender Sesshaftigkeit am Südostrand des deutschen Sprachraums. Umso beweglicher zeigte er sich im Briefeschreiben. Darin gewann er den Ruf eines verlässlichen Beamten, der möglichst postwendend antwortet. „Zeig mir einen anderen Großen, der Briefe beantwortet", wird ihm Hans Weigel in einer Gratulation zum 60. Geburtstag zurufen.[1] Das Erledigen der Post nahm die erste Stelle im Tagesritual ein, nachdem er 1978 aus der Schule in die Frühpension entwichen war. An vielen Tagen rief ihn nur mehr das Postfach, einen Häuserblock entfernt in der Taubstummengasse, aus seiner Wohnung. Auch Friederike Mayröcker schrieb rasch Antworten. In ihren Briefen in einer die Empfänger umarmenden Sprache verteidigte sie schon lange vor ihren ersten Büchern bei Rowohlt und Luchterhand ihren Anspruch, als Künstlerin anerkannt zu werden. Jandl schrieb auch im Brief das sachliche, von zusammengesetzten Hauptwörtern weitgehend freie, im Erzählen die Consecutio temporum beachtende und ins Partizip Präsens verliebte Deutsch seiner Essays. Seine Korrespondenzen archivierte er in Leitz-Ordnern – darunter auch viele der sich synchron mit seiner Berühmtheit mehrenden Bittbriefe von Autographensammlern, von Schülern und Studenten, die für Hausaufgaben

---

[1] Pfoser-Schewig 1985, S. 53.

© Der/die Autor(en), exklusiv lizenziert an Springer-Verlag GmbH, DE, ein Teil von Springer Nature 2023
H. Haider, *Ernst Jandl 1925–2000*, https://doi.org/10.1007/978-3-662-66639-5_5

Interpretationshilfen begehrten, und von Gedichte Schreibenden, die beurteilt und gefördert werden wollen.

Einem solchen Einsender beschied er mit wahrlich pedantischem Sinn für die ‚Äußere Form der schriftlichen Arbeiten' (so hieß damals eine Note in den österreichischen Schulzeugnissen): „Aber wenn ich denke, mit welcher Mühe ich eben wieder ein Manuskript für meinen Verlag zusammenstelle, alle Manuskripte abtippe, Fehler verbessere oder den Text nochmals schreibe, [...] und wenn ich ferner denke, dass meine Freunde, etwa Artmann, Rühm, Okopenko, es ebenso tun, dass ich bei den dreien erstmals (das war in den fünfziger Jahren) das absolut makellose Manuskript kennenlernte, makellos bereits in seiner optischen Form – dann dürfen Sie mir glauben, dass es mir einen geringen Spass bereitet, mich mit Texten zu beschäftigen, die so vernachlässigt auftreten wie diejenigen, die Sie mir geschickt haben."[2]

In Frankfurt suchte damals Horst Bingel Beiträge für seine immer wieder neuen Lyrik-Anthologien. Mit diesem acht Jahre jüngeren Schriftsteller und Grafiker wechselte Jandl schon im Jahr 1957 Briefe. Bingel gab seit damals die *Streit-Zeit-Schrift* heraus, ein unhandliches Großformat, handgesetzt. Ebenso war Günter Bruno Fuchs, zunächst in Reutlingen, später in Berlin, ein Selbsthelfer in der Kleinverlagsszene. Er holte sich 1963 bei Jandl eine Wortspende für sein Nonsense-Album *Meisengeige*; es erschien 1964 bei Hanser. Der hyperdynamische Kraftwortdichter Fuchs gründete mit vier Grafikerfreunden, darunter Uwe Bremer, in Berlin-Neukölln die ‚Werkstatt Rixdorfer Drucke'. Der Reiz von Schriftgedichten ließ nicht wenige Typographen zu Helfern der Konkreten Poesie werden, und manche auch zu Dichtern. Jeder Buchstabe auf der Schreibmaschine ist so breit wie der Nachbar, doch die Lettern im Buchdruck, Linotype wie Handsatz, sind je nach Buchstaben schmaler oder breiter. Maschinengetippte Textbilder im Buchdruck nachzubauen, erforderte aufwändige Basteleien. Fuchs druckte in Berlin für Jandl 1964 ein erstes Plakat: einen Holzschnitt mit dem Text „Der Vater / kontrolliert / seinen langen Bart"[3] im überlangen Format von 165 × 40,5 cm; Auflage 27 Stück. Sechs ovale Jandl-Textbilder wurden auf dem *Rixdorfer Bilderbogen Nr. 4* als Leporello veröffentlicht. Eines der 150 Exemplare bekam die Familie Jandl in der Auhofstraße von Ernst mit Widmung geschenkt.[4]

---

[2] 12.12.1973. LIT 139/B1630.

[3] An Jandl 21.2.1964. LIT 139/B393. Vgl. Ohff 1970, S. 186.

[4] An Fuchs 27.6.1966. LIT 139/B1834. Mit Widmung 5.7.66 „Für Roswitha und Hansi [Klingemann]" und den Gedichten „kratziger fuchs", „zum höll", „wir musikzieren", „je müder ich bin", „wie viele kinder / haben sie eigentlich", „in / die effnung / vier / deingliedein".

Der Kunstgeschichtestudent Peter Weiermair (1944–2021), später u. a. Direktor des Frankfurter Kunstvereins, wählte in seiner Heimatstadt Innsbruck in seiner Allerheiligenpresse Jandls Gedicht „lauter" für ein Plakat. Als weitere Druck-Adresse boten sich Thomas Bayerle und Bernhard Jäger mit ihrer Gulliver-Presse in Bad Homburg an: Sie vervielfältigten ein Plakat mit Jandls Niagarafälle-Lautgedicht. Von *Hosi-Anna*, einer Auswahl von Laut- und Bildgedichten, druckten sie 1965/66 jedes der 61 Blätter einzeln.[5] Karl Riha bemühte sich 1980–86 vergebens um eine Neuauflage.[6]

Jandls grafische Blätter und Tonbänder waren bald auf Gruppenpräsentationen der Konkreten Poeten in England, Frankreich, Italien, Mexiko und der ČSSR gefragt. Doch im deutschen Sprachraum trottete er mit einzeln in Zeitschriften ausgestreuten Gedichten unerkannt, unbekannt der Wiener Gruppe hinterher. H.C. Artmann hatte sich 1957 mit seinem Buch *med ana schwoazzn dintn* als Dialektdichter einen Namen gemacht und wanderte wie ein Troubadour durch halb Europa – Ehen, gebrochene Herzen und Kinder hinterlassend. Gerhard Rühm war mit Artmann und Achleitner seit 1959 mit dem Buch *hosn rosn baa*, mit einem Vorwort von Heimito von Doderer, im Buchhandel präsent und baute sich als Pianist und Komponist einen zweiten, nicht auf Österreich beschränkten Wirkungskreis auf.

Bei Eugen Gomringer, der damals in Zürich den Werkbund leitete, waren Rühm und Achleitner schon vier Jahre vor Jandl angekommen. Als Gomringer 1960 im Eigenverlag die Zeitschrift *konkrete poesie / poesia concreta* begann, erschien bald ein Rühm-Heft mit *konstellationen*, neben Helmut Heißenbüttels *texten ohne komma*. Erst im Jahr 1964 druckte Gomringer Jandls Bildgedicht „klare gerührt" – der Titel ist einer Regieanweisung in Goethes *Egmont* (I/3) entnommen. Der gebürtige Bolivianer Gomringer, seit den 1980er Jahren aus der Literatur in die bildende Kunst und aus der Schweiz ins oberfränkische Rehau abgewandert, notierte über den ersten Besuch des Wieners in Zürich: „Ernst Jandl kam nicht so leicht aus sich heraus wie die anderen Konkreten [...] Er fragte viel und notierte unverhohlen. Er hätte Reporter sein können."[7] Noch im Jahr 2020 erinnerte sich der – wie Jandl 1925 geborene – Vater der Schriftstellerin Nora Gomringer, dass er Jandl in Zürich „in die gehobene Gesellschaft ein-

---

[5] Eines von 28 gebundenen Exemplare verwahrt die Bayerische Staatsbibliothek: 43,5 × 31 cm, mit 39 teils farbigen Lithographien sowie teilweise mehrfarbigen Typographien. Beschreibung von Franz Mon in „aber schreiben ist mir pflicht" – zu den Texten von Ernst Jandl. In: Schmidt-Dengler 1982, S. 28.

[6] Korrespondenz 1965/66 mit Bernhard Jäger bei Karl Riha, Siegen. Kopien Archiv HH.

[7] Pfoser-Schewig 1985, S. 17.

zuführen versuchte trotz seines Stirnschweißes".[8] Der fast gleich alte Franz
Mon sah Jandls Schwierigkeiten mit Gomringer sachlicher: „Er ist ein sehr
strukturell orientierter Autor. Er hat ja den Begriff Konkrete Poesie auf-
gebracht und hält sich lebenslänglich dran. Bei uns, also bei Heisenbüttel
und natürlich auch bei Ernst, war das sehr offen, und die Sprache war für
uns ein lebendiger Körper, der die Stimme beschäftigt, die Stimmqualität
hatte, aber auch visuell erscheinen konnte durch Strukturierungen auf dem
Papier."[9]

Nach Stuttgart zu Bense, Döhl, Heißenbüttel

Auch zum Mitbegründer der Konkreten Poesie Max Bense, Professor für
Philosophie an der TU in Stuttgart, gelangte Gerhard Rühm schon vor
Ernst Jandl: Er trat dort am 1. Dezember 1962 in einer Matinee in der
Buchhandlung des literaturbegeisterten Wendelin Niedlich auf, zusammen
mit Bense, dessen Schülern in der Theorie Reinhard Döhl und Manfred
Esser sowie der Schriftstellerin und Luchterhand-Lektorin Elisabeth
Borchers, dem Dichter und Volksschullehrer Ludwig Harig und dem Typographen Klaus Burkhardt.[10] Drei Monate nach dieser Lesung, und wohl
auf Rühms Empfehlung hin, schickte Döhl an Jandl den Entwurf eines
Manifests, das er gemeinsam mit Ludwig Harig verfasst hatte.[11] Damit
begann ein intensiver Briefverkehr und bald auch eine ebensolche Freundschaft mit beiden. Die Proklamation, auch von Jandl unterschrieben,[12]
veröffentlichte Pierre Garnier, Vormann der Konkreten Poesie in Frankreich, in Paris in seiner Reihe *Les Lettres* als „manifeste pour une poésie
nouvelle". Garnier, Jahrgang 1928, der mit seiner deutschen Frau Ilse im
französischen Amiens lebte, machte Jandl in einem Brief Mut: „Hoffentlich
können wir sehr lange zusammenarbeiten."[13] Rückblickend hielt Jandl 1979
fest: „Als Pierre Garnier in seiner französischen Zeitschrift ein Panorama
der internationalen Konkreten Poesie gab, schmuggelte Döhl, mit meiner

---

[8] Brief an HH vom 5.1.2020.
[9] Interview mit HH 5.1.2022.
[10] https://www.reinhard-doehl.de/albpg_niedlich.htm.
[11] 19.3.1963. AdK Reinhard-Döhl-Archiv 1140, Briefwechsel Jandl.
[12] 21.9.1963. AdK Reinhard-Döhl-Archiv 1140, Briefwechsel Jandl.
[13] 1.1.1963. LIT 139/B402.

Zustimmung, meinen Namen in die sogenannte ‚Stuttgarter Gruppe‘, neben Bense, Heißenbüttel, Mon, Harig und Döhl selbst.“[14]

Ludwig Harig unterrichte wie Jandl an einer Schule. Er schickte ihm aus Dutweiler im Saarland 1964 nach Wien eine gute Prognose: „Ich habe jetzt Ihre Entwicklung im neuen Heft *Wort in der Zeit* verfolgt, und wenn das so ist, wie ich lese, dann werden Sie Dinge schreiben, vor denen Sie selbst auf dem Bauch liegen werden – aber Achtung Zwerchfell!“[15] Harig saß dann in der Jury, die Jandl 1984 mit dem Büchner-Preis auszeichnete. Den Namen Döhl hatte *Der Spiegel* schon nach Wien getragen, als dieser vor dem Strafrichter stand wegen seiner kirchenkritischen Travestie „missa profana“, 1959 in einer Göttinger Studentenzeitschrift erschienen. Der Deutsche Bundesgerichtshof hob 1961 seine Verurteilung auf und kippte damit für immer die „sittliche Empfindung des Durchschnittsbürgers“ als Maßstab der Rechtsprechung in Kunstprozessen. Max Bense war als Gutachter für Döhl ausgerückt. Er druckte Poesie, Essays und Übersetzungen von Döhl in seiner Zeitschrift *augenblick*. In Zürich nahm schon Eugen Gomringer, der andere Vordenker der Konkreten Poesie, elf Texte von Döhl in seine Reihe *konkrete Poesie / poesia concreta* auf.[16]

Während der Schulferien im Sommer 1963 fuhr Jandl zum ersten Mal nach Westdeutschland, um sich bei Horst Bingel in Frankfurt und bei Karl Krolow in Darmstadt vorzustellen – mit den Typoskriptbündeln *Laut und Luise* und „Schleuderbahn“ im Gepäck. Er hoffte für seine Gedichte „einen Platz in dieser Welt zu finden – einen einigermaßen beständigen, an dem sie sich niederlassen können“, so Jandl später zum Freund Ian Hamilton Finlay.[17] In Frankfurt wies ihn Bingel zum Pressendrucker Andreas Weitbrecht.[18] Dieser Verlegersohn und Schriftsteller gab zwischen 1963 und 1965 vier Mal ein *Neues bilderreiches Poetarium. Zeitschrift für Dichtung und Graphik* heraus: bogengroß, beidseitig bedruckt, die Texte alle Erstveröffentlichungen und wie von Säerhand zwischen Zeichnungen gestreut. Schon in die erste Nummer nahm er Jandls „fortschreitende räude“ und „du warst mir ein gutes mädchen“ auf. „ottos mops“, später das bekannteste und geliebteste Jandl-Gedicht, hatte seine Premiere ganz versteckt in der letzten Folge, neben „HABEMUS PAPAM / HABEMUS MAMAM / HABEMUS

---

[14] Jandl 2016, Bd. 6, S. 431.

[15] 23.2.1964. LIT 139/B498. Das Heft trug ein Porträt Jandls auf dem Umschlag.

[16] Jg. 1960, Heft 2.

[17] 7.1.1965. Jandl u. Finlay 2017, S. 33.

[18] 21.1.64. LIT 139/B1679.

BUBIM"[19] sowie dem kurzen Nachruf von Jandl auf Konrad Bayer. Treffen mit Weitbrecht wurden für Jandl bald eine liebe Gewohnheit, wenn er in Frankfurt durch die Hallen der Buchmesse wanderte.

Dem Dichter und Essayisten Karl Krolow, damals schon Mitglied der Akademien in Darmstadt, Mainz und München, ging ein Ruf als wohlwollender Kritiker und Förderer voraus. Ihm näherte sich Jandl 1963 in dessen Darmstädter Residenz ehrerbietig. Krolow hatte zwei Jahre zuvor, als er in seiner Frankfurter Poetikvorlesung gegen die Konkrete Poesie, voran gegen Gomringer und Heißenbüttel, wütete, Jandls Gedicht „chanson" aus Bingels *Streit-Zeit-Schrift* als Beispiel zitiert: „Es ist die Abdankung des lyrischen Textes als wie immer geartetes geistiges Lebewesen!"[20] Jandl erinnerte noch in seiner eigenen Poetikvorlesung 1984 in Frankfurt an diese Erwähnung seines Gedichts an diesem so prominentem Ort:[21] Zufällig habe er 1961 in einer Wiener Buchhandlung Krolows druckfrisches Buch *Aspekte deutschsprachiger Lyrik* zur Hand genommen und darin sein Gedicht als abschreckendes Exempel gefunden. Freilich fehlten vier Text- und eine Leerzeile. Sofort deponierte er bei Horst Bingel: „Diese Misinterpretation [*sic!*] dürfte auch den Studenten in Frankfurt vorgesetzt worden sein."[22] Somit konnte auch Krolows negatives Urteil bloß ein Missverständnis gewesen sein…

In Neuwied am Rhein redete er im Luchterhand Verlag vergebens zwei Stunden auf Elisabeth Borchers ein.[23] Doch lenkte sie ihn zu Reinhard Döhl nach Stuttgart weiter, und damit genau zum Richtigen: Döhl, damals Assistent bei Professor Fritz Martini am Institut für Literatur und Sprachwissenschaft an der TU Stuttgart, war sofort von *Laut und Luise* überzeugt. Er versprach Jandl, für das Manuskript einen Verleger zu suchen. Die „Schleuderbahn" schickte Jandl ein zweites Mal und noch umfangreicher an Borchers.[24] Sie versuchte nun doch, die konventionellen Gedichte im eigenen Haus unterzubringen, hatte dabei keinen Erfolg und empfahl Jandl neuerdings „den lebendigen und anregenden Kreis, in der Mitte Döhl: […]

---

[19] Dieses dreizeilige Gedicht nannte Jandl „zeile an 1 zeile von ARP sich anschließend". Arps Zeile im Gedicht „Die gestiefelten Sterne / für wilhelm fraenger": „habemus papam habemus mamam".

[20] Krolow 1961, S. 160.

[21] Jandl 1985, S. 17.

[22] 2.11.1961. LIT 139/B1679.

[23] 22.7.1963. LIT 139/B1679.

[24] 28.7.1963. LIT 139/99, 2.4.1, Luchterhand, Mappe 1963.

dort fühlt sich das Experiment wohl und experimentiert ohn Unterlaß und trägt höchst eigenwillige Früchte."[25] Döhl machte eben für den Eigentümer des Limes-Verlags, den Gott-fried-Benn-Freund Max Niedermayer, ein Bändchen mit Texten von sieben jungen Lyrikern druckfertig. Jandl war schon abgereist, als er ihn wissen ließ, er wolle in dem Album auch noch 13 Gedichte aus *Laut und Luise* unterbringen – darunter „chanson", „calypso", „lichtung", „falemaleikum", „fragment" und „japanische wunderblume". Auch Jandls neuer Österreich-Grabgesang wurde, zwanzig Jahre nach Hitlers „Anschluss", erstmals im deutschen Ausland vorgestellt:

wien: heldenplatz

der glanze heldenplatz zirka
versaggerte in maschenhaftem männchenmeere
drunter auch frauen die ans maskelknie
zu heften heftig sich versuchten, hoffensdick.
und brüllzten wesentlich.
verwogener stirnscheitelunterschwang
nach nöten nördlich, kechelte
mit zu-nummernder aufs bluten feilzer stimme
hinsensend sämmertliche eigenwäscher.
pirsch!
döppelte der gottelbock von Sa-Atz zu Sa-Atz
mit hünig sprenkem stimmstummel.
balzerig würmelte es im männechensee
und den weibern ward so pfingstig ums heil
zumahn: wenn ein knie-ender sie hirschelte.

Nun hieß Döhls Buch *zwischen räume 8 mal gedichte* und war im Herbst 1963 fertig. Jeder der acht Beiträger war um eine Einführung gebeten worden. In seiner Selbstdarstellung holte Jandl weiter aus als bei seinen Lese-hilfen in der Skandalnummer der *neuen wege* 1957 und beim ersten Auftritt in Bingels *Streit-Zeit-Schrift*: „ich begann mit experimenten in opposition gegen den traditionalismus in der gegenwartspoesie." August Stramm, den frühen Becher, Arp und Gertrude Stein nannte er als Ausgangspunkte und Artmann und Rühm als Impulsgeber; er gestand seine Freude an der Manipulation am Sprachmaterial, den daraus resultierenden Entdeckungen

---

[25] 8.8.1963. LIT 139/99, 2.4.1, Luchterhand, Mappe 1963.

und einer Neigung zur Groteske. Und zuletzt: „einige meiner texte sind so angelegt, daß der leser sie laut sprechen muß. die verwendung kleiner und kleinster einheiten an stelle von sätzen erklärt sich aus meiner beschäftigung mit solchen einheiten, wobei am wort die größten veränderungen erzeugbar sind: entstellungen, mißbildungen, andere wörter.“[26]

In Döhls Auswahl ist Jandl zusammengespannt mit Rolf-Gunter Dienst und dem in London lebenden Finnen Anselm Hollo, die beide mit der Beat Generation mitschwangen; Hans-Heinrich Lieb, später ein namhafter Linguist an der FU Berlin, ist mit deutlich konservativeren Gedichten vertreten.[27] Jandl und Wolfram Menzel, später Kybernetikprofessor am Karlsruher Institut für Technologie, verstorben 2022, waren schon ‚Nachbarn‘ in Weitbrechts *Poetarium*.[28] Für 1964 planten sie den Besuch der documenta 3 in Kassel.[29] Zur Vorstellung der Autoren der *zwischen räume* am 11. Januar 1964 bei Niedlich in Stuttgart konnte sich Jandl von der Schule freimachen. Max Bense kam zur Lesung sowie Frau Heißenbüttel. Ihr Mann hatte das Buch schon in der *Deutschen Zeitung* rezensiert.[30] Nicht nur Heißenbüttel hob zwei Namen hervor: Wolfram Menzel und Jandl.[31] Jandl dankte Döhl: „Ich freue mich zu hören, dass […] ich zur ‚Stuttgarter Schule‘ zu zählen beginne (endlich einmal das Wort im besseren Sinn)“.[32] Der zögerlichen Leiterin des Limes Verlags, Marguerite Schlüter, die kein Jandl-Buch wagte, ließ er durch Döhl bestellen, „dass ich hier in Österreich nicht immer in Lethargie dahinvegetiere, sondern anfallsartig Lärm schlage, um mir für später ein wenigstens neugieriges Publikum zu schaffen“.[33] Auf eine Ermunterung durch Hans-Heinrich Lieb, den jüngeren Kollegen in den *zwischen räumen*, antwortete Jandl mit einem scharf elaborierten Selbstbild:[34]

„Es war für mich eine Erquickung, die ich selten genug zu kosten bekomme, daß jemand in meiner fast programmhaften Unprogrammiertheit etwas Positives findet. Wie die Dinge stehen, sucht mich der eine aufs Experiment,

---

[26] Döhl 1963, S. 119.

[27] Lieb traf später öfter mit Jandl und Mayröcker zusammen, zuletzt bei einem Semiotik-Kongress in Wien in den siebziger Jahren. Mitteilung 12.10.2021. Archiv HH.

[28] 30.10.1963. AdK Reinhard-Döhl-Archiv 1140, Briefwechsel Jandl.

[29] Jandl an Menzel 2. und 13.8. und 10.9.1964. Archiv HH.

[30] Döhl an Jandl 26.11.1963. AdK Reinhard-Döhl-Archiv 1140, Briefwechsel Jandl.

[31] Jandl 2016, Bd. 6, S. 430–434.

[32] Jandl an Döhl 12.10.1963. AdK Reinhard-Döhl-Archiv 1140, Briefwechsel Jandl.

[33] Jandl an Döhl 26.11.1963. AdK Reinhard-Döhl-Archiv 1140, Briefwechsel Jandl.

[34] 23.4.1964. LIT 139/B2030.

der andere auf unversehrte Syntax zu nageln und die jeweils anderen Möglichkeiten als bedauerlich oder gefährlich oder albern abzutun – und dabei sind das dann die mir freundlich gesinnten Leute. Die anderen treiben es ärger, das heißt, für die bin ich überhaupt nicht vorhanden."

Jandl hinterließ in Stuttgart das Versprechen, für Max Bense in Wien ein Auditorium zu finden. Das gelang ihm sofort. Im April 1964 sprach Bense in der Österreichischen Gesellschaft für Literatur über „Blickpunkte der modernen Ästhetik" und im sozialdemokratischen Institut für Wissenschaft und Kunst über „Rationalismus und Technik".[35] Über Bense in Wien berichtete er Döhl: „Zu Friederike und mir wie ein langjähriger Freund sprühend, charmant, unerhört menschlich, voll Lebenslust, bar jedes professoralen Anstrichs. Bense will von einigen meiner Gedichte ein ziehharmonikaartiges rot-heft machen."[36] Der Bense-Schüler Hansjörg Mayer, der noch in den sechziger Jahren mit seinem Verlag nach London ging, war der Hausdrucker der ganzen Stuttgarter Gruppe. 1964 verbreitete er Jandls „erschaffung der eva" in einer Mappe mit 12 anderen Konkreten.

In einem Brief an den Freund Franz Austeda im Schulamt strich Jandl das Glanzlose, aber auch Große dieser vornehmlich in Textheftchen und auf Einblattdrucken verbreiteten neuen Literatur heraus, als er im Herbst 1965 um einen Sonderurlaub für einen Auftritt im renommierten Institute of Contemporary Art in London ansuchte: „Halt mich nicht für einen Hochstapler, wir sind alles arme Hunde, aber immerhin ist die Bewegung eine internationale Sache; Verschwörung, wenn du willst."[37]

Max Bense gab mit seiner Frau Elisabeth Walther seit 1960 die Broschürenreihe „rot" heraus.[38] Das Heft 16 „lange gedichte", von Hansjörg Mayer auf zwölf Blatt 300 Mal gedruckt, wurde im Juni 1964 fertig, rechtzeitig zu Jandls Sabbatical, und mit den Effektnummern „alphabet", „ode auf n[apoleon]" und „viel" [„o sophie so viel vieh o sophie o so sophie viel o sophie"]. Im Herbst 1964 folgte in der Eugen Gomringer Press das nur zehn Blatt starke Heft „klare gerührt".[39] So bekam Jandl gleich zwei Eintrittskarten gedruckt in die grenzenlose experimentelle, konkrete, visuelle, ideogrammatische, phonetische, onomatopoetische, kinetische etc. Schreiber-,

---

[35] DLA Marbach, HS. 2000.0157, Jandl, Ernst, Bense Max, 1964–65; LIT 139/B1669.

[36] 21.4.1964. AdK Reinhard-Döhl-Archiv 1140, Briefwechsel Jandl.

[37] 4.10.1965. LIT 139/B1647.

[38] „rot" nimmt Bezug auf einen Satz Ernst Blochs: „es gibt auch rote geheimnisse in der welt ja nur rote".

[39] *Konkrete poesie/poesia concreta* 8.

Typographen- und Performerszene. Der Weg sei ihm nun aufgemacht worden in eine „internationale Sprachbewegung, die von den persönlichen und häufig freundschaftlichen Beziehungen der Autoren getragen wurde".[40] Aus dem Fundus von *Laut und Luise* schickte er visuelle Arbeiten und Tonkonserven über die halbe Welt. Die konventionellen Gedichte der „Schleuderbahn" waren verräumt. Erst 1973 gingen sie in der Sammlung *dingfest* in Druck – im schon vierten Jandl-Taschenbuch bei Luchterhand.

Nach Graz zu Alfred Kolleritsch

In der Heimat fehlten Jandls und auch Friederike Mayröckers Namen im quasi offiziellen, weil von der Österreichischen Gesellschaft für Literatur zusammengestellten Aufmarsch junger Lyrik Schreibender. Im Dezember 1963 stellte der Herausgeber Gerhard Fritsch die Anthologie *Frage und Formel – Gedichte einer jungen Generation* vor. Literarisches Jungsein war biologisch definiert, mit 35 Lebensjahren als Grenze. Thomas Bernhard, schon mit dem Suhrkamp-Verleger Siegfried Unseld und dessen Lektor Wieland Schmied als Stützen, war jung genug. Ernst Jandl indes: mit 39 Jahren ein Zuspätgekommener, noch ohne tatkräftigen Verlag, und im Käfig Schule eingesperrt.

Als Gerhard Fritsch als Redakteur der staatlichen Literaturzeitschrift *Wort in der Zeit* in der Februarnummer 1964 experimentelle Texte von Konrad Bayer, Gerhard Rühm und Michael Scharang unterbrachte, schickten sechs alteingesessene Schriftsteller Protestbriefe an Rudolf Henz, den Herausgeber der Zeitschrift. Rudolf Felmayer behauptete in seinem Lamento, Fritsch habe jene österreichischen Autoren hinausgeekelt, „welche Österreich legitim vertreten".[41] Dieser Legitimitätsanspruch, der bei Anna Seghers oder Hermann Kant in der DDR nicht überrascht hätte, doch in einer liberalen Demokratie befremdet, geht auf den Kulturnation-Mythos im autoritären, antimodernistischen, in der Uniform eines milderen Faschismus den erwachenden Nationalsozialismus bekämpfenden Ständestaat zurück. 1934 wurde zur ‚Legitimierung' von Autoren als Patrioten ein ‚Österreichischer Staatspreis' eingerichtet. 1950 lebte er wieder auf und ging 1952 an Rudolf Henz, seinen Mitbegründer 1934. Außerdem wurden seit 1947 Schreibende

---

[40] Vgl. Reinhard Döhl: viele wege führen nach stuttgart. www.reinhard-doehl.de/forschung/stuttgart-konkret.htm.
[41] *Wort in der Zeit*, 10. Jg. 1964, Heft 7–8, S. 4.

durch die Aufnahme in den neuen Österreichischen PEN Club –
Mitbegründer: Rudolf Henz – ‚legitimiert' und in ihrer Kulturträgerrolle
bestätigt, Kommunisten wie Ernst Fischer oder der Majakowski-Übersetzer
Hugo Huppert aber nicht. Im PEN-Club wurden die Dramaturgenposten
in Theatern und im Rundfunk, Staatspreise, Auslandsauftritte, Verlags-
projekte und Staatsradioaufträge ausgekungelt. Die ‚Legitimation' war
somit auch ein Zugangspermit auf den literarischen Markt – auf dem Jandl
noch 1964 mit *Laut und Luise* erfolglos hausieren ging. Dreißig Jahre später
hatte er alles erreicht, was die Republik an Macht und Ehre einem Dichter
spenden kann: alle möglichen Staatspreise und ‚sichtbaren Dekorationen',
Dauersitze in kulturpolitischen Räten, Ankauf des Vorlasses, Ehrengrab,
Stiftung eines Jandl-Lyrikpreises, Finanzierung eines wissenschaftlichen
Instituts zur Erforschung seines Nachlasses.

Immerhin durfte Fritsch eine auch von Jandl und Mayröcker unterfertigte
Erwiderung abdrucken: „Wir protestieren [...] gegen das Bestreben einiger
Konservativer, [...] unter dem nicht stichhaltigen Vorwand, einer Stildiktatur des Modernismus zu begegnen, eine Stildiktatur des Konservativis-
mus aufzurichten." 1972 schäumte die Legitimitätsfrage neu auf, als
Alexander Lernet-Holenia aus Protest gegen die Verleihung des Nobelpreises an Heinrich Böll sein Präsidentenamt im Österreichische PEN Club
niederlegte. Jandl initiierte darauf die Gründung eines ‚Gegen-PEN' mit
dem Anspruch, die österreichische Literatur vor der Welt zu vertreten, aber
das mit einem aus der Kunstkompetenz abgeleiteten Anspruch: die Grazer
Autorenversammlung.

Doch noch hing Jandl in der Schule fest. „Ein Wahnsinn, zwei solche
Fächer – Deutsch, Englisch – und dazu x Klassen. Saroyan – Grillparzer –
Industrial Revolution – Happy and Pussy", klagte er im April 1964 dem
aus einem Alimente-Schlamassel nach Schweden emigrierten Artmann. Der
antwortete: „fahre nach Berlin!!! drei ausrufungszeichen, das ist für dich ein
wendepunct, tu's (mit apostroph). ich [...] ich komme ständig hinunter,
Gerhard Rühm ist dort, Bayer, die Gerstl und der Bisinger Geraldl [...]."[42]
Der Westberliner Senat lud schon seit der Errichtung der Mauer 1963 in
großer Zahl Künstler aus dem Ausland als Residenten in sein aus Bonn reich
dotiertes ‚Schaufenster der Freien Welt' ein.

Beim ersten Anlauf, aus Wien wegzukommen, war Jandl der junge
Germanist Reinhold Grimm behilflich. Schon 1963 hatte er ihm
„flüstertexte" nach Frankfurt geschickt und ihn dann 1964 in Graz

---

[42] 25.6.64. LIT 139/B27.

kennengelernt.[43] 1967 ging Grimm nach Madison, Wisconsin. Ihm verdankte Jandl den Kontakt zu dessen Studienkollegen Karl Riha, der in der Frankfurter Studentenzeitschrift *diskus* die Literatur betreute und schon 1964 Jandl auf einem *diskus*-Extrablatt druckte.[44] Riha wurde nach seinem Examen 1969 Assistent von Walter Höllerer in Berlin, dann Professor in Siegen, und übernahm 1977 die Betreuung des Stichworts ‚Jandl' im *Kritischen Lexikon zur deutschsprachigen Gegenwartsliteratur*.[45] Als Jandl bei Grimm 1964 Rat bei der Bewerbung um ein Berlin-Stipendium suchte, reichte der ihn an den Lyriker Wolfgang Bächler weiter. Mit Berufung auf Bächler sowie Günter Bruno Fuchs wagte Jandl endlich selbst ein Schreiben an Walter Höllerer, der soeben in Berlin das Literarische Colloquium begründet hatte. Er wolle sich, so Jandl, um Urlaub von der Schule bemühen, „um mich wenigstens während dieses einen Jahres ausschließlich meiner eigenen literarischen Produktion und dem Studium der neuesten Literatur zu widmen".[46]

Im Ansuchen um „Beurlaubung gegen Karenz der Gebühren bzw. gegen Ersatz der Vertretungskosten für die Dauer des Schuljahres 1964/65" versprach Jandl der Schulbehörde: „Ich werde diese Zeit zur Ausführung einiger Projekte verwenden, die sich aus der literarischen Tätigkeit ergeben, die ich seit zwölf Jahren neben meiner Unterrichtsarbeit betreibe." Weiters wolle er sich einem „eingehenden Studium der Ästhetik moderner Lyrik und Prosa" widmen sowie seine W.-H.-Auden-Übersetzungen fortsetzen.[47] Die Schulbehörde, wo Freund Franz Austeda mitzureden hatte, gewährte sofort das erbetene Karenzjahr und damit die neue Freiheit ohne festes Einkommen. Doch ein Stipendium des Literarischen Colloquiums bekam Jandl erst zum 1. Februar 1970 zugesprochen.

Am 12. Juni 1964 durfte Jandl erstmals im Forum Stadtpark in Graz lesen. Just am selben Abend hielt Heimito von Doderer in einem Hörsaal der dortigen TU einen Vortrag über „Österreichs Wiederkehr – das

---

[43] Grimm schrieb Jandl am 21.1.1964 zu den „Anderen Augen": „Ihre Gedichte sind großartig. Dabei sind diese Verse die ersten, die Brechts lyrische Errungenschaften – Härte, Sachlichkeit, Plastizität, Groteske und plötzliche Zartheit – die m.W. all das nicht nur überzeugend fortführen, sondern auch mit einem neuen, ganz unverwechselbaren Ton erfüllen." Jandl rezensierte Grimms Essayband *Strukturen* in *Wort in der Zeit*. LIT 139/448.

[44] 20.3.1964. LIT 139/B448.

[45] An Riha 5.11.77. Kopie Archiv HH. Jandl versorgte Riha laufend mit Kopien von Rezensionen seiner Bücher und Stücke.

[46] 29.4.1964. LIT 139/B1923.

[47] 22.5.1964. Bildungsdirektion Wien. Personalakt. Schon 1953 druckte Okopenko in den *publikationen* eine erste Übersetzung eines Auden-Gedichts.

Überleben einer Kultur" – klar eine Fortschreibung von Hofmannsthals Ideologem von Österreich als Kulturnation. Die in Graz marktführende katholische *Kleine Zeitung* pries „Doderers geistvolle Formulierungen über den geo- und ethnographisch nicht ausreichend definierbaren, weil wesentlich immateriellen Charakter des Österreichertums". Der Abend mit Jandl hingegen wurde als „Dada-Nachlese" betitelt; der „Professor" habe das Gedicht „bestiarium" vorgetragen „als würde ein Stotterer das Inhaltsverzeichnis von Brehms Tierleben rezitieren"; seine „Lautkonstellationen und Silbenkombinationen" könnten „sehr gut verwendet werden [...] in einem Lehr- und Übungsbuch für Sprachgestörte [...]".[48]

Doch dürfte Jandl die jungen Künstlerkollegen im Forum Stadtpark sofort für sich gewonnen haben. Über diese Lesung im Forum Stadtpark schrieb Dieter Glawischnig, sein späterer Jazzpartner: „Vielen, die diesen Dichter noch nicht live erlebt hatten, blieb nicht nur der Mund offen, sondern von da an auch der Kopf."[49] Jandl selbst rekonstruierte ein halbes Menschenleben später sein Glücksgefühl nach dem Debüt in Graz, als er Glawischnig zum 60. Geburtstag gratulierte:

> „Seit 1957 in meiner Vaterstadt Wien grausam zum Schweigen verurteilt –
> meine Dichtung wurde tatsächlich als ‚Schmutz und Schund' bezeichnet, ich
> selbst als Verderber der Jugend gebrandmarkt – kam Anfang der Sechziger
> Jahre meine große Befreiung in der Stadt Graz, künstlerisch viel weiter voran
> als das dumpf dahinvegetierende Wien. In meiner Lesung in Graz prasselten
> meine ‚Sprechgedichte' auf das junge, jubelnde Publikum nieder, und ich
> war endlich zum Dichter geworden, wie es mein Plan seit meiner Kindheit
> gewesen war."[50]

Im Juli 1964 fuhr Jandl, diesmal mit Friederike Mayröcker und wiederum mit den Typoskripten *Laut und Luise* und „Schleuderbahn", nach Stuttgart zu Reinhard Döhl. Der hatte inzwischen ein ganzes Buchmanuskript mit Jandl-Übersetzungen von Gedichten Carl Sandburgs bei Luchterhand

---

[48] *Kleine Zeitung* Steiermark, 14.6.1964.

[49] Dieter Glawischnig 1991. „Aufklärer, Moralist, Erzieher ..." D.G. anlässlich der Verleihung des Österreichischen Ehrenzeichens für Wissenschaft und Kunst an Ernst Jandl. *Weg und Ziel*. 1991. Heft 6, S. 301.

[50] „Lieber großer Dieter Glawischnig, Freund meines Herzens, Bruder im Geiste". Programmfolder zum Festkonzert *Aus der Kürze des Lebens* beim NDR, dat. 3.3.1998. LIT 130/S. 550/1 Sammlung Jazz, Sammlung Glawischnig.

eingereicht, doch das Lektorat lehnte ab.[51] In Niedlichs Buchhandlung trat er diesmal schon solo auf. Die Reise ging weiter. „In Frankfurt traf ich beim Insel-Verlag Klaus Reichert und durch ihn den inzwischen verstorbenen Wolfgang Maier. Letzterer war von den Proben Mayröckerscher Lyrik, die ich mit mir führte, tief beeindruckt; […] Klaus Reichert, anglophil wie ich, war weniger an meinen Gedichten interessiert als an der Möglichkeit, mich für die Übersetzung des Romans ‚The Island' von Robert Creeley einzuspannen, was ihm schließlich gelang."[52]

Der Joyce-Übersetzer Reichert, Insel-Lektor seit 1964, später Anglistikprofessor an der Frankfurter Universität, erzählte 2021 über Jandls ersten Besuch: „Ich hatte ein kleines Lektoratsstübchen. Jandl kam immer mal vorbei und las mir Gedichte vor – mit einer Stimme, als würde er vor 500 Leuten stehen. Das ‚schtzgrmm'-Gedicht war irrsinnig komisch."[53] Der persönliche Umgang aber blieb Reichert anders in Erinnerung: „Ich kannte keinen humorloseren Menschen als den Ernst. Er blieb Schulprofessor. Ruft an ohne Gruß und Frage wie es geht: ‚Stirbt das Ä in Deutschland aus?' Das ist schon fast weg. Wir sprechen ja das Ä fast wie das E aus."

Am 23. Juli 1964 stand Jandl aufgeregt in Reicherts Zimmer: „Herr Dr. Unseld hat mich eingeladen, jemand hat ihm von meinen Gedichten erzählt, er wollte mich kennenlernen." Hans Magnus Enzensberger hatte den Chef von Suhrkamp und Insel auf Jandls „lyrische Arbeiten" hingewiesen.[54] Unseld reagierte auf diese erste Sendung positiv: „Einige ihrer Gedichte haben mir sehr gut gefallen, ja ich gewann den Eindruck, daß es durchaus möglich wäre einen Band von Ihnen zusammenzustellen", antwortete er und bat um weitere Gedichte.[55] Jandl hatte darum die kompletten Manuskripte von *Laut und Luise* und „Schleuderbahn" nach Frankfurt geschickt. Aus der Chefetage bei Reichert zurück, berichtete er von Unselds Meinungsumschwung: „Ich sei der traurige Fall eines Lyrikers ohne eigene Sprache", habe er behauptet, doch: „Ich verbat mir jeglichen Ratschlag, zumal nicht ich mich an ihn, sondern er sich an mich gewandt hatte."[56] Mit einiger Wahrscheinlichkeit war es wiederum wie 1958 der Cheflektor Walter Boehlich, der Jandl von Suhrkamp fernhielt.

---

[51] 20.7.1964. LIT 139/99, 2.4.1, Luchterhand, Mappe 1964. Gegenüber der für Übersetzungen nicht zuständigen Lektorin Elisabeth Borchers erklärte Jandl, es habe sich um Übersetzungen „in Eile" gehandelt. Dennoch kontaktierte Luchterhand amerikanische Originalverlage.

[52] Wie kommt man zu einem Verlag? Jandl 2016, Bd. 6, S. 430–434.

[53] Interview in Salzburg 14.7.2021.

[54] 21.5.1964. LIT 2.4.1, Suhrkamp.

[55] 2.6.1964. LIT 2.4.1, Suhrkamp.

[56] Jandl 2016, Bd. 6, S. 432.

Unseld blieb an Jandl als Übersetzer interessiert. *Narration: Four Lectures* von Gertrude Stein drängte er Jandl 1969 förmlich auf. Jandl schlug zuerst Mayröcker für eine Gemeinschaftsübersetzung vor, erfüllte aber den Auftrag letztlich allein. Unseld schrieb ihm nach Erscheinen von *Erzählen* in der Bibliothek Suhrkamp: „Ihnen ist wirklich eine bedeutende Arbeit gelungen. Herzlichen Glückwunsch."[57] 1971 lehnte Jandl Unselds Angebot ab, *Knots*, ein soeben erschienenes Hauptwerk des Vormanns der ‚Antipsychiatrie' Ronald D. Laing, zu übertragen. Mit der Aufnahme Friederike Mayröckers ins Suhrkamp-Programm 1975 mit der Prosabroschüre *Das Licht in der Landschaft* rückte auch Jandl der Verleger näher. Erst 1984 in der Affäre um den Roman *Holzfällen* gab es Spannungen: Der Suhrkamp-Autor Thomas Bernhard hatte darin neben anderen Wiener Künstlern auch Jandl und Mayröcker angerempelt.

Bei seinem Besuch in Frankfurt 1964 sah Jandl eine Ausstellung des Grafikers Werner Schreib, der Gedichte schrieb und druckte; er besuchte ihn im Atelier und bekundete ihm bald in einem Brief eine Seelenverwandtschaft: „Nun, ich bin mit mir nicht minder unzufrieden als Sie mit sich, und meine Bemühungen um mich selbst laufen darauf hinaus, den Zustand der Neutralität zu bewahren, der es verhindert, daß ich mich selber totprügle. (Das würde eigentlich auf einen viel schlimmeren Zustand hindeuten, als es Ihrer ist.)"[58] Schreibs radikale Positionen trugen ihm eine Einladung des Aktionskünstlers Gustav Metzger zum Londoner „Destruction in Art Symposion" im September 1967 ein. Auch Horst Bingel und den *Poetarium*-Drucker Andreas Weitbrecht suchte Jandl wieder in Frankfurt auf. Der Dichter Franz Mon, den er aus Stuttgart kannte, hatte eben in Frankfurt ein eigenes Haus bezogen und lud Jandl ein.[59] Mon 2022 über Jandl 1964: „Wiener, Rühm etc. wollten ihn nicht bei sich in ihrer Gruppe haben. Er hatte eher das Bedürfnis, sich auszutauschen und das Gefühl zu haben, nicht allein zu sein." Mon hatte soeben beim Berliner Verleger Wolfgang Fietkau in dessen Broschürenreihe „schnitte" den Titel *sehgänge* herausgebracht und sah dort eine Chance auch für Jandl. Fietkau bot Jandl jedoch nur Platz neben Katja Tiel[60] und Konrad Balder Schäuffelen in einem – nie erschienenen – Band mit Dialektgedichten, den Reinhard Döhl

---

[57] 25.2.1971. LIT 2.4.1, Suhrkamp.

[58] 12.10.64. LIT 139/20.

[59] An Mon 3.8.1964. Kopie Archiv HH. Interview mit HH 5.1.2022.

[60] Geboren 1935. Laut Jandl von Gerhard Rühm geschätzt. Siehe Brief an Raoul Hausmann 4.3.1966. Reinhard Priessnitz gab als Lektor des Medusa-Verlags (Wien-Berlin) 1981 ihr Buch *im li wenn viel la li sing. Konkrete und experimentelle Poesie* heraus. LIT 139/99 2.2.1.

zusammenstellen sollte. Zehn von Jandls Dialektgedichten waren bereits im Konvolut *Laut und Luise* im Abschnitt „volkes stimme" einsortiert. Er schickte 37 andere „Texte mit Dialektbeziehung"[61] und dazu Erklärungen zur Bildung der Wörter:[62]

> haun = hau einen; schünkint = schilling; bäää daaa = bei der *oder* Peter; doixannda = der Alexander; gressaroisiii = größer als ich; draa = dreh; soij = soll ich; hoid = halt; ummi = hinüber, rüber, drüber; es waa = es war; waa es = wahres *oder* war es; wo/ed = wald; wes = weil es; wischnan o = wisch ihn ab; wüsten = willst du ihn; wüüü = will; a euter = ein alter; kräun = sich langsam fortbewegen; kerze = gehört sich; forz = imperativ plural zu fahren; netz rück = nicht zurück.

Jandl hoffte weiter auf ein eigenes Buch mit Lautgedichten bei Fietkau – der Wolfgang Bauers *mikrodramen* druckte, die Jandl sofort rezensierte[63] – und schickte 50 Texte an Franz Mon, der sie herausgeben sollte. Doch auch dieses Projekt scheiterte. An einem großen Dialektgedicht, in dem dudengerecht geschriebene Wörter dialektal ausgesprochen in neuen Bedeutungen funkeln, arbeitete er seit 1957. Erst 1969 erschien dieses so fulminante wie zotige „Dierlecktgedicht"[64] mit dem Titel „die er leckt" in den *Protokollen.*[65] Aus den drei Werkausgaben von 1985, 1997/99 und 2016 wurde es ferngehalten.

Nach Prag zu Hiršal, Grögerová, Kolář

Jandls Konkrete Poesie wurde in Böhmen und Mähren bei den Wiederbelebern der tschechischen Vorkriegs-Avantgarde schon 1964 herumgereicht, als der Prager Frühling noch gar nicht richtig begonnen hatte. Es waren Josef Hiršal und Bohumila Grögerová gewesen, die ihrem Gast aus dem Westen Hans Magnus Enzensberger die Empfehlung an Unseld

---

[61] An Döhl 3.8.1964. AdK Reinhard-Döhl-Archiv, 1140. Briefwechsel Jandl.

[62] An Döhl 1.8.1964. AdK Reinhard-Döhl-Archiv, 2574. Gedichte.

[63] *Wort in der Zeit* 3 (1965), S. 58–59.

[64] Jandl an den Herausgeber Otto Breicha 13.9.1968: „anbei ein in 11 Jahren harter Arbeit entstandenes Dierlecktwerk für die neuen Protokolle." LIT 139/99, 2.3.2. Nicht unter diesem Titel in jandl.onb.ac.at/werke-ueber-jandl.

[65] *Protokolle* 1969, S. 54–58.

mitgaben.[66] Jandl sollte dieses warmherzige Paar noch im Sommer 1964 in Tirol kennenlernen, und bald kam die Hauptstadt der damaligen Tschechoslowakischen Sozialistischen Republik in Jandls Netzwerk als zweiter Knotenpunkt neben Stuttgart hinzu.

Der Prager Frühling, eine kurze Blütezeit freier Kunst und Debatten über sie und die Politik, erwachte mit der ersten Kafka-Konferenz in Schloss Liblice, wo Eduard Goldstücker, Roger Geraudy und Ernst Fischer über Entfremdung und bzw. im Sozialismus sprachen. Künstler aus dem Untergrund holten die tschechischen Varianten des Surrealismus und Strukturalismus aus der ersten, der bürgerlichen Republik ins Bewusstsein zurück und überschritten mit Filmen, Bühnenbildern und visueller Poesie politische und Sprachgrenzen. Viele Kontakte mit dem Ausland liefen beim polyglotten Übersetzerpaar Josef Hiršal, genannt Joška, und Bohumila Grögerová, genannt Bohunka, zusammen. Wie Ernst und Fritzi teilten sie sich nicht die Wohnung, wohl aber Leben und Arbeit – und auch das Leid Geächteter und Verfolgter, nachdem Sowjetpanzer den Versuch, einen ‚Sozialismus mit menschlichem Antlitz' zu schaffen, im August 1968 beendet hatten.

Ernst Jandl streckte rasch die Fühler aus, nachdem ihn Haraldo de Campos aus Eugen Gomringers Freundeskreis in Sao Paulo auf die Prager Künstlerkollegen aufmerksam gemacht hatte.[67] Hiršal waren Jandls Texte schon im Limes-Buch *zwischen räume* aufgefallen und er hatte Okopenkos Aufsatz über Jandl in *Wort in der Zeit* gelesen. Am nächsten standen Joška und Bohunka damals Jiří Kolář und Ladislav Novák, beide Dichter, doch als bildende Künstler auf dem Weg zu internationaler Bekanntheit. Dieser Kreis erweiterte sich um Konrad Balder Schäuffelen – „ein liebenswerter Starrkopf, der seine Arbeit als Nervenarzt […] unterbrochen hat und seither schreibend durch die Welt zieht"[68] –, weiters um Ludvik Šváb, Surrealist und ebenfalls Psychiater, den viel jüngeren Jiří Valoch in Brünn, den Prager Literaturprofessor Vladimir Kafka, Übersetzer von *Das Schloss* und *Die Blechtrommel*, schon 1970 verstorben, sowie um den ‚konkret-konstruktiven' Maler Zdeněk Sýkora, der seine ‚Linienbilder' gemeinsam mit einem Physiker entwickelte.

Josef Hiršal und der in der südböhmischen Provinzstadt Třebíč lebende Ladislav Novák bekamen für August 1964 eine Einladung nach Tirol ins Europäische Forum Alpbach. „Mir selbst, und Fritzi, ist ja eine Teilnahme

---

[66] An Hans Magnus Enzensberger 18.6.1964. LIT 139/B1787.

[67] LIT 139/B578. Vgl. Pfeiferova 2013.

[68] An Döhl 26.5.1964. AdK Reinhard-Döhl-Archiv 1140, Briefwechsel Jandl.

am Alpbacher Seminar – zumindest als Stipendiaten – wohl eher versperrt, da uns von den österreichischen ‚Intellektuellenkreisen', die dort gerne gesehen sind, eine Welt trennt", gestand Jandl Hiršal später.[69] Jandl, Mayröcker und der in Innsbruck lebende visuelle Poet Heinz Gappmayr (1925–2010) fuhren nun auf einen Tagesausflug in dieses Tiroler Bergdorf.[70] Denn das Wiener Paar machte in diesem Sommer Ferien im Schloss Ambras bei dessen Kustodin Lilly von Sauter, die sie von den Jugendkulturwochen kannten; sie hatte im staatseigenen Schloss zuvor Thomas Bernhard beherbergt, der bald mit seiner Erzählung *Amras* viel mehr Leser gewann als mit seinem Debütroman *Frost*.

Jandl schickte Manuskripte aus der Mappe *Laut und Luise* nach Prag – begleitet von seiner Klage: „Bei uns in Österreich findet diese Kunst ja kaum Beachtung, und wenn, dann wird sie mit Geringschätzung abgetan."[71] Hiršal bat Jandl um einen Artikel über moderne Tendenzen in der österreichischen Literatur[72] und über die Konkreten in England und Schottland.[73] Im April 1966, der Prager Frühling war schon in Fahrt gekommen, gab es im Café Viola eine Revue internationaler experimenteller Literatur unter dem Titel des Jandl-Gedichts „bestiarium". Hans Magnus Enzensberger kam nach Prag mit der Idee, die Gruppe 47 dorthin zu einer Tagung einzuladen. Auch Heißenbüttel, Bense, der Poet in Amiens Pierre Garnier sowie Gerald Bisinger, Wiener Schriftsteller in Berlin, landeten bei Hiršal. Der wiederum reiste nach Graz, wo Alfred Kolleritsch noch 1964 die Nummer 12 der *manuskripte* als Tschechen-Heft herausbrachte, mit Beiträgen von Hiršal, Grögerová, Václav Havel, Novák und Jiří Kolář. Als im Januar 1965 in Wien eine Ausstellung von Kolářs Collagen eröffnet wurde, hielt Freund Ernst die Rede auf ihn.[74] Hiršal und Grögerová trafen in Baden-Baden Reinhard Döhl, der sie dann in Stuttgart Max Bense und Helmut Heißenbüttel vorstellte. Bald war eine Übersetzung der *Theorie der Texte* von Bense in Prag im Druck. An Vortragsabenden in Prag und Brünn wurden Lautgedichte von Raoul Hausmann, die *Ursonate* von Schwitters sowie Arbeiten von Pierre und Ilse Garnier, Novák und Franz Mon

---

[69] Brief an Hiršal 10.4.1965. Památník národního písemnictví (PNP) Praha. Das Europäische Forum Alpbach war im Kalten Krieg auch ein Instrument westlicher Counterstrategies und darum hellhörig für politischen, philosophischen, künstlerischen Dissens im Ostblock.

[70] Grögerová u. Hiršal 1994, S. 310.

[71] 3.8.1964. LIT 139/B578.

[72] „Nové tendence v rakouské poezii". 1966. In: *Svetová literatura* [Weltliteratur] I/4. 118–124.

[73] „Konkrete Poesie in Großbritannien". *neue texte* 2; Linz 1969.

[74] Jandl u. Finlay 2017, S. 33.

vorgespielt. Bänder vom multimedial forschenden Pariser Henri Chopin, vom jungen Düsseldorfer Medienkünstler Ferdinand Kriwet und Jandl sollten folgen.

Im August 1965 reisten Jandl und Mayröcker das erste Mal ganze fünf Tage nach Prag. Bohunka und Fritzi fanden zueinander. Damit begann, so Grögerová, „eine unkonventionelle, ja man kann sogar sagen intime Korrespondenz. Sie vertraut mir ihre Sehnsucht ‚nach der Zukunft und nach dem Alter' an: ‚lange und ohne Schmerzen leben'".[75] Mayröcker gestand später der neuen Freundin, dass sie sich Prag ganz anders vorgestellt habe: „Was für mich wirklich daraus wurde, war zum Heulen."[76] Und: „der erste Eindruck: der Bahnhof, und am liebsten wollte ich mit dem nächsten Zug nach Wien".[77] Hingegen: „Stuttgart war für mich ‚Liebe auf den ersten Blick' – ich würde, wenn ich je übersiedeln müsste, nur dorthin wollen."[78] Unter den im Literaturarchiv im Strahov-Kloster verwahrten Briefen von Mayröcker finden sich seitenlange Listen, auf denen sie für die Übersetzerin Wortkomposita aus ihren Texten auflöst, erklärt, entgeheimnist.[79]

Bald bereiteten die Übersetzer eine Jandl-Auswahl für den, wie Volk und Welt in der DDR, auf ausländische Literatur ausgerichteten Verlag Odeon vor. Als Jandl 1969 erfuhr, das Buch dürfe nur ohne die Namen der Freunde erscheinen, legte er sich solidarisch mit ihnen quer. Für die Jahre 1952 bis 1968, von den Slánský-Prozessen bis zur Intervention der Warschauer-Pakt-Staaten, stellten Hiršal und Grögerová eine Chronik aus Erlebnisberichten, Briefen, politischen Dokumenten zusammen: *LET LET. Pokus o rekapitulaci* – in der sich die internationale Vernetzung der Konkreten Poesie abbildet.[80] Der Machtwechsel in Prag am 21. August 1968 überraschte sie beim Europäischen Forum in Alpbach. Reinhard Döhl in Deutschland sowie Jandl und Mayröcker in Wien standen als Helfer beim Aufbau einer neuen Existenz bereit, doch bald kehrten Hiršal und Grögerová heim an die Moldau.[81] Im Juli 1980 gratulierte Jandl dem Prager Freund in der Wiener Zeitung *Die Presse*:[82]

---

[75] Grögerová u. Hiršal 1994.

[76] 11.10.1966. PNP. Unsign.

[77] 7.1.1967. PNP.

[78] 22.1.1966. PNP.

[79] 23.10. 1965, 29.9.1969. PNP.

[80] Grögerová u. Hiršal 1994.

[81] Grögerová u. Hiršal 1997.

[82] *Die Presse*, 19.7.1980. Jandl 2016, Bd. 3, S. 427.

josef hiršal zum 60. geburtstag

hier ich in wien
du dort in prag
ich wünsch dir einen guten tag

ein fenster auf
luft soll herein
rauch soll hinaus

der große nachtfalter
gestern ein schreckgespenst
hängt tot im vorhang

ich werf die rechte hand
zu dir nach prag
fang auf

halte sie fest
dann wirf sie mir
nach in die moldau

Hiršal und Grögerová unterliefen Publikationsverbote unter falschen
Namen. Österreichs Regierung bot verfolgten Künstlern, voran Pavel
Kohout, Asyl. Das Burgtheater spielte in Serie Uraufführungen der neuen
Stücke von Václav Havel. Zwei Theaterkünstler aus Brünn, Nika Brettschneider und Ludvik Kavin, gründeten in Wien die Exilbühne „theater
brett" und fanden bei Jandl und Mayröcker Unterstützung und Spielvor-
lagen. 1986 gastierte Jandl mit ,The Neighbours' für zwei Abende im Prager
Jazzclub Viola. Im Frühjahr 1989 erzwang die österreichische Diplomatie,
dass Hiršal und Grögerová nach Wien reisen durften, um den Österreichischen Staatspreis für literarische Übersetzung aus den Händen der
Ministerin Hilde Hawlicek entgegenzunehmen. In seiner Laudatio ver-
knüpfte Jandl die alte Klage über versäumte Jahre mit dem Los der Prager
Freunde: „Nicht nur in Österreich hatte die literarische Avantgarde 1957
eine Durststrecke von mindestens zehn Jahren vor sich, worauf die wütende
Verfolgung – man kann es nicht anders nennen – des Wiener Aktionismus erst einsetzte, und das alles in einem Land, das sich seiner Offenheit
rühmt."[83]

---

[83] Laudatio für Josef Hiršal und Bohumila Grögerová. Österreichischer Staatspreis für literarische Übersetzung 1988. 17. Mai 1989. Typoskript. Archiv HH.

Der „große nachtfalter" Stalin – aus dem Gedicht für Hiršal – verschwand erst im November 1989 mit der ‚Samtenen Revolution'. Im Oktober 1990 kam die Nachricht, dass im Odeon Verlag der erste Jandl-Band auf Tschechisch erschienen sei – mit den Namen der Übersetzer. Da wirkten aber die Texte und Zeichnungen schon museal. Auch der Titel *Mletpantem* holperte: Er bedeutet ‚jemanden mit Wörtern zulabern, reden wie ein Wasserfall, alleweil reden'. Ein letztes Mal konnte Jandl Ladislav Novák in der mährischen Kleinstadt Třebíč besuchen: 1985, noch hinter dem Eisernen Vorhang. Novák war Dichter, Maler, Grafiker, Collagist – und als Lehrer länger im Schuldienst als Jandl. 1964 traf er im böhmischen Karlštejn Heißenbüttel, Bense und die Garniers sowie im tirolischen Alpbach Jandl und Mayröcker. Wie auch Jandl dockte er schon Mitte der 1960er Jahre mit Bild- und phonetischen Texten an der Szene in England an – bei Glyn Pursglove, der in Oxford die Zeitschrift *Nebulum* herausgab, bei Stephen Bann, der mit Mike Weaver und Philip Steadman in Cambridge *Form* zusammenstellte, sowie bei Cavan McCarthy in Leeds und seinem *Tlaloc*.

Nach Schottland zu Ian Hamilton Finlay

Der im gesprochenen und literarischen Englisch geübte Lehrer Jandl brachte nach Großbritannien die besten Voraussetzungen mit für seine Anerkennung, ja Aufnahme in die, wie in Stuttgart, mit Wissenschaftlern an den Universitäten verkuppelte Szene der ‚concrete, sound and visual poetry'. 1965–67 kam Jandl im Vereinigten Königreich unter den – im *Times Literary Supplement* lange hinuntergeschriebenen – Experimentellen zu mehr Präsenz und Erfolgen als in denselben Jahren in Österreich und Deutschland. Mit dem popstargleichen Auftritt in London in der Royal Albert Hall am 15. Juni 1965 bei „The International Poetry Incarnation" erklomm Jandl mit seiner alle mitreißenden Lautschreikunst einen Lebenshöhepunkt.

Eugen Gomringer und Max Bense hatten für ihre Konkrete Poesie die ersten Brücken nach England gebaut. Es war dann Gomringer, der Jandl im August 1964 eine Nummer der Zeitschrift *Poor Old Tired Horse*[84] zeigte, die Ian Hamilton Finlay in seiner Wild Hawthorn Press in Edinburgh herausgab.[85] Jandl stellte sich bei Finlay im September 1964 mit seinem Heft

---

[84] Der Titel ist einer Widmung in Robert Creeleys Gedicht „please" entnommen.
[85] 10.9.1964. Jandl u. Finlay 2017, S. 13.

16 aus Benses „rot"-Reihe und Gedichtmanuskripten vor. „So, denke ich, können Menschen wie wir einander erkennen", schrieb er in seinem Brief. Und bekam vom Schotten gleichen Alters sofort eine Bestätigung: „I think they are VERY NICE poems, thank you."[86] Schon im Dezember 1964 kam Heft 12 von *P.O.T.H.* nach Wien mit „schutzengraben" [*sic!*], „wanderung" und „stunden", neben Gedichten von Jeffrey Steele, Edwin Morgan, Dom Sylvester Houédard, Paul de Vree, Mary Ellen Solt und Finlay selbst. Eine herzinnigliche Korrespondenz war begonnen, seine umfangreichste.[87] Jandl im Rückblick: „[…] nur einmal in meiner Zeit als Autor gab es einen Briefwechsel, mit dem schottischen konkreten Poeten Ian Hamilton Finlay, der schließlich abreißen mußte, um nie wieder die Kontinuität eines Briefwechsels zu erlangen."[88] Finlay wählte noch zweimal Jandl-Gedichte für seine feinhörig orchestrierten *P.O.T.H.*-Hefte.

In den ersten Jahren gingen jeden Monat ein, zwei Schreiben hin und her, viele mit beigelegten Typoskripten.[89] Der Briefwechsel animierte zu Grundsätzlichem. Jandl forderte von den Konkreten „eine Poesie, in der das Selbst des Dichters nicht mehr als etwas, das rast oder brüllt oder lächelt oder schmeichelt oder was immer Poeten in ihren Gedichten auch tun, präsent ist."[90] Kritik bekümmere ihn nicht: „Kommt sie von Widersachern, ignoriere ich sie, kommt sie von Freunden, heiße ich sie als Möglichkeit willkommen, diese Freunde besser kennenzulernen und, eventuell, meine Beziehungen zu ihnen zu überdenken."[91] Als er 1965 für eine Anthologie in Deutschland konventionelle statt Lautgedichte anbot, erklärte er das Finlay „as a kind of protest against the German tendency to nail you down, ideologically".[92] Jandls Analyse des Klimas daheim: „Kleine Länder wie Österreich scheinen eine ungezwungene, vertrautere Atmosphäre unter Künstlern, Schriftstellern usw. nicht zuzulassen. Es gibt zu viel Wettbewerb, Neid, Eifersucht und Intrige. – ich glaube, weil einfach nicht genug Platz ist, nicht genug Geld (Vermögen), nicht genug Verständnis, nicht genug guter Wille […] Ich atme eine andre Luft, wenn ich die Grenze nach

---

[86] 16.10.1964. Jandl u. Finlay 2017, S. 15.

[87] Rund zwei Drittel der erhaltenen Briefe sind von Vanessa Hannesschläger ediert in Jandl u. Finlay 2017.

[88] An Bernd Ellinghofen, Fernschachmeister. 14.1.1986. LIT 139/1781. Etwa ebenso umfangreich, doch weniger intim war der Briefverkehr zwischen Jandl und Döhl ab 1963.

[89] Vgl. Nischkauer 2014.

[90] 4.1.1965. Jandl u. Finlay 2017, S. 47.

[91] 8.12.1965. Jandl u. Finlay 2017, S. 111.

[92] 12.2.1965. LIT 139/2.3.3.5.

Deutschland überschreite, und noch besser ist es, wenn ich den Kanal über-
quere." Nebenbei erklärte er Finlay nicht ganz glaubhaft, dass es die hohen
Wohnungspreise in Wien seien, weshalb er mit „Fritzi" nicht zusammen-
ziehe.[93]

Finlay erfüllte sich den Traum, aus Edinburgh mit seiner Familie aufs
Land zu ziehen: ins Gledfield Farmhouse, Ardgay, Ross-shire.[94] Dort war
Jandl auf einer Vortragstour im Mai 1965 sein erster Gast: Beim zweiten
Besuch kam Jandl – als er als einziger Deutschsprachiger für Juli 1971 zum
4. Poetry International nach London, Edinburgh und Cardiff eingeladen
wurde – schon in Finlays neues Haus und Zaubergarten mit Schwanen-
see und Segelbooten in Dunsyre, später „Little Sparta" genannt und zuletzt
als „the nation's premier artwork" klassifiziert. Ernst musste wohl an alles
gedacht haben, was ihm fehlte, als er Dear Ian nach diesem Besuch dankte:
„… aber ich bin glücklich, Dich gesehen und das Gefühl zu haben, dass
das jetzt wirklich Dein ZUHAUSE, Dein LAND und Dein Platz, wo Du
LEBEN und ARBEITEN kannst und wirklich alles DEIN EIGENES ist."[95]

Zu einem kurzen Zerwürfnis kam es 1966, als Finlay eine Auswahl aus
Jandls konventionellen Gedichten fertig zum Druck hatte. Jandl bekam
plötzlich Angst, dass er sich damit in England den mühsam aufgebauten Ruf
als Konkreter Poet verpatzen würde, und stoppte etwas rüde das Projekt.[96]
Da wollte Finlay an Jandl Kälte und Schärfe entdeckt haben und Freund-
schaft nur als Fassade.[97] 1969 bestellte Hans Bender in Köln bei Jandl einen
Essay über Finlay. Er bekam nur einen Extrakt aus an Jandl gerichteten
Briefen; unter dem Verfassernamen Ian Hamilton Finlay wurden sie in
einem England-Heft der *Akzente* veröffentlicht.[98] 1974 scheiterten Jandls
Bemühungen, Finlay an der Universität Oklahoma den Internationalen
Neustadt-Preis für Literatur zu verschaffen.[99]

In Wien hatte im Herbst 1964 Jandls schulfreies Jahr mit einem Miss-
erfolg begonnen. Unter dem dominanten Label auf dem österreichischen
Sprechplattenmarkt Preiser Records wurden Kabarettlieder von Helmut
Qualtinger, Georg Kreisler, Gerhard Bronner verkauft – Schlager bei den

---

[93] 7.1.1965. Jandl u. Finlay 2017, S. 33.
[94] Bann 2014, S. 51 und Mitteilungen von Stephen Bann 20./21.10 2021.
[95] 23. August 1971. Jandl u. Finlay 2017, S. 189.
[96] [Juni 1966]. Bann 2014, S. 125.
[97] 2.4.1966. Bann 2014, S. 141.
[98] 16. Jg., Heft 6, Dezember 1969.
[99] Siehe Kap. 7.

aufgeweckten Jugendlichen, die sie bald wie Volkslieder auswendig nach-
singen konnten. So wurde Otto Preiser der erfolgreichste Verbreiter zeitgenössischer Gedichte aus Wien. Jandl bot ihm „Sprechtexte, die ins
Kabarettistische tendieren und auf ein größeres Publikum wirken können"
an, mit sich selbst vor dem Mikrophon, doch Preiser winkte ab.[100] Dass
mit Jandl-Platten Kasse gemacht werden kann, bewies Klaus Wagenbach in
Berlin: Ab 1968 wurde die Platte *Laut und Luise* in großer Stückzahl verkauft, machte Jandl bekannt und verschaffte ihm Einladungen zu Auftritten.
Denn es dauerte noch vier Jahre, bis Luchterhand das Taschenbuch mit
diesem Titel druckte.

Fern der Schule konnte Jandl nun leichter Präsenz zeigen. Im Grazer
Forum Stadtpark trat er im Oktober 1964 ein zweites Mal auf, mit
Wolfgang Bauer und Gunter Falk. Eine Lesung in der Galerie Malura in
München verband er mit einem Besuch seines Bruders Robert, der schon
erste Erfolge als Architekt in Regensburg hatte. Auf der Frankfurter Buch-
messe versuchte er vergebens *Laut und Luise* bei der Hanser-Lektorin
Leonore Germann unterzubringen. In Wien lernte er damals zwei spätere
deutsche Mitstreiter kennen, den Tipper visueller Gedichte Claus Bremer,
damals Dramaturg in Ulm, und den der Stuttgarter Gruppe nahestehenden
Claus Henneberg. Beide profilierten sich bald als exzellente Organisatoren
und Vermittler:[101] Henneberg gründete 1966 mit Döhl die Tage für Neue
Literatur in Hof. Gemeinsam mit Bremer sollte Jandl am Theater am Neumarkt in Zürich 1971 die „szenen aus dem wirklichen leben" mit Kölz-
Musiken inszenieren.

Die Haupt- und Knochenarbeit für die 14 schulfreien Monate 1964/65
war Jandl von Klaus Reichert aufgebürdet worden: die Übersetzung von
Robert Creeleys 1963 in New York erschienenem Roman *The Island*.[102]
Nachdem er das ihm Ehre und Geld – er war jetzt ohne Einkommen –
verheißende Angebot rasch angenommen hatte, schickte er die Vorlage noch
im August 1964 an den Verlag zurück; zu viel Zeit sah er plötzlich für die
eigenen Arbeiten verlorengehen.[103] Ein wohl von Reichert eingefädeltes
Treffen mit Creeley im Herbst auf der Buchmesse in Frankfurt stimmte

---

[100] An Otto G. Preiser 9.10.1964. LIT 139/B2151. Jandl berichtete davon Raoul Hausmann in
Limoges, der antwortete: „Aber diese Kaufleute sind doch wirklich Viecher. Ich sehe nicht ein, warum
ihre Lautgedichte ‚schlechter' sein sollten, als die von Artmann. Sie hätten den [*sic!*] Doktor Preiser
einen Fusstritt geben sollen!" 12.2.1966. Hausmann 1982.

[101] An Claus Henneberg 19.10.1964. LIT 139/B539.

[102] Vgl. Lenhart 2017.

[103] An Grimm 13.8.1964. LIT 139/B1859.

ihn um.[104] Im November lieferte er das erste Kapitel in einer Probeübersetzung ab.[105] Reichert war nicht zufrieden und zögerte die Beauftragung lange hinaus.[106] „Creeley vom Morgen bis in die Nacht", teilte er Finlay im Februar mit.[107] In ‚John', der autobiographisch grundierten Hauptfigur des Romans auf der mediterranen Insel, von der erzählt wird und die über sich erzählt, bot sich Jandl ein Identifikationsanker an – der Künstler in Schreibkrisen ohne Publikum mit kaputter Ehe.

Reichert stärkte in mehreren Schritten Jandls Mut, gegen die Gebote der Syntax und Kommaregeln die Wortstellungen und Rhythmen des Ausgangstextes nachzubauen – in jener Behändheit, die ihm, einem Gedichteschreiber, täglich Brot waren und dem vornehmlich als Lyriker bekannten Amerikaner nicht minder. Anfangs ließ er sich durch einen Erzählton im Kopf bremsen, den er selbst schon in seiner „prosa aus der flüstergalerie" zehn Jahre zuvor stillgestellt hatte. Zur Lockerung schickte Reichert nach Wien seine Übersetzung von Gedichten von Charles Olson, der einst den 16 Jahre jüngeren Greeley in sein Black Mountain College als Lehrer geholt hatte und dem *The Island* gewidmet ist. Reichert hätte auch Jazzplatten schicken können, um ihn in die spezielle Musikalität von Creeleys Prosa zu verführen: das Dehnen und das Kurzpressen eines wie zufällig herausgegriffenen Motivs, sich vordrängende Drums, jähes Ergreifen, aber auch Verlorengehen einer Melodie. Creeley hatte sich bei einzelnen Abschnitten seines Textes von Platten des Pianisten Bud Powell, des Saxophonisten John Coltrane und der Sängerin Nancy Wilson inspirieren lassen. Doch Jandl wählte Andere als Hintergrundmusik beim Übersetzen: Horace Silver, Artie Show, Miles Davis und Charlie Parker.[108]

Jandl war mit den Ergebnissen seiner ersten schulfreien Monate unzufrieden. An Finlay schrieb er: „I shall finally have to sit down and get something more important, bigger, done."[109] Eine gute Botschaft kam aus Cambridge. Dort sammelte Mike Weaver[110] Schau- und Hörobjekte für eine ‚First International Exhibition of Concrete and Kinetic Poetry' im St. Catharine's College vom 28. November bis 5. Dezember 1964. Die Ausstellungsmacher waren neben

---

[104] Mayröcker an Creeley 28.11.1964. LIT 139/B1737.

[105] An Reichert 22.11.1964. LIT 139/99 [zitiert nach Lenhart 2017].

[106] 7.1.1965. Jandl u. Finlay 2017, S. 33.

[107] 19.2.1965. Jandl u.Finlay 2017, S. 55.

[108] Lenhart 2017, S. 48–49.

[109] 1.12.1964. LIT 139/99, 2.3.3.8.

[110] Geboren 1937. Zuletzt Professor am Linacre College in Oxford. Mitteilungen von Anna Hammond, seiner Ehefrau, 23.10.2021. Archiv HH.

Weaver Stephen Bann, Student am King's College und ein Freund Finlays, der Schriftsteller Reg Gadney – von ihm stammt das Drehbuch für den Bond-Film *Golden Eye* – und der Architekt Philip Steadman. Sie zeigten auch von Furnival das Schriften-Pantagon *Devil Trap*, bald von Jandl übersetzt, sowie Arbeiten von Finlay, Bob Cobbing, Döhl, der amerikanischen Literaturprofessorin Mary Ellen Solt sowie Haraldo und Augusto de Campos aus der in Sao Paulo schon 1952 gegründeten, eng mit Eugen Gomringer verbundenen Noigandres-Gruppe. Jandl schickte dem für experimentelle Poesie glühenden jungen Professor Weaver das *rot*-Heft, visuelle Gedichte[111] und ein mit Gedichten aus *Laut und Luise* besprochenes Tonband.[112]

Ernst Jandls Hoffnungen waren nun auf England und Schottland gerichtet, und auf eine Reise dorthin. In London hatte die Republik Österreich schon im Jahr 1956 ein ,Kulturinstitut' eingerichtet, das erste aus einem deutschsprachigen Land.[113] Zuständig dafür war das Unterrichtsministerium, somit Jandls vorgesetzte Dienststelle, die auch den Wissenschaftsaustausch betreute. Wolfgang Kraus schrieb ihm eine Empfehlung.[114] Jandl hatte zudem das Glück, dass sein Studienkollege Richard Sickinger in London als Vizedirektor im Austrian Institute, 28 Rutland Gate, installiert war. Am 30. April 1965 reiste er ab. In London gab es ein Wiedersehen mit Erich Fried. Das Institute of Contemporary Arts (I.C.A.) lud ein zu „Experimental Poetry – Lecturer the Austrian poet Ernst Jandl with illustrations and tapes". Mike Weaver hatte diesen Auftritt eingefädelt;[115] er organisierte auch Jandls Vortrag bei Leonard Forster, Schröder Professor of German an der Cambridge University, und auch Termine bei der BBC. Keinen Erfolg hatte Jandl beim Ballettchef von Covent Garden Sir Frederick Ashton, für den er das „Dorian Gray"-Libretto mit der Musik von Paul Fürst auf einem Demoband beim Portier der Königlichen Oper abgab.[116]

Nach der erwähnten ersten Begegnung mit Finlay nahe Edinburgh trat Jandl am 19. Mai 1965 in Glasgow auf. Hier führte ihn der schottische

---

[111] Erschaffung der eva; kreuz; martyrium petri; a love-story, dringend; peter frisst seinen weg ins schlaraffenland; reise; film; samtsamt samtsamen; eoö; klare gerührt 1–17.

[112] An Jandl 17.10.1964. LIT 139/B1515. An Weaver 21., 26., 27.10. LIT 139/B2356; Korrespondenz mit Mike Weaver (Linacre College, Oxford) und seiner Frau Annie Hammond 20./21.10.2021.

[113] 1964/65 war Jandls Jahrgangs- und Studienkollege Richard Sickinger Vizedirektor des Instituts, das sechs Jahre früher als das westdeutsche Goethe-Institut in London eröffnet wurde.

[114] Maurer 2017, S. 285.

[115] An Jandl 24.4.1965. LIT 139/1515. An den Stadtschulrat für Wien, 3.10.1965. Bildungsdirektion Wien, Personalakt.

[116] Begleitbrief an Ashton 14.6.65, LIT 139/B1643.

visual poet und Lektor an der Universität Edwin („Yeddie") Morgan (1920–2010), ein.[117] Morgan bekam später vom Art Council den Auftrag, für Glasgow eine Ausstellung Konkreter Poesie zusammenzustellen, doch platzte das Projekt, nachdem Jandl ihm schon seine Pressendruck-Poster geschickt hatte. Dem dichtenden Mönch Dom Sylvester Houédard O.S.B. (1924–1992) in Prinknash Abbey in Gloucester hatte sich Jandl per Post als Bewunderer empfohlen und mit Weaver, Finlay und Morgan als Referenzen um ein Treffen am 26. Mai gebeten. Dom Sylvester bezeichnete seine eigenen Gedichte als „typestracts", was laut Bob Cobbing „abstract art made on an typewriter" meint.[118] Der Benediktinerpater kannte alle Experimentellen zwischen Prag und Sao Paulo.[119] Im Begleitbooklet zur Edition der 7"-Schallplatte *Sprechgedichte / Sound Poems* von Jandl und Bob Cobbing im Writers Forum im September 1965 erhob er Jandl und Cobbing in die Ahnenreihe der Lautpoesie von Lewis Carroll („Jabberwocky") bis Gerhard Rühm.

Da musste es den Wiener erst recht schmerzen, noch immer kein Buch mit seiner neuen Poesie vorzeigen zu können. Mit dem Superlativ „No other waltz-poem can be written after this" bedankte sich Jandl, als ihm Dom Sylvester seine Bildgedichte *vienna circles*, gedruckt 1965 in Cleveland, schickte.[120] Ferdinand Kriwet fand die *Sprechgedichte*-Platte nicht gut, räumte aber in einem Brief an Raoul Hausmann ein: „Jandl ist zumindest manchmal witzig, aber auch ermüdend, Witz und Kürze gehören nun einmal zusammen."[121] Kriwet traf mit Jandl immer wieder auf Festivals zusammen, und zuletzt bei mehreren Bielefelder Colloquien Neue Poesie.

Die Adresse des Bibliothekars und seit 1964 Herausgebers der nach einem Aztekengott benannten Zeitschrift *Tlaloc* Cavan McCarthy in Leeds hatte er von Finlay bekommen.[122] McCarthy druckte sofort ein Jandl-Gedicht und bemühte sich um einen Ort für einen Vortrag und eine Lesung, als sich der Wiener in England ankündigte. In Oxford sprach er über „Österreichische Lyrik seit 1945". Der Student Charles Cameron, geboren 1944, bereitete dort eben für den 6. bis 19. Juni im St Catharine's College ‚The

---

[117] An Edwin Morgan 9.4.1965. LIT 139/B949.

[118] Cobbing 2015, S. 100.

[119] Vgl. Simpson 2012, S. 179.

[120] 14.11.1965. LIT 139/B611. Raoul Hausmann schickte Dom Sylvester postwendend Dada betreffende Korrekturen.

[121] 18.2.1966. Nachlass Kriwet. Heinrich-Heine-Institut. Rheinisches Literaturarchiv Düsseldorf.

[122] 18.1.1965 [Poststempel]. LIT 139/B910.

second international exhibition of experimental poetry' vor.[123] Jandl, Achleitner und Rühm waren darin vertreten mit den von Gomringer gedruckten Heften aus der Reihe *konkrete poesie*. Über Jandls Vermittlung schickte Raoul Hausmann an Cameron[124] – „ein ganz junger Engel, aus dem Gefolge des Dom Sylvester Houédard, meist offenen Mundes durch die Welt laufend"[125] – zwei Objekte nach Oxford. Doch musste Jandl nach Limoges berichten, Studenten seien in die Ausstellung eingedrungen, hätten einige der Maschinen demoliert und John Furnivals *Devils's Trap* verschleppt; sie wurde später von ihrem Schöpfer im Fluss gefunden und herausgefischt.

In der Royal Albert Hall mit Allen Ginsberg

Von Jandl wurde auch schon das in Bob Cobbings Writers Forum im Mai als Nummer 11 erschienene 28-Seiten-Heft *mai hart lieb zapfen eibe hold* in Oxford ausgestellt.[126] Der 1920 geborene Konkrete Poet Bob Cobbing hatte 1963 mit Freunden aus der Literatur das Writers Forum gegründet, einen Kleinverlag mit niederschwelligem Zugang und Flugblättern und Broschüren auch von Anfängern im Programm. Zu Jandl kam er über Vermittlung von Dom Sylvester.[127] Seinen Lehrerberuf gab er auf, als er als Leiter des Paperback-Departments in die Underground-Buchhandlung Better Books wechselte.[128] Für Ernst Jandl, der im Österreichischen Kulturinstitut wohnen durfte, wurde Better Books die wichtigste Adresse in London. 92–94 Charing Cross war bekannt als Londoner Brückenkopf des City Light Bookshops in San Francisco, einer Gründung von Lawrence Ferlinghetti und dessen Freund Peter D. Martin. Als Ferlinghetti dort Allen Ginsbergs Generationsgebet *Howl* druckte, wurden beide 1957 wegen „obszöner Stellen" vor Gericht gestellt, doch freigesprochen.

---

[123] März 1965. LIT 139/B180. Cameron 1965: Die Ausstellung wurde vorzeitig von „student philistines" beendet.

[124] An Jandl 3.4.1965. LIT 139/99, 2.3.3.13 und Hausmann 1982, S. 65–83.

[125] Jandl an Hausmann 5.7.1965. LIT 139/99. 2.3.3.13.

[126] Mit den Gedichten „die zeit vergeht lustig", „schmerz durch reibung", „du warst mir ein gutes Mädchen", „16 jahr", „calypso", „verscheuchung zweier farben", „c———h", „da busch", „sehnsucht", „abschied", „tohuwabohu".

[127] In: Pfoser-Schewig 1985, S. 13.

[128] Cobbing 2015, S. 5.

Barry Miles leitete den von Tony Godwyn gegründeten Laden, viel jünger als Cobbing, später ein Chronist und Biograph der Beat Generation und der Beatles. Miles 2021:

> „Better Books stocked a large selection of 'concrete poetry', importing obscure publications from all over Europe and it was Bob who suggested which small presses and magazines we should carry in that area. He would have been aware of Ernst Jandl's work from his already extensive connections in the small press and concrete poetry world."[129]

Mit Cobbing trat Jandl im Buchladen am 31. Mai in einer Lesung auf.[130] Dieser Mitschnitt füllte dann die Platte mit Cobbing auf der einen Seite und Jandl auf der anderen.[131] Aber, so Barry Miles: „We only pressed 99 copies because more than that would have attracted a sales tax and the owner of the shop, Tony Godwin, did not want to get involved in that." Jandl war mit der Platte nicht zufrieden, weil die gesprochenen Titel seiner Gedichte weggeschnitten waren.[132]

In der Buchhandlung Better Books landete bald auch Allen Ginsberg. Am 7. Mai 1964 hatte ihn die tschechische Polizei in den Flieger nach London eskortiert, nach zwei berauschenden, berauschten Monaten in Prag. Studenten kürten dort den vollbärtigen Beat-Poeten für ihr traditionelles Frühlingsfest am 1. Mai zum ‚Maikönig'. Mit einer Papierkrone am Kopf schritt er in ihrem Umzug mit. Die 150.000 Maimarschierer machten die Behörden nervös. Sie verwiesen Ginsberg des Landes. In Better Books wurde Ginsberg als angezählter Märtyrer der Kunst und freien Sexualität von den Freunden sogleich mit einer Lesung gefeiert. Die war erst der Anfang: „The success of Ginsberg's reading and the forterious fact that Ferlinghetti and Andrei Voznessensky were both shortly to arrive in London, encouraged the organization of a collective beat poetry reading that became the International Poetry Incarnation, staged at the Hall at the 11 June 1965."[133]

---

[129] Mitteilung 1.7.2021. Archiv HH.

[130] Cobbing 2015, S. 101. Die vorgetragenen Gedichte laut Booklet: *mai hart lieb zapfen eibe hold* in der Oberflächenübersetzung von William Wordsworth, „die zeit vergeht lustig", „schmerz durch reibung", „du warst mir ein gutes mädchen", „verscheuchung zweier farben", „tohuwabohu", „restaurant", „im reich der toten", „ode auf N", „schützengraben", „kriegsgedicht mit läusen" [nicht identifiziert], DER LEHRER [„autobiographisch", nicht identifiziert], „philosophie", „wasser kalt", „spruch mit kurzem o", „bestiarium".

[131] Writers Forum Record. 1.

[132] An Raoul Hausmann 8.2.1966. LIT 139/99, 2.3.3.13.

[133] Cobbing 2015, S. 94.

Abb. 1 Albert Hall, 11. Juni 1965, backstage: links Ernst Jandl und Allen Ginsberg. (Foto: Better Books)

Barry Miles ist sich 2021 nicht sicher, ob Bob Cobbing Jandl in die Albert Hall einlud oder Michael Horovitz. Eher war es Cobbing, der mit Jandl schon länger in Kontakt stand. Über den in Frankfurt geborenen Rabbinersohn Horovitz, eben erst in Oxford promoviert, liefen später Jandls Honorierung sowie die Klärung Rechte,[134] die Peter Whitehead für seine 33-Minuten-Dokumentation *Wholly Communion* brauchte.[135] Der Filmtitel verbindet die Begriffe Gemeinschaft und Sakrament und verstärkt die religiöse Bedeutung von „Incarnation".

Besucherzahlen zwischen 5000 und 8000 in der Albert Hall am 11. Juni 1965 sind überliefert, und dass viele Besucher weggeschickt werden mussten. Miles nannte später dieses erste europäische Hochamt der Gegenkultur, zeitgleich mit der Beatlemania, einen „Poetry Rave". Hannes Schweiger wertete es in der Sprache der 1990er Jahre als „die Geburtsstunde des Poetry-Slams".[136] Der lief freilich nicht ab wie geplant:[137]

---

[134] 4.7 und 27.11.1965. LIT 139/1928.

[135] Lorrimer Films. https://www.youtube.com/watch?v=TCEXgjvJAWI.

[136] https://www.porgy.at/en/reviews/265/.

[137] Vgl. Miles 2002.

Wosnessenski, der in der Sowjetunion solo ganze Stadien füllte, erhielt aus Moskau ein Auftrittsverbot. Darum las Ginsberg, betrunken, auch Texte des stummen russischen Gastes. Gregory Corso verkroch sich beim Vortrag in einen Sessel. Der Niederländer Simon Vinkenoog, voll mit Mescalin, unterbrach mit „Love!"-Schreien Harry Fainlights Rezitation eines Gedichts über LSD. Nach einer Botschaft von Adrian Mitchell gegen den Vietnamkrieg und einem Ausritt Ferlinghettis gegen Ginsbergs Prager Quälgeister überraschte und begeisterte Jandl – im weißen Hemd ohne Jacke, mit purer lauter Lautpoesie, fern von allen Schmerzzonen der amerikanischen Rebellen und Selbstfinder. Zur Einstimmung rezitierte er „him handflang war das wort" und „schtzngrmm", dann stimmte er, wie ein Springteufel aus der Lade geschossen, die „ode an N" an. Rasch hatte das Publikum kapiert, wie sie funktioniert, und brüllte wie zur eigenen Befreiung das „Na-na-na-Napoleon" mit. Die Schlussnummer widmete Jandl einem poetischen Ahnherrn: Schwitters' Gedicht „Die Wut des Niesens" trug er gemeinsam mit dem Singer-Songwriter Pete Brown und Bob Cobbing vor.[138] Dreieinhalb Stunden dauerte das Konzert. Ginsberg überlieferte später in einem Interview: „Indira Gandhi sat in the balcony and listened for the whole evening [...] the Beatles were around and The Beatles provided some of the money to get Albert Hall for us."[139]

The Times Literary Supplement stellte am 17. Juni Jandl auf das Podest: „The reception of his collapse of language should be gratifying to the concrete corps everywhere". Der walisische Bildhauer Barry Flanagan schrieb ihm als Ohrenzeuge: „Your contribution was the only positive one and the whole audience apricated."[140] Im Begleitbuch zum Film wertete auch Alexis Lykiard Jandls Auftritt als Superlativ: „It was perhaps the most extraordinary event of the evening."[141] Zu Jandls 60. Geburtstag wird Bob Cobbing jubeln: „Ernst was the star-turn [...] Ernst Jandl, the Austrian, made soundpoetry popular, brought about its coming-of-age, and this was in England."[142]

Mit diesem Event endeten die auf- und anregendsten Tage in Jandls erstem schulfreien Jahr. „6 Wochen England, das macht Wien seit dem

---

[138] Weitere Teilnehmer waren Alexander Trocchi, Anselm Hollo, Christopher Logue, George Macbeth, Spike Hawkins, Tom McGrath, William S. Burroughs, Michael Horovitz.

[139] https://allenginsberg.org/2014/06/expansive-poetics-65-1965-london-albert-hall-poetry-incarnation/.

[140] Hs. „sept65". LIT 139/B355.

[141] Stuckatz 2014, S. 1.

[142] In: Pfoser-Schewig 1985, S. 13.

15. Juni schwer verdaulich", ließ er gleich Reinhard Döhl wissen.[143] Nach der Rückkehr sandte er Freunden Berichte mit Namen neu gewonnener Bekannter oder Freunde aus der Literatur: Christopher Middleton, Michael Hamburger, George MacBeth, Michael Horovitz, Pete Brown, Allen Ginsberg, Lawrence Ferlinghetti, Gregory Corso sowie Edward Lucie-Smith. An den Dichter Petre Stoica – Jandl hatte sich mit ihm und dem 1977 beim großen Erdbeben in Bukarest umgekommenen Anatol Baconsky nach einem Rumänien-Abend in der Gesellschaft für Literatur angefreundet – schrieb er: „Schließlich, und das war der Höhepunkt, traf ich Andrej Wosnessenskij, und wir schlossen Freundschaft."

Jandls Lektor Klaus Reichert, er wartete auf die letzten Seiten der Creeley-Übersetzung, bekam aber Ärger weitergereicht: „Diese Idioten, muss ich schon sagen, als Pauschalurteil über die Verleger: in diesen 6 Wochen hätten in England hunderte Exemplare von einem Buch von mir verkauft werden können, wenn es eins gäbe, hunderte Stück von einer Schallplatte mit Sprechgedichten. Ein Gedicht im *Daily Mirror*, 5 Millionen Leser, 6000 mindestens als Zuhörer in der Albert Hall, und noch viele Leute da und dort, zweimal je ein Gedicht am Morgen in der BBC – so auf nüchternen Magen – in nächster Zeit nochmals einiges im dritten Programm […]." Als Ohrenzeugen für „die Wirksamkeit meiner von Suhrkamp verschmähten Gedichte!" nannte Jandl den damals schon bei Suhrkamp übersetzten und darum Siegfried Unseld bekannten Russen Wosnessenski.[144]

Einen besonderen Kontakt pflegte Ernst Jandl nach seiner Rückkehr nach Wien mit dem aus Jamaika gebürtigen Dichter, Kritiker und Verfasser zahlreicher Künstlermonographien Edward Lucie-Smith. Von ihm übersetzte er vier Gedichte und schickte sie Hans Bender nach Köln für die *Akzente*.[145] Er korrespondierte mit ihm über deutsche Literatur sowie das Projekt einer *P.O.T.H.*-Nummer mit konventionellen Jandl-Gedichten.[146] Die ließ Jandl zuletzt platzen, doch blieb davon ein Heft mit acht Gedichten deutsch und englisch, das 1967 unter dem Titel *no music please* in London erschien.[147] Mit ersten Belegexemplaren davon bedachte er Friederike, Heißenbüttel, Bruder Hermann, den Germanistikprofessor Leonard Forster in Cambridge

---

[143] 5.7.1965. AdK Reinhard-Döhl-Archiv 1140. Briefwechsel Jandl.

[144] 20.6.1965. Zitiert nach Stuckatz 2014, S. 47–49.

[145] Jandl an Bender 17.10.1970. Stadtarchiv Köln, Best. 1375, A 94, bl. 93.

[146] LIT 139/B867, 139/B2033.

[147] Jandl 1967. Enthält „Bitte keine Musik", „Abendbesuch", „Ausflug im Motorboot", „Das Reck", „Im Delikatessenladen", „Nachbarschaft", „Was sie dir tun können", „Wartezimmer"). Vgl. Schewig 1981, S. 51.

sowie Hans Brunmayr im Ministerium, welcher ihm die Englandreise ermöglicht hatte.[148] Jandls Freund Paul Fürst brachte 1989 unter dem Titel *Bitte keine Musik* als Opus 65 bei Doblinger eine Vertonung heraus – freilich mit mehrheitlich anderen Texten.[149]

Jandl gelang in seinem 1969 veröffentlichten Aufsatz „Konkrete Poesie in Großbritannien"[150] eine metallisch hart in 23 Punkten vorgetragene Analyse. Er bezeichnete Horovitz, Pete Brown, John J. Sharkey und John Rowan als Pioniere, doch Bob Cobbings „ABC"-Gedicht vom Oktober 1965 als „eigentlichen Beginn" einer phonetischen Poesie. Finlay sah er „von einer Aura des Legendären umgeben – ähnlich wie H.C. Artmann, der Wiener, im deutschsprachigen Raum." Als er 1974 um Adressen seiner britischen Freunde gefragt wurde, zählte er sechs Namen auf: Edwin Morgan, John Furnival, Dom Sylvester Houédard, Bob Cobbing, Ian Hamilton Finlay. Mit Finlay sei er ständig in Kontakt, „mit den anderen aber schon seit Jahren nicht, obwohl ich mich ihnen immer verbunden fühle".[151]

Raoul Hausmann und Pierre Granier in Frankreich

Jandl sprach kein Französisch. Den Stuttgarter Freunden lag es näher, geographisch, und weil die Franzosen als Besatzungsmacht im Südwesten Deutschlands – wie auch in Tirol und Vorarlberg – ihre Kulturschaufenster weit öffneten. Reinhard Döhl legte für Ernst Jandl schon 1963 einen Kontakt zu Pierre Garnier in Amiens, dessen Frau Ilse eine Deutsche war. Garnier gab mit der Hilfe des Pariser Verlegers und Dichters André Silvaire die Reihe *Les lettres* heraus – ein Forum für Manifeste und den ‚Spatialismus', an dem auch der Jandl zugetane Germanist Reinhold Grimm mitarbeitete. Das polyglotte Übersetzerehepaar in Prag konnte zu den Garniers engere Bande knüpfen als Ernst aus Wien. Nach Garnier war es der Pariser visuelle und Lautpoet Julien Blaine, der bei Jandl um Texte anfragte. Blaine gab in Paris mit dem Dichterfreund Jean-François Bory 1966 bis

---

[148] An Bernard Stone 9.2.1967. LIT 139/2298.

[149] Fassung für Mezzosopran und Streichquartett 1981, aufgeführt 1989 in der Österreichischen Nationalbibliothek mit dem Seifert Quartett. Zweite Fassung für Mezzosopran und Streichorchester 1993 auf Platte aufgenommen für Gramola. music austria Musikdatenbank, https://db.musicaustria.at/node/98176.

[150] *Neue texte* 2, 1969, unpaginiert.

[151] An Susanne Lenz 3.5.1974. LIT 139/B2023.

1969 die Zeitschrift *Approches – revue de recherches* heraus, mit Arbeiten
u. a. von Garnier, Chopin, Heidsieck, Furnival, Gomringer, Finlay, Cobbing
und dem nach Paris übersiedelten Berliner Jochen Gerz. Für eine Nummer
zum Thema ‚L'erotisme dans la poésie matérielle' schickte Jandl „egmont",
„schmerz durch reibung", „a love-story" und „sehnsucht". Der Franzose
Henri Chopin, Jahrgang 1922, und Bernard Heidsieck, 1928 geborener
Spross aus der Champagnerdynastie, waren schon Mitte der sechziger Jahre
mit ihren akustischen Arbeiten in England präsent und auch sprachlich auf
beiden Seiten des Kanals zuhause. Zu ihnen lief Jandls Kontakt über John
Furnival und die Prager Freunde. 1966 nahm Henri Chopin an Gustav
Metzgers Destruction in Art Symposium (DIAS) in London teil. 1979 gab
er in Paris eine große Anthologie mit *Poésie Sonore Internationale* heraus, mit
Jandl, Mon und Rühm als einzigen Deutschsprachigen auf der beigepackten
Tonkassette.

1965/66 klinkte sich Ernst Jandl in die rege Korrespondenz Friederike
Mayröckers mit dem Neo-Franzosen Raoul Hausmann ein.[152] Der Mitbegründer des Berliner Club Dada im Jahr 1918 war 1886 in Wien geboren
und in der Waltergasse, wo Jandl nun unterrichtete, zur Schule gegangen. Er
schuf um 1920 den ‚Mechanischen Kopf' als eine Ikone der Moderne. Nach
Hitlers Machtergreifung in Berlin fand er auf der Flucht 1944 in Limoges
im Westen Frankreichs eine Bleibe. Der junge deutsche Autor und Verleger Jes Petersen brachte in Glücksburg, neben Panizzas *Liebeskonzil*, 1962
wieder ein erstes Hausmann-Buch heraus. Auf eine Rezension von Andreas
Okopenko hin meldete sich Alfred Kolleritsch 1963 beim Verschollenen.
Bald wurden in Graz Hausmann-Gouachen gezeigt und erschienen in den
manuskripten alte und neue Texte. „Kolleritsch war bis jetzt der Einzige, der
den Mut hatte, so viele Seiten von mir zu veröffentlichen",[153] kam als Lob
aus Limoges.

In Briefen an Kolleritsch klagte der deutsch, englisch und französisch
schreibende Multiartist – Eigendefinitionen: „Schriftsteller, Sozialpsycho-
loge, Ethnologe, Städtebau, Malerei, Fotografie" und ‚Dadasoph' – nicht
über die Flucht und Vertreibung, sondern über Kränkungen, weil die
ihm gebührende Anerkennung, nicht nur in Österreich, vorenthalten
werde. In seiner Version der Berliner Dada-Geschichte rang er um seine
führende Rolle und Originalität mit den längst verstorbenen Gefährten
Franz Mehring und Hans Richter sowie dem noch in New York lebenden

---

[152] Hausmann 1988.
[153] 1.5.1966. Hausmann 1982, S. 65–83.

Richard Huelsenbeck; er sah sich auch in Editionen von Schwitters-Texten bestohlen. Hausmann brach den Kontakt mit Kolleritsch allerdings 1968 ab, als sein Jandl gewidmetes Gedicht „Polyglott" nicht als gut genug für die *manuskripte* bewertet wurde. Es erschien dort erst im Herbst 1973.[154]

Jandls Briefkontakt bahnte sich über ein Missverständnis an: Er meinte, Hausmann sei gegen experimentelle Schreibweisen. Hausmann stellte klar: „Ich bin im Prinzip gegen Nichts, ausser gegen Nachahmungen, wie Neo-Dadaismus oder pop-art. Wenn man einmal Dadaist war, kann man nicht gegen Neuerungen sein, ausserdem war ja Dada keine Bewegung die eine Schule darstellte, also Prinzipien verlangte."[155] Jandl hatte den Einfluss von Dada, namentlich Schwitters, immer dankbar einbekannt, doch machten ihn Traditionalisten wie Rudolf Henz als einen „Neo-Dadaisten" herunter.[156] Hausmann 1965 an Kolleritsch: „Ich bin seit kurzer Zeit mit Herrn Ernst Jandl in Briefwechsel. Er schrieb mir, dass er 1957 mit Artman [*sic!*], Rühm, Okopenko etc. neodadaistische Veranstaltungen gegeben habe, aber mir scheint, man habe nicht viel von Dada gewusst. In jedem Fall haben die Herren keine Ahnung dessen, was ich seit 1918 an literarischen Experimenten in anderen Ländern als Oesterreich erscheinen liess. Niemand ist Prophet im eigenen Vaterland."[157]

Je mehr der 40 Jahre ältere Hausmann sich als Ideengeber nachfolgender Generationen in Position brachte, desto weiter schob Jandl Dada von sich weg. Doch als Ferdinand Kriwet 1964 in einem Essay Hausmann angriff,[158] und mit ihm auch die Lautdichtung, wurde Jandl wütend: „Aber Lehrbücher der Poetik, oder meinetwegen auch der Phonologie, zu schreiben, damit ein paar dürftige Textchen gerechtfertigt erscheinen – nein, damit habe ich nichts zu tun, und will es auch nicht. So wollen Leute wie Kriwet ihren Arbeiten mehr Gewicht und mehr Gültigkeit geben, indem sie anderes feierlich für unzeitgemäß oder unbrauchbar oder unnötig erklären […] Als

---

[154] *Manuskripten* 40/1973, S. 27.

[155] 2.2.1965.

[156] Diese Jandl unangenehme Punzierung schrieb Adelheid Koch 1993 fort in ihrer Grazer Dissertation „Ich bin immerhin der größte Experimentator Österreichs. Raoul Hausmann und die österreichischen ‚Neodadaisten'", in der sie Jandl, Mayröcker und Konrad Bayer als solche porträtierte.

[157] 19.2.1965.

[158] Kriwet 1964, S. 14–18.

Kuriosum wird man sich vielleicht ein Andenken an eine Kriwet-Scheibe[159] bewahren; für mehr dürften die Sachen nicht brauchbar sein."[160]

Als Horst Bingel 1969 Jandl um ein Vorwort zu Hausmanns Manuskript *Am Anfang war DADA* bat, holte er sich eine Ablehnung; Karl Riha brachte dann das Buch 1972 heraus. Friederike hielt die Postbeziehung nach Limoges länger, intensiver und herzlicher aufrecht als Ernst. Persönlich trafen sie den Emigranten nie. 1975, vier Jahre nach dessen Tod, schrieb Jandl für eine Serie über große Österreicher im Wiener *Kurier* einen „Appell für Raoul Hausmann".[161] Was er nun dem Dadaisten dankte, schien er sich auch selbst gutzuschreiben: „[E]r kämpfte für das Recht des Dichters und jedes Künstlers, einzig selbst zu bestimmen, was er tat und wie er es tat, also für eine vollkommene künstlerische Autonomie, die als einzige Verpflichtung für den Künstler diese enthält, seinen eigenen Weg zu gehen […]." Als wollte er – ohne Diskussion über Barocklyrik, Lewis Carroll, Mallarmé, Morgenstern – postum Hausmanns innigsten Wunsch erfüllen, hielt er fest: „Raoul Hausmann war der eigentliche Begründer des Lautgedichts, jenes Lautgedichts nämlich, das die Ähnlichkeit mit einer zur Verständigung dienenden Sprache abgelegt hat, indem es der Stimme, mit all ihren Möglichkeiten, totale Freiheit gewährt. Erst nach Hausmann, und von ihm her, kommt als Lautdichter der große Kurt Schwitters […]."

---

[159] Kriwet schuf damals „Textscheiben", auf denen er wie in den Rillen einer Schallplatte nichtssagende Buchstabengruppen und ganze Wörter montierte. Indem sie sich dem Loch im Zentrum zu verdichten, wird die Tiefe eines Trichters suggeriert.

[160] 7.4.1966.

[161] *Kurier,* 1.2.1975. Jandl 2016, Bd. 6, S. 87–89.

Kapitel 5:
Vom Lautgedicht zum Stereo-Hörspiel

Between Poetry and Painting

Im Herbst 1965 begann für Ernst Jandl wieder das Unterrichten. Während seiner Karenz hatten zwei Anstöße Österreich auf liberalere Bahnen hinbewegt: In einem Volksbegehren forderten 800.000 Österreicher einen von den Personalwünschen der ÖVP und SPÖ unabhängigen Rundfunk; und als im Frühjahr 1965 die Universität Wien ihr 600-Jahr-Jubiläum beging, hatte ein von Studenten gegen das Rektorat organisiertes Symposion mit Ernst Bloch, Golo Mann, Manès Sperber, Ingeborg Bachmann und Rudolf Augstein am Rednerpult riesigen Zulauf. Im März 1966 gewann die ÖVP bei den Nationalratswahlen die absolute Mehrheit und bildete eine Alleinregierung ohne die Sozialdemokraten. Der Rundfunk wurde unter dem Markenzeichen ‚ORF' in eine Anstalt öffentlichen Rechts umgewandelt, mit dem Salzburger Journalisten Gerd Bacher als Generalintendanten. Hans Hollein zwängte 1966 ein winziges Kerzengeschäft aus Aluminium, und damit erstmals ein international wahrgenommenes Zeichen neuer Architektur, in eine alte Wiener Innenstadt-Fassade. Der „Wiener Aktionismus" – dieses Etikett gab ihm erst 1969 Peter Weibel – erfand sich im September 1966 beim Londoner *Destruction in Art Symposion* als Gruppe. Am 6. Juni 1966 brachte Claus Peymann die *Publikumsbeschimpfung* von Peter Handke in Frankfurt am Main auf die Bühne. Im Herbst 1966 kam endlich die überfällige Sammlung von Jandls Konkreter Poesie *Laut und Luise* aus der Druckerpresse. Erst 1967 brachte Gerhard Rühm seine Anthologie *Wiener*

© Der/die Autor(en), exklusiv lizenziert an Springer-Verlag GmbH, DE, ein Teil von
Springer Nature 2023
H. Haider, *Ernst Jandl 1925–2000*, https://doi.org/10.1007/978-3-662-66639-5_6

Gruppe im Rowohlt-Verlag heraus; da war sie schon keine Gruppe mehr, sondern nur noch Retro-Markenzeichen.[1]

Ernst Jandl fiel im September 1965 nach der Rückkehr aus England in ein Stimmungsloch: „… ohne Flügel leben, unfähig, das Leben so leicht zu nehmen, wie man es vielleicht tun sollte; welch wurmhafte Existenz", stellte er sich Finlay gegenüber dar,[2] und bald danach auch John Furnival: „I don't dislike teaching, but I dislike doing it 3, 4, or five hours each morning five times a week, wich means getting up at 6 on these days, which is cruel."[3] Er sei „ans Schaukelpferd der Schule wieder angekettet", sie habe ihn „wieder in den Klauen", klagte er dem in Gernsheim im Rheinland lebenden Freund Wolfram Menzel.[4] An Heißenbüttel schrieb Jandl, dass ihm Wien nach den zwei erfrischenden England-Aufenthalten „öd, beengt, und irgendwie feindselig" erscheine.[5] Was ihm bisher als Haupt- und Nebenbeschäftigung auseinanderzuhalten gelang, wuchs nun zusammen zur zunehmend stressvollen Doppelrolle Lehrer-Dichter in der Waltergasse, wo die Real-schule inzwischen zum Realgymnasium aufgewertet worden war. Immer öfter wurde er zu Lesungen eingeladen. Auch kamen seit 1965 Bitten um Leihgaben für Ausstellungen und Beiträge in Sammelbänden – u. a. aus Amiens,[6] Bern,[7] Berkeley,[8] Glasgow,[9] Edinburgh,[10] London,[11] Madrid,[12] Mexico City,[13] Paris,[14] Oxford,[15] Turin,[16] Zagreb.[17] Bald dachte er wieder

---

[1] Jandl an Ulrich Knoll, Hof/Bayern 28.12.70: „Der Name ‚Wiener Gruppe' kam von außen (aus einer Zeitung) und nachträglich, d. h. zu einer Zeit gegen Ende der Fünfziger Jahre, als die Gruppen-arbeit der fünf so bezeichneten Autoren (Achleitner, Artmann, Bayer, Rühm, Wiener) so gut wie abgeschlossen war. […] Es besteht keinerlei Grund, von einer ‚zweiten Wiener Gruppe' zu sprechen, zumal eine solche von der oben abgegrenzten Wiener Gruppe zeitlich nicht unterscheidbar wäre." LIT 139/B1971.

[2] 19.9.1965. Jandl u. Finlay 2017, S. 97.

[3] 24.3.1966. LIT 139/B1836.

[4] 24.8.1965 u. 19.12.1965. Kopien Archiv HH.

[5] 5.1.1966. AdK Heißenbüttel Archiv, Briefwechsel Jandl.

[6] Pierre Garnier. LIT 130/B402.

[7] Anastasia Bitzos. LIT 139/B108.

[8] Dave R. Hazelton. LIT 139/B1895.

[9] Edwin Morgan. LIT 139/B949.

[10] Alan Riddell. LIT 139/B1152.

[11] Edward Lucie-Smith. LIT 139/B867 u. Robin Greer. LIT 139/445.

[12] Ignacio Gomez de Liano. LIT 139/B852.

[13] Mathias Goeritz. LIT 139/B416.

[14] Jean-François Bory. LIT 139/B137.

[15] Glyn Pursglove. LIT 139/B1102.

[16] Arrigo Lora Totino. LIT 139/864.

[17] Enver Čolaković. LIT 139/B214.

daran, unbezahlten Urlaub zu nehmen.[18] Doch noch bis Juni 1969 sollte er in der Schule festgenagelt bleiben.

Jede Absenz für einen Auftritt im Ausland musste der Schulbürokratie abgerungen werden. Kurz nach Schulbeginn 1965 bekam er vier Tage bewilligt für einen neuerlichen Ausflug nach London. „Mein erster Flug!", berichtete er Edwin Morgan.[19] Am Institute of Contemporary Arts lief vom 22. Oktober bis 27. November die Ausstellung *Between Poetry and Painting*. Jandl war mit einem Vortrag über „Experimental Poetry" angekündigt. Er hatte der Kuratorin Jasia Reichert Objekte von Hans Staudacher,[20] Heinz Gappmayr, Rühm und Raoul Hausmann zugeleitet und seine Poster aus den Pressen von Hansjörg Mayer, Günter Bruno Fuchs und Peter Weiermair eingeschickt. Beim Eröffnungsabend im I.C.A traf Jandl Dom Sylvester, Furnival, Sharkey, Cobbing, Chopin, Bense, Hansjörg Mayer – „Benses begabter junger Drucker" –, seine „besonderen Freunde" Christopher Middleton und Michael Hamburger, Michael Horovitz und den Brecht-Experten John Willett vom *Times Literary Supplement*. Bei der Lesung von Sound Poetry trat er mit Chopin, Heidsieck, Dom Sylvester und Cobbing auf.[21]

Im Insel-Verlag war seine Übersetzung von Robert Creeleys *Die Insel* mit einigen Monaten Verspätung im Herbst 1965 endlich druckfertig. Ein großer Erfolg blieb aus. Helmut Heißenbüttel verteidigte in der *Süddeutschen Zeitung* Klaus Reichert und Ernst Jandl gegen solche Kritiker, die „in der wörtlichen Übernahme stilistischer Eigentümlichkeiten falsche Anglizismen oder Manierismen entdecken".[22] Gemeint war der Vorsitzende des Berufsverbandes deutschsprachiger Übersetzer Helmut M. Braem, der schon anlässlich von Reicherts Übertragung der Creeley-Kurzgeschichten *The Gold Diggers* mit Aplomb als Bewahrer konservativer Leitlinien aufgetreten war.[23] Reichert schob diese Kriterien in einem Brief fort als „veraltet und auf experimentelle Texte nicht anwendbar".[24] Immerhin dankte

---

[18] An Otto F. Walter, 1.12.1967. Siblewski 1990, S. 20.

[19] 24.11.1965. Lit 139/B949.

[20] Hans Staudacher (1923–2021), Maler aus Kärnten, mischte visuelle Gedichte wie „bestiarium" in eigene Bildkompositionen.

[21] An Raoul Hausmann 30.11.1965. LIT 139/99 2.2.

[22] 24.11.1965.

[23] Karl Riha bat im März 1966 Schriftsteller in einer Umfrage „Welchem Kritiker würden Sie gern ein Bein stellen – warum?" Jandl antwortete: „Keinem – nicht einmal Helmut M. Braem von der ‚Stuttgarter Zeitung' (weil ihm Reinhard Döhl jüngst eine Aufforderung zum Duell geschickt hat, und Herr Braem somit ein toter Mann ist)." 1 Bl. Bei Karl Riha, Kopie Archiv HH.

[24] Vgl. Lenhart 2018, S. 59–60.

Creeley Jandl für „your very lovely job of translation".[25] „I am glad you like DIE INSEL – it is nicely bound and printed", antwortete Jandl dem Autor auf dessen Kompliment – so als verdiente er als Übersetzer kein Lob.[26] Erst 1987 wird Jochen Jung als Lektor des Residenz Verlags in Salzburg die Wiedergewinnung Creeleys für den deutschen Sprachraum mit einer Neuauflage der Jandl-Übersetzung beginnen; und es werden viele Rezensionen mehr erscheinen als beim ersten Anlauf 1965.

Lautgedichte auf Wiens Festwochen-Bühne

Im Herbst 1965 kam ein erster öffentlicher Auftrag. Ulrich Baumgartner, Intendant der Wiener Festwochen, bestellte bei Ernst Kölz und Ernst Jandl für die Avantgarde-Schiene des Festivals, genannt ‚Nachtstudio', ein kurzes Stück für drei Sänger zum Thema ‚Mann und Frau'.[27] Ihre *szenen aus dem wirklichen leben* wurden am 18. Juni 1966 im Theater an der Wien uraufgeführt, gemeinsam mit *Desperato*,[28] einem Text von Thomas Bernhard mit der Musik von dessen Freund und Gönner Gerhard Lampersberg, sowie mit Erik Saties Opernparodie *Geneviève de Brabant*. Weniger vor dem Publikum[29] als vor der Kritik missglückte Jandls Debüt als Bühnenautor. Er musste in einem Wiener Massenblatt die alten Totschlagargumente seiner Feinde wiederfinden: „Das ist alles schon dagewesen, Expressionismus, Dadaismus, Lautmalerei" und „Weder Neues noch Provokantes hat dieses Nachtstudio geboten. Langeweile wurde durch einzelne Lacher gestört".[30] Der Komponist Robert Schollum verstieg sich als Präsident des Österreichischen Komponistenbundes zu einem Machtwort:[31] „Auch dem

---

[25] 1966. LIT 139/B222.

[26] 24.1.1966. Dep. of Special Collections Stanford University Libraries, Robert Creeley Papers, Ser 1/ Box 83, Folder15. Kopien LIT 139/B1737.

[27] Vgl. Jandl 1966b u. Jandl 1976b. Zur Funkfassung von 1990 veröffentliche der Bayerische Rundfunk auch ein Werkstattgespräch mit Jandl bei der Aufnahme. Jandl 2016, Bd. 5, S. 346–350.

[28] Der zweite Satz von „rosen der einöde". fünf sätze für ballett, stimmen und orchester", komplett erst 1995 in der Bundeskunsthalle Bonn uraufgeführt. Vgl. Bernhard 2004, S. 430. Dort divergierende Angaben über die Uraufführungen der Sätze 2 und 3.

[29] Ohrenzeuge HH.

[30] Karl Löbl im *Express*, 20.6.1966.

[31] *Linzer Volksblatt*, 20.6.1966. Schollum, Jahrgang 1913, war Nationalsozialist und Funktionär der Reichsmusikkammer und stieg nach 1945 zum Bundeschorleiter des sozialdemokratischen Arbeitersängerbundes und Akademieprofessor in Wien auf. Vgl. Fritz-Hilscher 2011, S. 455.

Blödsinn sind Grenzen gesetzt, ausgenommen im Nachtstudio der Wiener Festwochen."[32]

Für die *szenen aus dem wirklichen leben* reihte Jandl Lautgedichte aneinander. Die 22-Szenen-Folge beginnt mit dem Gedicht „hörprobe" („kennen sie mich herren") und endet mit dem „spruch mit kurzem o" („sso") – ein dramaturgisch perfektes A und O auch vieler späterer Jandl-Programme. Eingerahmt von Vorspielen und Nachspielen wird ein Lebenslauf und Liebesleben erzählt, von einsamen Herzen („eulen") über die Ehe und die Zweisamkeit („in die effnung / vier dein glied ein / glicklich zu sein") bis zur trostlosen Banalität des Alltags und Wiederkehr des Gleichen, auch in der Politik („aber bald ist alles ganz anders wieder beim alten"). Text und Musik steigern sich in den zwölfmal wie aus einem Leierkasten gehämmerten Vierzeilern des Gedichts „moritat" in Weltgerichtshöhen; Jandl hatte es 1963 geschrieben während der Debatten um Hannah Arendts Report *Eichmann in Jerusalem*:

die der das taten waren
der die das taten war
der die das tun sah war
das die der taten war

Bei den Proben gab es Spannungen. Jandl: „Der Komponist macht seine Sache gut, nur wegen des Regisseurs habe ich meine Zweifel. Er ist mit dem Intendanten der Wiener Festwochen identisch und hat offenbar ganz andere Vorstellungen als Ernst Kölz, der Komponist, und ich selber."[33] Erst fünf Jahre später fand er im damals vom Grazer Handke-Freund Horst Zankl neu übernommenen Theater am Neumarkt in Zürich den Rahmen, in welchem er *die szenen aus dem wirklichen leben* ein zweites Mal erproben konnte, mit sich selbst als Ko-Regisseur neben Claus Bremer. Am Neumarkt hatte sich der Hausdramaturg Herbert Gamper schon 1968 für Jandl begeistert, als er die erste bei Luchterhand erschienene Gedichtsammlung *Sprechblasen* rezensierte.[34]

Kurz nach dem Festwochen-Ende und dem Schulschluss Ende Juni 1966 reiste Jandl wiederum nach England, diesmal mit Friederike Mayröcker. George MacBeth hatte nach London zu einem Radioworkshop eingeladen.

---

[32] Zitiert nach Wykydal 2000, Bd. 3, S. 74–78.
[33] An Renate Kübler, Assistentin bei Max Bense, 21.4.1966. LIT 139/B2002.
[34] *Die Weltwoche*, 13.12.1968.

Überdies baten Kenelm Cox, Dom Sylvester Houédard und John Furnival zu einem Sound Poetry Festival plus Ausstellung ins mittelalterliche Gemäuer der Arlington Mill nahe Cirencester in Gloucestershire.[35] Am 23. Juli 1966 hielt Jandl dort die Eröffnungsrede. Mit Dom Sylvester, Pete Brown und Bob Cobbing trug er *Die Wut des Niesens* [Fury of Sneezing] von Kurt Schwitters vor. In der Ausstellung lagen das jüngste *manuskripte*-Heft mit einem Abdruck der *szenen aus dem wirklichen leben* sowie auch Arbeiten des erst 26 Jahre alten deutschen „Totalkünstlers" (Selbstbezeichnung) Timm Ulrichs, damals in Hannover. Aus Irland kam Hayden Murphy in die Old Mill. Er hatte Jandl schon in der Albert Hall gehört und erinnerte sich 2021: „… he was very kind and supportive of the young Dubliner who was more than slightly in awe at the company he found himself with."[36] So fanden drei Jandl-Gedichte ihren Weg nach Irland, wo Hayden Murphy in Dublin die Zeitschrift *broadsheet* herausgab: „The Nerves", „morgen/abend" und „Two Graves".[37]

Laut und Luise mit Verspätung

Auf der Rückreise aus England schaute Jandl in Frankfurt bei Klaus Reichert im Insel-Verlag vorbei und in Stuttgart bei Reinhard Döhl.[38] Seit 1963 suchte Döhl einen Verlag für *Laut und Luise*.[39] Zuerst gab er die Mappe mit den Typoskripten weiter an Heißenbüttel. Der aus Norddeutschland stammende Heißenbüttel, Jahrgang 1921, aus dem Krieg ohne linken Arm heimgekehrt, leitete in Stuttgart die Radioessay-Redaktion des Süddeutschen Rundfunks. Seit 1960 stellte er alle Jahre in einem *Textbuch* Eigenschöpfungen vor – darunter Lautgedichte („Sprech-Wörter"), Wortpermutationen, Bewusstseinsspuren („altbraun", „1943") und eine Satire auf die Gruppe 47. 1964 gewann er Jean Améry, den er in Brüssel kennengelernt hatte, für das deutsche Radio.

Im Januar 1965 bohrte Jandl bei Heißenbüttel nach: Limes wäre bereit zu drucken, allerdings gekürzt und erst 1966,[40] lieber wäre ihm der in Olten

---

[35] Cox an Jandl 24.5.1966. LIT 139/B219.

[36] Mailauskunft 24.10.2021.

[37] Nr. 3, 1967; Nr. 6, 1969; Nr. 10, 1971.

[38] LIT Taschenkalender.

[39] Vgl. Jandl 2016, Bd. 6, S. 430–434.

[40] An Döhl 23.11.1963. AdK Reinhard-Döhl-Archiv. 1140, Briefwechsel Jandl.

Abb. 1 Dom Sylvester Houédard, Pete Brown, Bob Cobbing und Ernst Jandl tragen 1966 in Arlington Mill *Die Wut des Niesens* von Kurt Schwitters vor. (Foto: Hayden Murphy)

ansässige Walter-Verlag. Dort wählte Heißenbüttel als Lektor abwechselnd mit dem Schriftsteller Otto F. Walter aus der Inhaberfamilie Autoren für die Bibliophilen-Buchreihe Walter-Drucke aus.[41] Mit Blick auf den bevorstehenden 40. Geburtstag am 1. August drängte Jandl Heißenbüttel zu einer Entscheidung: „Mein letzter (und erster) Band erschien (ohne Erfolg) 1956. Allmählich beginnen die Sachen, die ich inzwischen geschrieben, herumzuschwirren [...]".[42] Endlich antwortete Heißenbüttel am 30. Oktober 1965, dass er *Laut und Luise* herausgeben wolle. „Ein paar Worte hinterdrein werde ich selbst schreiben. Dies alles sollte bis Mitte Dezember an den Verlag.“[43]

Ernst Jandl winkte damit endlich der Aufstieg aus der Sphäre der Liebhaberei und Selbstausbeutung von Kleinverlegern, Pressendruckern und Literaturzeitschriften in händischer Vervielfältigung. Das Buch war schon in Druck, als er dem Lektor und bald auch Freund seine Aufgeregtheit in

---

[41] 13.1.1965. In Siblewski 1990, S. 11.
[42] 7.10.1965, Siblewski 1990, S. 12.
[43] AdK Helmut-Heißenbüttel-Archiv 99, Briefwechsel Jandl.

einem Brief bekannte: „Unsicherheit gegenüber allem, was noch kommt
[…] Irgendwie ist so ein Buch ein Ende, wie jeder Text ein Ende ist. Nur,
beim Buch, ein etwas dickeres. Und zugleich spüre ich, wie für andere dieses
Buch ein Anfang ist. Ein Startschuß. Was wird er weiter machen? Wie ‚sich
entwickeln'? (Wann: ‚ihn begraben'?).“[44]

Im Herbst 1966 kam *Laut und Luise* als Walter-Druck 12 in 1220
Exemplaren in den Handel. In einer autobiographischen Notiz gratulierte
Jandl sich selber zu den zwei tönenden Substantiva auf dem Buchumschlag:
„Ein Titel wie ‚Laut und Luise' kommt nur einmal im Leben vor“.[45] Im
kurzen Nachwort beschwor Heißenbüttel mehr als er erklärte: „Ich will
sagen, daß dies Gedichte sind. Gedichte wie eh und je, wenn es je Gedichte
wie eh und je gegeben hat.“ An der Produktion im Walter Verlag wirkte,
noch vor Erscheinen seines ersten eigenen Buchs, der Schweizer Urs Widmer
als Lektor mit. Bald wechselte er zu Suhrkamp – und bot an, *Laut und Luise*
auf Schallplatte zu produzieren. Jandl wählte aber dann Wagenbach.

Im Buch *Laut und Luise* sind die Gedichte auf 13 thematisch, nicht
chronologisch geordnete Abschnitte aufgeteilt. Datierungen fehlen – sie sind
erst in der Neuauflage 1972 in der Sammlung Luchterhand im Inhaltsverzeichnis preisgegeben. Aus dem ersten Abschnitt „mit musik“ wählte Jandl
bei Lesungen gerne „chanson“, „etüde in f“ und „calypso“. Unter „volkes
stimme“ sind, sozialkritisch, Unter- und Oberschichttöne versammelt –
so „16 jahr“ und „tassen“. „krieg und so“ enthält die frühen politischen
Gedichte wie „ode auf N“, „wien: heldenplatz“, „schtzngrmm“, „wie fast“
und „falamaleikum“. Daran schließt „doppelchor“ an – Liebesgedichte,
wie die mit ausgestreuten Buchstaben visualisierte „erschaffung der eva“
und die akustische Nachzeichnung eines Erlöschens in „du warst zu mir
ein gutes mädchen“. In „autors stimme“ sind Vorlagen für Kehlkopfartistik
aufgereiht, darunter der autobiographische Vokalstrudel „leeeeeeeeee“,
aus dem das Wort „Lehrer“ auftaucht. In „kleine erdkunde“ folgen topo-
logisch fixierte Texte, wie „amsterdam“ und „bericht aus malmö“. Im
Abschnitt „kuren“ gibt das mit „kneipp sebastian“ – als Imperativ ausgesprochen – endende Gedicht „wasser“ den Ton an, er schließt mit „drei
visuellen lippengedichten“. Im langen Gedicht „der blitz“, das einen ganzen
Abschnitt einnimmt, leuchten inmitten eines verheerenden Unwetters, wie
im romantischen Zauberspiel von Ferdinand Raimund, Epiphanien eines
liebreizenden Mädchens auf. In den Abschnitten „jahreszeiten“ und „abend-

---

[44] Siblewski 1990, S. 19–20.
[45] „Autobiographische Notiz“. Jandl 2016, Bd. 6, S. 424.

gedichte" wirkt die Sprache zurückgeschraubt – um wieder zu explodieren im „bestiarium" mit dem Rühm gewidmeten Titelgedicht, mit „eulen", „auf dem land" und der „viel vieh – philosophie". Unter „epigramme" ist endlich das „lechts-rinks"-Gedicht gelistet, das Jandls unsterbliches bleiben wird:

lichtung

manche meinen
lechts und rinks
kann man nicht
velwechsern.
werch ein illtum!

Jandl fand nicht leicht Worte für seinen Dank an Heißenbüttel: „Sie haben nicht nur das Risiko auf sich genommen, dieses Buch herauszubringen, sondern noch das größere Risiko, zu erklären, daß diese Gedichte Gedichte sind, was sie, wenn ich überhaupt eine Ahnung habe, was Gedichte sind, sind."[46] Aber umso überzeugter die Antwort aus Stuttgart: „Ich würde sagen, daß ich in dem, was ich zu Ihrem Buch helfen konnte, nicht ein Risiko eingegangen, sondern meiner Überzeugung gefolgt bin."[47] Raoul Hausmann antwortete Jandl schon im September 1966 aus Limoges auf die Zusendung des Buchs mit auf einem Blatt ausgestreuten Zeilen „Besten / bestend / dadank / für Lautspeise / und Luisentrank / Dadankf / ürlau / tundlui / seDank / an ERnst / Ja, jandl / Dadajajajandl".[48] Mit *Laut und Luise* in der Hand wusste sich Jandl nun stark genug, ein hartes Wort an den honorigsten und empfindsamsten seiner öffentlich aufgetretenen Gegner in Wien zu richten. In ein Geschenkexemplar kalligraphierte er: „Dieses Buch wurde geschrieben in Freude an der Vielfalt der Welt, als Schutz gegen Eintönigkeit, Normierung und Manipulation – und in Abneigung gegen jede Diktatur, auch gegen eine der Traditionalisten. Es ist Felix Braun ehrerbietig gewidmet."

Die erste Rezension von *Laut und Luise* lieferte der verlässliche Karl Krolow im Berliner *Tagesspiegel*.[49] Der *F.A.Z.*-Redakteur Dietrich Segebrecht spannte Jandls Novität mit Reinhard Döhls Schwitters-Reminiszenz *Es*

---

[46] 10.9.1966. AdK Helmut-Heißenbüttel-Archiv 99, Briefwechsel Jandl.
[47] 6.11.1966. AdK Helmut-Heißenbüttel-Archiv 99, Briefwechsel Jandl.
[48] *Manuskripte* 78/1982, S. 82.
[49] *Der Tagesspiegel*, 6.11.1966.

Anna zusammen.[50] Segebrecht musste Jandl schon live gehört haben: „Flüsternd, säuselnd, sprudelnd, zischelnd, rappelnd spricht er seine Gedichte, mit staunenerregender Präzision noch die stolprigsten Konsonantenfolgen meisternd, die oos und aas röhrend wie ein Ochs, die uus aus Dampfschifftutentiefe hervorbrummend – unheimlich fidel und unvergesslich eindrucksvoll." In dieser Annäherung an Jandl wurde schon vorgemacht, was sich noch hunderte Male wiederholen wird: Wie Jandl den Feuilletonisten, und erst recht Lokalreportern, von seinen Auftritten vor Publikum Mutproben ihres sprachlichen Talents entlockte.

Jandl hatte sich selbst bereit erklärt, das im Verlag umstrittene Gedicht mit der auf das Johannes-Evangelium hinweisenden Anfangszeile „him hanfang war das wort" (Titel: „fortschreitende räude") wegzulassen.[51] Doch der Konflikt in der katholischen Verlegerfamilie schwelte weiter. Schließlich wurde dem schon seit 1959 mit eigenen Romanen hervorgetretenen Verlegersohn Otto F. Walter gekündigt.[52] Davon ahnte Jandl noch nichts, als er über sein eigenes Problem an Walter schrieb: „[D]er Preis der schönen Ausgabe macht das Buch für einen Großteil ‚meines' Publikums, Studenten und andre junge Leite, unerschwinglich. Daher hätte ‚Laut und Luise' nur dann eine echte Chance, wenn diese einmalige Auflage ausverkauft würde und dann eine billigere käme." Bald stieg Otto F. Walter bei dem mit Formulardruck groß gewordenen Verlag Luchterhand im deutschen Neuwied am Rhein als Geschäftsführer und Programmchef für die Literatur sowie für die damals an den Universitäten rasant Boden gewinnende Soziologie ein. Etliche Autoren nahm er aus Olten mit. Der Exodus erschütterte die ganze Verlagsbranche. Daß ihn Jandl mit *Laut und Luise* ausgelöst hatte, wurde erst allmählich bekannt. Schon 1968 wird die Hermann Luchterhand Verlags GmbH unter Otto F. Walters Führung einen ‚billigen' Jandl ausliefern: *Sprechblasen*, broschiert, vom Dichter selber als Querschnitt durch sein Formenrepertoire zusammengestellt.

Auch Friederike Mayröcker steuerte endlich auf das ersehnte erste Buch in einem potenten Verlag zu. Spät, und erst nachdem sie einander persönlich kennengelernt hatten, erwärmte sich Max Bense für ihre Lyrik und platzierte 1965 acht lange Gedichte Mayröckers unter dem Titel *metaphorisch* als Heft 16 in seine *rot*-Reihe. Damit weckte Gerald Bisinger, damals mit der Wiener Dichterin Elfriede Gerstl verheiratet und ein Mitarbeiter im Literarischen

---

[50] *F.A.Z.*, 4.3.1967.
[51] Siblewski 1990, S. 9–43 [Briefwechsel Ernst Jandls mit Helmut Heißenbüttel, Otto F. Walter und Klaus Wagenbach betr. „Laut und Luise"].
[52] Bloch 1975, S. 74. Jandl 2016, Bd. 6, S. 432.

Colloquium Walter Höllerers, bei Rowohlt für Mayröcker Interesse. In Hamburg-Reinbek erschien nun im Herbst 1966 *Tod durch Musen*. Eugen Gomringer dekretierte im Nachwort: „Die Zugehörigkeit der Autorin zum wachsenden Feld der internationalen experimentellen Poesie – die zwar im Literaturbetrieb unserer Zeit immer noch eine inoffizielle Existenz zu führen hat – sei damit festgehalten." Minder beeindruckte die Dichterin, dass sie in der kleinen Welt der Elementarschulen im Wiener Arbeiterbezirk Favoriten ab 1966 als ‚Frau Sprachoberlehrer' anzusprechen war.[53]

Ernst Jandl und Friederike Mayröcker in der Literaturgesellschaft

Ernst Jandl und Friederike Mayröcker, und mit ihnen manche anderen experimentierenden, die Generation der Naziväter herausfordernden Anfänger, hatten in Wien zu diesem Zeitpunkt keinen beherzteren Helfer als den Literatur- und Kunstkritiker Otto Breicha.[54] Im staatlichen Förderinstitut Gesellschaft für Literatur (ÖGfL) im Palais Wilczek in der Herrengasse trat deren Leiter Wolfgang Kraus sachte wie ein höherer Beamter auf – Breicha dagegen als hemdsärmeliger Zupacker. 1966 begann Breicha mit dem Schriftsteller Gerhard Fritsch die Herausgabe der *Protokolle, Wiener Jahresschrift für Literatur, bildende Kunst und Musik*; dreißig Jahre lang werden sie im kommunalen Wiener Verlag Jugend & Volk erscheinen, ab 1970 halb- und 1979 bis 1982 sogar vierteljährlich.[55] Mit Jandl und Mayröcker war Breicha auf du und du. Er lud Jandl ein, sich und seine Mitstreiter in der Konkreten und experimentellen Poesie den Lesern der ersten *Protokolle*-Nummer in einem Essay und mit von ihm ausgewählten Beispielen[56] als „Österreichische Beiträge zu einer modernen Weltliteratur" vorzustellen.[57] Die Nachkriegslyrik, so Jandl, habe wenig Neues gebracht, „jedenfalls nichts worauf sich aufbauen ließ [...] so wurde, für die eigene

---

[53] Bildungsdirektion Wien. Personalakt.

[54] Dem „Macher" Breicha setzte Wolfgang Bauer in seinem Stück *Change* (1969) ein Denkmal in der Figur des Kunstimpresario „Fery". Dieser erkennt zuletzt, dass seine Manipulationen gescheitert sind, und bringt sich um.

[55] Vgl. Kolleritsch 2005.

[56] Jandl an Falk 27.2.66. *manuskripte* 208, 2015, S. 20.

[57] *Protokolle* 1966, S. 136. Beim Wiederabdruck 1974 ergänzt um die ‚Linzer Gruppe konkreter Dichter' um Heimrad Bäcker und seine Zeitschrift *neue texte* als Österreich-Beitrag zu einer „konkreten" und „experimentellen" Weltdichtung. Jandl 2016, Bd. 6, S. 11–14. Zeichensetzung originalgetreu.

arbeit, nutzbar gemacht was bisher unbekannt gewesen, oder wenn bekannt, umgangen worden war: stramm, arp, schwitters, gertrude stein, joyce etc." Nach einer Würdigung der Wiener Gruppe betonte er seine und Friederikes Abgrenzung durch diese Fünf und rückte Heinz Gappmayr, den wiederentdeckten Raoul Hausmann und den Dichter und Soziologen Gunter Falk aus dem Forum Stadtpark ins Licht. Jandls Resümee: „diese moderne weltdichtung, in ihren reinsten beispielen, ist eine dichtung die nicht von sich ablenkt, die nicht an andres denken macht. sie ist nicht illusionistisch und nicht didaktisch. sie ist eine dichtung die nichts enthält das man ‚wissen' kann."

Am 12. September 1966 wurde dieser erste *Protokolle*-Band bei einem Cocktail in der Literaturgesellschaft vorgestellt. Ein noch größerer Auftritt von Jandl und Mayröcker im offiziösen Rahmen war vier Tage später angesetzt: die ‚Buchpremiere' von *Laut und Luise* und *Tod durch Musen*. Für Jandl wie Mayröcker war das die erste Lesung in der Literaturgesellschaft. Weil zu wenige Anmeldungen kamen, wurde sie aus dem Palais Palffy ins Palais Wilczek verlegt. Otto Breicha eröffnete aufgeregt: „Ich glaube, dass gerade der heutige Abend eine gewisse Einführung braucht".[58] Zweifeln am Gewicht der beiden kaum bekannten Gäste baute er mit fremdem Rang und Namen vor: Vor ihnen las der neue ‚Njegoš-Preisträger' Miroslav Krleža, nach ihnen werde der österreichische Staatspreisträger Johannes Urzidil erwartet.

Jandl begann seine Lesung mit Wörtern, die jeder versteht. Erst im zweiten Gedicht kam mit der achten Permutation der Anfangsstrophe der Überraschungsschlag – und für manche im traditionell distinguierten Publikum ein Kulturschock:

chancon

l'amour
die tür
the chair
der bauch
[…]
am'lour
tie dür
che thair
ber dauch

---

[58] Österreichische Mediathek, 9-00237_k02. Spieldauer 01:04:27. Online verfügbar unter https://www.mediathek.at/atom/269EDA79-1EB-000AD-00004081-269E15BC.

Einige Male zögerliches Klatschen nach den visuellen Lippengedichten und nach „eulen", nicht aber bei den politischen Gedichten „wien: heldenplatz" „ode auf N" oder „schtzngrmm". Jandl schloss mit dem Schauer einjagenden langen Gedicht „der blitz". In der *Arbeiter-Zeitung* verneigte sich Harald Sterk vor Mayröcker, „deren hauchzarte poetische Gebilde, ebenso zart von der Dichterin als zu befangener eigener Interpretin hingehaucht, sich gleich silberschimmernden lyrischen Kondensstreifen im Raum auflösten, schier ehe man sie noch richtig wahrgenommen hatte".[59] Jandl aber fand sich im Zentralorgan seiner sozialdemokratischen Partei gedemütigt als ein Autor, „der es mit rezitatorischer Meisterschaft versteht, aus seinen Texten mehr zu machen, als sie darstellen, und einen jedenfalls in den Schrecken versetzt, daß die Zukunft der Lyrik im Lallen liege." Sterk endete mit Hohn: „Des Nachts kamen die Angstträume: jandl im pfandl ohne gwandl durchs wachauerlandl zum ahndl nur a bandl: ndl dlll a so a mandl – endl!"

Im Publikum saß auch Heimito von Doderer, der eine Woche zuvor seinen 70. Geburtstag groß im Palais Schwarzenberg gefeiert hatte – unter den Gästen auch Jandl und Mayröcker. Sein Sekretär und Biograph Wolfgang Fleischer erinnerte sich: „Diesmal lasen Friederike Mayröcker und Ernst Jandl, dessen Lyrikband ‚Laut und Luise' Doderer besonders schätzte; vor allem ‚eulen' war eines seiner Lieblingsgedichte, mit dem er Bewunderer, die den konservativen Doderer kennenlernen wollten, gern und erfolgreich verblüffte."[60] Drei Monate nach Jandls „eulen"-Vortrag war Doderer tot. Jandl und Mayröcker reihten sich beim Begräbnis am 2. Januar 1967 ein unter toute Vienne. Jandl wusste sich zu einem Kondolenzschreiben an Doderers rechtmäßige Witwe Maria von Doderer verpflichtet. Der Verstorbene, erinnerte sich Jandl dankbar, „teilte dem jüngeren Autor, aus dessen Produktion einiges seinen Beifall fand, in ehrenden, herzlichen Worten seine Zustimmung mit und ließ zudem noch, zur freudigen Überraschung des Jüngeren, dieses Lob vor anderen, öffentlich, laut werden. Wer solches von Heimito von Doderer empfing und sich ihm, dem Künstler, wie dem Menschen, dadurch verbunden und verpflichtet fühlte, trauert nicht allein um den Dichter, sondern auch um einen Freund."[61] In Doderer Lobesbrief hatte ein einziger Satz Gewicht gehabt: „wer in der Kunst nicht technisch was wagt, gehört auf den Mist".[62]

---

[59] *Arbeiter-Zeitung*, 18.9.1966.
[60] Fleischer 1996, S. 531.
[61] Briefentwurf o. D. LIT 139/B1750.
[62] Zit. nach Weinzierl 1994, S. 193.

Gegen Enzensberger, mit Chotjewitz

Kurz nach Erscheinen von *Laut und Luise* wurde Jandl von seinen Genossen im Verband der sozialistischen Studenten in einer Umfrage bei österreichischen Schriftstellern mit zwei Aussagen von Hans Magnus Enzensberger konfrontiert: „Das Moderne ist zum Nur-Noch-Modernen geworden, ausgesetzt journalistischer Zustimmung, fungibles Moment der industriellen Produktion." Und: „Traditionalismus schlägt heute, angesichts der Moderne, in Geschichtsfeindlichkeit, Avantgarde in kunstgewerbliche Imitation um."[63] Mit altliberalen Argumenten verteidigte nun Jandl den gegenwärtigen Buchbetrieb – in dem er selber noch nicht angekommen war: „Satz 1 übt Kritik an den Marktmethoden einer Literaturindustrie, die ich trotz ihrer Mängel für die einzige akzeptable halte, da nur sie einen freien Wettbewerb garantiert. Ihre Alternative ist das Literaturmonopol. Satz 2 zeigt den Weg zu einem solchen Literaturmonopol durch Ausschaltung des rechten und des linken Flügels, wobei dem rechten, dem Traditionalismus, die Tür offengehalten wird. Geschichtsfeindlichkeit ist eine Haltung, die man ändern kann. Mit der Avantgarde verfährt man schärfer. Man erklärt sie für impotent. Beide Sätze schließen den Gedanken an die Möglichkeit nicht aus, daß ein solches Literaturmonopol auch in einer sogenannten freien Gesellschaft Wirklichkeit werden könnte, wenn es nämlich einer Clique gelänge, die wichtigsten Verlage eines Landes zu beherrschen."

Jandl hatte Sorge, dass ihn die dogmatisch und humorlos auftretenden deutschen Linken vom Buchmarkt so ausgrenzen könnten wie in Österreich die Konservativen. Auf die Frage nach der gesellschaftskritischen Bedeutung der Literatur übertrieb er ohne Zögern die Wirkungskraft der Konkreten und Experimentellen, als er antwortete: „Bense, Döhl, Heißenbüttel, Helms, Kriwett [*sic!*] und Mon haben, als Praktiker und Theoretiker dieser neuen Dichtung, in der Deutschen Bundesrepublik, vor allem unter der intelligenten Jugend, eine neue geistige Haltung geschaffen und durch Dichtung die weltanschauliche, politische und gesellschaftliche Orientierung dieser Jugend entscheidend mitbestimmt."

Der Schriftsteller und Jurist Peter O. Chotjewitz war schon in der *Meisengeige* vertreten gewesen und bald in die linksanarchistische Szene bis zu Baader und Meinhof und Ensslin abgedriftet. Er machte Jandl in einer Rezension wenig Freude, als er ihn „einen literarischen Kabarettisten im

---

[63] *Alternative. Sozialistische Zeitschrift für Politik, Wirtschaft und Kultur.* Heft 8, Dezember 1966.

besten Sinn" nannte – ein Argument von Rühm, Achleitner, Wiener gegen ihn.[64] In einer neueren Fassung dieser Kritik später – erschienen einen Tag nach dem Mord an Benno Ohnesorg in Berlin – fand Chotjewitz zum Schutz der Literatur, die er liebte, wegweisende Worte gegen den Puritanismus der Neuen Linken: „In Artmanns feudalistischer Herrenmanier, ebenso wie in Ernst Jandls mit Oberlehrerpoesie verzierter Attitude des literarischen Kabarettisten, der nach Belieben mit historischen Phasen, Entwicklungsstufen, Gegenständen hantiert, manifestiert sich ein utopisches Bewusstsein, das einen kollektivistischen Gesellschaftszustand vorwegnimmt, in dem es jedermann freisteht, mit allem, was es gibt und je gegeben hat, spielerisch zu hantieren."[65] Im selben Text reihte der damalige Villa-Massimo-Stipendiat die ebenfalls in Rom lebende Ingeborg Bachmann unter Österreichs „triviale Autoren" ein und schimpfte sie eine „Rache für Königgrätz".

Fünfzig Jahre später wurde nicht mehr wie von Chotjewitz Ernst Blochs *Geist der Utopie* angerufen, um *Laut und Luise* auch für die Linken zu retten. Jandls Buch kam nun, wie zuvor schon Mayröckers *mein Herz mein Zimmer mein Name*, in den vom kommunalen Wiener Literaturhaus Alte Schmiede erstellten 100-Bände-Kanon österreichischer ‚Grundbücher' mit einer Begründung durch Michael Lentz auf der Höhe der neuen aktuellen Debatte: „Der poetologische Witz von Jandls Gedichten in ‚Laut und Luise' besteht – und das macht bis heute noch ihren ästhetischen Affront aus – in vielfachen gattungsinternen Unterbietungen und Dysfunktionen bzw. funktionalen Neubelegungen. Was hier partiell eine mutwillige Unterkomplexheit erzeugt, ist ein poetischer Elementargeist, den es schriftmündlich drängt, die Poesie in ihre Bestandteile zu demontieren und im Akt der rekonstruierenden Demontage ihre Wurzeln freizulegen."[66]

Einen treuen Zulieferer von Theorie gewannen Jandl und Mayröcker in Peter Weibel. Der erst 21-Jährige schickte 1965 eigene jüngste Arbeiten samt einem Vier-Seiten-Brief voll theoretischer Erklärungen und Exkurse an Jandl und bat ihn um Kritik und Rat.[67] Bald nahm der in Odessa geborene, in Oberösterreich aufgewachsene Weibel den Platz bei Jandl und Mayröcker ein, den bisher Okopenko hielt. Eine erste Rezension von Mayröckers *Tod durch Musen* brachte Weibel in der Frankfurter Studentenzeitschrift

---

[64] *Augsburger Allgemeine*, 10.2.1967.

[65] *Schwäbische Donau-Zeitung*, 3.6.1967.

[66] https://archiv.alte-schmiede.at/literatur/grundbuecher/grundbuecher-41-45.

[67] 9.9.1965 aus Ried. LIT 139/B1523.

diskus unter – in der reichen Bibliographie des bald international wirksam gewordenen „Allround Künstlers"[68] die Nummer eins.[69] Im Jahr 2009 wird Friederike Mayröcker in einem Gedicht zu Weibels 65. Geburtstag („wir erblickten die Flamme seiner Schädelnaht wir / fühlten den Puls seiner Zeit wir zählten ihn mit der Zunge") daran erinnern, sie und Jandl hätten Weibel, „weil sie ihn sehr liebten", „1 Adoption angeboten".[70]

Peter Weibel, der 1999 zum Direktor des Zentrums für Kunst und Medientechnologie in Karlsruhe (ZKM) aufstieg, 2021: „Er hat sich von mir informieren lassen über Theorie, hat sie aber selbst nicht geschätzt. Dadurch war er froh, dass er mich hatte. […] Er hat den Lord-Chandos-Brief nicht gelesen und wollte von Wittgenstein und Mauthner und der Sprachkritik nichts wissen – er hat's aber gemacht, er hat es mehr gemacht als die anderen, siehe ‚fortschreitende räude', ‚schtzngrmm', ‚wien: heldenplatz', er hat antifaschistische Kampftexte gemacht. Die Fritzi hat schon Theorie gelesen, Derrida, aber eher mit einem poetischen, literarischen Verständnis als philosophischen. Das war durch viele Jahre ein ganz, ganz enges Band. Das hat sich dann ein bisschen gelöst, indem ich immer mehr in den Aktionismus gekommen bin."[71]

Auch dorthin war ihm Jandl hilfreich. Er nannte Peter Weibel, als er von seinen Londoner Freunden von Better Books zu Rate gezogen wurde, als sie für 1966 eine internationale Veranstaltung für radikale avantgardistische bildende Kunst planten, wie mit Literatur im Jahr davor in der Albert Hall. Eine folgenreiche Empfehlung. Weibel: „Die haben mich angerufen und ich habe gesagt, da bin ich gerne dabei. Aber es gibt nicht nur mich, es gibt auch andere – Otto Muehl, Günter Brus, Hermann Nitsch und Kurt Kren. Damit wir dort hinfahren konnten, haben wir schnell ein ‚Institut für bildende Kunst' gegründet. Wir sind dann aufgetreten als ‚Vienna Institute for direct arts'." Das ‚Destruction in Art'-Symposion, kurz DIAS, geleitet von Gustav Metzger, mit Bob Cobbing, Dom Sylvester Houédard und Barry Miles im Komitee und Henri Chopin unter den Teilnehmern, fand in London vom 9. bis 11. September 1966 statt und half dem Wiener Aktionismus auf das vorerst von Fluxus besetzte internationale Parkett.

---

[68] An Olaf Lagercrantz 21.6.1978. LIT 139/B2011.

[69] Weibel 1966.

[70] Kopie Archiv HH.

[71] Interview am 8.6.2021 in Wien.

Heimrad Bäcker, Dieter Glawischnig in Linz

Jandl gewann im neuen Schuljahr 1965/66 für sich und die Konkrete Poesie auch abseits von Wien Terrain. Auftritte in Graz im Forum Stadtpark im Juni und Oktober 1964 brachten ihm die Bekanntschaft mit dem jungen Schauspieler und Regisseur Hermann Treusch und der Schauspielerin Gerburg Dieter ein. Treusch, der Wolfgang Bauer am Schauspielhaus als Assistent beschäftigte, zog 1965 mit der später als Soziologin und Kulturwissenschaftlerin auf der Foucault-Linie berühmt gewordenen Gerburg Treusch-Dieter nach Hannover. Beide drängten Jandl, bei einem Leseabend der Volkshochschule in Linz an der Donau zu der in der Neuen Galerie laufenden Ausstellung *Dada bis heute* mitzumachen. Jandl lehnte ihr offenbar zu weit ausgreifendes Programm zunächst ab: „Mit dem Surrealismus habe ich nichts zu tun. Es ist mir unerträglich, moderne experimentelle Texte verschiedenster Art hier gewaltsam auf einen Nenner gebracht zu sehen."[72] Die Performance *Bevor Dada da war* fand dann doch am 5. Oktober 1965 statt.

Damit war Jandls erster persönlicher Kontakt mit Heimrad Bäcker hergestellt, dem für geisteswissenschaftliche Belange zuständigen Referenten an der VHS in Linz. Bäcker war mit einer körperlichen Deformation geboren, von seiner Frau Margret opfermütig umsorgt und ein Sozialdemokrat wie Jandl. In Helmut Moser, einem jungen Wasserbauingenieur, gewann er einen agilen Mitarbeiter. Als er Moser einen Kurs für Gegenwartskunst anvertraute, kamen auch Artmann und Oswald Wiener nach Linz, und Jandl einmal zu einer Hauslesung bei Moser auf den Pöstlingberg. Moser wurde in der kaiserlichen Sommerresidenzstadt Bad Ischl ansässig und nebenberuflich Musikproducer. Ernst und Fritzi blieb er ein dankbarer Freund. Die beiden hatten ihn „gerettet", als er als Wehrpflichtiger in einer Wiener Heereskaserne deprim wurde: „Wir trafen uns dann jeden 2. oder 3. Tag, sahen englischsprachige Filme im Original im Burgkino oder polnische im Polnischen Leseraum, gingen in Konzerte."[73] Mit raren Jazz-Mitschnitten versorgten sie sich im Schallplattenladen Schättle in der Schönbrunnerstraße 174 in Meidling – dem damaligen Geheimtipp unter Kennern.

Der Jazz-Enthusiast Helmut Moser hatte die Idee, den jungen, in Graz ausgebildeten Jazzmusiker Dieter Glawischnig mit Ernst Jandl zusammen-

[72] 27.9.1965 an Gerburg Treusch-Dieter. LIT 139/B1454.
[73] Interview 3.7.2021 in Bad Ischl.

zuspannen. Das Veranstaltungsformat ‚Lyrik und Jazz‘ war aus der US-Westküsten-Beatszene nach Deutschland vorgedrungen. Der Musikjournalist Joachim-Ernst Berendt – sein *Jazzbuch* besaß Jandl in mehreren Auflagen – war der intellektuelle und organisatorische Kopf dieses Veranstaltungsformats, das beiden Künsten mehr Zuhörer verschaffen sollte. Das Konzert in Linz am 30. April 1966 wurde ein erster Probelauf für Jandl als Vokalist in Jazzformationen.[74] Ein einziger Zeitungsbericht hielt das Zusammenspiel des Dichters mit Glawischnig (Klavier) und dessen Studienkollegen Ewald Oberleitner (Bass) auf der Bühne der Kammerspiele fest: „Jandl sprach wohlgemessen und exakt wie eine Maschine die Blitz- und Donnerbotschaft neuester Lyrik in einem kleinen Saal. Seine Texte fielen wie ein drittes Instrument in das Zwiegespräch eines Klaviers und eines Basses ein und trieben die Improvisationen bald schneller-lauter, bald langsamer-leiser voran.“[75]

Heimrad Bäcker war dem gleichaltrigen Ernst Jandl mit dem Respekt eines Jüngers vor dem Meister entgegengetreten. Erst nach einem halben Jahr Bekanntschaft wagte er, ihm eigene Gedichte zu schicken. Jandl antwortete rasch, dass ihm die Gedichte sympathisch seien, doch am reizvollsten die „Versuche“. Bäcker bekam aus Wien bald einen Packen deutscher und englischer Underground-Zeitschriften mit Abdrucken von Jandl-Gedichten.[76] Die machten ihm Mut, 1968 in Linz ein Magazin für experimentelle Dichtung und Konkrete Poesie zu beginnen. In der Nummer 1 seiner *neuen texte* präsentierte er neben Jandl und Mayröcker Steve Christl, Bob Cobbing, Gomringer und Oskar Pastior auch sich selbst.

Damals hatte bereits mit Sammelbänden und großen Ausstellungen eine Musealisierung der Konkreten Poesie begonnen. 1967 erschienen *An anthology of concrete poetry* von Emmett Williams[77] und eine zweite von Stephen Bann;[78] im Frühling 1968 folgte Mary Ellen Solt mit einem 300-Seiten Band an der Indiana University in Richmond.[79] Reinhard Döhl

---

[74] Vgl. Ammon 2018, S. 377. Faksimile in Siblewski 2000, S. 194.

[75] Peter Kraft, *Oberösterreichische Nachrichten*, 2.5.1965.

[76] Laut beigelegter Liste: klare gerührt in *konkrete poesie* 8, *Poor Old Tired Horse* 16, mai hart lieb zapfen eibe hold, zwischen räume (limes), *rot* 16, *Wort in der Zeit* 1962/10, 1963/11, 1964/1, *Sammlung Leinfelden* Nr. 2, *ICA Bulletin* 146 mai 65. *CIVIS* 1865/1, *Texturen* 9/64, *Ansichten* 3–4/65, *NESYO* 6/1964, 7/1964, *die sonde* 1964/1, 1964/2, 1965/1, *diskus* Extrablatt 5/6, 1964.

[77] New York: Something Else Press. Stuttgart: Edition Hansjörg Mayer.

[78] London: Magazine editions.

[79] Solt 1968. Aus dem deutschen Sprachraum: Claus Bremer, Max Bense, Hansjörg Mayer, Franz Mon, Ferdinand Kriwet, Ernst Jandl, Gerhard Rühm, Oswald Wiener, Heinz Gappmayr, Diter Rot.

sah das schon als ein Signal, dass nun der Höhepunkt der Bewegung über-schritten sein könnte.[80] Dennoch richteten die Bäckers auch einen Buchver-lag ein: die edition neue texte.[81] Zeitschrift und Verlag stiegen rasch zu einer anerkannten Adresse für visuelle und experimentelle Literatur auf. 1992 holte Maximilian Droschl die von den Bäckers aus Gesundheitsgründen auf-gegebene edition neue texte in seinen Grazer Buchverlag, beendete aber die Zeitschrift selben Namens. Jandls Freundschaft mit Heimrad Bäcker über-dauerte auch dessen spätes Geständnis, mit 17 der Nazipartei beigetreten zu sein. Schuldgefühle überschatteten Bäckers eigenes Schreiben.

In Innsbruck gründete der spätere Museumsdirektor Peter Weiermair noch als Kunstgeschichte-Student die Zeitschrift *Ansichten* und den Verlag Allerheiligenpresse. 1965 druckte er Jandls Gedicht „lauter" als Poster, 1966 brachte er das 38-Seiten-Heft *texte* von Friederike Mayröcker („Ernst Jandl gewidmet") heraus. In Wien war es Otto Breicha, in Graz Alfred Kolleritsch, in Linz Heimrad Bäcker: So fand Ernst Jandl für sich und Friederike Mayröcker in Österreich neue und, wie es in der Neuen Linken bald heißen sollte, über Produktionsmittel verfügende Mitstreiter.

Ein Gedicht und sein Autor bei Walter Höllerer in Berlin

Nun sollte Ernst Jandl der Sprung nach Berlin gelingen, wo schon Artmann, Rühm und Bisinger zugange waren. An Walter Höllerer, nun Professor an der TU, hatte Jandl 1957 sein Debütbuch geschickt, als dieser noch in Frankfurt mit Hans Bender in der Redaktion der *Akzente* saß. 1964 klopfte er vergebens bei ihm wegen eines Berlin-Stipendiums an. In Bisinger, der Höllerer im Literarischen Colloquium Berlin als Sekretär zur Seite stand, wussten Jandl und Mayröcker einen Freund und Anwalt. Höllerer lud Jandl und Mayröcker gemeinsam mit H.C. Artmann für den 26. Januar 1967 in seine Prominentenreihe ‚Ein Gedicht und sein Autor – Lyrik und Essay' ein. Sie wurde im Studio der (West-)Akademie der Künste vor Publikum vom Sender Freies Berlin mitgefilmt. In diesem TV-Format hatte Höllerer schon

---

[80] Vgl. Döhl 1990.

[81] Nicht zu verwechseln mit der Edition Neue Texte im Aufbau Verlag 1972–1991. Heimrad Bäcker druckte Bücher von Elfriede Gerstl, Heidi Pataki, Bodo Hell, Anselm Glück, Waltraud Seidlhofer, Reinhard Priessnitz, Franz Josef Czernin, Ferdinand Schmatz sowie sein eigenes, „nachschrift", 1986. Lektorin 1976–81 war die Schriftstellerin Elfriede Czurda. Vgl. Huber 2018.

Tadeusz Rózewicz mit Zbigniew Herbert, Charles Oslon mit Sanguinetti, Creeley mit Günter Grass zusammengespannt; Ferlinghetti und Andrei Wosnessenski sollten als letzte Paarung folgen.

Die erste Reise ihres Lebens nach Berlin führte Jandl und Mayröcker zunächst nach Hamburg. Dort hatte der Rowohlt-Verlag für seine neue Autorin für den 23. Januar 1967 eine Buchvorstellung vorbereitet.[82] Nach ihrer Lesung aus *Tod durch Musen* im Neuen Kunstzentrum wanderte man zu Fritz J. Raddatz, dem Cheflektor im Verlag. Jandl begegnete im Haus dieses feinst kultivierten Homosexuellen das erste Mal dem reichen, mondänen Buchbetrieb. Er war hier nur der – auf Spiegelparketten nie tritt-sichere – Wiener Begleiter der Dichterin.[83] Dieses Erlebnis rekonstruierte er in dem sarkastischen Text „Die Versuchung Ernst Jandls",[84] wobei er zurückgriff auf die Erzählung von Jesu Versuchung in Matth. 4. sowie auf den Hl. Antonius, den Satan mit sexuellen Attraktionen allerlei Geschlechts bedrängt. Auf der Party bei Raddatz, einem Essen zu zweit später in einem Restaurant an der Elbe und dem abschließenden Aufenthalt in Berlin sprechen die Figuren im Verkündigungs- oder Belehrungston biblischer Überlieferungen:

> „Ernst Jandl [zu Raddatz am Buffet]: ‚Nicht vom Schnaps allein lebt der Mensch, sondern auch von Tomaten.' […] Raddatz […]: ‚Wenn Sie den Hebel hier drücken, so stürzt das Weißbrot hinab; doch dem Toaster ist Befehl gegeben zu toasten, und er wird das Weißbrot auf Händen tragen, daß es nicht verbrenne bevor er es ausstößt.' Jandl zu Heinrich Maria Ledig-Rowohlt: ‚Es steht fest: nicht von Amerika allein lebt der Deutsche; doch wovon der Öster-reicher?' […] Ledig-Rowohlt [zu Jandl]: ‚Wer als freier Schriftsteller leben will, stürzt mich in Sorgen; denn es wird viel geschrieben; von wenigen aber kann ein Verleger behaupten: seinetwegen habe ich meinen Knechten Befehl gegeben, ihn zu schützen, und sie tragen ihn auf Händen, daß er nicht seinen Fuß anstößt an einen Stein.'"

In Berlin treten Artmann und Höllerer hinzu. Ein Rixdorfer Riesenkerle, wohl einer von Jandls Druckerfreunden aus Neukölln, machte Jandl an: „Wenn du ein Schulmeister bist, so bist du gewiß auch ein Schwulmeister."

---

[82] LIT Taschenkalender.

[83] Siblewski polemisierte im Dramolett „Staub über Hamburg", seit 2020 im Netz, gegen die Dar-stellung des Anteils von Raddatz an der Entdeckung Friederike Mayröckers in Raddatz 2012, Bd. 1, S. 862. https://volltext.net/texte/klaus-siblewski-der-staub-ueber-hamburg.

[84] Jandl 2016, Bd. 6, S. 413–422.

Zuletzt spiegelt sich der Autor doppelt in der Rolle des Teufels, der sich selber versucht. Wie eine Krankenschwester tritt hier ‚Friederike Mayröcker‘ auf. Diese Rolle wird Fritzi bleiben.

Der Empfang von Jandl und Mayröcker in Berlin war ungleich bescheidener als in Hamburg: Winterruhe am Wannsee, schlichte Gästezimmer im Literarischen Colloquium. Auch Artmann war dort untergebracht. Am 21. Januar 1967 saß das Freundestrio an Walter Höllerers Seite zur Fernsehaufzeichnung im Studio der Westberliner Akademie der Künste bei ‚Ein Gedicht und sein Autor‘.[85] Eingangs sollten die Autoren über sich selber sprechen. Artmann, in Blazer mit Smokingmasche, fand für seine Rollenspiele schillernde Metaphern, darunter diese: „Ich bin Kuppler und Zuhälter von Worten und biete das Bett". Mayröcker, mit dreireihiger Perlenkette im tiefen Ausschnitt des schwarzen Kleids, erklärte ihre Poesie als ihrer hermetischen Kindheit entsprungen, „einer Art Dunkelkammer, in der alles schon voraus entwickelt wurde."[86] Mit ihrem schwarzen Bubikopf ähnelte sie der Schauspielerin Barbara Rütting, damals in der Serie deutscher Edgar-Wallace-Verfilmungen eine vielbeschäftigte Täterin.

Jandl, mit Krawatte und Alltagssakko weniger Weltmann als Artmann, holte sich sofort mit dem Vortrag von „wien: heldenplatz" Applaus. Mit didaktischer Routine führte er sodann das Publikum durch seine Schreibwerkstatt. Nach der reichen Lautpoesie der Jahre 1956/58 habe er im Jahr 1962 versucht „einfache, durchsichtige, gegenstandsbezogene Gedichte in Umgangssprache zu schreiben wie früher, als ich von Autoren wie Brecht, Prévert und Sandburg gelernt hatte; womöglich knapper, konzentrierter, intensiver."[87] Doch zitierte er kein Werk dieser drei, sondern das noch kräftig expressionistische Gedicht „Lied" von Johannes R. Becher, bis zu seinem Tod 1958 Staatsdichter der DDR. Mit einer solchen Reverenz erfüllte Jandl die ihm als Österreicher in der ‚Frontstadt Berlin‘ geziemende Neutralität. In seinem Selbstverständnis als ‚deutscher Dichter‘ wollte er keine Trennlinie im Sprachraum akzeptieren. Im Jahr 1981 wird er auf der von Stephan Hermlin einberufenen Berliner Friedenskonferenz im Hotel Stadt Berlin – seine einzige Wortmeldung auf diesem propagandistischen Großereignis mit Schriftstellern aus Ost und West – dasselbe Zei-

---

[85] Video im Höllerer-Archiv in dessen Geburtsstadt Sulzbach (Bayern). Text unvollständig wiedergegeben in Höllerer 1967, S. 380–403.

[86] Höllerer 1969, S. 250.

[87] Höllerer 1969, S. 259.

lencutgedicht „fragment" lesen, das er 1967 bei Höllerer auf der Westseite der Mauer vortrug:[88]

wenn die rett
es wird bal
übermor
bis die atombo
ja herr pfa

Beim Gedichte-Lesen erfuhr Jandl beim Publikum deutlichere Zustimmung als Mayröcker und Artmann – jedoch durchmischt mit Buhrufen. Als Mayröcker mit ihrem „Babylonischen Gedicht" das Stichwort lieferte, begannen die drei synchron zu lesen, immer lauter und schneller – und endeten kakophon in einer wechselseitigen sprachlichen Umarmung unter ungeteiltem Applaus.

Im linken *Spandauer Volksblatt*, an dem bisweilen Günter Grass mitschrieb, erschien ein Totalverriss: „Die Wiener Mitkämpfergeneration des deutschen Silbenschluckers und Lautspeiers Max Bense durfte nahezu zwei Stunden die lyrische Schaubude Prof. Höllerers besegnen […] Der fröhliche Gymnasialprofessor Jandl entwickelte seine Techniken und vertraute im übrigen auf die komische Kraft seiner Ton- und Lautmixturen."[89] Noch 1985, als Jandl seinen 60. Geburtstag feierte, bedankte er sich in einem Brief bei Höllerer: „Sie haben uns, Friederike Mayröcker und mich, zum ersten Mal mit Kraft aus unserer Isolation herausgehoben und vor ein großes verstehendes Publikum gebracht."[90]

Die Schule wird unerträglich

Der in Berlin als „fröhlicher Gymnasialprofessor" bewitzelte Wiener Dichter knickte in der Schule in der Waltergasse ein. „Das Schuljahr schleppt sich unerquicklich weiter", meldete er Raoul Hausmann.[91] Doch die Schüler seien sehr nett zu ihm, und er ebenso zu ihnen. Gunter Falk in Graz sorgte sich um den neuen Freund Ernst: „Das ist schlimm, dass die Schule

---

[88] Vgl. Berliner Begegnung zur Friedensförderung 1982.
[89] Marcus Sobotta, 28.1.1967.
[90] 21.8.1985. Literaturarchiv Sulzbach, 03WH/AA/38,2.
[91] 4.3.1966. LIT 139/99 2.2.

Dich hernimmt. Außerdem habe ich gehört, Du hast Geschwüre".[92] Bald begannen mehrjährige Behandlungen bei einem Kieferchirurgen und einem Urologen.[93]

Jandl suchte jetzt öfter in der Schule um ein paar Tage Urlaub an. Im April 1967 reiste er mit Fritzi wieder zu Jugendkulturwochen nach Innsbruck. Ende September 1967 traten sie bei der ,Neuen Literatur in Hof' im dortigen Rathaus auf.[94] Claus Henneberg und Reinhard Döhl holten auf diese im Jahr zuvor – in der Hoffnung, der Gruppe 47 Aufmerksamkeit abzujagen – gezimmerte Plattform für experimentelle Dichtung auch Ror Wolf, Jurek Becker, Franz Mon, den Pfarrer an der Berner Nydegg-Kirche Kurt Marti, Ludwig Harig, Wolfgang Weyrauch sowie den Germanisten Karl Riha.[95] Im Programmheft veröffentlichten sie eine „musterkotlektion" [sic!][96] von Jandl, ein Dutzend eigens für den Auftritt in der damaligen Zonengrenzstadt geschriebene Gedichte. Mit Döhl und dem bald führenden deutschen Sprechwissenschaftler [sic!] Hellmut Geißner standen Jandl und Mayröcker auf der Bühne des literarischen Schlusskabaretts. Zur Demontage allenfalls aufflackernder Alleinvertretungsansprüche der Gruppe 47 auf dem literarischen Parkett gab in diesem Jahr 1967 Gerhard Dollinger die dicke Anthologie *außerdem. Deutsche Literatur minus Gruppe 47 = wieviel?* bei Scherz in München heraus; mit Texten auch von Artmann, Bense, Döhl, Harig, Henneberg, Jandl („fortschreitende räude"), Marti, Mayröcker, Mon und Rühm.

Bald wieder war eine Jandl-Lesung in Graz angesetzt. Da er nicht mehr auf den Überraschungseffekt seiner experimentellen Poesie bauen konnte, erörterte Jandl dort Strategien, „das Lautgedicht aus dem Bereich des Semantischen herauszuführen, es sinnfrei zu machen, und es der genormten Sprache, die ja bis in ihre Buchstaben und Laute genormt ist, zu entreißen".[97] Der Buchhändler Wendelin Niedlich zeigte in Stuttgart eine Werbeausstellung für moderne Literatur.[98] Am 21. November hielt

---

[92] 8.3.1966. LIT 139/B327.

[93] Dr. Hans Hollmann, Dr. Hannes Seitz. LIT Taschenkalender.

[94] Bildungsdirektion Wien, Personalakten Jandl und Mayröcker.

[95] 21.3.1968. LIT 139/B2180.

[96] Neue Literatur in Hof 1967. Sonderheft der kulturwarte für Kunst und Kultur 13, S. 34–37.

[97] Vorrede zu einer Lesung in Graz, 11. November 67. Jandl 2016, Bd. 6, S. 118–119.

[98] Niedlich gab er im Eigenverlag zweimal ein *Kritisches Jahrbuch* heraus. Er bat dafür Poeten um Rezensionen ihm wichtiger Bücher. Jandl lieferte dem als links und homosexuell bekannten Buchhändler 1966 zu Arno Schmidts psychoanalytischer Karl-May-Studie *Sitara* keine Kritik, sondern eine Werbebotschaft für das Buch, die „Spaß im Walfischformat" verhieß. 1972 verglich Jandl Reinhard Döhls *Es Anna* mit Gerhard Rühms *Lehrsätzen für das Weltall*, wobei er die Saloppheit, Schnodderigkeit in Röhls Umgang mit Schwitters dem „unverwechselbaren Rühmschen Pathos" gegenüberstellte.

dort Max Bense die Einführungsrede, danach lasen Döhl, Kriwet, Rühm, Heißenbüttel und als letzter Jandl – im Bericht der *Stuttgarter Zeitung*[99] mit dem Vornamen „Horst" bedacht. Von seinem Auftritt am 24. November 1967 in einer Fabrikhalle des Gasproduzenten Messer in Frankfurt-Griesheim gemeinsam mit Erich Fried, Peter Handke, Peter Hamm, Gerhard Zwerenz, Arnfried Astel, Klaus Piwitt, Peter O. Chotjewitz und Franz Mon überlieferte der Verleger Klaus Wagenbach einen Bericht:

> „Die Dichter zogen zeitgemäß (aber zur Überraschung der Arbeiter) unter Absingen der Internationale ein und lasen zeitgemäße Texte. Nur ein Autor, rundköpfig und soigniert, wenn auch schwer schwitzend, las mit strenger Stimme ‚Sprechgedichte' vor, sehr ungewöhnliche, heitere, absurde und experimentelle Texte, die er *Laut und Luise* nannte. Das Echo war niederschmetternd: Ein Teil der Zuschauer lachte (und genierte sich dessen sofort), ein anderer fühlte sich veralbert, ein dritter hielt solche Texte für konterrevolutionär. Der gesunde Menschenverstand erhob sich, in Form des Betriebsratsvorsitzenden, und tadelte streng solchen Jokus von ‚Herrn Jodl'."[100]

Wagenbach mag das Ereignis zu hübsch in eine Anekdote verpackt haben. Franz Mon im hohen Alter sagt über sich und Ernst Jandl: „Da mögen irgendwelche Typen dabei gewesen sein, die so was vorgetragen haben. Wir bestimmt nicht. Die sechziger Jahre waren hier in Frankfurt eine beglückende, offene, freie Kulturlandschaft. Wir hatten einen Kulturdezernenten, der uns unterstützte. Der Teufel war dann erst los, als die 69er kamen. Die haben alles abgelehnt, sehr viel zerstört."[101] Für die *F.A.Z.* war bei diesem ‚Zweiten Frankfurter Forum' neben Franz Mon „Ernst Jandl das Beste, was man hören konnte",[102] laut *Frankfurter Rundschau* wurden von Jandl sogar Zugaben verlangt. Damals in Frankfurt lernte Jandl den Berliner Klaus Wagenbach kennen. Er wird 1968 in seinem Berliner Verlag *Laut und Luise* als Sprechplatte auf den Markt bringen. Nicht der Schöndruck des Walter-Verlags, sondern die Wagenbach-Quartplatte Nr. 2 machte Jandl in Deutschland, speziell in den Studentenhochburgen, bekannt. Er hatte diese hitverdächtige Platte schon 1967 Luchterhand angeboten,[103]

---

[99] 29.11.1967.

[100] Wagenbach 2014, S. 26.

[101] Telefoninterview mit HH 5.1.2022.

[102] 27.11.1967.

[103] 20.12.1967. LIT 2.4.1. Luchterhand Verlag. Sammlung Siblewski Deutsches Literaturarchiv Marbach 1.6.1967–19.12.1968 Kopien.

doch die Edition – an dem schon Peter Bichsel, vordem im Walter-Verlag, jetzt Lektor bei Suhrkamp, Interesse zeigte – scheiterte, weil Otto F. Walter zugab, keine Erfahrung im Plattengeschäft zu haben.[104]

In Wien musste sich der Lehrer-Dichter nach der Rückkehr aus der Fabrikhalle im Dezember 1967 vom Schularzt für drei Wochen krankschreiben lassen: wegen einer Luftröhren- und Kehlkopfentzündung.[105] Friederike Mayröcker hatte einen solchen Zusammenbruch befürchtet. Kurz vor Ernsts Abfahrt nach Deutschland zeichnete sie für ihn „16 Schutzgeister für eine Reise".[106] Jedes der engelgleichen Wesen auf A-4-Blättern[107] sollte eine andre Unbill abwehren, somit bildet sich in ihrer Liste, wie bei einer Vorsorgeuntersuchung, die Diagnose von Jandls geschwächtem Allgemeinzustand ab: Atemnot und Heiserkeit, Schnupfen und Kopfschmerz, morgendliche Müdigkeit, Mangel an Zigaretten, Gliederschmerzen, Ohrensausen und Alleinsein, Haarausfall, Zahnschmerz und Gedankenflucht, Augenbrennen und Schlaflosigkeit, Vergeßlichkeit und kleine Unfälle, böse Träume, Angst vor Dunkelheit, Nasenbluten, Knochenbrüche und ‚Taubheit der Welt'.

Erster Sommer auf dem Lande in Rohrmoos

Für das Schuljahr 1967/68 bekam Jandl ein Dienstzeugnis mit einem ‚Ausgezeichnet' in allen Kategorien. Für den Sommer 1968 war es erstmals gelungen, in Rohrmoos oberhalb von Schladming im steierischen Ennstal ein Ferienhaus zu mieten – ein für die vorige Jahrhundertwende typisches Sommerfrischlerheim, kein Bauernhaus. Bis 1986 verbrachten Jandl und Mayröcker viele Ferien dort.[108] Das Haus steht am westlichen Dorfrand, nahe an Kuhweiden und lichten Föhrenwäldern, umgeben von einem verwilderten Garten. Fritzi war gewohnt, auf Wiener Straßen ganze Stunden lang spazieren zu gehen; in Rohrmoos lockten sie bequeme Wanderwege schon morgens ins Grün. Das Atmen in und mit der Natur machte sie unruhig, ungeduldig – als wäre ihr um jede Minute leid, die sie nicht

---

[104] 20.12.1967. LIT 2.4.1. Luchterhand Verlag. Sammlung Siblewski Deutsches Literaturarchiv Marbach.

[105] Tracheobronchitis gravis, akute Laryngitis. Diagnosen im Personalakt.

[106] Mayröcker 1989, S. 295–302. Ausgestellt in der Galerie nächst St. Stephan Wien in der von Hans Ulrich Obrist kuratierten Ausstellung *Friederike Mayröcker: Schutzgeister.* 5.9.–17.10.2020.

[107] Friederike Mayröcker deponierte immer wieder in Interviews, dass sie an einen Schutzengel glaube.

[108] Nicht 1970, 1971, 1973, 1974, 1977, 1979, 1981.

Abb. 2 Sommerfrische-Haus in Rohrmoos bei Schladming in der Steiermark. (Foto: Hans Haider)

draußen unterwegs sein konnte. In einem Interview sagte sie kurz und bündig: „Wenn ich mit Ernst zusammen Urlaub gemacht habe, etwa in Rohrmoos, saß er und schrieb, ich bin in die Natur hinausgegangen."[109] Wie glücklich sie dort war, eröffnen Gedichte wie „Alpensprache Rohrmoos", erst 2003 geschrieben. Es beginnt mit der Zeile „damals im Gebirge August waren die Abende kühl aber / unsere Seelen brannten zählten nachts die Sterne am Himmel…" und endet mit dem Satz „Wir / setzen uns mit Tränen nieder denn unser Leben war zu kurz".[110]

Sie behauptete wohl oft, sie könne nur daheim in der Zentagasse schreiben. Waren jedoch Aufträge zu erfüllen wie etwa Hörspiele, saß sie auch in Rohrmoos an ihrer Hermes-Baby-Schreibmaschine. Für Ernst gab es im Haus genügend Raum, um sich zurückzuziehen. Auch um Post zu erledigen, die in den immer strapaziösen letzten Schulwochen liegenbleiben musste. Auf die Spazierwege drängte es ihn nicht, wohl aber oft auf

---

[109] *Der Standard*, 6.5.2010.
[110] Mayröcker 2004, S. 777.

das Postamt im Tal in Schladming.[111] Erst im vierten steierischen Sommer zeichnete er „sozusagen ein bild: rohrmoos sommer 72" in rhythmisierter Prosa:[112]

> „[…] dieses bild ist kein stadtbild sondern ein landbild kein stadt-und-landbild sondern ein landbild ein landbild mit einem grasbild ein wiesenbild mit einem baumbild ein waldbild mit einem bergbild ein gebirgsbild mit einem zaunbild. alles was das auge kennt und alles was das ohr kennt kommt hier zusammen. ein bewegliches flüsterndes bild ein unbeweglich flüsterndes bild ein bewegliches flüsterndes bild das einmal warm ist und einmal kühl ist, einmal kalt und einmal heiß."

1983, 1984 und 1985 wird Jandl „skizzen aus rohrmoos" schreiben und 1989 in den *Idyllen* veröffentlichen. Schon die erste verrät, dass seine Begeisterung für den Ort verflogen ist: „du sitzt ständig / in diesem kleinen zimmer / und rauchst eine zigarette nach der andern / so vergeht der sommer / ist das nicht ein jammer?"[113]

Bald nachdem sie sich im neuen Sommerquartier eingerichtet hatten, reisten Jandl und Mayröcker nach Saarbrücken zu einer Lesung am 17. Juli 1968 an der Rechtswissenschaftlichen Fakultät.[114] Auf der Rückreise in die Steiermark machten sie in Stuttgart halt. Möglich, dass Gespräche mit Heißenbüttel und Bense Jandl zu seinem „essay von der darstellung des menschlichen lebens"[115] anregten, den er vom 21. bis 27. Juli niederschrieb – 185 Gedichtzeilen voll mit Reflexionen, Obsessionen, Assoziationen, Permutationen und rabulistischem Quälsinn in wildem und zwanghaftem Denken. Er beklagt darin als Lyriker die Defizite der Epiker und Dramatiker sowie auch des Mediums Musik: „[…] heute noch / das meistkonsumierte ‚klassische' / erzeugt durch fortlassung / und durch das verschweigen der fortlassung / eine illusion von vollständigkeit; / es fehlen / die drahtenden / nicht anschließbarer leitungen; […]".[116]

---

[111] Ab 1980 trafen Jandl und Mayröcker wenigstens einmal im Sommer den Schriftsteller-Freund Bodo Hell, der auf der anderen Seite das Tals, von Ramsau aus, alljährlich als Senn auf eine Alm am Dachstein auffuhr.

[112] Jandl 2016, Bd. 5, S. 443–449.

[113] Jandl 2016, Bd. 4, S. 160.

[114] *Saarbrückener Zeitung*, 17.7.1968.

[115] Jandl 1974b, S. 21–28.

[116] Jandl 2016, Bd. 2, S. 572–573.

Mit Hans Mayer 1968 in St. Veit an der Glan

Gleich am ersten Wochenende im neuen Schuljahr 1968/69 reiste Jandl nach St. Veit an der Glan in Kärnten, wo am 6. September unter dem Titel ‚Profile 68' Tage der Poesie eröffnet wurden. Die tief sozialdemokratische Stadtverwaltung holte die deutschen ‚Arbeiterdichter' Max von der Grün und Willy Bartock (ein Bergmann, als ‚Kohle-Goethe' im Revier bekannt) zum Vorlesen vor Lehrlingen in eine Werkhalle. Das große Publikum aber zog es zum ersten großen Auftritt von Peter Handke in seiner Kärntner Heimat. Der ebenfalls angereiste Thomas Bernhard verzichtete auf eine Lesung. Mit Jandl kamen aus Wien Friederike Mayröcker, Andreas Okopenko und Reinhard Priessnitz. Die Gäste aus dem Ostblock, Christa Wolf und Miklos Meszöly, waren, fünf Wochen nach der Eroberung Prags durch Warschauer-Pakt-Truppen, nicht erschienen. Doch konnte zuletzt Hans Mayer, vordem in Leipzig, seit drei Jahren Professor für Literatur an der TU Hannover, für den Eröffnungsvortrag herbeigebeten werden.

Jandl war in St. Veit auf Konfrontation aus. Im vorausproduzierten Programmfolder konnte er eine scharfe Erklärung „Zur Situation der österreichischen Literatur" platzieren.[117] Den Wertebewahrern, die er zehn Jahre später in *die humanisten* verhöhnen wird, warf er vor: „Anstatt, wie es Malerei, Plastik und Musik weitgehend tun, alles bisher Produzierte als getan und das, was danach getan werden kann, nur soweit als relevant anzusehen, als es sich zeigt, wie es nicht mehr getan werden kann, tun beispielsweise Literaten in Österreichs Licht heute ernsthaft noch so, als ließe sich bei Goethe oder Stifter was lernen." Diese Bewahrer eliminierten dabei aus ihrem Kanon „Erzeugnisse, die ohne Annahme eines für alle Zeiten gültigen Prinzips entstanden sind", namentlich Stramm, Schwitters, Arp, Gertrude Stein, Joyce. Weil es „notwendigerweise die Stumpfsten" seien, die solches behaupten, müßte man sich nicht weiter mit ihnen befassen, schlössen sie sich nicht „zu Gruppen zusammen, um in einem Land, das wenn er sich nur traditionsbewußt gibt, jeden Irrsinn begünstigt, öffentlich Macht auszuüben." Diese Machtausübung manifestiere sich „in den literarischen Programmen von Rundfunk und Fernsehen, den Spielplänen der Bühnen, den Kulturseiten, Feuilletonspalten und Rezensionen der Tageszeitungen, der Vergabe von Preisen und Subventionen, dem Versand von Autoren und Literaturpredigern ins Ausland […]."

---

[117] A4, hektographiert, mit Teilnehmerliste. WStLB 293749.

Die Provokation tat ihre Wirkung. Der Wiener Schriftsteller Herbert Eisenreich, selber Jahrgang wie Jandl, schon 1952 Gast der Gruppe 47 in Niendorf und seither mit Definitionen eines wahren Österreichertums unterwegs, trat in den Diskussionen laut als Jandls Widerpart auf. Handke zog sich ins Private zurück mit einer Lesung aus seinem nächsten Buch *Die Innenwelt der Außenwelt der Innenwelt*. Über Jandls Performance schrieb die von der SPÖ herausgegebene *Kärntner Tageszeitung*, dass er „seine Seifenblasen von Lautgedichten durch gekonnt-artikulierte Sprech- und Singweise zu rhythmischen Verbal-Kompositionen aufblies".[118] Die *Kulturnachrichten aus Kärnten* berichteten über die „einer Volksschulfibel entlehnten Auf- und Abbauübungen".[119]

Bald nach dem Einander-Kennenlernen in St. Veit erreichte Ernst Jandl und Friederike Mayröcker die Einladung Hans Mayers an seine neue Universität in Westdeutschland zu einer Lesung. Noch im Dezember trat Mayröcker in Hannover auf.[120] Die drei blieben einander in der Akademie in Berlin durch viele Interessen eng verbunden. Als Jandl Mayer 1997 zum Geburtstag gratulierte, erwiderte der Neunzigjährige: „Auch für mich ist die Begegnung mit Ihnen, die so erfreulich und kühn begann in St. Veit an der Glan, ein Teil meines späteren Lebens und nicht zuletzt auch meiner späten Erkenntnisse."[121]

Erstes Buch im Luchterhand Verlag: *sprechblasen* (1968)

Seit Sommer 1967 lag schon eine Auswahl von Gedichten bei Luchterhand in Neuwied. Jandl hatte sie an Otto F. Walter geschickt und als Titel „nur nur" angegeben.[122] Das Manuskript landete, wie schon 1963 *Laut und Luise*, bei der Lyriklektorin Elisabeth Borchers. Sie hatte soeben auch der Mayröcker ein Nein geschickt und ließ nun Jandl wissen: „Wie auch hier: selbstverständlich keine entschiedene, keine radikale Ablehnung, vielmehr ein Entschluß, der besagen will, da schwebt mir Besseres vor. Vielleicht

---

[118] 10.9.1968.
[119] 1968, Heft 3–4, S. 25.
[120] Bildungsdirektion Wien, Personalakt.
[121] 16.4.1997. LIT 129/B905.
[122] Siblewski 1990, S. 24–25.

später einmal wieder?"[123] Dennoch nahm Otto F. Walter „nur nur" an, bat aber um einen neuen Titel. Jandl wählte *flugschlüsse*.[124] So hieß das Buch noch im Umbruch. Erst im Juni, und wieder auf Drängen des Verlags, wählte Jandl *sprechblasen*. Er wünschte sich, obwohl er damit seine Tantiemen schmälerte, einen Verkaufspreis unter 10 DM. Die 68 Texte, die meisten aus den Jahren 1963/64, waren als Querschnitt durch das Werk gedacht, denn unter die visuellen und Lautgedichte reihte er konventionelle Formen.

Fast zugleich erschienen in diesem Herbst Jandls Gedichtband *sprechblasen* und *Laut und Luise* als Wagenbach-Quartplatte 2. Damit war Jandl endlich aus dem Winkel eines ‚poet's poet' erlöst und im Buch- und Plattenhandel in Deutschland, Österreich und der Schweiz vertreten. Mit den *Sprechblasen* kamen nun oft vorgetragene Gedichte auch schriftlich unter die Leute: die schaurig-schöne Mundmusik „im reich der toten", die Wanderung „vom vom zum zum" und der „spruch mit kurzem o".[125] Das Buch war bald ausverkauft. Jandl erwirkte 1972 eine zweite Auflage. 1979 gab er Reclam-Stuttgart die Rechte für einen Neudruck als Schulleseheft, erweitert um sechs Seiten „Autobiographische Anmerkungen".[126]

Ernst Jandl konnte sich im Herbst 1968 von der Schule kurz freimachen für eine Fahrt zur Frankfurter Buchmesse. Zu seiner Lesung aus den *sprechblasen* in der als Szenetreffpunkt bekannten Galerie von Adam Seide kamen als Zuhörer H.C. Artmann und Wolf Wondratschek.[127] Dieser 25-jährige hatte im März 1968 mit dem Gedicht „Als Alfred Jarry merkte, dass seine Mutter eine Jungfrau war, bestieg er sein Fahrrad" den ersten Leonce-und-Lena-Preis für Lyrik in Darmstadt gewonnen. Gedichte von Jandl, Wondratschek und auch Erich Fried, wenn er von Liebe sprach, füllten die erholsamen Atempausen im studentischen Klassenkampf.

---

[123] 22.9.1967. LIT 139/99, 2.4.1. Luchterhand Verlag. Sammlung Siblewski Deutsches Literaturarchiv Marbach 1.6.1967–19.12.1968 Kopien.

[124] Jandl an Lektor Wolfgang Promies 12.2.1968. LIT 2.4.1. Luchterhand Verlag. Sammlung Siblewski Deutsches Literaturarchiv Marbach 1.6.1967–19.12.1968 Kopien. Jandl an Heißenbüttel 12.5.1968. AdK Helmut-Heißenbüttel Archiv. Briefwechsel Jandl.

[125] Auf der Liste der von ihm selbst versandten 27 Dedikationsexemplare: Mayröcker Friederike Mutter und Tochter, Bruder Hermann, der Lehrkörper, Klaus Reichert, der Komponist Dieter Schnebel, die Künstlerfreunde Ian Hamilton Finlay, Konrad Balder Schäuffelen, Josef Hiršal, Gabor Hajnal, der Kleinverleger Peter Weiermair, der Germanist Reinhold Grimm, der Zahnarzt Ertl, der Schularzt Ehmsen und der Psychiater Navratil, die Freunde Helmut Moser und Martin Schilling und als Nachtrag Oswald Wiener. LIT 2.4.1. Luchterhand Verlag. Sammlung Siblewski Deutsches Literaturarchiv Marbach 1.6.1967–19.12.1968 Kopien.

[126] Stuttgart: Reclam, Universalbibliothek 9940.

[127] Wolf Wondratschek: Wie man den Jandl trifft. *Die Presse*, 18.12.2010.

In der *F.A.Z.* empfahl Frank Bernhard die *sprechblasen* allen Lesern, „die lachen wollen und können", und kreierte wahrscheinlich als erster im Feuilleton das Verbum ‚jandln' – auch das ein Vorschuss auf Jandls Popularitätskonto.[128] Raoul Hausmann schickte der *F.A.Z.* aus Limoges unaufgefordert eine Kurzrezension ein, die aber ungedruckt blieb. Der schon wackelige Schlusssatz des Dada-Methusalems: „Weich und wank wie das Wasser, in dem alles fliesst, so zeigen uns Ernst Jandl's ‚Sprechblasen' den verborgenen Sinn der gegenläufigen Uebereinstimmungen der excentrischen Empfindungen der Worte im Sprechen auf." Jetzt nahm auch *Die Zeit* Jandl wahr, zwar mit Verspätung, doch prominent auf einer ganzen halben Seite unter dem Titel „Spielgedichte zum Selbermachen".[129] Helmut Salziger, selber Schriftsteller, zog in dieser Sammelrezension von *Laut und Luise* und *sprechblasen* Linien bis zu barocker Sprachmystik zurück und meldete für die Gegenwart einen Verdacht: „Jandl scheint die Realität in erster Linie als sprachliches Phänomen zu erfahren, und das hat notwendig einen gewissen ästhetischen Immoralismus zur Folge."

Im Dezember 1968 wurde vom Schularzt das ‚klassische' Stresssymptom an Jandl diagnostiziert: ein Zwölffingerdarmgeschwür.[130] Einige Wochen blieb er zuhause, dann wurde ihm für den Rest des Schuljahrs die halbe Lehrverpflichtung erlassen. Doch die bisher großzügige Schulleitung zeigte sich misstrauisch und verlangte von Jandl nun eine Erklärung an Eides Statt, „daß er während der Dauer seiner aus Gesundheitsgründen erfolgten Lehrpflichtermäßigung keine Nebenbeschäftigung ausübe."[131] Als Jandl im März 1969 so krank war, dass er für einige Tage im März ins Wiener Allgemeine Krankenhaus musste, brachte er ein Ansuchen um ein neuerliches Karenz-Jahr auf den Amtsweg.

Am 27. April 1969 fanden in Wien Landtags- und Gemeinderatswahlen statt. Jandl versah sein Amt als Wahlbeisitzer der SPÖ in einem Lokal in einer Schule in seinem Wohnbezirk Leopoldstadt. Danach fuhr er mit Friederike zu einer Lesung bei der 20. – und letzten – Innsbrucker Jugendkulturwoche. Mit theoretischen Vorträgen traten dort die Freunde Claus Bremer, Rühm und Garnier auf. Elfriede Jelinek gewann sowohl den Preis für Lyrik (Jury: Jandl, Bisinger) als auch den für Prosa (Jury: Kolleritsch, Chotjewitz). Jandls Freund Michael Scharang bekam keinen

---

[128] Alchimie der Buchstaben. *F.A.Z.*, 17.9.1968.

[129] 28.3.1969.

[130] 7.12.1968. LIT 139/99, 2.4.1. Luchterhand Verlag. Sammlung Siblewski Deutsches Literaturarchiv Marbach 1.6.1967–19.12.1968 Kopien.

[131] 28.3.1969, Bildungsdirektion Wien, Personalakt.

Preis, doch wurde seine Che Guevara gewidmete Prosa *Verfahren eines Verfahrens* einem Preisträgerwerk gleichgestellt und zur Lesung empfohlen. Doch davon wurde Scharang nicht unterrichtet, sodass er fernblieb.[132] Das Chaos hatte schon mit der Eröffnung begonnen, als drei Künstler, voran der Komponist Giselher Smekal, die Lokalpolitiker vom Rednerpult vertrieben. Jelinek wurde danach Ziel einer Kampagne der rechtslastigen *Salzburger Volkszeitung*, wo ihr – Headline: „Die Republik fördert Obszönitäten" – Pornographie vorgehalten wurde. In der nachfolgenden Innsbrucker Reformdebatte forderte Jandl für das Jahr 1970 eine Ordnung nach seinem Sinn: Zur Auswahl der Teilnehmer seien „die richtigen Leute", „nicht solche mit einem vernebelten Kopf" beizuziehen, und er nannte Priessnitz, Scharang, Frischmuth, Falk, Handke und Bauer. Es war sein erster Versuch einer Gruppenbildung, der dann auf die Gründung der Grazer Autorenversammlung 1972/73 zulief. An die um den Weiterbestand des Festivals ringende Ingeborg Teuffenbach schrieb er: „Auf eine Teilnahme des österreichischen Rundfunks würde ich entweder überhaupt verzichten oder zumindest Wien ausschließen, solange dort Zustände herrschen wie jetzt".[133] Bessere herrschten in Hamburg beim NDR, wo Franz Hiesel aus dem Burgenland Hörspielchef war. Er monierte bei den Innsbrucker Gastgebern, dass Jandl im ORF trotz des Hörspielpreises für Kriegsblinde „auch noch heute nicht gesendet werde".[134] Im März 1970 wurden die Jugendkulturwochen für immer abgesagt.

Hörspielpreis der Kriegsblinden 1969 für *Fünf Mann Menschen*

Ernst Jandl hatte sich erstmals im April 1964 in der Hörspielszene kundig gemacht bei einem Seminar in der Österreichischen Gesellschaft für Literatur, das Franz Hiesel leitete.[135] Auch solche Schreibende, die in nicht auf Hörspiel-Aufträge abonniert waren, sollten die Gelegenheit bekommen, mit Radiogranden ins Gespräch zu kommen. Bei einem Folgeseminar im November 1966 über „Das Hörspiel österreichischer Autoren"[136] wagte

---

[132] Mitteilung von Scharang 30.1.2022.

[133] Facsimile in Riccabona 2006, S. 292.

[134] Riccabona 2006, S. 289.

[135] Otto Breicha an Jandl 23.3.1964. LIT 139/99, 2.3.3.3.

[136] Ankündigung in der *Wiener Zeitung*, 20.11.1966.

Jandl am Ende eine kritische Bilanz.[137] Von den zwölf Hörspielen, die vorgestellt wurden, hätte nur eines, *Die Weissagung* von Peter Handke[138], die Möglichkeiten der elektronischen Klangmanipulationen genutzt. Ilse Aichingers *Besuch im Pfarrhaus*, von Heinz von Cramer 1963 im SDR produziert, würdigte Jandl immerhin als „ein Stück moderner Poesie von strahlender Dunkelheit".[139] Zuletzt habe er aber den Eindruck gewonnen, „daß manche Hörspielstudios drauf aus sind, Hörspiele zu produzieren, die in möglichst reichem Maße das enthalten, was man in diesen Studios für Kriterien der Kunst hält: ‚tiefe' Probleme, eine pathetische Sprache, Verworrenes, ‚Existenzielles', philosophische Schwaden, religiöse Beigaben, Mytherei." Aber er tolerierte Kriminal-, Grusel- und Science-Fiction-Hörspiele als „Konsumartikel für die Massen der Hörer".

Für Konfrontationen dieser Art blieb Jandl bekannt – und gefürchtet. Stiernackig saß er auf seinem Sessel, den Kopf wie ein überforderter Zuhörer nach unten gesenkt, als wäre er beim Einschlafen – und wartete bis zu dem Punkt, da alles beredet und im schlampigen Konsens erledigt schien. Dann sprang er plötzlich auf und donnerte los mit einer Polemik oder Kritik, beißend hell die Vokale aussprechend, mit hochrotem Kopf und stechendem Blick.

Jandls Interesse am Radio – er hatte sich vom Ministerium eigens Urlaub für das Seminar geholt[140] – befeuerten nicht nur die breiten künstlerischen Gestaltungsmöglichkeiten im Massenmedium. Schau-, Fernseh- und Hörspiele verhießen deutlich höhere Einkünfte als Bücher mit Gedichten. Hohe Honorare und Tantiemen würde er brauchen, um sich neuerdings ein Jahr Freiheit vom Schuldienst leisten zu können. Jandls Einkünfte aus der Literatur waren von 1965, als er die Creeley-Übersetzung honoriert bekam, auf 1966 um 30 % gesunken und machten nur mehr 17 % des Jahreseinkommens aus.[141] Wie auch für den Buchverkauf hieß der Hoffnungsmarkt Westdeutschland. Anfänger im Hörspielschreiben konnten dort bei vielen Funkhäusern anklopfen – während in Wien eine Clique über die Hörspielaufträge entschied. Bei deutschen Anstalten waren Honorare in wenigstens derselben Höhe in Mark zu erwarten, wie sie in Österreich in Schilling

---

[137] „Ein Diskussionsbeitrag zum Hörspielseminar 22.–24. November 66". Jandl 2016, Bd. 5, S. 115–117.

[138] Kurz nach der Uraufführung im Theater Oberhausen 1966 vom Hessischen Rundfunk Mono mit Musik von Peter Zwetkoff realisiert.

[139] Jandl schrieb 1970 zu einer Neuausstrahlung eine Einführung. Jandl 2016, Bd. 6, S. 61.

[140] Bildungsdirektion Wien, Personalakt.

[141] Lang o. J.

bezahlt wurden.[142] Seine Rechnung ging auf. Das Hörspiel *Fünf Mann Menschen* erlaubte ihm und Friederike Mayröcker im Schuljahr 1969/70 dienstfrei zu nehmen und auf Zeit nach Berlin zu übersiedeln. Im Kalenderjahr 1969 schnellten Jandls Einkünfte vornehmlich aus der Radioarbeit auf das Doppelte seines Lehrergehalts hoch.[143]

In den Wiederaufbau- und Wirtschaftswunderjahren hatte die öffentlich-rechtliche Funkkunst in Deutschland starken Zuspruch gefunden. Die UKW-Technik steigerte seit 1949 die Tonqualität der Hörspiele im Radio. Wolfgang Borcherts *Draußen vor der Tür* (1947) und Ingeborg Bachmanns *Der gute Gott von Manhattan* (1958) blieben als Leitfossilien im akustischen Gedächtnis. Als 1963 die Stereophonie vorgestellt wurde, lief parallel dazu bereits die technische Aufrüstung mit Fernsehgeräten. Das Hörspiel verlor seither Platz im Zeitbudget des großen Publikums. Der als deutscher ‚Hörspielpapst‘ gefeierte Heinz Schwitzke, Abteilungsleiter beim NDR, schrieb 1963 in seinem Buch *Das Hörspiel. Dramaturgie und Geschichte* als Norm fest, was in allen Studios die Programme füllte: das Illusions- und Rollenspiel in akustischen Kulissen. ‚Theater für Blinde‘ nannten es seine Gegner, voran der aus Österreich stammende Medienwissenschaftler Friedrich Knilli (1930–2022) sowie Klaus Schöning, geboren 1936, Hörspielchef im WDR. Schöning löste Schwitzke als Meinungsführer ab. Auf seine Sammlung erster Texte und Partituren, die er 1969 unter dem Titel *Neues Hörspiel* im Suhrkamp-Verlag herausbrachte, geht der Name für die nun zumeist stereophon produzierte neue Radiokunst zurück. Schönings Buch war bereits *Fünf Mann Menschen* von Jandl und Mayröcker auf einer Platte beigelegt.[144] Jandl schlug später, erfolglos, die auch politisch zu verstehende Bezeichnung ‚Freies Hörspiel‘ vor.[145]

Der Bund der Kriegsblinden Deutschlands lobt seit 1952 einen Preis für deutschsprachige Hörspielkunst aus. Mit den Namen von Gewinnern wie Günter Eich, Wolfgang Hildesheimer, Friedrich Dürrenmatt, Ingeborg Bachmann und Wolfgang Weyrauch steigerte er rasch sein Renommee. Am 2. April 1969 fand die dpa-Meldung, dass Ernst Jandl und Friederike Mayröcker für ihr Gemeinschaftswerk *Fünf Mann Menschen* den Hörspielpreis der Kriegsblinden 1969 bekommen, ihren Weg in die österreichische Presse. Mit 17 von 18 Jury-Stimmen wurde das erste Mal ein Hörspiel in

---

[142] Wechselkurs ca. 1 DM = 7 ATS.

[143] Lang o. J.

[144] Schöning 1969.

[145] Drews 1983, S. 205.

Stereo gewürdigt. Die erste Reaktion in Wien: Sofort genehmigte das Schulamt Jandl ein Karenzjahr. Die Überreichung am 22. April 1969 wurde im Sitzungssaal des Deutschen Bundestags in Bonn staatsoffiziell zelebriert. Womit auch die Politik dem Neuen Hörspiel den Freiraum auftat, den es als Minderheitenprogramm brauchte. Ihre Dankesrede trugen Autor und Autorin in Doppelconférence Positionsbestimmungen vor in der vornehmlich sehr spät abends Laut gebenden Kunst des ‚Neuen Hörspiels'.[146] Jandl schickte gleich voraus, dass sich im Nachhinein nicht mehr feststellen lasse, „wo die Anteile jedes der beiden Autoren liegen". Mayröcker erinnerte an frühe Versuche gemeinsamen Schreibens: „Freilich erwies sich damals die Verschiedenartigkeit der poetischen Standpunkte als ein kaum überwindbares Hindernis. Erst eine gewisse Annäherung der beiden poetischen Zentren, welche nicht sosehr durch formale Angleichung erfolgte, als durch die Entdeckung, daß beide im gleichen Feld lagen, nämlich dem der experimentellen Poesie, versprach eine erfolgreiche Zusammenarbeit. Immer noch war es dafür notwendig, die eigene Burg zu verlassen, um sich in einer neutralen Zone zwischen den beiden Zentren zu treffen."

Fünf Mann Menschen, so Jandl, sei im Zwiegespräch entstanden: „die Vertrautheit der beiden Autoren miteinander sicherte die nötige Leichtigkeit – es gab keine Scheu, irgend etwas zu sagen – und zugleich die nötige Kontrolle –, es gab keine Scheu, zu kritisieren und zu verwerfen." Mayröcker schloss mit einer Definition für das Neue Hörspiel: „es muß akustisch befriedigen, faszinieren, reizen, d. h. der akustische Vorgang muß beim Hörer eine ganz bestimmte Reaktion hervorrufen, etwas, das in der Nähe des musikalischen Genusses liegt, aber statt von Tönen von Worten und Geräuschen ausgelöst wird."

Ernst Jandl hatte sich, mit Friederike Mayröcker zur Seite, in nicht einmal drei Jahren in der neuen Radiokunst an die Spitze hochgeschrieben; und das an Österreich vorbei, wo ein Reformgesetz 1966 dem Rundfunk zwar mehr Unabhängigkeit gebracht hatte, jedoch auf der zweiten Führungsebene die Jandl verhassten Köpfe dieselben geblieben waren. Schon 1971 wurde eine erste Bilanz schriftlich vorgelegt: Der Luchterhand Verlag druckte in einem Billigband zwei Hörspiele von Jandl, zwei von Mayröcker und vier Gemeinschaftsarbeiten.[147] In einem Gedicht, das Jandl für den Umschlag entwarf, verlangte er Lockerheit beim Hineinhören in die Sprache:

---

[146] *F.A.Z.*, 23.4.1969. *Protokolle* 1977/2, S. 278–282.
[147] Jandl u. Mayröcker 1971.

spiel	ist ein	imperativ
hör	ist ein	imperativ
hörspiel	ist ein doppelter	imperativ

„Wenn es einem Vertreter der sogenannten experimentellen Literatur gelungen ist, Hörer zu Zuhörern und Mitspielern zu machen, so ist dies […] Jandl", würdigte ihn der Bielefelder Germanist Jörg Drews, sein wissenschaftlicher Begleiter und Freund, in einem Rückblick 1983.[148] Auch Franz Mon (*herzzero*, 1962) und Gerhard Rühm (*Abhandlung über das Weltall* 1964/66) irritierten früh mit den manipulativen Mitteln der Konkreten Poesie Heinz Schwitzkes Funkbühne. Noch früher offen für Mehrkanal-Experimente waren die Tonstudios der Neuen Musik, wo bald die beim konventionellen Hörspiel übliche Arbeitsteilung zwischen Schriftstellern und Komponisten überwunden war. Vorne in der Reihe der Pioniere des Neuen Hörspiels in Deutschland stehen darum Namen wie Mauricio Kagel und – dem anglophilen Ernst Jandl näher – John Cage. Jandl wird *Silence*, das erste Buch von Cage, übersetzen und daraus „45 Minuten für einen Sprecher" in der Regie von Heinz von Cramer 1970 selber vortragen.[149] Die „45' für einen Sprecher" schrieb Cage 1954 „in Eisenbahnzügen, Hotels und Restaurants im Verlauf einer Europatournee", darin ist der Merksatz zu hören: „Kein einziger Klang fürchtet die Stille, die ihn auslöscht. Und es gibt keine Stille, die nicht mit Klang geladen ist."[150]

Für Ernst Jandl hatten sich die Mikrophone für spezielle Radiopoesie – d. h. mehr als das Verlesen von Gedichten durch Schauspieler – zum ersten Mal im Sommer 1966 in England geöffnet, dank der Hilfe von Freunden aus der Konkreten Poesie wie Mike Weaver und Bob Cobbing sowie George MacBeth. Der lud den Wiener zu seinem Radiophonic Workshop in London vom 11. bis 15. Juli 1966 ein – und finanzierte ihm damit auch die Reise zum großen Treffen der konkreten und visuellen Poeten in der Old Mill in Glocesterhire eine Woche danach. Der Schotte MacBeth, den Jandl im Kreis um Better Books kennenlernte, arbeitete seit 1955 im Britischen Rundfunk als Produzent von Literatursendungen. Ein beim Workshop aufgenommenes Band mit 13 Poems by Ernst Jandl wurde am 13. Dezember 1966 in BBC 3 vorgestellt.[151] MacBeth spielte es bald darauf Hansjörg

---

[148] Drews 1983, S. 197–214 [enthält ein ausführliches Gespräch Jandl-Drews 1978].

[149] Erstsendung 7. Februar 1971. NDR mediathek.

[150] Cage 1969, S. 78.

[151] In BBC 3 am 13.12.1966 gesendet. Enthält: „In the Country", „Longing", „Pain trough Friction", „Niagara Falls", „In the Realm of the Dead", „Rich Man, Poor Man, Beggar Man", „Prayer", „Einsamkeit – Loneliness", „War Poem – The Trenches", „Ode to N", „Talk", „Rope Ladder", „A Study in

Schmitthenner vor, einem Dramaturgen in der Hörspielabteilung des Bayerischen Rundfunks auf Besuch in London.

Schmitthenner zeigte sich besonders von der Aufnahme von „schtzngrmm" beeindruckt. Jandl hatte dafür die ganze Konsonantenreihe auf Band gesprochen. Danach wurden, so der Radiomann Schmitthenner, „die Buchstabenpartikel vervielfältigt, über- und hintereinandergelegt, in verschiedene Richtungen des Hörraums verteilt und aus unterschiedlichen Entfernungen hörbar gemacht [...] – ein Minihörspiel von 65 Sekunden. Mein Entschluss stand fest, mit Jandl zu einer Zusammenarbeit zu kommen."[152] Als Schmitthenner den viel jüngeren Wiener Dichter 1967 auch persönlich kennenlernte, schlug er ihm vor, seine Werke nicht in Mono, wie bei der BBC, sondern in München in Stereo aufzuzeichnen und so zu noch intensiverer Wirkung zu bringen.

Hansjörg Schmitthenner hatte bereits Experimente von Paul Pörtner (1925–1984) in den Bayerischen Rundfunk geschleust. Dieser damals in der Schweiz lebende Theatertheoretiker und Autor, surrealistisch und dadaistisch sozialisiert, war unter dem Spitznamen ‚Mitspiel-Pörtner‘ bekannt; sein Stück *Scherenschnitt oder der Mörder sind Sie* (1963), in dessen Ablauf das Publikum eingreifen durfte, durchlief die ganze deutsche Stadttheaterlandschaft. Seine Radioexperimente nannte er „Schallspielstudien". 1964 nahm er zum Beispiel eine kurze konventionelle Szene auf – Fieberphantasien einer Frau im Krankenbett – und modellierte daraus elektronisch Variationen, in denen die Sprache immer mehr zu Klängen und Geräuschen komprimiert wurde.[153] Pörtners Spruch „Ich vertausche den Schreibtisch des Autors mit dem Sitz am Mischpult des Toningenieurs" wurde ein Mantra im Neuen Hörspiel.

Ehe sich Jandl und Mayröcker an Hörspiele wagten, suchten sie Rat in einem Gespräch mit dem allerseits verehrten Routinier Günter Eich, als er im März 1967 zu einer Lesung nach Wien kam.[154] Die Serie ihrer 1967 bis 1969 gemeinsam entworfenen Hörspiele begann mit einer Panne. Sie schickten das ohne eine Einladung geschriebene Manuskript *Fünf Mann*

Bureaucrazy – Office with Swallows". Kopie im Nachlass Schmitthenner im Historischen Archiv des Bayerischer Rundfunks München, Nr. 9. „13 radiophone texte". 1977. Düsseldorf: S-Press-Tonband 50. 1999. Wien: Ohrbuch. Vgl. Engeler, Urs. Diskographie Ernst Jandl. www.engeler.de/jandldisko. html.

[152] Vgl. Schmitthenner 1982, S. 101.

[153] Döhl 1983 u. Döhl o. J.

[154] „Darüber etwas zu sagen. Bemerkungen zum Hörspiel ‚das röcheln der mona lisa‘". Jandl 2016, Bd. 5, S. 346–350.

Menschen im Herbst 1967 an Hansjörg Schmitthenner in den Bayerischen Rundfunk. Doch dieser war auf Urlaub, und ehe er den Text zu lesen bekam, hatten ihn die Redakteure schon abgelehnt. „Die in einem solchen Fall notwendige psychologische Einstimmung meiner Partner [Namen durchgestrichen] konnte ich darum nicht einleiten", entschuldigte sich Schmitthenner bei Jandl. „Ich bin entzückt vom Stereohörspiel. Leider am Bayr. Rundfunk nur ich. Ich halte es für ebenso stereophon wie intelligent, für ebenso literarisch wie witzig, für ebenso formal vollendet wie von ‚tiefster Bedeutung'". Auch Wolfgang Weyrauch – damals in Deutschland als Hörspieldichter auf allen Kanälen – sei seiner Meinung. „Aber vertrauen Sie mir; wenn ich es hier wirklich nicht schaffen sollte, bring ich es an einer anderen Station unter."[155]

Was die Redaktion des BR wie einen „Ulk für einen Commersabend für Studenten" weglegte, fand in Hermann Naber (1933–2012), dem Leiter der Hörspielabteilung des Südwestfunks, einen zunächst vorsichtigen Förderer: Für drei Szenen wurde eine Probeinszenierung in Baden-Baden angesetzt.[156] Rasch war klargestellt, dass die Verknappungen, Beschleunigungen, Cuts der Wörter und Syntax des mit aufnahmetechnischen Vorschriften gespickten Textes nur 10 Minuten Sendezeit hergaben. Ein Redakteur reiste darum nach Wien zu den Autoren.[157] Im Februar 1968 schickten Jandl und Mayröcker eine wortreiche Zusatzszene, in einem ‚Arbeitsamt' spielend, mit genauer Anweisung an die Regie:

„Der Text des Berufsberaters (BB) wird von einem einzigen Sprecher fünfmal möglichst gleichartig und im gleichen Tempo gesprochen. Diese fünf Aufnahmen rollen möglichst synchron auf den Pos. 1–5 ab [an diesen Positionen stehen im Raum verteilt die Mikrophone], wobei die Abweichungen das Verständnis des Textes nicht beeinträchtigen dürfen. Nach Pausen setzt die 5-fache Stimme jeweils synchron ein. Die Stimmen von BB und JM [Junger Mann] erklingen aus den gleichen Positionen, 1–5, wobei jeweils BB und JM einander auf knappe Entfernung – etwa durch ein Pult getrennt – gegenüber gedacht sind."

Am 3. Juli 1968 begann der Regisseur Peter Michel Ladiges mit den Aufnahmen der nur 14 Sendeminuten. 14 Tage habe die Einstudierung

---

[155] Undatiert. LIT 139/B1254.
[156] Schmitthenner 1982, S. 95–109.
[157] SWR Unternehmensarchiv Baden-Baden Korr. Mit Jandl – Hörspielabt. aus P 12990.

gedauert, überlieferte Schmitthenner.[158] Jandl durfte die fertige Produktion via Bandaustausch im Wiener Funkhaus im Oktober anhören. Er war unzufrieden – „Was wir an Mängeln merkten, ist auf unsere Unerfahrenheit in diesem Metier zurückzuführen"[159] – und schickte zwei Szenen neu. Zu spät! Hermann Naber tröstete Jandl mit der – entweder sachfremden oder respektlosen – Einladung, die neuen Szenen in einer nächsten Jandl-Produktion unterzubringen, sowie nach eigenen Vorschlägen im kommenden Herbst ein Hörspielseminar auszurichten. Jandl wechselte in der Folge zum WDR.

Am 14. November 1968 wurden *Fünf Mann Menschen* im SWF zum ersten Mal gesendet, zeitlich gestreckt auf einen Einstundentermin. Denn nach dem ersten Durchlauf sprach Schmitthenner einen Essay über Neues Hörspiel und das soeben gehörte Exempel, hernach wurde das Hörspiel wiederholt. „Die ‚Konkreten‘ [...] verlassen ihre geheimnisvollen Experimentierstuben; vielleicht wird tatsächlich durch sie das Hörspiel wieder belebt", deutete ein Rezensent an.[160] Als 1971 Luchterhand die Hörspieltexte von Jandl und Mayröcker druckte, stellte ihr Freund Otto Breicha[161] in einer Wiener Zeitung die Frage, wie denn der ORF bisher das Hörspielschaffen von Jandl und Mayröcker ignorieren konnte? „Der vaterländische Rundfunk schafft's. Wer selber Talent und Einfälle sprudelt, ist auf ‚Experimente‘ nebbich nicht angewiesen." Was Breicha nicht wusste: Im August 1969, vier Monate nach der Preisverleihung in Bonn, bot der Nicht-Freund Ernst Schönwiese (1905–1991) Jandl an, *Fünf Mann Menschen* im ORF zu produzieren. Jandl bat damals Klaus Schöning, seinen neuen Hörspielchef im WDR, um Rat. Dass die zwei Szenen, die er nachträglich hingeschickt hatte, nicht aufgenommen wurden, war vergessen: „Wir sind mit der Produktion des SWF sehr zufrieden. Eine Neuproduktion könnte unserer Meinung nach im besten Fall kaum ein anderes Ergebnis bringen", schrieb er an Schöning.[162] *Fünf Mann Menschen* wurde in Wien erst Ende 1972 als Übernahme aus Baden-Baden nachgeholt,[163] doch immerhin der

---

[158] Schmitthenner 1982, S. 106. Schätzlein 1995. [Jandls Veränderungswünsche fehlen].

[159] Jandl an Ladiges 20.10.68. UA_WDR 1168.

[160] *Badische Zeitung*, 21.11.1968. SWR Unternehmensarchiv Baden-Baden Pressekritiken Hörspielabt. aus P4769.

[161] *Kurier*, 15.6.1971.

[162] 19.8.1969. UA_WDR 1168.

[163] Haider-Pregler 1976, S. 666.

Text 1975 vom Unterrichtsministerium in einer Broschüre in den Schulen verbreitet.[164]

Der Sprechtext und die Regieanweisungen des Hörspiels füllen die 17 Typoskriptseiten im Verhältnis von etwa 1:1. Nicht nur die peniblen, im eigenen Schallraum Kopf ausgeklügelten Regiebemerkungen beweisen Ernsts Führungsrolle im Gemeinschaftswerk.[165] Das Thema vom Lebensanfang zum Tode, mit dem harschen Schluss ohne Frage nach dem Danach, flackerte schon oft in Gedichten auf. In seiner Collage *szenen aus dem wirklichen leben* für die Wiener Festwochen schob er zwei Menschen über ihre Lebensschiene. Auch *Fünf Mann Menschen* ist ein solches Stationendrama, fünfmal maskulin, begleitet von fünf Frauenstimmen in der subalternen Funktion von Säuglingsschwestern. Beginn und Schlussszene in der Gebärklinik gleichen einander aufs Wort. Denn das Lebensrad – in der westlichen Ikonographie oft ident mit dem Glücksrad – dreht sich ohne Ende weiter. Das Männerleben wird verfünffacht, und damit beliebiger Vervielfältigung anheimgestellt, durchgespielt – bis zum Tod vor dem Erschießungspelleton.

Als „einen parabelartigen Ablauf, ein Gleichnis für menschliches Leben" beschrieb Jandl das Werk Jahre später. Doch dieses Leben hat konkrete Orte. Die Erziehung daheim militaristisch, in der Schule mit Ohrfeigen, die Berufswünsche unerfüllt, Drill in Uniform, Arbeitslosennot, Standgericht, Tod: Österreich in den Jahren zwischen den Weltkriegen ist assoziativ aufgerufen: die Putschversuche der Linken und Rechten 1934, die Exekutionen von Aufständischen, das Auffiebern des Nationalsozialismus bis zum erzwungenen ‚Anschluss' ans Deutsche Reich 1938. Eine Marschkolonne singt das Volkslied „Schwarzbraun ist die Haselnuss" mit der Refrainzeile der Hitler-Jugend: „schwarzbraun muß mein Mädel sein / gerade so wie ich". „Scheiße", widerspricht einer der Marschierenden, einer wie Jandl, worauf die ganze Gruppe bestraft wird.

Die politischen Anker machen *Fünf Mann Menschen* zum österreichischen ‚Nationaldrama' im Kleinformat mit dem großen Thema Bürgerkrieg, das in den Nachkriegsjahren von allen politischen Lagern zugunsten einer – nie ganz vollzogenen – ‚Aussöhnung' von Rot und Schwarz weggeschoben wurde. Jedoch beschränkten sich die Kritiken nach der Sendung auf den formal-technischen Zugewinn für die Gattung Hörspiel und blendeten diesen historischen Hintergrund aus. 1995, und somit zeitlich schon weit entrückt, beendete Helmut Heißenbüttel einen Kommentar zu *Fünf*

---

[164] Jandl u. Mayröcker 1975.
[165] Auch in Pauler 2010, S. 147–151.

Mann Menschen mit der von ihm als „Überraschung" eingestandenen Beobachtung: „Wer will, kann das Ganze auch als einen großen Spaß auffassen, der allerdings bin an die Grenzen des Makabren geht."[166]

Jandl und Mayröcker bei Klaus Schöning im WDR in Köln

Jandls nächster Partner saß im Westdeutschen Rundfunk in Köln. Dort durfte der ‚Gegenpapst' Klaus Schöning als Dramaturg Aufträge für eine Experimentalschiene im Dritten Programm vergeben. Er hatte schon Peter Handke dafür gewonnen. Dessen *Hörspiel*[167] lief in Köln schon drei Wochen vor *Fünf Mann Menschen*, die erst im November 1968 aus Baden-Baden erstgesendet wurden. Zur selben Zeit nahm Schöning in Köln *Der Gigant*[168] von Jandl und Mayröcker an, für ein Honorar von 3500 Mark. Sie hatten das Hörspiel unmittelbar nach *Fünf Mann Menschen* geschrieben, in einem Sommerferienmonat 1967 in Mitterbach am Ötscher in Niederösterreich.[169]

„Im Gegensatz zu den skelettierten Szenen ‚Fünf Mann Menschen' sollte beim *Giganten* auf eine gewisse Üppigkeit nicht verzichtet werden", bat Jandl.[170] Das für ein Halbstundenformat geplante Manuskript vertraute Schöning demselben Regisseur an wie den Handke-Erstling: dem in Italien lebenden Heinz von Cramer. Über Cramer ist überliefert, er habe eine Assistentin zum Fleischer einkaufen geschickt, als in Handkes Debüt-Hörspiel drei Kilo rohes Fleisch auf den Boden fallen sollten.[171] Nun hatte sich die Regie neuerdings um rare O-Töne als Collagematerial zu bemühen. *Der Spiegel* berichtete in seiner ersten Zusammenschau 1969 auf die in deutschen Funkanstalten aufblühende neue Stereokunst: „Im Hörspiel *Der Gigant* müssen fünf Kuhhirten das Wort ‚Melk' phonetisch und rhythmisch variieren, dazu werden Melk- und Stallgeräusche und das Klatschen von Kuhschwänzen und das Geläut von Kuhglocken eingeblendet, im Finale, zu

---

[166] Heißenbüttel 1996, S. 63.
[167] Nachdem Handke ein weiteres Hörspiel vollendet hatte, wurde es als *Hörspiel Nr. 1* benannt.
[168] Jandl u. Mayröcker 1971, S. 41–55.
[169] Mitterbach am Ötscher. Ansichtskarte an Bohumila Grögerová 25.7.1967. PNP Prag-Strahov.
[170] UA_WDR 11680.
[171] Nachruf von Frank Olbert im Deutschlandfunk, 18.4.2009. https://www.deutschlandfunk.de/der-regiegigant-100.html.

Trommelwirbeln und Peitschenknall, flüstern und schreien drei stereophon postierte Chöre pausenlos das Wort ‚Baumwolle'."[172]

Das Hörspiel *Der Gigant*, so Jandl im Beipacktext, sei „wiederum eine Menschheitsparabel, diesmal mit einem positiven Ausgang",[173] es entwerfe „einen Menschheitsmythos, der in der Vereinigung aller Menschen in einem Riesenorganismus gipfelt, dessen Ziel wird, nach gewaltsamer Befreiung, durch Liebe erreicht."[174] Wie bei *Fünf Mann Menschen* ist evident, dass Ernst der kreative Taktgeber war; mit einer alten Idee, denn die dominierenden Motive deuten zurück auf das Ballett-Libretto *Selfmademan*, das er zehn Jahre zuvor für seinen Komponistenfreund Paul Fürst entworfen hatte. Hier wie dort ist ein ‚Erlöser' aus kolonialistisch gefärbter Zwangsherrschaft zur Titelfigur erhoben, stöhnen Sklaven und marschieren Soldaten, symbolisiert Milch das von Schmutztieren – dort Läuse, hier Stechfliegen, allemal Nazis – bedrohte Leben. Das Ungeziefer zwingt in beiden Texten zum anhaltenden „Sich kratzen" (die Soul-Nummer „Scratch My Back" von Otis Redding nennt Jandl als neue Inspiration).

Der Mythos vom *Giganten* beginnt mit einem von einem Köhler aus der Winterkälte geborgenen Findelkind. Eine schwarze Sklavin trägt den Säugling bei der Arbeit auf einem Baumwollfeld auf dem Rücken mit sich. Der Peitschenhieb eines Aufsehers tötet es, doch die Mutter haucht ihm neues Leben ein. Jandl: „… es wächst zu gigantischer Größe und Kraft an. Dieser Gigant tötet den Aufseher, befreit die Unterdrückten und nennt seinen Namen. Als ‚Abraham Cassius Clay Lincoln' wird er von den Befreiern gefeiert." Dem farbigen Schwergewichtsboxer Cassius Clay, seit 1964 mit dem Namen Muhammad Ali, wurden 1967 die Weltmeistertitel aberkannt, als er aus religiösen und politischen Gründen den Militärdienst verweigerte. Jandl erhob ihn zum Sohn des Altvaters der USA – Jandls Beitrag zu den Protesten gegen den Vietnamkrieg!

An der Produktion in Köln konnte Jandl nicht teilnehmen. Das Zwölffingerdarmgeschwür zwang ihn in den Krankenstand. Am 24. April 1969 wurde *Der Gigant* in Deutschland gesendet, zwei Tage nach der Überreichung des Kriegsblindenpreises.[175] Alle westdeutschen Landesstudios nominierten diese WDR-Produktion als deutschen Beitrag für den Prix Italia.

---

[172] 3.8.1969.

[173] „Einführung zum Stereo-Hörspiel ‚Der Gigant'". Jandl 2016, Bd. 5, S. 336.

[174] „Einführung zum Stereo-Hörspiel ‚Der Gigant'". Jandl 2016, Bd. 5, S. 337.

[175] Die Angabe in Jandl u. Mayröcker 1971, S. 152, ist falsch. Schon im Herbst 1968 erschien der Text in den *manuskripten* 22/1968, S. 11–14.

Jandl und Mayröcker hatten im Sommer 1969 die Schule hinter – und wenigstens 14 Monate freier Zeit vor sich. Sie besuchten Anfang Juli in Köln den *Akzente*-Herausgeber Hans Bender und den WDR.[176] Von dort kamen sie mit dem Auftrag, ein Hörspiel zu schreiben, heim. Jandl schickte jedoch vorab den Text seines 1957 geschriebenen Hörspiels *die auswanderer* nach Köln. Schon wenige Wochen folgte aus Rohrmoos ihr „neues Stereo-Hörspiel *SPALTUNGEN*". Diese Gemeinschaftsarbeit schickten sie gleich auch an Heinz von Cramer nach Italien.[177] Jandl bot sich an, die Rolle des ‚Mannes' selber zu übernehmen.[178] Noch ehe der WDR für *SPALTUNGEN* eine Zusage schickte, kam schon aus Wien ein weiterer gemeinsam verfasster Hörspieltext: *Gemeinsame Kindheit*. Jandl drängte auf eine Entscheidung. Sie kam postwendend im November 1969: Beide Stücke wurden akzeptiert und für 1970 ins Programm genommen. Als der März 1970 als Produktions-termin für *SPALTUNGEN* feststand, verschob das Autorenpaar seinen Umzug nach Berlin um zwei Monate, auf Ende Mai.

Doch zuvor nahm der Regisseur Raoul Wolfgang Schnell noch *die aus-wanderer* auf. Ernst Jandl hatte sie im Mai 1957, mit dem Untertitel „ein groteskes spiel um die jahrhundertwende", vergebens dem Wiener Rundfunk angeboten. Darin setzte er den nautischen Phantasien H.C. Artmanns – in denen Kapitäne schwedischer oder englischer Zunge in pompösen Gala-uniformen Zauberinseln ansteuern – ein mit Lautpoesie animiertes und doch naturalistisches Abbild einer Substandard-Behausung entgegen, ein Ambiente wie in der Zentagasse, wo er bei Friederike Mayröcker wohnte, mit störendem Kindergeschrei, Mäusen im Haus und der Katze am Sofa. En passant nennt er darin Wilhelm Raabe, den Meister sozialkritischer Pastelle, beim Namen. Der Traum der Auswanderer von einem anderen Leben ver-flackert, die Flucht zu Schiff scheitert. Zuletzt hören sie wieder dasselbe wie bisher: „die klingel eines eismannes / das weinen eines säuglings / brausend: das geräusch zahlreicher schreibmaschinen."[179] Das 27 Minuten lange Werk ging noch im Februar 1970 im WDR auf Sendung.

Das eine Viertelstunde lange Stück *SPALTUNGEN* folgte im Äther Ende April. Die Autoren bezeichneten es im Textbuch als „ein nicht-religiöses Mysterienspiel, ausgeführt mit den Mitteln der konkreten Poesie. Die ein-

---

[176] An Hans Bender, 28.6.1969. Höllerer-Archiv Sulzbach 01AK, EJ.
[177] 8.8.1969. LIT 139/B220.
[178] AU_WDR 11681.
[179] Jandl u. Mayröcker 1971, S. 7–21.

zige Figur des Stückes, der MANN, ist völlig auf sich selbst bezogen und steht daher für alle."[180] Er offenbart gespaltenes Bewusstsein, wenn er sich zugleich als „glücklich" und „traurig" vorstellt. In keinem anderen ihrer Hörspiele sind die Regieanweisungen so umfangreich und genau elaboriert. Solo und mit Chören, von Frauen und gemischt, werden Aggressionen und Selbstbezichtigungen durchgespielt: „Kusch! Schwein! Hund! Saukerl!" Danach „Geräusch wie Küsse in die Luft". Wird ein Lautteppich aus „s" um das Wort AMEN gewoben, wird daraus „Samen". „LEBE!" erschallt als Imperativ. Nichts und Alles, Sonne und Nacht prallen aufeinander. Das Wort „Nacht" mutiert zu „nackt" – worauf ein Mädchenlachen folgt. Dazwischen das Geratter automatischer Waffen. Ein Schlussbild wie Carraccis *Leichnam Christi* in der Stuttgarter Staatsgalerie wird evoziert mit einem Mann nackt auf einem Katafalk, der bekennt „Ich war eingehüllt – ich war Fleisch – ich war Seele – ich war Mensch", worauf, wie in einer Litanei, jedes Mal – Versprechen oder Vollzugsmeldung? – folgt: „ich werfe es ab". So monoman konnte nur in einem der beiden Autorenköpfe komponiert worden sein: dem Jandls. Und mit einem Bandgerät daheim zum Ausprobieren der Effekte.

„Das war das Hörspiel, bei dem wir am weitesten auseinandergegangen sind", berichtete Friederike Mayröcker in einem Interview mit Bodo Hell 1990.[181] Auch sie spielte mit dem Tod. Zur selben Zeit, da Jandl in Köln sein Lebensmonodram aufnahm, schrieb sie ein eigenes Erinnerungsprotokoll: *Anamnese*.[182] Hans Heinz Hahnl, Kritiker der Wiener *Arbeiter-Zeitung*, las daraus ein „katholisches Bet- und Bittritual".[183] Hier wird eine ‚sterbende weibliche Stimme' mit Zurufen ihr freundlich Gesonnener begleitet, darunter von einem Mann mit Namen ‚Svab'; in ihm ist der Prager Psychiater Dr. Ludvik Šváb erkennbar, der Jandl immer wieder Tabletten reichte.

In einer Zusammenarbeit, in die Jandl und Mayröcker gleich viel Erinnerungspartikel einbrachten, entstand im Herbst 1969 *Gemeinsame Kindheit*. In einem dem Sender mitgelieferten Pressetext erklärten sie:

---

[180] Jandl u. Mayröcker 1971, S. 57–78.

[181] Schmidt S.J. 1990, S. 151.

[182] Jandl u. Mayröcker 1971, S. 135–141. Datiert „Wien, im März 1979". Vom SDR mit Radio Bremen in der Regie von Heinz von Cramer produziert, zusammen mit den ebenfalls im März 1970 verfassten *Botschaften von Pitt*.

[183] 12.9.1971.

„Das Material für dieses Hörspiel wurde auf zweifache Weise erarbeitet. Vier Stunden lang wurde über dieses Thema [...] auf Band gesprochen. Arbeitsgang 2 bestand in der gemeinsamen Konstruktion von je zehn Szenen aus der Kindheit jedes der beiden Autoren. [...] Im Endergebnis besitzt dieses Spiel doppelte Realität: die Realität erinnerter Kindheit, und die Realität einer Beziehung zwischen zwei Erwachsenen [...]."[184]

Nicht die schönsten der Stunden ihrer Kindheit in derselben Stadt zur selben Zeit drängten sich beim Sich-Erinnern nach vorne, sondern Ängste und Verletzungen, Zank der Eltern, Existenzsorgen. Der Vater Mayröcker scheitert in den dreißiger Jahren als Weinhändler und Taxiunternehmer. Großvater Jandl verstört durch Grobheiten. Mit der 39-Minuten-Produktion des WDR in der Regie von Raoul Wolfgang Schnell waren die Autoren „nicht ganz einverstanden", ließen sie Schöning Jahre später wissen.[185] Vielleicht weil die Töne des Erwachsenenpaars routiniert frivol und lasziv und bar jeder intellektuellen Tiefe gesprochen wurden.

Ernst Jandl erklärte 1978 im Gespräch mit Jörg Drews: „Mit dieser Arbeit an der *Gemeinsamen Kindheit* war ich selbst dann an ein Ende gekommen, von dem ich nicht wußte, ob diesem jemals wieder ein Anfang von Arbeit am Hörspiel folgen würde. Meine Antwort auf diese Situation war dann das ganz skelettierte Hörspiel *Der Uhrensklave*,[186] das nahezu keinen Text enthält."[187] In diesem „Experiment mit der Zeit",[188] vom Süddeutschen Rundfunk in Stuttgart produziert, sind drei Sprecher in unterschiedlichen Rhythmen positioniert. Der erste trägt monoton Nachrichten aus einer Stuttgarter Zeitung vor, der zweite mischt in getaktete Geräusche nach vielen Fragen nach einem „wann" die befreiende Antwort „jetzt", der dritte zählt die Sekunden bis zum Ende nach zwanzig Minuten.

Während Jandl sein Solo *Der Uhrensklave* im Herbst 1969 in Berlin zu Papier brachte, kam ihm die Idee, wiederum mit Fritzi ein Hörspiel zu versuchen. Er brauche dafür, schrieb er Schöning, „ein Magnetophon, das man mit sich tragen kann, [...] Gespräch oder Teile davon sowie Geräusche aufzunehmen und diese für das Hörspiel auszuwerten bzw. Teile davon als Band in ein Hörspiel einzubauen". Der WDR soll ihnen ein solches leihen.[189]

---

[184] *Protokolle* 1977/2, S. 288.
[185] Mayröcker an Schöning 15.1.1974. UA_WDR 11687.
[186] Jandl u. Mayröcker 1971, S. 115–125.
[187] Drews 1983, S. 206.
[188] Schöning 1983, S. 215–227.
[189] 11.10.1970. AU_WDR 11683.

Jandl wäre im Trend gelegen. Damals drängten schon sozialkritische Realisten mit ihren Forderungen nach Original-Tönen in die Hörspielredaktionen. Diese O-Ton-Sammler sollten experimentelle Autoren verdrängen. Doch Jandl hatte wohl gedacht, sich in Gemeinschaftsarbeiten in der Berliner Exilanten- und Stipendiaten-Szene einzukuppeln. Keine geriet üppiger als die Off-Produktion, mit Aufnahmen in verschiedenen Wohnzimmern, *AUA 231* von Gerhard Rühm und Urs Widmer.[190] In diesem 37-Minuten-Hörspiel wird eine Flugzeugentführung durch Südtiroler Terroristen durchgespielt – mit Ernst Jandl als dozierendem ‚Stilduden‘ und ‚Frau Mayröcker‘. Weitere Namen auf der Passagierliste der österreichischen Maschine: Anni und Günter Brus, Karlheinz Braun, Wolfgang Wiens, Klaus und Monika Reichert, Christian Ludwig Attersee, Gerald Bisinger, H.C. Artmann, Oswald und Ingrid Wiener mit dem Maler Michel Würthle, ab 1972 ihr Partner im Szenelokal ‚Exil‘.

Der Uhrensklave war für Jandl „eine Art Endspiel", das er auch einmal bezeichnete als „hörspiel to end all hörspiels‘".[191] Doch im Februar 1970 hieß es wieder zurück an die Nulllinie der Hörspielarbeit. Denn Hansjörg Schmitthenner wollte endlich die 1967 nach seiner London-Reise angedachte Stereo-Produktion mit Lautgedichten verwirklichen. Jandl lieferte dafür bald den Titel *das röcheln der mona lisa*. Der beziehe sich, schrieb er dazu, „auf das für schön Gehaltene [i.e. Leonardos Gemälde], und zugleich auf das Sterben".[192] Ein vorangestellter Slogan, ein Fundstück aus der Werbung, sollte ebenfalls desillusionieren: der Appell „Schöner sterben!" Dennoch zeigte sich Jandl vom Projekt noch nicht überzeugt:

> „Erschwerend wird die Sache für mich dadurch, daß mir meine Arbeit am Lautgedicht praktisch abgeschlossen scheint – ich schrieb 1967 noch einige, die mir zeigten, daß hier eine Grenze erreicht war, 1968 ein einziges, und seither keines mehr. Mit dem Schwinden des Interesses am zu sprechenden Gedicht hat auch mein Interesse am Vortrag von Gedichten, vor allem in Lesungen, abgenommen, so daß ich heute fast alle Einladungen, vor Publikum zu lesen, ablehne. […] Jedenfalls bedeutet diese Veränderung, daß ich […] nur auf früheres zurückgreifen kann […]."[193]

---

[190] 33 Minuten, vom WDR am 21.10.1971 gesendet.

[191] Drews 1983, S. 206.

[192] „Darüber etwas zu sagen. Bemerkungen zum Hörspiel ‚das röcheln der mona lisa‘". Jandl 2016, Bd. 5, S. 347.

[193] 16.2.1970. BR, Historisches Archiv, HF/7345.

„Das geschah", schrieb Jandl in erläuternden Bemerkungen, die er sieben Jahre später dem ersten Abdruck des Texts in den *Protokollen* mitgab, „in bewährter Art mit Wühlen in Vorräten: den eigenen Büchern und Manuskripten, den Abfallhaufen von Einfällen, Notizen und Gekritzeltem; man kann ebenso sagen: dem eigenen Leben, nämlich soweit dieses ‚zu Papier gebracht wurde'".[194] Im April 1970 traf man sich in Wien zur Fertigstellung des Szenarios und in München zur Aufnahme, mit Jandl als Sprecher und Regisseur.[195] In Köln wurden zur selben Zeit Jandls alte *auswanderer* ohne ihn einstudiert. Am 13. November 1970 kam *das röcheln der mona lisa. ein akustisches geschehen für eine stimme und apparaturen*, 25 Minuten lang, erstmals aus dem Radio. Der Luchterhand Verlag veröffentlichte es auf Drängen des dort neuen Lektors Klaus Ramm 1971 auf einer Schallplatte, zusammen mit einem Hörspiel von Heißenbüttel.[196]

das röcheln der mona lisa beginnt und endet mit demselben Gedicht:

ich dir machen an mir
halsüberraschung

ich dir machen an mir
sprachüberraschung

ich dir machen an mir
farbüberraschung

ich dir machen an mir
temperaturüberraschung

Der Gedichttitel sollte erst 1985 in der ersten Gesamtausgabe von Jandls Werken preisgegeben werden: „selbstmorddrohung".[197] Wäre er den vier Zweizeilern vorangestellt, hätte der Hörer sofort einen Toten am Strick als Bild vor sich. Jandl aber wollte, dass sich das Geschehen erst vom Ende her nacherzählen lässt, wenn er „kaaaaalt" schreit und mit diesem einen Wort die „temperaturüberraschung", das ist der Tod, erklärt.

„Jandl selbst spricht das ganze Stück: mit dem Tonfall beißender Lustigkeit, desperater Schärfe, insistierendem Hohn", erinnerte sich Franz Mon.[198]

---

[194] 1977/2, S. 244.

[195] LIT Taschenkalender.

[196] Deutsche Grammophon 1971.

[197] Datiert 29.12.1968. Jandl 2016, Bd. 2, S. 669.

[198] Mon 2016, S. 413.

Er widmete diesem Hörspiel zu Jandls 65. Geburtstag eine ausführliche Analyse und bot dabei eigene Varianten des Titels an: „Das Löcheln der Mona Lisa / Das Rächeln der Mona Lisa".[199] Mon zum Nebeneinander eines „ho ho ho-tschi-minh"-Chores und den mittelalterlichen Liebesversen „du bist min / ich bin din": „Sie haben im Grunde oder von Hause aus nichts miteinander zu tun: deshalb passen sie ausgezeichnet zueinander".

Kurz nach der Erstausstrahlung von *das röcheln der mona lisa* am 13. November 1970 kam Jandl am 2. Februar 1971 noch einmal solo über den Äther: als Sprecher seiner Übersetzung von John Cages *Silence*. 1974 schickte Klaus Schöning vergebens Jandl eine Einladung zu einer neuerlichen Zusammenarbeit.[200] *die humanisten* wird Jandl 1976 für die Festivalbühne des ‚steirischen herbsts' schreiben, und ebenso 1979 die Sprechoper *Aus der Fremde*. Beide Theatertexte schickt er schon vor den Uraufführungen auch zu Schöning nach Köln, und beide werden auch als Hörspiele produziert.

Friederike Mayröckers erstes eigenes Hörspiel in einem deutschen Sender lief im April 1969 über RIAS Berlin: *Möwenpink oder 12 Häuser*, ein experimenteller Text als Auftragswerk.[201] Ehe sie Ende Mai 1970 mit Ernst nach Berlin aufbrach, schickte sie an Schöning die Hörspielmanuskripte *Arie auf tönernen Füszen*,[202] *Die Grasnarbe*[203] – mit Bezug auf die Weltausstellung 1970 in Osaka – und *Wege ins Lappenland*.[204] Nur die *Arie auf tönernen Füßen*, 20 Minuten lang, kam in der Regie von Heinz von Cramer ins WDR-Programm. Aus Berlin bekam Schöning noch Mayröckers *Tischordnung*, die Friedhelm Ortmann inszenierte und der WDR im Oktober 1971 ausstrahlte. Mit dem von ihr bevorzugten Heinz von Cramer konnte sie ihre Zusammenarbeit fortsetzen, als der Süddeutsche Rundfunk in Stuttgart 1970/72 ihre Hörspiele *Botschaften von Pitt*, *Anamnese* und *Schwarmgesang* annahm. Sie blieb im Radio präsenter als Jandl: Bis 2011 produzierten deutsche Funkanstalten nach ihren Textvorlagen über 30 Sendungen.[205]

---

[199] Mon 1990, S. 137.

[200] AU_WDR 11687.

[201] „Zu Friederike Mayröckers Hörspiel ‚Zwölf Häuser – oder: Möwenpink'". Jandl 2016 Bd. 6, S. 55–58 [Vorgetragen am 21.1.1970 in der Österreichischen Gesellschaft für Literatur, wo auch *Fünf Mann Menschen* und *Der Gigant* abgespielt wurden].

[202] Erstsendung 3.12.1970. In *Protokolle* 1975/2, S. 162–174. Nicht ident mit dem drei Seiten füllenden Szenario mit demselben Titel in Mayröcker 1972.

[203] Nicht produziert.

[204] Nicht produziert. Manuskript in AU_WDR 11682. Text nicht in Mayröcker 1978.

[205] ARD Hörspieldatenbank https://hoerspiele.dra.de.

Im Jahr 1966 hatte Jandl, wie erwähnt, aus einem Hörspiel-Seminar der Gesellschaft für Literatur Anregungen und Kontakte mitnehmen können. Nach der Gründung der Grazer Autorenversammlung 1975 sollten deren Mitglieder ebenfalls von einem Meinungsaustausch mit Rundfunkleuten und Medienwissenschaftlern profitieren. Ihre Tagung ,Neues Hörspiel' vom 24.–26. Oktober fand im Museum des 20. Jahrhunderts statt – unmittelbar vor der ebenfalls von der GAV gestalteten Ausstellung ,Kunst aus Sprache'. Die Vortragenden reisten aus Deutschland an: Pioniere des Neuen Hörspiels wie Paul Pörtner und Gerhard Rühm, der damals neue NDR-Hörspielchef Heinz Hostnig und der Verleger akustischer Poesie Nikolaus Einhorn. Den ORF ließ Ernst Jandl mit Bedacht nicht einladen.

Zwanzig Jahre nach dem Lorbeer der Kriegsblinden wurde Jandl ein zweiter Preis nachgereicht: der Große Hörspielpreis des Frankfurter Vereins für Künstlerhilfe. Jörg Drews, lange schon Professor in Bielefeld, befand in seiner Laudatio:[206] „Die Epoche des sogenannten ,Neuen Hörspiels' mag heute Historie sein, Jandl aber sitzt im höchsten Rang seiner Exponenten. Eines ist sicher von ihm zu lernen, daß Radikalität und Unerbittlichkeit gegen sich selbst eines der wichtigsten Erkenntnisinstrumente eines Künstlers sind."

---

[206] *Süddeutsche Zeitung*, 21./22.10.1989.

Kapitel 6:
Westberlin, das Schaufenster der Künste

Wien in Ruhe 1968

1968 war das Jahr der Studentenrevolten mit Brennpunkten Paris, Westberlin und Frankfurt am Main. In Österreich blieb es auf den Straßen ruhig. Nur einige hundert Hochschüler, denen die SPÖ unter Bruno Kreisky zu sehr verbürgerlicht war, störten in Wien den Aufmarsch ihrer Partei zum 1. Mai. Ab dem 21. August stand das Land im Bann des Einmarschs der Warschauer-Pakt-Truppen in die Tschechoslowakei. Alte Ängste aus den Jahren der sowjetischen Besatzung wurden wach. Österreich hielt die Grenzen für Flüchtlinge offen. Das Büro der Österreichischen Gesellschaft für Literatur im Palais Wilczek nutzten 200 Intellektuelle aus der ČSSR als erste Hilfsstation.[1] Reinhard Döhl eilte aus Stuttgart in Sorge um die Prager Stützen der Konkreten Poesie Hiršal und Grögerová nach Wien; doch die beiden entschieden sich für eine Rückkehr in die ČSSR.

Im April 1968 nutzte der Lyriker Oskar Pastior eine Einladung nach Wien zum ‚Absprung'. Als Siebenbürger Sachse, 1927 in Sibiu/Hermannstadt geboren, war er zuletzt Redakteur bei der deutschen Abteilung des Rumänischen Rundfunks. Er erweckte den Anschein, er wolle in Wien sesshaft werden. Doch überraschte er seine Helfer schon nach wenigen Wochen mit seiner Weiterreise nach Westdeutschland. Von Ernst Jandl bekam er Empfehlungen zu Hans Bender, Karl Krolow, Walter Höllerer und Konrad Balder Schäuffelen mit, der damals am Max-Planck-Institut für Psychiatrie

---

[1] Mauer 2020, S. 389.

© Der/die Autor(en), exklusiv lizenziert an Springer-Verlag GmbH, DE, ein Teil von Springer Nature 2023
H. Haider, *Ernst Jandl 1925–2000*, https://doi.org/10.1007/978-3-662-66639-5_7

in München arbeitete.[2] Pastior machte sich ab 1969 in Westberlin einen Namen in der experimentellen Literatur, wurde 1973 Kollege von Jandl im Luchterhand Verlag, 1977 auch im Colloquium Neue Poesie in Bielefeld und 1984 in der Berliner Akademie der Künste. Er füllte den Platz des genialen Bohemiens aus der Fremde aus, den H.C. Artmann 1969 in Berlin freimachte. Erst zehn Jahre nach Jandls Tod wurde bekannt, dass Pastior in Rumänien die Securitate mit Informationen beliefert hatte.

Die Debatten der Linken fanden in Wien ihren Platz in der politischen Monatsrevue *FORVM,* seit Mai 1968 *NEUES FORVM,* geleitet von Günther Nenning, und mit einer weit höheren Auflage als die *manuskripte* und *Protokolle.* Nenning, seit 1960 Vorsitzender der Journalistengewerkschaft, öffnete 1967 seine Zeitschrift weit für Texte der Wiener Gruppe und auch für Entdeckungen aus der Generation der Nachkriegskinder wie Reinhard Priessnitz, Heidi Pataki, Werner Kofler. Gedichte von Jandl und Mayröcker druckte er erst 1969.[3] Oswald Wiener verteidigte in *NF* die Wiener Gruppe gegen Attacken des Kärntner Schriftstellers und Radiomanns Humbert Fink.[4] Allerdings grenzte er sich dabei unfreundlich gegen Jandl ab, als er darauf pochte, dass „die arbeiten der ‚wiener gruppe‘ weit über den relativ engen horizont der ‚konkreten poesie‘ hinausreichen" – weshalb er darum Gerhard Rühm davor gewarnt habe, „mit gomringers konkreter poesie allzu enge verbindung einzugehen."

Nenning warb vor den Nationalratswahlen am 1. März 1970 für ein Volksbegehren gegen das Bundesheer, und damit gegen die Wehrpflicht. In Jandl fand er keinen Unterstützer. Stattdessen forderte Jandl zwei Wochen vor den Wahlen für jede Schule einen Leseraum als Freihandbibliothek, wo jeder „nach Belieben stöbern, jedes Buch zur Hand nehmen und es jederzeit weglegen" kann.[5] Dem sogenannten ‚Jugendbuch‘ sagte er den Kampf an: „es hat weder mit Kunst noch mit Pädagogik zu tun, sondern ist einfach ein Kommerzartikel". Zugleich warnte er vor „Manipulatoren einer gleichgeschalteten Gesellschaft", die ihr System gefährdet sehen „durch den Anspruch der modernen Kunst auf einen Bereich, wo ohne Lenkung von außen immer wieder neue Modelle von Freiheit entstehen [...]", und denen bedrohlich erscheinen, „daß Kunst zu einem Muster für Gesellschaft

---

[2] An Jandl 12.6.1968. LIT 139/B1046; Jandl an Pastior 25.6.1968. LIT 139/B2130.

[3] 16. Jg., Heft 181, Januar 1969, S. 35 u. Heft 184/I, April 1969, S. 281.

[4] 15. Jg., Heft 171/172, März-April 1968, S. 241. Der militante Konservative Fink gründete 1976 mit Marcel Reich-Ranicki und dem gegen Engagement und Experimente gerichteten Motto „Es wird wieder erzählt" das alljährliche Ingeborg-Bachmann-Wettlesen in Klagenfurt.

[5] Jandl 1970b.

werden könnte, einer Gesellschaft, in der zahlreiche gleichzeitig daran sind, sich jeder sein eigenes Modell von Freiheit zu zimmern." Mit seiner Interpretation von Dichtkunst „als fortwährende Realisation von Freiheit" provozierte Jandl Kritik aus der dogmatischen Linken – freilich auch Zustimmung in brillanter Dialektik. Im *NEUEN FORVM* antwortete ihm der Physiker und Schriftsteller Michael Springer:

> „Allein schon J.s Infantilismus, der bei einem Gedicht befreiend wirkt und bei einem ganzen Band anödet, dies ‚spielerische Hantieren',[6] das die Sprache auseinandernimmt wie das Kind die Puppe und Buchstaben wie Sägemehl entdeckt, setzt J. außerstande, als so was wie der Prototyp des ‚neuen Menschen' dazustehen. Tatsächlich gibt J. viel mehr her, wenn man ihn, statt als frühen freien Menschen, als parodistischen Spiegel der Lage sieht. Dann entdeckt man nämlich in seinem Infantilismus die Travestie unserer politischen Unmündigkeit, in den öden Buchstabenlandschaften seiner Gedichte die blöden Wüsten der Wohnfabriken, Parkplätze und ‚modernen' Innenarchitekturen, und in den sinnarmen Wiederholungen einzelner Wörter die identische Wiederholung der Arbeitstage. [...] Also nicht als ‚eine fortwährende Realisation von Freiheit' ist J.s Kunst befreiend, sondern als momentane Realisation der Unfreiheit."[7]

Günther Nenning und ein Gutteil der jungen Stammschreiber im *NEUEN FORVM* wurden Gründungsmitglieder der von Ernst Jandl 1973 als Antwort auf den konservativen Österreichischen PEN-Club formierten Grazer Autorenversammlung.

Jandl und Mayröcker und viele ihrer Künstlerfreunde waren Stammgäste bei den Vernissagen in der Galerie nächst St. Stephan von Otto Mauer, doch auch von diesem erst spät wahrgenommen. Monsignore Mauer versammelte schon im Juli 1958 Maler, Bildhauer und Architekten zu folgenreichen Selbstdarstellungen in der Abtei Seckau bei einem internationalen Kunstgespräch zum Thema ‚Situation–Konfrontation';[8] Friedrich Hundertwasser verlas dort sein ‚Verschimmelungsmanifest' gegen den Rationalismus in der Architektur. Gerhard Rühm und Oswald Wiener reisten damals in die Steiermark – und die Grafikerin Lore Heuermann, die bald darauf Wiener heiratete. Als der liberale Kirchenmann 1968 die Chefredaktion

---

[6] Zitat aus einer Rezension von *Laut und Luise* von Peter O. Chotjewitz, *Schwäbische Donau-Zeitung*, 3.6.1967.

[7] *NEUES FORVM* 17. Jg., Heft 200/201, Augusts-September 1970, S. 868.

[8] Vgl. Fleck 1982.

der von ihm 1946 mitbegründeten ‚Monatsschrift für Religion und Kultur‘ *Wort und Wahrheit* übernahm, lud er Jandl und Mayröcker zur Mitarbeit ein. Sofort sandte Jandl zwölf Proben.[9] Im Gedicht „der knarrende frühling", zur Fastenzeit 1972 Otto Mauer gewidmet, brachte er mit zwölf auf „-z" endenden Wörtern die Passionsgeschichte unter: „März", „Herz", „Holz", „kurz", „stolz", „Sturz", „Schmerz", „Kreuz", „schwarz", „Salz", „Harz", „Pilz".[10] Für Philosophie und Kunst sowie Literaturlesungen stand ab 1965 in Wien eine weitere Nische im katholischen Milieu offen: Werner Reiss baute in einem Barockpalais in der Annagasse ein Internationales Kulturzentrum der Caritas (IKZ) auf. Der damalige Jungjesuit wechselte später in den Dienst der Erzdiözese; er wird Jandl in späten Jahren Trost und Hilfe sein und im Juni 2000 das Begräbnis auf dem Zentralfriedhof leiten. Die Adressen ‚Annagasse‘ und ‚IKZ‘ finden sich schon 1965/67 in Jandls Taschenkalendern, zusammen mit den Namen Peter Weibel, Gunter Falk, Wolfgang Bauer oder Rolf Schwendter – dieser Dreifachdoktor, Liedermacher, Theoretiker der Subkultur, ab 1975 Professor für Devianzforschung in Kassel und Sozialarbeiter leitete von 2006 bis zu seinem Tod 2013 als Präsident den Verein Grazer Autorenversammlung.

Arnulf Rainer, Jahrgang 1929, war einer der Künstler, die Otto Mauer erstmals in einer Ausstellung präsentierte. Rainer gelang es 1968, Unternehmern aus der Kammer der gewerblichen Wirtschaft[11] eine Aktion zur gleichzeitigen Förderung von neuester Kunst und ‚Gutem Geschmack‘ einzureden. Die Kammer, so Rainer in seinem auch an Jandl geschickten Einladungsschreiben, „sucht über mich die besten Leute der neuen Künstlergeneration dafür zu gewinnen, honorierte Entwürfe und Ideen von ‚österreichischen Pop-Objekten‘ (auch Sprüche und Verse auf Objekten) zu erstellen. Diese Objekte sollen, in Serie hergestellt, in Souvenirländen verkauft werden, Witz, Geist, Kuriosität und ‚Geschmacklosigkeit‘ aufweisen. Da nur der Gebrauch äußerster künstlerischer Freiheit in Frage kommt, nehme ich an, daß auch Du daran interessiert bist."[12] Das gemeinsame Projekteschmieden am 14. Februar 1968 in Rainers Atelier in der Wiener Mariahilferstraße endete im Chaos und mit einem Polizeieinsatz. Jandl musste eine Fensterscheibe zahlen, die bei der Randale zu Bruch ging.

---

[9] 21.4.68. LIT 139/B2052.

[10] Jandl 2016, Bd. 3, S. 462.

[11] In Österreich die öffentlich-rechtliche, auf dem Papier überparteiliche Interessenvertretung der Wirtschaftstreibenden. Ihr Gegenüber in der ‚Sozialpartnerschaft‘ ist die Arbeiterkammer.

[12] 2.2.68. LIT 139/B1110.

Immerhin sollten aus dieser Kammer-Initiative den Künstlern Einkünfte winken. Denn der scheinbar lockere Umgang der experimentellen Poesie mit Sprache, Grammatik und Typographie wurde von der Werbegrafik zumeist im vertrags- und honorarfreien Raum popularisiert. Dagegen versprach in den 1970er Jahren der Werbechef der Grazer Schuhmarke ‚Humanic' Künstlern eine Gage von 100.000 Schillig – soviel wie ein Staatspreis – für Auftritte in selbstverfassten Werbespots. Der Grazer Schriftsteller Klaus Hoffer wurde ausgesandt, Kollegen zu gewinnen. „Da habe ich das höchste Honorar in meinem Leben bekommen", erinnerte sich Gerhard Rühm.[13] Neben Wolfgang Bauer, Andreas Okopenko und Anselm Glück sagte auch Ernst Jandl zu und lieferte einen bitteren Dreizeiler:

den glanz der impotenz
ein hartes herz, dazu
ein paar humanic-schuhe.[14]

Doch zog er den Spot 1980 im letzten Moment zurück; denn „nach langen, gewissenhaften Überlegungen" sei er zur Überzeugung gekommen, „daß es mir völlig unmöglich ist, irgend ein von mir verfaßtes literarisches Produkt für eine Werbesendung zur Verfügung zu stellen bzw. es in einer solchen selbst zu präsentieren."[15] H.C. Artmann sprang ein. Als ihn später die Wiener Bürgermeister Helmut Zilk und Michael Häupl in Wahlkampftagen um Sprüche baten, wollte er nicht nein sagen.

Zaungast bei den Aktionisten

Ernst Jandl näherte sich der sich formierenden Happening-Szene, zuletzt von der Kunstgeschichte als wichtigster Nachkriegs-Beitrag Wiens zur Weltkunst gewertet, nur als Zuschauer. Den gleichaltrigen Otto Muehl lernte er schon in den fünfziger Jahren kennen, als dieser kurz als Probelehrer in seiner Schule in der Waltergasse auftauchte.[16] Rasch verließ Muehl angewidert die staatliche Pädagogik. Beim ersten Happening, das Jandl in Wien 1965 sah, trat Günter Brus weißgeschminkt auf. Am 17. April 1967

---

[13] Interview in Köln 14.7.2020.
[14] „werbetext". Jandl 2016, Bd. 3, S. 420.
[15] Jandl an Horst Gerhard Haberl 30.3.1980. LIT 139/99, 2.3.2 Humanic.
[16] Roussel 1995, S. 69.

kam Jandl in die Galerie nächst St. Stephan zu einer Materialaktion samt
‚Bodylyrik' von Otto Muehl, Peter Weibel und Oswald Wiener, angekündigt
als ‚Zock Exercises'.[17] Vier Tage später saß er neben Otto Breicha beim
großen ‚Zockfest' im Vorstadtgasthaus ‚Grünes Tor'. Muehl, Hermann
Nitsch, Wiener, Rühm, Weibel, Priessnitz, Wolfgang Bauer, Gunter Falk
und Dominik Steiger zogen dort ihre brutalkomischen Nummern ab.
Wiener, als Comic-Hero „Garth" am Plakat, verkündete die Betriebsideologie von ‚Zock': „zock ist die fäulnis im nährboden des staates … vermöbelt
das system … hebt den hammer und verdrischt die futterkrippe der wissenschaft … hebt die motorsäge und zerschneidet den baum der erkenntnis
…".

Die ‚Zock'-Performance steigerte sich in einen Tumult, den erst die
Polizei beenden konnte.[18] „Damals bin ich mit dem Nitsch von dort weg
in ein Caféhaus gegangen, wo er mir seine tiefe Depression mitgeteilt hat.
Es war eine Deprimiertheit über die österreichischen Zustände, die dazu
führten, daß am Schluß so einer Sache das Überfallkommando der Polizei
daherkam."[19] Doch es war nur der Probegalopp für den Aktionistenauf-
marsch ‚Kunst und Revolution', der dann am 7. Juni 1968 den Hörsaal I
der Wiener Universität zum Beben brachte. In den Medien als „Uni-Ferke-
lei" betitelt, wurde daraus ein Fall für die Justiz. Wiener wurde letztlich
freigesprochen, Günter Brus wurde zu sechs Monaten Haft wegen „Herab-
würdigung staatlicher Symbole" verurteilt, Muehl wegen „Verächtlich-
machung der Bundeshymne" zu vier Wochen, jeweils ohne Bewährung.
Brus ging nicht ins Gefängnis, sondern floh nach Berlin.

Auch bei dieser Uni-Aktion war Jandl im Saal. Dort traf er auf Jean
Genet, den Hilde Spiel hin gelotst hatte. „Der war Feuer und Flamme für
diese Sache."[20] Jandl fühlte zweierlei Mitleid mit den Performern in der
Untersuchungshaft danach: „Der Wiener ist ein Mann, wenn er einen
anschaut, fürchtet sich der andere […] Auch beim Muehl ist alles gut
gegangen. Brus hingegen, ein schmächtiger Mann – schlank, nicht so ein
Muskelprotz –, der ist immer wieder belästigt worden von homosexuellen
Mitgefangenen."[21]

---

[17] LIT Taschenkalender.

[18] Wien. Bildkompendium Wiener Aktionismus und Film. Hrsg. v. Peter Weibel unter Mitarbeit von
Valie Export. 1970. Frankfurt: Kohlkunstverlag, S. 255.

[19] Roussel 1995, S. 70.

[20] Roussel 1995, S. 70.

[21] Roussel 1995, S. 70–71.

Ernst Jandl war ein Etatist, nicht nur des Beamteneides wegen, auch in Kindertagen erlittener autoritärer Grundierung folgend. Dennoch wollte er eine Amnestie für den Staatsverweigerer Brus erreichen. Auch Mayröcker unterschrieb die Unterstützungserklärung, mit der 1972 eine Kampagne für eine Begnadigung durch den Bundespräsidenten begann. Dessen Pressesprecher Kurt Skalnik war mit ihm beim Barras in Mähren, damals deutsches Reichsprotektorat, eingerückt und gab jetzt Jandl Ratschläge, die dieser nach Berlin an Wiener weiterleitete: Brus müsse in seinem Schreiben an das Staatsoberhaupt darlegen, dass ihn Angst, in einem Gefängnis völlig kaputt zu gehen, ins Ausland getrieben hatte, dass er sich von der Aktion im Hörsaal 1 distanziere, dass er nichts dergleichen seither getan habe oder künftig tun werde, dass er verstünde, dass er damals bestraft werden musste, und dass er mit dem Exil eine andere Art von Strafe auf sich nahm.[22] Brus aber, schrieb Wiener zurück, war „der festen meinung, der von dir und mir für notwendig gehaltene briefstil komme für ihn nicht in frage. er sehe darin die verleugnung einer tat, derer er sich in keinem fall zu schämen habe und deren bedeutung für sein leben und seine arbeit sehr hoch einzuschätzen sei."[23] Wiener dachte zunächst, selber einen Brief nach Skalniks Rat aufzusetzen und mit einer falschen Unterschrift abzuschicken, doch nahm er davon Abstand.

Bauer, Handke, Frischmuth, Scharang, Jelinek

Jandl versammelte nie, so wie es Wiener, Hakel oder Nitsch liebten und brauchten, gehorsame Adoranten um sich. Doch immer wieder suchten radikale junge Anfänger bei ihm Rat und Förderung. Auf den in Villach lebenden Werner Kofler, später ein Hausautor bei Wagenbach, wurde Jandl erstmals 1966 von der in Innsbruck lebenden Kärntner Schriftstellerin Ingeborg Teuffenbach hingewiesen. Sie war schwer NS-belastet und bemutterte gerne, als Ideengeberin der jährlichen Innsbrucker Jugendkulturwochen, junge radikale Autorinnen und Autoren. In Jandls Ablehnung tönt selbsterfahrene Existenznot, aber auch eine Vätern eigene Besorgtheit mit:

„Sich als Achtzehnjähriger auf ein Leben als Dichter einzustellen, erschiene mir äußerst riskant, und ich würde jedem davon abraten. Die ‚schlaf-

---

[22] Jandl an Wiener 31.1.1973. LIT 139/99 2.3.3.30.
[23] Wiener an Jandl 10.2.1973. LIT 139/99 2.3.3.30.

wandlerische Sicherheit', mit der er jetzt vielleicht manches Gedicht zustande bringt, ist als Basis zu wenig, um sein Leben darauf zu stellen. Ich hoffe jedenfalls, daß er sich auch in anderen Tätigkeiten übt, die für ihn und für andere nützlich sind."[24]

Doch zwei Jahre später empfahl er den Links-Anarcho Kofler schon dem beflissen-sozialdemokratischen Heimrad Bäcker in Linz,[25] und gleichzeitig auch dem charismatischen Konservativen Hermann Hakel, als dieser Beiträge für eine Bibel-Anthologie suchte.[26] Ein Besuch Jandls in Koflers Wiener Substandardwohnung ist verbürgt. Jandl könnte seine Meinung revidiert haben, denn er habe, das überlieferte Kofler, damals zu ihm gesagt: „Jeder Schriftsteller sollte einen Brotberuf haben, mit Ausnahme von einem wie Werner Kofler."[27]

In Reinhard Priessnitz wuchs Jandl ein kritischer Verehrer zu. Mit brillanter Intelligenz und einem photographischen Gedächtnis brachte sich Priessnitz in der über etliche Wiener Nachtcafés verteilten vage anarchistischen Szene in Stellung. Gebannt blickte der 1945 geborene Autodidakt auf theoretisch fundierte Nachtschwärmer wie Oswald Wiener, Franz Kaltenbeck, der 1976 zu Lacan nach Paris als dessen Schüler ging, und radikalere Räsonierer und Aktionisten im kleinen Wiener Underground wie Hermann Schürrer. Jandl lernte Priessnitz als Zwanzigjährigen kennen und als Schachpartner fürchten. Er war fasziniert von seinem Wissensfundus in der Literatur, Psychiatrie und Psychoanalyse – ganze Buchseiten konnte Freund Reinhard aus dem Gedächtnis zitieren. Als die Milliardärstochter Patricia Kahane 1983 in Wien ihren literarischen Medusa-Verlag aufbaute, konzipierte Priessnitz als Lektor die Reihe ‚Vienna School of Crime'. Nachdem Jandl einmal werbende Worte für dieses Priessnitz die Existenz sichernde Projekt verbreitet hatte, wurde er Jahre lang bei Interviews gefragt, ob er Kriminalromane schreibe. Beim ersten Jandl-Symposion 1981 in Wien brachte Priessnitz auf den Punkt, dass Jandl über „einen stark ausgeprägten, sich ingeniös kleinsten einheiten widmenden realitätssinn" verfüge und weniger „an den theoretischen aspekten über das verhältnis von wort und wirklichkeit" interessiert sei.[28] Von der Publikation eigener Gedichte hielten

---

[24] 2.3.1966. LIT 139/B2313.

[25] 21.3.1968. LIT 139/99, 2.3.3.1.

[26] 3.5.1968. LIT 139/B1881.

[27] „Das Gefängnis des Schriftstellers". Interview mit Marina Corrêa 2008. *Kolik* 41.

[28] „Zu Ernst Jandl. Seminarbeitrag 1981". In: Priessnitz 1990, S. 35–39.

ihn seine hohen Ansprüche lange zurück.[29] Vorerst verblüffte er mit Essays in vielen Zeitschriften. Das einzige eigene Buch, das er herausbrachte, zählt seinen Inhalt im Titel auf: *vierundvierzig gedichte*.[30] 1985 starb Priessnitz an den Folgen seines Treppensturzes 1982 beim Ausflug des Bielefelder Colloquiums nach Athen.

Als besonders hilfsbereit erwies sich Jandl gegenüber den im Grazer Forum Stadtpark versammelten Autoren. Sie wurden rasch Freunde. Mit „Fredy" (auch „Fredi") Kolleritsch traf er zwei, drei Mal im Jahr in Wien zusammen.[31] Er versuchte den Verkauf der *manuskripte* anzukurbeln und drängte Kolleritsch zum Abdruck von mehr Texten aus seinem eigenen internationalen Konkretisten-Netzwerk, doch auch, 1967, von Hubert Fichte.[32] Gegen Finlay sperrte sich Kolleritsch. Wie Jandl arbeitete Kolleritsch, der über Martin Heidegger promoviert hatte, als Gymnasiallehrer. Im Deutschunterricht führte er behutsam zu Literatur hin, die ihm wichtig war, und hinterließ als Erwecker bei Schülerinnen und Schülern lebenslanges Interesse daran. Jandl half ihm mit seinem Einfluss im Unterrichtsministerium, als er dort um eine Reduktion seiner Lehrverpflichtung ansuchte.[33] Als er Kolleritsch 1991 zum 60. Geburtstag gratulierte, bekam er als Dank aus Graz zurück:

> „Glaub mir, daß du allein schon die Arbeit an den ‚manuskripten' wert + sinnvoll erscheinen läßt. Es gibt zu viel Neid + Streit und Böswilligkeit – daß es durch Dich das ganz <u>andere</u> gibt und daß es mich mitumfaßt – das rechne ich zu den Glücksfällen meines Lebens. Solches Aufgehobensein motiviert ja auch das eigene Schreiben, mit dem ich eher schüchtern vor Dir dastehe. Es [ist] ein richtiger, langer Weg, auf dem wir beisammen sind."[34]

Alfred Kolleritsch hielt beim Abschied von Jandl auf dem Wiener Zentralfriedhof im Juni 2000 die Trauerrede.

1963 freundete sich Jandl mit Wolfgang Bauer an, der aus Graz nach Wien übersiedelt war, um über ein Studium der Theaterwissenschaft ein Entrée in die Bühnenpraxis zu finden. Jandl sollte für den 22-Jährigen bald,

---

[29] Er versteckte sie in Briefen an eine Freundin in den Niederlanden, von der nur der Vorname ‚Els' bekannt ist.

[30] 1978. Linz: edition neue texte.

[31] LIT Taschenkalender.

[32] Jandl an Bäcker 30.1.1967. LIT 2.3.3.1.

[33] Archiv HH.

[34] 19.2.1991. LIT 139/B750.

wie schon für Peter Weibel, die Rolle eines Mentors einnehmen.[35] Ende 1964 ging Bauer nach Graz zurück. Als erstem aus der später so genannten ‚Grazer Gruppe' gelang ihm 1964 mit *mikrodramen* in einem 32-Seiten-Heft des Berliner Fietkau-Verlags ein Schritt nach Deutschland. Jandl nannte Bauers Szenen in einer Rezension „lachstoff, der umwirft; sie sind echte poesie, leuchtend von wort zu wort [...]."[36] Über die Buchhändler machte sich der Debütant Bauer in einem Brief an Jandl Luft: „Die Hunde bestellen einerseits meinen Band nicht, andererseits wieder nur zwei Exemplare."[37] Nachdem Bauers Roman *Der Fieberkopf* erschienen war, ließ Ernst Jandl ihn wissen, dass er „ihn überall gelobt höre, besonders von Oswald Wiener."[38] Mit Friederike Mayröcker kam Jandl ins Ateliertheater am Naschmarkt, als dort erstmals in Wien 1968 Bauers Aggressionsexzess unter Jugendlichen unter dem Titel *Magic Afternoon* gezeigt wurde.

Gunter Falk veröffentlichte schon 1963 als Student der Soziologie einen ersten poetischen Beitrag in den *manuskripten*. Bauer und Falk wurden rasch die Einpeitscher im Spektakelbetrieb im Grazer Stadtpark-Pavillon. Das Happening kam dort früher an als in Wien. Scheitern an Jandls und Mayröckers Lebensgefühl musste freilich der Versuch von Bauer und Falk, das Wiener Paar in ihren spielerischen Aktionismus einzubeziehen, für den sie Ende 1965 im Manifest *HAPPY ART & ATTITUDE* ein lust- und lebensfreudiges Programm schrieben. Einer ihrer Happy-Spaß-Pläne: bei den nächsten Wahlen als Gruppe zu kandidieren und dann zu regieren: mit Kanzler Bauer, Außenminister Jandl, Finanzminister Falk, Kultusminister Wiener, Innenminister Kolleritsch, Artmann als Leiter der verstaatlichten Betriebe und „Fritzi als Heeresministerin (damit der Unfug endlich aufhört)".[39] Dieses Künstlerkabinett wird sich im Vorstand der 1973 gegründeten Grazer Autorenversammlung wiederfinden. Freilich nicht mit dem Spielmacher Wolfgang Bauer als ‚Kanzler' voran, sondern dem peniblen, dennoch immer wieder mit jähen Spontanaktionen überraschenden Pragmatiker Jandl.

Peter Handke schaffte den Aufstieg in die Regale der Buchhandlungen rascher als Ernst Jandl. Suhrkamp druckte seinen Roman *Die Hornissen* 1966 wenige Monate vor dem Eklat bei der Tagung der Gruppe 47 in

---

[35] Vgl. Antonic 2018, S. 111.
[36] *Wort in der Zeit* 11 (1965), Heft 3, S. 58–59.
[37] 30.12.1964. LIT 139/B69.
[38] 14.4.1967. LIT 139/B1665.
[39] Falk an Jandl 8.3.1966. LIT 139/327.

Princeton – wo der Kärntner den deutschen Kollegen, darunter Günter Grass, pauschal „altväterischen Primitivismus" in einer läppischen Beschreibungsliteratur mit fürchterlichem Satzbau und öder Sprachgestik vorhielt; diese Literatur zeuge von „Beschreibungsimpotenz", man könne sie „aus einem Lexikon abschreiben".[40] Auf den „lieben Ernst" kam Handke im Jahr 1968 zu, als er für ein im Residenz Verlag geplantes Buch mit ‚Horrorgeschichten' Beiträge sammelte.[41] Er hatte sich Jandls Gedichtband *sprechblasen* gekauft und darin „ein sehr gelungenes Beispiel, wo der Horror eines Vorgangs zu einem sprachlichen Horrorvorgang wird", gefunden: das kurze Gedicht „erfolg beim dritten versuch" über einen Selbstmord mit Pistole. Nun bat er um etwas „Ähnliches, Längeres halt", und bekam im März 1969 für sein Lesebuch *Der gewöhnliche Schrecken* Jandls „Horror-Story" geschickt.[42]

Barbara Frischmuth, 1965 aus Graz nach Wien übersiedelt, fand sich an der Universität zur Entscheidung gedrängt, ob sie im Ausland eine Hochschulkarriere in ihrem Fach Orientalistik anstreben oder sich ganz in die Literatur wagen solle. Darum bat sie Jandl um die Vermittlung von Kontakten zu englischen und amerikanischen Universitäten.[43] Er bemühte damit die Germanistikprofessoren Leonard Forster in Cambridge[44] und Siegbert S. Prawer in Oxford.[45] Doch jäh brach die 26-Jährige alle Bewerbungen ab, als sie ihr erstes – und dann meistverbreitetes – Buch *Die Klosterschule* vom Suhrkamp Verlag zur Veröffentlichung 1968 angenommen wusste.

Michael Scharang, 1941 in Kapfenberg geboren, Student der Theaterwissenschaft an der Wiener Universität, lieferte 1965 seine Dissertation über die Dramaturgie und Bühnenpraxis von Robert Musil ab. Gerhard Fritsch stellte Scharang erstmals 1964 in *Wort in der Zeit* vor, Kolleritsch 1965 in den *manuskripten*, neben Ror Wolf und Peter Rühmkorf als neuen Beiträgern in seiner Zeitschrift. Scharang suchte zu Jandl erst 1967 Kontakt[46] und traf ihn dann alle paar Monate. Im März 1968 überraschte er ihn mit

---

[40] 22.-24.4. 1966. Tonprotokoll: http://german.princeton.edu/landmarks/gruppe-47/recordings-agreement/recordings/.

[41] 11.9.1968 LIT 139/B496 und B1884.

[42] 19.9.1968. LIT 139/B496. Handke 1969, S. 107–112: Jandl 2016, Bd. 5, S. 409–414.

[43] LIT 139/B377 und B1824.

[44] 16.7.67. LIT 139/B362.

[45] 21.2.66. LIT 139/B1090.

[46] Scharang an Jandl 22.6.1967. LIT 139/99 2.3.3.28.

dem Plan der Gründung eines Republikanischen Clubs „wie es in Berlin Enzensberger und Neuss mit dem SDS geschafft haben". Darin formulierte er auch Jandls Interessen punktgenau: „unerbittliches Entlarven des hiesigen Kulturbetriebs inklusive seiner Typen".[47] Doch das Schreiben blieb ihm wichtiger als die politische Aktion. 1969, inzwischen aus Kapfenberg nach Wien übersiedelt, wurde er mit dem ersten Prosaband *Das Verfahren eines Verfahrens* Jandls Verlagskollege bei Luchterhand. Einer begeisterten Rezension von Jandls *Sprechblasen* gab er den Titel „Wie man dem Gedicht das Lyrische austreibt". Scharang rezensierte auch 1985 Jandls dreibändige Werkausgabe im *Spiegel*.[48] Dafür dankte ihm u. a. Günter Herburger: „Ich habe bei Jandl gelernt, einst. Und als ich ‚Aus der Fremde' las, wußte ich über die Trauer des deutschen Konjunktivs Bescheid."[49]

Bei einem Symposion in Mürzzuschlag zu Jandls 70. Geburtstag stellte sich Scharang als Gratulant ein mit einer Rede über „Ernst Jandl als Verderber der Jugend"[50] – und versuchte dabei, seinen eigenen Eintritt in die Literatur zur mythischen Berufung durch Gottvater/Teufel Ernst Jandl hochzuzwirbeln. In einer fiktiven Darstellung seiner Jugend und Familie – in der sich der Stahlarbeitersohn Scharang einen Eisenindustriellen als Vater zuschrieb –, kommt der Ich-Erzähler als 16-Jähriger nach Wien und wird im Rathauspark angesprochen:

> „Er beobachte mich seit Tagen, sagte der Mann. Ich schätzte ihn auf Anfang dreißig. Er hatte Augengläser, sein Haar war kurz, und die Aktentasche trug er unter dem rechten Arm. […] Es ist egal, sagte der Mann, was du schreibst, ob ein Gedicht, ob einen Aufsatz, ob einen Roman. Wenn Du Dichter werden willst, konzentriere dich auf jeden einzelnen Satz. Eine größere Form als den Satz, vergiß das nie, gibt es in der Literatur nicht. Und hat es nie gegeben. Formen wie Roman, Erzählung, Gedicht, Essay sind nur Tarnkappen für sprachlichen Schund. Merk dir: Es gibt für den Dichter keine Beiläufigkeit, nicht im Schreiben und nicht im Sprechen. […] Ein Letztes, sagte der Mann: Du wirst dich mit bestimmten Absichten an den Schreibtisch setzen. Hast du dann ein paar Wörter zu Papier gebracht, nimm die Absichten dieser Wörter genauso ernst wie deine eigenen. Sonst wird aus dir niemals ein Schriftsteller. […] Hier ist meine Karte, sagte er. […] Auf der Karte stand: Ernst Jandl."

---

[47] Scharang an Jandl 5.3.1968. LIT 139/99 2.3.3.28. Scharang gab den Plan bald auf. 1986 formierte sich am Rand der SPÖ in Wien ein „Republikanischer Club – Neues Österreich".

[48] *Der Spiegel* Heft 51, 16.12.1985.

[49] Scharang an Jandl 5.1.86. LIT 139/99 2.3.3.28.

[50] *Der Standard*, 29./30.7.95.

Die Theaterwissenschaftsstudentin Elfriede Jelinek, Wienerin, doch wegen der Evakuierung der Mutter im Krieg in der Obersteiermark geboren, sandte im Oktober 1967, damals 21 Jahre alt, an den „sehr geehrten Herrn Doktor […] wie vereinbart, einige Manuskripte, die ich gerne veröffentlichen würde, wenn es sich machen ließe".[51] Ehe Jandl die zwölf Texte weiter an Kolleritsch nach Graz schickte, schrieb er auf jedes mit Bleistift den Namen der Autorin – und ließ sie das auch wissen, als gutväterlichen Fingerzeig für ihre professionelle Zukunft. Er riet ihr auch, nicht auf eine Antwort des mit Korrespondenzen ständig überforderten Herausgebers zu warten. Kolleritsch druckte in den *manuskripten* keinen dieser Texte, doch zwei Jahre später brachte er einen ‚Offenen Brief' von Jelinek und dem Komponisten Wilhelm Zobl an Kolleritsch und Handke unter – Jelineks und Zobls Beitrag zu einer Debatte Sprachidolatrie versus politischen Kampf, die im Heft davor Michael Scharang gegen Kolleritsch und Handke angezettelt hatte.[52] Elfriede Jelinek wird zwar Wiener Vertrauten wie Elfriede Gerstl, Marie-Thérèse Kerschbaumer – 1974 ihre Trauzeugin – und Scharang in die Grazer Autorenversammlung folgen. Doch eine von jeder Furcht freie Nähe wie zu Alfred Kolleritsch gewann sie zu Jandl nie, trotz aller Entdeckungen und Lehren, die sie ihm verdankte. „Ohne die Wiener Gruppe gäbe es jemanden wie mich nicht", bekannte sie 2004 in einem Radiointerview, „Jandl und Mayröcker sind die Väter und Mütter, hauptsächlich Väter, von Autorinnen und Autoren wie mir." Wie sie dabei die „Väter" betonte, verrät mehr die Ängste als eine feministisch-programmatische Abscheu vor Ernsts bisweilen autoritärem Tonfall. Fredy Kolleritsch war anders und hatte ähnliche Probleme mit Ernst.[53] Jelinek wird sich vom toten Jandl im Jahr 2000 verabschieden mit den Zeilen:

> „Ernst Jandl sagt uns, wie es geht. Er sagt es kürzer und besser, als ich es könnte. Er stellt es dar. Gewußt wie! Wir hätten es wissen können. Man stellt was gewußt wird in vier Zeilen dar, aber eine ganze Reise liegt dazwischen.

---

[51] 18.10.67. LIT 139/B54.

[52] *Manuskripte* 27/1969, S. 3–4.

[53] Notat von Elfriede Jelinek 8.2.2006 über Kolleritsch: „Ich habe ja immer schon geschrieben, aber Fredy war einer der Wegweiser dafür. Oder eher Parkplatzwächter? Er hat meinen Texten nie den Weg gewiesen, den mußte ich selber finden, aber er hat mich eingewiesen, er hat mich auf dem Parkplatz der manuskripte eingewiesen […] Dann haben wir sogar eine (sehr) kleine Realismusdebatte geführt, da bin ich irrtümlich aufs Gas gestiegen, hab ja nicht gesehen, wo genau ich hinfahre, aber da war kein Betonblock, der mir die (leider etwas brustschwachen) Scheinwerfer eingedrückt hätte, was ich vielleicht gar nicht gemerkt hätte, sondern da war eine liebevolle ordnende Hand, die mich mitsamt meinem wackligen Gefährt aufgenommen und schön neben die anderen hereingewunken hat." Zur Erinnerung an Alfred Kolleritsch. https://www.elfriedejelinek.com.

Unsre ist lang. Ernst Jandl hat schon früher aussteigen dürfen, weil er es ja schon viel früher gewußt hat als wir."[54]

Im Jahr 2021 zu Jandl befragt, antwortete Elfriede Jelinek: „Ich habe ihn kaum gekannt (wie ich alle Menschen kaum kenne), wir sind uns überhaupt nur zwei, dreimal begegnet, und das ohne prägenden Eindruck (ich glaube, es war immer in Sachen Grazer Autorenversammlung). Ich erinnere mich leider an nichts Persönliches."[55] Begegnungen anderer Art gab es manchmal auf Papier: Wenn beide dieselben Resolutionen unterschrieben – so im Frühjahr 1989 für den Weltfrieden und die Abrüstung, 1992 für den Burgtheaterdirektor Claus Peymann, 1995 für den damals vom Nationalratsabgeordneten Jörg Haider (FPÖ) attackierten Dichterfreund Artmann, 1996 gegen die Rechtschreibreform sowie im Jahr 2000 gegen die Regierungskoalition von Wolfgang Schüssel als Bundeskanzler mit der Freiheitlichen Partei.[56]

Im reformierten Österreichischen Rundfunk wurde 1967 eine Jugendredaktion eingerichtet für ein Format für Jung und Wild und mit Maßen Links: die tägliche *Musikbox*. Der Entertainer, Designer und Poet André Heller war, mit etwas 68er-Geist beseelt, einer der Ideengeber. „Wenn mir eine Sendung gefällt, ist sie falsch gemacht", soll der als autoritär gefürchtete Generalintendant Gerd Bacher den Redakteuren als Warnung mit auf den Weg gegeben haben. In dieser *Musikbox* hatten Ernst Jandls Sprechgedichte 1968 ihr spätes Radiodebüt in der Heimat. Hier durfte er selber vors Mikrophon treten. Der Sendungsmacher Alfred Treiber legte dazu Beatles-Platten auf. „Das löste den größten Hörerproteststurm im ORF aus – 800 Protestschreiben."[57] Treiber brachte 1969 auch das erste Interview mit Jandl in einer Wiener Zeitung unter, in der katholischen Wochenzeitung *Die Furche*.[58] Unter der Titelzeile „I love pottery" erinnerte Jandl an das „wilde Produzieren" von Gedichten 1951/52, angefeuert vom bewunderten Andreas Okopenko, angeregt von Sandburg, Prévert und Brecht. Während eines Jahres in England 1952/53 habe sich das Schreiben verengt, wegen

---

[54] *Der Standard*, 28.6.2000.

[55] An HH 8.11.21.

[56] Das Bundeskanzleramt unter Wolfgang Schüssel finanzierte 2000 eine Ausstellung zu Jandls 75. Geburtstag im Literaturhaus Wien samt Bildband von Klaus Siblewski mit 300.000 Schilling und stiftete einen Ernst-Jandl-Preis für Lyrik, der im Zweijahresrhythmus in Neuberg an der Mürz (Steiermark) überreicht wird. Erster Preisträger 2001: Thomas Kling (1957–2005).

[57] Interview 31.1.1922; Treiber 2007, S. 35; Kos, Wolfgang. Vorwort. In: Fetz u. Schweiger 2010, S. 7.

[58] 1.2.1969. Mit dem Gedicht „i love concrete / i love pottery / but i'm not / a concrete pot".

einer erhöhten Selbstkritik und der reifen, selbstbewussten künstlerischen Haltung Erich Frieds. Rühm habe ihn wegen seiner „Prosa aus der Flüstergalerie" akzeptiert. Die Autoren, die Jandl damals in der *Furche* als Freunde angab, werden vier Jahre später mit ihm die Grazer Autorenversammlung als österreichischen Gegen-PEN-Club gründen: Artmann und Rühm, Wiener und Priessnitz, Breicha, Handke, Wolfi Bauer, Fredy Kolleritsch, Gerald Bisinger, Barbara Frischmuth und Michael Scharang. Als Friederike Mayröcker 1969, ebenfalls in der *Furche*, nach dem bedeutendsten Schriftsteller der Gegenwart in Österreich gefragt wurde, antwortete sie: „Ernst Jandl. Außerdem als Nicht-Österreicher Arno Schmidt, und überdies als Nicht-Zeitgenosse: Hölderlin".[59]

Im Februar 1969 waren Jandl und Mayröcker zu einem Empfang bei Bundeskanzler Josef Klaus in dessen Amtsräumen am Ballhausplatz geladen. In der bürgerlichen Tageszeitung *Die Presse* war kurz zuvor zu lesen, die beiden kämpften „an Österreichs Literaturfront in vorderster Linie".[60] Drei Generationen aus dieser Literatur marschierten so komplett wie nie mehr später am Regierungssitz auf.[61] Bei den Jüngsten fehlten die späteren Nobelpreis-Gewinner: Peter Handke, der schon in Deutschland wohnte, und Elfriede Jelinek, deren erstes Buch, *der bukolit*, von S. Fischer abgelehnt, noch in einem Wiener Kleinverlag ohne Vertrieb versteckt war. Die schon in Rom lebende Ingeborg Bachmann war erschienen und auch Thomas Bernhard. Beide umgab damals schon, und bis zu ihrem Lebensende, der Anschein von Unnahbarkeit, das Charisma einer priesterlichen Selbstisolation. Jandl und Mayröcker hingegen traten in Wien oft in Galerien, Museen, Konzertsälen und auch bei Lesungen von Kolleginnen und Kollegen auf; er vielleicht brummelig, sie vorsichtig wortkarg – doch von jedermann ansprechbar. ‚Unter den Leuten' fingen sie mehr als ihnen lieb war Kontakte ein, die zumeist ebenso schlampig enden mussten. Im Herbst 1969, kurz vor den Nationalratswahlen, wurden Künstler auch in die Hofburg gebeten. Jandl berichtete dem Freund Otto Breicha: „Der Empfang beim Bundespräsidenten war für mich außerordentlich deprimierend, ich

---

[59] 24.12.1969.

[60] Gotthard Böhm, 16.9.1968.

[61] „Thomas Bernhard plauderte charmant und angeregt mit Josef Klaus, Wolfgang Bauer, Alfred Kolleritsch, Hilde Spiel standen neben Friedrich Torberg, Franz Nabl, Max Mell; Alexander Lernet-Holenia, Felix Braun, Franz Theodor Csokor neben Herbert Zand, Friedrich Heer, Ernst Jandl und Friederike Mayröcker. Im weißen Hosenanzug unterhielt sich Ingeborg Bachmann mit Christine Busta, Hans Lebert war hier, Barbara Frischmuth, Andreas Okopenko, Fritz Habeck, Milo Dor, Otto Gründmandl." Haider 2008, S. 427.

fühlte mich nachher und am ganzen nächsten Tag sehr scheußlich; niedergeschlagen; wie nach einem Begräbnis. Fritzi ging es ähnlich."[62]

Kunst und Psychiatrie: Leo Navratil in Gugging

Jandls vorläufig letztes Schuljahr war noch nicht zu Ende, als ihn erstmals
Dr. Leo Navratil für den 4. Juni 1969 in das Niederösterreichische Landes-
krankenhaus in Gugging, einem Stadtteil von Klosterneuburg, einlud.
Dieser Primararzt für Psychiatrie hatte in den fünfziger Jahren mit Zeichen-
tests Kranker begonnen und sich mit seiner Studie *Schizophrenie und Kunst*
1965 in die Nachfolge von Hans Prinzhorn begeben, welcher der *Bildnerei
der Geisteskranken* mit einem 1922 erschienenen Buch dieses Titels erstmals
Aufmerksamkeit sicherte. Navratil suchte bei Jandl gutachterliche Unterstützung: „Ich habe von Patienten gesprochene und gedichtete Texte auf
Tonband aufgezeichnet und würde Ihnen diese Produktionen gerne einmal
vorspielen".[63] Jandl bestätigte Texten von Ernst Herbeck eine „poetische
Sprache". Unter dem Pseudonym „Alexander" wurden sie schon 1977 bei
dtv gedruckt und Herbeck bald der berühmteste Gugginger Dichter. Jandl
voran, betrieben Künstler die Aufhebung von Herbecks Entmündigung.
Sie hatten Erfolg, nahmen den Patienten 1977 in die Grazer Autorenversammlung auf und holten ihn immer wieder ab zu Ausflügen, auch zum
‚Heurigen'.

Was Jandl aus Navratils Buch über ‚zustandsgebundene Kunst' – so der
diskriminierungsfreie Begriff – erfuhr, erinnerte ihn an selbsterfahrene
Beschränkung:

> „Ich frage mich, ob nicht gerade der Schizophrene, oder manche davon, in
> der Sprache jene Freiheit wiedererlangt hat, die dem Kind im Verlauf seiner
> Erziehung durch Einengung auf gewisse Sprachkonventionen so brutal
> zunichtegemacht wurde. Diese Einengung zu beseitigen, scheint mir ein ganz
> wichtiger Zweck meiner eigenen Arbeit, und ich finde diese Tendenz auch
> bei Kollegen wieder, deren Dichtung ich schätze. Wenn Schizophrene diese
> Freiheit des Umgangs mit Sprache tatsächlich besitzen, dann könnte man sie
> vielleicht gerade in dieser Richtung anregen: nämlich Gedichte zu schreiben,
> die von jeder sprachlichen und poetischen Norm möglichst weit entfernt sind,

---

[62] 22.11.1969. LIT 139/99, 2.3.2. Bundespräsident war der Sozialdemokrat Franz Jonas.
[63] 31.3.1969. LIT 139/99, 2.3.3.19.

Wunderwerke an Sinnlosigkeit. Überhaupt nicht interpretierbar, oder, wenn sie jemand unbedingt interpretieren will, jeder Interpretation offen."[64]

Von Jandl argumentativ aufgerüstet, sprach Navratil bei Monsignore Otto Mauers Kunstgesprächen in der Galerie nächst St. Stephan in Wien im Juli 1969 über „Psychopathologische Texte, Dichtungen, Sprache". „Die Frage wird mich allerdings weiter beschäftigen, inwiefern ich meine Patienten doch noch beeinflussen kann – ohne sie zu beeinflussen", berichtete er Jandl von seinem methodischen Dilemma, und schickte ihm und Mayröcker zur Weiterbildung eine Einladung zum Kolloquium über ‚Psychopathologische Kunst' der Deutschen Gesellschaft für Psychopathologie des Ausdrucks im September 1969 in Linz. Navratil blieb Ernst und Fritzi ein Freund, für Ernst auch ein Arzt, und ein Helfer auch anderen Schriftstellern, und jedem für publizistische Hilfen für sein in Gugging der Spitalsbürokratie abgerungenes Künstler-Projekt dankbar.

Zwei und frei ein Jahr in Berlin

Mit Schulschluss Ende Juni 1969 veränderten sich für Ernst Jandl die Lebensumstände vom Grunde auf. Wie ihm war auch Friederike Mayröcker der Schuldienst ab Herbst erlassen worden. Schon am 1. Juli 1969 reisten sie gemeinsam nach Köln zum WDR. In Frankfurt gab ihnen Monika Reichert Quartier. Deren Mann Klaus, Anglist und Übersetzer, nahm damals an einem Seminar in Harvard teil. Frau Reichert beschrieb in ihren Memoiren das Paar, „das unzertrennlich war, aber gegensätzlicher nicht hätte sein können": „Fritzi war sehr groß und dabei zart und zerbrechlich, verschattet, das schwarze Haar bis tief über die Augen, die Stimme kam leise, fast zögerlich. Ernst war klein und schwer, neigte zur Korpulenz, die Stimme war laut und raumgreifend, auch im kleinsten Kreis, ihn umgab die Seriosität und Strenge eines Mittelschulprofessors, der er ja auch war."[65]

Den Großteil der Sommerferien verbrachten sie in Rohrmoos.[66] Von dort schickten sie das Manuskript *SPALTUNGEN* an den WDR und an Heinz von Cramer. Eine Einladung der Schulbehörde bot Ernst Ende August noch bei einer Fortbildungstagung die Chance, seine literarische Arbeit Deutschlehrern

---

[64] 15.6.1969. LIT 139/99, 2.3.3.19.

[65] Reichert 2014, S. 36.

[66] Das Schuljahr dauert in Ostösterreich vom 1. September bis zum 31. August des folgenden Jahres.

vorzutragen.[67] Die Rede mit dem Titel „Poetologische Reflexionen eines Schriftstellers" begann er mit Gedichten. An die letzte Zeile von „eulen", „ja ja", schloss er an mit „Ja – das heißt ja zu Gedichten verschiedener Art, Gedichten von heute, Gedichten von einst. Ja zu jeglicher Vielfalt. Ja auch zur Möglichkeit des einzelnen Autors, die verschiedensten Methoden für die Gedichtproduktion zu entdecken und zu erproben". Er machte mit Gomringer und Bense bekannt, zitierte aus Gertrude Steins *Tender buttons* in eigener Übersetzung sowie aus Mayröckers *Minimonsters Traumlexikon*, schrie mit dem Lautgedicht „im reich der toten" katharische Schauer herbei und schloss „mit einem Gedicht fürs Auseinander- und Weitergehen, auf unseren einzelnen Wegen, und auf unseren gemeinsamen": mit „wanderungen" und den Schlusszeilen „vom vom zum zum / und zurück".

Ein letztes Mal drängte Jandl in diesem Sommer auch auf Anerkennung durch den Nestor der österreichischen Lyrik Felix Braun. Der hatte auf *Laut und Luise* noch nicht reagiert. Nun schickte er dem 84-Jährigen ein Widmungsgedicht. Braun dankte mit der Versicherung, dass es seinen Autor überleben werde.[68] Doch nach etlichen anderen Höflichkeiten – „In letzter Zeit haben Sie viel neuen Anklang gefunden"[69] – rang sich der einstige Hofmannsthal-Sekretär in einem vier Seiten langen handgeschriebenen Brief zu einem endgültigen Nein durch:

„Hofmannsthal sagt einmal, niemand wisse, was Schönheit ist, der den Ariost nicht gelesen hat. Ich habe angefangen, Ihren großen Band zu lesen, und gestehe, daß ich etwas ratlos bin. Darum nahm ich ihn und Frau Mayröckers Buch Montag mit, als ich bei Max Mell[70] eingeladen war. Er [...] meinte nur, daß Ihre Gegnerschaft gegen Eintönigkeit sich im Buch kaum feststellen lasse. Ich zeigte ihm einiges, und er sagt, das Spielerische Ihrer Art sei berechtigt. Ihm gefiel ‚Du bist mir gutes Mädchen'[71] und das folgende humoristische ganz wohl. Dennoch bin ich unzufrieden und finde den Schlüssel zu Ihrer eigentlichen Absicht nicht."

---

[67] Germanistik. Bericht über die gesamtösterreichische Arbeitstagung für Lehrer an den allgemein-bildenden höheren Schulen vom 25. bis 29. August 1969 in Wien. In Bundesministerium für Unterricht und Kunst 1969, S. 213–229.

[68] 3.7.1969. LIT 139/B147.

[69] 22.10.1969. LIT 139/B147.

[70] Wie Felix Braun Träger des Großen Österreichischen Staatspreises.

[71] Richtig: „du warst mir ein gutes mädchen". Ein „humoristisches" Gedicht auf der Seite davor: „so / hilde / und so [...]".

Ernst Jandl sehnte sich fort aus Wien. Als ersten Fluchtpunkt hatte er New York im Auge. Er hoffte auf eine Einladung durch das mit Gästezimmern ausgestattete Österreichische Kulturinstitut 11 East 52nd Street. Dabei fand er im jungen Harald Kreid aus der Auslandskulturabteilung des Unterrichtsministeriums, der sich nebenbei in Romanen und Stücken versuchte, einen bemühten Helfer.[72] Überdies bat er Michael Horovitz in London um Mithilfe beim Arrangement einer Lesereise durch die USA und Kanada.[73] Doch der Institutsleiter in New York zeigte an Jandl kein Interesse.

Wolfgang Kraus in der Literaturgesellschaft unterstützte mit einer Empfehlung die Bewerbungen von Jandl und Mayröcker um einen Platz im Künstlerprogramm des Deutschen Akademischen Austauschdienstes (DAAD) in Berlin.[74] Nun hieß es warten, doch erlaubte die neue Freiheit, jede Einladung anzunehmen. So kam Jandl nach Darmstadt zu einem Auftritt mit Hermann Kant und Martin Sperr,[75] nach Bonn zu einer Lesung – dort traf er auch seinen neuen Luchterhand-Lektor Klaus Ramm[76] – ins Österreichischen Kulturinstitut nach Warschau[77] sowie als Gast der Schriftstellerverbände nach Prag und nach Bratislava, mit einem Abstecher zu Ladislav Novák nach Třebíč in Mähren.[78] Der Hamburger Komponist Diether de la Motte, Professor an der Akademie, wandte sich an Jandl, als er für das Frühjahr 1970 eine Tagung zum Thema ‚Die Verfransung der Künste‘ – eine Nachlese zu Adornos Vortrag mit diesem Titel 1966 in Berlin – vorbereitete. Ernst brachte auch Friederike im Programm unter. De la Motte gewann den aus dem Wiener Museum des 20. Jahrhunderts als Direktor an die Hamburger Kunsthalle geholten Werner Hofmann für eine Ausstellung, bei der Jandl aus *Laut und Luise* vortrug.

Im November 1969 kamen die Zusagen aus Berlin vom DAAD. In Österreich tobte schon der Wahlkampf. Der Kulturbeamte Harald Kreid lud ihn im Januar 1970 ein, ein Literaturförderungsprogramm für die nächste Regierungsperiode der ÖVP zu entwerfen, und Kreid schleuste es ins Unterrichtsministerium. Es sah u. a. „Nachwuchsstipendien und, davon getrennt,

---

[72] LIT 139/B779.

[73] LIT 139/B1928.

[74] Bildungsdirektion Wien, Personalakt.

[75] 15.10.1969. LIT Taschenkalender.

[76] 10./11.11.1969. LIT Taschenkalender.

[77] 12.–15.4.1970 LIT Taschenkalender.

[78] 6./9.12.1969. LIT Taschenkalender.

Arbeitsstipendien" vor.[79] Die für Februar 1970 geplante Abreise verschob sich auf Mai, als der WDR in Köln die Produktion der *SPALTUNGEN* auf März fixierte. Am 1. März 1970 gewann Bruno Kreisky knapp die National-ratswahlen. Schon im April stand eine neue Regierung, allein von der SPÖ gebildet. Damit begann eine 13 Jahre währende Kanzlerschaft– und für Jandl ein wechselwarmes Verhältnis zur Regierungsmacht. Zwar hatte Öster-reich nun in Kreisky einen Bundeskanzler, der in Debatten über Musil mitreden konnte; doch in Fragen zur literarischen Gegenwart behielt Fried-rich Torberg Kreiskys Ohr – ein aus der Emigration in den USA als anti-kommunistischer Aktivist heimgekehrter Romancier und Kritiker – und vorzüglicher Stilist.

Immerhin bekam Jandl vom Bundeskanzler schon im Oktober 1970 die Einladung, sich an der Nominierung des Kunstvertreters im Kuratorium des Staatsrundfunks zu beteiligen. Bald danach bat er Kreisky in einem Brief, den Wolfgang Kraus ins Bundeskanzleramt trug, ihm bei der Beschaffung einer günstigen größeren Wohnung behilflich zu sein.[80] Gegenüber Kraus trat er fordernd auf: „Ich möchte […] unmißverständlich kund-tun, daß ich auf eine solche Wohnung Anspruch erhebe." Der Kanzler schob das Problem auf die Stadt Wien ab.[81] Deren Kulturstadträtin Gertrude Fröhlich-Sandner kam jedoch zum Schluss, Jandl könne „nicht als wohnungsbedürftig bezeichnet werden", und leitete den Fall weiter zu sozialdemokratischen Wohnbaugenossenschaften – die aber Baukosten-zuschüsse verlangten, die sich Jandl nicht leisten konnte.[82] Immerhin hatte jetzt seine Stimme genügend Gewicht, um im Bundeskanzleramt und Wiener Rathaus zugunsten von Kolleginnen und Kollegen in Not zu inter-venieren sowie bei der Verteilung staatlicher Kunst- und Sozialgelder mitzu-reden.

Am 27. Mai 1970 flogen Jandl und Mayröcker nach Berlin. Die Erinnerung an die Reise bewahrt sein Endlosgedicht „2 hände 2 koffer": „die rechte hand hält den koffer den/die linke hand nicht halten kann weil / die linke hand den koffer hält den / die rechte hand nicht halten kann weil [usf.]".[83] Sie bezogen ein Quartier in Zehlendorf, Fischerhüttenstraße 136 b, im äußersten Südwesten der geteilten Stadt. Hier begann das erste

---

[79] Jandl. 1974. Über Heimrad Bäcker. In: *Oberösterreichischer Kulturbericht.* 28. Jg., Heft 25, S. 165–166.

[80] 5.1.1971. Bruno-Kreisky-Archiv, Wien.

[81] Kreisky an Jandl 25.1.1971. Archiv HH.

[82] Gertrude Fröhlich-Sandner an Jandl 6.4.1971, 25.6.1971. Archiv HH.

[83] Jandl 2016, Bd. 2, S. 670.

Mal wieder seit 1958 ein ganzes Jahr ‚Leben zu zweit' an einer gemeinsamen Adresse, einer Mietwohnung, die der DAAD besorgt hatte. „Ich mag Berlin. Es scheint menschlicher als Wien, d. h. weniger wie ein Museum [...]", ließ er Freund Ian Hamilton Finlay in Schottland wissen.[84] Der machte sich über die Berliner Adresse lustig: „Ich hoffe, in der Fischer-Hütte läuft alles gut. Ich stelle mir Dich gerne vor: die Netze hängen von den nackten Wänden, die langen behaglichen Abende im milden Licht der Öllampe..."[85] Sie fühlten sich in Berlin weniger isoliert als in Wien, denn von Tempelhof aus waren Frankfurt am Main, Köln, Hamburg, München wegen der aus politischen Gründen subventionierten Flugpreise viel billiger zu erreichen.

Ihr Freund Gerald Bisinger, der Walter Höllerers Literarisches Colloquium verwaltete, stellte sie im jährlichen Werbeflyer *Künstler als Gäste in Berlin* den anderen Berlin-Residenten vor. Kaum angekommen, wurde Jandl schon am 1. Juni in Hamburg beim Norddeutschen Rundfunk erwartet zu den Aufnahmen von *45 Minuten für einen Sprecher* von John Cage,[86] von ihm übersetzt, mit Heinz von Cramer als Regisseur.[87] Nach einer Woche kehrt er zu Friederike zurück – rechtzeitig zum Frühjahrsempfang, den der Kultursenator Werner Stein in der Akademie der Künste, Berlin (West) gab.[88] Jandl war seit 25. April ihr Mitglied.[89] Der Antrag, Ernst Jandl in die Abteilung Literatur aufzunehmen, kam von Hans Mayer und wurde von Walter Jens und Franz Tumler[90] unterstützt:

„Ernst Jandl hat sich sowohl durch seine Gedichtbände ‚Laut und Luise' und ‚Sprechblasen' wie durch seine poetologischen Arbeiten als eine der bedeutendsten Persönlichkeiten nicht bloß der jüngeren österreichischen Literatur präsentiert. Zusammen mit unserem Mitglied Helmut Heißenbüttel würde er eine wichtige Tendenz der modernen literarischen Entwicklung in unserer Arbeit vertreten."

---

[84] 3.12.1970. Jandl u. Finlay 2017, S. 181.

[85] 29.4.1971. Jandl u. Finlay 2017, S. 183.

[86] Cage 1969.

[87] Erstgesendet 7.2.1971.

[88] 9.6.1970. LIT Taschenkalender.

[89] AdK-W 66c.

[90] 1912–1998. Dem gebürtigen Südtiroler, aufgewachsen in Oberösterreich, seit 1954 als österreichischer Staatsbürger in Berlin, wurde die literarische Karriere im Dritten Reich nachgesehen, als ihn die Gruppe 47 zu ihren Tagungen 1955, 1957 und 1962 einlud. Er wurde in die Akademie der Künste Berlin (West) gewählt und amtierte als Direktor ihrer Literaturabteilung, bis 1970 Hans Mayer die Zuwahl der NS-Verfolgten Canetti, Améry und Szondi vorbereitete. Nach einem Schlaganfall 1973 zog er sich aus der Öffentlichkeit zurück. Jandl schrieb 1953 eine negative Rezension zu Tumlers Roman *Das Hochzeitsbild*. LIT 139/99 1.11.1.

Laut Protokoll wählten die elf Mitglieder der Abteilung Literatur an diesem Tag Hans Bender und den Literaturwissenschaftler Peter Szondi zu ordentlichen Mitgliedern sowie zu außerordentlichen Jean Améry, Elias Canetti, Jandl (mit zehn Stimmen) und den französischen Germanisten Robert Minder[91] (neun Stimmen). Siegfried Lenz bekam keine Mehrheit. Bereits im späten Juni trat Jandl zu einer Abteilungssitzung an, in der über die Situation der Schriftsteller in der ČSSR, wo Prozesse bevorstanden, beraten wurde.[92] Auf der Teilnehmerliste fand sich nun Jandls Name neben Albrecht Goes, Günter Grass, Walter Höllerer, Curt Hohoff, Uwe Johnson, Hans Mayer, Luise Rinser, Peter Szondi und dem Sekretär Hans Dieter Zimmermann. Wie üblich für neue Mitglieder wurde Jandl um eine Lesung im kleinen Kreis der Akademie gebeten.[93] Daraus wurde ein Doppelauftritt mit Friederike Mayröcker; denn wie viele Veranstalter musste die Akademie zur Kenntnis nehmen, dass man Jandl nur bekommt, wenn man Mayröcker ebenfalls engagiert. Die empfindsamere und oft mit Stimmbandproblemen kämpfende Lebenspartnerin auf Podien mitzunehmen und dadurch bekannt zu machen, empfand er als stetigen Liebesdienst; der sollte Zornesausbrüche, Grobheiten und quälende Pedanterien gutmachen. Hans Mayer sprach für beide eine Einführung.[94] Sie dankten ihm in einem Brief, dass er ihre Distanz zum Surrealismus betont habe – „die weit größer ist, als manche Interpretationsversuche es behaupten. […] Nicht zuletzt begrüßen wir Ihren Hinweis auf die Unnötigkeit der Schaustellung bohemeartiger Züge für die Produktion neuer Dichtung."[95]

In Jandls Kalender mehrten sich bald Akademie-Einladungen zu Vorträgen, Essen mit Kollegen und Lesungen. So gewann K.P. Herbach als Pressereferent der Akademie leicht Jandl und Mayröcker für Auftritte im von ihm geleiteten ‚Buchhändlerkeller' in Friedenau.[96] Zuwanderer wie Gerald Bisinger, Oswald Wiener, Gerhard Rühm und Oskar Pastior hatten sich rasch eingelebt. Zbigniew Herbert residierte hier auf Zeit mit seiner Frau Katarzyna. Jandl war nun auch seinem Plattenverleger Klaus Wagen-

---

[91] 1902–1980. Minder war schon in der Zwischenkriegszeit um eine französisch-deutsche Aussöhnung bemüht und 1948 mitbeteiligt an der Gründung des Comité français d'échanges avec l'Allemagne nouvelle in Paris.

[92] AdK-W 141, 03.

[93] 8.11.1970. LIT Taschenkalender.

[94] Jandl an Mayer 24.10.70. Stadtarchiv Köln, Best. 1333.

[95] Jandl und Mayröcker an Mayer 10.11.70. LIT 139/B2060.

[96] Von einer Lesung im November 1970 blieb der Text „vortrag" erhalten, in welchem er sich über Fehler in Herbachs Programmfolder lustig machte. Jandl 2016, Bd. 5, S. 438–439.

bach und den Rixdorfer Pressendruckern nahegerückt. Wenn er in Zehlendorf in die U3 einstieg und seinem Gedicht „ein plan von berlin" folgte, landete er verlässlich bei Wiener Freunden:[97]

die fischerhüttenstraße
und dann –
die u-bahn krumme lanke
und dann –
der fehrbelliner platz
und dann –
die württembergische straße
und dann –
die wittelsbacher straße
und dann –
die bayerische straße
und dann –
die nummer 33
und dann –
der ossi wiener

‚Matala' hieß Oswald Wieners erstes Lokal in Berlin 15, Bayerische Straße 33. Erst 1972 sperrte er mit Frau Ingrid und Michel Würthle, dem neuen Kompagnon aus Wien, am Paul-Lincke-Ufer 44A das als Künstlerkneipe bekannter gewordene ‚Exil' auf. Auch dort muss Jandl insulare Behaglichkeit gesucht haben. Denn wo er sie vermutet hatte, fand er sie nicht. Mit Zynismus und Ironie riet er dem Linzer Heimrad Bäcker davon ab, sich als Professor an der Freien Universität zu bewerben:

„Schließlich bin ich davon überzeugt, daß die Germanisten an der FU von konkreter und experimenteller Dichtung überhaupt nichts halten und in ihr nur ein Indiz verrotteter Bürgerlichkeit erblicken. […] Ich habe mich mit Ihnen meines Erinnerns nie über Politik unterhalten, aber habe in den ‚neuen texten' niemals Anzeichen dafür entdeckt, daß Sie ein marxistischer Aktivist seien, dessen erstes Anliegen die Vernichtung des Kapitalismus und der Aufbau einer sozialistischen Gesellschaft ist; sollten Sie dennoch darin Ihre Lebensaufgabe sehen, dann, und nur dann, halte ich eine Bewerbung an der FU für aussichtsreich."[98]

---

[97] Datiert 25.10.1970. Jandl 2016, Bd. 2, S. 675.
[98] 21.1.1972, LIT 139/99, 2.3.3.1.

Im Berlin-Jahr 1970 mussten Jandl und Mayröcker auf die Ferien in Rohrmoos verzichten. Sie flogen nach Rotterdam zum ‚1st Poetry International Festival'. Das erste Mal stand Jandl hier auf einer nach poetischen Positionen durchmischten Weltbühne, neben dem Schweden Lars Gustafsson, dem Polen Zbigniew Herbert, den Niederländern Gerrit Komrij und Rutger Kopland, dem Engländer Adrian Mitchell und dem Serben Vasko Popa.[99] Die ihm literarisch nächststehenden Gefährten traf er danach in Amsterdam, wo am 6. November 1970 im Stedelijk Museum die Ausstellung ‚Concrete Poetry' eröffnet wurde, mit Arbeiten von Jandl und einer Lesung am Tag darauf. Zum Festival nach Rotterdam kamen er und Friederike auch in den beiden folgenden Jahren. Dem Organisator Martin Mooij blieb er in Freundschaft verbunden, er folgte noch im Jahr 1994 seiner Einladung zur 25. Wiederholung nach Rotterdam.

Für eine Schulfunkdiskussion im WDR flog Jandl auf einen Tag nach Köln.[100] Seit 1969 der erste Schulbuchverlag bei ihm angeklopft hatte, stiegen seine Chancen beim lesenden Nachwuchs.[101] Doch der Konkreten Poesie sicherte erst 1972 ein Reclam-Heft mit diesem Titel und einem Nachwort von Eugen Gomringer den Zugang in die Schul- und Lehrerbibliotheken.[102] Unter den zehn Jandl-Gedichten darin durften nur die Tierstimmen-Imitationen im Sprechgedicht „auf dem land" mit einer lustvollen Aufnahme in Klassenzimmern rechnen. Einige neue Gedichte brachte er 1970 in der Wiener evangelischen Jugendzeitschrift *Anstoß+Argumente* unter, darunter so erotisch aufgeladene wie „glaube, öffnung und liebe", „schulschwül" und „da ist ein garten".[103] Den Jugendlichen stellte er sich vor als „freund der dichterin friederike mayröcker, bruder des dichters hermann jandl und des architekten robert jandl, sohn der dichterin luise jandl und des malers viktor jandl". 1971 war er als Sprecher mit Gedichten für Kinder auf der Wagenbach-Platte *Warum ist die Banane*

---

[99] https://www.poetryinternational.org/pi/festival/25005/1st-Poetry-International-Festival-Rotterdam-1970/en/tile; Literaturarchiv Sulzbach-Rosenberg, Jandl Mappe 1.

[100] 1.7.1970. U_A WDR 11683.

[101] Kefer an Jandl 20.3.1969. LIT 139/99, 2.1.1. Wahrscheinlich erbat sich in Österreich als erster Rudolf Kefer (Gmunden, Oberösterreich) Jandl-Gedichte für Schullesebücher: „Oktobernacht" und „Herbstlaub am Rande des Frühlings" (beide aus *Andere Augen*, 1956) wurden abgedruckt in: *Welt im Wort* 1969, Bd. 3, S. 316 u. Bd. 4, S. 255.

[102] In diese Sammlung mit Kanon-Charakter wurden aufgenommen: Friedrich Achleitner, Max Bense, Claus Bremer, Reinhard Döhl, Heinz Gappmayr, Eugen Gomringer, Helmut Heißenbüttel, Ernst Jandl, Kurt Marti, Hansjörg Mayer, Franz Mon, Diter Rot, Gerhard Rühm, Konrad Balder Schäuffelen, André Thomkins, Timm Ulrichs, Wolf Wezel.

[103] Jg. 1970, Heft 5.

krumm[104] auf dem antiautoritären Bildungsweg unterwegs, gemeinsam mit Peter Rühmkorf, Peter Bichsel, Günter Herburger, Wolf Biermann u. a. In der Akademie der Künste in Berlin folgten 1972 Lesungen von Rühmkorf, Herburger und Jandl in einer Reihe ,Kinder und Künste'.[105]

Den langen Sommer 1970 in Berlin nutzte Jandl zur Beantwortung der Ewigkeitsfrage „Warum schreiben Sie?" für eine Anthologie, zu der Walter Jens ein Vorwort schrieb[106] und deren Titel er selber vorschlug: „Ich mit Umwelt". In logisch luzid gebauten Schachtelsätzen, der erste 160 Worte lang, führte er die Fragestellung ad absurdum. Jede einem Schriftsteller zugemutete „Aufgabe" wehrte er ab:

> „Nichts zu bewältigen, es gibt nichts zu bewältigen, es gibt überhaupt nichts zu bewältigen: keine dieser Sachen, die man schreibt um sie herzuzeigen ist eine Antwort, keine eine Lösung, und es kann daher überhaupt nie eine Frage geben, nie ein Problem."

Zweimal im ersten Berliner Sommer wechselten Jandl und Mayröcker über die Grenze nach Ostberlin zu Günter Kunert: einmal mit Martin Mooij – er hatte sich vergebens um Kunerts Ausreise nach Rotterdam bemüht – und einmal mit Oswald Wiener, mit dem sie endlich am Grab von Bert Brecht standen.[107] Mit Kunert pflegte Jandl schon seit 1967 freundschaftlichen Kontakt. Die beiden verband die Bekanntschaft mit dem 1966 aus England an die Universität von Austin, Texas, gegangenen englischen Lyriker Christopher Middleton. Jandl war mit Middleton in London im I.C.A. aufgetreten. Auf einer Europareise Middletons 1969 – in Wien bat ihn sogar Felix Braun zusammen mit Jandl und Mayröcker zu sich[108] – wurde ein Buchprojekt ausgeheckt: Gedichte und Prosa von Middleton, übersetzt von Jandl und Kunert, mit Illustrationen vom Berliner Malerpoeten Christoph Meckel. 1970 druckte die Eremiten-Presse dieses Bändchen mit dem Titel *Wie wir Großmutter zum Markt bringen.*[109] Jandl verdankte Middleton die

---

[104] Wagenbach Quartplatte 7. Mit „der gewichtheber", „das ist ein garten", „strickleiter", „happy birthday" (aus *Das Röcheln der Mona Lisa*), „sieben kinder", „immer höher", „bitteschneu", „la zeechn u bapp".

[105] AdK-W 76.

[106] Salis 1971, S. 159–166.

[107] Jandl an Martin Mooij 9.8. u. 13.8.1970. LIT 139/B941.

[108] Jandl an Braun 26.1.1970. LIT 139/B1697.

[109] Middleton, Christopher. 1970. Wie wir Großmutter zum Markt bringen. Gedichte & Prosa. Stierstadt: Eremiten-Presse. Von Jandl wurden die Gedichte „Snake rock", „Ein Karren voller Äpfel", „Petrarcas Land", „Weißer Vorhang offenes Fenster", „In Balthasars Dorf", „Ohne Titel" [Du bist um 4 aus dem Bett] und „Roya Valley" übersetzt.

Einladung auf ein Semester 1971 nach Austin als „writer in residence";[110]
ein Jahr später kam auch Kunert als Resident nach Texas.

Spiel mit Bühnenspielen

In Berlin wusste Jandl seine Hörspielarbeit schon hinter sich. Soeben waren
der uhrensklave in Stuttgart und *das röcheln der mona lisa* in München einstudiert worden. Damit schien diese Gattung für ihn ausgereizt. Im Juli
1970 bestellte der Frankfurter Kunstverein für seine ‚Experimenta 4' im
Jahr 1971 ein Stück für das Schauspielhaus. Sein bis dahin radikalster Plan
zur Ausschaltung der Schauspieler aus dem Bühnengeschehen im Entwurf
mit dem Titel „gesten: ein spiel" zielte auf die Animation visueller Gedichte
durch Statisten hin. Dieses 1964 geschaffene 1-Blatt-Bildgedicht unter dem
Motto „feucht euch des klebens"[111] zeigt anthropomorphe Buchstaben-
gebilde in der Dimension von Strichmännchen. Das maschinengetippte
Wort „kreisel" gibt als seinen Kern „reise" preis, der „glaube" „laub" und das
„pendel" „ende".

> [„gesten"] „kann von 1 – 3 personen aufgeführt werden. Die personen in
> diesem spiel wirken als textträger. Die texte sind an den personen angebracht.
> Das spiel umfasst 8 texte. jeder text […] ist am oberkörper und an den armen
> des textträgers so anzubringen, daß die fläche von den schultern bis zur
> körpermitte von text bedeckt ist. […] Indem die textträger ihre arme bewegen,
> verändern sie die wortbotschaften."[112]

Für die Frankfurter ‚Experimenta' ging Jandl einen großen Schritt weiter.
Im Entwurf *der raum – szenisches gedicht für beleuchter und tontechniker*
verzichtete er völlig auf Darsteller – und folgte dabei den Ideen einer
‚Depersonalisierung' des Schauspielers bei Maeterlinck und Alfred Jarry
sowie von Gordon Craig mit dessen ‚Über-Marionetten'.[113] Jandl räumte
die ganze Bühne leer und erklärte in einem Begleittext:
„Es ist das letzten Endes die gleiche Methode der Reduktion, mit dem
Ziel des Erforschens und Zeigens, von der im Zusammenhang mit der

---

[110] Jandl an Höllerer 12.9.71. Literaturarchiv Sulzbach-Rosenberg, 03WH/AA/14,14.
[111] Jandl 2016, Bd. 1, S. 353.
[112] *Protokolle* 1970/1, S. 70–75. Jandl 2016, Bd. 5, S. 197–203.
[113] Vgl. Bosse 2011.

konkreten Poesie immer wieder, und mit Recht, die Rede ist."[114] Der räumliche Aspekt des Theaters, nämlich der Theaterraum, werde dabei von allem Übrigem getrennt, was ihn allein, optisch und akustisch und sogar mit einem Rest von Semantik, zu einem Minimum an sprachlicher Aussage, zum Theaterereignis mache. Der semantische Rest, ein einziger ganzer Satz, soll zwischendurch aus einem Buchstaben-Projektor leuchten: „leer bleibt leer".

Doch die „für eine perfekte Ausführung notwendigen phantastischen Apparaturen" konnten nicht termingerecht entwickelt werden.[115] Zwei Aufführungen waren im Schauspielhaus Frankfurt für den 1.6.1971 geplant. Das Zentralorgan der Bühnenkunst *Theater heute* druckte im Juli 1971 die ganze Partitur. Ein zweiter Versuch in München scheiterte aus anderen Gründen. Die Uraufführung des Stücks, „das eines Theaterraums von gewaltigen Dimensionen bedurft hätte", wurde 1973 im viel zu kleinen Rahmen einer Zimmerbühne in Kärnten versucht.[116] Erst am 28. Mai 2021 zeigte das Wiener Volkstheater in der Regie von Kay Voges den *Raum* partiturgetreu als computergesteuertes Scheinwerferballett. Mit Bedacht auf die seit 1971 weiterentwickelten Techniken zur Herstellung virtueller Raumerlebnisse wirkte Voges' Realisierungswagnis in der konventionellen Guckkastenbühne museal.

Im Berliner Sommer 1970, und in Kontakt mit den Wiener Anarcho-Exilanten, entwarf Jandl ein *parasitäres stück im anschluß an ein klassisches Sprechstück* – ein Nachspiel besonderer Art und zielgerichtet polemisch: „dieses stück ist gewidmet: dem wiener burgtheater und allen die es am leben erhalten". Es würde vom Personal eines klassischen Sprechstücks wie eine Zugabe gezeigt. Die Darsteller wiederholen nach einer kurzen Pause in Kostüm und Ausstattung die Handlung der letzten zehn Minuten, doch ersetzen sie alles Gesprochene „durch mit heraushängender zunge unter einhaltung der zeitdauer des gesprochenen ausdruckslos gelalltes".[117]

Im Herbst 1970 sprach Jandl in Wien mit dem Freund Paul Fürst über die seit zehn Jahren unaufgeführten Ballette, denn Herbert Baumann, der Musikchef des Berliner Schillertheaters, hatte sich von ihm die Libretti

---

[114] „Bemerkung zum Stück: ‚der raum'". [15.11.73]. Jandl 2016, Bd. 5, S. 354–357.

[115] „Meine bisherige Arbeit an Stücken". Jandl 2016, Bd. 5, S. 356.

[116] Studiobühne Villach, Regie Bruno Czeitschner. Vgl. Haider, Hans. Aufwendige technische Installationen. Jandl-Uraufführung in Villach. *Arbeiter-Zeitung*, 8.12.1973.

[117] Jandl 2016, Bd. 5, S. 218–219.

geholt.[118] Doch ein konkretes Projekt reifte nicht heran. Anders in Zürich, wo der Grazer Horst Zankl das Theater am Neumarkt übernommen und Herbert Gamper als Dramaturgen engagiert hatte. Dieser Germanist aus Kreuzlingen am Bodensee war in die Österreicher Jandl, Rühm, Handke, Bauer und Jonke eingelesen. Am 1. September 1971 begannen Jandl und Claus Bremer – „der, anders als ich etwas vom Theater versteht", so Jandl an Finlay[119] – die *szenen aus dem wirklichen leben* zu probieren. Dieser mit Musiken von Ernst Kölz akzentuierten Collage sollte nach der Pause *Rund und Oval* von Gerhard Rühm in dessen Regie folgen. Jandl musste vorzeitig abreisen, weil er in Austin erwartet wurde. Claus Bremer und Rühm brachten die Premieren am 6. Oktober heraus. „Mein Stück war dort ein richtiger Skandal, aber nur bei der Premiere", erinnerte sich Rühm.[120] Jandl versuchte, freilich vergeblich, die Zürcher Produktion mit Bremers Hilfe als Gastspiel in die Akademie nach Berlin zu holen.[121] Ebenfalls im Herbst 1971 trat der Kabarettist Franz Josef Bogner in München auf einer Kleinbühne in einer Collage aus Jandl-Texten mit dem Titel „kennen sie mich herren?" auf. Gegen diese Störung seines ureigenen Geschäfts erwirkte der Dichter ein Verbot.[122]

Experiment Film

Seit in Köln das letzte als gemeinsam geschaffen ausgeschilderte Hörspiel *SPALTUNGEN* fertiggestellt war, warteten Jandl und Mayröcker auf einen Produktionstermin für ihre Filmidee *TRAUBE*. Das Buch hatten sie schon im Januar 1970 aus Wien an den Regisseur Heinz von Cramer nach Rom geschickt.[123] Daneben hatte Jandl noch zwei weitere Filmskripts in Arbeit. Cramer kam nach Wien, um alle drei TV-Film-Projekte zu begutachten und wählte *TRAUBE* aus. Der WDR akzeptierte ihn als Regisseur und Miturheber. Als Otto Breicha 1972 das Skript in den *Protokollen* abdruckte,

---

[118] Baumann an Jandl 6.1.1970. LIT 139/B71.

[119] Jandl u. Finlay 2017, S. 191.

[120] Interview 14.7.2020.

[121] Jandl an Gomringer 12.9.1971. SLA Gomringer B-2-JANDL; Jandl an Hans Mayer 8.10.1971. Stadtarchiv Köln, Best. 1333. Jandl selbst inszenierte noch 1990 eine Hörspielfassung der *szenen* für den Bayerischen Rundfunk.

[122] 7.12.1971. LIT 2.4.1. Luchterhand.

[123] 25.1.1970. LIT 129/B220.

nannte er Cramer unter den Autoren sogar an erster Stelle.[124] Im April 1971 kamen Jandl und Mayröcker für drei Tage nach Köln auf Motivsuche[125] – so in Düsseldorf, Köln-Bocklemünd und am Liblarsee in Erftstadt.[126] Während der Aufnahmen im Mai und Juni wohnten sie in Köln im Hotel ‚Callas'.[127] „Beide haben die Dreharbeiten als Tortur empfunden", überlieferte Siegfried J. Schmidt: „das endlose Warten, bis eine Szene ausgeleuchtet war; die endlosen Vorbereitungen, die den Zusammenhang zerstörten – und der Verlust des poetischen Gedankens bei der Umsetzung in Filmsequenzen." Wobei Friederike Mayröcker „nach eigenem Bekunden an den Dreharbeiten kaum noch interessiert war."[128] Erstmals wurde *TRAUBE* im 3. Programm des Westdeutschen Rundfunks am 27. Dezember 1971 gesendet. Für die Weitergabe an die Presse schrieben Jandl und Mayröcker:

> „Der Film ist im weitesten Sinne als eine Demonstration menschlicher Verhaltensweisen zu verstehen. Der erste, ‚abstrakteste', Teil ruft gewisse Verhaltensweisen, vorwiegend aufs Sensorische und Emotionelle beschränkt, lediglich im Zuschauer selbst hervor, *zeigt* sie also nicht. Der zweite Teil zielt ausschließlich auf den Intellekt des Zuschauers; dabei führt er in grotesker Typisierung ganz bestimmte Verhaltensweisen vor Augen; der dritte Teil wirkt durch den Ton auf das Sensorium, durch das Bild auf Emotionen und Intellekt des Zuschauers; hier werden Verhaltensweisen an nicht mehr typisierten, sondern charakterisierten Personen vorgeführt, sodaß die Distanz des Zuschauers zum Vorgang zwar die größte ist, zugleich aber die Möglichkeit zu einer Identifikation besteht."[129]

Der 45-Minuten-Film wurde teils in Schwarz-Weiß, teils in Farbe gedreht. Die in Paris lehrende Filmwissenschaftlerin Christa Blüminger sieht darin „keine nihilistische Ästhetik am Werk, sondern bei aller Dekonstruktion gängiger Codes immer noch eine produktive Rückbindung sowohl an filmische Erfahrungen wie auch an die Alltagswelt [...]."[130] Der erste Teil schöpft aus den lebenslang aufgerufenen Kindheitserlebnissen Friederike Mayröckers in ihren Sommerferien bei den Großeltern in Deinzendorf

---

[124] Cramer/Jandl/Mayröcker 1972.
[125] Mayröcker an Schöning 11.4.1971. AU_WDR 11684.
[126] LIT 139/L42.
[127] Abmeldung in Köln am 30.6.1971. LIT 139/L321.
[128] Schmidt 1990, S. 151.
[129] UA_WDR_11684.pdf.
[130] Blüminger 2010, S. 90.

im Weinviertel von Niederösterreich: eine Segenshand über Trauben, ein Meer von Hühnereiern, Blut spritzt beim Schlachten einer Henne in der bäuerlichen Küche (ein weit verbreitetes Trauma, das Stadtkinder vom Land heimbringen); der Cowboy, der durch Wüstensand stapft, mag den Marlboro Man aus der Zigarettenwerbung herbeizitieren. Jäh wechselt die zweite Szene in die Großstadt, in einen Konzertsaal mit dem Orchester und dem Publikum in ‚frozen pictures'. Ein schmuddeliger Mann – gespielt vom Prager Freund Konrad Balder Schäuffelen[131] – stört mit Spuckgeräuschen. Er hält eine filterlose Zigarette hoch und versucht Tabakkrümel von der Zungenspitze wegzublasen. Ein weibliches Werbemodel mit Filterzigarette ist gegengeschnitten. Eine Schrift wird nachgereicht als möglicher Titel über dieser kurzen Szene: „Viola oder die Folgen des filterlosen Rauchens". Im ‚Viola'[132] in Prag hatten Jandl und Mayröcker erst im Dezember 1969 Auftritte gehabt.

Eine „produktive Rückbindung an die Alltagswelt" wird noch deutlicher in der dritten Szene: „ein eher unscheinbarer Mann mittleren Alters", den Jandl selber mimt, beim Kauf eines Koffers, der Symbolrequisite für Exil wie auch für Weltläufigkeit. Zurück aus dem Laden im Zimmer, probiert er ihn aus. Die Wäschestapel finden nicht Platz, er kehrt zurück zum Umtauschen. Der neue Koffer zu groß. Der dritte passt. Nun ist der Mann gerüstet für die Reise, vielleicht Flucht. Die Fremde lockt ihn mit Flughafenbildern, Schiffsgeräuschen. Jandl machte sich so über seine eigene Umständlichkeit beim Einkaufen in Geschäften lustig, wie auch in manchen der von ihm so genannten „Dinggedichte" über Tücken von Objekten. Doch die professionelle Höhe eines Humoristen wie Vicco von Bülow (Loriot), der in Text, Bild und Film alltägliches Scheitern darstellte, suchte Jandl nicht.

Der mit Januar 1970 datierte Entwurf *NACHRUF – EIN FILM in schwarzweiß* wäre allenfalls in einem Animationsstudio realisierbar. Dieses Feuerwerk szenischer Phantasien, darunter biblisch-heilsgeschichtliche Figuren in Flugbewegungen, endet im Buchstabenrausch:

„das licht der schrift wird noch intensiver. ein beben geht durch die schrift, als wollte sie sich losreißen. dann schießen die buchstaben, einzeln, in unregelmäßiger folge, aus der linie der schrift heraus, jeder in der gleichen richtung, eine kurve nach links, kurz abwärts, dann aufwärts und unerhört

---

[131] Eine im Antiquariat aufgetauchte Ansichtskarte legt nahe, dass als ‚Bäuerin' die Schriftstellerin Marianne Langewiesche auftrat. https://www.autographen.org/fileadmin/user_upload/pdf/Osterglocken2009.pdf.

[132] Eine Weinstube, die mit einem ‚Lyrik-und-Jazz'-Programm in den sechziger Jahren bekannt wurde.

rasch, wie leuchtende raumschiffe, in die richtung der sterne hinein in den raum.["133]

Eine Kopie des Skripts schickte Jandl nach Schweden an Valie Export und Peter Weibel – der Jandl dazu gratulierte.[134] Kolleritsch akzeptierte es nicht für die *manuskripte*. Jandl brachte es noch 1970 in einer Anthologie im bekannt wagemutigen Verlag Bärmeier & Nikel unter, freilich ohne die Zeichnungen.[135]

Die männer. ein film, das dritte Manuskript, wird Jandl erst 1973 in der Eremiten-Presse unterbringen.[136] 1970 lehnte es Gert Jonke ab, dem Jandl es für die Anthologie *Weltbilder. 49 Beschreibungen* geschickt hatte, die Jonke für den Hanser-Verlag zusammenstellte.[137] Auch Hans Bender wollte es nicht in den *Akzenten*.[138] Von allen seinen veröffentlichten Werken lenkt keines so direkt den Blick auf eine mögliche psychische Grundstörung (nach Michael Balint zumeist in der Mutterbeziehung) des Autors. In der ersten der mit präzisen Kameraanweisungen versehenen elf Sequenzen springt einer in sphingischer Ruhe sitzenden Frau ein „gerades ding von beträchtlicher dicke" aus dem Mund; in der zweiten nähert sich ein Babyfinger dem Gesäß einer Frau und verschwindet darin; in der dritten suggeriert eine Frau mit Kleinkind im Arm Mutterglück; in der vierten fährt einer Frau ein Penis aus dem Mund; in der fünften melkt die Frau diesen Penis ab; in der sechsten befriedigt sich eine nackte Frau zugleich genital sowie oral mit einem ihr aus dem Mund gewachsenen Penis; in der siebten befriedigen sich zwei Frauen gegenseitig an Penissen aus ihren Mündern bis zum Orgasmus; in der achten werfen zwei nackte, stämmige jüngere Frauen auf einer Wiese ein nacktes Baby hin und her; in der neunten folgt die Kamera zwei Frauen, die sich mit Genitalküssen und Penissen aus ihren Mündern befriedigen; in Szene zehn kehrt die Szene 3 wieder: „ein glückliches bild. plötzlich schießt, mit der geschwindigkeit eines schlagbolzens, ein erigierter penis aus dem mund der frau in das dem mund zunächst liegende auge des kindes […] in immer

---

[133] Jandl 2016, Bd. 5, S. 415–419. 29 Blatt, von ersten Zeichnungen bis zur Reinschrift, spendete Jandl 1978 der Grazer Autorenversammlung für eine Auktion in der Galerie nächst St. Stephan. Als „Komplette Entstehungsgeschichte des Textes ‚Nachruf: ein Film'" in der Wiener Stadt- und Landesbibliothek, Handschriftensammlung, Ic 171956. Die Stadt Wien kaufte bei dieser Gelegenheit auch Friederike Mayröckers ‚DADA-Box'. Beyer 1992, S. 107.

[134] Weibel an Jandl 6.9.1970. LIT 139/B1523.

[135] Kramberg 1970, S. 105–110.

[136] Jandl 1973c.

[137] Jandl an Bender 17.10.1970. Stadtarchiv Köln, Best. 1375, A 94, Bl. 93.

[138] Jandl an Bender 3.11.1970. Sulzbach-Rosenberg, 01AK, EJ.

rascheren stößen zerstört der hervorschießende penis den bauch des kindes
[…].“ In der Schlussszene befriedigt sich eine Frau genital zunehmend
rascher mit einem ihr aus dem Mund gewachsenen Penis – bis sie ihre
Organe von sich schleudernd wie eine außer Kontrolle geratene Maschine
explodiert. Unter den acht im Buch mitgedruckten Strichzeichnungen
bringen zwei auch einen sich selbst mit einem Penis aus dem Mund rektal
befriedigenden Mann ins Bild.

Während der Produktion des Buchs kam Jandl in den Sinn, überhaupt
nur Brustbilder „berühmter deutscher Militaristen – Blücher, Scharnhorst,
Moltke, Gneisenau … bis herauf zu Hindenburg – in Stichen oder in der
Art von Stichen“ unterzubringen.[139] Wäre er dabei geblieben, wäre der
Film später als Statement in der Männerforschung zu lesen gewesen; Klaus
Theweleits Studie über sexuelle *Männerphantasien* mit reichem Material
aus der deutschen Militärgeschichte erschien 1977/78. Dem Autor von
Textbildern Klaus Peter Dencker, damals noch Assistent an der Universität
Erlangen-Nürnberg, kündigte Jandl in einem Interview das Buch an als
einen „sehr obszönen Text mit obszönen Zeichnungen von mir; dieser
Text ist als Filmszenarium geschrieben, wobei die Absicht ist, dem Sexfilm
etwas gegenüberzustellen, was das Repertoire des Sexfilms ins Entsetzliche
führt.“[140]

„Man only. Nur für Klaus, nicht für Susi“ schrieb Jandl seinem Luchterhand-Lektor Ramm als Widmung in ein *männer*-Exemplar.[141] Ramm wurde
das Manuskript nie angeboten, für ihn blieb das Buch „auf seine Art Pornographie“. Zu Jandls Schutz rückten jetzt Nahestehende aus. Der Germanist
Jörg Drews, eben nach Bielefeld als Professor berufen, wehrte in einer
Rezension mögliche Verdächtigungen durch die Sittenpolizei ab: „Doch
wer sich da nur Perverses, eine pornographische Choreographie erwartet,
wird enttäuscht: Die lustvoll agierenden Körper zerfallen und zerreißen am
Ende, bis der schöne leibliche Schein zu Gerippen reduziert ist. Partitur
eines visuell-erotischen Totentanzes.“[142] Erst zehn Jahre später wird Drews

---

[139] An Hülsmanns 23.2.1972. Heinrich-Heine-Institut Düsseldorf. Rheinisches Literaturarchiv.
Eremiten-Verlag.

[140] *Nürnberger Nachrichten* 12.1.1973.

[141] Interview 2021. Ramm hält *die männer* „auf seine Weise pornographisch“ und antwortete auf die
Frage, ob sich Jandl mit Buchtiteln mit homoerotischen Signalen wie *die männer* und *übung mit buben*
(in der Berliner Handpresse ebenfalls 1973 erschienen) Probleme geschaffen habe: „Er hat einen ganzen
Haufen Probleme gehabt, mit Frauen, Männern und Kindern. Aber ich habe mich nie darüber unterhalten. Zu ,übung mit buben‘ gibt es irgendwo eine Bemerkung, nach der ihm irgendwer einmal gesagt
hätte, worüber er geschrieben hat, hätte nichts mit Päderastie zu tun.“

[142] *Süddeutsche Zeitung*, 21./.22./23.4.1973.

in einer Rezension des Buchs *selbstporträt des schachspielers als trinkende uhr* dem mit ihm längst befreundeten Dichter Hemmungslosigkeit, ja im Gedicht „der wahre vogel"[143] sogar Sadismus vorhalten.[144] In Wien lenkte 1973 Heidi Pataki, obwohl eine feministische Aktivistin, mit klassenkämpferischen Argumenten Verdacht von Jandl ab. Sogar Goethe habe sich, siehe die apokryphen Fragmente zu „Blocksberg" und „Walpurgisnacht", gleichsam feierabends mit Pornographie beschäftigt. „Viel spricht für die Annahme, daß die Dichter diese Beschäftigung brauchen, um ihre Phantasie von den Fesseln der bürgerlichen Prüderie zu befreien. [...] Richtig verstanden ist Ernst Jandls ‚Pornographie' ein Protest gegen die Bedingungen, unter denen allein Pornographie entstehen kann."[145]

Klaus Ramm beginnt die Sammlung Luchterhand

Otto F. Walter informierte mit einem Rundschreiben im Oktober 1969 die Autoren des Verlags, dass Klaus Ramm, „soeben bei Beda Allemann promoviert",[146] als Lektor für Gegenwartsliteratur engagiert wurde. Jandls *Sprechblasen* hatte 1968 noch Otto F. Walter selbst als Lektor betreut – mit nur 96 Seiten eine Petitesse neben den dicken Luchterhand-Romanen dieses Jahres von Michail Bulgakow (*Der Meister und Margarita*), Raymond Roussel (*Locus Solus*) und Alexander Solschenizyn (*Krebsstation*). Ramm war von Otto F. Walter und dem geschäftsführenden Miteigentümer Eduard Reifferscheid mit dem Auftrag geholt worden, eine Taschenbuch-Reihe aufzubauen – „ein Reflex auf die Edition Suhrkamp" (Ramm).[147] Mit zehn Titeln sollte die ‚Sammlung Luchterhand' (SL) zur Buchmesse 1970 starten. Diese Verkaufsschiene für Billigbücher teilte sich von Anfang an die Literatur mit der auf den Universitäten in den Vordergrund gerückten Soziologie. Als Nummer 1 war, um Offenheit zu signalisieren, Prosa aus der DDR vorgesehen. Die erste Wahl wäre Anna Seghers gewesen, die Präsidentin des DDR-Schriftstellerverbandes. Doch wurde ihr ostdeutscher

---

[143] „Fang eine liebe amsel ein / nimm eine schere zart und fein / schneid ab der amsel beide bein / amsel darf immer fliegend sein [...]".

[144] *Süddeutsche Zeitung*, 29./30.10.1983.

[145] *F.A.Z.*, 9.10.1973.

[146] Ramm 1971.

[147] Interview mit Klaus Ramm am 14.7.2021.

Landsmann Jurek Becker mit dem Roman *Jakob der Lügner* vorgezogen. Heißenbüttels *Textbuch* bekam die Nummer 3, *der künstliche baum* von Jandl die Nummer 9.

Bei Luchterhand wurde Jandl bereits vom Fremdsprachenlektor Wolfram Schäfer betreut: Er orderte 1968 die Übersetzung von John Cages *Silence*.[148] Diese 1961 erschienene Sammlung von drei Vortragspartituren enthält als längste *45' für einen Sprecher*. Luchterhand veröffentlichte *Silence* 1969 mit Heißenbüttel als Herausgeber.[149] Als Schäfer zu weiteren Übersetzungen einlud, stellte Jandl Bedingungen: Er wolle an den Zweitrechten beteiligt werden und ein ganzes Buch allein übersetzen; konkret schlug er vor *A Year from Monday: New Lectures and Writings* (1967) unter dem Titel „Montag in einem Jahr".[150] Bis Herbst 1973, so Jandl, könnten ein Band mit Cages theoretischen Schriften, eine Sammlung von Stories und die *Juilliard Lectures* folgen.[151] Doch bald stieß er auf Cages Sammlung *Indeterminacy* in der Übertragung von Hans G Helms. Weil er Helms für „unüberbietbar" hielt, gab er schon 1971 das ganze Cage-Projekt wieder auf.[152] Daneben trug er auf Einladung des Herausgebers Werner Vordtriede[153] zwei Gedichte für den Lyrikband der bei Luchterhand begonnenen William-Butler-Yeats-Ausgabe bei.[154]

Jandl hatte auch einen Auftrag des Suhrkamp-Verlags angenommen. „Alles, was ich dieser Tage mache, ist ERZÄHLEN vier Vorträge von Gertrude Stein zu übersetzen", schrieb Jandl im Dezember 1970 aus Berlin an Ian Hamilton Finlay.[155] Dieses Übersetzen sei „sehr viel Arbeit und für mich momentan die nahezu einzige Möglichkeit, in einen längeren, fortlaufenden Text hineinzukommen. Manchmal mache ich es liebend gerne, manchmal hasse ich es, aber es ist Gertrude Stein [...]." Der Suhrkamp-Chef Siegfried Unseld drängte auf eine Ablieferung noch vor dem vereinbarten Termin.[156] 1971 kamen die vier Texte, wie 1935 in der Originalausgabe mit einer Einleitung von Thornton Wilder versehen,

[148] Jandl an Helmut Moser 12.9.1968. LIT 138/B2084.

[149] Cage 1969.

[150] An Schäfer 11.1.1970. LIT 139/99, 2.4.1, Luchterhand.

[151] An Schäfer 14.1.1970. LIT 139/99, 2.4.1, Luchterhand.

[152] An Schäfer 5.3.1971. LIT 139/99, 2.4.1, Luchterhand.

[153] An Jandl 20.4.1968. LIT 139/B1494.

[154] „Er gibt seiner Liebsten gewisse Reime", „Die Schellenkappe". In: Yeats 1970, S. 54–57.

[155] Jandl u. Finlay 2017, S. 181.

[156] 24.7.1970. LIT 139/99, 2.4.1, Suhrkamp Verlag.

in der Bibliothek Suhrkamp heraus.[157] Für eine vom Suhrkamp-Lektor Peter Urban vorbereitete Chlebnikov-Ausgabe übersetzte Jandl vier kurze Gedichte.[158] Als Urban Suhrkamp verließ, brachte er das Projekt bei Rowohlt unter. 1972 war der erste Band fertig. Jandls Version von „der grashüpfer" (kuznečik) lässt sich hier vergleichen mit Übertragungen desselben Gedichts durch Paul Celan, Oskar Pastior und der Wiener Slawistin Rosemarie Ziegler.[159]

Als eines der ersten Bücher kam dem neuen Lektor Ramm *der künstliche baum* auf den Tisch.[160] Denn Jandl war längst mit der Zusammenstellung dieses nach *Laut und Luise* und *Sprechblasen* dritten Buches mit überwiegend experimentellen Gedichten fertig. Auch ein Titel war schon gefunden, denn bereits am 5. August 1969 versicherte er John Furnival, sein Sprechtext *TEUFELSFALLE* nach Motiven von Furnivals Textplastik „Devil's Trap" komme in sein nächstes Buch *der künstliche baum*.[161] Das visuelle, doppelt symmetrische Gedicht dieses Namens vom Januar 1969 sollte die Sammlung eröffnen. Das Wort „fracht", zwanzig Mal untereinander getippt, bildet den Stamm; Wurzelwerk und Laubkrone sind, gleich mächtig, aus je zwanzig Mal dem Wort „frucht" geformt. „fracht" meint sowohl „Transfer" als auch „Last".

Penibel trennte Jandl seine Texte nach Art der Verfertigung: visuelle Gedichte, Lese- und Sprechgedichte und Lautgedichte. Die umfangreichen „villgratener texte" aus 1957 schilderte er als Lesetext aus, die noch längere TEUFELSFALLE als Sprechtext. *Laut und Luise* waren 1966 und 1971 mit Serifen-Zierrat aus den Druckmaschinen gekommen. Zum ersten Mal wurde nun ein Jandl-Buch in einer der Klarheit der Texte angemesseneren Grotesk-Schrift gesetzt. Und zum ersten Mal legte er das jeweilige Entstehungsjahr offen. Das Epochengedicht aus 1957 „fortschreitende räude" war bisher nur in der Miniauflage von *hosi-anna* verbreitet. Endlich sollte auch „ottos mops" aus dem Jahr 1963, Lachnummer bei jeder Lesung, greifbar werden; das Wartezimmergedicht „fünfter sein" war neu und bald sehr beliebt. Der Dichter brachte „BIOGRAPHY" unter, ein visuelles Widmungsgedicht für Finlay, das Rühm-Gedicht „gerhard und der wolf", politische Gedichte wie die 1968 an das Horst-Wessel-Lied angelehnten „straßenrufe", die in den *szenen aus dem wirklichen leben* von Ernst Kölz mit

---

[157] Frankfurt/M.: Bibliothek Suhrkamp Bd. 278.
[158] Urban an Jandl 16.6.69. LIT 139/B1472.
[159] Chlebnikov, 1972, S. 77–78.
[160] Interview mit Klaus Ramm 14.7.2021.
[161] 5.8.1969, LIT 139/B1836.

aufwühlender Musik begleitete „moritat" sowie Denunziationen schreck-
licher Mütter in „die mutter und das kind" und „kinderreim".

Trotz der Präzision, für die Jandl auch bei Setzern bekannt war, blieb
ein Fehler im Buch. „In der ersten Auflage", so Klaus Ramm, „erschien das
Gedicht ‚samt samt samtsamen' im Inhaltsverzeichnis als ‚samt samt seltsamen'. Das hat Ossi Wiener bemerkt. Ich sagte zu Jandl, das können wir
ja gleich für die zweite Auflage korrigieren. Nein, sagte Jandl, ich widme
das Gedicht Oswald Wiener und wir bleiben bei ‚seltsamen'."[162] Über
die Originalität seines Gedichts „zum höll",[163] ein Epigramm auf Walter
Höllerer aus 1966, kam es 1974 zu einem Briefwechsel mit dem Höllerer-
Assistenten Karl Riha und dem Lyriker Arnfried Astel, als der ein ähnliches
veröffentlichte. Astel gab auf: Er habe das „found poem" irgendwo auf-
geschnappt, wisse aber nicht mehr wo.[164]

Jandl wehrte sich anfangs gegen die Originalausgabe in einer Billigreihe,
„denn er hatte kein richtig gebundenes Buch", überliefert Ramm. Immer-
hin druckte Luchterhand schon 1969 Bühnentexte von H.C. Artmann (*Die
Fahrt zur Insel Nantucket*) in einem 500-Seiten-Band. Jandl konnte überredet
werden. Die Erstauflage von *der künstliche baum* betrug 4200 Stück, der
Preis 4,80 Mark. Vor Erscheinen wurde schon die zweite Auflage verkauft.
In den ersten zehn Jahren wurden 18.000 Stück aufgelegt.[165] Bei einem
Besuch in Wien im März 1970 gewann Ramm Jandl für die Idee, Laut- und
Sprechgedichte aus *der künstliche baum* als Schallplatte bei Luchterhand
zu veröffentlichen – ein Novum für den Verlag, mit den *Kindergeschichten*
von Peter Bichsel als erstem Versuch.[166] Rezensionen kamen wenige und
zuerst aus dem Freundeskreis. Otto Breicha schrieb im Wiener *Express*,[167]
Okopenko in *Wort und Wahrheit*.[168] Günter Herburger, ein Verlagskollege bei Luchterhand, verband in einem Brief an Jandl ein Kompliment
– „das reinste Karl-May-Buch, spannend, abenteuerlich, ich lache oft und
manchmal könnte ich weinen, besonders, wenn einem Vers oder Sinn aus

---

[162] Interview Klaus Ramm 14.7.2021. Schon in der ersten Jandl-Gesamtausgabe 1985 wurde wieder
zurückkorrigiert.

[163] Jandl 1970a, S. 84.

[164] Stadtarchiv Köln, Best. 1375, A 95.

[165] Jandl 2016, Bd. 6, S. 433.

[166] Enthält die vom Autor gesprochenen Gedichte „fortschreitende räude", „ÜBE!", „pyjama mit rotem
frosch", „reinhard, reinhard, rosa lamm", „(w)b(a)…", „gute nacht gedicht (gehaucht)" auf Seite 11,
TEUFELSFALLE auf Seite 2.

[167] 28.12.1970.

[168] 1971, Heft 3, S. 286.

Wut der Kopf abgeschlagen wird" – mit der Bitte, Jandl möge doch aus dem Namen Herburger eine kurze Wortreihe entwickeln, bei der dann ein HERB-URGER ein Mann wäre, der heftig nach Kräutern verlangt.[169]

Zum Start seiner Sammlung Luchterhand holte der Verlag die Autoren im September 1970 zu einem Empfang in den Frankfurter Messestand. Jandl kam überdies zur jährlichen Pressekonferenz der österreichischen Verleger und Buchhändler. Von einer „Oesterreich-Beschimpfung" durch Artmann und Jandl berichtete tags darauf der Wiener *Kurier*: „Artmann sagte, er fühle sich als ‚deutscher' Autor, obwohl man ihm ‚bei der Geburt einen österreichischen Paß aufgetrottelt' habe, Jandl beklagte sich, in Österreich derart boykottiert zu werden, daß er ‚verhungere'."[170] Der so düpierte Dichter brachte eine ausführliche Richtigstellung in der regierungseigenen *Wiener Zeitung* unter.[171] Er fühlte sich in Frankfurt durch den dort gehörten Satz „Einige österreichische Autoren veröffentlichen in deutschen Verlagen, weil sie glauben, dort besser zum Zug zu kommen"[172] provoziert und hielt dagegen, es habe für Autoren wie Bayer, Mayröcker, Rühm, Wiener und ihn selbst

„gar keine andere Möglichkeit gegeben, als im Ausland zu veröffentlichen, da die österreichischen Verlage und Massenmedien diese Autoren durch viele Jahre boykottiert hätten. Dabei hätte ein beträchtlicher Teil ihrer Arbeiten, mit denen sie in den letzten Jahren im deutschen Sprachraum bekannt wurden, bereits um 1960 veröffentlicht werden können, wenn die österreichischen Verlage und Massenmedien sich um die in Österreich entstehende neue Literatur gekümmert hätten, wie es ihre Aufgabe gewesen wäre."[173]

Freilich blendete Jandl weg, dass seit 1968 in Salzburg durch die vom Staatsrundfunk ORF und allen Zeitungen kräftig unterstützte Neuaufstellung von Residenz als Literatur- und Kunstverlag österreichischen Autoren neue Möglichkeiten geboten wurden; Artmann, Handke, Jonke veröffentlichten bereits in Salzburg, und bald auch Frischmuth, Kolleritsch und Bernhard. Im ORF-Radio stimulierten Pioniere wie Alfred Treiber und Konrad Zobel in Wien und Alfred Holzinger und Manfred Mixner in Graz Neugier auf neue österreichische Literatur und ihre Autoren.

---

[169] An Jandl 1.10.1970. LIT 139/B547. herba (lat.). = Kraut, Pflanze, Gras.

[170] 26.9.1970.

[171] 6.10.1970.

[172] Wolfgang Kraus zugeschrieben. *Wochenpresse*. 7.10.1970.

[173] *Wiener Zeitung*, 6.10.1970.

Auf der Buchmesse 1970 traf Jandl den vielseitigen Kunstaktionisten Timm Ulrichs, der ihn schon seit den *Sprechblasen* mit Plagiatsvorwürfen verfolgte.[174] Im *künstlichen baum* empfand Ulrichs die Homonyme „death-earth" in Jandls Gedicht „BIOGRAPHY" seiner eigenen Paarung „death-eat" zu nahe, und ebenso beanstandete er das Gedicht „ebbe/flut", in dem Jandl einen einzigen Tidenhub zu Bilde brachte und Ulrichs in seinem Ideogramm mit demselben Titel deren fünf.[175] Ulrichs blieb unversöhnlich: „Da war ich not amused. Es gibt auch Schulbücher, wo beide Texte nebeneinandergestellt sind. Meiner und dann Jandl, weil seiner später veröffentlicht wurde. Ich als kleiner unbekannter Autor hatte ihm meine Texte geschickt."[176] Jandl versuchte Ulrichs damals mit Nachweisen zu beschwichtigen, dass er ebbe/flut schon 1964 Pierre Garnier gegeben habe und „BIOGRAPHY" 1969 Horovitz.[177] Auch seine Goethe-Doublette im Gedicht „ein gleiches"[178] verteidigte er vor Ulrichs: „über allen gipfeln ist ruh' schließlich gehört mir schon, seit ich es mir als Kind irgendwann einmal merkte." Dieser Streit gebar noch eine kuriose Anekdote. Der Schweizer Schriftsteller und Liedermacher Franz Hohler hatte in einem Interview Jandl gefragt: „Kennen Sie einen experimentellen Lyriker, der sehr dünn ist?" Jandl nannte den großen schlanken Timm Ulrichs den „dünnsten", den er kenne.[179] Darauf meldete sich Ulrichs bei Jandl: „wie ich höre, haben sie in einer schweizer zeitschrift auf die frage, wer flache konkrete texte mache, just meinen namen genannt. die so häufige nähe, ja identität von texten ihrer und meiner herkunft macht das doch fraglich – oder: denn sind meine texte flach, müßten auch ihre es sein."[180]

Eremiten-Presse und Rainer-Verlag

Ernst Jandls Mappen blieben auch nach dem Aussortieren für den *künstlichen baum* reich gefüllt. Gedichte nahe der Alltagssprache aus dem Bestand „Schleuderbahn" konnten jederzeit ein ansehnliches Buch abgeben, sowie

---

[174] Jandl an Ulrichs 14.10.11968. LIT 139/B2334.
[175] Gomringer 1972, S. 139.
[176] Interview mit Timm Ulrichs 11.12.2021.
[177] 5.10.1970. LIT 139/B2334.
[178] Polemik dagegen („Chuzpe") in der Kleinen Zeitung, Graz, 26.9.1970.
[179] Hohler 1973, S. 42–54.
[180] 26.11.1971. LIT 139/B1469.

auch die Bild-, Laut- und Sprechgedichte seit den späteren fünfziger Jahren, die er weggelegt oder in Zeitschriften untergebracht hatte. Für Spontantexte minderen Umfangs aus der zweiten Reihe und bisher unpublizierte Spontanzeichnungen fand der Dichter 1970 bei Dieter Hülsmanns einen verständigen Abnehmer. Hülsmanns war mit V.O. Stomps Geschäftsführer der Eremiten-Presse, er hatte Artaud übersetzt und *Erinnerungen eines Erotomanen* veröffentlicht.[181] Jandls erstes Buch bei den ‚Eremiten‘, nur 36 Seiten stark, sollte *statements & peppermints* heißen, doch Jandl wählte zuletzt *flöda und der schwan*,[182] einen Titel, der an die Affäre von Zeus in Schwanengestalt erinnert.[183] Die vier beigegebenen Zeichnungen bezeichnete er als „Augenblicksprodukte, und alles, was an zufälligen Unregelmäßigkeiten drin ist, ginge verloren, wenn ich die Sachen kopiere".[184] Die vier Blätter sind mit unerklärten Buchstaben durchsetzt.[185] Die Textreihe beginnt mit dem Einzeiler „glaube, öffnung und liebe". Nur wenige Texte lassen sich anhand der Manuskripte datieren, darunter „KanAAAAAAAda",[186] ein Vierzeiler, den Ian Hamilton Finlay für sein Gedicht „AFTER ERNST JANDL" adaptierte.[187] Anfang 1971 bekam Jandl die fertige Broschüre aus Stierstadt nach Berlin geschickt.[188] In einer handschriftlichen Widmung nannte er sie „wohlgemeinte Anweisungen für ein glückliches Leben".[189]

1973, nach der Übersiedlung der Eremiten-Presse nach Düsseldorf, wurde dort endlich das Drehbuch *die männer. ein film* gedruckt. 1974 schickte Jandl ein drittes Mal Gedichte und Zeichnungen an den Eremiten-Verlag: 46 Seiten mit dem Titel *der versteckte hirte*[190] – so heißt ein Gedicht mit der Anfangszeile „der barsch hat eine bratsche in der pratze". Eben zu dieser Zeile befand Hadayatullah Hübsch in einer *F.A.Z.*-Kurzrezension, man könne „über solchen altgedienten Nonsense kaum mehr

---

[181] 12.2.1970. Heinrich-Heine-Institut Düsseldorf. Rheinisches Literaturarchiv. Eremiten-Verlag.

[182] Jandl 1971.

[183] An Hülsmanns 10.8.1970. Heinrich-Heine-Institut Düsseldorf.

[184] 31.3.1970. Heinrich-Heine-Institut Düsseldorf.

[185] Die Buchstabenkombination AMF im Bild eines defäkierenden Mannes kann als Allied Command Europe Mobile Force, bekannt als Nato-‚Feuerwehr‘, seit 1961 unter Beteiligung der Bundeswehr, gelesen werden.

[186] 5.2.1968. LIT 139/W127.

[187] Nischkauer 2014, S. 19.

[188] An Hülsmanns 6.2.1971. Heinrich-Heine-Institut Düsseldorf.

[189] Archiv HH.

[190] 22.7.1974. Heinrich-Heine-Institut Düsseldorf.

schmunzeln".[191] Jürgen P. Wallmann nannte die Gedichte im *Rheinischen Merkur*[192] „ein bißchen mühsam gebastelt, ja gelegentlich an den Haaren herbeigezogen".

Der versteckte hirte kam 1975 auf den kleinen Bibliophilenmarkt. Fast alle 27 Gedichte stammen aus den Jahren 1956 bis 1966. Zunächst war „ich heize anton" aus dem Jahr 1970 für den Buchtitel ausgesucht, doch wurde das Gedicht in den Sammelband *ernst jandl für alle* aufgenommen, den Jandl im selben Jahr 1974 bei Luchterhand vorbereitete. Das Gedicht „manchmal schreibe ich", im Manuskript noch mit dem Titel „Straße zum Reichtum",[193] kam 2009 zu neuen Ehren in einer Sammlung von Liebesgedichten.[194] Die acht Illustrationen mit der Datierung „74" zeigen ähnlich, doch im Strich nicht so klar wie in *die männer*, extreme Körperverbiegungen abgewonnene Selbstbefriedigungsphantasmen. Bei jedem Rätseln über endogene und exogene Antriebe für solche Entblößungen ist ein taktisches Kalkül mitzudenken. Ein Lehrer, der so zeichnet, birgt für jede Schulbehörde das Risiko eines Skandals. Bis zum Schuljahr 1975/76 konnte Jandl die Heimberufung in die Waltergasse hinauszögern.

Harmlos-komisch indes erledigte Jandl eine ihm von den ‚Eremiten' 1971 aufgedrängte Beitrag zu Anthologie *Schaden spenden*.[195] Nach mehreren Mahnungen lieferte er knapp vor seiner Abreise zu einem Gastsemester nach Austin/Texas ein „Mittel, das Thema dieses Buches durch einen Schaden zur Ansicht zu bringen". Er machte sich über ein Buch lustig, das niemand braucht. Der erste Satz des seither nie mehr veröffentlichten Textes läuft in voller Buchbreite über elf Zeilen:

> „Wenn dieses Buch einen Beitrag von einem enthält, von dem ihr, die es gemacht haben, wißt, daß ihm ganz besonders dran liegt, daß sein Beitrag mit drin ist, vielleicht weil sonst keiner ihm so etwas abnimmt, oder wenn dieses Buch einen Beitrag enthält, von dem ihr annehmen könnt, daß er bei

---

[191] 16.12.1975.
[192] 22.8.1975.
[193] LIT 139/W169.
[194] Jandl 2009, S. 54.
[195] Hülsmanns u. Reske 1972, S. 105–109.

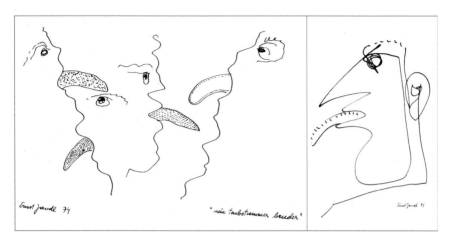

Abb. 1 Ernst Jandl 1974: „mein taubstummer bruder". Tusche, 13,5 × 21 cm, Archiv HH. Zeichnung ohne Titel im Buch *der versteckte hirte*. Eremiten-Presse 1975

den Lesern besonders gut ankommen wird, dann tut doch ein übriges, um den Spaß daran, wer auch immer Spaß daran hätte, zu steigern, und fetzt Buch um Buch, ehe ihr den ganzen Haufen davon auf den Markt bringt, ein tüchtiges Stück der Seite heraus, die diesen Beitrag enthält, darauf achtend, daß dadurch der Beitrag kräftig verstümmelt und folglich unlesbar wird, und ohne Schonung von anderen Beiträgen auf dieser oder der Rückseite."

Der Maler und Grafiker Wolfgang Jörg verwendete in seiner Berliner Handpresse die ‚Akzidenz-Grotesk' für den Satz der letzten Sammlung visueller Poesie, die Jandl im November 1972 zusammenstellte: *übung mit buben*.[196] Diese 1898 geschnittene glatte, klare Schrift wurde als Vorbotin der Moderne gewürdigt und ging in die Bauhaus-Ästhetik ein. Das Titelgedicht, eine Serie von 21 nach Form und Inhalt verbundenen Gedichten auf ebenso vielen Druckseiten, ist mit 18.3.57 datiert und eine Gratwanderung Päderasten vermutlich reizender Wörter entlang. Hier nehmen schlanke zwei Zeilen wie „wir sind jung / und das war schön" und der Einzeiler „schrei maschine" übergroße weiße Seiten zögerlich in Beschlag. Wie die Titel aus der Eremiten-Presse ließ Jandl auch dieses Berliner Buch in manchen von ihm später zusammengestellten Werkverzeichnissen weg.

---

[196] Jandl 1973b. Auflage 300 Stück im Format 27,5 × 27,5 cm.

Serienfuss und *wischen möchten*

In Berlin fand Jandl neben den Rixdorfern und Wagenbach auch zum Buchkünstler Rainer Pretzell, der schon mit Stomps die Eremiten-Presse aufbaute. In seinem eigenen Rainer-Verlag druckte er 1967 Friederike Mayröckers Gedichtbändchen *Sägespäne für mein Herzbluten* und 1968 H.C. Artmanns *Drakula, Drakula*. Ihm ein solches Buch in bibliophiler Ausstattung zu drucken, sagte Pretzell dem auf jede Veröffentlichung erpichten Ernst Jandl zu. Der lieferte 1970 – während bei Luchterhand *der künstliche baum* in Produktion war und der Hörspielband *Fünf Mann Menschen* für das Frühjahr 1971 vorbereitet wurde – ein Manuskript mit dem Titel *serienfuss*. Die Sammlung ist wohl schmaler als *der künstliche baum* und nicht wie diese nach Werkgruppen strukturiert, doch allemal ähnlich. Doch dann erfuhr Jandl, dass die Rechte an *Laut und Luise* im Juli 1971 an ihn zurückfallen werden. Mit einem Schlag war er seinem Wunsch nach einer für Studenten erschwinglichen Billigausgabe von *Laut und Luise* näher gerückt. Er stoppte Pretzell mit der Bitte „keine Texte an irgendwen weiterzugeben und in Zukunft in keinem Zusammenhang auf ‚serienfuss' zu verweisen". Einen Teil der Manuskripte werde er überhaupt nicht veröffentlichen, einen anderen habe er an Zeitschriften weitergegeben.[197]

Im Herbst 1972 überraschte Jandl Klaus Ramm mit dem Manuskript *serienfuss* und verlangte „das andere, traditionelle Manuskript", er meinte das Konvolut „Schleuderbahn", wieder zurück.[198] Ramm wollte nicht darauf verzichten, denn auch Otto F. Walter akzeptierte beide Bücher für die Sammlung Luchterhand, drängte aber auf einen Abstand der Erscheinungstermine von vier, fünf Monaten;[199] *dingfest* erschien im Sommer 1973 als Band 121, *serienfuss* erst 1974 als Band 157 in der Sammlung Luchterhand. Jandl hatte sich direkt von Otto F. Walter die Zustimmung geholt, dass Rainer Pretzell nach Vorlage eines Probeblattes die *serienfuss*-Texte im Handsatz gegen ein Honorar Luchterhand zuliefert.[200] Der Berliner sollte auch den Umschlag setzen, das aber lehnte Walter ab. Pretzell arbeitete, so wie Wolfgang Jörg für *übung mit buben,* mit der Akzidenz-Grotesk-Schrift. In einem Nachwort versuchte Jandl seinen Seitensprung zum Rainer-Verlag 1970 zu rechtfertigen:

---

[197] An Pretzell 22.10.1970. LIT 139/B2152.

[198] 30.9.1972. Archiv Ramm.

[199] Ramm an Haider 23.3.2022. Archiv HH.

[200] Rainer-Verlag an Luchterhand. 7.11.1973. LIT 139/B2152.

„die sammlung ‚serienfuss‘, 71 gedichte, wurde gleichzeitig mit dem ‚künstlichen baum‘ aus dem damals, ende 1969, verfügbaren vorrat an gedichten zusammengestellt [...]. von jenen, die für ein buch in die engere wahl kamen, widersetzten sich gerade eine reihe von kurzen gedichten der einordnung in die für den ‚künstlichen baum‘ vorgesehenen formalen gruppierungen und verlangten nach ihrem eigenen raum, einem offenerem, einer reihung, die allein durch sympathien zwischen den einzelnen gedichten gesteuert wurde, einem loseren zusammenhang, der jedem einzelnen und allen insgesamt auf eine eigene weise zu schweben gestattete. [...]“

Für das Titelgedicht bot Jandl Klaus Ramm als Erklärungshilfe an, dass *serienfuss* nach dem österreichischen Abschiedsgruß „Servus!“ klinge und „türschüss“, das andere Substantivum regens in den vier Gedichtzeilen, nach dem deutschen „Tschüss!“[201] So als hätte er im Jahr 1971, als er das Buch zusammenstellte, von der Konkreten Poesie doppelt Abschied nehmen wollen. Von Berlin und ihrem Gastgeber, dem DAAD, verabschiedeten sich Ernst Jandl und Friederike Mayröcker am 1. April 1971. Am 5. April wartete auf Jandl schon ein Termin am Wiener Wohnungsamt, den Bundeskanzler Kreisky vorbereitet hatte.[202]

Im Berliner Künstlerprogramm des DAAD war es gute Übung, dass die Gäste im Verlag des Literarischen Colloquiums, also gemeinsam mit Walter Höllerer und Gerald Bisinger, ein Bändchen mit Texten hinterlassen. Vor Jandl wurden Michael Springer und Edoardo Sanguinetti, nach ihm Marin Sorescu, von Oskar Pastior übersetzt, und Friederike Mayröcker in der Reihe der LCB-Editionen als Gäste verewigt. Sein Bändchen *wischen möchten* stellte Jandl erst in Wien im November 1972 zusammen. Als die 48 Seiten endlich 1974 erschienen, war *dingfest* schon gedruckt und damit seine Neuvorstellung mit konventionellen Gedichten schon gelungen. Klaus Ramm, noch immer sein Lektor, sah sofort, wie in *wischen möchten* „die verschiedenen Entfernungen zwischen dingfest und [Jandls] ‚anderen‘ Arbeiten verschoben und ganz aufgehoben werden, da können nun gottseidank die Literaturwissenschaftler keine säuberlichen Linien mehr ziehen.“[203]

Platz in *wischen möchten* bekamen das große Mitleidsgedicht von 1952 „da kommen sie gelaufen“ [zum toten Hund, aber nicht zum verblutenden Unbekannten auf der Parkbank], sowie das Lange Gedicht „essay von der darstellung des menschlichen lebens“ vom Sommer 1968 in Rohrmoos. Aus

---

[201] 11.7.1973. Archiv Ramm.
[202] Kreisky an Jandl 5.3.1971. Archiv HH.
[203] Ramm an Jandl 24.6.1974. LIT 139/99 2.4.1 Hermann Luchterhand Verlag.

der DAAD-Zeit in Berlin 1969/70 blieb ein einziges kurzes Gedicht: „klage-lied in kuhsprache", mit den Zeilen „kummer / kummer // mauer / mauer". Unter den jüngsten Texten brachte er zwei weitere mit Berlin-Bezug unter. Das erste, „gedicht für lesung in berlin am 23. September 72", schrieb er für die Eröffnung der Ausstellung ‚Welt aus Sprache', den Beitrag der Akademie der Künste zu den Berliner Festwochen, kuratiert von einer Kommission der Literaturabteilung mit Höllerer als Leiter und Jürgen Becker, Bense, Gomringer, Heißenbüttel und Jandl selbst.[204] Das andere, „der jantel kommt", ist „a found poem", rechtzeitig am 22. September 1972 im Schau-fenster eines Berliner Modehauses entdeckt: „ein jantel ist kein mantel […] aber auch keine jacke […] also eine modische kreuzung […]".

Zweite Einladung nach Berlin 1973

Während im Jahr 1973 *dingfest* von Ernst Jandl schon in Produktion für die Sammlung Luchterhand war, und ebenso *Tod durch Musen* von Friederike Mayröcker, kamen beide neuerlich auf ein halbes Jahr nach Berlin. Dies-mal bezog Mayröcker ein Stipendium des DAAD. Ihre Aufnahme in die Akademie stand bevor – von allen Erfolgen Jandls, auch Fritzi dorthin zu bekommen, wo er schon willkommen war, der förderlichste, wegen der wenigstens zwei Pflichttermine zu Akademiesitzungen in jedem Jahr, die sie nun gemeinsam wahrnehmen konnten.

Vor der Abreise aus Wien am 29. Mai 1973 stellte sich Jandl im Stamm-café Museum Thomas Scheuffelen vor, seinem neuer Lektor bei Luchter-hand. Der hatte soeben in München über Hans Henny Jahnn promoviert und war von Otto F. Walter zum 1. Januar 1973 angestellt worden. Mit Jandls Künstler-Freund in Prag und München Konrad Balder Schäuffelen war er nicht verwandt. Doch setzten die beiden zum Jux das Gerücht in die Welt, sie wären Cousins. Der grundsolide Schwabe Scheuffelen zeigte zwar weniger Feuer für experimentelle Literatur als Ramm – und landete bald, seinem Typ gerechter, in der Direktion des Deutschen Literaturarchivs in Marbach. Doch erschienen in den sieben Jahren in seiner Betreuung Jandls immerhin vier Bücher: *jandl für alle* (1974), *die schöne kunst des schreibens* (1976), *die bearbeitung der mütze* (1979) und die Sprechoper *Aus der Fremde* (1980). Scheuffelen erinnerte sich 2022:

---

[204] 12.2.1973. AdK-W 1790.

„Als Autor war er für den Lektor ausgesprochen pflegeleicht, weil seine Texte immer schon als so gut wie perfekte Satzvorlagen abgeliefert wurden. Da gab es keinen Bedarf an üblicher Lektoratsarbeit, keinerlei Diskussionen waren nötig über stilistische Fragen. Ich erinnere ihn als immer freundlich, behutsam und zugewandt, dabei stets die Grenzen des kollegialen Umgangs wahrend, persönliche Bemerkungen waren sehr selten."[205]

In Berlin überließen Max und Marianne Frisch dem Paar aus Wien ihre Wohnung in der Sarrazinstraße in Friedenau.[206] Danach war ihnen bis in den November eine Bleibe in der Akademie versprochen. Zu selben Zeit weilten auch Barbara Frischmuth, Gert Jonke und, mit seiner Frau Siglinde Balvin, Andreas Okopenko in Berlin. Am 30. Mai notierte Okopenko in sein Tagebuch: „Jandl und Mayröcker sind angekommen, herzliches Gespräch mit ihnen. […] Mayröcker in Berlin unglücklich; auch erklärt sie, es wäre ihr nicht möglich, mit Jandl längere Zeit zusammenzuwohnen."[207] Sie wurde am 2. Juni mit Michael Hamburger und Gustav Korlén in der Akademie der Künste als außerordentliches Mitglied zugewählt, Canetti stieg zum ordentlichen Mitglied auf und auch Marieluise Fleißer, Siegfried Lenz und Wolfgang Hildesheimer wurden als neue ordentliche Mitglieder akklamiert. Von den erprobten Freunden waren Heißenbüttel, Höllerer, Hans Mayer, Gomringer und Christopher Middleton zur Sitzung gekommen.[208]

Die wenigen Gedichte aus diesem Sommer verraten Niedergeschlagenheit, Misogynie in Zeilen wie „wieder haben wir nacheinander / kein verlangen",[209] „woran ich jetzt arbeite / daran arbeite ich jetzt"[210] und „nicht wissen wollen wo und wie und wozu dieses ding / unten beginnt und oben endet".[211] Die meiste Arbeitszeit brauchte er für die Ausarbeitung zweier Vorträge, für die er zweimal aus Berlin in die Steiermark reisen musste: „Zur Problematik des ‚freien' Schriftstellers" im Bildungshaus Retzhof bei der Grazer Autorenversammlung sowie zum selben Thema beim Symposion

---

[205] Interview schriftlich am 15.2.2022.

[206] Jandl an Mooij 1.8.1973. LIT 199/B941. Jandl an Max Frisch 19.9.1973. LIT 139/B1823. Zunächst hatte Jandl kurz eine Adresse in der Martin-Luther-Straße 111 in Schöneberg.

[207] LIT W181/1 Tagebuch 1973/74.

[208] AdK-W 140u.

[209] „nacheinander", 20.6.1973.

[210] „woran ich jetzt arbeite", 23.6.1973.

[211] „ein anblick", 23.7.1973.

„Zweifel an der Sprache" beim Festival ‚steirischer herbst' in Graz. Von Siegfried Unseld kam die Bitte, einen Beitrag für den Ende 1972 in Salzburg verstorbenen Günter Eich zu schicken. Nur drei, vier Mal hatten sie einander getroffen. Mehr als ein halbes Blatt konnte er nicht füllen.[212] Eichs Witwe Ilse Aichinger hatte er schon kondoliert, und sie ihm gedankt.

Jandl hörte mit Okopenko ein Miles-Davis-Konzert in der Philharmonie und traf ihn beim ‚Gulyasabend' im Literarischen Colloquium am Wannsee. Aus Blödeleien und Wundenlecken in der schon wenigstens zehnköpfigen Wiener Künstlerkolonie in Berlin erwuchs das Projekt der Langspielplatte *Gott schütze Österreich*, in einem rotweißroten Cover.[213] Im August kamen zur Vorbereitung Jandl, Wiener, Rühm, Brus und Okopenko bei Klaus Wagenbach zusammen.[214] Jandl bestand darauf, Texte von Patienten des Psychiaters Leo Navratil in Klosterneuburg-Gugging aufzunehmen.[215] So kamen ‚Alexander' (Pseudonym für Ernst Herbeck), Jodik Blapik und Aloisius Schnedel unter die bekannten Namen Artmann, Wolfgang Bauer, Brus, Jandl, Mayröcker, Nitsch und Rühm. Das Programm beginnt mit der österreichischen Bundeshymne, aufgesagt von Günter Brus' Töchterchen Diana. Jandl trägt nach dem Spruch „auch hitler war ein österreicher, nicht nur christus" das Gedicht „wien: heldenplatz" vor, sowie seine studentischen Wirtinnenversen ähnliche „alt-wiener futoper".[216]

Die Herbstsaison begann mit einem Empfang beim Bundespräsidenten Gustav Heinemann im Schloss Bellevue. Vor ihrer Heimreise am 6. November 1973 konnten Jandl und Mayröcker noch an der Herbstsession der Abteilung Literatur in der Akademie teilnehmen. Dort war der in Rom ums Leben gekommenen Ingeborg Bachmann und des in einem Wiener Hotel verstorbenen W.H. Auden zu gedenken. Uwe Johnson brach dort eine Diskussion über Dichterlesungen vom Zaun mit der Behauptung „Nur der Verfasser kann richtig lesen". Doch Jandl wehrte sich gegen jeden Druck: Es sollte dem Selbstverständnis des Autors überlassen bleiben, ob er lesen wolle oder nicht. Viele Autoren seien gezwungen zu lesen, ob sie wollen oder nicht. Er selber wolle sich von Lesungen zurückziehen, da er sonst nicht

---

[212] Unseld 1973, S. 70.

[213] Wagenbachs Quartplatte 12, 1974.

[214] LIT Taschenkalender.

[215] Jandl an Navratil 5.10.1973. LIT 139/99 2.3, Briefwechsel Navratil-Jandl 1069.03.31-1997.03.28.

[216] Eine Videoaufnahme wurde 2010 im Wien Museum in der Ausstellung *Die Ernst Jandl Show* gezeigt. Einen Ausschnitt daraus stellte Helmut Schmidt am 11.11.2010 in seiner Show in der ARD mit einem denunziatorischen Kommentar vor. https://www.youtube.com/watch?v=JaZaimaK6gM.

mehr zum Arbeiten komme.[217] Bei den Quartiergebern Max und Marianne Frisch bedankte er sich mit dem Widmungsgedicht „der tisch".[218]

Der Schock nach seinem Heimflug am 6. November ließ Jandl in einem Brief an Finlay an die alte Louis-Armstrong-Nummer „Tight like this" denken,

> „aber hier in Hinblick auf die nach wie vor unglaubliche Enge meiner Wiener Wohnung verwendet, in die ich nach monatelanger Abwesenheit zurück-komme, was jedes Mal einen wochenlangen Kampf um Raum bedeutet – nicht so sehr für mich, der sich seit langer Zeit mit einem Sessel, einem Bett und gerade genügend Platz auf dem Schreibtisch für zwei Ellenbogen begnügt, sondern für Bücher, Broschüren, Massen von Papier, die ich nach jeder Reise mit mir schleppe."[219]

In diesem Herbst 1973 bot ihm eine der Stadt Wien gehörende Wohnbaugesellschaft in einem Altstadt-Sanierungsprojekt am Spittelberg im siebten Bezirk eine ‚Künstlerwohnung' an.[220] Doch musste er absagen, weil er sich weder den geforderten Baukostenzuschuss noch die Miete leisten konnte.[221] 1972 und 1973 waren seine Einnahmen als Schriftsteller ein-geknickt auf ein Drittel der Summe von 1971, als die Hörspiele über viele Sender liefen.[222]

Gegen solche selbsterfahrenen Defizite und Ängste sollte der Staat in die Pflicht genommen werden, und von seinen Auftritten in Polen und Ungarn kannte Jandl die Privilegien, die eine sozialistische Politik Künstlern bieten kann. Da kam ihm 1974 der Anlass zupass für einen Ruf nach mehr Staat, als der in Westberlin lebende DDR-Experte Andreas W. Mytze für seine Zeitschrift *europäische ideen* bei Künstlern, die am Berlin-Programm des DAAD teilgenommen hatten, Erfahrungen und Zukunftsperspektiven ein-sammelte.[223] Ernst Jandl wich den deutsch-deutschen Empfindlichkeiten

---

[217] AdK-W 140v.

[218] Jandl 2016, Bd. 3, S. 475. Friederike Mayröcker hinterließ als DAAD-Stipendiatin „berlinprosa oder: durchdringung eines zustandes" (*europäische ideen* Heft 7, 1974, S. 14–16) und in der 1975 erschienenen DAAD-Festschrift *10 Jahre Berliner Künstlerprogramm* zehn Zeilen „berlin-west".

[219] 19.11.1973. Jandl u. Finlay 2017, S. 215.

[220] GESIBA GmbH an Jandl 7.9.1973, Jandl an GESIBA GmbH 2.10.1973. Archiv HH.

[221] 2.500 Schilling/m², also für 60 m² 150.000 Schilling. 1973 betrug Jandls Jahreseinkommen 94.455 Schilling.

[222] Lang 2005, Anhang S. 1–2.

[223] *Europäische ideen* 1974, Heft 7, S. 2.

aus, indem er auf Mytzes Frage „Berlin – Kulturwüste oder Kunstmetropole Deutschland?" mit dem Appell „Westberlin als internationale Kunstmetropole" antwortete. Künstler aus aller Welt würden sich in Westberlin niederlassen, „wenn sie dort bessere Lebens- und Arbeitsbedingungen vorfinden als irgendwo sonst." Aus öffentlichen Mitteln müssten für die Künstler u. a. finanziert werden: eine Staatsgalerie, die jährlich den Alt- und Neuansässigen Bilder abkauft; ein internationaler Staatsverlag, der höhere Honorare zahlt als üblich; Hilfsregiestellen an den Theatern; die Beschäftigung von Künstlern in allen Sparten des öffentlichen Lebens, der Verwaltung etc.; Steuerbegünstigung, Kranken- und Altersversorgung sowie ein staatliches Wohnbauprogramm.

So werde der „totale Kunststaat" etabliert, warnte Ulrich Greiner in der *F.A.Z.*[224] der „wenn nicht das Ende der Kunst, so doch das Ende einiger Formen von Kunst bedeuten könnte. Denn besteht nicht unter den gegebenen Verhältnissen ein leider notwendiger Zusammenhang zwischen künstlerischer Freiheit und Ungeschütztheit, Risikobereitschaft? [...] Man weiß nicht, ob man an diesem Vorschlag mehr Jandls Phantasie oder mehr seine Weltfremdheit bewundern soll." Milder Ivo Frenzel in der *Süddeutschen Zeitung*:[225] „Ein Idealbild, bei dem einem freilich auch Bedenken kommen können. Berlin, ein elfenbeinerner Turm, eine riesige pädagogische Provinz für Glasperlenspieler? Diese Vision klingt doch etwas realitätsfremd". Der erst 21 Jahre alte Berliner Bodo Morshäuser bestärkte hingegen Jandl: „In der ganzen Wüste Berliner Zukunftserklärungen habe ich selten soviel Hoffnung gesehen."[226]

[224] *Frankfurter Allgemeine Zeitung*, 2.10.1974.
[225] *Süddeutsche Zeitung am Wochenende*, 26./27.10.1974.
[226] Morshäuser an Jandl 18.10.74. LIT 139/B951.

Kapitel 7: Aufstand gegen den PEN-Club

Dichter bei den Germanisten

In den Jahre 1970 und 1971, davon zwölf Monate in Berliner Luft, gelang es Ernst Jandl, sein Ansehen zu festigen. Wo auf der Welt an den Universitäten die Kunst der ‚Konkretisten' für Seminare und Anthologien ein Thema wurde, fanden Jandl-Gedichte und Textblätter ihren Platz. Seine Hörspiele liefen im Nachtprogramm vieler deutscher Sender. Mit *der künstliche baum* in der 12er-Startstaffel der Sammlung Luchterhand im Herbst 1970 hatte er endlich ein breit beworbenes Billigbuch am Markt. 1971 sollte *Laut und Luise* nachgereicht werden, bei Luchterhand in einem kleineren Format neu gesetzt. Jandl schickt seinem Lektor Klaus Ramm „das was ich guten Gewissens als Datierungen angeben kann"[1] zum Zwecke der „Erhellung meines einstigen Verhältnisses zur sogenannten Wiener Gruppe".[2] Dazu durchforstete er seine alten Verzeichnisse von Erstveröffentlichungen und Erstlesungen. Im Inhaltsverzeichnis brachte er, soweit vorhanden, die auf den Manuskripten vermerkten Entstehungsdaten an.[3] *Laut und Luise* als Reclamheft wurde im Herbst 1976 ausgeliefert. 2018 wurde die 16. Auflage gedruckt.[4]

---

[1] 6.1.1971. LIT 139/99, 2.4.1, Luchterhand.
[2] Jandl an Karl Riha 2.1.1972. LIT 139/B2180.
[3] LIT 139/W95-W107.
[4] Auskunft des Verlags vom 2.12.2022.

© Der/die Autor(en), exklusiv lizenziert an Springer-Verlag GmbH, DE, ein Teil von Springer Nature 2023
H. Haider, *Ernst Jandl 1925–2000*, https://doi.org/10.1007/978-3-662-66639-5_8

Das Vorausexemplar des Luchterhand-Taschenbuchs musste dem Autor an die Universität von Austin/Texas nachgeschickt werden. Dort war er Mitte Oktober 1971 angekommen. Die Einladung zu einem Semester als Visiting German Writer verdankte er Christopher Middleton; Jandl hatte ihn 1965 als einen Lehrer am King's College in London kennengelernt. Middleton übersiedelte 1966 nach Austin und schlug Mayröcker und Jandl sofort vor, eine Zeitlang in Texas Deutsch zu unterrichten und ein Poesie-Seminar zu halten.[5] Es dauerte fünf Jahre, bis Jandl sich freimachen konnte für seine erste Reise in die USA. „Aber Texas, dieser Teil von Texas, sieht ganz anders aus als meine früheren Vorstellungen davon: rings um die Stadt bewaldete Huegel, ueppige Vegetation", teilte er gleich nach der Ankunft Hans Mayer mit.[6] Der hatte im Studienjahr 1971/72 die nach dem deutschen Märzrevolutionär Carl Schurz benannte Professur an der University of Wisconsin in Milwaukee inne. In Austin führten sein Freund Middleton und dessen Professorenkollegen A. Leslie Willson, Herausgeber der Zeitschrift *Dimension. Contemporary German Arts and Letters* im College of Liberal Arts, der aus Köln stammende Walter Wetzels und der in Greifswald geborene Georg Schulz-Behrend Jandl am Campus ein.[7] Thanksgiving am 25. November feierte Ernst bei Christopher.

Zweimal jede Woche lud er zur „Lektüre und Analyse moderner deutschsprachiger Texte".[8] An diesem Intensivprogramm nahmen 15 bis 20 Studierende teil. Alle zwei Wochen stellte er in einem offenen Kolloquium über „Interne und externe Erfahrungen eines Gedichteschreibers" vornehmlich Hörbeispiele vor: eigene Hörspiele sowie Lautgedichte auf Schallplatten von Chlebnikov, Hausmann, Schwitters, Rühm, Mon, Cobbing und Henri Chopin. Unter „Übergänge zur Grafik" zeigte er Arbeiten von Carlfriedrich Claus, Furnival, Mary Ellen Solt sowie Dom Sylvester Houédards „Schreibtischgedichte". Die brasilianischen Pioniere aus der Noigandres-Gruppe verglich er mit Claus Bremer, Rühm, Achleitner und dem Amerikaner Aram Saroyan. In der letzten Sitzung präsentierte er – so als wollte er sie als künftigen Gast empfehlen – Gedichte von Friederike Mayröcker;[9] danach verabschiedete er sich von den Studenten mit „ernst jandls weihnachtslied" aus *Laut und Luise*:

---

[5] Jandl an Middleton 12.12.1966. Harry Ransom Center, Austin. Zitiert nach Stuckatz 2014, S. 53.

[6] 8.10.1970. Stadtarchiv Köln, Best. 1333.

[7] LIT Taschenkalender.

[8] Vorbereitungen, Hörerlisten, Arbeitsunterlagen, darunter Übersetzungen aus *Tender Buttons* von Gertrude Stein in LIT 139/W689-W693.

[9] „Gesponnener Zucker", „Eisernes Gedicht", „Text mit William Blake".

machet auf den türel
machet auf den türel
dann kann herein das herrel
dann kann herein das herrel
froe weihnacht
froe weihnacht
und ich bin nur ein hund
froe weihnacht
froe weihnacht
und ich bin nur ein hund

Bei einem Abstecher nach New Orleans konnte Jandl am 28. Oktober 1971 an der Jahreskonferenz der South Central Modern Language Association (SCMLA) teilnehmen. Für den 7. November wurde er zu einer Predigt in die Highland Park Baptist Church eingeladen. Nach einer Selbstvorstellung als Lehrer – „writing poems in my spare time" – versagte er sich eine Antwort auf das Ewigkeitsthema, das ihm für seine Sonntagspredigt gestellt wurde: „What is the purpose of life?" Die Frage nach dem Sinn des Lebens sei, ebenso wie nach dem Sinn von Poesie, bildender Kunst oder Musik, schwer oder überhaupt nicht zu beantworten. Er rettete sich mit einem Mix aus amerikanischem Fortschrittsglauben und europäischer Existenzphilosophie:

„Our civilization, in the USA as well as in Europe, is a dynamic civilization; it is based on movement, on change, on discovery, on the production of new things. This goes for every sphere of life – and in the case of music, art, and poetry it means: what has been done has been done, and need not and cannot be done again. What *has* to be done, now, is to produce new things, things of today, not of the past. This is the hard way, but it is the only way. You cannot retreat from the present, there is no way back into the past, and ahead there are dim, vague shapes, strange, unfamiliar – the future – and that is just where you have to go, step by step, carrying your light."[10]

Am 16. November sprach er als Gast bei Hans Mayer in Milwaukee über experimentelle Lyrik und Erfahrungen beim Übersetzen von Gertrude Stein und John Cage. Mit Augusto de Campos, der nächste Semestergast in Austin, und Mary Ellen Solt aus Bloomington/Indiana trat er bei einer Lesung auf. Der halbe Dezember bis zur Abreise aus Austin war ausgefüllt

---

[10] Jandl 2016, Bd. 6, S. 138–139.

mit akademischem Get-together. Mayer kam zu einem Abschiedsbesuch nach Austin. Er leitete seit April 1971 als Direktor die Literaturabteilung in der Berliner Akademie. Jandl empfahl ihm, allerdings vergebens, Christopher Middleton als Berater bei der Einladung amerikanischer und englischer Schriftsteller nach Berlin zu engagieren.[11] 1972 brachte Jandl, unterstützt von Walter Höllerer, seinen Vorschlag durch, Middleton in die Berliner Akademie aufzunehmen.

Noch ehe er aus Texas zurückkam, hatten schon längst die Vorbereitungen einer Tournee durch die USA gemeinsam mit Friederike Mayröcker begonnen.[12] Im Ministerium saß nun mit Fred Sinowatz ein neuer Regent über Unterricht und Kunst. Schon im März 1972 hatte Jandl bei ihm einen Termin. Die Kulturbeamten in Wien[13] und New York[14] hatten zwölf amerikanische Universitäten als Gastgeber für eine Doppel-Tournee gefunden – genau ein Jahr nach einer für Peter Handke und Alfred Kolleritsch organisierten Rundreise durch die USA. Am 7. April 1972 flog das Wiener Paar nach New York und gab seine erste Lesung am 11. April im Kulturinstitut 11 East 52nd Street, gleich neben dem Museum of Modern Art und Tiffany.

Wie fast immer bei gemeinsamen Auftritten begann auf allen Tournee-stationen die leisere Mayröcker mit Gedichten und Prosa. Jandl setzte fort mit Projektionen visueller Arbeiten samt Erklärungen und dem Vortrag von Sprechgedichten. Dann folgte vom Band das gemeinsam geschriebene 10-Minuten-Hörspiel *SPALTUNGEN* – mit Jandl in der dominierenden Sprecherrolle des „Mannes". Zuletzt gab es die Gelegenheit zu diskutieren.[15] Ihre Reise durch den Osten der USA führte sie zum Swarthmore College in Philadelphia, an die Georgetown University in Washington D. C, die University of Miami in Coral Gables, die Emory University in Atlanta, die Drake University in Des Moines in Iowa, die University of Chicago, die University of Indiana in Bloomington, die Cincinati University und State University in Ohio, an die Brandeis University, Walthab, Massachusetts, die

---

[11] Jandl an Mayer 8.10.1971. Stadtarchiv Köln, Best. 1333. Middleton nannte als mögliche Gäste Charles Bukowski, Philip Levine, Rosmarie Waldrop bzw. Tom Raworth und Donald Gardner.

[12] Brief von Direktor Richard Sickinger 11.8.1971. Austrian Cultural Forum, Archiv.

[13] Georg Hohenwart war bis 1938 Schottenschüler wie Jandl, Hermann Lein ein Studien- und Lehrer-kollege.

[14] Richard Sickinger löste im Österreichischen Kulturinstitut 1970 Gottfried Heindl als Direktor ab. Heindl, der Jandl 1969 als Gast abgelehnt hatte, war auf den Prestigeposten gekommen, weil er 1966 erfolgreich den Wahlkampf für die ÖVP organisierte.

[15] Jandl an Georg Schulz-Behrend 26.7.1972. LIT 139/B2255.

Brown University in Providence, Rhode Island, sowie zum Schluss am 2. Mai ans Goucher College in Baltimore.[16] Am 8. Mai flogen sie heim. Im Sommer 1972 gönnten sie sich neben sechs Wochen in Rohrmoos auch zwei Wochen Badeurlaub in Jesolo.

Ein nie erreichtes Wunschziel blieb Kalifornien, wo in Santa Barbara der deutsch-amerikanische Professor Richard Exner unterrichtete, ein Übersetzer, Herausgeber von Lyrik und selber Lyriker. Noch 1972 besuchte Exner Jandl und Mayröcker in Rohrmoos.[17] Die aus Deutschland gebürtige Germanistin Jutta van Selm besuchte ihn in Wien und wollte ihn 1974 von Oklahoma, wo er als Juror für den Neustadt-Prize bei dem aus dem Baltikum stammenden Germanisten Ivar Ivask angesagt war, zu einem Abstecher an ihre Southern Methodist University nach Dallas locken.[18] Nochmals hätte sich Kalifornien für ihn aufgetan, als ihn 1975 Cornelius Schnauber zu einem German Semester an der University of Sothern California in Los Angeles einlud.[19] Doch da war er schon wieder an der Schule festgenagelt.

An den Grenzen der Konkreten Poesie

Luchterhand druckte nun zwei Titel im Billigformat in höheren Auflagen, doch erntete der Dichter nur wenige Besprechungen, denn Taschenbücher wurden generell selten rezensiert. Mit der Übersetzung des Gertrude-Stein-Buchs *Erzählen* war er zeitlich unter Druck und in ein Stimmungstief geraten.[20] Er stellte nur mehr wenige Gedichte fertig. Die Strapazen der Filmarbeit in Köln und Düsseldorf hatte er unterschätzt. Doch hatte er erreicht, was er seit 1957 erhoffte: Er war mit seinen visuellen und Laut- und Sprechgedichten auf dem großen deutschen Buchmarkt angekommen. Der Strom der Einladungen, sich an Ausstellungen zu beteiligen und

---

[16] Im Tourneeplan, den das Austrian Institute in seinem Programm für April 1972 veröffentlichte, ist noch für 13. April die University of Delaware in Newark verzeichnet. Sie fehlt in Jandls Taschenkalender und einer von ihm an George Schulz-Behrend geschickten Liste (26.7.72. LIT 139/B2255).

[17] Exner an Jandl 6.9.1972. LIT 139/B323.

[18] Van Selm an Jandl 8.1.1974. LIT 139/B1480.

[19] Jandl an Schnauber 28.8.1975. LIT 139/B2228. Der Schule wegen hätte Jandl nur zwei Wochen im Februar 1976 reisen können. Das war dem Österreichischen Kulturinstitut in New York, das die Kosten tragen sollte, zu wenig. 1977 reichte Jandl wieder um ein Freijahr ein und hätte kommen wollen. Doch Schnaubers nächstes German Semester war erst wieder für 1980 vorgesehen. AdK, Cornelius Schnauber Archiv 13.

[20] Vgl. Gedichte wie „der tod" (23.2.1971), „hinausschauen" (24.3.1971) sowie „aber ich weiß nicht wohin es" und „daliegen" (beide 1971).

Texte für Anthologien einzuschicken, riss nicht ab. Als Markenträger der Konkreten Poesie war er international etabliert.

Für Juli 1971 wurde er zum vierten ‚Poetry International' der 1953 von T.S. Eliot gegründeten Poetry Book Society nach London, Edinburgh und Cardiff gebeten und trat dort neben W.H. Auden und Tadeusz Rózewicz auf, als einziger deutschsprachiger Dichter. In Schottland ging sich ein Nachmittagsbesuch bei Ian Hamilton Finlay in dessen Kunstidylle Stonypath aus; Finlay schrieb ihm danach: „Schade, dass es ein so kurzer und öffentlicher Besuch war. Macht nichts. Du kannst wiederkehren …"[21] Aus New York ersuchte der Medienkünstler Richard Kostelanetz um einen Beitrag für eine Zeitschrift – und berief sich auf Freund Teddy Lucie-Smith, der ihm Jandl empfohlen habe als „the best sound poet using intelligible words".[22] Der Schweizer Literaturkritiker Heinz Schafroth lud Jandl und Mayröcker zu einer Lesung nach Biel ein; diesmal mussten sie absagen, doch begann bald eine innige Freundschaft zu Friederike.[23] Auch zu den Dichtertagen im luxemburgischen Mondorf-le Bains, wo vor ihnen schon Thomas Bernhard, Handke und Jonke zu Gast waren, wurden sie eingeladen.[24]

Unbemerkt von der Öffentlichkeit war an der Universität Salzburg seit 1968 eine erste Dissertation über Jandl im Wachsen.[25] Der Hamburger Michael Wulff ließ sich tief in sprachwissenschaftliche Erörterungen ein und sandte immer wieder lange Listen mit Fragen an den Dichter; nie mehr später gewährte Jandl so oft und geduldig Auskünfte, fast alle weit diffizilere als diese: „Jedenfalls kein Einfluß von Apollinaire, Mallarmé, Baudelaire, Humboldt, Wittgenstein."[26] Als die Arbeit 1977 von Adalbert Schmidt – einem NS-belasteten Adalbert-Stifter-Experten – approbiert wurde, hieß sie *Wirklichkeit konkret: Untersuchungen zu Möglichkeiten von Literatur – von der konkreten Poesie Ernst Jandls bis zur sprachimmanenten Lüge.* Schon 1972 schickte die junge Gisela Dischner einen fünf Seiten langen Aufsatz über „Ernst Jandl und die ästhetische Funktion"[27] nach Linz an Heimrad Bäcker

---

[21] Jandl u. Finlay 2017, S. 185.

[22] 2.5.1971. LIT 139/B769.

[23] 30.7.1971. LIT 139/B1207.

[24] *Süddeutsche Zeitung*, 19.10.1072.

[25] Das Thema vergab der an zeitgenössischer Literatur interessierte Germanistikdozent Josef Donnenberg, der in Salzburg das Literaturzentrum „Leselampe" gründete.

[26] Fragen- und Antwortlisten LIT 139/99, 2.3.3.31, Druckfassung: Wulff 1978.

[27] Bäcker an Jandl 21.6.71. LIT 139/99, 2.3.2. Dischner, bald danach als Professorin nach Hannover berufen, lebte in Birmingham mit dem Dichter, Linguisten und ehemaligen Suhrkamp-Lektor Chris Bezzel – ab 1978 ein häufiger Teilnehmer am Bielefelder Colloquium Neue Poesie und Professor in Hannover.

für die Zeitschrift *neue texte*; darin lieferte sie strukturalistische Theorie zum Werk und würdigte dessen Widerstandspotenzial gegen die Sprachlenkung durch Werbung und politischer Propaganda.[28]

Jandl war aber schon vor einem Abflauen des Interesses an der experimentellen Literatur gewarnt. Renate Matthaei, Lektorin bei Kiepenheuer & Witsch, lud ihn zu einer Selbstvorstellung in ihrer Anthologie *Grenzverschiebung* ein,[29] einer Bestandaufnahme der deutschen Literatur nach der Gruppe 47. Er schickte ihr im Januar 1970 einen spröden, nur eine Druckseite langen Text: „Das Schreiben als Produktion von Kunst".[30] Matthaei strich in ihrem brillanten Bewertungsessay die Wiener Gruppe besonders heraus. Doch Jandl und seine Stuttgarter Freunde mussten lesen:

> „Noch befindet sich die Konkrete Poesie in der Phase der Progression, ihre Sprödigkeit, mit der sie sich gegen jede Bedeutung ihrer Resultate sperrt, sichert ihr noch den avantgardistischen Anteil artistischer Rebellion. Aber holt sie sich diesen Ruf nicht schon zu spät? Vielleicht ist der Applaus, den sie im Augenblick findet, schon der Anfang einer Selbstgenügsamkeit, die in der endlosen Variation niemanden mehr stört und nur noch das Ornament für eine mit sich ins Reine gekommene heitere Welt liefert."[31]

„Endlose Variationen", „Ornament": Solche Vorhalte irritieren, schmerzen. Während noch die Neuauflage von *Laut und Luise* für 1971 vorbereitet wurde, entschied Jandl, dass als nächstes Buch in der Sammlung Luchterhand nicht der experimentelle *serienfuss* erscheinen solle, sondern eine Auswahl von Gedichten konventioneller Fertigungsweise. Viele füllten schon die 1963 bei Verlagen rundumgereichte Mappe „Schleuderbahn", manche waren jünger.

Der andere Jandl 1973: *dingfest*

Für einen Rückgriff auf diesen beiseitegeschobenen Altbestand, welchen die Kritik als poetische Neuorientierung und der Buchhandel als Markenwechsel wahrnehmen mussten, suchte Jandl, weit vorausschauend, schon 1970 prominenten Beistand. In seinem Namen bat Friederike Mayröcker

---

[28] Dischner 1972.
[29] Matthaei 1970.
[30] Jandl 2016, Bd. 6, S. 59.
[31] Matthaei 1970, S. 28.

Hans Mayer um ein Nachwort für ein Buch noch ohne Titel. Mayers „wissenschaftliche Optik", so Mayröcker, biete die sicherste Gewähr dafür, Missverständnisse zu verhindern, die ein solches Buch hervorrufen könnte – „wobei Ernst Jandl es wissentlich riskiert, sich durch die Veröffentlichung seiner nicht ‚experimentellen' Gedichte mit den Puristen im progressiven Lager zu überwerfen." Jandl würde auch „eine knappe sachliche Darstellung des Verlaufs dieser Arbeit und ihrer Wechselbeziehung zu seinen sogenannten ‚experimentellen' Gedichten" mitschicken.[32] Mayer sagte schon damals postwendend zu.[33] Doch erst zwei Jahre später sandte ihm Jandl nach Hannover das Manuskript für den Auswahlband *dingfest*, „in welchem ich – mit Ausnahme der im Buch ‚Andere Augen' enthaltenen Gedichte – alle Gedichte gesammelt habe, die nicht als Resultat des Experimentierens mit sprachlichem Rohmaterial entstanden sind, oder die die Spuren eines solchen Experimentierens nicht oder nicht sehr deutlich zeigen".[34] Diesmal hatte Klaus Ramm auf Jandls Wunsch Mayer um Unterstützung gebeten. Der sagte zögerlich zu: Er wolle das erbetene Nachwort „vom Standpunkt des Lesers, nicht des Literaturwissenschaftlers" angehen.[35]

Dass *dingfest* erst 1973 erscheinen konnte, war auch die Folge von Turbulenzen, die seit Januar 1972 das Unternehmen Luchterhand in allen Teilen (Druckerei, Fachverlag für Recht und Steuern, Soziologie, Literatur) erschütterten. In einem Konflikt zwischen dem Geschäftsführer Otto F. Walter, dem der ganze Verlag zu ‚links' geworden war, und dem Verantwortlichen für das linke Soziologie-Programm Frank Benseler schlug sich Jandl auf die konservative Seite. Gemeinsam mit Friederike – ihre *Arie auf tönernen Füszen* war schon in der Sammlung Luchterhand angekündigt – schickte er am 10. Februar ein Fernschreiben: „lieber herr walter. wir [...] versichern sie unserer uneingeschränkten solidarität [...] wir werden uns jederzeit dagegen wehren, wenn diese unsere literatur von rechts diskriminiert wird. heute aber besteht die gefahr einer diskriminierung in äußerstem maße von links."[36]

Die Unterstützer von Benseler – er war mit Walter Boehlich ein Wortführer der 1968 als Autoren- und Lektorenbewegung aufgeblühten

---

[32] An Mayer 10.11.1970. Stadtarchiv Köln, Best. 1333.

[33] An Jandl 12.11.1970. Stadtarchiv Köln, Best. 1333.

[34] An Mayer 12.10.1972 LIT 139/B2060.

[35] Interview Klaus Ramm 14.7.2021.

[36] Archiv Klaus Ramm, Hamburg.

‚Literaturproduzenten' – sammelten sich in Berlin um den dort lebenden Günter Grass.[37] Chris Bezzel, Hans Magnus Enzensberger, Peter Härtling, Reinhard Lettau, Herbert Marcuse, Gerhard Rühm, Michael Scharang und Gabriele Wohmann unterfertigten seine „Berliner Autoren-Erklärung" vom 12. Februar 1970, nicht aber Jandl und Heißenbüttel. Jandl antwortete in einer eigenen Erklärung, „daß zwischen mir und dem Luchterhand Verlag einzig durch die Person Otto F. Walter eine Verbindung besteht"[38] und distanzierte sich „von jungen Mitarbeitern" im Verlag, die „sich nunmehr mit jener Seite solidarisieren zu müssen glauben, die vom Standpunkt der modernen Literatur als die reaktionäre Seite gelten muss." Ramm, der sich betroffen fühlen musste, ließ er wissen, er fühle sich ihm und seiner Frau weiterhin freundschaftlich verbunden, egal zu welchem Abschluss die Sache komme, doch würde er es begrüßen, wenn Ramm es über sich brächte, seine „Solidarität mit der meines Erachtens falschen Seite" aufzugeben.[39] Die Gründung eines Autorenrats wurde angedacht, doch fehlte ihm der Kopf, weil Grass in diesem Jahr zum letzten Mal in Willy Brandts Wahlkampf ausrückte. Ramm fünfzig Jahre später: „Jandl hat das völlig missverstanden, nämlich als Angriff des Benseler-Teils im Verlag auf unsere Literatur. Doch Benseler hat sich schon bei der Gründung der SL überzeugt, dass Jandl viel subversiver ist als Seghers."[40] Jandls treues Festhalten an Wohltätern wird sich noch öfter erweisen: so als Wolfgang Kraus 1979 von der Grazer Autorenversammlung wegen seines Einflusses dank vieler Ämter angegriffen wurde, und als sein Protektor im Wiener Stadtschulrat Franz Austeda 1994 in einer Affäre um verkaufte Abiturzeugnisse aufflog.

Unter Otto F. Walters Nachfolger Hans Altenhein wurde bei Luchterhand das literarische Programm verschlankt. „Mit einem Schlag sind Mayröcker, Heißenbüttel, Mon, Pastior, Kieseritzky, Gerz, Geerken aus dem Programm geflogen", so Ramm. Er kündigte mit Jahresende 1972, durfte aber von seinem Heim in Lichtenberg im Odenwald nahe Darmstadt ‚seine' Autoren mit Einzelverträgen weiter betreuen. Jandl und Mayröcker erfuhren im November 1972 bei einem Treffen bei dem mit ihnen befreundeten Pastor Martin Schilling[41] in Langen (Hessen) von Ramms Ausscheiden

---

[37] AdK-W Günter-Grass-Archiv 9897.

[38] 15.2.1972. Archiv Klaus Ramm, Hamburg.

[39] Handgeschriebener Begleitbrief 15.2.1972. Archiv Klaus Ramm, Hamburg.

[40] Interview Klaus Ramm 14.7.2021 in Hamburg.

[41] Jandl und Mayröcker lernten Martin Schilling in Wien kennen, wo er studierte und 1970 in Floridsdorf ordiniert wurde. 1972–1976 wirkte er als Pfarrer in Langen. Archiv der Kirchengemeinde Langen.

aus dem Verlag. „Ernst war damit überhaupt nicht einverstanden und hat mich beschimpft. Fritzi hat geheult. Hinterher hat Fritzi mir das Du angeboten."[42] Sie habe ihm zwar Autoren empfohlen, „die schlecht waren, aber begeistert von ihr", doch war darunter auch Thomas Kling, 2001 der erste Gewinner des nach Jandl benannten staatlichen österreichischen Lyrikpreises. Im Oktober 1972 war endlich entschieden, dass Jandl bei Luchterhand bleibt. Er gab die konventionellen Gedichte frei und schlug als Titel für das Buch *dingfest* vor.[43] Danach, das versprach der Verlag, werden auch die noch bei Rainer liegenden experimentellen Gedichte in die Sammlung Luchterhand aufgenommen. Die Verbindung zu Ramm riss nie mehr ab. 1976 übernahm der inzwischen auch als Kleinverleger für seine Lieblingsautoren tätige Hamburger eine Professur an der neuen Universität Bielefeld und baute dort ab 1978 mit Jörg Drews das jährlich stattfindende Bielefelder Colloquium Neue Poesie auf.

Ernst Jandl schickte den Gedichten im noch von Ramm betreuten Band *dingfest*, die in der Mehrzahl alte waren, ein kurzes Vorwort voraus. Darin begründete er seinen Rückgriff in die Schublade und verteidigte ihn in jenem Konjunktiv, der 1979 seine Sprechoper *Aus der Fremde* regieren wird: „[…] es gibt dichter, die alles mögliche sagen, und dies immer auf die gleiche weise. solches zu tun habe ihn nie gereizt, denn zu sagen gäbe es schließlich nur eines; dieses aber immer wieder, und auf immer neue weise."[44] Nur sieben von den 159 chronologisch geordneten Gedichten könnte man darin als konkret bezeichnen, urteilte Jandl selbst.[45] Er gab allen Datierungen mit, beginnend mit 1952. Als im Oktober 1972 das Manuskript für das Buch zu Hans Mayer kam, standen drei düstere Gedichte mit Bezug auf das Sterben und Begrabenwerden am Ende von Jandls Auswahl: „eltern zerrinnen", „daliegen" und, als letztes, „sie gruben nach dem sarg". Das war Jandl dann wohl zu viel Schwarz. Die in der Erinnerung zerrinnenden Eltern ersetzte er durch das scheinbar lebensfrohe Gedicht „da ist ein garten" mit der Zeile „im jungen, da ist ein mädchen".[46] Folgt man Peter Horst Neumanns Interpretation des verwandten Gedichts

---

[42] Interview Klaus Ramm 14.7.2021 in Hamburg.

[43] Jandl an Mayer 19.11.1972. LIT B2060.

[44] Wieland Schmied antwortete auf diesen Text mit dem Gedicht mit je drei Zeilen in zehn Strophen „Jandl interpretierend. Eine Interpretation zu H.P. Neumanns Jandl-Interpretation". *Protokolle* 1984/2, S. 100–101.

[45] Jandl an Wulff 3.9.1973. LIT 139/99, 2.3.3.31.

[46] Jandl an Mayer 19.11.72. LIT 139/B2060.

„außen ein pauli"[47] mit den Zeilen „außen ein pauli, innen rosmari", wird da wie dort ein Homosexueller als Mann im falschen Körper ausgestellt.

Das Titelgedicht aus dem Jahr 1958 ist eine lähmend sachliche Widerrede auf surrealistische Arrangements wie von René Magritte:

dingfest

auf einem stuhl
liegt ein hut.
beide
wissen voneinander
nichts.
beide sind
so dingfest.

Markante Gedichte mit biographischem Bezug sind hier erstmals in Buchform veröffentlicht – die dem gefallenen Freund Dietrich Burkhard nachgerufene „lebensbeschreibung", das frühe Rotlicht-Erlebnis in der „kleeblattgasse", die Gefangenschaft in „stockbridge" – und so unterschiedliche, allemal vor Publikum erfolgreiche Bravournummern wie „delikatessenladen" und „vater komm erzähl vom krieg". Mit dem in feuilletonistische Blumigkeit abgeglittenen Nachwort von Hans Mayer war Jandl nicht zufrieden. Eine Anspielung auf Rilke und ein Vergleich mit Karl Kraus störten ihn, er bat Mayer um Korrekturen.[48] Auch Helmut Mader wunderte sich in seiner großen Rezension in der *F.A.Z.*[49] über die großen Namen und meinte au contraire: „Volkslied, Kindervers, Fibelvers, Kalauer, Irrenwitz, Stammtischgerede und literarische Vorbilder haben Paten gestanden bei diesen Gedichten. […] *Dingfest* beweist endgültig, daß Ernst Jandl ein durch und durch vorurteilsloser Dichter ist, dem es nicht darum geht, sich einer bestimmten poetischen Doktrin oder Methode zu verschreiben." Peter Weibel gratulierte Jandl mit einer weit ausholenden Kulturklage:

„zwischen dem kleinbürgerlichen zen-buddhismus, zwischen der libertinistischen körper- & seelenfreikultur, zwischen dem großbürgerlichen marxismus eingespannt, hier in wien, zwischen all dieser von allen formen des eskapismus

---

[47] Neumann 1976, S. 1053–1064.
[48] Interview Klaus Ramm 14.7.2022; Jandl an Mayer 6.4.73, LIT 139/B2060. Mayer an Jandl 9.4.1973, LIT 139/B905.
[49] 9.10.1973.

gespeisten kunstfeindlichkeit und illusionsfreundlichkeit war es mir eine große freude, deine hand- und dingfesten gedichte luchterhänderisch vorzufinden."[50]

Neue Öffentlichkeit: Grazer Autorenversammlung

Am 18. Oktober 1972 kam aus Stockholm die Meldung, dass die Schwedische Akademie den Nobelpreis Heinrich Böll zugesprochen hat. Tags darauf legte in Wien der Schriftsteller Alexander Lernet-Holenia, zwei Tage vor seinem 75. Geburtstag, sein Amt als Präsident des Österreichischen PEN-Clubs nieder. Weil, so Lernet in einem Interview, Böll als Präsident des Internationalen PEN nicht das Recht gehabt habe, sich zugunsten der „verbrecherischen Baader-Meinhof-Bande" einzusetzen.[51] Als seine Nachfolgerin im PEN empfahl er Hilde Spiel.

Jandl sah sofort die Chance, Lernet-Holenias kleingeistigen Affront zu einer Anschwärzung des Österreichischen PEN vor der internationalen Kulisse zu nutzen und zugleich die von den Machthabern im PEN abgelehnten Schreibenden, Aktionisten und Filmemacher erstmals im Widerstand zu vereinen. Sein Furor und seine Betriebsamkeit müssen ihm rasch selber unheimlich geworden sein. Kurz vor seinem ersten Auftritt in Graz, wo er die Möglichkeit sah, mit einer ‚Erklärung' die Öffentlichkeit durch Massenmedien zu erreichen, meldete er Klaus Ramm: „Ich habe mich in eine Auseinandersetzung, bei der es um den hiesigen PEN-Club geht, so sehr verwickeln lassen, daß ich mich nur schwer auf irgendwas anderes konzentrieren kann. Das dürfte einem einfach nicht passieren. Am 24. und 25. Februar gibt es in dieser Sache eine Autorenversammlung in Graz; hoffentlich macht diese dem Spuk so oder so ein Ende."[52] Dort fing die Erfolgsgeschichte der Grazer Autorenversammlung an.

Drei Tage nach Lernet-Holenias polterndem Abschied und vier Wochen vor der Bundestagswahl in Deutschland fand Jandl in Graz bei einem Symposion über ‚Formen der Selbstverwaltung im Kulturbereich' am 22. Oktober 1972 das Forum für eine vornehmlich ans linke deutsche Feuilleton adressierte ‚Erklärung': „Ich begrüße die Verleihung des Nobelpreises an

---

[50] Weibel an Jandl 5.8.1973. LIT 139/B1623.
[51] *Die Presse*, 20.10.1972. Bölls Essay „Will Ulrike Gnade oder freies Geleit?" im *Spiegel* Heft 3/1972 hatte eine heftige Diskussion ausgelöst.
[52] Archiv Klaus Ramm, Hamburg.

Heinrich Böll; ich begrüße Bölls Engagement für Willy Brandt und seine Partei im gegenwärtigen Wahlkampf in der Bundesrepublik Deutschland."[53] Den Feind in seiner Kampfansage höhnte er als „sogenannten österreichischen PEN-Club", welcher in seiner gegenwärtigen Zusammensetzung eine Schande für den internationalen wie auch den österreichischen sei. Er forderte den Umbau des österreichischen PEN, wie ihn schon Dorothea Zeemann,[54] 1971/72 die Generalsekretärin neben Lernet-Holenia, versucht hatte, als sie ihre Freunde von der Wiener Gruppe in den Verein holen wollte: „Ich appelliere an alle diejenigen Mitglieder des sogenannten österreichischen PEN-Clubs, die die dort herrschende Cliquenwirtschaft, dieses Getümmel von bestenfalls Regionalgrößen, bisher mit Unbehagen mitansehen mußten, den Rücktritt ihres Präsidenten zum Anlaß zu nehmen, um eine völlige Reorganisation dieses Clubs einzuleiten."

Der neue Club, so Jandl, müsste jene Autoren einladen beizutreten, die „dazu beigetragen haben, das Bild der deutschsprachigen Literatur der letzten 25 Jahre zu formen". Hingegen müsste „auf die hintersten Plätze verwiesen werden", wer ungeachtet der Quantität des Publizierten keine Stimme innerhalb der deutschsprachigen und der internationalen Literatur besitzt. „Es gibt keine österreichische Literatur, die nicht gleichzeitig ihren Platz in der Welt hat. Die Sprache der österreichischen Literatur wird nicht von sechs, sondern wenigstens sechzig Millionen gesprochen. Vor diesen sechzig Millionen spielt sich alles ab, was es an österreichischer Literatur gibt – und was sich nicht im Rahmen der gesamten deutschsprachigen Literatur durchsetzen und behaupten kann, das gibt es schließlich überhaupt nicht." Diesen Text mit darwinistischen Untertönen unterfertigten sofort H.C. Artmann, Wolfgang Bauer, Otto Breicha, Helmut Eisendle, Gunter Falk, Barbara Frischmuth, Klaus Hoffer, Gert Jonke, Alfred Kolleritsch, Friederike Mayröcker, Gerhard Roth, Gerhard Rühm, Michael Scharang und Harald Sommer. Etwas später folgten Oswald Wiener, Gerald Bisinger und sogar Elias Canetti.

Am 19. November 1972 erreichte in der Bundesrepublik die SPD das beste Wahlergebnis ihrer Geschichte, was auch den Sozialdemokraten in Österreich neuen Aufwind gab. Die Wissenschaftsministerin Herta Firnberg stellte am 15. Dezember im Fernsehen den Entwurf einer Universitätsreform zur Diskussion und traf auf den Rektor der Wiener Universität

---

[53] Exemplare u. a. im Teilnachlass Hans Mayer, Stadtarchiv Köln, Best. 1333, im Nachlass René Altmann LIT 46/B10.

[54] Interview in der *Arbeiter-Zeitung*, 26.10.1972.

Günther Winkler als einen wortgewaltigen Gegenredner. Jandl schickte der *Arbeiter-Zeitung* ein Schreiben, in dem er Winklers „ehebaldigste Abberufung als Rektor dieser von mir verehrten Universität" forderte, denn er „halte es für unerträglich, daß ein Mann dieser Art die Möglichkeit hat, seine Ansichten im Namen der Universität vorzutragen". Jandl exponierte sich hier als Parteisoldat für den SPD-behauchten Reformflügel. Er brachte nun auch Forderungen, die er 1970 für das Wahlkampf-Kulturprogramm der ÖVP formuliert hatte,[55] bei der SPÖ unter. Ihr Minister für Unterricht und Kunst Fred Sinowatz konnte die von Jandl betriebene PEN-Club-Skandalisierung als Anlassfall nutzen für seine Pläne einer ‚Demokratisierung' der Kunstförderung durch die Vergabe neuer Literaturpreise und Stipendien durch wechselnde Jurys sowie von mehr ‚Transparenz' durch die Veröffentlichung aller Empfänger von Kunstsubventionen.

Mehr als die Anwürfe aus Graz erschütterte zunächst der Richtungsstreit um die Nachfolge Lernet-Holenias den Österreichischen PEN-Club. Jandl und Mayröcker versuchten dazu am 13. Dezember 1972, fünf Tage vor der Wahl, den linkskatholischen Publizisten und Burgtheater-Dramaturgen Friedrich Heer zur Kandidatur zu überreden. Er war PEN-Mitglied und hatte in seinem Buch *Der Glaube des Adolf Hitler. Anatomie einer politischen Religiosität* (1968) jäh ausbrechende Zerstörungsphantasien beschrieben, wie sie auch Jandl kannte und für die er sich, ausgenüchtert, schämte.[56] Jandl behielt zeitlebens den Wunsch im Kopf, Sozialdemokratie und Katholizismus zu versöhnen, und zwar in einer tiefergreifenden Verbindung denn einer bloßen ‚Sozialpartnerschaft' zwischen Arbeitnehmern und Arbeitgebern.[57] Auf Hilde Spiel setzten sie beide nicht. Sie hatte einmal geschrieben, dass Jandls und Mayröckers „Vorliebe Wort- und Satzstrukturen kaleidoskopartig zu schütteln" so wie die „Dialektliteratur" der Wiener Gruppe keine Zukunft hätte.[58] Doch nun diente sich Spiel Jandl als Vermittlerin an und schaltete sogar den im Tessin wohnenden Ehrenpräsidenten des Österreichischen PEN Robert Neumann ein, ihren Freund schon im Exil in London.[59] Neumann las aus Jandls Grazer Erklärung den „Vorschlag einer Revision durch Literaturgeschichtsprofessoren" heraus und nannte diesen eine „gutgemeinte, aber sachlich provozierende und gar nicht

---

[55] Siehe Kap. 6.

[56] Jandl und Mayröcker an Friedrich Heer. LIT 139/99 GAV Korrespondenz.

[57] Vgl. das Gedicht „Der Auserwählte" in Kap. 6 (Jugendkulturwoche).

[58] Innerhofer 1985, S. 25. Innerhofers Bericht fand eine unzulängliche Fortsetzung ohne Quellenangaben und Pagina in Renoldner 2013.

[59] 5.12.1972. LIT 139/99, GAV-Korrespondenz.

diskutable Initiative".[60] Neumanns Rat an Jandl, durch Hilde Spiel über-
mittelt: ein Versöhnungsgespräch im kleinen Kreis. Als Alternative wäre
ein Antrag an den Internationalen PEN anzudenken. „Die Anerkennung
einer solchen autonomen Gruppe wäre dann allerdings an eine formale
Zustimmung des Wiener Zentrums gebunden."[61]

Bei der Präsidentenwahl im PEN am 18. Dezember 1972 kam es zu
einem peinlichen Duell unter heimgekehrten jüdischen Emigrierten. Die
links und amerikakritisch positionierte, dabei hochbourgeoise Hilde Spiel
bewarb sich persönlich; der allgemein als ihr Erzfeind bekannte Friedrich Torberg, Romancier, Theaterkritiker und bis zur Verdrängung 1966
durch Günther Nenning Herausgeber der Zeitschrift *FORVM*, schickte
altliberale Sozialdemokraten an seiner statt ins Rennen. Spiel konnte wohl
mit der Aufnahme des als Stückeschreiber schon erfolgreichen 28-jährigen
Peter Turrini in den PEN-Club die Hoffnung auf Frieden mit der von Jandl
angeführten Protestbewegung nähren. Doch Präsident wurde Ernst Schönwiese, der Verwalter von Hörspiel, Literatur und Literaturkritik im österreichischen Radio. Reinhard Federmann, der neue Generalsekretär, hatte
soeben in der ersten Nummer seiner Zeitschrift *Pestsäule* Jandl als „Neodadas
Hohepriester" porträtieren lassen: „Sein Gesicht war eine pralle Schweins-
blase. Er hatte die Grenzen der Sprache überschritten. Seine Gedichte waren
wie Säuglingslallen."[62] In den *manuskripten* reagierte darauf der Philosophie-
student Franz Schuh, 1977 bis 1979 Generalsekretär der Grazer Autorenversammlung, mit einer vernichtenden Kritik an der *Pestsäule*.[63] Hinter dem
Namen „Schuh" meinte Federmann Jandl zu erkennen – was ihm noch
lange Hohn und Spott eintrug.[64]

Hilde Spiel ließ Friederike Mayröcker wissen: „Torberg ist die graue
Eminenz hinter der neuen Leitung".[65] Sie wechselte nach ihrer Niederlage
sofort in den deutschen PEN-West. Ein dubioses Angebot von Turrini an
Jandl, zwischen ihm und Hilde Spiel zu vermitteln, kam zu spät.[66] Aus den
Tagen seiner höchsten emotionalen Aufwühlungen im Streit hinterließ Jandl

---

[60] Jandl hatte damals bereits für eine Untersuchung der PEN-Mitglieder auf ihre literarische Leistung
hin an die Germanistikprofessoren Alois Brandstetter (Klagenfurt), Alfred Doppler (Innsbruck) und
Walter Weiss (Salzburg) gedacht.

[61] Neumann an Spiel 5.12.1972. LIT 139/99, GAV-Korrespondenz.

[62] *Die Pestsäule*, Nr. 1, September 1972.

[63] *Manuskripte* 39/1973, S. 54–56.

[64] *Manuskripte* 40/1972, S. 19–20.

[65] 19.12.1972. LIT 139/99, GAV-Korrespondenz.

[66] „lieber ernstl [...] viertens geht mir dieses scheiß-spiel unheimlich auf den wecker. Ich grüße dich
und deine frau". [Anfang 73] LIT 139/99, GAV-Korrespondenz.

einen Kampftext von nie mehr übertroffener Härte gegen den PEN-Club: „P.E.N. – Linien: ein Gedicht".[67] Damit wollte er im PEN-internen Macht-kampf „das Fußvolk" aufstacheln – „die gutwilligen Beiträger und Bravo-rufer, die LANDSER, die weiß Gott von was TRÄUMEN und es überhaupt erst MÖGLICH machen, daß sich ein Dutzend literarischer BRAVADOS über ihren Köpfen mächtig macht und in schlecht fingierten Scharmützeln ergeht". Seine eigene Truppe rief er auf zusammenzuhalten:

„Warum laßt IHR EUCH doch von diesen WENIGEN NICHTSEN derart an der NASE HERUMFÜHREN, da unter EUCH doch die Dichter sind, die es in diesem Verein gibt? Seid IHR DICHTER, um den Mund zu halten und DANKESCHÖN zu sagen, wenn EUCH die BRAVADOS zu CLUB-ABENDEN laden, um EUCH den Mund mit SOLETTI zu stopfen? O Gott, macht doch EUREM ZORN LUFT, sagt doch endlich, daß IHR ZU UNS GEHÖRT, nicht zu den Falschspielern, die sich im Namen von Literatur und Dichtung überall dort eingeschlichen haben, wo etwas Geld zu holen ist, und die sich über EUCH erheben, um HERUNTERZUSPUCKEN AUF EUCH. Also wird Objekt zur Verschleierung des Machtkampfes WIR JUNGEN AUTOREN, zwei Generationen davon, VÄTER und SÖHNE, Streitobjekt und Schacherobjekt für einen ganzen OLYMP ILLEGITIMER GROSS-MÜTTER UND GROSSVÄTER [...] PLAN, SUPERPLAN: Trennung der JUNGEN jungen Autoren von den ALTEN jungen Autoren, THE GENERATION GAP, Frischmuth killt MAYRÖCKER, Jonke killt JANDL, Scharang killt WIENER, HANDKE killt ARTMANN, BAUER killt RÜHM; LITTLE HENISCH[68] killt ALLE. Darum sage ich: dieser Plan war zu VER-EITELN; IST VEREITELT; war VON VORNHEREIN VEREITELT (Beweis für die praktische, taktische, intellektuelle INSUFFIZIENZ unserer Gegner; sie riechen nichts – außer sich selbst; sie richten nichts, außer sich selbst, ZUGRUNDE.). Punkt, Klammer, Punkt."

Wohl verhandelte Jandl zusammen mit Frischmuth, Priessnitz, Weibel, Scharang und Achleitner noch einmal am 9. Januar 1973 in der Galerie auf der Stubenbastei mit den PEN-Emissären Turrini und Hermann Hakel.[69] Doch mit der Wahl der neuen PEN-Führung Schönwiese-Federmann war die Gelegenheit zu einem Arrangement vertan.

---

[67] LIT 139/S186/1.

[68] Peter Henisch, Jahrgang 1943, PEN-Mitglied, mit Jandl in Dauerfeindschaft verbunden. Henisch nannte Jandl einen „Fliegenfänger" der „mittels seiner Sprachexperimente ästhetische Netze wie eine Spinne spanne und den Inhalt der Form zuliebe vernachlässige". *Südost Tagespost*, 29.6.1983.

[69] LIT Taschenkalender.

Jandl dachte nun an eine Notgemeinschaft, in der sich Freunde und Künstlerkollegen trotz auseinanderlaufender poetologischer Positionen zusammenschließen sollten. Zunächst war er Feuer und Flamme für einen sich formierenden ‚Arbeitskreis österreichischer Literaturproduzenten'. Scharang hatte ihm Beitrittsformulare geschickt. Jandl schickte sie an Rühm, Wiener, Bisinger und Gert Jonke nach Berlin weiter. „Unsere Bekannten inklusive Forum Stadtpark seien bei diesem Arbeitskreis aktiv", ließ er Rühm wissen, „Fritzi und ich schließen uns der Sache an".[70] Mit einer selbstverwalteten Buchreihe stellten sich die ‚Literaturproduzenten' 1971 öffentlich vor – mit Texten von Gerald Bisinger, Otto Breicha, Gustav Ernst, Barbara Frischmuth, Ernst Jandl, Elfriede Jelinek, Marie Thérèse Kerschbaumer, Friederike Mayröcker, Heidi Pataki, Reinhard Priessnitz, Michael Scharang und Michael Springer. Ein ähnliches Konzept hatte Jandl bereits an die ÖVP und SPÖ herangetragen: „Mittel zur Entwicklung von künstlerischen und wissenschaftlichen Arbeitsmöglichkeiten, die die Produzenten vom Bittstellerdasein befreien und die einer breiten demokratischen Kontrolle jenseits einer Partei- und Bürokratiebevormundung unterliegen."[71]

Eine andere Agitationsplattform bot der Chef der Journalistengewerkschaft und *FORVM*-Herausgeber Günther Nenning an: Zur Vergrößerung der von ihm vertretenen Basis wollte er die Schriftsteller bei den Journalisten organisiert sehen. Nenning schrieb an Jandl: „Auch sollte man sich überlegen, die Unterschreiber Ihres Manifests und der übrigen in Frage kommenden ‚progressiven' Autoren für eine IG Kultur zu interessieren. Beim Österreichischen Gewerkschaftsbund wäre die Lage derzeit günstig." Jandls Abwehr: „Der selbstauferlegte Produktionszwang wird es auch schwierig machen, daß sich ein Schriftsteller der Organisation und Leitung einer Gewerkschaft widmet; in anderen Berufen werden Gewerkschaftsführer ganz oder teilweise von ihrer Arbeit freigesellt; ich sehe bei Schriftstellern keine Möglichkeit dieser Art. (Für mich selbst halte ich eine vollberufliche Tätigkeit als Schriftsteller für ein Unding; ich bin Lehrer und als solcher natürlich Gewerkschaftsmitglied.)"[72]

---

[70] Jandl an Rühm 26.1.1971. LIT 139/99, 2.3.3.23.

[71] Innerhofer 1985, S. 39, unterscheidet zwischen vier in sich wiederum differenzierten Gruppierungen unter den Gründungsmitgliedern: 1. Die Autoren der ehemaligen Wiener Gruppe und ihr Nahestehender – darunter Jandl und Mayröcker; 2. Die Wiener Aktionisten; 3. Autoren aus dem Kreis des Forums Stadtpark; 4. Politisch engagierte Autoren aus dem *NEUEN FORVM*. Als es Ernst Jandl 1976 gelang, die GAV in Lesungen in Berlin vorzustellen, traten dort fünf um Zeitschriften vereinte Gruppen auf: *Protokolle, neue texte, manuskripte, Wespennest, NEUES FORVM*.

[72] 27.11. und 8.12.1972. LIT 139/B2097.

Für den 24. und 25. Februar 1973 luden nun Jandl, Mayröcker und Kolleritsch 58 Schreibende, Aktionisten und Filmemacher nach Graz ein: „Zur Diskussion steht u. a. die Frage der Gründung eines zweiten, autonomen österreichischen PEN-Zentrums". Peter Handke, damals dem österreichischen Bundesheer entwischt, antwortete Jandl – mit ihm noch per „Sie" – aus dem Exil in Kronberg im Taunus, er wolle sich mit einem PEN-Zentrum Graz solidarisieren, „doch in irgendeiner Art dem gegenwärtigen PEN-Club beitreten auf keinen Fall".[73] Oswald Wiener war in Berlin festgehalten, schickt aber Jandl taktische Überlegungen:

> „erstens schadet euch der österreichische PEN-Club, wie ich es sehe, hauptsächlich durch sein monopol auf kulturberichterstattung aus österreich. wenn ich etwas über österreichische kultur lese, ist es stets von einem mitglied des österreichischen PEN-Clubs verfasst. […] ihr müsst, als zeichen eurer solidarität, unbedingt versuchen, die kulturgreise aus den deutschen feuilletons zu drängen; zweitens ihr müsst unbedingt möglichst viel über die quellen der finanzierung des PEN-Clubs erfahren. verlangt offenlegung der buchhaltung, damit klar wird, wer hier subventioniert. solltet ihr einen gegen-verein gründen, so will ich darin nicht mitglied werden – die chance ist zu gross, dass solch ein unternehmen am gezänk der brotlosen schnell zugrundegeht."[74]

Ernst Jandl wird Oswald Wieners Anweisungen folgen. Als Minister Fred Sinowatz am 15. März 1973 sein erstes Demokratie-und-Transparenz-Kulturprogramm im Presseclub Concordia in Wien verkündete, mischte sich Jandl, wohl mit dem Sinowatz-Sekretär Fritz Herrmann abgestimmt, unter die Journalisten und entlockte dem Minister Zugeständnisse.[75] Im Sommer 1973 sprachen Jandl und Wiener auf einer Rundreise durch Westdeutschland in den großen Feuilletonredaktionen vor[76] – worüber sich die Wiener *F.A.Z.*-Korrespondentin Hilde Spiel empörte.[77] Jandl schickte nach der Heimkehr den Mitgliedern des inzwischen gegründeten Grazer Vereins eine Liste von Ansprechpartnern,[78] bei denen man sich auf ihn und Wiener

---

[73] 15.2.1973. LIT 139/99, GAV-Korrespondenz. Peter Handke trat 1977 ohne damit aufzufallen aus; nach der Erinnerung von Elfriede Czurda aus Ärger darüber, dass ihr Nachfolger Franz Schuh als Generalsekretär einen Brief wochenlang nicht beantwortet hatte. Interview Czurda 19.5.1922.

[74] 27.1.1973. LIT 139/99, GAV-Korrespondenz.

[75] Österreichische Mediathek, 9-04057x_k02.

[76] *Die Zeit*, 3.8.1973.

[77] 7.8.1973. LIT 139/.99, GAV-Korrespondenz.

[78] Hans Scholz im Berliner *Tagesspiegel*, Joachim Kaiser in der *Süddeutschen Zeitung*, Wilfried Wiegand in der *Frankfurter Allgemeinen*, Wolfram Schütte in der *Frankfurter Rundschau*, Dieter E. Zimmer in der *Zeit*.

berufen kann. Ein Jahr später klagte Jandl dem soeben in die GAV auf-
genommenen Wiener Essayisten Franz Schuh: „Die Sache hat bisher einfach
deshalb nicht funktioniert, weil niemand Beiträge liefert."[79]

Jandl kündigte Heinrich Böll in einem Brief einen Antrag auf Aufnahme in den Internationalen PEN an. Der Wiener PEN-Filiale warf er
vor: Kontrolle über die österreichische Gegenwartsliteratur, Besetzung
der Schlüsselstellen in den Massenmedien, Monopol der Einflussnahme
auf die Vergabe von Subventionen und Preisen.[80] Doch er zog auch vor
den Feinden den Hut: „Die an der Bildung und Aufrechterhaltung dieses
Systems maßgebend beteiligten Autoren mittleren und höheren Alters
durften ein gewisses Maß an Vertrauen dadurch beanspruchen, daß sie die
Jahre des Nationalsozialismus in der Emigration oder als zum Schweigen
Verurteilte verbracht hatten und insgesamt als Antifaschisten galten." Böll
antwortete rasch. Er riet zu einem Antrag an den Weltkongress in Stockholm Anfang Mai und bestärkte Jandl mit dem Hinweis auf den Präzedenz-
fall Schweiz, wo es ein PEN-Zentrum in Zürich und ein zweites in Basel
gebe[81] – was er dann in Stockholm vor der Vollversammlung als Unacht-
samkeit bedauerte.[82]

Die von Jandl angestoßene Gruppenbildung folgte nur scheinbar den seit
1968 von Studenten erprobten basisdemokratischen Mustern. Denn der
Verein Grazer Autorenversammlung (GAV) wurde de facto im Ministerium
gegründet. Schon zwei Wochen vor dem Gründungskonvent in Graz ließ
sich Jandl vom Ministersekretär Fritz Herrmann ein Budget von 10.000
Schilling zusichern.[83] Herrmann, ein Journalist, der für Sinowatz Konzepte
für eine fortschrittliche Kultur- und Medienpolitik entwickelte, wurde
von Anfang an als Mitglied der Grazer Autorenversammlung geführt.[84]
Er konnte einer Delegation mit Jandl an der Spitze für den 28. Februar
eine Aussprache im Kunstministerium zusagen.[85] Dort betonte Sinowatz
vor den 15 angetretenen Autoren – wie kurz danach auch öffentlich auf
seiner Pressekonferenz – seine neutrale Stellung zwischen dem PEN und
den Grazern. Doch versprach er ihnen die Spesen für die Gründungsver-

---

[79] 5.7.1974. LIT 129/B1286.

[80] 2.2.1973. LIT 139/99, GAV-Korrespondenz.

[81] 10.2.1973. LIT 139/99, GAV-Korrespondenz.

[82] Koch, Thilo: „So unnütz ist der Club nicht". *Die Zeit* 20/1973, S. 17.

[83] Schreibheft LIT 139/S186/1.

[84] Jandl an Heimrad Bäcker 28.3.1973. LIT 2.3.3.1.

[85] Innerhofer 1985, S. 149.

sammlung im späten März, die Finanzierung eines Generalsekretärs sowie Reisegeld nach Stockholm zum PEN-Weltkongress.

Jetzt hieß es rasch Statuten auszuarbeiten. Das erledigten Hoffer und Kolleritsch im engen Kontakt mit Jandl. Klaus Hoffer, ebenfalls Gymnasiallehrer, seit 1966 Beiträger in den *manuskripten*, erinnerte sich 2021 an die Sekretärsarbeit: „Ich war im Forum Stadtpark mehr oder weniger das Vollzugsorgan vom Ernst, vom Fredi [Kolleritsch] weniger. Ich war der beauftragte Briefschreiber, dem die Inhalte vorgegeben wurden. Das musste sich damals erst konsolidieren. Es war ein ununterbrochenes Telefonieren mit dem Ernst. Ich war da weder kreativ noch durchschlagskräftig."[86] Inzwischen ließ Heinrich Böll Schönwiese und Federmann wissen, dass er den Grazern weder die Gründung eines Vereins noch den Antrag an den Internationalen PEN versagen wolle.[87] Robert Neumann hingegen rückte von den Grazern ab.[88]

Wahrscheinlich auf Drängen Friedrich Heers dachte sich Jandl noch einmal einen Kompromiss mit dem Österreichischen PEN aus. Mit Datum 10. März entwarf er ein Rundschreiben an die Freunde, in dem er eine ‚Autorenvereinigung auf der Grundlage der Charta des internationalen P.E.N.' vorschlug.[89] Doch ist nicht gesichert, dass er das Schreiben auch aussandte. Als sich Oswald Wiener für die Gründungsversammlung entschuldigte, telegraphierte er ihm: „lieber ossi ich bitte dich mit uns mitzumachen um die kulturpolitische lage in österreich von grund auf zu verändern".[90]

Die große Mehrheit[91] entschied sich beim zweiten Treffen in Graz am 24. und 25. März 1973 für die Gründung eines ‚Autonomen Österreichische PEN-Zentrum mit Sitz in Graz' und unterschrieb – nachdem Jandl sie ihnen vorgetragen hatte – die PEN-Charta zur Verteidigung des freien Wortes.[92] Der Vereinsname – ohne eine Verknüpfung mit dem PEN – wurde mit den Statuten beschlossen und auch der formelle Antrag an den Internationalen PEN. Zur Vorbereitung wurde ein Proponentenkomitee

---

[86] Interview in Wien 27.1.2021.

[87] 12.3.1973. LIT 139/99, GAV-Korrespondenz.

[88] Neumann an Hoffer 15.3.1973. Neumann gesteht den Grazern eine „Gruppe", aber kein „Zentrum" zu und will keine Aktionisten und Filmemacher im PEN. LIT 139/99, GAV-Korrespondenz.

[89] LIT 139/S186/1.

[90] 22.3.73 1h früh. 22.3.1973. LIT 139/99 2.3.3.30.

[91] 28 Ja-Stimmen, 6 Nein-Stimmen, 2 Enthaltungen. *Arbeiter-Zeitung*, 27.2.1973.

[92] Jandls Rede „Zensur und P.E.N." wurde im *NEUEN FORVM* Jg. 20, Heft 232, April 1973, S. 53–54 abgedruckt, ergänzt um die Beschlüsse sowie Namen und Adressen von 60 Autorinnen und Autoren, die in Graz und danach die PEN-Charta unterschrieben.

gebildet aus Artmann, Bauer, Breicha, Frischmuth, Jandl, Jonke, Kolleritsch, Mayröcker, Rühm und Scharang. Für die Anmeldung bei der Vereinsbehörde wurden Artmann als Präsident, Kolleritsch und Rühm als Vizepräsidenten, Otto Breicha als Kassier und Klaus Hoffer als Generalsekretär gewählt. Lokale ‚Delegierte‘ sollten die Anlaufstelle für neue Mitglieder sein und Schmerzpunkte melden.[93] Jandl und Weibel wurden zu Koordinatoren gewählt. Im Februar war der von Günther Nenning zugeflüsterte Gedanke einer gewerkschaftlichen Organisation der Schriftsteller noch abgelehnt worden. Diesmal fand ein „prinzipielles Eintreten" dafür eine große Mehrheit. Im Februar hatte Hans Heinz Hahnl, Literaturfachmann in der *Arbeiter-Zeitung*[94] und Verfasser wenig gelesener Romane, die Rebellion in Graz noch in einer Glosse bewitzelt: „Jeder Stilrichtung ihren eigenen PEN-Club." Inzwischen hatte die SPÖ den Grazern den Teppich ausgerollt, und so schwieg nun auch der PEN-Mann Hahnl. Dem Bericht über die „Grazer PEN-Gruppe" gab die *Arbeiter-Zeitung* den parteigenehmen Titel „Mit Blickrichtung Gewerkschaft".[95]

Um in Stockholm die Anerkennung durchzubringen, suchte Jandl Unterstützer bei PEN-Zentren im Ausland. Freund Martin Mooij bearbeitete niederländische Delegierte.[96] Zuspruch erhielt er in Wien vom Altkommunisten Hugo Huppert.[97] Für die Präsentation der Grazer in Stockholm musste ein Redetext vorbereitet werden. Jandl entwarf ihn auf Deutsch. Beim Übersetzen saßen Mayröcker und Hoffer verschüchtert neben Jandl: „Fritzi und ich haben kein Rederecht gehabt. X-mal hat Fritzi eine Übersetzungsvariante vorgeschlagen und Ernst unwirsch die Vorschläge verworfen."[98]

In Stockholm war indes Klaus Hoffer am Wort. Denn am 26. April musste Jandl telegraphisch absagen, weil sein Vater lebensgefährlich erkrankt war.[99] Viktor Jandl starb am 28. April 1973 im Alter von 78 Jahren im Neurologischen Krankenhaus am Wiener Rosenhügel an einer Gehirnerweichung und Lungenentzündung, drei Tage nach seiner Einlieferung.[100]

---

[93] Berlin: Bisinger, Burgenland: Otto Muehl; Kärnten: Gert Jonke; Niederösterreich: Hermann Nitsch; Oberösterreich: Bäcker; Tirol: Peter Weiermair; Wien: Priessnitz und Pataki.

[94] 27.2.1973.

[95] 27.3.1973.

[96] Mooij an Jandl 23.4.1973. LIT 139/B941.

[97] Huppert an Jandl 3.5.1973. LIT 199/B624.

[98] Interview am 27.2.2021.

[99] An Heinrich Böll. LIT 139/B1686.

[100] Todfallsaufnahme im WStLA BG Hietzing, A4/3-3A: Viktor Jandl.

Seine fünf Kinder Ernst, Robert (Architekt in Regensburg), Hermann (Lehrer in Perchtoldsdorf), Roswitha Klingemann (mit einem Bundeswehroffizier in Straubing verheiratet) und Nikolaus (Bankangestellter in Wien) standen am 4. Mai auf dem Hernalser Friedhof, als Viktor neben Luise Jandl bestattet wurde:[101] In einer viel früher geschriebenen „Letztwilligen Entschließung" hatte er Ernst gebeten, für eine gerechte Verteilung der – nun bescheidenen – Hinterlassenschaft zu sorgen, und den erst 1949 geborenen Nikolaus der Obsorge seiner Geschwister empfohlen. Bald nach dem Begräbnis besuchte Ernst den Bruder Robert in Regensburg. Man stritt sich dort über Hermanns literarisches Können – wobei Ernst den jüngeren Bruder verteidigte. Die Regensburger Familie erfuhr in einem in der Eisenbahn auf der Rückreise nach Wien geschriebenen 16-Seiten-Brief: „Die günstigsten Umstände für literarische Produktion sind individuell verschieden. Sie scheinen mir in meiner gegenwärtigen Wiener Situation auch nicht annähernd erreicht."[102] Dabei hatte der Dichter bereits ein weiteres Freijahr von der Schule zugesagt bekommen.

Andreas Okopenko kondolierte zum Tod des Vaters aus Berlin, wo er als DAAD-Stipendiat den einzigen längeren Auslandsaufenthalt genießen durfte; er halte, schrieb er Jandl, „die Eingliederung in den PEN für unnütz. Ihre kulturpolitischen Ziele kann die Versammlung, auf die ja die Presse mittlerweile so stark aufmerksam geworden ist, gewiß ohne den klingenden internationalen Namen durchsetzen".[103] In Stockholm verteidigte der Wiener PEN mit Erfolg sein Monopol. Als „Stoff für eine Komödie von Nestroy" empfand der Korrespondent der *Zeit* das Rededuell zwischen Peter von Tramin, dem Lieblingsjünger der Alten Herren im Wiener PEN, und Klaus Hoffer. Zum nächsten PEN-Termin im Mai 1974 im mazedonischen Ochrid konnte Jandl Hoffer begleiten. Erneut wurde dort der Antrag abgelehnt.

Dass Jandl noch 1986, nach Artmann und Rühm seit 1983 GAV-Präsident, ein Ansuchen um Anerkennung der GAV als zweitem österreichischen PEN-Zentrum stellte, macht deutlich, wie viel ihm an einer solchen internationalen Akzeptanz gelegen war.[104] 1986 stand der PEN-Kongress in Hamburg bevor.

---

[101] Gruppe 67, Reihe 1, Nummer 24.

[102] An Robert und Erika Jandl 12.7.1973. Bei Stefan Jandl, Berlin.

[103] 7.5.1973. LIT 139/99 GAV-Korrespondenz.

[104] Jandl an den Präsidenten des Internationalen PEN in London Francis King, 24.4.86. LIT 139/S186/15.

Abb. 1 Letztes Familientreffen mit dem Vater und Großvater Viktor Jandl zum Jahresende 1972 in Wien in der Auhofstraße. V.l.n.r: Nikolaus, Erika, Wolfgang, Ernst, Stefan, Hedwig, Viktor und Robert Jandl. (Foto: Stefan Jandl)

Neben Jandl stellte auch Stephan Hermlin im Namen des DDR-PENs einen solchen Antrag. Jandl mobilisierte überdies Ingeborg Drewitz vom westdeutschen PEN und suchte Unterstützung bei den Schweden.[105] Doch auch diesmal sprach sich der nach dem Tod der Altmeister Felix Braun, Robert Neumann und Friedrich Torberg ohne Nachwuchs bedeutungslos gewordene Wiener PEN dagegen aus.

Seine Mitgliedschaft in der Akademie der Künste in Berlin seit 1970 nutze Jandl bald zugunsten bedrohter Freunde. 1971 hatte ein Gericht die Aktionskünstlerin Valie Export wegen Pornographie zu einer Haftstrafe von sechs Monaten (auf Bewährung) verurteilt und ihr das Sorgerecht für ihre einzige Tochter weggenommen – weil sie mit Peter Weibel in einem Frankfurter Verlag eine Bilddokumentation über den Wiener Aktionismus herausgegeben hatte. Damals beschimpfte Weibel in Rage Freund Jandl: „[...] die überlriechende schleimige gesinnung des österr. staatsapparates hat sich

---

[105] Drewitz an Jandl 28.6.1986. LIT 139/B276.

bereits 1910[106] ein ventil gefunden [...] wer hat uns verraten? die sozialdemokraten. kreisky und der rote justizminister? auch nur philister. nicht
nur, daß man im ausland arbeiten muß und verdienen, man darf hier nicht
einmal leben."[107] Dieser Vorwurf musste den Sozialdemokraten Jandl hart
treffen. Er formulierte für die nächste Akademie-Sitzung in Berlin eine
Österreich-Resolution und fand dafür leicht eine Mehrheit: „Unter dem
Vorwand, Sittlichkeit und Recht zu schützen, wird von Zoll, Polizei und
Gerichten gegen Künstler und ihre Produktion vorgegangen. Die Akademie
der Künste in Berlin mißbilligt diese Eingriffe, die der modernen Rechtsprechung widersprechen."[108] Jandl konnte sicher sein, dass der Reformflügel seiner Partei für solche Zurufe aus Deutschland dankbar ist. „Häufig
ist die Bundesrepublik Deutschland unsere Plattform, um ein österreichisches Ärgernis zu kritisieren", antworte Jandl dem deutschen Schriftsteller und Filmemacher Klaus Peter Dencker 1973 in einem Interview auf
die Frage, ob es sich überhaupt lohne, in Wien gesellschaftskritisch tätig zu
sein.[109]

Grazer Nachdenkpause zur Selbsterforschung

1973 hieß es den neuen Überbau über Kleingruppen, Freundeskreise, Zeitschriftenredaktionen, Kleinverlagslektorate und Anlaufstellen für radikale
Individualisten nach innen zu festigen – über die gemeinsamen Feind-
bilder hinaus. Dazu wurde für den 6. bis 10. September zu einer Klausur-
tagung ins südsteirische Bildungshaus Retzhof zum Thema „Die Situation
des österreichischen Schriftstellers: Analyse der österreichischen Kulturpolitik und Vorschläge zu deren Veränderung" eingeladen. Okopenko
hatte schon begonnen, einen ‚Problemkatalog' zusammenzustellen, in dem
er als nächsten Schritt die Einrichtung einer ständigen sozial- und kulturpolitischen Arbeitsgruppe vorschlug.[110] Die – nur schlecht dokumentierte –

---

[106] Der Kampf gegen die Pornographie wurde im Internationalen Abkommen zur Bekämpfung
obszöner Schriften 1910 völkerrechtlich verankert.

[107] 1.3.1971. LIT 139/B1523.

[108] 24.4.1971.

[109] *Nürnberger Nachrichten*, 12.1.1973.

[110] 1975 als „Situationskollektiv" institutionalisiert.

Tagung in Retzhof führte so viele Autoren wie nie mehr später zur Selbst-erforschung zusammen. Neben Jandl und Okopenko hielten Gerald Bisinger, der Essayist Friedrich Geyrhofer, Franz Haderer von der Wiener Gruppe ‚Literaturproduzenten', der Fotokünstler und Autor Wolfgang Kudrnofsky aus der Journalistengewerkschaft, der Komponist Anestis Logothetis, der Aktionskünstler Hermann Nitsch, Gerhard Rühm, die Poetin und Bibliothekarin in Oberösterreich Waltraud Seidlhofer sowie Oswald Wiener Vorträge.

Jandl war einerseits froh, mit der machtvollen Politik auch in Hinter-zimmern ins Gespräch gekommen zu sein. Andererseits sah er die Gefahr, dass die Künstler bloß als Aufputz übrigbleiben in einer von oben stimulierten Bewegung von ‚Kulturschaffenden', in der auch Schauspieler, Eventmanager und Kinderbuchlektoren im gleichen Schritt marschieren. Denn die Sozialdemokratie hatte als alleinregierende Partei sofort die Kulturpolitik als gesellschaftsverändernde Option in ihrem, wie von Antonio Gramsci beschriebenen, Kampf gegen die bürgerliche Hegemonie entdeckt und unter der Führung ihres Kultursprechers im Parlament Karl Blecha eine ‚Österreichische Gesellschaft für Kulturpolitik' gegründet; zunächst ein Dialogforum, das kritischen Geistern in den konservativ regierten Bundes-ländern Heimat bot. Doch der Sozialwissenschaftler Blecha sah als Partei-stratege und Wahlkampfmanager in der liberal und bisweilen libertinös ausgeschilderten Kulturarbeit das Vehikel für einen Terraingewinn der Partei. In seiner Entourage landete bald der junge Kärntner Peter Turrini, der zuerst dem PEN beitrat, doch ab 1973 auch als GAV-Mitglied geführt wurde.

Jandl verschloss sich in seinem Referat „Zur Problematik des ‚freien' Schriftstellers"[111] allen Funktionärsphrasen, indem er den eigenen Lebens-weg erzählte. Seine Doppelrolle schilderte er in mitreißender Emphase:

> „Vor allem aber: man war frei. […] Man konnte schreiben, wie und was man wollte, und man konnte es bleiben lassen, wann immer man wollte. […] Es ist ein Spiel, es ist kein Beruf, es ist ein Spiel, das einen allmählich auch den Beruf, der dieses Spiel erst möglich macht, anders, und wahrschein-lich richtiger, sehen läßt, nämlich ebenfalls als eine Art Spiel, wenn auch mit anderen Regeln. In größerer Freiheit als auf diese Weise Schriftsteller zu sein, kann ich mir schwerlich vorstellen. Allerdings fehlt mir jedes Gefühl für das sogenannte Geniale, und damit auch jeder Sinn für poetische Lebensführung."

---

[111] Jandl 2016, Bd. 6, S. 158–173.

Nun hatte Jandl jener Kränkung seiner genialen Freunde vorzubauen.

> „Könne ich es denn übersehen, daß ein Artmann oder Rühm, vorbildlich für viele, aus unantastbarer Überzeugung ganz konsequent den Weg des freien Schriftstellers gegangen sind, den man besser den des totalen Dichters nennt, daß ein Versorgungsberuf für sie, denen Leben und Dichten identisch sind, den Verrat ihrer tiefsten Überzeugung bedeutet hätte, und daß sie, trotz aller materiellen Engpässe, nie bloß ums Brot schrieben, noch sich je um Almosen anstellten."

Für seine große Rede zog Jandl jüngste wissenschaftliche Forschungsergebnisse heran: die *Spiegel*-Enquete 1971 über die soziale Lage von Autoren sowie Angelika Mechtels Studie über *Alte Schriftsteller in der Bundesrepublik* aus dem Jahr 1972. Er pries das Förderungsmodell in den Niederlanden an, wo der Staat den Autoren für veröffentlichte Bücher Prämien zahlt sowie Arbeitsstipendien für fünf Jahre sowie eine Pension ab sechzig. Im vermuteten Konsens mit seiner Partei riet Jandl zu einer Gewerkschaft – die freilich zwischen haupt- und nebenberuflichen Autoren nicht unterscheiden sollte und sich dadurch ad absurdum geführt hätte. Ähnlich unausgegoren klang zwar seine Idee, die Republik sollte die Verteilung von den der Kunst zugedachten Geldern einer vom Staat unabhängigen, von den Künstlern gewählten Vertretung übertragen. Doch sechs Jahre später wurde sie mit der Einrichtung des ‚Sozialfonds für Schriftsteller' durch Minister Sinowatz in ihrem dringlicheren Teil verwirklicht: auf Jandls Drängen hin, und mit ihm als einem von zwei das Geld verteilenden Autorenvertretern (der andere war Milo Dor für den PEN-Club).

Oswald Wiener, der sein Referat unter den Titel „Warum schreiben? Austrismus und die Ablehnung der neuen Literatur" stellte, beklagte sich später, dass die ihm wichtigen Probleme am Retzhof nicht in akzeptabler Form diskutiert wurden. Im Schreiben vom 17. April 1974, in dem er den Austritt aus der GAV mitteilte, führte er als weitere Gründe an:

> „ich glaube, dass die zusammensetzung der GAV weder im hinblick auf talent noch in bezug auf die individuelle interessenslage der einzelnen mitglieder homogen genug ist, eine hoffnung auf zusammenarbeit zulassen; schlimmer: ich glaube, dass fast alle aktivitäten der GAV bisher als rein formal zu verstehende massnahmen gewirkt haben, die tiefer liegende gegensätze nicht zur diskussion kommen zu lassen (auf diese weise bewegt man sich von konsens zu konsens, ohne sich wirklich zu bewegen)."[112]

---

[112] LIT 139/99 GAV-Korrespondenz.

Einen Teilrückzug aus der GAV meldete Michael Scharang.[113] Er trat zwar nicht aus, wolle aber am Vereinsleben nur mehr passiv teilnehmen, weil er die Aktionisten „weniger aus ästhetischen als politischen Gründen" ablehne. Er warf Weibel, Nitsch und Kaltenbeck „Geheimwissenschaftlerei und Sektierertum" vor. In Artmann sah er einen Präsidenten, „der, als ein Reaktionär, sich jedes linke Wort verbot".[114]

Dennoch zog Harmonie ein, zwar nicht als Frucht tiefschürfender Debatten, sondern als stillschweigende Übereinkunft mit der Politik, die es in der Hand hatte, Jurys so zusammenzusetzen, dass die Mehrzahl der Stipendien und Preise des Bundesministeriums für Unterricht und Kunst an GAV-Mitglieder ging; was auch öffentlich leicht argumentierbar war, da viele tatsächlich in der Kritik und am Markt schon gut angekommen waren. Ernst Jandl begann auch schon 1974, Kulturjournalisten und -wissenschaftler zur Aufnahme vorzuschlagen. „Herzlich" bat er auch den Herausgeber der Zeitschrift *Wespennest* Gustav Ernst, dass die GAV „von Dir und Deinen Freunden unterstützt werden möge". Die Zahl der Mitglieder stieg auf 85.[115] Turrini brachte das pragmatische Stillhalten auf den Punkt: „es wäre ziemlich sinnlos, wenn eine politisch engagierte minderheit ständig ziele und programme fordern würde, mit denen sich eine mehrheit nicht identifizieren kann."[116] Was hielt nach Turrinis Meinung die GAV zusammen? „eine – mitunter diffuse – antipathie gegen das österreichische kulturleben reaktionärster prägung. Das ist nicht viel, aber realistisch betrachtet das einzig mögliche." Doch tatsächlich war es die sich unter Jandls Anleitung formierende bürokratische Struktur, die seine „Grazer" zusammenhielt. Sie bekamen 1974 vom Kunstministerium Subventionen in gleicher Höhe wie der PEN-Club mit viermal so vielen Mitgliedern.

Das reichte nicht zum Glück. Im März 1975 schrieb Jandl an Reiner Kunze in Greiz in Thüringen über sein Engagement im Verein: „Ich [...] weiß nun kaum noch, ob es einen Zweck hatte und hat. Die Isolation, in der sich viele von uns befinden, ist kaum geringer geworden, trotz der gelegentlichen Zusammenkünfte, die selten frei sind von Argwohn, Mißgunst und Haß."[117] Da meinte er wahrscheinlich einen Zusammenstoß mit dem als Störenfried von jedem Veranstalter gefürchteten und notorisch

---

[113] Scharang an Jandl 6.9.1974. LIT 139/99 2.3.3.28.

[114] Interview am 9.3.2021.

[115] Innerhofer 1983, S. 61.

[116] Turrini an Jandl vor 30.11.1974. Innerhofer 1985, S. 65.

[117] 9.3.1975. LIT 139/B2007.

klammen Schriftstellerkollegen Hermann Schürrer. Dem warf er vor, ihn bei einem Treffen der Wiener GAV-Mitglieder als „Mittelschullehrer" herunter-gemacht zu haben.[118] „Wie kommst Du darauf, daß ich Mittelschullehrer hasse", antwortete ihm Schürrer, „da müßte ich ja Mallarmé etc. etc. abschreiben."[119]

Im April 1975 wurde Jandl bei einer Generalversammlung zu einem der vier Vizepräsidenten gewählt. Das Büro wurde mit der Ablöse des Grazers Klaus Hoffer durch Elfriede Czurda nach Wien verlegt. Der Präsident Artmann, an den Vereinsgeschäften nicht interessiert, wohnte in Salzburg, auch die anderen Vizepräsidenten lebten fern von Wien: Kolleritsch in Graz, Rühm in Deutschland, Bäcker in Linz. So war nun Jandl auch der sicht-bare Kopf des Vereins und gab der Generalsekretärin Elfriede Czurda und ab 1977 dem Generalsekretär Franz Schuh seine bisweilen drohend genauen Anweisungen. Nach ihren drei internen Tagungen im Februar, März und September 1973 präsentierte sich die Autorenversammlung in Graz erst-mals öffentlich beim Festival ‚steirischer herbst' vom 23. bis 26. Oktober im Forum Stadtpark. Wobei Titel und Programm der Retzhof-Tagung wort-getreu übernommen wurden. Diesmal war Peter Weibel dabei, nicht mehr aber Oswald Wiener.

Diesem aus dem ‚herbst'-Budget finanzierten Gruppentreffen ging vom 20. bis 22. Oktober 1973 in der Grazer Kongresshalle ein repräsentatives Symposion zum Thema ‚Zweifel an der Sprache' voraus, mit Jean Améry, Erich Fried, Eugen Gomringer und dem marxistischen deutschen Philo-sophen Hans Heinz Holz unter den Rednern. Hier hatte auch der junge Germanist Wendelin Schmidt-Dengler sein vielbeachtetes Debüt; er wird Jandl und die neue österreichische Literatur Jahrzehnte lang sorgsam und freundschaftlich begleiten.

„Ernst Jandls sprachlich wie inhaltlich souveräner Einwand gegen die Formulierung des Symposionthemas dürfte am nachhaltigsten in Erinnerung bleiben", mutmaßte die Grazer *Kleine Zeitung*.[120] Jandl wurde in seiner Rede didaktisch-konkret und deponierte seinen Zweifel an der Zweckmäßigkeit der Beibehaltung der gegenwärtig gültigen

[118] 25.1.1975. LIT 129/B2249.
[119] 29.1.1975. LIT 139/B1300.
[120] Bert Nichols, 23.10.1973.

Groß-Kleinschreibung des Deutschen; den Zweifel am absoluten Bildungs-
wert des Erlernens der lateinischen und griechischen Sprache auf der
Oberschule; den Zweifel an der – dafür stets beanspruchten – Redlichkeit
der Absicht von kollektiven Sprachregelungen, ohne die keine totalitäre
Bewegung und kein totalitäres Regime auskommt; und schließlich den
Zweifel an der Benützbarkeit einmal erstellter Sprachmodelle für die Zwecke
der Dichtung. Zweifel an der Religion oder an Gott, sagte er, dürften heute
weniger verfangen als der Zweifel am Fortschritt oder der Raumfahrt –
während der „Zweifel an der Kultur" seit Rousseau immer wiederkehre. Wo
keine Alternative sei, gebe es auch keinen Zweifel. Weil es keine Zweifel am
Tod gebe, gebe es auch keine Möglichkeit, vom Zweifel am Tod zu reden.
Das werde, so Jandl der jüdisch-christlichen Heilslehre ein Recht wahrend,
„nicht widerlegt durch die Möglichkeit, von einem den Menschen völlig
auslöschenden Tod zu reden, denn zu diesem ist die Alternative eines Fort-
lebens nach dem Tod denkbar."[121] Von Jandl, so der Zeitungsreport, „dem
man nicht selten offen und hinter vorgehaltener Hand ‚Sprachzerstörung'
vorgeworfen hat, stammt demnach die eklatanteste Einschränkung des
Zweifels auf Erscheinungen im Sprachgebrauch."

Noch ein weiteres Mal im Jahr 1973 war Jandl mit einem Essay gefragt:
beim 19. Internationalen Kunstgespräch der Galerie nächst St. Stephan in
Wien am 10. November über „Theorie und Praxis in der Kunst", wo u. a.
Harald Szeemann über „Das Museum der Obsessionen", Peter F. Alt-
haus über „Kunst nach Theorie, Theorie nach Kunst" und der reformierte
Schweizer Theologe Kurt Lüthi über „Kunst als Fundort der Theologie"
sprachen. Auch diese Rede, Thema: „Theoretisches und die schriftstellerische
Praxis",[122] presste Jandl in eine quälend präzise Syntax, um mit Tautologien
Zuhörer und Leser zugleich zu überfordern und zu unterhalten. So baute er
in eine Selbstdarstellung als Dramatiker das Verbum „schreibt" dreimal ein:

„Er wird vielmehr, wenn er über das, was er, wenn er fürs Theater schreibt,
schreibt, schreibt, nicht unbedingt für die schreiben, die, was sie verlangen,
vom Theater verlangen, sondern für die, die von ihm und nur von ihm etwas
verlangen, wenn er fürs Theater schreibt, in erster Linie für sie, die Theaterleute."

---

[121] Jandl 2016, Bd. 6, S. 140–148.
[122] Jandl 2016, Bd. 6, S. 149–157.

Auch die ihm vom Veranstalter abverlangte Auskunft erteilt er zögerlich:

> „Darin besteht sein Theoretisches, daß er davon schreibt oder spricht, nicht
> was sein Werk ist, denn dieses ist was es ist, sondern was er selbst ist, indem er
> davon schreibt oder spricht, was er denkt, während er es schreibt, und was er
> denkt, wenn es geschrieben und sein Werk ist."

Der Schreibtisch ist 1974 gedeckt:
ernst jandl für alle

Seit Herbst 1969 genoss nun Ernst Jandl den Karenzurlaub von der Schule,
zunächst in einem finanziellen Hoch dank der Buch-, Regie-, Sprecher- und
Sendehonorare für die Hörspiele. Die Sammlungen *Laut und Luise, der künstliche baum* und *dingfest* waren im Luchterhand-Taschenbuchprogramm
untergebracht. Doch spürte er, dass sich sein Verlag insgesamt von Poesie
ab und einem sozialkritischen Realismus zuwandte. In einem Briefwechsel
mit Otto F. Walter – der ihn „einen der auflagenstärksten Lyrik-Autoren des
deutschen Sprachgebiets" nannte – begehrte er die Zusage, die drei Gedichtbücher „dauerhaft im Programm" zu halten, weil man sie „vielleicht zum
‚Standard' einer bestimmten Art neuer Literatur zählen kann".[123] *serienfuss,
sprechblasen* und *Fünf Mann Menschen* bräuchten hingegen nicht mehr nach-
gedruckt zu werden.

Lesereisen, die Berliner Akademie, der PEN-Krieg und der Aufbau der
GAV hielten Jandl in einer Dauerspannung. Er buchte Stunden in einer Fahr-
schule, doch meldete er sich nach Proberunden im Auto eines Freundes auf
einem menschenleeren Testgelände wieder ab.[124] Nur noch selten schrieb er
ein Gedicht. Das LCB-Heft *wischen möchten*, im November 1972 zusammengestellt, erst 1974 im Druck, enthält nur sieben neue Texte. Bei Otto F.
Walter, im Verlag nur mehr Programmchef für Literatur, nicht mehr ver-
antwortlicher Geschäftsführer, suchte Jandl für seine Situation Verständnis:

> „An einem neuen Buch arbeite ich vorerst nicht, was nichts besagt; denn als
> Autor in kleinen Schüben, dem der lange Atem fehlt, waren meine Bücher bis-
> her Sammlungen von kurzen Texten, und werden es wohl auch in Zukunft
> sein. Gegen Ende 73 arbeitete ich 3 Referate aus […] Zu theoretischen

---

[123] Jandl an Walter 17.1.1974. Siblewski 1990, S. 32.
[124] 26.2.1974. LIT Taschenkalender.

Arbeiten brauche ich im allgemeinen sehr lang; dennoch merke ich, daß sie mir allmählich leichter von der Hand gehen."[125]

Jandl konnte Otto F. Walter nur einen „Extrakt aus allen bisherigen Publikationen" anbieten und schlug als Titel *ernst jandl für alle* vor. Ebenfalls aus vorhandenem, bereits publiziertem Material ließe sich ein Band „Ernst Jandl für Kinder" kompilieren, freilich besser mit einer Luchterhand-Lizenz in einem Kinderbuchverlag, meinte er. Der in der Buchbranche ‚Reader' oder ‚Omnibus' genannte Sammelband *ernst jandl für alle* bekam einen flexiblen Billigeinband und ein Motto auf dem Vorsatzblatt – von dem Jörg Drews in der *Zeit* schrieb, es wäre korrekter und hübscher gewesen als Buchtitel: „mein schreibtisch ist gedeckt für alle".[126] Auch der Vers, mit dem Drews seine Würdigung von Jandls Gedichten, Prosa, Theaterstücken und theoretischen Äußerungen überschrieb, wurde ein Geflügeltes Wort: „Ernst, ach Ernst, was du mich alles lernst!" Es kam am 8. August 1975 in die Zeitung, kurz ehe der Dichter in die Schule zurückkehren musste. Drews zitierte Jandls bekannteste und beliebteste Zeilen herbei in seiner von Verehrung getragenen Rezension. Doch das nicht unkritisch: Die frühen „zeichen" („zerbrochen sind die harmonischen krüge …") nennt er ein wichtiges, doch eher schlechtes Gedicht.

Das 264-Seiten-Buch wurde „wie immer von Jandl selbst zusammengestellt", erinnerte sich der darin als Lektor aufscheinende Thomas Scheuffelen.[127] Der aber das Manuskript stark kürzte, denn die Kaufleute im Verlag drängten auf einen Ladenpreis unter 20 DM. Letztlich kostete es dennoch 24,80 DM. „Für alle" Leser beschränkte sich Jandl auf Texte, die nicht schon bei Luchterhand gedruckt worden waren; wodurch berühmte Gedichte aus *sprechblasen* und *Laut und Luise* wegfielen. Von den rund fünfzig Gedichten wurden die meisten erstmals abgedruckt, doch nur zwanzig erst jüngst in den schulfreien Jahren fertiggestellt. Aus dem vergessenen Debütbuch *Andere Augen* von 1956 wählte er 19 zum Neuabdruck. Die große politische Rede „deutsches gedicht", mit 1957 datiert, erschien schon

---

[125] Jandl an Artmann 9.7.1967: „Von allen Verlagsleuten, die ich bisher kennenlernte, trau ich nur zweien: Klaus Reichert und Otto F. Walter." LIT 139/B1641.

[126] 8.8.1975. Michael Scharang im Interview vom 9.3.2021: „Vor der Gesamtausgabe hat mich Ernst einmal zu sich gebeten. Er hatte eine ganze Kiste mit Gedichten zum Auswählen und bat mich, sie mit ihm durchzugehen. Ich hielt plötzlich ein Blatt in der Hand mit dem Satz ‚mein schreibtisch ist gedeckt für alle' und fand ihn großartig. Ernst dagegen: ‚Das ist Scheißdreck.'" Scharang muss als Gesamtausgabe *ernst jandl für alle* gemeint haben.

[127] Interview schriftlich am 15.2.2022.

1973 in den *Protokollen,* mit einer Vorrede, in der er sich mit der Ablehnung dieses Texts durch Artmann und Rühm auseinandersetzte. Nun wurde es ohne Vorrede gedruckt; zugleich bot er es Klaus Wagenbach für eine Platte an – die aber nie zustande kam.[128] Der Komponist Mathias Rüegg nahm es mit dem Vienna Art Orchestra in kleiner Besetzung 1988 in sein Programm *bist eulen?* auf, es ist gelesen 22 Minuten lang und auf einer Schallplatte dieses Titels konserviert.[129]

Erst die hintere Hälfte des Buches eröffnete mit Prosa, Theater- und Film-texten sowie Essays und autobiographischen Auskünften einem großen Publikum einen bisher unbekannten Jandl. Aus seinen Mappen mit Prosa-stücken entließ er sehr Persönliches in die Öffentlichkeit: wie er Bruder Hermann vor dem Ertrinken rettete, wie er als Kind und Soldat bestraft wurde, wie er 1953 an den Platz seiner Gefangenschaft zurückkehrte und über Vaters Tränen beim Tod von Vaters Mutter. Im Theaterteil präsentierte er die 1966 uraufgeführten *szenen aus dem wirklichen leben* sowie aus dem Experimentierjahr 1970 das Stück ohne Schauspieler *der raum, NACHRUF – EIN FILM in schwarzweiss* und das „parasitäre stück". Im Abschnitt „state-ments and peppermints" lieferte er programmatische Erklärungen nach: was Sprechgedichte sind und wollen aus der Skandalnummer der *neuen wege* im Mai 1957; den Aufsatz „österreichische beiträge zu einer modernen welt-dichtung", mit dem er 1966 in der ersten Nummer der *Protokolle* vertreten war; seine Rede in Walter Höllerers Reihe „Das Gedicht und sein Autor" 1967 in Berlin, in der er „wien: heldenplatz" zitierte; den Vortrag „Voraus-setzungen, Beispiele und Ziele einer poetischen Arbeitsweise", den er 1969 zur Fortbildung von Deutschlehrern gehalten hatte; sowie „Zweifel an der Sprache" aus dem „steirischen herbst" 1973.

In diesem ‚Omnibus' *ernst jandl für alle* kamen die Lautgedichte zu kurz, nur sieben wurden mitgenommen. War das Buch von Seiten des Verlags als Abschieds-, als Ausstandsgeschenk gedacht? Der Lektor Thomas Scheuffelen gab Jandl wenig Rückhalt.[130] Der Verlagsleiter Hans Altenhein ließ ihn wissen, dass von den *sprechblasen* keine Folgeauflage zu erwarten sei und er die Rechte zurückbekomme.[131] Obwohl im Jahr 1974 auch endlich *serienfuss* erschienen war, er also zwei neue Bücher vorzeigen konnte, lud der Verlag

---

[128] Jandl an Wagenbach 9.3.1974. Staatsbibliothek zu Berlin. Nachl. 542 Wagenbach, I, 2, Ka. 2, Mp. 51.

[129] Uraufführung am 26. März 1988 in der Secession in Wien bei „Literatur im März" zum 50. Jahres-tag des ‚Anschlusses' an das Deutsche Reich. Extraplatte EX 316 145.

[130] Mit dem Vorgänger Ramm und dem Nachfolger Siblewski war Jandl bald per du.

[131] Altenhein an Jandl 10.3.1974. LIT 139/99 2.4.1, Luchterhand.

Jandl nicht zur Buchmesse ein.[132] Der Dichter wartete auch noch immer auf die Zusage, dass *der künstliche baum* und *Laut und Luise* im Programm bleiben. Er beschwerte sich bei Otto F. Walter: „All das ist für mich als Autor überaus deprimierend."[133] Der Verlag solle ihm offen sagen, dass er an ihm kein Interesse mehr habe. Friederike Mayröcker habe „wahrscheinlich bereits den besseren Weg heraus aus diesem Dilemma gewählt" – ihr nächstes Manuskript, *Das Licht in der Landschaft*, lag bereits bei Suhrkamp.

Im Februar 1974 gelangte Ernst Jandl wieder auf den amerikanischen Kontinent. Ivar Ivask lud ihn in die Jury des Neustadt International Prize for Literature 1974 ein, der an der Universität von Oklahoma vergeben wird, wo Ivask die Zeitschrift *World Literature Today* herausgab – das einzige Rezensionenmagazin mit globalem Anspruch. Schon im September 1973 nominierte Jandl Ian Hamilton Finlay.[134] Im Februar 1974 saßen Adonis, Michel Butor, Olof Lagercrantz, Joyce Carol Oates und der britische Brecht-Spezialist John Willett zu Rate.[135] Die Wahl fiel auf Francis Ponge. Als müsste er sich bei Freund Finlay entschuldigen, dass er versagt habe, übersandte er ihm einen Bericht von Lagercrantz in *Dagens Nyheter* aus der Jury-sitzung:

„Jandl war in der Lage, Finlays Gedichte auf dem Tisch vor uns aufzustellen. Er zog ein Papp-Segel mit wenigen aufgedruckten Wörtern hervor und zeigte uns, wie es funktioniert. Jandl hätte uns wohl überzeugt, wäre da nicht Michel Butor aus Frankreich gewesen. Dieser berühmte Autor ist der unanfechtbare Beweis für Rilkes Behauptung, Engel seien menschliche Wesen. […] Als seinen Kandidaten hatte er den französischen Poeten Francis Ponge gewählt, der heuer 75 Jahre alt wird. Als Butor das Wort ergriff, hatte Jandl den Weg dafür, daß der diesjährige Preis an einen lyrischen Poeten gehen würde, bereits geebnet. Wie Jandl war es auch Butor möglich, Ponge in unsere Mitte zu holen, indem er einige seiner Gedichte zitierte …"[136]

Im Juni 1974 reisten Jandl und Mayröcker zur Versammlung der Akademie-mitglieder nach Berlin. Hans Mayer wurde als Direktor der Abteilung Literatur wiedergewählt. Als die Jury für den Fontane-Preis bestellt wurde, forderte Jandl mit Berufung auf das Statut Personen in die Jury, die sowohl

---

[132] Jandl an Middelhauve 7.10.1974. LIT 139/99, 2.4.1, Middelhauve.

[133] Jandl an Walter 25.12.1974. Siblewski 1990, S. 36–39.

[134] Jandl u. Finlay 2017, S. 199.

[135] 1974 Jandl an Höllerer. Literaturarchiv Sulzbach 03WH/AA/17,28.

[136] Erschienen am 3.3.1974. Zitiert in 12.4.1974 Jandl u. Finlay 2017, S. 221.

Essayisten als auch Literaten sind. So kamen die Nicht-Mitglieder Dieter E.
Zimmer von der *Zeit* und Jörg Drews zu Juror-Ehren, Drews allerdings nur
als Ersatzmitglied.[137]

Vorlesungen bei Wendelin Schmidt-Dengler und ein Trakl-Preis

Ernst Jandl und Friederike Mayröcker hatten sich 1973 und 1974 keinen
langen Urlaub in Rohrmoos gegönnt.[138] Nach Vaters Tod im April 1973
hatte sich Ernst auf die Ausarbeitung eines Testaments eingelassen, die
sich aber in die Länge zog, weil er schon die Details eines zu gründenden
‚Friederike Mayröcker – Ernst Jandl – Gedenkfonds zur Förderung avantgardistischer Literatur' festlegen wollte; doch über Entwürfe kam er nicht
hinaus.[139] „Nur kurz war ich diesmal mit Friederike Mayröcker auf dem
Land", teilte er im späten Sommer 1974 dem *Akzente*-Herausgeber Hans
Bender mit, „ein Verlegenheitsurlaub, wir hatten nichts richtig geplant, in
der Nähe von Wien und fast wie ein Altersheim, wofür wir noch nicht reif
sind."[140] Er meinte den Luftkurort Puchberg am Schneeberg, etwas mehr
als eine Auto- oder Bahnstunde von Wien entfernt, und Friederikes Eltern,
die dort in einer Mietwohnung ihre Sommer verbrachten. Wenn Ernst
Fritzi dort hinauf begleitete, wohnten sie zumeist im ‚Puchberger Hof'.[141]
Für den 80. Geburtstag von Friederikes Vater im Jahr 1975 bemühte er sich
rechtzeitig um die Verleihung des Berufstitels ‚Professor' durch den Bundespräsidenten.[142] Am 2. April 1976 durfte Franz Mayröcker, der ein stadt-
bekannter Leserbriefschreiber war, diese späte Ehrung bei einem Festakt im
Unterrichtsministerium entgegennehmen.

Ende August 1974 reiste Ernst mit Friederike und Andreas Okopenko zur
Biennale der Poesie ins belgische Seebad Knokke-Heist.[143] Im September
kam er mit dem Gedicht „183 FAHNEN FÜR ROTTWEIL" in die Kreis-
stadt am Neckar zu einem internationalen Kunstfestival und verlas das

---

[137] AdK-W 140w.

[138] Mayröcker an Grögerová 21.1.75. Památník národního písemnictví (PNP), Prag-Strahov.

[139] Siehe Kap. 1.

[140] 14.8.1974. Stadtarchiv Köln, Best. 1375.

[141] Schuster u. Zöchbauer 1997.

[142] Franz Mayröcker verfasste ein Dutzend Kleinschriften über Schulunterricht und Pädagogik auf der
positivistischen Linie Hubert Rohrachers, der an der Wiener Universität 1943 bis 1972 lehrte.

[143] Spesenabrechnung. ÖStA, AdR. 2175/1/43/74.

Auftragswerk während einer Künstlerfahnen-Entrollung vor dem Rathaus – mit der klapprigen Werbebotschaft: „hier / ruft / rottweil: /AN ALLE WEL T / hier / ruft / Rottweil: / FREUNDE, NEHMT TEIL /[…]". Im Oktober holte ihn Helmut Heißenbüttel nach Stuttgart in seine Sendereihe ‚Autoren-musik', in der Künstler über die Bedeutung der Musik in ihrem Leben sprachen und Platten ihrer Favoriten vorstellten. Jandl brachte vier erst im September geschriebene Gedichte mit Musikbezug mit.[144] Das Herbst-Heft der *manuskripte*[145] widmete Alfred Kolleritsch Friederike Mayröcker. In seinem Editorial nannte er sie die bedeutendste österreichische Schrift-stellerin der Gegenwart. Jandl steuerte den schon 1966/67 verfassten Aufsatz über „Die poetische Syntax in den Gedichten von Friederike Mayröcker" sowie eine Übersetzung des Gertrude-Stein-Stücks „Beim Zählen der Kleider" bei. In der autoritären Tonalität von 41 Minidialogen bildet sich in messerscharfen Sätzen ein schon langwährendes Miteinander ab.

Der Germanistik-Ordinarius Werner Welzig und der Assistent Wendelin Schmidt-Dengler luden Jandl im Herbst 1974 „im Zusammenwirken mit dem BMUK",[146] das heißt auf Rechnung des Unterrichtsministeriums, zu einer Blockveranstaltung mit drei Vorträgen ein. Welzig war an der Gegenwartsliteratur nicht interessiert. Schmidt-Dengler,[147] als Altphilo-loge promoviert, mit einer Arbeit über den ‚Genius' habilitiert, wollte mit Jandl live den Studierenden einen so soliden wie lustvollen Zugang ins Literaturfach öffnen. Als Dozent, Professor und erster Leiter des Literatur-archivs in der Nationalbibliothek sollte er Österreichs wichtigster Mittler zwischen den Schreibenden und der Wissenschaft werden, und viele seiner Schüler als Deutschlehrer seine Emphase und Neugier in den Schulunter-richt mitnehmen.

Ernst Jandl holte im Seminarraum der Germanisten in der Hanuschgasse unter dem Reihentitel „Mitteilungen aus der literarischen Praxis"[148] zu einer breiten Selbstbefragung aus und verband sie mit Erinnerung an sein Schul-jahr in London und den Kontakten zu H.G. Adler, Erich Fried, Fritz Brügel, Ernst Gombrich. Als zweiten Haltepunkt zitierte er „i love concrete / i love pottery / but i'm not / a concrete pot". Mit Auskünften zu seiner Person

---

[144] „musik", „sonatine, „stück für zwei hände", „das fanatische orchester", alle 1978 in den Band *der bunte hund* aufgenommen.

[145] *Manuskripte* 45/1974.

[146] Bildungsdirektion Wien, Personalakt.

[147] Zagreb 1942 – Wien 2008.

[148] Jandl 2016, Bd. 6, S. 174–246. Die Vorträge fanden am 27. November sowie 3. und 11. Dezember 1974 statt.

leitete er zu Gertrude Steins Vierzeiler „a familiy of four" über. „Familienlos lebend" sei er dadurch gelegentlich in Bedrängnis geraten. Seine „geglückte Kindheit" habe auch noch die Volksschule hindurch „beinahe ungebrochen" angehalten. Am Beispiel des Gedichts „camping", in dem ein kleiner Junge Papa, Mama und Bruder absticht, erörterte er die Genese von Zynismus.[149]

Im zweiten Teil, „Das Gedicht zwischen Sprachnorm und Autonomie", überraschte er die Studierenden mit dem Begriff einer „projektiven" Grammatik, „die sich mit all den sprachlichen Formen und ihren Leistungen beschäftigt, die es geben wird, aber bisher nicht gibt." Wie schon oft erinnerte er an die zehn Jahre, „in denen er als Autor praktisch überhaupt nicht vorhanden war, außer für sich selbst". In einer solchen Situation gewänne alles bisher Produzierte die Macht über den Dichter. Hier deponierte er einen Merksatz für alle seine Interpreten: „[…] die überwiegende Zahl meiner Gedichte hat jedes irgendeine Verbindung zu Erlebnissen, Erfahrungen, Beobachtungen, und den Erinnerungen daran." Doch ein wichtiger Schritt sei ihm schon im März 1954 mit dem Gedicht „vom leben der bäume" gelungen: „Dieses jetzt enthält kein ‚ich', weder mich, noch irgendein ‚lyrisches'. Es enthält mich und alle. Weil es ein Gleichnis ist, alle einbezieht, alles." Eigene Verfahren zu erfinden, bedeute einen Zugewinn an Autonomie, und Jandl demonstrierte Schritte dorthin bis zum Gedicht „wanderung" mit den Schlusszeilen „vom zum zum vom / vom vom zum zum / und zurück".

Im dritten Vortrag, „Technische Aspekte der Gedichtkomposition", versteckte Jandl in einer syntaktisch vertrackten Anrede an die Lehramtskandidaten Ratschläge, wie sie in den Augen eines Dichters gute Pädagogen werden können, sowie einen hohnvollen Trost: „Finden Sie Gedichte nicht interessant, und Sprache nicht interessant, stehen ihnen alle übrigen Karrieren offen". Hier wählte er als Exempel für eine feingestimmte Komposition die „etüde in f" („eile mit feile"). Ohne Rücksicht darauf, ob ihm die Studentenschaft folgen konnte, bot er Erklärungen an wie: „Ein Gedicht ist ein Ganzes, das aus Teilen besteht, die jeder für sich ein Ganzes sind, das aus Teilen besteht, die jeder für sich ein Ganzes sind." Das gelte solange ein Gedicht „aus Wörtern besteht, die ein Ganzes sind, das aus Teilen besteht, die ein Ganzes sind."[150] In der Schlussdiskussion verlas ein Student einen umfangreichen Katalog von Fragen, die ihm wichtiger

---

[149] Diesen Vortrag ergänzte der Dichter in der erweiterten Neuausgabe seiner Sammlung *Die schöne Kunst des Schreibens* 1983 um einen Anhang über „Das visuelle Gedicht".

[150] Jandl 2016, Bd. 6, S. 229.

wären als Dichtung und Kunst. Ihm und dessen gleichen hielt Jandl vor, sie wollten, statt den Hunger zu bekämpfen, die Kunst zerschlagen, um dann mit den Scherben Millionen „fettzufüttern".[151]

In diesem Herbst erreichte Ernst Jandl die erste öffentliche Würdigung: der Georg-Trakl-Preis für Lyrik, mit 40.000 Schilling dotiert. Staat, Land und Stadt Salzburg hatten 1952 gemeinsam diese alle zwei, drei Jahre vergebene Auszeichnung gestiftet. Federführend war 1974 das Unterrichtsministerium. Im Oktober gab es die Entscheidung der Jury bekannt, welcher der Salzburger Germanist Adolf Haslinger, die Schriftstellerin Jeannie Ebner und Hans F. Prokop angehörten.[152] Am 10. Dezember nahm Ernst Jandl im Geburtshaus von Georg Trakl den Lorbeer entgegen – 1974, sechzig Jahre nach dem Freitod des Dichters in Galizien. Das obligate Streichquartett spielte Max Reger; Haslinger stellte den Preisträger vor; Salzburgs Landeshauptmann Hans Lechner überreichte. Jandl ging in seiner kurzen Dankesrede auf Trakls Begeisterung für den „plötzlich ausbrechenden Krieg" ein, in welchen der Dichter „brutal hineingezogen wurde"; er habe sich vier Jahre lang aus der Entfernung gegen den Krieg „weitgehend immunisieren" können.[153] Bei einer späteren Umfrage zu Georg Trakl antwortete er: „Keiner hat wie er tiefe Schwermut, berauschende Schönheit und schrillste Dissonanzen im Gedicht deutscher Sprache zu kombinieren verstanden." Keines von seinen eigenen Gedichten sei bisher, soweit ihm bekannt, zu einem von Trakl in Verbindung gebracht worden.[154]

Unter den Gratulanten meldete sich auch der Lyriker und Majakowski-Übersetzer Hugo Huppert, der in Moskau im Stalin-System sowohl gelitten wie auch denunziert hatte und 1945 mit der Roten Armee in Österreich einmarschiert war.[155] Er wurde von den kommunistischen Intellektuellen, von denen die Mehrzahl nach dem Ungarn-Aufstand von 1956 die KPÖ verlassen hatten, gemieden; nun hoffte er, in der GAV unter den Neuen Linken Freunde zu finden, wurde aber von Jandl höflich ferngehalten. Huppert revanchierte sich in einer in der DDR 1980 erschienenen Österreich-Antho-

---

[151] Haider, Hans. Vorlesungen über sich selbst. Ernst Jandl an der Wiener Universität. *Die Presse*, 16.12.1974.

[152] Salzburger Landesarchiv, Abteilung 12, Georg-Trakl-Preis 1969–81. Die beiden Wiener Jury-Mitglieder standen auf der Lohnliste des Ministeriums: Ebner als Herausgeberin der Zeitschrift *Literatur und Kritik*, Prokop als Angestellter im Dokumentationszentrum für neuere österreichische Literatur.

[153] Rede zur Verleihung des Georg-Trakl-Preises am 10. Dezember 1974. Jandl 2016, Bd. 6, S. 247–248.

[154] Finck u. Weichselbaum 1991, S. 73.

[155] AdK, Hugo Huppert Archiv 377.

logie als deren Mitherausgeber: „Dem politischen Inhalt nach bleiben Artmann und Jandl dem anarchistischen Utopismus der ‚Gruppe‘ treu, welcher – zutiefst kleinbürgerlich – sich im wirkungslos konfusen Protest gegen rational verwaltete, staatsmonopolistisch gelenkte und ‚ideologisch‘ manipulierte Lebensweisen zu erschöpfen droht."[156]

Jandl brachte den Verein Grazer Autorenversammlung unter seine direkte Kontrolle, nachdem das Sekretariat aus Graz nach Wien verlegt wurde. Dazu wurde in der Schwertgasse im I. Bezirk mit Geld des Ministeriums ein Büro angemietet. Elfriede Czurda aus dem Linzer Kreis um Heimrad Bäcker übernahm als Generalsekretärin die Stelle des Grazers Hans Hoffer. Jandl hatte nun zehn Gehminuten von seiner Wohnung entfernt eine Mitarbeiterin sitzen. Seine Anweisungen gab er ihr zumeist am Telefon, nicht selten auch nachts, wenn er, oft in schweißtreibender Erregung, detailreich neue Vorhaben erfand. Autoritäre Aufwallungen gegenüber der auch literarisch tätigen Kunsthistorikerin Czurda suchte er mit Demutsgesten und Entschuldigungen vergessen zu machen. Ob mancher Ausbrüche war er auch bei Freunden gefürchtet. Der Schweizer Kollege Urs Widmer ahnte 1975 Nutzen darin: „Das muß man gesehen haben, wenn ihm die blauen Zornäderchen an der Schläfe anschwellen. Dann stammelt sein Mund, aus seiner Kehle kommt Staub und seine Augen verdrehen sich. Die, die ihn kennen, tun die Finger in die Ohren. Dann schreit er. Niemand schreit so wie er. Wenn wir einmal einen Krieg auszufechten haben, spannen wir ihn vor unsern Karren und er schreit uns eine Schneise in die Feinde hinein."[157]

Die Vorstandssitzungen fanden im neuen Büro oder in Kaffeehäusern statt – im ‚Museum‘ oder ‚Windhaag‘ (später ‚Engländer‘). Jandl vertrat auch bald die GAV in der 1971 gegründeten Interessengemeinschaft österreichischer Autoren (IG Autoren), einer Verhandlungsplattform aller Schriftstellerverbände. Sofort im Januar 1975 begann im Sekretariat die Vorbereitung zweier Großveranstaltungen für die Mitglieder. Solche Gemeinschaftauftritte sollten den allgemein so genannten ‚Gegen-PEN‘ der Öffentlichkeit – über die Zeitungsschlagzeilen hinaus – bekannt machen. Alfred Schmeller, der im Museum des 20. Jahrhunderts dem Gründungsdirektor Werner Hofmann nachgefolgt war, lud die Autorenversammlung zur Selbstdarstellung in einer Ausstellung „Kunst aus Sprache" samt Film- und Lesungsprogramm ein, mit Eröffnungstermin 5. November 1975. Beim Leiter des DAAD Karl Ruhrberg erbat sich Jandl für die GAV eine Serie

---

[156] Huppert u. Links 1980, S. 399.
[157] Widmer 1975, S. 69.

von Auftritten in Berlin: „6–8 Lesungen und Vorführungen, im Abstand von jeweils einer Woche, wobei an jedem Abend bis zu sieben Autoren teilnehmen könnten, maximal also 56 Autoren."[158] Ruhrberg schickte den „ebenso munteren wie gigantischen Plan unseres Freundes Jandl" an Walter Höllerer und das Literarische Colloquium Berlin weiter.[159] Jandl gab nicht auf. Im April und Mai 1976 durften sich 24 Autoren in fünf um Zeitschriften versammelte Gruppen in Berlin in der Akademie sowie im Künstlerhaus Bethanien vorstellen.[160]

Am 1. Februar 1975 füllte Jandl fast eine komplette Seite der Wiener Tageszeitung *Kurier* mit einem „Appell für Raoul Hausmann", vier Jahre nach dessen Tod in Frankeich. Er stellte ihn vor als den „eigentlichen Begründer des Lautgedichts". Er selber, so Jandl, habe sich vergebens um eine materielle Unterstützung und eine Ehrung des nie aus der Emigration heimgekehrten Wieners bemüht. Mit vielen Zitaten aus seiner Korrespondenz belegte Jandl seine Verbundenheit mit dem Dada-Veteranen sowie eine Pflicht, für „die Rückkehr Raoul Hausmanns nach Österreich" zu werben. Prominenter konnte sich Jandl in einer österreichischen Zeitung vordem nie präsentieren. Im markanten Jahr seines 50. Geburtstags beschäftigte ihn die Denkmalpflege weiter: Von einem Mai-Ausflug mit Friederike Mayröcker nach Deinzendorf im Weinviertel von Niederösterreich, wo sie einen Teil ihrer Kindheit verbracht hatte, kam er mit der Idee zurück, eine Aktion ‚Literarische Markierungen' zu beginnen, „dabei würden an bestimmten Punkten, in Verbindung mit einem kleinen Fest plus Lesung (im Fall von Deinzendorf z. B. einer Lesung in einem Weinkeller) Tafeln angebracht, die an die literarische Bedeutung des so markierten Ortes erinnern. Dazu werden Rundfunk und Fernsehen eingeladen [...]". In Wien-Breitensee könnte am Geburtshaus von H.C. Artmann die nächste Tafel montiert werden, etwa in der Art: „Dies ist St. Achaz am Walde, wo der Erzpoet ..."[161]

---

[158] Jandl an Ruhrberg 8.1.1975. Literaturarchiv Sulzbach, Mappe Jandl 2, 23,21.

[159] Ruhrberg an Höllerer, 31.1.1975. Literaturarchiv Sulzbach, Mappe Jandl 2, 23,21.

[160] 21. April *Protokolle*: Otto Breicha, H.C. Artmann, Gert Jonke, Friederike Mayröcker, Peter Rosei; 23. April *neue texte*: Friedrich Achleitner, Heimrad Bäcker, Elfriede Czurda, Anselm Glück, Fritz Lichtenauer; 25. April *manuskripte*: Wolfgang Bauer, Alfred Kolleritsch, Gerhard Roth, Harald Sommer; 30. April *Wespennest*: Gustav Ernst, Elfriede Jelinek, Michael Scharang, Helmut Zenker; 2. Mai *NEUES FORVM*: Elfriede Gerstl, Friedrich Geyrhofer, Werner Kofler, Günther Nenning, Heidi Pataki, Reinhard Priessnitz.

[161] Jandl an Bäcker 16.5.1975. LIT 139/99, 2.3.3.1. Artmann gab scherzhaft als Geburtsort ‚St. Achaz im Walde' an.

Schon früh sagte Jandl einen Beitrag für die Jubiläumsnummer einer Zeitschrift zum 100. Geburtstag von Rainer Maria Rilke am 4. Dezember 1975 zu.[162] In nur wenigen Tagen, vom 5. bis 8. Mai, schrieb er den 17-teiligen Zyklus „der gewöhnliche rilke". Im ersten Gedicht, „rilkes trennung", stellte der den „ungewöhnlichen rilke" gegenüber dem „gewöhnlichen" heraus – dem Menschen wie du und ich, mit Nase, Hand, Augen, Namen, Lade, Truhe, Schuh, Gespräch und Widerspruch etc. Das Schlussgedicht, „rilkes gewicht", verrät die Absicht: „rilke wird um sein / gewicht erleichtert." Die Entzauberung Rilkes lag seit 1968 in der Luft. Den Zyklus überließ er zuletzt nicht den Bestellern, sondern Heinz Ludwig Arnold für eine Rilke-Sondernummer der Reihe *Text + Kritik*.[163] Die Wochenzeitung *Die Zeit* druckte daraus genau am Rilke-Jubeltag die Gedichte „rilke, reimlos", „rilkes schuh" und „rilkes gewicht".[164]

Erste Schritte in die DDR und erste Kinderbücher

Am 25. Mai 1975 war Ernst Jandl erstmals zu einer inoffiziellen Lesung – ‚Wohnzimmerlesung' – in Ostberlin eingeladen: bei Bernd Jentzsch, der seit 1967, ein dünnes Heft pro Monat, die Lyrikreihe *Poesiealbum* herausgab und dort schon René Char, Dylan Thomas, Hans Magnus Enzensberger, Thomas Brasch und, mit Jandl unter den Übersetzern, W.H. Auden vorgestellt hatte; allerdings auch Marx und Ho Chi Minh. Die Nummer 103 im März 1975 war schon für Jandl bestimmt. Weil jedoch die Werbeleute im ostdeutschen Verlag für diesen Namen zu wenig Nachfrage in der Bundesrepublik befürchteten, erschien Jandl erst als Nummer 278 acht Jahre nach seinem Tod. Jentzsch holte darin Jandls Auftritt in der Wohnung in der Lasallestraße in Ostberlin aus der Erinnerung zurück:

> „Mit gegrätschten Beinen auf der vordersten Kante der gutgefederten Liege hockend, liest er mit der Stimmkraft einer Dampfmaschine. Als er zur akustischen Zelebration jenes Lautgebildes ansetzt, in dem die Silbe *bipf* tonangebend und strukturbestimmend ist, holt er, die Atemluft tief einsaugend, die Kraft für die Bildung des Labiallautes aus den Höllengründen des Thorax

---

[162] Jandl an Peter Horst Neumann 23.3.1994. Münchner Stadtbibliothek/Monacensia PHN B 57.
[163] Arnold 1975.
[164] *Die Zeit*, 5.12.1975.

heraus, so daß Heiner Müller, von Natur ein Federgewicht, der am Ende der Liege Platz gefunden hat, bei jedem *bipf* in die Höhe schnellte wie ein Pegasus, der unter Heuschnupfen leidet."[165]

Weitere Gäste bei Jentzsch waren Sarah und Rainer Kirsch, Heinz Czechowski und auch „westdeutsche Autoren".[166]

Jandl hatte sich in kleinen Schritten Kollegen im sozialistischen Deutschland genähert, getreu seinem gerne vorgetragenen Diktum, es gebe nur eine einzige deutsche Literatur. Schon bevor er die Gelegenheit bekam, in der Österreichischen Gesellschaft für Literatur Rolf Schneider (1974), Stephan Hermlin (1977) und Hermann Kant (1979) bei Auftritten in Wien zu hören, hatte er mit Autoren in der DDR Briefe gewechselt und Bücher ausgetauscht. Günter Kunert schickte ihm seit 1967 selbstgestaltete Neujahrskarten,[167] 1968 gab es dann ein erstes persönliches Treffen. 1970 besuchte Jandl mit Martin Mooij und Oswald Wiener Günter und Marianne Kunert in Berlin-Treptow. Reiner Kunze und seine Frau Elisabeth, eine Ärztin, lernte Jandl 1973 in Budapest bei einem Dichtertreffen zum 150. Geburtstag des antihabsburgischen Revolutionärs Sandor Petöfi kennen. Er muss dort Kunze seine Ängste gestanden haben, wieder in die Schule zurück zu müssen. In seiner liebenswürdig-naiven Art schickte Kunze aus der thüringischen Provinz Rat nach Wien: Jandl müsse warten können, er solle doch wieder eine Weile unterrichten. „Schau, Du bist anerkannt. Wenn Du ein paar Jahre im Hintergrund bleibst und dann mit einem ‚neuen' Jandl vortrittst, […] wirst [Du] sofort wieder ‚dasein'."[168]

Eine Akademiesitzung in Berlin im November 1974 könnte Jandl für einen Besuch bei Sarah Kirsch in Ostberlin in ihrer Wohnung im 17. Stock eines Hochhauses auf der Fischerinsel genützt haben.[169] Er und Friederike hatten ihr schon 1973 Bücher und Platten geschickt, Sarah Kirsch hatte mit ihren *Zaubersprüchen* gedankt.[170] Bei Bernd Jentzsch aber war er 1975 in einem Guppenmilieu angekommen, in dem jedes Wagnis kritischen Sprechens sorgsam kalkuliert wurde – wegen der Gefahr, von der Staatssicherheit ausspioniert zu werden. Jentzsch wird 1976 den Protestbrief an

---

[165] Jentsch 2008, S. 24.
[166] Mitteilung von Jentzsch 7.5.2022.
[167] LIT 139/B806.
[168] Kunze an Jandl 21.3.1973. LIT 139/B808.
[169] Eintrag der Adresse 1974. LIT Taschenkalender.
[170] 25.4.1974. LIT 139/B715.

Erich Honecker nach der Ausbürgerung von Wolf Biermann unterschreiben und von einer Reise in die Schweiz nicht nach Ostberlin zurückkehren.

Die Bedingungen im Wiener Alltag empfand Jandl als zunehmend bedrückend. Zu seiner Wohnung im sechsten Stock über dem Donaukanal dröhnte jetzt der Lärm vom U-Bahn-Bau herauf.[171] Vom Magistrat bekam er nun eine Eigentumswohnung in einem Gemäuer aus dem 16. Jahrhundert im noblen Viertel Grinzing angeboten – zu einem unbezahlbaren Preis.[172] Friederike Mayröcker berichtete ihrer Freundin „Bohunka" Grögerová nach Prag: „Ernst und ich fühlen uns ein wenig atemlos [...] Auch leidet Ernst immer mehr unter der Enge seines Wohnraums (29 m²) und die Wohnung wird eigentlich immer enger, weil immer neue Bücher Schriften, Manuskripte dazukommen."[173] Jetzt wollte Jandl die Politik unter Druck setzen und ging mit einem Hilferuf an die Öffentlichkeit. Unter dem Titel „Poesie auf 29 Quadratmetern" erschien in der *Presse* eine Reportage, in welcher er seine eigene Platznot vorzeigte, von Mayröckers Einzimmer-‚Bassena'-Wohnung[174] sprach sowie von der ‚Waschküche' in der Nordbahnstraße, in die Peter Weibel Oswald Wiener als Mieter nachgefolgt sei.[175] Sogar der Bundeskanzler habe für ihn bei der Stadt Wien interveniert, doch ohne Erfolg. Im Kulturamt der Stadt bereitete zu dieser Zeit schon der Literaturreferent Reinhard Urbach eine Daueradresse für Literaturveranstaltungen vor, in der Jandl bald heimischer werden sollte als in der Österreichischen Gesellschaft für Literatur des Wolfgang Kraus: Am 3. Juni 1975 wurde in der Schönlaterngasse in der City das ‚Literarische Quartier Alte Schmiede' eröffnet.

In Jandls wenigen Gedichten aus diesen Monaten sprechen aus Zeilen wie „etwas zu boden gelassenes / fortkriechen sehen",[176] „lärm lärm lärm / vor der großen stille"[177] oder „selbst sprach selbst / eigen sprach eigen / stumm sprach stumm"[178] Beklemmung, Angst, Blockade, Schlaflosigkeit. Die erste Lockerung bewegte sich auf einer Nebenlinie auf ihn zu. Im Januar 1975 bekam er die erste Einladung, ein ganzes Kinderbuch zu schreiben: *Alle*

---

[171] Jandl an Bender 14.8.1974. Stadtarchiv Köln, Best. 1375.

[172] 20.1.1975. Bildungsdirektion Wien, Personalakt.

[173] Mayröcker an Grögerová 13.4.1975, Památník národního písemnictví (PNP) Prag-Strahov.

[174] Wohnungen mit Bassena = Brunnen und WC am Flur.

[175] Mit Foto der Wohnung. 7.5.1975.

[176] „etwas auf dem boden", 11.10.74. Jandl 2016, Bd. 3, S. 68.

[177] „vor der großen stille", 1975. Jandl 2016, Bd. 3, S. 69.

[178] „sprach", 30.1.75. Jandl 2016, Bd. 3, S. 70.

freut was alle freut. Die Verlegerin Gertraud Middelhauve in Köln hatte den Wiener schon um Gedichte für ihre Anthologie *Das Einhorn sagt zum Zweihorn* gebeten;[179] eines davon, „entstehung der orangen", entzückte die Sizilien-Liebhaberin so sehr, dass sie es auf die Geburtsanzeige ihres ersten Kindes drucken ließ. Middelhauve hatte die Rechte an 28 Zeichnungen aus dem Nachlass von Walter Trier, Illustrator von Erich Kästners *Emil und die Detektive*, erworben. Trier schuf sie 1943/44 in der englischen Emigration für ein Buch, das „Die Spielzeugstadt" hätte heißen sollen, dessen Text jedoch verloren ging. Seine kolorierten Darstellungen von Familie und Beruf, Arbeit und Fest, Sport und Spiel, Garten und Strand bekamen von Jandl jeweils Gedichte bis zu zwanzig, dreißig Zeilen nebenangestellt. Mit Brecht-nahen Strophen eines Liedes für Arbeiter begleitete er das Bild einer stationären Dampfmaschine, die wie ein Denkmal für den Manchester-Kapitalismus ausschaut und von zwei Männern im Blaumann mit Arbeitermütze gewartet wird:

Stets hat Mann den Mann belehrt,
daß die Maschine den Mann ernährt.
Wenn also ein Mann die Maschine nicht ehrt,
ist er das Bier und das Brot nicht wert,
ganz zu schweigen von der Wurst.

Jeder Mann hat Hunger und Durst.
So geht er, wenn er nicht anders kann,
zur Fabrik und verkauft seine Kraft als Mann.
Doch niemals tut er die Mütze fort,
denn die Mütze bedeutet: ein Mann – ein Wort.

So steh ich jetzt hier und du dort.
Mir wächst der Bart, dir noch nicht.
Die Maschine zwischen uns dröhnt und zischt.
Und keiner versteht mehr sein eigenes Wort.
So hat es uns beide erwischt.

Doch im Kopf bleibt alles unvermischt.
Der Himmel, erinnert, ist blau und weit,

---

[179] 16.10. und 19.11.1972. Jandl schickte „börse", „ausgang", „entstehung der orangen", „ins theater", „ein schulmädchen". 5.3.1974. LIT 139/99, 2.4.1, Middelhauve.

hoch über des Rauches Düsterheit.
Drum behalte die Mütze auf, Junge;
Schütz den Kopf für die künftige Zeit.[180]

Bald übersetzte Jandl für Gertrud Middelhauve auch die wenigen Textzeilen
in Bilderbüchern des in Italien lebenden amerikanischen Auflagenmillionärs
Leo Lionni[181] und schuf für die deutsche Ausgabe des italienischen Best-
sellers *Il papavero* das Gedicht „Das rote Zeug".[182]

Zurück als Lehrer in die Schule 1975

Spätestens nach seiner Heimkehr aus Oklahoma im Februar 1974 nach
Wien erfuhr Jandl, dass er nicht mehr mit einer weiteren Beurlaubung
rechnen dürfe, er somit am 1. September 1974 im Realgymnasium in der
Waltergasse antreten müsse. Davon unterrichtete er sofort Hans Dieter
Zimmermann, den Sekretär der Literaturabteilung in der Akademie.[183]
Obwohl in Panik, versuchte er den Motus rerum gegenüber Zimmermann
schönzureden und stellte sich selbst die Frage „wie tut es mir, wenn ich mich
von allen sekundären Verpflichtungen als Autor, also vom sogenannten
Literaturbetrieb, völlig abschneide?" Er leide keine Not und könne sich
„noch gut zwei Jahre ‚über Wasser halten'", doch habe er

> „ein zunehmendes Gefühl, etwas oder einiges während dieser fünf Jahre und
> vielleicht auch darüber hinaus, also schon früher, nicht richtig getan zu haben,
> weshalb es, während dieser fünf Jahre, nicht zu irgend einem Engagement (ganz
> im Sinn, wie Schauspieler es erhalten) für irgend eine gesellschaftlich relevante
> Tätigkeit für mich kam, d.h. nicht einmal zu irgend einem Vorschlag in diese
> Richtung, was gewiss nicht aus Ehrfurcht vor meiner Dichtung nicht geschah."

Mit der „gesellschaftlich relevanten Tätigkeit" wird er Aufgaben in der
Administration oder Politik gemeint haben, wie er sie zur selben Zeit
konkret auflistete in seinen Vorschlägen für „Berlin als Kunstmetropole".[184]

---

[180] Jandl u. Trier 1975. Tafel 13. Vorabdruck von acht Texten *manuskripte* 46/1975, S. 25–32.

[181] Lionni 1975a, Lionni 1975b.

[182] Cristini u. Puricelli 1977. Nicht in Jandl 2016.

[183] Zitiert nach Schweiger 2010b.

[184] Antwort auf eine Umfrage von Andreas W. Mytze in *europäische ideen,* Heft 7, 1974. Siehe Kap. 6.

Doch in einem außergewöhnlichen Hinterzimmerverfahren wurde ihm noch im Juni 1974 erlaubt, um Karenz im kommenden Schuljahr anzu-suchen. Erst im Dezember bekam er den Bescheid über die Freistellung zugestellt.[185] Während er mit den Schulämtern um dieses eine Jahr Freiheit mehr rang, stellte er für die *Protokolle* unter dem Titel „Jandl als Erzieher" eine Sammlung negativer Stellungnahmen zu seinen Werken zusammen, voran Reaktionen aus Zeitschriften der Lehrerverbände nach dem Erscheinen erster Bild- und Lautgedichte in den *neuen wegen* 1957 samt seiner damaligen Widerrede über den Terror des gewohnten Geschmacks.[186] Listig dokumentierte er auch die Ablehnung, die er 1965 in der DDR erfahren hatte und die jener im ‚Freien Westen' ähnelte. Unter dem Titel „Nu woyß ich, wie üch düchten kann" machte der Ostberliner Lothar Kusche[187] das in der Zeitschrift *Die Sonde* 1964 erstveröffentlichte Gedicht „die mutter und das kind" als „infantilisierte Hack-Prosa" herunter.[188] Die ganze Dokumentation war wohl als Warnung an die Schulpolitik adressiert, dass Jandl als Erzieher Unruhe stiften könnte.

Die Schule rückte näher. Im Juni 1975 traf Jandl seine Kolleginnen und Kollegen das erste Mal wieder beim jährlichen Lehrer-Wandertag.[189] In der Tageszeitung *Die Presse* meldet er sich zu Wort mit einem fraglos an die Schulbehörden gerichteten Appell um mehr Augenmerk auf Gedichte im Unterricht: „Wer das Gedicht verbannt, merzt die Kultur aus".[190] Kurz zuvor hatte eine bayerische Zulassungsstelle sein Tierstimmengedicht „auf dem lande" aus einem Lesebuch entfernen lassen.[191] Der Dichter plädiert für den spielerischen Umgang mit Sprachmaterial nach angelsächsischem Vorbild in Grundschulen. Wie ein solcher beginnen könne, erklärt er aus seiner Erfahrung sowohl als Lehrender als auch als Schreibender:

„Als Modelle werden solche Gedichte dienen können, die lebendig, einfach, und zu lesen ein Vergnügen sind, Gedichte überdies, die ganz deutlich aus Bausteinen bestehen, Gedichte, die es nicht verbergen, nach welchem Plan sie hergestellt sind [..]."

---

[185] Die Kunstsektion des Unterrichtsministeriums machte Druck auf den Stadtschulrat von Wien. ÖStA AdR BMUK 815.529-I/8B/74. Bildungsdirektion Wien, Personalakt.

[186] *Protokolle* 74/2, S. 101–104.

[187] Ulmer 2016, S. 377.

[188] *Die Weltbühne*, 13.1.1965.

[189] 26.6.1975. LIT Taschenkalender.

[190] Jandl. Lyrik und Schule. Wer das Gedicht verbannt, merzt die Kultur aus. *Die Presse*, 21.6.1975.

[191] Fetz 2006, S. 104.

Solche konnten auch seine eigenen sein. Eine Lesung in Bonn Anfang Juli nutzte er zu einem Abstecher nach Stuttgart zum Reclam-Verlag (West) und vereinbarte mit dessen Leiter Dietrich Bode die Neuausgabe von *Laut und Luise* in der schulgerechten Universal-Bibliothek. Für die Reclam-Doppelnummer 9823 wurden ihm nur 160 Seiten zugestanden.[192] Um die 200 Seiten des Luchterhand-Buches unterzubringen, zeichnete er selbst ein Layout mit weniger Weißraum. Auch einigte er sich mit dem Verlag auf eine ‚moderne' Groteskschrift.

Seinen 50. Geburtstag am 1. August 1975, einen Monat vor der ungeliebten Rückkehr in den Schulbetrieb, feierte Ernst mit Friederike und ihren Eltern in Puchberg[193] und eine Woche später mit der Regensburger Jandl-Familie in Klagenfurt. „Dort zeigte sich Ernst an einem Abend völlig verzweifelt, keine Familie und keine Kinder zu haben und schlug schließlich seinen Kopf heftig gegen die Zimmerwand, bis er blutete."[194] Ein von Heimrad Bäcker für das Jubiläum geplantes Heft der *neuen texte* wurde, als Nummer 16/17, erst im Jahr 1976 fertig. In der Woche vor Schulbeginn gab er der Zeitung *Die Presse* das zweite Interview in diesem Jahr.[195] Wieder wies er auf sein ungelöstes Wohnungsproblem hin. Den Schuldienst versuchte er – spürbar contre cœur – zur Notwendigkeit zu erklären:

„Das eine, das Schreiben, ist eine Arbeit in Isolation, ohne daß aus dieser Arbeit heraus ein Gegengewicht wirklich erwächst. Dieses Gegengewicht kann man sich nur, wenn man es braucht, für sich selbst auf eine andere Weise schaffen. Das ist in meinem Fall der Beruf des Lehrers. Hier arbeitet man innerhalb eines Teams und mit und an jungen Menschen."

Drei Jahre später, 1978, wird er zum Schulbeginn im September eine „Krankmeldung bis auf weiteres" abgeben. Mit einem ärztlichen Zeugnis als Beilage, in dem ihm Leo Navratil eine depressive Neurose bestätigen wird. Die dann neuerdings beginnende Isolation wird er in seinem Erfolgsstück *Aus der Fremde* erschreckend wahrheitsgetreu abbilden.

---

[192] An Dietrich Bode 2.5.1975. LIT 2.4.1, Reclam. Das Luchterhand-Buch hat 208 Seiten.

[193] „An meinem 50. Geburtstag rannte ich vor meinem um vier Jahren jüngeren Bruder Robert mit der Stirn heftig an die Zimmerwand". Aus den Skizzen zur nicht gehaltenen Predigt „Ich bin frei und das ist schlecht" 1991. LIT 139/W778.

[194] Stefan Jandl, Berlin.

[195] 30./31.8.1975.

Kapitel 8: Neuer Anfang im Wohnbüro

Wohllebengasse 10, Hinterhaus

Mit dem Wiedereintritt in die Berufslaufbahn als Gymnasialprofessor für Englisch und Deutsch am 1. September 1975 begann für Ernst Jandl ein neuer Lebensabschnitt von kurzen drei Jahren. Nur zwei Schuljahre lang stand er wieder in den Klassen, davon die letzten acht Monate mit einer reduzierten Lehrverpflichtung. Im Schuljahr 1977/78 durfte er wieder fernbleiben. Obwohl ihn die Arbeit mit den Kindern immer mehr Mühe kostete und er sich immer öfter krank meldete, übernahm er als Vertreter von Autoreninteressen immer mehr Verpflichtungen: Als geschäftsführender Vizepräsident der GAV ließ er sich 1975 auch noch in den Vorstand der 1971 gegründeten Interessengemeinschaft österreichischer Autoren (IG Autoren) und in die Literarische Verwertungsgenossenschaft (LVG) rufen. Seiner sozialdemokratischen Partei schickte er vor den Nationalratswahlen im Oktober 1975 ein Bekennerschreiben: Er werde für Bruno Kreisky stimmen, „als den fähigsten und erfahrensten Mann für das Amt des Bundeskanzlers."[1]

Doch begann für Ernst Jandl 1975 – paradoxerweise, denkt man an seine Mehrfachbelastung – in seinem 51. Lebensjahr mit der Rückkehr in die Schule ein Atemholen, das ihm Kraft gab für einen Neubeginn im Schreiben. Er überraschte bald mit neuen Texten in einer neuen Sprache, die er „heruntergekommen" nannte. Sie gelangte 1976 im Gedichtzyklus

---

[1] Faksimile in Fetz u. Schweiger 2010, S. 121.

© Der/die Autor(en), exklusiv lizenziert an Springer-Verlag GmbH, DE, ein Teil von Springer Nature 2023
H. Haider, *Ernst Jandl 1925–2000*, https://doi.org/10.1007/978-3-662-66639-5_9

Abb. 1 Jandl 1975 in seiner 29 m²-Gemeindewohnung in der Unteren Augartenstraße, vor dem Fenster der Donaukanal und die Rossauerkaserne. (Foto: Harald Hofmeister)

„tagenglas" in der angesehenen deutschen Zeitschrift *Merkur* erstmals an die Öffentlichkeit und erwies sich auch im Einakter *die humanisten* als bühnen- und skandaltauglich. Diese drei Jahre bis zum Ausscheiden aus dem Schuldienst durch Krankheit sollten 1978 in einem Buch mit vornehmlich neuen Gedichten enden: *die bearbeitung der mütze*. Schon 1976 ließ Jandl Thomas Scheuffelen, den Lektor bei Luchterhand, wissen: „Ich [...] arbeite außerdem an schlanken, dingbezogenen Gedichten für ein neues Buch."[2] Der Verlag sollte zuvor, riet er Scheuffelen, die Herausgabe seiner bisherigen Werke in einer Gesamtausgabe in Erwägung ziehen: „Es würde meiner Stellung als Autor, denke ich, nützen." Erst 1979 wagte Jandl dem Verlagschef Altenhein direkt dieses Großunternehmen vorzuschlagen – mit Blick auf seinen 60. Geburtstag im Jahr 1985.

Endlich half Jandl ein Zufall, sein Raumproblem selber zu lösen, nachdem ihm weder der Bundeskanzler noch die Wiener Kulturstadträtin Gertrude Fröhlich-Sandner eine größere Wohnung verschaffen mochten.

---

[2] 12.12.1976. LIT 1939/99, 2.4.1. Luchterhand.

Wenige Tage nach Schulanfang meldete sich bei ihm ein ehemaliger Schüler, der von der Notlage des Dichters in der *Presse* gelesen hatte. Er vermietete ihm in der Wohllebengasse[3] im Bezirk Wieden eine Zweieinhalb-Zimmer-Wohnung als Studio. Die an den Historismus angelehnte Fassade des Hauses Nr. 10 täuscht. Jandl war auf Türnummer 15 im Hinterhaus untergebracht, in abgewohnten Räumen mit nur einem Ölofen zum Heizen und Fenstern in einen Innenhof. Offiziell, das meint polizeilich und in der katholischen Pfarre gemeldet, wohnte er bis zu seinem Tod im Jahr 2000 weiter im Gemeindebau an der Unteren Augartenstraße.[4]

Die Wohllebengasse konnte er nun als Schreibstube und Bücherlager von der Steuer abschreiben. Als Briefadresse gab er ein Postfach im nahen Postamt 1041 in der Taubstummengasse an. In diesem mietrechtlich unsoliden Dauerprovisorium arbeitete und schlief er ab März 1976 weiter wie schon bisher am Donaukanal in einem einzigen Raum. Doch für die Bücher und Schallplatten blieben genug Stellflächen im Kabinett sowie im unbeheizbaren Zimmer, wo er auf einem großen Tisch die Manuskripte für die Bücher und die bei Lesungen benötigten Bücher zusammentrug. Der Tank für den Ofen nebenan mussten in der Heizsaison alle drei Wochen nachgefüllt werden. Keine Vermerke finden sich in Jandls Kalendern öfter als zu Ölbestellungen und Öllieferungen.

Jandl bekam eine erste und vierte Klasse in Englisch und eine erste in Deutsch zugeteilt. „Ja, ich unterrichte auch Deutsch, dieses Jahr eine erste Klasse, […] also Zehnjährige. Die Arbeit mit den Schülern ist mir trotz der langen Pause keineswegs ungewohnt: ich tu es gern", meldete er sogleich dem Reclam-Chef Dietrich Bode, zugleich bestellte er für die Schüler in der Waltergasse auf eigene Rechnung 35 Exemplare von Eugen Gomringers gelbem Reclam-Heftchen *Konkrete Poesie*.[5]

Noch im September 1975 konnte er ein Wochenende für eine Reise nach Tübingen nutzen. Hans Mayer hatte sich hier nach seiner Emeritierung in Hannover niedergelassen und lud nun die Literaturkollegen aus der Berliner Akademie zu einer außerordentlichen Sitzung ein. An den Neckar reisten neben Jandl und Mayröcker auch Günther Anders, Peter Demetz, Lars Gustafsson, Peter Härtling, Wolfgang Hildesheimer, Walter Höllerer,

---

[3] Benannt nach dem Wiener Bürgermeister 1804–1823 Stephan von Wohlleben.

[4] Jandl machte die Hausverwaltung im 4. Bezirk am 12.5.1981 darauf aufmerksam, er habe dort nur ein Büro gemietet, während für die Volkszählung weiterhin seine Wohnung im 2. Bezirk maßgebend sei. LIT 139/B1989. „Dr. Ernst Jandl hat seine 29 m² kleine Gemeindewohnung bis zu seinem Tod (Juli 2000) genutzt." Amtsauskunft von ‚Wiener Wohnen' 7.6.2022.

[5] Jandl an Bode 10.9.1975. LIT 139/99, 2.4.1, Reclam.

Luise Rinser, Franz Tumler und Gabriele Wohmann. Mayer und Walter
Jens arrangierten zudem eine Begegnung mit dem neunzig Jahre alten Ernst
Bloch.

Kunst aus Sprache in Wien im Museum des 20. Jahrhunderts

Die emsigste Aktivität der Grazer Autorenversammlung lief 1975 in
aller Stille ab: Die Erstellung eines ‚Problemkatalogs zur Situation österreichischer Autoren' in Zusammenarbeit von 14 Mitgliedern, darunter auch
Jandl, nicht aber Mayröcker. Andreas Okopenko tippte ihn im Dezember
auf 20 Vervielfältigungsmatrizen.[6] Im Vorschlag „dem Autor soll – je nach
persönlichen Bedürfnissen – entweder eine größere Wohnung oder ein
separat gelegener Arbeitsraum zugestanden werden" bildeten sich Jandls
bekannte Nöte ab. Gegen Jandls diesbezügliche Meinung wurde festgehalten: „Es sollte nicht vorausgesetzt werden, daß Autoren einen zweiten
Beruf haben." Der Katalog blieb unveröffentlicht. Eine Kranken- und
Pensionsversicherung, die dringlichste der damaligen Forderungen, wird erst
im Jahr 2000 unter Bundeskanzler Wolfgang Schüssel in Österreich Gesetz
werden.

Die Grazer Autorenversammlung erkämpfte sich ihren ersten quasi staatskulturellen Auftritt im November 1975 mit der Ausstellung „Kunst aus
Sprache" im Museum des 20. Jahrhunderts in Wien, einem Bundesmuseum.
Die mit einer Serie von Lesungen und Filmvorführungen begleitete Schau
wurde aus den eigenen Reihen kuratiert.[7] Dieses Thema kam mit Verspätung nach Wien, denn es wanderte schon seit Mike Weavers „First International Exhibition of Concrete and Kinetic Poetry" 1964 in Cambridge
durch Museen und Galerien in aller Welt.[8] Jandl gelang es darum auch
nicht, die Wiener Schau nach Berlin weiterzureichen.[9] In der Vorbereitung,
nach vielen Treffen im Café Museum, zeichnete sich im geplanten Katalog

---

[6] Archiv HH.

[7] Friedrich Achleitner, Heimrad Bäcker, Ernst Jandl, Gerhard Rühm, Alfred Schmeller, Peter Weibel, Peter Weiermair.

[8] 1965: Oxford, Stuttgart. 1966: Philadelphia, Mexico City, Madrid, San Sebastián, New York. 1967: Paris, Madrid. 1968: Florenz. 1969: Buenos Aires, Zaragoza, Brescia, Mailand. 1970: Amsterdam, Hamburg. 1972: Darmstadt. 1973: Livorno.

[9] Michael Härdter, Künstlerhaus Bethanien, an Jandl 18.1.1976. Archiv HH.

zur Ausstellung eine Dominanz von Literatur auf Papier ab. Peter Weibel, zuständig für mediale Poesie, Film und Video, sah sich übergangen. Jandl gab nach. „Er hat gesagt: Bub, mach einen eigenen Katalog."[10] Weibel und Weiermair gaben diesen dünnen Ergänzungsband heraus.[11]

Im Hauptkatalog[12] sicherten sich Gerhard Rühm und Ernst Jandl den meisten Raum. Jandl verzichtete auf den Abdruck seiner seit 1965 weitgereisten visuellen Typoskript-Poesie zugunsten von Handzeichnungen aus den Jahren 1970 bis 1975, in denen er zwischen Écriture automatique und dem Arrangieren buchstabenähnlicher Zeichen experimentierte und wo er auch pornographischen Witz versteckte. Dass er nun auch als Zeichner antrete, erklärte er im bio-bibliographischen Teil des Katalogs mit seinem Vormarsch seit 1952 in der Kunst auf „mehreren straßen zugleich", denn:

„Wer [...] dieses und dieses und dieses und dieses macht, es tut im wandernden Licht und Schatten der Poesie, wird ebenso wie der, der es alles nimmt wie es gemeint ist, und es für sich gebraucht wie es gemeint ist, auch dann noch vorankommen können, wenn ihm dieses Bein knickt, jenes erlahmt, ein drittes unter die Raupe gerät, ein viertes jählings entrissen wird. Es wird immer noch anderes für ihn geben, andere Beine und weitere Wege."[13]

Doch Erfolg mit seinen Zeichnungen blieb ihm versagt. Peter Weiermair überging sie in seinem Essay im Katalog, und auch *Die Presse* in ihrem Bericht: Er wurde nur als Pionier der Konkreten Poesie erwähnt.[14]

Als Zeichner entwickelte Jandl hinter- und nebeneinander verschiedene Systeme: semantische Flüsterbotschaften in scheinbarem Gekritzel, Tusche-Schüttbilder und von ihm so genannte „Buchstabenprotokolle", in denen aus rasch gezogenen Girlandenschriften Umrisse oder Gesichter von Menschen wachsen. Zu seinem 60. Geburtstag 1985 erinnerte Alfred Kolleritsch mit Abdrucken in den *manuskripten*[15] und Otto Breicha mit

---

[10] Interview in Wien 8.6.2021.

[11] Kunst aus sprache. 1975. Zusammengestellt von Peter Weibel. Herausgegeben von Peter Weiermair. Museum des 20. Jahrhunderts. Telfs: Hörtenbergdruck.

[12] Kunst aus sprache. 5.11.-31.12.1975. Museum des 20. Jahrhunderts, Grazer Autorenversammlung. Telfs: Hörtenbergdruck.

[13] Aus: „Andere Beine und weitere Wege", Jandl 2016, Bd. 6, S. 420–422.

[14] Kristian Sotriffer: Die Gärten der visuellen Poeten. *Die Presse*, 8./9.11.1975.

[15] Bd. 2/1985.

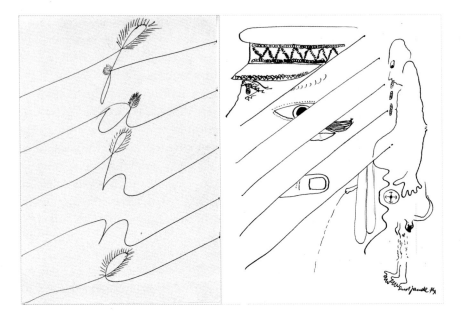

Abb. 2 Ernst Jandl: „fahne", Tintenstift blau, 15 × 10,5 cm. verso sign., ca. 1970. „Alter Trenzer", sign u. dat. 74, Tusche, 21,5 × 13,5 cm. Ernst Jandl trug bisweilen eine Berliner Prinz-Heinz-Mütze. Im Gegenüber mit dem Greis eröffnet sich ein ‚Memento mori' in barocker Tradition. Archiv HH

Ausstellungen zur Festspielzeit in Salzburg[16] und im Grazer Kulturhaus[17] an das zeichnerische Werk. „Ich kann mir gut vorstellen", so Breicha in einer Einführung, „daß EJ im Überschwang zeichnet, wenn ihn das Wörtliche nicht mehr recht freut. Aber er dichtet auf seine Weise, wenn er zeichnet."[18] Derart spontan-eruptiv entstanden die vom englischen Briefpartner 1966/69 Lionel Miskin[19] inspirierten und in den drei Jandl-Bändchen der Eremiten-Presse mitgedruckten Blätter. Doch zeichnete er daneben auch in konstruktivistischer, ikonischer Strenge. Die meisten Blätter sind datiert, das Gros der Arbeiten stammt aus den Jahren 1973 bis 1975, als er nach Neuem suchte und die „heruntergekommene" Sprache fand. Die Kunstgeschichte versagte Jandls Zeichnungen vorerst ihr Interesse. Erst 2021 wurde die erste

[16] Ernst Jandl: Schriftbilder. 2.8. – 22.9.1985 im ORF-Landesstudio. Salzburger Landesarchiv, Plakats. 230. https://onb.digital/result/11566FAC.

[17] Plakat der Ausstellung 22.11.-31.12. im Kulturhaus Graz. https://onb.digital/result/11622E0D.

[18] „Bildhaft sinnfällig gedacht. Zu den Zeichnungen von Ernst Jandl". LIT 139/S1965.

[19] Beilagen zu Briefen an Jandl aus Falmouth, Cornwall, 29.6. u. 2.7.1967. LIT 139/99, 2.3.3.13.

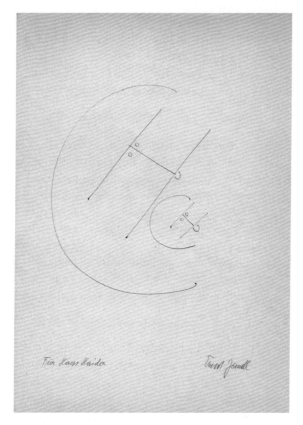

Abb. 3 Ernst Jandl in ikonischer Strenge: Tusche, 28 × 21 cm, signiert recto und verso, bez. Für Hans Haider. Archiv HH

größere Studie darüber verfasst.[20] Jandl selbst konnte in der ersten Gesamtausgabe 1985 keine seiner Zeichnungen unterbringen und in der Werkausgabe 1997 nur nach beharrlichem Drängen darauf.

Nach der Ausstellung *Kunst aus Sprache* kam im Frühjahr 1976 das zweite Großprojekt der Grazer Autorenversammlung in Gang: fünf Lesungen von Mitgliedern in Berlin. Der Zeitpunkt hätte nicht günstiger sein können: Nachdem im Herbst 1975 das Buch *Wie die Grazer auszogen, die Literatur zu erobern* erschienen war, wuchs in Deutschland jäh das Interesse an den im Forum Stadtpark versammelten und in den *manuskripten* ohne Honorar ihre neuen Texte veröffentlichenden Schriftstellerinnen und Schriftstellern. Darin untersuchten deutsche Lektoren wie Klaus Ramm (Luchterhand)

---

[20] Storch 2010. Schmidtke 2022.

und Thomas Beckermann (S. Fischer) sowie die Dichter Ludwig Harig, Urs Widmer und Paul Wühr mit dem Blick von außen die um Kolleritsch gescharte Grazer Szene.

Jandl reiste im Mai zur Frühjahrssitzung der Akademie nach Berlin. Unterstützt von Hildesheimer[21] und Hans Scholz hatte er den Antrag vorausgeschickt, H.C. Artmann aufzunehmen:

> „Ich begründe meinen Antrag mit dem Hinweis auf Artmanns überaus reiches dichterisches Werk, seine befruchtende Tätigkeit als Vermittler und Nachdichter fremdsprachiger Literatur und seine außerordentlichen Verdienste um die Entstehung einer weltoffenen, ambitionierten, konkurrenzfreudigen, überregional wirksamen Literatur in Österreich. [...] Den einander mit Leidenschaft bekriegenden Nützlichkeitslehren unseres Zeitabschnittes, die der Poesie im besten Fall Narrenfreiheit gewähren und sie im schlimmsten zum Instrument für angeblich größere Zwecke mißbrauchen, stellt sich Artmann mit einer Leidenschaft anderer Art entgegen, der Leidenschaft für Literatur als Kunst, pure Poesie, und für die Betrachtung der menschlichen Welt als eines essentiell poetischen Produkts."[22]

Artmann wurde mit knapp mehr Stimmen als Stephan Hermlin, Günter Kunert und Adolf Muschg zum außerordentlichen Mitglied gewählt. Von nun an kam der am Stadtrand von Salzburg sesshaft gewordene Präsident der Grazer Autorenversammlung wieder öfter nach Berlin, von wo er sich durch die Studentenbewegung vertrieben fühlte. Zudem übernahm sein Freund Wieland Schmied 1978 von Karl Ruhrberg die Leitung des Berliner Künstlerprogramms des DAAD.[23]

Die schöne kunst des schreibens 1976

Die Übersiedlung in die Wohllebengasse zog sich zur Wende 1975/76 monatelang hin. Neben seinen sonstigen Belastungen durch die Ausstellung, die Autorenversammlung und als Autorenvertreter im Sozialfonds der LVG richtete er Stück für Stück die künftige Arbeitswohnung ein. Im Februar 1976 wuchs ihm das alles über den Kopf. Er suchte im Ministerium um

---

[21] Hildesheimer an Jandl [undatiert]: „Wie steht es nun mit der Aufnahme von Freund Artmann in die Akademie? Kann ich etwas tun?" LIT 139/B570.

[22] AdK-W 66 f. Mitgliederwahlen 1975–1976.

[23] Kaar u. Schuster 2021, S. 283.

eine sofortige ‚Lehrpflichtermäßigung' an, „insbesondere um im Auftrag des ‚steirischen herbstes' […] ein abendfüllendes Stück zu verfassen."[24] Erst im September 1976 kam eine Antwort; sie war negativ. Sogleich suchte er neuerdings an, mit Erfolg: Er sollte ab 1. November 1976 nur mehr 10,45 Wochenstunden unterrichten.

Noch aber diente er voll in der Schule. In seinen allerletzten Tagen in der alten Wohnung mit Blick auf den Donaukanal stellte Ernst Jandl für den Luchterhand Verlag noch ein 96-Seiten-Buch mit größeren Texten mit poetologischen Aussagen zusammen: mit der Rede „Theoretisches und die schriftstellerische Praxis", 1973 in der Galerie nächst St. Stephan gehalten, sowie den „Mitteilungen aus der literarischen Praxis", die er 1974 an drei Nachmittagen in Wien im Universitätsinstitut für Germanistik vorgetragen hatte. Jandl schickte Otto F. Walter am 4. März 1976 das Manuskript *die schöne kunst des schreibens*, und zugleich auch seinem Lektor Thomas Scheuffelen. Es erschien im Herbst in einem an das Buch *ernst jandl für alle* angeglichenen Design.

In einer ersten Rezension schon im September 1976 in der *Welt* sah Alexander Schmitz Jandl „zwischen Freude am Wortspiel und Wittgensteinscher Frühphilosophie" pendeln und „mit der Kluft zwischen Literaturpraxis und -theorie" hadern. Schmitz rekognoszierte „Sätze von beunruhigender Eloquenz, zumindest aber von einem Verhältnis von Quantität zu Qualität, das oft peinlich wird".[25] Freundlicher erklärte Reinhard Priessnitz in der Wiener *Presse,* warum Jandl keine stringent durchgedachte Literaturtheorie vorlegte: „Im Gegensatz zu der in theoretischen Betrachtungen häufigen verallgemeinernden Tendenz erklärt Jandl an einzelnen Gedichtbeispielen seine Position, die ihn dann zum jeweiligen Ergebnis führte".[26] Ernst Nef in der *Neuen Zürcher Zeitung* begeisterte sich für Jandls „gründliche Simplizität": „Ich kenne keine andere Abhandlung, die so konkret, ohne jeden raschen Sprung ins Allgemeine, derart vielschichtig und fasslich in das einführt, was wir […] das moderne Gedicht nennen. Und dabei kommt Jandl trotzdem auf so allgemeine Probleme zu sprechen wie Gedichtsprache und Alltagssprache, die Autonomie des Gedichts, die Person des Autors und das poetische Werk, Gedicht und Photographie."[27] Jandl fordere zurecht von der Praxis des Gedichts, dass es ständig die Theorie

---

[24] Bildungsdirektion Wien, Personalakt.

[25] 16.9.1976.

[26] 20./21.11.1976.

[27] 4.5.1977.

überhole, schrieb der Frankfurter Germanistikprofessor Klaus Jeziorkowski in der *Frankfurter Allgemeinen Zeitung*. Denn: „Eine abgezogene Theorie rekonstruiere das Vorfeld stets falsch, und von daher sei es nur zu verständlich, daß diese Theorie dem Autor immer von anderen abverlangt werde, nie von sich selbst."[28]

In einer Neuauflage 1983 wird Jandl die Sammlung *die schöne kunst des schreibens* mit fünf weiteren Texten anreichern. Die dort zusätzlich abgedruckten „Anmerkungen zur Dichtkunst" sind nur kurze trockene „Notizen zum ,Literaturkonzept 1977' der Technischen Universität Wien", einer Veranstaltungsserie, bei der Jandl zwischen März und Mai sechsmal die Studierenden für seine Poesie begeisterte – nicht mit Theorie, sondern mit dem Vortrag seiner Dichtungen. Jörg Drews nutzte eine Rezension der Neuausgabe, um seine Kollegen im Feuilleton daran zu erinnern, dass Jandl der einzig wirklich populär gewordene unter den „experimentellen" Poeten sei: „Seine Theorie holt seine Praxis nicht ein. Das macht nichts; schlimmer wäre das Umgekehrte."[29]

Heruntergekommene Sprache in „tagenglas"

Mitte März 1976 wurde endlich das Bett aus der Unteren Augartenstraße in die Wohllebengasse gebracht und damit die Übersiedlung abgeschlossen. Ernst war damit im Stadtraum seiner im Nachbarbezirk Margareten wohnenden Fritzi nähergerückt. Ihr war an der Hauptschule noch für das Schuljahr 1975/76 eine Beurlaubung bewilligt worden. Nach ihrer Schreibarbeit daheim am Vormittag zog sie beim Spazierengehen an den Nachmittagen große Kreise. Sie kam zu Fuß zu ihm in die Wohllebengasse und fuhr zurück in die Zentagasse im Taxi. Unter der Chiffre „F" notierte er Termine bei ihm oder ihr oder mit ihr woanders in seinen Taschenkalendern, dazu auch ihre Reisen und Lesungen. Sie verabredeten sich gerne zum kleinen Mittagessen im unauffälligen Espresso Muhr an der Wiedener Hauptstraße, das für beide leicht zu erreichen war. Zum Café Museum, dem Haupttreffpunkt mit Freunden und Besuchern aus dem Ausland, brauchte Jandl von nun an nur mehr eine Viertelstunde.

In diesem neuen, unbelasteten Ambiente – die meisten Bücher und Platten blieben am Donaukanal zurück – gelang Jandl schon am ersten

[28] 6.11.1976.
[29] *Süddeutsche Zeitung*, 10./11.12.1983.

Wochenende, an dem er in der Wohllebengasse schlief, der 14-teilige Gedichtzyklus: „tagenglas" – in einem Modus, den er selbst „heruntergekommene Sprache" nennen wird. Damit war auch ein Einstieg, Kniff, Rhythmus für die Erledigung des Theaterauftrags gefunden. In *die humanisten* gehöre „diese Art Sprache einfach zur Polemik des Stückes".[30] Diese Sprache war etwas Neues, das er – sein seit Kindertagen angesagtes Lustziel – herzeigen konnte; und „vom 8. September 1977 an erwies sich dann diese Sprachform als tragfähig für eine ganze Reihe von Gedichten verschiedener Thematik, von denen sich einige ganz offen mit den Nöten des Autors befassen, jedoch dank dieser Sprechweise ohne Larmoyanz."[31] Nun war endlich an einen wirklich neuen Gedichtband zu denken; er wird 1978 erscheinen, *die bearbeitung der mütze* heißen und das auf Gedicht „die morgenfeier, 8. sept. 1977 für friederike mayröcker" enthalten. Auf ein Plakat gedruckt wird es zwei Jahrzehnte lang über seinem Bett hängen, und derart auch jedem Besucher in der Wohllebengasse vor den Augen.

einen fliegen finden ich in betten
ach, der morgen sein so schön erglüht
wollten sich zu menschens wärmen retten
sein aber kommen unter ein schlafwalzen
finden auf den linnen ich kein flecken
losgerissen nur ein zartes bein
und die andern beinen und die flügeln
fest an diesen schwarzen dings gepreßt
der sich nicht mehr um sich selbst bemüht
ach, der morgen sein so schön erglüht

Mit seiner neuen Erfindung ging Jandl sorgsam um. Die 14 „tagenglas"-Gedichte sollten wie ein kategorial neuer Konsumartikel abgetestet und mit einem hochrangigen Testimonial auf den Markt geschickt werden. Das erste Gutachten schickte ihm Hans Paeschke, der Herausgeber des *Merkur*:

„Daß hinter diesem bewußten Infantilisieren des Ausdrucks eine Absicht steht, die anders, aber doch analog, wie zuweilen bei Beckett, die Worthülsen unserer Klischeesprache denunziert und in einer Weise auch ironisiert, daß aus der Melancholie ein Spaß wird. Man wird das Heft als Werbenummer für Abonnements von Gastarbeitern und Kindern benutzen können. Hierzu

---

[30] 17.3.1987 an die Studentin Katharina Reus. 139/B1143.
[31] 17.3.1987 an Reus. 139/B1143.

kommt, daß Sie im Fortgang des Zyklus deutlich machen, wie man mit dieser Regression und Reduktion der Sprachgrammatik auch etwas differenzieren kann, was unsere indogermanische Sprachstruktur nicht für möglich hält. [...] Was auf seine Weise Heissenbüttel versucht (aus dem Subjekt-Objekt-Verhältnis unserer Sprachstruktur herauszukommen), das erreichen Sie auf andre Weise durch [das] Infinitivische und die Verhöhnung aller Flexionen."[32]

Das später in der Rezeption häufig verwendete Etikett ‚Gastarbeiterdeutsch' war also schon von Paeschke mitbedacht worden. Den zweiten Helfer, Horst Peter Neumann, einen Germanistikprofessor in Fribourg in der Schweiz, hatte Jandl erst im Frühling 1975 kennengelernt, als dieser in Wien in der Literaturgesellschaft einen Vortrag über politische Poesie hielt. Ihm schickte er die Gedichte sofort als sie fertig waren. Neumann antwortete mit einem ganzen Essay samt Kommentaren zu einzelnen Gedichten.[33] Obwohl sich Neumann dabei abfällig über Konkrete Poesie äußerte, drängte Jandl den *Merkur*-Herausgeber Paeschke, „tagenglas" zusammen mit Neumanns Text zu veröffentlichen. Das geschah dann im November 1976.[34]

Die „tagenglas"-Gedichte verdanken ihre buchstäblich enorme Wirkung den unkonjugiert im Infinitiv belassenen Verben. Kleinkinder sprechen so, und Erwachsene mit nichtdeutscher Muttersprache bei ihren Versuchen, sich in der deutschen Sprache auszudrücken – die einen wie die anderen ungefestigte Existenzen, wo nicht auf Liebe, so doch auf Nachsicht angewiesen, und immer in Gefahr, ausgelacht zu werden. In Neumanns Erklärungen mit psychoanalytischem Blick erscheinen die Gedichte als „Ich-Aussprachen", in denen er u. a. Ich-Regression, Analfixiertheit oder Homosexualität („aussen ein pauli", ein Gedicht über den Mann im falschen Körper) dargestellt sah.

die humanisten für Graz 1976

Das Festival ‚steirischer herbst' hatte 1975, ein Jahr nach der Uraufführung in München, eine Premiere von Wolfgang Bauers *Gespenstern* im Schauspielhaus im Programm. Sie endete mit Schreiduellen von Befürwortern und Gegnern. Eine der ÖVP gehörende Grazer Tageszeitung[35] rief sogar zu einer

---

[32] Paeschke an Jandl 23.4.76. Deutsches Literaturarchiv Marbach, Merkur. München, 1975–1976.

[33] Jandl an Neumann 9.5.1976. Münchner Stadtbibliothek/Monacensia, PHN B.

[34] Neumann 1976, S. 1053–1064.

[35] *Südost Tagespost*. Sie hatte eine Gegnerin in der *Neuen Zeit*, der Grazer Tageszeitung der SPÖ.

Protestaktion „Rettet den Steirischen Herbst" auf. Im Sommer 1975, und vor diesem lokalen Theaterskandal, bot der Festival-Manager Paul Kaufmann[36] Jandl ein ‚Theater-Stipendium' an:[37] Zum Thema ‚Selbsterfahrung des Autors' sollte er ein „Dramolett" beitragen.[38] Ein weiterer Einakter wurde bei Reinhard P. Gruber und Ernst Wünsch bestellt. Jandl sagte die Ablieferung bis zum 24. April 1976 zu.[39] Doch war er noch mit der Vorbereitung seiner Übersiedlung voll beschäftigt, und noch ohne Idee für das Bühnenstück. Kaum jedoch war „tagenglas" zu Neumann nach Fribourg geschickt, schrieb Jandl in den zehn Tagen der Schulferien zu Ostern das „konversationsstück in einem akt" mit dem Titel *die humanisten*. „Ostern [war] ein prächtiges fest", berichtete er dazu dem Freund Reiner Kunze in Thüringen, „da schrieb ich nämlich, in einem Gewaltstreich, einen Einakter für Graz, ‚Die Humanisten', eine Vignette auf Österreich, in einer völlig heruntergekommenen Sprache".[40]

Wer sind die „Humanisten"? In seiner vierten ‚Frankfurter Vorlesung' 1984 wird er sie final definieren als

„die Vorhut und Nachhut jedes totalitären Systems. Sie sind die Bewahrer der ewigen Werte während der unübersichtlichen Zwischenzeiten von Demokratie, Pluralismus, Liberalität. Der Moment, da sich die Nachhut zu Vorkämpfern wandelt, ist nicht vorauszusehen, doch ist ihm vorzubeugen."

Den Titel *die humanisten* habe er „nicht ganz ohne Erinnerung an Gustav Freytags Lustspieltitel *Die Journalisten*" gewählt, schrieb er 1976 ins Programmheft.[41] Im Grimmschen Wörterbuch hätten sie zwischen „HÜM" und „humlich" ihren Platz. Aber dort fand er sie nicht.[42] Er mag auch an

---

[36] Paul Kaufmann war ein Mitbegründer des Festivals und dessen Generalsekretär und saß zugleich für die ÖVP im Nationalrat.

[37] Jandl an Otto Breicha 28.8.1975. LIT 139/99, 2.3.3.3.

[38] Vgl. Jandl: „Meine bisherige Arbeit an Stücken und Anmerkungen zum Stück ‚die humanisten'", Programmheft zur Uraufführung am 26.10.1976 im Schauspielhaus Graz. Jandl 2016, Bd. 5, S. 358–361.

[39] „Einakter erledigen und abschicken". 24.4.1976. LIT Taschenkalender.

[40] 19.8.76. LIT 139/B808.

[41] Eine 15-teilige Lose-Blatt-Sammlung mit Jandls Essays „Meine bisherige Arbeit an Stücken" und „Anmerkungen zum Stück ‚Die Humanisten'". Jandl 2016, Bd. 5, S. 354–361.

[42] 4. Frankfurter Poetikvorlesung. Jandl 2016, Bd. 6, S. 359.

Freimaurer gedacht haben, die man in Nekrologen, wenn man nicht Ver-
schwörungstheorien nähren will, füglich als ‚Humanisten' umschreibt.

In Jandls Stück in einem Akt mit drei Herren- und einer Damenrolle
„sein ein professor" der eine von zwei „Humanisten", der andere „sein ein
künstler", und beide „ein nobel preisen". „du lieben den deutschen sprach?"
fragt der Künstler, „den deutschen sprach mir *heilig* sein" antwortet der
„professor von geschichten". Im Duett kämpfen sie für „salzburger fetzenspiele! / burgentheatern! / operan! / schuber und brahmst!" in ihrem „kunst-
vaterland", denn:

> „[...]
> sein viel – *schmutzen*
> kunst schmutzen
> sein viel viel schmutzen
> viel viel kunst-schmutzen
> sein *ich* kunst schutzen
> du sein und ich sein kunst schutzen
> deutsch sprach schutzen
> österreich vaterland schutzen
> schutzen
> sein viel viel nicht kunstler
> sein kunstschmutzen
> sein schmutzen
> schmutzen finken
> schmutzenbacher
> pfui gack
> [...]"

Die machtvollen Bewahrer, Antimodernisten und als solche Nutznießer des
zehn Jahre währenden Boykotts von Jandl und anderen ‚Experimentellen'
auf dem österreichischen Kultur- und Medienmarkt mussten sich hinter der
satirischen Maskerade wiedererkennen, darunter in Wien bekannte Freimaurer im Radio, Fernsehen und PEN-Club. Doch traf Jandls Zorn auch
konservative Katholiken wie Rudolf Henz, bis 1957 Programmdirektor des
Österreichischen Rundfunks, nun Präsident des Österreichischen Kunstsenats. Das einzig aktuell politische Statement im Text richtet sich gegen
die katholische Kirche, welche damals die von den Sozialdemokraten durch-
gesetzte Erleichterung der Abtreibung („fritzen lösen", d.i. Fristenlösung)
bekämpfte. In der letzten Szene sterben die beiden *humanisten* unter den
Kugeln von Terroristen, die aufmarschieren, um Burgtheater und Oper zu
sprengen. Aber auch diese Feinde der Feinde bringen kein Heil: „Auftritt

einer neuen Epoche, Vernichter des Bisherigen, doch diesem in der Diktion zum Verwechseln ähnlich".[43]

Die Uraufführung war auf der Probebühne des Grazer Schauspielhauses für den 26. Oktober 1976, dem Nationalfeiertag, angesetzt, zusammen mit *Oscar* von Gruber und Wünsch. Alfred Kolleritsch druckte den Text noch davor in den *manuskripten* ab und nötigte so das Theater zu einer wortgetreuen Realisierung.[44] Der Name des Regisseurs Peter Lotschak, eines Grazers, wurde im Programmfolder unter „Realisierung" angeführt, und Jandl nicht nur als Autor, sondern auch unter „Inszenierungsvorschlag" genannt – eine in der Theaterpraxis unübliche Ausschilderung, doch durch die peniblen szenischen Anweisungen im Textbuch untermauert. Jandl führte bereits im Programmfolder – auch das unüblich und Spur heftiger Auseinandersetzungen mit dem Theaterdirektor – Beschwerde darüber, dass *die humanisten*, die er „als eine Art Endspiel" verstanden haben wollte, nicht hinter *Oscar* gereiht wurde. „Die Uraufführung des Dramoletts [...] ist gründlich danebengegangen, nicht zuletzt wegen der katastrophalen Probenbedingungen", berichtete die Austria Presseagentur aus Graz. Und: „Ernst Jandl machte gute Miene zum bösen Spiel."[45] In der Wiener *Presse* fand Jandl weithin Zustimmung für seine „formal ansprechende, witzige, etwas zu simplifizierende Attacke gegen reaktionäre Kunstauffassungen und Bildungsideale".[46]

Der in Urheberrechtsfragen firme Jandl brauchte jetzt erstmals einen Bühnenverlag. Rainer Hauer, der Grazer Intendant, lenkte ihn zu Kiepenheuer & Witsch in Köln. Dort hießen ihn die Geschäftsführer der Theaterabteilung Ute Nyssen und Jürgen Bansemer sofort willkommen. Bei den Verhandlungen über eine engere Bindung an den Verlag erwähnte er nebenbei sein Interesse an Übersetzungsaufträgen. Sofort wurde ihm Shakespeare zugetraut; er sollte mit *Sturm* beginnen – *Hamlet* war für den Kiepenheuer-Hausautor Heinrich Böll reserviert –, doch sah er dafür zu wenig Zeit neben der Schule. Gedichte zu schreiben, ließ er den Verlag wissen, „ist immer noch meine eigentliche Arbeit". Er wurde freilich vom Verlag fürs erste enttäuscht, weil noch keine Bühne *die humanisten* nachspielte.[47] Die deutsche Erstaufführung kam erst im Dezember 1980 in Köln im Werkstatt-Theater

---

[43] Jandl im Programmfolder in den „Anmerkungen zum Stück ‚Die Humanisten'", 16./17.10.1976.
[44] Heft 54/1976, S. 3–14.
[45] APA144 vom 27.10.1976.
[46] Karin Kathrein: „Sich beschnuppern und erkennen". 28.10.1976.
[47] 22.1.1978. LIT 139/99, 2.4.1 Kiepenheuer & Witsch und Kiepenheuer Verlag.

des Stadttheaters zustande. Bei Klaus Schöning im WDR-Studio in Köln nahm Jandl in vier Tagen *die humanisten* auf, mit sich selbst als Sprecher einer Titelrolle und in eigener Regie.[48] In Wien nahm sich erst 1986 das Volkstheater des Jandl-Einakters an, auf einer kleinen Bühne zusammen mit Achternbuschs *C'est la vie* und Heiner Müllers *Bildbeschreibung*. Wohl kündigte der Burgtheaterdirektor Claus Peymann die *humanisten* für die Saison 1988/89 und ein zweites Mal für 1989/90 auf der Studiobühne am Lusterboden an, doch kam es nie zur Premiere.[49] Erst im Theater ,Gruppe 80' von Helmut Wiesner und Helga Illich fanden sie 1993 einen Dauerplatz im Repertoire. 2022 gelang dem Wiener Volkstheater in einer Zusammen-führung von *humanisten* und *Aus der Fremde* unter dem Titel *humanistää!* durch die Regisseurin Claudia Bauer eine Wiederentdeckung des Dichters für die große Bühne.[50]

Preis der Stadt Wien und eine Wiener Akademie

Im Sommer 1975 hatte Jandl in Zeitungs-Interviews die Stadt Wien wegen ihrer Unfähigkeit kritisiert, einem alleinlebenden Schriftsteller mehr als eine Einzimmerwohnung zu bieten. Im März 1976 bedachte ihn eine Jury im Rathaus[51] mit einem ,Preis der Stadt Wien' für Literatur.[52] Der Preis wird Jahr für Jahr in zehn Sparten verliehen. Friederike Mayröcker bekam ihn schon 1975. Da hieß es dann im Sommer, als Jandl und Mayröcker nach drei Jahren Pause wieder das Ferienhaus in Rohrmoos bezogen, eine Dankrede für die feierliche Überreichung vorzubereiten. Jandl war zum Sprecher aller Gewinner aus den Kunstfächern nominiert. Seine Rede am 15. September im Rathaus beendete er mit einer die Politik wie auch Kunst überraschenden Schlussfolgerung:

---

[48] Erstsendung am 16.5.1977. Schöning an Jandl 27.4.1977. UA_WDR 11689. LIT Taschenkalender.

[49] APA 185 vom 24.6.1988 und 170 vom 26.6.1989, Regisseur Alexander Seer bzw. Urs Schaub.

[50] Diese Inszenierung wurde zum Berliner Theatertreffen eingeladen, zur besten des Jahres in der Kritikerumfrage von *Theater heute* gewählt und Samouil Stoyanov als Jandl-Bühnenfigur als ,Schau-spieler des Jahres' geehrt.

[51] Die Jury bestand aus Kurt Biak, Jeannie Ebner, Claus Gatterer, Rudolf Henz, Ernst Schönwiese, Hans Weigel, Werner Welzig. Der Germanistikprofessor Welzig und Kurt Biak, ein sozialdemo-kratischer Bildungsfunktionär und Leiter eines Buchverlags der Stadt Wien, konnten Jandl primo loco vor Fritz Habeck durchsetzen. Protokoll im WStLA, MA 7–20/76, 23.3.1976.

[52] Schon seit 1974 stand Jandls Name auf einer Vorschlagsliste und musste der Direktor der Stadtbiblio-thek die aktuelle Bio-Bibliographie dem Kulturamt zuliefern. WStLA, MA 9:405/75.

„Also wäre es vielleicht des Nachdenkens wert, und des Gesprächs darüber, ob die Dauerhaftigkeit und die Nützlichkeit, die man sich von diesem einmal verliehenen Preis wünschen möchte, nicht am besten dadurch Wirklichkeit werden könnten, daß die Preisträger aller Sparten und Jahre sich um eine gewisse Kontinuität des Gesprächs miteinander und des Gesprächs mit den Mitgliedern des Wiener Stadtsenats bemühten. Der Gedanke erscheint daher nicht vollkommen abwegig, daß sich in einem losen Zusammenschluss der Preisträger, mit einem Minimum an Aufwand, etwas erreichen ließe, das unserer Stadt zweifellos fehlt, etwas in der Art einer künstlerisch-wissenschaftlichen Akademie der Stadt Wien."[53]

Sein Vertrauen in die Integrität von Institutionen sowie sein Wille, solche nach seinen Vorstellungen zu verändern, hatten Ernst Jandl bereits zu Reformvorschlägen für die Jugendkulturwochen in Innsbruck[54] und das Künstlerprogramm des DAAD[55] stimuliert. Er griff freilich so weit aus, dass sein Scheitern nicht überraschte. In Wien fand er zunächst bei der Politik ein offenes Ohr. Schon am 24. September saß er zu Verhandlungen bei der Vizebürgermeisterin Gertrude Fröhlich-Sandner von der SPÖ in deren Büro. Am 27. Oktober warb er in einem Gastbeitrag in der *Presse* für die Akademie. Zwar behauptete er, das Modell der Akademie der Künste in Westberlin vor Augen zu haben, doch war es wohl eher die aus der Florentiner Renaissance bekannte Utopie eines Dauerdialogs der Mächtigen mit Künstlern, Wissenschaftlern, Humanisten. Ein privater Verein wäre zu wenig. „Es müßte eine Institution durch Gesetz sein, eine künstlerisch-wissenschaftliche Akademie, als Gemeinschaft der Träger des Preises der Stadt Wien [...], mit der Bestimmung, die Stadt in allen künstlerischen und wissenschaftlichen Fragen zu beraten." Eben solche Ratgeber für kulturelle Belange versammelte schon seit 1954 schon die Republik in ihrem ‚Kunstsenat'. Er setzt sich aus den Trägern des Großen Österreichischen Staatspreises zusammen. Der katholische Antimodernist Rudolf Henz hatte dort seit 1967 das Präsidentenamt inne. Denn auch das bedachten Jandl und seine Partei im Rathaus: Eine Preisträger-Akademie des ‚Roten Wien' ließe den Kunstsenat alt aussehen.

Mitte Oktober, als sie die Preise für Publizistik, Wissenschaft und Volksbildung überreichte, berichtete Fröhlich-Sandner, in ihrem Kulturamt sei

---

[53] Jandl: Dankrede anlässlich der Verleihung des Preises der Stadt Wien am 15. September 1976. Typoskript-Kopie 2 Bl., Archiv HH.
[54] Siehe Kap. 5.
[55] Siehe Kap. 6.

bereits ein Gesetzesentwurf fertig und werde demnächst mit Vertretern einzelner Sparten durchdiskutiert.[56] Jetzt aber warnte Hans Weigel den Kollegen Jandl: „Sie müssen aber wissen, dass die Preisträger der Stadt Wien etwa zu fünfzig Prozent aus Nebbochanten[57] bestehen, [...] schreckliche Komponisten und ‚Volksbildner' [...]. Bitte, bitte: nicht akademisch!"[58] Da es in Wien in der Zuständigkeit der Republik eine Akademie der bildenden Kunst und eine Österreichische Akademie der Wissenschaften gab, auf die Rücksicht genommen werden musste, reduzierte sich die „künstlerisch-wissenschaftliche Akademie" des ersten Gesetzesentwurfs zu einem „Akademischen Rat" im zweiten. Jandl tobte. Wenn man an der Bezeichnung ‚Akademie' nicht festhalte, schrieb er an Weigel, könne man die ganze Sache schon fallen lassen. Ein paar vernünftige Leute sollten zusammenkommen, die miteinander reden könnten; „Bitte, bitte (sage also auch ich): lassen Sie uns nicht im Stich."[59] Die Wiener Kulturverwaltung ließ Jandls Idee 1977 im Dreieck Gemeinderat-Kulturausschuss-Kulturamt diskret verschwinden.[60]

Während in Wien noch heftig die Akademie-Gründung diskutiert wurde, trat Jandl am 30. November 1976 zu einer Lesung aus dem im Herbst erschienenen Essayband *die schöne kunst des schreibens* in der Gesellschaft für Literatur auf. Ihr Leiter, Wolfgang Kraus, führte ihn mit freundlichsten Worten ein. In seinem Tagebuch notierte Kraus am 1. Dezember:

„Gestern Jandl in der ‚Gesellschaft'. Seine Selbstüberzeugtheit überträgt er auf die Zuhörer. Mehr akustisches als literarisches Phänomen. Emotional kümmerlich, bestenfalls stereotype Renitenz, brutal, wenn andere es zulassen, formal neo-dadaistisch. Nichts Neues, er lebt von der Unbildung des Publikums. Aber dieser Beifallslärm in bundesdeutschen, natürlich auch bürgerlichen Zeitungen! Übrigens: Jandl hat keine Spur von Humor, er nimmt alles todernst. Wenn manche lachen, ist das über unfreiwillige Komik."[61]

---

[56] WStLA, MA 7–20/76.

[57] Aus dem Jiddischen (von „nebbich"): ein unfähiger, kleinkarierter Mensch.

[58] 27.11.1976. LIT 139/1526.

[59] 2.12.1976. LIT 139/B2360.

[60] Ein Antrag wurden am 27.9.1976 im Gemeinderat eingebracht, dort dem zuständigen Ausschuss zugeteilt und dort am 29.11.1976 erstmals behandelt (Amtsblatt der Stadt Wien, Jg. 81, Heft 53). Dann wurde er an das zuständige Kulturamt weitergeleitet; dessen Bericht wurde vom Kulturausschuss zur Kenntnis genommen (WStLA AZ 483/76, MA 7). Der letzte bekannte Gesetzesentwurf stammt vom 24.5.1977 (Archiv HH). Der ganze Akt ist laut Auskunft des Archivs vom 20.1.2020 nicht mehr auffindbar.

[61] Zur Verfügung gestellt von Gertrude Kothanek, Wien.

Derselbe Wolfgang Kraus bat Jandl kurz darauf um Lesevorschläge für junge Leute. Jandl nannte Bert Brechts *Hauspostille,* Gomringers Reclam-Heft *konkrete poesie,* von Heißenbüttel *Das Textbuch, Über Literatur* und die mit Franz Mon herausgegebene *Antianthologie, Alle Galgenlieder* von Morgenstern, *Gedichte und Chansons* von Jacques Prévert und den von ihm übersetzten Band *Erzählen* von Gertrude Stein. In diesem Winter bekam er auch einen lukrativen Schreibauftrag: Angelehnt an Steins Repetitionstechnik jagte er in seinem Text „War einst weg und bin jetzt hier" für eine Serie im *ZEITmagazin*[62] in stampfenden Rhythmen durch die Orte seiner Kindheit: den Schweizergarten, den Park von Schloss Belvedere, die Muttergotteskirche und sein Kinderzimmer mit Blick auf die Jacquingasse.

Georg-Trakl-Preis geteilt: Reiner Kunze, Friederike Mayröcker

Auf der Buchmesse 1976 brachte der Verlag S. Fischer eine Prosasammlung des in der thüringischen Provinz lebenden Jandl-Freundes Reiner Kunze heraus: *Wunderbare Jahre,* aus der Wirklichkeit geschöpfte Klagen verletzter Jugendlicher. Sogleich wurde Kunze aus dem Schriftstellerverband der DDR ausgeschlossen. Jandl unterschrieb in Westberlin in der Akademie der Künste einen Appell zugunsten des außerordentlichen Mitglieds Kunze mit Bezugnahme auf die Schlussakte von Helsinki – zusammen mit Günther Anders, Günter Grass, Lars Gustafsson, Heißenbüttel, Zbigniew Herbert und Hans Mayer. Weitere Repressionen waren zu befürchten, bis hin zu einer Haftstrafe für Kunze wegen seiner Westeinkünfte und einem Schicksal wie dem von Wolf Biermann, der am 16. November 1976 von der DDR ausgebürgert wurde, während er eben mit seinen Liedern durch Westdeutschland tourte. Jandl fand im November 1976 in einem Gedicht auch eigene Worte für die Verfolgten:

an einen grenzen

du sprecken deuts?
sprecken du deuts?
du kennen wolfen biermann?
du kennen reiner kunzen?

---

[62] Nr. 19, 29.4.1977, S. 28–33.

sprecken du deuts?
du specken deuts?
du sehen meinen passen –
kennen du ernsten jandeln?
ihn du kennen nicht dürfen
du sein guten jungen
wolf biermann du kennen nicht dürfen
du sein guten jungen
reiner kunze du kennen nicht dürfen
du sein guten jungen
du kennen dürfen
einzig alleinen
deutsen demokratisen republiken[63]

In Salzburg wurden im November 1976 von der Landesregierung die Germanistik-Professoren Walter Weiss (Salzburg) und Walther Killy (Bern), sowie die Dichterin Hilde Domin und, als Trakl-Preisträger des Jahres 1974, Ernst Jandl gebeten, Kandidaten für den Georg-Trakl-Preis 1977 vorzuschlagen.[64] Jandl sah die Chance einer Mehrheit für Friederike Mayröcker. Mit der in Heidelberg lebenden Hilde Domin stand er seit 1967 in einem so freundschaftlichen wie pragmatischen Verhältnis: Man verhalf einander zu Lesungen, gratulierte, kondolierte. Noch ehe er sie auf Mayröcker einstimmen konnte, meldete Hilde Domin sich bei ihm: Ihr erster Vorschlag wäre Reiner Kunze, ihr zweiter Krolow.[65] Ein Dilemma für Jandl, denn er schätzte Kunze als Freund. Nun hieß es kämpfen.

„Ich habe, als meine einzige Nennung eines Kandidaten, einzig den Namen von Friederike Mayröcker nach Salzburg gesandt, denn ich kenne keinen zweiten Autor, der in den letzten zehn Jahren in ähnlicher Weise den Vorrat an moderner deutschsprachiger Dichtung vermehrt und bereichert hätte, wie sie es getan hat seit dem Erscheinen ihrer großen Gedichtsammlung ‚Tod durch Musen' (1966), und dem in ähnlicher Weise eine gerechte Einschätzung seines Werkes – zumindest in der Bundesrepublik – bisher versagt geblieben wäre. Wie unvergleichlich mehr Beachtung hat man den beiden anderen Österreicherinnen in der deutschen Literatur, Ilse Aichinger und Ingeborg Bachmann, doch bisher geschenkt. [...] Bei Reiner Kunze teile ich

---

[63] Jandl 2016, Bd. 3, S. 89.
[64] Salzburger Landesarchiv, Abteilung 12, Georg-Trakl-Preis 1969–81.
[65] Domin an Jandl 16.11.1976. Deutsches Literaturarchiv Marbach. Hilde Domin 1967–1986.

ganz ihre Meinung und glaube nicht, daß man sich von außerliterarischen Gesichtspunkten beeinflussen lassen muß, um ihn und sein Werk so hoch zu schätzen."[66]

Mit dem Hinweis auf „außerliterarische Gesichtspunkte" deutete Jandl schon ein gewichtiges Argument gegen die Kür von Kunze an. Vorerst antwortete Hilde Domin:

> „Sicher sind Ilse Aichinger und Bachmann DIE Maskotten der Gruppe 47 gewesen (Bachmann rutscht, überraschender- und auch ungerechtfertigterweise, rapide in den Schatten). Ob ein österr. Preis, zumal direkt hinter Jandl, Mayröcker nutzen würde, im angegebenen Sinne? Eher schon ein bundesdeutscher. [...] Sie sind einer der gezählten ‚emanzipierten' Männer, die für eine Frau eintreten, weil sie von dem Werk überzeugt sind. Das hat mich schon vor Jahren beeindruckt. Frauen haben es auf jeden Fall schwerer."[67]

Die Jurysitzung am 8. Januar 1977 endete mit einem Kompromiss: Der Preis ging zu gleichen Teilen an Friederike Mayröcker und Reiner Kunze. Salzburgs Landeshauptmann Hans Lechner berichtete dies sofort dem Kulturminister der DDR, Joachim Hoffmann, und bat ihn, Kunze bei der Ausreise zur Preis-Übergabe behilflich zu sein; Salzburg werde auch alle Reisekosten tragen. Das Ministerium für Staatssicherheit wusste sofort auf Grund „interner Hinweise", dass Killy, Domin und Jandl für Kunze gestimmt hatten.[68] Kunze dankte Jandl: „Laß Dir die Hand drücken!! / Laßt Euch die Hand drücken! / Friederike – laß Dir ganz besonders die Hand drücken, denn Du teilst mit mir."[69] Die Ausreise wurde bewilligt. Als Kunze im Bahnhof Wien-Mitte aus dem Expresszug Vindobona stieg, nahmen ihn Jandl und Mayröcker in Empfang.

Jetzt begann ein Bangen, auch der österreichischen Politik: Wird Kunze wie Biermann die Rückkehr verweigert? Am 3. Februar 1977 überreichte Landeshauptmann Hans Lechner in Salzburg die beiden Trakl-Preise. Ernst Jandl ging in seiner Laudatio vornehmlich auf Kunzes Lyrik ein und sparte die politisch provokanten *Wunderbaren Jahre* aus. Wo er von Kränkungen sprach, schonte er die DDR und erinnerte an selbsterfahrene:

---

[66] Jandl an Domin 28.11.1976. Deutsches Literaturarchiv Marbach. Hilde Domin 1967–1986.

[67] 2.12.1976. LIT 139/B265.

[68] BStU, MfS AP, Nr. 1514/92. Der als ‚streng geheim' klassifizierte Akt enthält auch Namen von Kontaktleuten Kunzes, die „von der BRD aus versuchen, [geschwärzt] für eine Aufwertung Kunzes im Zusammenhang mit der Verleihung des Trakl-Preises zu gewinnen".

[69] 27.1.1977. LIT B199/B808.

„Ausgesperrt zu sein, über Jahre, von allen Möglichkeiten der Publikation, haben von Österreichs Dichtern nicht wenige, und nicht die schlechtesten, vor nicht allzu langer Zeit erfahren. Ihr Verhältnis zum eigenen Land – war es ein ähnlich hoffendes wie das Rainer Kunzes zu seinem? Oder zogen sie nicht, Österreichs neue Dichter, vielmehr voll Zorn in die innere und oft genug in die tatsächliche Emigration, während Kunze die Hoffnung aus *dem* schöpfte, was ihn umgab."[70]

Die Würdigung Friederike Mayröckers war Walter Weiss anvertraut. Doch alles mediale Interesse richtete sich auf den ‚Dissidenten'. Das Fernsehen drehte die Scheinwerfer ab, als sie ihre Dankesrede sprach.[71] In Salzburg zirkulierte ein Flugblatt von Sprachschützern gegen Mayröcker. Jandl zeigte sich nicht überrascht: „Das Flugblatt zum Traklpreis kommt von rechts; die ‚Humanisten' marschieren eben noch immer."[72] Kunze kehrte am 11. Februar nach Ostdeutschland zurück. Die Stasi-Bezirksverwaltung Gera lieferte weiter Lageberichte zum ‚OV [Operativer Vorgang] Lyrik' nach Berlin.[73] Am 14. April 1977 verließen Reiner Kunze und seine Frau Elisabeth die Deutsche Demokratische Republik am Kontrollpunkt Hirschberg.

Schon im Januar 1977 suchte Ernst Jandl um eine neuerliche Dienstbefreiung ab September an. Leo Navratil bestätigte ihm eine Beeinträchtigung seines Gesundheitszustandes, „die teilweise durch die Kollision verschiedener Arbeitsbereiche bedingt ist".[74] Im Frühjahr fand er lauten Beifall bei Studenten der Wiener Technischen Universität, als er für sie im großen Hörsaal am Getreidemarkt sechs Vorträge hielt. Während das Kulturamt der Stadt Wien noch über Jandls Akademie-Pläne verhandelte, bat es ihn in die Jury für den nächsten Preis der Stadt Wien. Dort brachte er H.C. Artmann durch, er musste darum bei der Überreichung am 31. Mai im Rathaus die Lobrede[75] auf den ONE AND ONLY[76] halten. Buch für Buch ging er dabei durch und erwähnte siegesstolz die „langwierige und

---

[70] Jandl: Laudatio für Reiner Kunze anläßlich der Verleihung des Georg Trakl-Preises für Lyrik. Korrigiertes Typoskript. Archiv HH. *Die Zeit* 8/1977. Nicht in den Werkausgaben 1985, 1997/99, 2016.

[71] Mayröcker an HH 18.8.1993. Archiv HH.

[72] Jandl an Hilde Domin 7.4.1977. Deutsches Literaturarchiv Marbach, Hilde Domin 1967–1986.

[73] BStU, MfS AP 1612/92.

[74] 21.1.1977. Bildungsdirektion Wien, Personalakt. BMBWF 114.319/6-18B/77.

[75] Jandl 2016, Bd. 6, S. 249–253.

[76] Jandl an Artmann 7.7.1964. LIT 139/B27.

zähe Kleinarbeit der Autoren wie ihrer Mitstreiter, um auf dem Weg durch die allein von Idealismus genährten Kleinst-Zeitschriften und Miniatur-pressen bis zur endlichen Eroberung der Großverlage fortzuschreiten". Die Reduzierung der Stundenzahl in der Schule erlaubte ihm auch wieder mehr Reisen ins Ausland. Franz Mon und Klaus Ramm trommelten die alten Kameraden aus der visuellen und Lautpoesie zu einem *Maulkonzert* beim Funkregisseur und Bilddichter Klaus Peter Dencker in Saarbücken zusammen, zu einer Fernsehaufzeichnung am 27. Januar vor einem skeptischen Publikum.[77] Friederike Mayröcker wurde im April ins Öster-reichische Kulturinstitut nach Rom zu einer Lesung eingeladen. Dort kam sie bei einem Essen „im Haus des österreichischen Botschafters" neben Thomas Bernhard zu sitzen. In den *Magischen Blättern V* berichtete sie darüber: „Thomas Bernhard sagt im scherzenden Ton zu mir, ,wir sind beide in Österreich schwarze Schafe', was mir gefällt."[78]

Nach Schulschluss im Juli 1977 flogen Jandl und Mayröcker mit dem dort trittsicheren H.C. Artmann sowie Wolfgang Bauer, Gerald Bisinger und Michael Scharang auf Einladung des dortigen Schriftstellerverbandes eine Woche nach Schweden. Artmann sprach in Visby eine Gegeneinladung aus.[79] Betreut vom Germanistikprofessor Gustav Korlén und dem ,Svenska institutet' lernten sie dort Thomas von Vegesack,[80] Per Olov Enquist,[81] Lars Gustafsson[82] und den Lautpoeten Sten Hanson[83] kennen. Mit Olof Lagercrantz wurde Jandl schon in der Neustadt-Prize-Jury in Oklahoma bekannt. Ihm schrieb er, zurückgekehrt aus Wien, ein Zeugnis seines Scheiterns als Pädagoge:

„Zwei Jahre habe ich jetzt wieder, nach 6 Jahren Urlaub, an einem Wiener Gymnasium unterrichtet. Es war anfangs wie ein Trost, mit Zehn- und Elf-jährigen täglich beisammen zu sein, aber im Lauf der beiden Jahre sind mir diese Kinder immer mehr entglitten. Es hätte vielleicht ein Erfolg werden können, wenn ich auf meine Tätigkeit als Schriftsteller vollständig verzichtet

---

[77] Einführungen von Franz Mon, Klaus Ramm, Lothar Baier, Jörg Drews, Auftritte von Bob Cobbing, François Dufrêne, Hartmut Geerken, Ernst Jandl, Gerhard Rühm, Dieter Schnebel.

[78] Mayröcker 1999, S. 16. Dort berichtet sie auch über eine zweite kurze Begegnung mit Bernhard zusammen mit Ernst Jandl 1984 am Wiener Graben.

[79] Jandl an Artmann 18.6. und 18.7.1978. LIT 139/B1641.

[80] 1928–2012, Verleger, Essayist, PEN-Club-Funktionär.

[81] 1934–2020, Romancier, Dramatiker.

[82] 1936–2016, Schriftsteller, Germanist, Mitglied deutscher Akademien.

[83] 1936–2013, Komponist, Lautdichter, Performer.

hätte; aber das zu tun, dafür ist es für mich zu spät geworden. Ich werde ab Herbst von der Schule wiederum beurlaubt sein."[84]

Er berichtete Lagercrantz, der über seiner Strindberg-Biographie saß, auch von seinem schlechten Sommer in Wien, „schlecht nicht nur durchs Wetter".[85]

Der Herbst begann ohne Schule und mit einem willkommenen Gast: Der amerikanische Dichter und Übersetzer – u. a. von Schwitters, Celan, Gomringer und Hans Magnus Enzensberger – Jerome Rothenberg kam nach Österreich zu einer Tagung der Wenner-Gren Foundation auf Burg Wartenstein bei Gloggnitz und zu einer Lesung seiner Lautgedichte indianischen Ursprungs in der Galerie nächst St. Stephan, bei der Jandl eine Einführung vortrug.[86] Aus diesem „schlechten Sommer" ist ein Psychogramm im Tagebuch von Wolfgang Kraus erhalten, den er im Caféhaus traf:

> „Er kommt mit einer langen handgeschriebenen Liste, wo alles aufgeschrieben ist, mit bezifferten Punkten, was er mit mir besprechen will. In seinem ganzen Wesen zeigt sich große Unsicherheit. Seine Höflichkeit, die manchmal an Übertreibung grenzt (er wechselt beim Weggehen die Seite, um mich rechts gehen zu lassen, ich wechsle wieder) wäre sympathisch, schlüge sie aus der Ferne nicht leicht in Aggression um. Sicher fehlt Jandl der richtige Kontakt, wohl aus eigenen charakterlichen Gründen, und so schließt sich der circulus vitiosus. Schade, er igelt sich ein durch den Umgang mit bestimmten anarchischen Typen, fährt damit publizistisch gut auf der Modewelle, obwohl er in seiner Arbeit offener, reicher, inhaltlicher werden könnte. Merkwürdig seine pedantische beamtische Art, die seinen experimentellen und anarchistischen Sprachideen widerspricht. Mit diesem Widerspruch in sich wird er es zunehmend schwer haben."[87]

die bearbeitung der mütze 1978

Der schlechte Sommer hinterließ Spuren von Niedergeschlagenheit und Lebensunlust in den neuen Gedichten für das Buch, das Jandl erstmals Ende November dem Luchterhand Verlag vorsichtig ankündigte.[88] Ende Januar

---

[84] Jandl an Lagercrantz 17.7.1977. LIT 139/B2011.
[85] Jandl an Lagercrantz 18.11.1977. LIT 139/B2011.
[86] Rothenberg an Jandl 17.7.1977. LIT 139/B1170. Österreichische Mediathek 99-77193_k01.mp3.
[87] Eintrag 21.8.1977 von Treffen am 19.8.1977.
[88] 29.11.1977. LIT 139/99, 2.4.1, Luchterhand.

1978 schickte er das Manuskript.[89] Der Lektor Thomas Scheuffelen dankte: „Ich bin stolz, dieses wichtige Buch von Ihnen betreuen zu dürfen."[90] Im August 1978 bekam der Autor das erste Exemplar ins Ferienquartier Rohrmoos geschickt.

Im neuen 168-Seiten-Buch *die bearbeitung der mütze* stellte Jandl den zum Rilke-Jubiläum 1975 geschriebenen Zyklus „der gewöhnliche rilke" auf die ersten Seiten. Auf frühere Aktions- und Sprechgedichte ließ er die „tagenglas"-Reihe folgen. Erst damit war die „heruntergekommene" Sprache auch in Buchform vorgestellt. Im Gedicht „von einen sprachen" erklärte sie Jandl: „schreiben und reden in einen heruntergekommenen sprachen / sein ein demonstrieren, sein ein es zeigen, wie weit es gekommen sein mit einen solchenen [...]." Im Gedicht „von leuchten", ebenfalls im Herbst 1977 vollendet, sprach er in dieser neuen Sprache seine Ängste vor Sprach- und Kreativitätsverlust an.[91] Seine Ansammlung von Medikamenten gegen Schlaflosigkeit, Unruhe etc. breitete er im langen Gedicht „von schlafkunst" aus.[92]

Auf einem dem Verlag mitgeschickten Begleitblatt lenkte Jandl die Aufmerksamkeit auf die Morphologie des Buchs: „Chronologische Reihung erlaubt einen Blick ins poetische Weitermachen und enthüllt ein sich verschiebendes Psychogramm".[93] So schiebe der Wille zum Weitermachen den Suizid und das Verstummen auf der Zeitachse vor sich her. Sein neues Buch, so Jandl in diesem ‚Waschzettel‘, verlangte nach einem „dunklen Schlußakkord, [...] darin der Autor das Lachen, das so viele seiner Gedichte hervorzurufen vermögen, radikaler in Frage stellt als irgendwo früher, ohne daß er es sich oder irgendwem austreiben möchte". So wie das Motto über dem Buch, „Kann der Kopf nicht weiter bearbeitet werden, dann immer noch die Mütze", tönt auch das Schlussgedicht unter einem mehrdeutigen Titel existentiell verzweifelt.

---

[89] 29.1.1978. LIT 139/99, 2.4.1, Luchterhand.

[90] 10.2.1978. LIT 139/99, 2.4.1, Luchterhand.

[91] Franz Mon analysierte noch 2005 mit 80 Jahren dieses Gedicht als „Fall definitiv gelungener Schönheit". Mon 2016, S. 157–167.

[92] Temesta, Mozambin, Betadorm, Truxal, Perdormal, Valium 5, Limbitrol, Sinebarbo, Novo-Dolestan, Valdispert, Metodril, Adumbran, Adalin. Die Medikation von Leo Navratil im Winter 1978/79: Istonil, Rohypnol, Fluphenazin Arcana, Akineton, Saroten, Dominal. LIT 139/B1771 Horst Ehmsen.

[93] LIT 139/99, 2.4.1, Luchterhand.

vermessen

von den füßen abwärts –
von den füßen aufwärts – ein mensch
von den knien abwärts – ein mensch
von den knien aufwärts – ein mensch
von den hüften abwärts – ein mensch
von den hüften aufwärts – ein mensch
von den schultern abwärts – ein mensch
von den schultern aufwärts – ein mensch
vom scheitel abwärts – ein mensch
vom scheitel aufwärts –

In den vielen Monaten, in denen Jandl um seine Befreiung aus dem Schuldienst kämpfte, erschienen in den renommiertesten deutschen Feuilletons großflächige Rezensionen des Gedichtbands, voran vom Literaturprofessor an der Frankfurter Universität Klaus Jeziorkowski in der *Frankfurter Allgemeinen*.[94] Mit Bezug auf Hofmannsthals Lord-Chandos-Brief befand er: „[...] das eigentliche Karat des Schriftstellers liegt dort, wo er an diese äußerste Grenze des Sprachversagens gerät, wo Literatur ihren literarischen Gestus durchstößt, wo sie vor der nackten Katastrophe steht und sie dennoch gerade artikulieren kann." Das „Gerade-noch-formulieren-Können der Verzweiflung" liege „in der Mitte der Schriftstellerei, ist vielleicht ihre Nagelprobe". „Mag Jandl als Dichter auch ein Komiker sein (als Person ist er es ganz und gar nicht), er ist zugleich ein Pathetiker; genauer: Ingrimm, Wut, Aggressivität und Verzweiflung sind Komponenten seiner Arbeit, die noch viel zu wenig gesehen wurden", diagnostizierte Jörg Drews in der *Süddeutschen Zeitung*.[95]

Beatrice von Matt hob in der *Neuen Zürcher Zeitung*[96] den Rilke-Zyklus hervor, schreckte indes vor der ‚heruntergekommenen Sprache' zurück: „Mühe", ja „Widerstand" bereitete ihr das Lesen von Gedichten, „in denen ein abgenutztes oder gestelztes Hochdeutsch voller Tadellosigkeit mit übertriebenen Infinitiven und ‚unrichtig' angehängten en-Endungen kindlich und unbeholfen gemacht und so neu verfremdet wird." In der *Frankfurter Rundschau*[97] überschlug sich Peter O. Fischer in einer Seelenanalyse: „Wie

---

[94] 17.10.1978.
[95] 13./14.1.1979.
[96] 30.3.1979.
[97] 3.4.1979.

sehr er auch mit seinen fragmentarischen, abgerissenen und zerrissenen Wort- und Lautkombinationen die Wirklichkeit fliehen mag, sie holt ihn unerbittlich ein und etwas ganz Konkretes kommt zum Vorschein: die Angst vor dem Leben, die Angst vor dem Tod, die Angst vor den Frauen, die Angst vor der Sexualität, die Angst nicht schlafen zu können, die Angst vor der Angst, die Angst vor der Angst vor der Angst, und endlich: die Angst, nicht sprechen zu können und vielleicht gar: die Angst vor der Sprache."

Depression und Melancholie

Ernst Jandls Depressionen waren schon seit Januar 1977 im Stadtschulrat und im Unterrichtsministerium aktenkundig, als er, erfolgreich, um die Dienstbefreiung für 1977/78 ansuchte. Gegen sein Ersuchen, in diesem Freijahr auch ‚vorzurücken‘ und mit mehr anrechenbaren Dienstjahren eine höhere Pension zu bekommen, legte sich das Bundeskanzleramt quer. In diesem Duell hinterließ ein Beamter des Bundesministeriums für Unterricht und Kunst (BMUK) im Akt[98] einen Nachweis für Jandls Instrumentalisierung durch die Kulturpolitik von Staat und Partei: „In der Funktion des geschäftsführenden Leiters dieser [i.e. Grazer] Autorenversammlung beeinflußt der Gen.[annte, i.e. Ernst Jandl] weitgehend das österreichische literarische Geschehen; es liegt naturgemäß im Interesse des BMUK, daß eine solche Funktion ausgeübt wird." Aus dem Bundeskanzleramt wurde hohnvoll darauf hingewiesen, dass offensichtlich nur „die Kollision zwischen Unterricht und schriftstellerischer Arbeit, nicht aber zwischen Verwaltungstätigkeit und schriftstellerischer Tätigkeit zu depressiver Erkrankung" führe. Auch käme ein neuerliches Freijahr nicht in Frage.

In den Korrespondenzen sowohl von Jandl als auch Mayröcker wurden nun die Depressionen eingestanden. Mayröcker meldete ihre Sorgen um Ernst einem neuen Freund, dem Gymnasialprofessor und Literaturkritiker Heinz Schafroth am Bielersee in der Schweiz[99] und auch der Freundin „Bohunka" Grögerová in Prag.[100] Olof Lagercrantz nannte in einer Antwort

---

[98] BMBWF 114.319/7-18B/77.

[99] 20.6.1979: „Ernst geht es nicht zum besten, die Depression." Schweizerisches Literaturarchiv, Sammlung Heinz F. Schafroth, Karton 11, Friederike Mayröcker.

[100] 29.11.1979: „Ernst leidet seit längerer Zeit an schweren Depressionen." Památník národního písemnictví (PNP), Prag-Strahov.

auf Jandls Bericht über seine Depression seine eigene „Melancholie".[101]
Jandl wird sie als Synonym für Depression verstehen, wenn ihn 1987 der
deutsche Pädophilie-Forscher Joachim Hohmann ersuchen wird, für eine
zum Thema Melancholie geplante Anthologie passende Gedichte vorzuschlagen.[102] Sortiert man diese als ‚melancholische' kategorisierten Gedichte
nach dem Datum ihrer Fertigstellung, werden einige Cluster deutlich: die
Wochen der Übersiedlung in die Wohllebengasse 1976, der „schlechte
Sommer" 1977, die Wochen eines offenbar abgebrochenen Therapieversuchs
bei der Psychiaterin Eva Laible (1919–2016) im März und April 1979[103]
und die langen Sommer 1979 und 1980 in Wien.

Jandl eröffnete im Januar 1979 seinem ungarischen Dichterfreund und
-übersetzer István Eörsi: Das Sterben seiner eigenen Mutter als er vierzehn
war, habe ihn damals kaum berührt. Doch nach dem Tod seines Vaters 1973
hätten ihm „Depressionen immer ärger zu schaffen gemacht". Er habe Trost
gefunden „in den radikal pessimistischen Texten des in Paris lebenden, in
Rumänien geborenen Philosophen E.M. Cioran".[104] Eine Lesetour mit
Mayröcker zu französischen Universitäten gab ihm im November 1981 in
Paris die Gelegenheit zu einem Gespräch mit Cioran (der mit Wolfgang
Kraus in enger Verbindung stand).[105] Auch einem ratsuchenden Schul-
mann riet er zu Ciorans Aphorismen: „Diese literarische Gattung schätze
ich sehr, und zwar ausschließlich auf der Grundlage des großen Werkes des
Philosophen E.M. Cioran (Lichtenberg, hochgelobt, mag ich dagegen nur
punktuell; freilich, ein anderes Zeitalter)."[106] Ciorans Bücher *Lehre vom Zer-*
fall, Syllogismus der Bitterkeit, Der Absturz in die Zeit, Die verfehlte Schöpfung,

---

[101] Lagercrantz an Jandl 14.4.1978: „Es tut mir leid, dass die Depression Sie überfällt." LIT 139/B819.

[102] Jandl nannte aus *die bearbeitung der mütze* „franz hochedlinger-gasse", „wie eltern zu land",
„dann aus liebe", „vom drücken", „von früchten", „so ein trost", „die morgenfeier, 8. Sept. 1977",
„süßen stunden", „fahren", „von leuchten", „heunt" „von schlafkunst"; aus *der gelbe hund* „a man of
achievement", „der schatten", „der kleinste kummer", „abendglanz", „früh und müd", „6. April 79, an
zwei zeilen von chaucer sich klammernd", „ein gedanken", „die zwei", „morgenstund", „redenbogen",
„strenge übung; klebend", „der 17. August 1979" sowie aus *selbstporträt des schachspielers als trinkende*
uhr „morgen erinnern", „das wappen", „kind und stein", „selbstporträt 18. Juli 1980", „ende der
schmach", „von namen", „das schöne bild". 22.5.1987. LIT 139/B1923.

[103] Laut Amtl. Telefonbuch Facharzt f. Neurologie u. Psychiatrie. Ordination Schmöllerlgasse 5, 1040
Wien. LIT Taschenkalender. Jandl war ab Juni 1979 für zehn Wochen als Poet in residence an die
Univerity of Newcastle eingeladen gewesen. In einem Brief an den Lektor Scheuffelen schrieb Jandl:
„Die Australienreise habe ich aus gesundheitlichen Gründen wieder abgesagt. Ich leide an Depressionen
und kann nicht voraussehen, wie lang das noch anhält." 6.3.1979. LIT 139/99, 2.4.1, Luchterhand.
Interview mit Scheuffelen schriftlich am 15.2.2022. Archiv HH.

[104] Eörsi an Jandl 28.1.1979. LIT 139/99, 2.3.3.7.

[105] Maurer 2020, S. 286.

[106] An Joseph Maurer 28.4.1985. LIT 139/B2054.

Vom Nachteil, geboren zu sein und *Gevierteilt* hinterließ Jandl in seiner Bibliothek. Kein anderer Denker ist dort nur annähernd so reich vertreten.

In der Erinnerung von Helmut Moser, Musikproducer in Bad Ischl, der Jandl und Mayröcker seit Mitte der sechziger Jahre verbunden war, begannen die Depressionen schon mit einem Rückfall in die schwere Magenerkrankung, die Jandl Ende 1969 für viele Wochen dienstunfähig gemacht hatte, und wieder nach der Rückübersiedlung aus Berlin 1971.[107] Im Jahr 1969 wurde ein Zwölffingerdarmgeschwür diagnostiziert, 1971 eine Bauchspeicheldrüsenentzündung.[108] Als erstem Arzt öffnete sich Jandl Dr. Leo Navratil im Psychiatrischen Krankenhaus Klosterneuburg in Gugging, der ihn bei seiner Förderung der bildnerischen und literarischen Kreativität seiner Patienten ins Vertrauen gezogen hatte.[109] Jandl wurde ein verlässlicher Mitstreiter gegen die Amts- und Verwahrungspsychiatrie. 1974 brachte er Texte von Gugginger Patienten auf der Wagenbach-Platte „Gott schütze Österreich" unter. 1976 ließ er Navratil in die Grazer Autorenversammlung aufnehmen.[110] Im November 1977 traten Jandl, Rühm, Priessnitz und Franz Schuh mit André Heller und ‚zustandsgebundenen' Künstlern im Krankenhaus bei Navratil in einer Gemeinschaftslesung der GAV auf.[111] Nach und nach wuchs Jandl dem mit einer fürsorglichen Fachkollegin verheiraten Psychiater Navratil auch als Patient zu[112] – und als Forschungsobjekt. Ein erstes Mal zu Jandls 60. Geburtstag 1985, und mit dessen Zustimmung, wird sich Navratil über dessen psychische Verfassung öffentlich äußern,[113] und mit Gedichten wie „der nebel" (1977)[114], „mit jedem schritt" (1979)[115] und „die flasche" (1981)[116] seine Thesen über den Urgrund und das Ziel des literarischen Schreibens nicht nur von Jandl untermauern:

---

[107] Interview in Bad Ischl, 3.6.2020.

[108] 6.12.1968. Bildungsdirektion Wien, Personalakt.

[109] Siehe Kap. 6.

[110] Innerhofer 1985, S. 69.

[111] Die GAV war damals schon auf 165 Mitglieder angewachsen und der Gugginger Ernst Herbeck („Alexander") soeben aufgenommen worden. Jandl an Schuh 27.11.77. Archiv HH. Innerhofer 1985, S. 74.

[112] Die Rezepte stellte Jandls Wiener Hausarzt Dr. Horst Ehmsen nach Navratils Anweisungen aus.

[113] „jedes gedicht ist jetzt ein brief an das christkind". Die religiöse Thematik in der Lyrik Ernst Jandls. *Die Presse*, 21./22.12.1985. Der Titel ist dem Zyklus „gedichte an die kindheit" (12.12.1977) entnommen. Text zitiert nach dem Typoskript. Archiv HH.

[114] Jandl 2016, Bd. 3, S. 164.

[115] Jandl 2016, Bd. 3, S. 275.

[116] Jandl 2016, Bd. 3, S. 416.

„Zum Schreiben braucht man eine besondere Kraft. Der Schriftsteller gewinnt sie aus der glückhaften Geborgenheit seiner Kindheit, an der Brust und im Schoß der Mutter, und aus der Sehnsucht, dorthin zurückzukehren. [...] Das Urvertrauen des Dichters ist jedoch von Trost- und Hoffnungslosigkeit, Angst und Verzweiflung bedroht. [...] Das Schreiben wird zum Versuch der Selbstrettung. [...] Ernst Jandl [...] nennt Poesie seinen ‚widerlichen Lebenszweck‘. Auch ein gütiger Gott, der den Menschen nach seinem Bild geschaffen hat, ist für Ernst Jandl nicht mehr glaubhaft.“

Zehn Jahre später, bei der Feier seines 70. Geburtstags auf einem Symposion in Mürzzuschlag (Steiermark), wird Jandl Navratil zu einer Rede über seine Gesundheit verleiten und dabei von der ärztlichen Schweigepflicht entbinden. Ernst Jandl, so damals Navratil, sei ein manisch-depressiver Mensch, aber habe keine Psychose. Sogenannte manisch-depressive Mischzustände fänden sich am Anfang und am Ende einer manischen oder depressiven Phase und besonders häufig auch bei den leichteren Formen des Manisch-Depressiven, die oft chronisch und ziemlich therapieresistent seien.[117] Noch einmal 1999 in seinem Buch *manisch-depressiv*[118] wird Navratil die Gedichtbücher absuchen nach Belegen für Jandls Mutterbindung, und in der Sammlung *peter und die kuh* das Gedicht „der schrei“ finden:

ich habe meine mutter durchlocht
als ich herauskam, oh welcher schrei
ich habe ihn nicht gehört, ich habe ihn sicher nicht gehört
und ich kann auch nicht sagen, er hätte mich zerstört
aber gewiß hat er mich verwundet
davon bin ich nie gesundet

Jandls Behandlung ging in den achtziger Jahren allmählich auf Dr. Viktor Stellamor über, der am Spital der Rudolfsstiftung (seit 2020 ‚Klinik Landstraße‘) ausgestellt war. Dieser Psychiater, und vor allem Neurologe, der ihn bis zu seinem Tod begleitete, schloss sich in seinem Gesamturteil Leo Navratil an: „Ernst Jandl war ein zykloider, leicht manisch-depressiver Mensch“;[119] und als er starb ein „Wrack“ ob der vielen Schwächen und Defekte seiner Physis.

---

[117] Navratil 1995.
[118] Navratil 1999, S. 180–205.
[119] Interview in Wien 27.2.2020.

„Sebastian" oder „Meine jetzige Situation"

1976 schloss Jandl auf Otto Breichas Rat hin mit dem damals neu als Direktor des Grazer Schauspielhauses antretenden Rainer Hauer einen Vertrag über ein abendfüllendes Bühnenstück ab, das in den folgenden drei Jahren zu liefern war. Doch noch dringender brauchte Hauer für seine erste Saison 1976 einen Einakter. Jandl lieferte ihm *die humanisten*. Bis zur Mitte des Jahres 1978 sah Jandl „keinen Weg, ein neues und abendfüllendes Stück zu schreiben; mehrere Ansätze führten zu nichts."[120] Er begann vielleicht schon im Sommer 1976 in Rohrmoos, doch eher im Sommer 1977[121] in Wien, eine Bühnenphantasie gewaltigen Ausmaßes und Aufwands zu entwickeln, in welcher er in der Rolle des von Pfeilen durchbohrten Heiligen Sebastian sein Leben von der Geburt bis zum status quo in der Ordination eines Psychiaters vorführen und dabei, Pfeil für Pfeil, vor den Zuschauern seine Traumata entblößen wollte. Im „Sebastian"-Material in Jandls Nachlass[122] findet sich als Titelvorschlag: „Meine jetzige Situation". Die wird auch das Thema seiner leisen Sprechoper *Aus der Fremde* sein, die er zu Weihnachten 1978 endlich fertigstellen wird.

Doch vorerst sollte „Sebastian" als ein autobiographisches Total-theater alle Bühnenkonventionen sprengen. Höhepunkt, und wohl auch das Ende seines kreativen Schubes, waren seine Anweisungen an Bühnen-bauer, -techniker und Regisseure: zweimal Leben, einmal chronologisch, einmal zurückgespult, in einem Korsett von dicker Symbolik, ohne Rücksicht darauf, ob sich dieses vorrangig mechanische Theater in zwölf neben und übereinander gebauten Spielräumen technisch verwirklichen ließe. Er diktierte seine irrwitzigen Ideen hastig Friederike Mayröcker in die Schreibmaschine. Ein Auszug aus den fünf Typoskriptseiten:

„schieszbudenbetrieb in d. mitte d. auditoriums (zuschauerraum) mit jedem schusz wird eine szene mechan. ausgelöst, kurz in d. mitte ein herz, wenn er alle stationen geschossen hat, leuchtet d. herz rot auf in dem herzen ist eine schieszscheibe. nachdem er alle stationen geschossen hat schieszt er auf dieses herz und wenn er es trifft, [...] setzen sich alle szenen gleichzeitig beleuchtet in bewegungen und mechan. rasselgeräusche. gleichzeitig setzen überall stimmen

---

[120] Zum Stück „Aus der Fremde". Jandl 2016, Bd. 5, S. 362–363.
[121] Jandl an Horst Peter Neumann 30.6.1977: „[...] und außerdem will ich schreiben, muß es auch, da ich mich verpflichtet habe, für den ‚steirischen herbst' ein abendfüllendes Stück zu verfassen." Münchner Stadtbibliothek/Monacensia PHN.
[122] LIT 139/W496.

ein, u. zw. von jeder szene ihre eigene stimme, alles beginnt piano aufschrei
gesumme singen stöhnen jedem bild wird ein oder 2 stimmen zugeordnet
zuerst punktuell, dann immer dichter, immer rascher, zuletzt ein stimmen-
gewirr, brausen v. stimmen das zu einem klagenden dauerton wird, dem ein
kl.d. zugrundeliegt aus dem andere stimmen herausragen können, erreicht sehr
groszes volumen das das th. füllt u. damit wäre diese szene aus (black-put)
nun würden schieszbude im th.-raum weg, mit schütze weg, gewehre weg tisch
bleibt
dann käme: sämtl. szenen in der simult. reihenfolge in der sie gezeigt wurden,
werden nun als einzelszenen [...]"[123]

Zur rasenden Kompression von Bildern und Tönen sowie zum Auslösen
von Tönen und Bewegungen durch den Treffer auf einer Schießscheibe
könnten Jandl zwei technische Anlagen inspiriert haben. Die erste: In
einem Schießstand im Wiener Prater musste auf Wildtiere aus Blech in
einer gemalten Gebirgslandschaft gezielt werden; hatte der Schütze in das
dem Tier aufgemalte ‚Schwarze' getroffen, kippte die Figur weg und schlug
dabei eine Glocke an. Die zweite: Die klingelnde und blinkende, von vielen
Elektromotoren angetriebene ‚Weltmaschine', die der 1981 verstorbene
Bauer Franz Gsellmann, fasziniert vom ‚Atomium' auf der Brüsseler Weltausstellung 1958, in vielen Jahren aus Flohmarktkram zusammenschraubte
und damit in Edelsbach bei Feldbach ein kleines Haus füllte. Jandl
lernte Gsellmann noch selber in der Oststeiermark bei einer Vorführung
kennen.[124]
In Jandls Szenenaggregat muss „ein ganz bestimmtes wort" den Schuss
auslösen, der dann jede „zu eliminierende Person", die in einer Liste verzeichnet ist, vorläufig tötet: Vater, Mutter, Bruder, die schwangere Freundin,
das uneheliche Kind, die Ehegattin, die dauernde Freundin – bis zu den
Nachkommen des unehelichen Kindes; doch im Rückwärtslauf stehen die
„Toten" wieder auf und schießen auf den Schützen: auf Sebastian. Der „wird
nicht getötet, aber von szene zu szene mehr und mehr verletzt, bandagen,
blut, eiter". Sebastian, seit der Renaissance auch als homoerotische Ikone
verehrt, schleppt sich nun zum Schießstand, ergreift ein Maschinen-
gewehr (mit Kühlmantel – Jandl hinterließ davon eine Skizze) und schießt
kreuz und quer durch den Raum. „Während des Schießvorganges ein

---

[123] Das Zitat folgt dem nur an wenigen Stellen von Jandl hs. korrigierten Typoskript Mayröckers mit
der ihr eigenen Schreibung von „ß" als „sz". „ein kl.d." mag Kaleidoskop oder Kaleidophon bedeuten.
[124] Roth 1986.

Abb. 4 Franz Gsellmann (1910–1981), Bauer in der Oststeiermark, erklärt seine „Weltmaschine". V.l.n.r.: Andreas Okopenko, Hans Haider, Friederike Mayröcker, Gert Jonke, Alfred Kolleritsch. (Foto: Ernst Jandl)

konvulsivisches Erstarken des Sebastian." Dann wirft er das schwere MG fort und

> „reiszt sich [...] die bandagen, erst langsam wie wenn er sich die haut abziehen würde, dann rascher, steht dann dort m. wallendem haar, nackten [*sic!*] ober-körper, badehose, slip, nackte beine, körper ist unverletzt, inzwischen kommen singend 4 mädchen ein groszen mantel tragend, hohen stimmen, lieb-licher gesang, girlanden, kitschig, hawai-look [...] wendet sich dann gegen d. publikum, mit geschl. mantel, hände über d. brust gekreuzt, blauer mantel mit sternen, hermelinbesetzt, öffnet d. umhang u. man sieht ein groszes rotes glühendes herz das fast seine ganze brust bedeckt identisch mit d. schieszbudenherz am anfang orgel fällt ein, groszer gott wir loben dich, choral vor dir neigt d. erde sich u. bewundert deine werke wie du warst vor alle zeit ... [...] und es steht jetzt dort dieser ‚chor' anstelle d. figuren / großer gott .. / glocken, etc. / (ev. swingle singer-art)".

Mayröckers Typoskript endet mit einem kurzen Nachspiel in einer Arztpraxis. Die Ordinationsschwester beruhigt Sebastian: „sie können sich jetzt ankleiden: der doktor läßt sagen, alles in bester ordnung, vollkommen gesund."

Selbsterforschung als Weg zur Heilung: Der Anstoß zu diesem Gewaltspiel mit der eigenen Biographie könnte von dem – als Universitätsprofessor autoritärer als Freund Navratil auftretenden – Psychotherapeuten und -analytiker Hans Strotzka gekommen sein.[125] Jandl trat im März 1978 mit ihm in Verbindung.[126] Im „Sebastian"-Drama wollte er sein Publikum auf seine Suche nach seinen Traumata mitnehmen: „Bei Vorlauf und Rücklauf der Einzelszenen werden diese als traumat. Punkte erkennbar. Bei Gesamtbild Schluß ist Zuschauer mit ihnen als traumat. Punkten vertraut" – so ein Hinweis auf einem Beiblatt.

In keinem anderen Entwurf für eine Bühne wagte sich Jandl, weiter über die Grenzen des Theaters und seiner Scham hinaus zu denken. Sein Szenario hinterließ er auch auf einem mit königsblauer Tinte auf einen Doppelbogen gezeichneten Übersichtsplan von den zwölf Stationen seiner Simultanbühne: sein Martyrium als Bilderzählung wie in einer Biblia pauperum. Strichmännchen und -weibchen nehmen die Rolle von Schauspielern oder Puppen ein. Zwölf Szenen sind vorgezeichnet, je vier auf drei Ebenen übereinander:

1. Sebastian wird gezeugt
2. Sebastian wird erzogen
3. Sebastian verliert seine Mutter
4. Sebastian wird von einer jüngeren Haushälterin verführt und trennt sich von ihr, sie wird schwanger
5. Sebastian muß in den Krieg
6. Sebastian kommt aus Gefangenschaft und beginnt sein Studium
7. Sebastian heiratet und ergreift einen Beruf
8. Sebastian trifft Dauerfreundin und zerstört seinen Beruf durch Kunst
9. Sebastian verspielt Chance zu Familie und erfährt Erbrecht unehelichen Kindes
10. Sebastian mietet ein Schloß und findet sich nicht zurecht

---

[125] Im gezeichneten Plan für „Sebastian" füttert der „Dr. med. psych." mit der rechten Hand den Patienten mit Pillen. Strotzka war als Prediger gegen Alkohol bekannt. Der Arzt in der Zeichnung gönnt sich hinterrücks mit der linken Hand einen „Schluck aus der Pulle". Das könnte ein polemischer Giftpfeil auf Strotzka sein.

[126] 31.3.1078, 6.4.1978. LIT Taschenkalender.

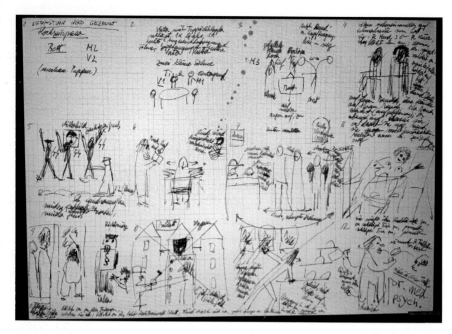

Abb. 5 „Sebastian": Szenenentwurf, 297 × 420 mm. Aus Schweiger 2010. *Ernst Jandl vernetzt.* LIT 139/W496

11. Sebastian wird wegen seiner Kunst verhöhnt und versucht Rückkehr in seinen bürgerlichen Beruf

12. Sebastian vertraut sich einem Arzt an und gerät immer tiefer in Verzweiflung

Beim Ausschreiben der Sprechrollen kam er über die ersten vier Szenen nicht hinaus. Im ersten Bild werden die Eltern beim ersten Beischlaf gezeigt. Der Vater war im Krieg nur ein „Büroheld", die Mutter ist Junglehrerin, die auf eine Heirat in Weiß bestand. Da passiert das Malheur: „Der Gummi ist geplatzt".[127] Sebastian schreit: „Reißt mich raus ich will [...] NICHT LEBEN". „Beim Wort Leben trifft es den aufgerichteten Vater wie eine Kugel ins Herz, er sinkt zusammen." Jetzt ruft ein Gassenjunge in die Szene: „Du hast den falschen getroffen / in der Schickse bist drin / in der Bixn".[128] Nach dem zweiten Bild, in welchem Mutter den „Pracker"[129] holt, Vater

---

[127] Diese Tatsache erzählte Viktor Jandl erst im hohen Alter seinem Sohn, der damals gezeugt wurde. LIT 1.9.2.7, 139/W942, „Reden ungeklärt".

[128] Bixn: Vagina.

[129] Pracker: Geflochtener Schläger zum Teppichklopfen.

auf die Kinder einschlägt und Sebastians kleiner Bruder stirbt, schreit der Gassenjunge noch unverschämter: „Was hast denn ned gleich / de Oedn umglegt / Der glaane Drohtl[130] wär von allanich grebiert". Der Vater, der von der Arbeit nach Hause kommt, die Mutter, die ihm berichtet, dass, obwohl der jüngere Bruder gefehlt hat, der Älteste zu züchtigen ist, schuld ist immer der Älteste, sie selbst ist, weil krank, zum Verhauen zu schwach, das elastische Schlagholz klatscht auf den wahrscheinlich nackten Bubenhintern: Da ist viel versammelt, was ein Leben lang schmerzt und nach Rache schreit.

Im Bild drei liegt die Mutter sterbenskrank im Spital. Sebastian zeigt sich schon herzlos, weil sie ihn wegen seiner Bubensünden quälte. Die Mutter zuletzt: „Die Kinder, weißt, die Kinder … Wenn ich das gwußt hätte … Ich hätt mirs überlegt." Hier hat aber aufs Stichwort der behandelnde Arzt zu sterben. Der Gassenjunge: „Hast gsehn? Hast gsehn? Der Doktor hat den Jesus gsehn." Nur die zehnte der Szenen fällt schon prima vista aus der Reihe. Welches Trauma versteckt sich im symbolisch-allegorischen Kastell? Es lässt sich zeitlich eingrenzen. Bild 9 davor erzählt vom Schock nach dem Tod des Vaters 1973, als Jandl bewußt wurde, dass Traude, die Friseuse im Waldviertel, den Nachlass samt Urheberrecht erben könnte. Bild 11 danach zeigt ihn zurück im Klassenzimmer, das war im September 1975. Auf der großen 12-Szenen-Skizze strich Jandl Bild 10 durch und zeichnete es auf einem gesonderten Blatt neu. So als wäre er im ersten Versuch zu deutlich geraten. Im zweiten ist das Kastell zu einem klassizistischen Tempel mit verschlossenem Tor mutiert. In beiden Darstellungen stehen einander ein Mann und eine Frau gegenüber, die Frau mit fallendem Haar, wie Friederike es trägt.

Die Variante 1 zeigt die Frau vor einer Tür mit sechs Schlössern, den Mann mit einem steil nach oben zum ersten Loch zielenden Schlüssel. Schloss und Schoß tönen klanglich verwandt. Was will der Mann und darf es nicht, auch wenn er, wie es angeschrieben ist, „für jeden Schlüssel 1 Stück Gold" zahlen würde? Im Jahr 1974 brachte Jandl monströse sexuelle Phantasien als Strichzeichnungen aufs Papier.[131] Solcher Intensität und Rücksichtslosigkeit könnte sich seine Partnerin verweigert und ihn mit seinen Wünschen stehen gelassen haben. In der 2. Variante der Kastellzeichnung, der reflektierteren, weisen der Mann und die Frau auf ein auf das Eingangstor gezeichnetes Labyrinth hin. Der Text dazu verheißt keine

---

[130] Drohtl: Trottel, Dummkopf.
[131] *Der versteckte hirte.* 1975. Düsseldorf: Eremiten-Presse.

Abb. 6 „Sebastian": Links Variante 1 der Szene 10 mit Turm, Tür mit den sechs Schlössern und dem Schlüssel durchgestrichen, rechts Variante 2 mit Paar vor verschlossenem Tempel. Schweiger 2010 und LIT 139/W496

Erfüllung: „Sebastian versucht Weg durchs Labyrinth, kommt nicht weiter, wird vom Besitzer gegen Entlohnung immer wieder korrigiert."

Im Jahr 1974, oder ein wenig davor oder danach, könnte sich für Ernst das Verhältnis zu Friederike schmerzhaft verändert haben. „Er hat auch der Fritzi erlaubt, irgendwelche Verhältnisse zu haben", erinnerte sich Peter Weibel.[132] Im „Sebastian"-Manuskript bezeichnete er sie sachlich kühl als „dauernde Freundin" und „Dauerfreundin". Die Ich-Erzählerin in Friederike Mayröckers Prosa „Die Abschiede", geschrieben 1978/80, spricht im Zusammenhang mit einem „Valerian" über „das verhängnisvolle Geschehen seiner *Annäherung und schrittweisen Abrückung und Loslösung*". Wer war dieser Valerian? Helmut Heißenbüttel, mit Jandl und Mayröcker eng vertraut, deutete in einer Rezension nur an: „es besteht keine Unklarheit über diesen Namen".[133]

Im August 1977 begann Jandl ein weiteres Stück: „Totentheater".[134] Die Lebenden sollten direkt mit den Gestorbenen konfrontiert sein: Den Zuschauerraum wollte er auf der Bühne spiegelgetreu nachbauen und mit Statisten und Schauspielern, zusammen ein Chor, besetzen. Ihm schwebte ein ‚Welttheater' vor, das, wie Hofmannsthal im „Jedermann", beim spätmittelalterlichen, an Allegorien reichen ‚morality play' ansetzt. Im nie

---

[132] Interview in Wien 8.6.2011.

[133] Deutschlandfunk 22.2.1981. http://www.logbuch-suhrkamp.de/helmut-heissenbuettel/wie-sich-der-fluss-der-rede-kaum-unterbrechen-laesst/.

[134] Nur als handschriftlicher Entwurf bekannt. Einziger Anhalt zur Datierung ist eine dem Manuskript beiliegende Karteikarte mit Jandls hs. Vermerk „seit Aug. 77". LIT 139/495.

ins Reine getippten Manuskript machen übergroße Hervorhebungen von Wörtern wie „LEBEN" oder „FRIEDEN" den Furor beim Schreiben ahnen. Symbolik und Aggressivität seiner frühen, für Paul Fürst 1958 entworfenen Pantomime „Selfmademan. Ein hygienisches Ballett" erstanden wieder auf. Wächter mit Maschinenpistolen befolgen die Anweisung einer übermächtigen Instanz – einer Stimme von oben aus einem Lautsprecher. Ein verkommener Priester – eine ‚stehende Figur' in den auch von Jandl gelesenen katholischen Graham-Greene-Romanen –, wird gedemütigt, weil er einen Toten begräbt; ungebrochen steht er vom Erdboden auf und singt sein Marienlob. Ein „einfacher Mann", Vater von drei kleinen Kindern, verlangt bloß ein Dach übern Kopf, Essen und Frieden – wird aber von der Masse ausgelacht und auf Befehl von oben erschossen. Die Lebenden sprechen mit den Toten. Wollen sie zurück ins Leben? „n -e – i – n!". Ihre Wechselreden gleiten ab in den neuen Infinitiv von „tagenglas" und *die humanisten*: „leben sein ein weg zu toden", „nämlich wer nicht leben sein auch nicht sterben sein", „überleben sei tod andere bewitzigen."

Ähnlich endet auch das durch keinen Leidensdruck getrübte Monodram „kleinere ansprache an ein größeres publikum",[135] das mit 15. Oktober 1977 datiert ist und von Helmut Heißenbüttel erbeten wurde für die erste Nummer seiner Zeitschrift *Hermannstraßen 14*. Die Leser und Zuhörer werden darin wie Versuchskarnickel bedient von einem Schriftsteller-Ich, das sich in Grammatik-Etüden verrenkt, bis es den simplen Infinitiv der „heruntergekommenen Sprache" entdeckt: „sein dies konzepten für stücken? Sein dies ein planen, programmen, einen dramatischen?"

Colloquium Neue Poesie ab 1978 in Bielefeld

Am 12. Juni 1978 trafen sich Jandl und Wolfgang Kraus im Café Landtmann an der Wiener Ringstraße. Kraus notierte im Tagebuch mit grundehrlicher Distanz, die er in der Öffentlichkeit durch gespreizte Liebenswürdigkeit zu kaschieren wusste: „Er hat sichtlich Schwierigkeiten mit dem Schreiben, mit der Resonanz, der finanziellen Existenz. In den Schuldienst will er nicht mehr zurück, und weder seine noch Mayröckers experimentellen Texte lassen sich noch gut verkaufen. Nach fünfzig stellen sich Bilanzergebnisse ein – und die sind eben oft enttäuschend. Vor allem

---

[135] Jandl 2016, Bd. 5, S. 455–462. Falsch unter „Prosa" eingereiht.

nach einer Periode der Konjunktur und Überheblichkeit."[136] Doch Kraus irrte. In diesem Jahr 1978 fügte sich das Fundament von Jandls endgültigem Erfolg. Er durfte sich für immer von der Schule trennen und konnte im Literaturbetrieb in Deutschland neue Bastionen besetzen; im August kam sein neues Gedichtbuch *die bearbeitung der mütze* in den Buchhandel; und zu Weihnachten schickte er dem Grazer Schauspielhaus den Stücktext *Aus der Fremde*, abendfüllend, wie 1976 bestellt. Jetzt konnte er es sich sogar leisten, die ihm von Suhrkamp angebotene Übersetzung von Gertrude Steins Roman *Ida* abzulehnen.[137] Exakt zur selben Zeit wie Jandl gelang es auch Friederike Mayröcker, ihren literarischen Durchbruch vorzubereiten: mit dem erwähnten ersten großen Prosabuch *Die Abschiede*, geschrieben von April 1978 bis Januar 1980.

In der Bundesrepublik Deutschland tat sich ihm im Februar neben der Berliner Akademie der Künste ein neues Forum auf. Zunächst dank eines Missverständnisses. Nach der Psychologie, Psychiatrie und Sozialwissenschaft – 1972 erschien der erste *Autorenreport* mit soziometrischen Daten[138] – lenkte nun auch die empirische Sparte der Literaturwissenschaft ihren Blick auf die ‚Schöpfer', so nennt sie das Urheberrecht, von Literatur. In Bielefeld suchte Siegfried J. Schmidt, eben erst als Professor für Theorie der Literatur berufen, Antworten auf die Frage, ob sich die Kreativität von experimentellen Autoren von der Kreativität von traditionellen Autoren oder von normalen Menschen unterscheidet. Für dieses psychologische Projekt suchte er zwanzig Autoren als Testpersonen. Zwei mit der Avantgardeszene vertraute junge Kollegen an der erst 1969 gegründeten Universität, der ehemalige Luchterhand-Lektor Klaus Ramm sowie der Arno-Schmidt-Forscher Jörg Drews, lockten die Probanden für 10. bis 13. Februar 1978 zu einem Colloquium zum unverfänglichen Thema „Literaturentwicklung und Literaturanalyse: Entwicklungstendenz und Beschreibungsmöglichkeiten experimenteller Literaturen" in Schmidts Zentrum für interdisziplinäre Forschung. Jandl und Mayröcker trafen dort auf Chris Bezzel, Pierre Garnier, Jochen Gerz, Hartmut Geerken, Eugen Gomringer, Lily Greenham, Bohumila Grögerová, Helmut Heißenbüttel, Franz Mon, Oskar Pastior, Gerhard Rühm, Konrad Balder Schäuffelen, Timm Ulrichs, Oswald Wiener. Auf alle warteten dicke Fragebögen.

---

[136] Tagebuch 13.6.1978. Zur Verfügung gestellt von Gertrude Kothanek.
[137] Jandl an Gottfried Honnefelder. 31.12.1978. LIT 2.2.
[138] Fohrbeck u. Wiesand 1972.

Ramm und Drews organsierten für den ersten Abend eine Lesung vor Publikum. Der Vortragssaal im Kunsthaus bot 240 Plätze, doch 500 Zuhörer kamen. Ramms Erzählung:

„Oswald Wiener holte sich aus der Bibliothek ein Buch von Reinhard Döhl und sagte, er hieße Gerhard Rühm. Jandl las aus den *humanisten*. Jeder hatte sechs Minuten. Am nächsten Tag wurden sie alle isoliert in einem großen Saal, sollten Testfragen beantworten und waren unheimlich sauer, fast bis zur Prügelei. Wiener stellte fest, dass die Tests von amerikanischen Arbeitgebern verwendet werden, die die Kreativität ihrer Mitarbeiter feststellen wollen. Er war der Wortführer dagegen und erzählte: Was fällt ihm ein beim Wort Gurke? Da hat er geschrieben ‚Paul‘. Weil es den Autor Paul Gurk gibt, den kaum jemand kennt.“[139]

Die meisten Autoren verweigerten das Ausfüllen, wohl auch Jandl und Mayröcker. Siegfried J. Schmidt schrieb viel später: „Wenn ich mich recht erinnere, haben die beiden Dichter so etwas wie triviale Fragebögen nicht bearbeitet.“[140] Am Schlusstag standen Zukunftsfragen auf dem Programm. Jandl verteilte ein schon Wochen zuvor verfasstes Sieben-Punkte-Programm. Ohne Rücksicht auf die an ihre Universität gebundenen Interessen von Ramm und Drews schlug er die Gründung einer Internationalen Gesellschaft für Neue Poesie mit Sitz in Westberlin vor. Zweck der Gesellschaft wäre „die konsequente und kontinuierliche Förderung der Produktion, Publikation und Distribution sowie der kritischen und wissenschaftlichen Reflexion der neuen Poesie in allen Teilen der Welt“. In Oskar Pastior sah er den rechten Mann, um dort eine solche Zentrale zu installieren, mit Oswald Wiener als Mitarbeiter. Er hatte auch schon über Statuten, Geld, steuerliche Vorteile und darüber, wer aller aufgenommen werden sollte, nachgedacht.

Doch Jandl musste klein beigeben. „Mich schreckten die Vorstellung der institutionellen Vereinigung ebenso ab wie die Aussicht auf Vereinsmeierei“, erinnerte sich Franz Mon 2022, und: „Mir hat es dann so missfallen, dass ich am dritten Tag nach Hause gefahren bin, mir war das zu blöd.“[141] Auch Helmut Heißenbüttel habe, so Ramm, erklärt: „Das erinnert zu sehr an die Gruppe 47. Wir wollen vor allem keine Verleger und keine Lektoren unter

---

[139] Interview in Hamburg 14.7.2021. Darstellung von Jörg Drews in https://joerg-drews.de/durchblick-und-draufblick-ueber-das-bielefelder-colloquium-neue-poesie1978-1997/.
[140] Schreiben vom 20.9.2021.
[141] Interview mit HH 4.1.2022.

Abb. 7 Bielefelder Colloquium Neue Poesie im Mai 1982 in Athen: v.l.n.r. Franz Josef Czernin (halb verdeckt), Friederike Mayröcker (sitzend), Ernst Jandl, Chris Bezzel, Hartmut Geerken, Klaus Ramm, Jochen Gerz, Timm Ulrichs, Jeremy Adler, Theophil Maier, Franz Mon, Isolde Ohlbaum (Fotografin), Jörg Drews. (Foto: Jürgen H. Koepp/ AdK Berlin)

uns, das war Ernsts Hauptpunkt, denn dann gäbe es nur noch Fenster-reden. Also ohne Publikum, ohne Presse, nur wir untereinander, und wir bestimmen selber, wer kommt." Ramm: „Ernst hat x Kriterien aufgestellt. Nach denen hätte Fritzi nicht dabei sein dürfen. ‚O Du hast recht,' sagte Jandl, ‚also alle können kommen, die sich auf Gertrude Stein berufen haben.' Insofern sind Jandl und Heißenbüttel geistige Gründungsväter." Heißenbüttel machte zuletzt mit einem Bericht aus Bielefeld in der *Zeit*[142] die Beschlüsse der Poeten bekannt.

Siegfried J. Schmidt, der schon 1979 an die Universität Siegen weiterzog, aber noch Jandl zum zweiten Colloquium einlud, sah seine Hinterlassen-schaft kritisch:

„Das BCNP [Bielefelder Colloquium Neue Poesie] war sozial ein merk-würdiger Verein. Jedes Mitglied hatte seine ganz eigene Stellung, die sich immer am Selbstbewusstsein der anderen abarbeitete. Da gab es schon krasse

---

[142] 24.2.1978.

Unterschiede zwischen ‚Großen und Kleinen', zwischen Etablierten und Newcomern. Das zeigte sich auch deutlich bei den öffentlichen Lesungen, die Hierarchiebildungen über Applaus im Publikum abbildeten. ‚Die drei Wiener'[143] haben im Colloquium eine Sonderstellung eingenommen als unangefochtene Poeten. Dagegen waren die anderen Teilnehmer Einzelfiguren, die ständig um ihre Position in der Colloquiumshierarchie kämpfen mussten. Eine weitere Sonderstellung hat Friederike Mayröcker eingenommen, die unbefragt akzeptiert wurde."[144]

Der visuell zwei- und dreidimensional arbeitende Timm Ulrichs vergaß nicht die Kränkungen:

„Jandl, Heißenbüttel, Gomringer – er ist wohl nur selten gekommen – haben am Anfang ihre Texte gelesen, am Ende durften dann Leute wie ich, und zwischendurch auch Gerhard Rühm. Über meine Arbeiten hat man nicht gesprochen, doch oft über Mon, Jandl, Heißenbüttel – über die ‚Großmeister'. Es gab Unterschiede, ich war eher am Rande, wie auch Priessnitz, Gunter Falk. Mayröcker hat kaum was gesagt bei den internen Sitzungen, sie hat mit leiser Stimme relativ monoton gelesen. Jandl hat ja gebrüllt, sich die Seele aus dem Leib geschrien."[145]

Die schon als „Bielefelder Colloquium Neue Poesie" angekündigte Veranstaltung vom 2. bis 4. Februar 1979 wird ein Dichtertreffen sein, ohne Journalisten, mit Drews, Ramm und Bezzel als einzigen Universitätsleuten und wieder mit einer öffentlichen Lesung zu Beginn.

Präsenz im Kanon der Namhaften wurde nun ebenfalls gesichert, als 1978 Heinz Ludwig Arnold sein *Kritisches Lexikon zur deutschsprachigen Gegenwartsliteratur* in einer ersten Lieferung vorstellte. Der Artikel über Ernst Jandl war Karl Riha anvertraut. Ihm hatte Jandl schon 1964 Gedichte in die Redaktion der Frankfurter Studentenzeitschrift *diskus* geschickt; nun lehrte Riha an der Universität Siegen. Riha, der sich auch ‚Schriftstellerwissenschaftler' nannte, bat um Material direkt aus Wien und schickte Jandl seinen Lexikontext zum Korrekturlesen.[146] Jandl wird ihm dann unaufgefordert mit den jeweils neuesten bibliographischen Daten sowie Rezensionen beliefern. 1978 wurde das Jandl-Gedicht „lichtung" in Marcel

---

[143] Ernst Jandl, Gerhard Rühm, Oswald Wiener.

[144] 30.11.1978. Akademie der Künste Berlin, Archiv Bielefelder Colloquium Neue Poesie 67.

[145] Interview 28.3.2022.

[146] Jandl an Riha 28.4.1978. Archiv HH.

Reich-Ranickis *Frankfurter Anthologie* in der *F.A.Z.* aufgenommen und derart deutschlandweit bekannt.[147] Auch ein zweites Gedicht fand rasch weite Verbreitung in ikonischer Aufmachung: „Rot / ich weiß / Rot". Klaus Wagenbach druckte es 1979 auf rot-weiß-rotem Karton, doch ohne Jandls Titel „Eine Fahne für Österreich", auf das Cover einer Anthologie neuer österreichischer Literatur in seiner *Tintenfisch*-Reihe.[148]

Die Grazer Autorenversammlung verlor im Frühjahr ihren Präsidenten H.C. Artmann. Zusammen mit Helmut Eisendle und Peter Rosei trat er aus dem Verein aus. Sie beklagten sich öffentlich über den „Qualitätsverlust" nach der großzügige Aufnahme neuer Mitglieder, „die sich bislang in keiner Weise adäquat legitimieren konnten".[149] Die drei fühlten sich durch die Linken im Verein verfolgt und stilisierten sich hoch als „unbewaffnete Individualanarchisten austriazistischer Prägung, die es immer als ihr höchstes Ziel ansahen, Tradition und Zukunft in einer poetische [*sic!*] Gegenwart zu vereinen, das heißt das Recht anarchistischer Untätigkeit zu verteidigen." Jandl antwortete in einer öffentlichen Stellungnahme: Die GAV sei von Anfang an nicht als elitäre Gruppe geplant gewesen. Artmann warf er in einem Brief vor, „nie über Mißbehagen geredet" zu haben – „was nur möglich gewesen wäre, wenn Du dann und wann als unser Präsident zu unseren Vorstandsitzungen gekommen wärst".[150]

Im Mai 1978 reiste Jandl mit Gerhard Rühm zum Sound & Syntax International Festival of Sound Poetry nach Glasgow. Mit dem schottischen Dichter Edwin Morgan, damals Professor an der Universität von Glasgow, traten sie am 6. Mai im Third Eye Center auf.[151] Zuvor an diesem Tag gelang es Jandl, für ein paar Stunden Ian Hamilton Finlay in Stonypath, Dunsyre, Lanark, zu besuchen, eine Autostunde von Glasgow entfernt. Er traf den Freund in einem bedauernswerten Zustand an: Er hatte sich verletzt und musste liegen. „Es wäre furchtbar", schrieb Ian danach nach Wien,

---

[147] Volker Hage am 20.5.1978. Frankfurter Anthologie. Frankfurt/M.: Insel, Bd. 4, S. 193–195.

[148] Literatur in Österreich. 1979. Hrsg. von Gustav Ernst u. Klaus Wagenbach. *Tintenfisch* 16. Berlin: Wagenbach.

[149] 4.6.1978. Innerhofer 1985, S. 88–89. Tatsächlich flüchtete Artmann aus der GAV, weil sie in Liquiditätsschwierigkeiten gekommen war und er befürchten musste, dass auf ihn als Präsidenten Haftungsklagen zukommen könnten. Zur Sanierung des Vereins spendeten die namhaften Mitglieder Kunstwerke, die am 16. März 1978 in der Galerie nächst St. Stephan versteigert wurden. Die GAV behielt trotz Artmanns Abgang ihre Attraktion: 1978/79 stießen Bazon Brock, Franz Josef Czernin, Marianne Fritz, Peter Gorsen, Gerhard Jaschke, Walter Kappacher, Felix Mitterer, Ferdinand Schmatz, Dorothea Zeemann und Otto M. Zykan dazu.

[150] 5.10.1978. LIT 139/B1641.

[151] Mitteilung Hayden Murphy 24.1.2022.

„wäre der Tag, an dem wir uns getroffen haben, auch für Dich der Letzte Normale Tag Deines Lebens gewesen […].“[152] Dem Unterrichtsministerium in Wien, das die Flüge zahlte, meldete Jandl, das Festival „brachte Gerhard Rühm und mir einen beachtlichen Erfolg“.[153] Anders als der nächste Auslandeinsatz, vom 11. bis 20. Mai: Mit Friederike Mayröcker und Wendelin Schmidt-Dengler ging es, eingeladen vom Sowjetischen Schriftstellerverband, nach Moskau und Leningrad. Das Fiasko begann schon am Flughafen, als Mayröcker nicht durch die Grenzkontrolle kam, weil sie etwas anders aussah als ihr Passbild.[154] Die Gastgeber in den offiziellen Institutionen waren nicht unfreundlich, berichtete der Germanistikprofessor lange nach Jandls Tod; „Aber wenn das Gespräch auf die Literatur kam, dann wurde deutlich, dass Jandls Literatur für sie schlichtweg uninteressant war.“[155] Als österreichische Literatur waren nur Altmeister wie Stefan Zweig und Kommunisten wie Hugo Huppert geläufig. Im Institut für Weltliteratur saßen bei einer Lesung des Paares, wie ein literarisches Zentralkomitee, ältere Herren, „deren Mienen im Vornherein Missfallen ausdrückten“. Ein Mitbringsel von der Reise fand im Stück *Aus der Fremde* Platz: „die zerlegung / in ‚moos‘ und ‚kau‘ / das resultat seiner moskaureise“; das Gedicht „mos-kau“ mit Spuren des touristischen Zwangsprogramms, das Lenin-Mausoleum eingeschlossen, hielt Jandl unvollendet zurück.

Die zweite Augusthälfte 1978 verbrachten Jandl und Mayröcker beim Europäischen Forum Alpbach. 1964 waren sie dorthin nur als Zaungäste vorgedrungen – als sie Hiršal und Grögerová aus Prag besuchten. Nun war Jandl ins Tiroler Bergdorf gebeten, um mit Peter Weibel und Otto M. Zykan eine Arbeitsgruppe ‚Grenzüberschreitungen in der Kunst der Gegenwart‘ zu leiten. „Das war eine Einladung an Ernst Jandl, er hat mich dann mitgenommen, und auch Zykan, am Schluss haben wir auch eine Aktion gemacht“, erinnerte sich Peter Weibel.[156] Jandl lobte in einem Bericht an die Veranstalter doppelzüngig das hohe Niveau in den Diskussionen über Konkrete Poesie, bei denen „die von Laien häufig gestellte Frage, ob es sich dabei denn um ‚Kunst‘ überhaupt handle, gar nicht erst aufkam“.[157] Trotz aller im Trend liegenden ‚Grenzüberschreitungen‘ beharrte er auf dem

---

[152] Jandl u. Finlay, Ian Hamilton 2017, S. 229.

[153] ÖStA AdR BMUK 2175/1/43/78.

[154] Ammon 2016, S. 267–283.

[155] Schmidt-Dengler 2005.

[156] Interview in Wien 8.6.2021.

[157] „Grenzüberschreitungen in der Kunst der Gegenwart“ – literarischer Teil. In: Molden 1979, S. 313–315.

‚Gedicht' als Gattungsbezeichnung; er distanziert sich dabei vom ‚Text-begriff' aus den sechziger Jahren, welchen er nun beim Zurückweichen sah. Wie schon oft anderswo, brachte er auch in Alpbach, dessen Stern 1978 der Philosoph Karl Popper war, Fritzi mit einer gemeinsamen Lesung im Programm unter.

Der Sommer 1978 war freilich überschattet vom Tod von Friederikes Vater Franz Mayröcker, Professor und Oberschulrat in Ruhe, im 83. Lebensjahr am 6. August. Am 11. August wurde er auf dem Friedhof in Gumpoldskirchen beerdigt. Friederike musste sich von nun an noch mehr um ihre Mutter kümmern – um Friederike die Ältere, von Ernst kurz „Resi" gerufen. Die Zweitwohnung in Puchberg am Schneeberg wurde fürs erste nicht aufgeben. Allein oder zu zweit kam die Tochter auf Besuch und blieb oft mehrere Tage. Kehrte sie allein aus dem Gebirge zurück, schloss sie Ernst zumeist schon am Südbahnhof in die Arme. Noch ein zweiter Todesfall traf Jandl in diesem Jahr: Jean Améry nahm sich am 17. Oktober in einem Salzburger Palasthotel das Leben. Eben erst im Juli hatte er sich an Améry gewandt mit der Bitte, den Philosophen Franz Austeda, seinen Freund und Beschützer in der Wiener Schulbehörde, mit einem Gutachten für einen Preis der Stadt Wien zu empfehlen.[158] Améry half.[159] Von seinem Gefühl, „er sei uns vorausgegangen", ließ Jandl die Witwe Maria Améry in einem Trostbrief wissen, „und voraus, ein Stück des Weges, war er uns wohl immer".[160]

Ernst Jandl und Friederike Mayröcker vom Schuldienst befreit

Am wiederum ersten Schultag, dem 1. September 1978, meldete sich Jandl krank. Leo Navratil bestätigte ihm neuerdings die „depressive Neurose".[161] Dieser Modus, mit einem passenden Gutachten aus dem Schuldienst auszu-steigen, war direkt mit Unterrichtsminister Fred Sinowatz vereinbart worden

---

[158] 4.7.1978. Deutsches Literaturarchiv Marbach, A:Améry, Jean. LIT 139/B1638

[159] Jandl an Améry 28.7.1978. Gutachten: „Austeda, ein philosophischer Aufklärer, wie unsere Zeit ihn nötig hat, ist einer der letzten Wortführer nicht nur des ‚Wiener Kreises' im engeren Sinn, sondern der grossen Wiener Tradition rationalistischer Philosophie überhaupt. In seinen editorischen Bemühungen hat er sich als legitimer Nachfahr des Positivismus spezifisch wienerischer Prägung ebenso eindrucksvoll ausgewiesen wie in seinem ganz ausgezeichneten ‚Wörterbuch der Philosophie' […]." LIT 139/99 2.4.9 Sachkonvolute A, Franz Austeda.

[160] 13.11.1979. LIT 139/B1638.

[161] 2.9.1978. Bildungsdirektion Wien, Personalakt.

– weil Beamte im Bundeskanzleramt[162] eine neuerliche Karenzierung blockierten.[163] Der Wiener städtische Amtsarzt bestätigte dem Dichter eine „endogene Depression"[164] und schrieb ihn „dienstuntauglich" – wegen seiner Schlafstörungen, allgemeiner Niedergeschlagenheit, Antriebslosigkeit, Konzentrations- und Merkfähigkeitsstörungen, Angstzuständen, Sensibilitätsstörungen des rechten Beines. Wiens Stadtschulrat sandte eine als „vertraulich" klassifizierte Stellungnahme mit einer Erweiterung der Anamnese ins Unterrichtsministerium: „Es wird angegeben, daß der Zustand morgens am Schlechtesten ist und eine leichte Aufhellung der Depression im Laufe des Nachmittags eintritt."[165] Weiters sei „die körperliche Mobilität mittelgradig, die geistige Mobilität hochgrad. eingeschränkt. [...] Schmerzen werden nicht angegeben. Die Einhaltung einer Diät und die Enthaltung von Genußmitteln ist nicht erforderlich. Die Haushaltsführung und die Teilnahme an der altersentsprechenden Freizeitbetätigung ist nur in sehr eingeschränktem Ausmaße möglich. Es handelt sich um eine Geisteskrankheit. Eine Erwerbstätigkeit ist Herrn Dr. J. nicht zumutbar." Gründe also genug, um Jandl vorzeitig in den Ruhestand zu schicken.[166]

Mit der überschießenden Dramatisierung („geistige Mobilität hochgrad. eingeschränkt", „Geisteskrankheit"), dem punktgenauen Höhepunkt der Depression während der Schulstunden am Vormittag sowie der Bagatellisierung von Jandls Nikotin- und Alkoholkonsum war auch gegen ‚Zeugen' vorgebaut, die Jandl fürderhin an den Abenden seiner Auftritte trinkend und rauchend beobachten hätten können. Er war erst 53 und konnte Neid erwecken in einem Berufsstand, wo viele Lehrkräfte in diesem Alter die aktuelle Zahl der Monate bis zu ihrer Pensionierung im Kopf haben. Dabei blieb er betriebsam wie immer, in der Literarischen Verwertungsgenossenschaft (LVG), in der IG Autoren und in ‚seiner' Grazer Autorenversammlung mit ihren zwei Vollversammlungen in jedem Jahr. Im Oktober 1978 empfing er in Wien eine Delegation schwedischer Schriftsteller, mehr Funktionäre als Dichter, angeführt von Benkt-Erik Hedin. Das war die Gegeneinladung der GAV, die noch H.C. Artmann als Gast

---

[162] In Österreich liegt die besoldungsrechtliche Zuständigkeit für die Bundesbeamten beim Bundeskanzleramt.

[163] BMBWF 114.319/8-18B/78.

[164] 20.3.1979. Bildungsdirektion Wien, Personalakt.

[165] 19.4.1979. Bildungsdirektion Wien, Personalakt. BMBWF 210.017/136-1979.

[166] BMBWF 114.319/10-18B/79.

in Visby versprochen hatte. Die Schweden waren ihm und Friederike auch wichtig, weil sie der Akademie nahestanden, die den Nobelpreis vergibt. Denn er arbeitete schon am Theaterstück für Graz, das *Aus der Fremde* heißen wird. Den Luchterhand Verlag wies er an, keine neuen Termine mehr zu vereinbaren.[167] Nur in der Literaturgesellschaft im Palais Palffy trat er im November 1978 mit dem neuen Buch *die bearbeitung der mütze* auf.[168]

Doch waren in diesem Jahr 1978 vom Ministerium noch Literatur-preise- und Stipendien zu vergeben. Den Österreichischen Staatspreis für europäische Literatur, der Autoren gewidmet ist, die außerhalb ihres Heimatlandes Bekanntheit errangen, sprach die Jury, in der auch Jandl, aber keine Frau mitwirkte,[169] Simone de Beauvoir zu. Die Jury des Würdigungs-preises, auch ‚Kleiner österreichischer Staatspreis' genannt, wählte Ernst Jandl.[170] Seine erste staatliche Anerkennung für einen Mittfünfziger! Zur Überreichung des Preises am 8. Februar 1979 wurde die Galerie nächst St. Stephan gewählt, wo der Künstler Oswald Oberhuber, ein GAV-Vorstands-mitglied, deren Gründer Monsignore Otto Mauer als Leiter nachgefolgt war. Der Minister ließ sich durch seinen Sektionschef Hermann Lein vertreten, der Jandls Kollege im frühen Schuldienst und nun ein häufiger Besucher von Friederike Mayröcker war. Den Juror Hans Haider, Kassier im Verein Grazer Autorenversammlung, traf es, die Laudatio zu sprechen.[171] In der Lobrede auf den Preisträger blieben die zehn Jahre der Ausgrenzung Jandls in seiner Heimat unerwähnt. Gefeiert wurden seine Erfolge – allesamt im europäischen Ausland und an amerikanischen Universitäten.

Jandl verblüffte in seiner Dankrede[172] mit einem Rekurs auf das Wort „würdig" in seiner Kindheit, als er es in der katholischen Messfeier sprach: „O Herr, ich bin nicht würdig, /daß Du eingehst unter mein Dach, /doch sprich nur ein Wort / so wird meine Seele gesund." Die gesunde Seele: ein Problem für einen soeben amtlich Geisteskrankgeschriebenen. Er befragte sich nach den Regeln der Logik:

---

[167] Jandl an Reinhard Schlasa 3.11.1978. LIT 139/99, 2.4.1.

[168] Österreichische Mediathek, online. 9-07857_k02.

[169] Mit Milo Dor, Kurt Kahl, Kurt Klinger, Viktor Suchy

[170] Wer diese Kreuz-und-quer-Verbindungen kannte, durfte mutmaßen, dass nun eine neue Clique eine alte verdrängt habe. Doch in der Jury saß eine konservative Mehrheit: Fritz Habeck, Hans Haider, Rudolf Henz, Reinhard Urbach, Alois Vogel.

[171] Gekürzt in *neue wege*, Nr. 305, 1979.

[172] Dankesrede anläßlich der Verleihung des Würdigungspreises für Literatur. *Literatur und Kritik* 133, April 1979, S. 158. Jandl 2016, Bd. 6, S. 257–258.

„Um dies zu übersetzen, zu transponieren ins Gegenwärtige, entspräche dem Dach die Schädeldecke, dem Herrn, dessen Eingehen unter dieses Dach ich nicht würdig sei, der Einfall, die Inspiration. Aber spreche er nur ein Wort, so werde meine Seele gesund. Dieses einen Wortes, immer, bedarf es, als des auslösenden Moments, um etwas, im Sinne von Kunst, zu schreiben. Dieses auslösende ist dann zugleich das er-lösende Moment, das die Verzweiflung über das Nicht-Können tilgende, solcherart die Seele wieder gesund machend, bis zum nächsten Moment totaler Wortlosigkeit und des Ankämpfens dagegen, des Anrennens an die unbewegliche und undurchdringliche Wand, dabei nichts an Hilfe verschmähend, auch nicht Zauberspruch, magische Beschwörung – o Herr, ich bin nicht würdig, daß.“

Im satirischen Wiener Rundfunkmagazin *Guglhupf* am nächsten Sonntag wurde zunächst Jandls Gedicht „die morgenfeier", von ihm gesprochen, abgespielt („einen fliegen finden ich in betten / ach, der morgen sein so schön erglüht"). Danach erregte sich der Kabarettist Gerhard Bronner „Wenn ich so was vorles, glauben die Leut', ich will sie pflanzen;[173] und für so was kriegt man 75.000 Schilling". Zwanzig Jahre später trat Ernst Jandl – eine seiner je älter je häufigeren Versöhnungsgesten – mit Gerhard Bronner im Prunksaal der Nationalbibliothek auf, als Aufputz einer Bronner-Hommage an den in Auschwitz umgebrachten Wiener Kabarettisten Peter Hammerschlag.[174]

Konjunktiv auf Bühnen in Graz, Berlin, Zürich: *Aus der Fremde*

„In der zweiten Jahreshälfte 1978, vor allem in den letzten Monaten jenes Jahres, schrieb ich dann das Drei-Personen-Stück *Aus der Fremde. Sprechoper in 7 Szenen.*"[175] Das berichtete Ernst Jandl in einer Projektbeschreibung später in einem Programmheft des Wiener Burgtheaters. In der Maske des Schmerzensmanns „Sebastian" hatte er zuvor eine Nachbildung seiner jetzigen Situation in der Form eines Stationendramas versucht. Nun gelang ihm – unter Beachtung der Regel der aristotelischen Tragödien-Dramaturgie von der Einheit von Zeit, Ort und Handlung – eine von einem Tag

---

[173] Pflanzen: verschaukeln, verarschen.

[174] „Mensch bleibe, was du bist …". 14.10.1997. Österreichische Mediathek vx-04351_01_k02 und vx-04352_01_k02.

[175] Zum Stück: „Aus der Fremde". Jandl 2016, Bd. 5, S. 362–263.

in die nächste Nacht gedehnte Momentaufnahme, in der er, so Jandl selbst, „den Dialog gedichtartig gestrafft und die Sprache des Stückes von der Normalsprache eindringlich und konsequent abgerückt hat, ohne die Verständlichkeit zu beeinträchtigen. Durch diesen dem Gedicht zu dankenden Kunstgriff erhöht sich die Lesbarkeit und die Sprechbarkeit [...]."[176] Der ‚Kunstgriff' war der Konjunktiv – für den Kritiker Hellmuth Karasek ein „kategorischer Konjunktiv".[177] Jandl hatte ihn schon in seinem langen Gedicht mit dem ironischen Titel „a man of achievement" [ein Erfolgsmensch] ausprobiert, in dem er einen langen Vormittag allein in seiner Wohnung vor dem inneren Auge seiner Leser wie ein Theaterstück vorbeiziehen ließ.

Als Spielraum zitierte er nun bildbildlich das Arbeitszimmer in der Wohllebengasse, in dem er auch schlief, mit Schreibtisch, Couch, Ölkamin, Drehstuhl, Kugellampe. Der Bewohner dieses gar nicht anheimelnden Raums ist ‚er': „Schriftsteller, ca. 50 Jahre, ca. 170 cm groß, sehr kurzes, schütteres Haar, von blond zu grau." Als einziger im Spiel raucht er – „und zwar unablässig". Die Besucherin, seine Freundin, bezeichnet mit ‚sie', ist „Schriftstellerin, ca. 50 Jahre, doch unverbraucht, in einer Weise alterslos; ca. 173 cm groß, mittellanges schwarzes Haar, das die Stirn fast bis an die Augenbrauen verdeckt." Sie trägt wie Friederike Mayröcker alles in Schwarz. Der Kurzzeitgast ‚er2' ist ein „Intellektueller (beruflich undefiniert), ca. 30 Jahre alt, ca. 178 cm groß, volles dunkelblondes Haar, kürzerer Schnitt, Gesamteindruck: besonnen, optimistisch, noch im Aufstieg". Er bezog vor kurzem eine Wohnung in der Parallelgasse und zeigt dem Schriftsteller auf der Gegenseite des Innenhofs seine Fenster; sie können nun einander jederzeit zuwinken.[178]

Die 61 Typoskriptseiten mit drei Seiten Angaben zu den drei Personen, zum Bühnenbild („Großes, eher kahl wirkendes Zimmer in Miethaus, Bauweise 1910") und zur Stimmung des Stücks („liegt in der Nähe des Tragischen") sowie 655 Dreizeiler im Konjunktiv erreichten den Bühnenverlag Kiepenheuer & Witsch in Köln und den Auftraggeber Rainer Hauer zwischen Weihnachten 1978 und Neujahr. Zudem lieferte er eine von ihm

---

[176] Jandl im Programmheft Münchner Kammerspiele, 1980.

[177] *Der Spiegel*, Heft 9, 25.2.1980.

[178] *Die Presse*, 18.1.2022 in der Besprechung einer – zum Berliner Theatertreffen eingeladenen – Teilinszenierung von *Aus der Fremde* unter dem Titel „humanistää!" im Volkstheater Wien: „Vorlage dafür war der ehemalige ‚Presse'-Literatur- und Theaterkritiker Hans Haider." *Kurier*, 17.1.2022: „In der Sprechoper „Aus der Fremde" berichtet er [...] über seinen Alltag als Autor, über seine Beziehung zu Friederike Mayröcker und über den Theaterkritiker Hans Haider, der zu Besuch kommt."

besprochene Tonbandkassette. Nun begann ein Ringen um den Text, bei dem der Grazer Intendant, der auch die Regie an sich gezogen hatte, die Kölner Verlagsleute vorschickte, um Jandl zu Änderungen zu bewegen, und das unter der Drohung, die Premiere um ein Jahr zu verschieben. Jürgen Bansemer schickte dem Dichter eine Mängelliste:

> „Das Tagesschicksal der Figur ‚er‘ geht allzu ausgeglichen vor sich. Man kann nicht nur das Tablettenschlucken und Saufen und die Ausreden darstellen, sondern auch den Schuldzusammenhang muß man aufreißen, der dahinter steht. Sie verschweigen, wie ‚er‘ sein Geld verdient. Natürlich deshalb, weil Sie verschweigen, daß Sie als Lehrer arbeiten. Aber die dargestellte Luxusfigur, die eben nur einige Dreizeiler pro Tag hervorbringt, kann davon ja nicht leben. [...] Damit kommt auch das gesellschaftliche Verhältnis dieser Figur im ganzen zur Sprache. Sie haben in Ihrer Post merkwürdigerweise keine Tageszeitung, politische Propaganda kommt in den Papierkorb, ‚er‘ lebt ja im luftleeren Raum – das muß man doch thematisieren, darüber kann man nicht hinweggehen, denn irgendwie geht es uns doch allen so, nicht nur dem Schriftsteller. [...] Formal gesehen, bitte ich zu überlegen, ob und an welcher Stelle der Konjunktiv unterbrochen werden könnte [...] als Realitätseinbruch. [...]“[179]

In Telefonaten zwischen Graz und Wien wünschte sich Hauer noch viel weitergehende Änderungen: „Er stellte sich vor, daß Person ‚er‘ einen anderen Beruf haben müßte, einen für das Publikum interessanteren, und nannte in diesem Zusammenhang Arzt, Priester, Lehrer.“[180] Jandl hielt dem Druck stand und schrieb an den Verlag: „Ich bin von der Qualität und Brauchbarkeit dieses Stückes, so wie es jetzt ist, vollkommen überzeugt, und werde mich freuen, wenn Sie es unverändert in ihr Programm aufnehmen. Wenn Sie sich dazu nicht entschließen können, muß ich nach anderen Möglichkeiten suchen, es an die Öffentlichkeit [...] zu bringen.“[181] Bansemer und Hauer gaben nach, erwirkten aber vom Autor die Zusicherung, dass das Werk sowohl als ‚Sprechstück‘ als auch als ‚Sprechoper‘ inszeniert werden darf. Der Verlag verpflichtete sich, jedem interessierten Theater zum Buch auch Jandls Demoband zu schicken.

Manuskript und Kassette reichte der Verlag in Berlin beim ‚Stückemarkt‘ im Rahmen des Berliner Theatertreffens ein. Ellen Hammer, Dramaturgin an der Schaubühne am Halleschen Ufer und als solche in der Leitung des

---

[179] 26.1.1979. LIT 139/99 2.3.1.
[180] Jandl an Bansemer 31.1.1979. LIT 139/99 2.4.1, Kiepenheuer.
[181] 18.2.1979. LIT 139/99 2.4.1, Kiepenheuer.

‚Stückemarkts', begeisterte sich für Jandls Künstlerdrama und gewann Peter Fitz, Libgart Schwarz und Paul Burian, alle aus dem Schaubühne-Ensemble, für eine Matinee am 20. Mai. Sie kannte Jandls Werk kaum und wusste auch nicht, wie autobiographisch der Stücktext ist.[182] Jandl, nach Berlin zur Frühjahrssitzung der Akademie gekommen, nahm an der anschließenden Diskussion teil und war so begeistert, dass er Hammer einlud, als Koregisseurin neben ihm *Aus der Fremde* in der ersten Besetzung noch 1979 beim WDR aufzunehmen. Von Peter Stein holte sie sich den Auftrag, *Aus der Fremde* für die Schaubühne zu inszenieren, musste aber auf Libgart Schwarz und Paul Burian verzichten. Stein bestimmte Christine Oesterlein und nicht Jutta Lampe, die Jandl und Mayröcker schon kannten und sich gewünscht hatten. Den „er2" bekam Gert Wameling.

Im Juli 1979 kam Hammer mit dem italienischen Maler Antonio Recalcati, den sie für das Bühnenbild engagieren durfte, zu Vorgesprächen nach Wien in die Wohllebengasse. Im Graz begannen die Proben im späten August. Rainer Hauer wagte sich mit dem Stück, an das er nicht glaubte, nicht ins Große Haus, es blieb auf die Probebühne verbannt und wurde dort am 28. September 1979 uraufgeführt. Jandl hatte für das Stück eine Guckkastenbühne gefordert, doch hier war nur eine Arena möglich mit Sitzen rundum. Zur Premiere konnte Jandl trotz der wenigen Plätze etliche Freunde mit Karten versorgen: Ellen Hammer, Martin Schilling, Klaus Schöning, Otto Breicha, Kurt Neumann.[183] In der lokalen konservativen Zeitung *Südost-Tagespost*[184] ätzte jener Kritiker, der schon nach Wolfgang Bauers *Gespenstern* steierische Kunstwächter mobilisiert hatte, gegen die Schriftstellerfigur, und damit den Mann dahinter: sie sei „nicht isoliert, sondern erbärmlich und lächerlich egozentrisch" und ihre Selbstbespiegelung dumm und eitel. Die Wiener *Presse* bejubelte ein „großes dramatisches Gedicht" und strich auch Hauer heraus, dem „eine außerordentliche Inszenierung geglückt" sei.[185] In der *F.A.Z.* wurde in der Titelzeile das Stück mit „In der Fremde" ausgeschildert – worauf der Verfasser der positiven Bewertung seinen Autorennamen tilgen ließ.[186] „Eines der schönsten Stücke der späten siebziger Jahre", mahnte Gerhard Schödel

---

[182] Ellen Hammer: Ernst Jandl – Aus der Fremde. Unveröffentlichtes Manuskript. Archiv HH.

[183] LIT Taschenkalender.

[184] 30.9.1979.

[185] 1.10.1979.

[186] 1.10.1979.

in der *Zeit*,[187] doch „in Graz verschenkt, in Zürich abgeschoben, in der Bundesrepublik bisher kaum beachtet." Tatsächlich hatte das Zürcher Schauspielhaus den Text abgelehnt, sodass er dem kleinen Theater an der Winkelwiese anvertraut wurde.[188]

Alfred Kolleritsch machte rechtzeitig zur Grazer Premiere den Text in seinen *manuskripten* zugänglich; *Theater heute* druckte ihn in der November-Nummer, Luchterhand 1980 als Buch, 1981 schon in der 2. Auflage, und Suhrkamp 1981 im Band 34 seiner *Spectaculum*-Reihe. Ellen Hammer war von der Uraufführung in Graz schwer enttäuscht und bereitete ihre eigene in der Berliner Schaubühne vor. Im Programmheft gab Hammer poetischen Texten der in Berlin noch kaum bekannten Friederike Mayröcker gleich viel Raum wie der Selbstdarstellung von Ernst Jandl: „*Aus der Fremde* ist die Darstellung einer Depression, die einen etwa fünfzigjährigen Schriftsteller nahezu vollständig isoliert. Er klammert sich an eine gleichaltrige Kollegin, seine langjährige Freundin, und, weniger heftig, an einen um eine Generation jüngeren Freund. […]" Wie von Jandl verlangt, wurde das Stück auf einer Guckkastenbühne realisiert. Auf dem Vorhang davor zeigte Antonio Recalcati das Nachbild einer Wiener Gründerzeitfassade – tatsächlich hatte er sie in Berlin in der Nähe des Theaters fotografiert. Langsam hochgefahren, gab er den Blick frei in ein im luftleerem Irgendwo schwebendes Zimmer, mit schiefen Wänden wie auf Ernst Ludwig Kirchners „Interieur" (1914). Dieses Gemälde hatten Hammer und Recalcati in Berlin in der Neuen Nationalgalerie entdeckt. Die Kirchner-Erben gaben ihr Einverständnis.

Die Premiere am 19. Februar 1980 im Hebbeltheater in Kreuzberg, einer Ausweichspielstätte der Schaubühne am Halleschen Ufer, wurde umjubelt. Peter Fitz gewann den von der Zeitschrift *Theater heute* vergebenen Titel „Schauspieler des Jahres 1980". Die Aufführung wurde zum Berliner Theatertreffen sowie zum alljährlichen Wettbewerb um den ‚Mühlheimer Dramatikpreis' an die Ruhr eingeladen, wo Jandl am 14. Juni in seiner Anwesenheit der Sieg zugesprochen wurde. Im Sonderheft 1980 von *Theater heute* nannten 20 von 31 Kritikern *Aus der Fremde* als „nachhaltigsten Eindruck" der Saison.[189] „Die witzig-kluge Inszenierung der Dramaturgin Ellen Hammer (es ist ihre erste)" wurde von Hellmuth Karasek im *Spiegel*

---

[187] 19.10.1979.

[188] Nyssen an Jandl 24.9.1980. LIT 139/99 2.4.1, Kiepenheuer.

[189] Bansemer an Jandl 5.9.1980. LIT 139/99 2.4.1, Kiepenheuer.

Abb. 8 Peter Fitz als „er" in der Sprechoper *Aus der Fremde* in der Regie von Ellen Hammer. Bühnenbild von Antonio Recalcati nach Ernst Ludwig Kirchners Gemälde „Interieur". Schaubühne am Halleschen Ufer 1980. (Foto: Jürgen Henschel. FHXB Friedrichshain-Kreuzberg Museum. www.fhxb-museum.de)

gelobt.[190] In der Rezension in der *Süddeutschen Zeitung* wurde nachgetragen, in Graz hätten drei Darsteller „den Text heruntergespielt wie eine Boulevardplotte", und der Regisseur habe das Thema des Stück überhaupt nicht gesehen.[191] In Zürich, wo Tobias Wyss Regie führte, gab der Österreicher Peter Schweiger den ‚er'. Jandl kam zur Premiere eine Woche nach dem Jubel in Berlin ins Theater an der Winkelwiese und sah dort „eine sehr respektable Aufführung, die sich neben der Berliner Aufführung sehen lassen kann".[192]

Jandls Namen wurde in diesem Frühjahr 1980 im großen deutschen Feuilleton rundumgereicht und war, wo immer über österreichische Literatur geschrieben wurde, der meistgenannte neben Thomas Bernhard und Peter Handke. Just damals wurde Bernhard in einem *Spiegel*-Interview gefragt: „Wenn man Sie mit anderen Österreichern manchmal vergleicht,

---

[190] Heft 9, 25.2.1980. Mit dem Abdruck von Jandls Dankrede in Mühlheim.

[191] 27.2.1980.

[192] Jandl an HH 12.3.1980. Archiv HH.

sagen wir mal mit Handke, was sagen Sie dann dazu? Sehen Sie da Ähnlich-
keiten, Gemeinsamkeiten?" – Bernhard: „Gar keine Ähnlichkeit, Handke ist
ein intelligenter Bursche, und ich möchte keines seiner Bücher geschrieben
haben, aber alle meine." – „Das ist klar. Wie steht's mit Jandl?" – Bernhard
sprach, ohne danach gefragt worden zu sein, auch über Friederike
Mayröcker: „Das lehne ich völlig ab. Das sind Schullehrertypen, die sich
auch nie trennen können von ihrem Geschäft. Die können sich auch den
Einsatz gar nicht leisten, sich in etwas einlassen." Thomas Bernhard wird
diese Schmähung Jandls und Mayröckers in seinem 1984 erschienenen
Schlüsselroman *Holzfällen* wiederholen.

Horst Zankl, aus dem Grazer Freundeskreis um das Forum Stadtpark, bestellte *Aus der Fremde* beim Bühnenverlag für das Schauspiel in
Frankfurt.[193] Es wurde dort in der Saison 1980/81 aufgeführt, so wie
auch in den Münchner Kammerspielen und im Wiener Burgtheater. Für
München bot sich Heinz von Cramer an, doch bekam er als Hauptdarsteller
weder Walter Schmidiger noch Helmut Lohner, die er sich wünschte.[194]
Statt Cramer, der schon für den WDR die Jandl-Hörspiele *Der Gigant* und
SPALTUNGEN aufgenommen hatte, wurde der junge Michael Wachsmann
gewählt.[195] Jandl zeigte sich von der Aufführung enttäuscht. Er komme nur
mehr zu Premieren, wenn er vorher Proben gesehen habe, ließ er den Verlag
wissen.[196] Über die Kritik von Joachim Kaiser sei er „bestürzt". Sie erschien
in der *Süddeutschen Zeitung* und trug den Titel „Geschickt verpackte Banali-
täten".[197] Kaiser ging nicht nur mit Wachsmann ins Gericht, der *Aus der
Fremde* „als boulevardnahes, ebenso flottes wie flaches Künstlerdrama
pseudorealistisch ablaufen ließ, so daß die Leute im Parkett viel lachten,
ein bißchen gähnten, zum Schluß den Schauspielern animiert zuklatschten,
aber den Autor auch ausbuhten"; er attackierte auch die applaudierende
Kollegenschaft aus der Kritik: Das Stück habe sie mitten ins Herz getroffen,
„weil sie ja auch Autoren sind, mühselige und beladene, welche die Darstellung ihrer neurotischen Existenz erquickt".

Das Burgtheater in Wien versteckte *Aus der Fremde* auf einer Probebühne unter dem Dach, dem ehemaligen ‚Lusterboden‘, und setzte die

---

[193] Nyssen an Jandl 22.1.1980. LIT 139/99 2.4.1, Kiepenheuer. Die Regie übernahm jedoch Bernd
Rainer Krieger.

[194] 2.1.1982. LIT 139/99 2.4.1, Kiepenheuer.

[195] Mit Thomas Holtzmann als ‚er‘, Gustl Halenke, Edgar Selge.

[196] Jandl an Nyssen 23.10.1980. LIT 139/99 2.4.1, Kiepenheuer.

[197] 14.10.1980.

Abb. 9 „Aus der Fremde" im Juni 1980 in Burgtheater in Wien auf der Probebühne am Lusterboden: Rudolf Wessely, Rudolf Bissegger, Sonja Sutter. (Foto: Rudolf Blaha)

Premiere am 20. Juni, wenige Tage vor Saisonschluss, an. Immerhin saß der Jandl wohlgesonnene Unterrichts- und Kunstminister Sinowatz unter den 49 zugelassenen Zuschauern rund um den Zimmerspielplatz.[198] In Gerd Böckmanns Regie war der nach Körperbau Jandl ähnliche Rudolf Wessely in ein Klischeebild gezwängt: Dichter sein, ein bisserl exaltiert, vielleicht hysterisch, mit einem kräftigen Schuss Alkohol im Blut. Sonja Sutter wirkte teilnahmslos, Rudolf Bissegger trat als junger Freund etwas zu selbstsicher in die Zimmerbühne.

Der Flop in München konnte die Serie der Neuinszenierungen nicht bremsen. Jandl profitierte von der Theaterpragmatik, laut der ein Drei-personenstück in einer einzigen Dekoration wenig kostet. Linz, Heidelberg, Köln, Hannover spielten nach. Der Verlag drängte nun Jandl, einen neuen Text nachzuschieben. Doch der bremste die Erwartungen: „Ich benötige jedenfalls, um die Möglichkeit eines neuen Stückes zu überlegen, eine längere Phase der Ruhe, die gibt es jetzt überhaupt nicht."[199] Als Nyssen und Bansemer an ältere Texte als ‚Nachschub' dachten, meldete Jandl ihnen

---

[198] *Die Presse*, 23.6.1980.
[199] Jandl an Bansemer 5.10.1980. LIT 139/99 2.4.1, Kiepenheuer.

als „aufführbar" nur die *szenen aus dem wirklichen leben* und *Der Raum*. Seinerseits drängte er den Verlag, für sein Erfolgsstück eine Übersetzung ins Englische in Auftrag zu geben, und schlug dafür Michael Hamburger vor. Kiepenheuers Londoner Agentin bestellte bei Hamburger Textproben, hielt sie aber für unbrauchbar.[200] In den USA zeigte der rumänische Regisseur Liviu Ciulei, der schon viel in Deutschland gearbeitet hatte, Interesse, *Aus der Fremde* im berühmten Avantgardehaus Tyrone Guthrie Theater in Minneapolis zu zeigen. Er wählte für die Übersetzung Anne Cattaneo. Jandl nannte den Titel „From The Frontier", den sie vorschlug, „vielleicht nicht ganz glücklich".[201]

Das Projekt zerschlug sich bald nachdem Nyssen und Bansemer im Theaterverlag Kiepenheuer & Witsch gekündigt hatten und unter ihren Namen eine eigene Firma aufzubauen begannen. Jandl wollte sofort den beiden dorthin folgen, doch der Besitzer von Kiepenheuer & Witsch, Alfred Neven DuMont, der fürs erste die Leitung des Theaterverlags übernahm, verstand es, ihn mit Zugeständnissen zurückzuhalten.[202] Endlich bekam Jandls Freund Hamburger einen Vorschuss für eine Übersetzung. Sie wurde unter dem Titel *Out of Estrangement* von Peter Lichtenfels beim Traverse Festival im August 1984 in Edinburgh inszeniert.[203] Maria Sommer wurde nun Jandls Betreuerin im Verlag an dessen neuer Adresse in Berlin. Ihr schickte er Übersetzungen von Pierre und Ilse Garnier, den alten Freunden in Amiens.[204] Ein anderer Freund, der Georg-Lukács-Schüler Istvan Eörsi in Budapest, gewann ein Theater in Szolnok für eine Übersetzung.[205] „Uit den vreemde", eine Nachdichtung von Judith Herzberg, einer jüdischen Überlebenden der Shoa in den Niederlanden, zeigte die Amsterdamer Toneelgroep Baal 1982. Ebenfalls 1982 wurde *Aus der Fremde* („Z dystansu") in Warschau gegeben, in der Regie von Michał Ratyński im Teatr Powszechny, dem damals Zygmunt Hübner als Intendant internationalen Ruf verschafft hatte. Doch einer weiteren Verbreitung seines dramatischen Werkes stand dessen geringer Umfang entgegen. Weil *die humanisten* weithin an österreichische politische Zustände gebunden sind, trat Jandl auf die

---

[200] Bansemer an Jandl 4.1.1980. LIT 139/99 2.4.1, Kiepenheuer.

[201] Jandl an Neven DuMont 5.1.1982. LIT 139/99 2.4.1, Kiepenheuer.

[202] Neven DuMont an Jandl 3.12.1981. LIT 139/99 2.4.1, Kiepenheuer.

[203] Jandl an Maria Sommer. 31.1.1983. LIT 139/99 2.4.1, Kiepenheuer.

[204] Jandl an Sommer 2.2.1982. LIT 139/99 2.4.1, Kiepenheuer.

[205] Jandl an Neven DuMont 5.1.1982. LIT 139/99, 2.4.1, Kiepenheuer. Jandl. Idegenből. Beszédopera hét jelenetben. 1983. Übersetzt v. Eörsi, Istvan. Debrecen: Európa.

Weltbühne mit *Aus der Fremde* quasi als Ein-Stück-Autor hinaus. Mit etwas über einer Million Schilling erreichte Jandl im Jahr 1981, als die großen Bühnen abrechneten, seine maximalen Einkünfte aus schriftstellerischer Arbeit in seinem ganzen Leben. Von einem Tiefpunkt 1975/76 waren sie exponentiell angestiegen und blieben bis 1989 auf rund 440.00 Schilling pro Jahr, was dreißig Jahre später einer Kaufkraft von ca. 70.000 Euro entsprechen wird.

Gedichte wie im Tagebuch 1980:
der gelbe hund

Ernst Jandl tippte, ehe er zur Grazer Premiere fuhr, schon seinen nächsten Gedichtband ins Reine.[206] Denn kaum hatte er Anfang Februar 1978 *die bearbeitung der mütze* fertig zum Druck gemacht, begann er nach einer kurzen Reise mit Otto Breicha nach Triest[207] und dem ersten Gemeinschaftsauftritt in Bielefeld im raschen Takt wie in den Explosionsjahren 1957/58 neue Gedichte zu schreiben, oft mehrere am selben Tag, und das als führte er Tagebuch neben seiner Auftragsarbeit für das Theater in Graz. Schon im Mai kündigte er dem Lektor Thomas Scheuffelen den neuen Gedichtband an.[208] Noch ein drittes Projekt war ihm wichtig: seine Werkausgabe. Er drängte Scheuffelen auf einer Rheinfahrt der ganzen Luchterhand-Mannschaft am 22. Juni 1979, Vorbereitungen dazu zu beginnen – auf seinen 60. Geburtstag im Jahr 1985 hin, doch besser noch früher.

Am 26. September 1979 sandte er das Buchmanuskript *der gelbe hund* zugleich an Otto F. Walter, Hans Altenhein und an seinen Lektor. Scheuffelen war freilich schon beim Weggehen; er begann im Mai 1980 seinen Dienst in Marbach im Deutschen Literaturarchiv und blieb dort 26 Jahre lang. *der gelbe hund* erschien zu Jandls 55. Geburtstag im August 1980 mit 220 Gedichten, fast alle datiert zwischen dem 16. Dezember 1977 und dem 18. Juli 1979. Außergewöhnlich einfühlsam erklärte der Klappentext[209] diese Gedichte: „Auf der Basis der Alltagssprache" führten sie „chronologisch weiter, in andere, wenngleich nicht entgegengesetzte Sprach- und Denkzonen hinein. […] Die Gedichte halten, was der Titel verspricht:

---

[206] An Breicha 23.9.1979. LIT 139/99, 2.3.3.3.

[207] 2.-5.2.1978. LIT Taschenkalender.

[208] 25.5.1979. LIT 139/99, 2.4.1, Luchterhand.

[209] Nach Karl Riha von Jandl selbst geschrieben. *Frankfurter Rundschau* 7.3.1981.

die menschliche Dimension als Maßstab für die Welt ist ohne Gültigkeit. Sprache und Thematik dieser Gedichte bewegen sich demnach in Bodennähe, der Kopf reicht nicht höher als der des Lammes, des Hundes, der Amsel im Gras [...]". Im Titelgedicht lauern Einsamkeit und Anpassung:

> der gelbe hund
>
> der hund wischt sich am hund den mund gern ab
> nämlich am hund der er nicht selber ist
> wenn aber er allein und hund nur selber ist
> wischt gern an sich den mund er selber ab
>
> so hält auch gelb sich lieber auf bei blau
> grau grün rot lila – steht jedoch nur gelbes
> korn vorn vor gelber villa, gelben himmel drüber
> ist auch das gelb sich selbst am liebsten lieber.

Christopher Middleton meldete Jandl etwas ratlos, was ihm spontan zu einem „gelben Hund" einfiel: der Klassiker „Yellow Dog Blues"[210] aus dem Repertoire von Bessie Smith, Duke Ellington und Louis Armstrong sowie der „Yeller Dog", ein halbwilder amerikanischer Hund mit goldgelbem Fell.

Einen 15-teiligen Zyklus „gedichte an die kindheit" hatte Jandl im Dezember 1977 begonnen und dafür nach der „heruntergekommenen sprache" eine neue gefunden: eine „verkindlichte sprache", von der er nun im *gelben hund* auf einer eigenen Theorieseite erklärte, sie sei „deutlich gesteuert durch eine der dauernden sprachschulung ausgesetzte intelligenz". Am bekanntesten aus dem Buch wurden die acht Zeilen des Gedichts „glückwunsch", in denen sich jeder der wiederholten Wünsche nach körperlicher Unversehrtheit als wirkungslos erweist. Marcel Reich-Ranicki nahm sie mit sieben weiteren Jandl-Gedichten[211] in seinen Kanon lesenswerter deutschsprachiger Werke auf,[212] ebenso wie das Gedicht „an gott": „[...] vielleicht eines tages / werde einfach gott wieder da sein / und garnichts gewesen dazwischen". Von „Abfall-Gedichten" berichtete Hermann Burger in der *F.A.Z.*,[213] es seien „abgefallene Gedichte, nicht ‚schlechte Literatur':

---

[210] Von W.C. Handy, 1912. 24.10.1980. LIT 139/99, 2.3.3.16.

[211] „sommerlied", „ikarus", „zertretener mann blues", „lichtung", „ottos mops", „vater erzähl vom krieg", „der wahre vogel".

[212] Bd. 7.

[213] 15.11.1980.

abgefallen vom Glauben an die großen Sprachgesten, die intakten Bilder, die geschlossenen Formen, ketzerisch in ihrer Nebensächlichkeit". „Das ist ein neuer Jandl, unspielerisch des Sterbens eingedenk – todernst im wahrsten Sinne – und nostalgisch guter schlechter Zeiten sich erinnernd", folgte ihm Ernst Nef in der *Neuen Zürcher Zeitung.*[214]

Einen ‚neuen‘ Jandl entdeckte auch Jörg Drews, der Freund in Bielefeld.[215] Statt des ‚Sprachclowns‘ erblicke er im Band *der gelbe hund* „den sich selbst verhöhnenden Schmerzensmann, einen Kruzifixus, der aus atemberaubendem Spaß noch dem Kreuz, an dem er hängt, den Boden wegziehen möchte [...]." Außerdem zitierte Drews einen anonymen Kollegen von Jandl, „der ihm immer eher skeptisch gegenüberstand". Der habe gesagt: „Jetzt geht's ihm so schlecht und er wird so verrückt, daß er als Dichter wirklich gut wird." Jürgen P. Wallmann[216] wies auf eine Depression hin im Gedicht „in die dämmerung" mit dem Anfang „ich will nicht aufhören / in die dämmerung hinein / zu schreiben // zeilen die zerfallen / und zeilen die hängenbleiben / eine kleine weile [...]" Heinz F. Schafroth prophezeite dem Autor mitleidige Leser: „Dass dieser und das Ich, mit dem er sich herumschlägt, nichts zu lachen haben, [...] wird dem Leser das Lachen früh genug mit Tränen anreichern."[217] Jandl selbst indes gab sich in einem Brief an Peter Horst Neumann zuversichtlich: „Es wird aber Menschen geben, die sich in manchen dieser Gedichte selbst wiederfinden, und das wird ihre Verzweiflung vielleicht sogar mildern, erträglicher machen."[218]

---

[214] 31.10.1980.
[215] *Süddeutsche Zeitung*, 30.11.1980.
[216] *Der Tagesspiegel*, 30.11.1980.
[217] *Die Weltwoche*, 18.3.1981.
[218] 12.11.1980. Münchner Stadtbibliothek/Monacensia, PHN.

Kapitel 9:
1980 bis 1990: Ernst Jandls Jahrzehnt

Erntefeld der Ehren

Fünfundfünfzigste Geburtstage von Künstlern werden selten gefeiert und noch seltener öffentlich wahrgenommen. Ernst Jandl saß am 1. August 1980 daheim in Wien, nach zwei Wochen Ferien mit Friederike bei Mutter in Puchberg am Schneeberg. Die fünf Lebensjahre seit dem 50. Geburtstag im Jahr 1975 seien „bislang die peinigendsten gewesen".[1] Das hatte er im Mai 1980 in einem Gedicht bekannt, das er dem Verleger Klaus Wagenbach zu dessen 50. Geburtstag gewidmet hatte – zur Warnung. Der negative Superlativ a posteriori überrascht nicht, denkt man an die drei letzten Stationen im autobiographischen „Sebastian"-Spiel: an die dort angedeutete Störung der Verbindung mit Friedrike, an die erzwungene Rückkehr in den Schuldienst und an die vom Amt verlangte Psychiatrierung mit dem Ergebnis, er sei „geisteskrank".

Nun aber begann im Jahr 1980 eine Welle von Neuinszenierungen seines großen dramatischen Wurfs *Aus der Fremde*. Der Germanist Peter Wisnewski holte ihn 1980 in seine einstündige literarische TV-Schau *Auto-Scooter* im Sender Freies Berlin[2] und nannte ihn seinen Lieblingslyriker – neben Stefan

---

[1] „50/55 für klaus wagenbach". Jandl 2016, Bd. 3, S. 431.

[2] Klaus Ramm, der in die Sendung als Experte gebeten war, erinnerte sich: „Danach lud der Germanist Eberhard Lämmert nach Dahlem in seinen Garten ein. Er hatte einen riesigen Hund, ein Bobtail. Ernst las das [Tierstimmen-] „Bestiarium" und steigerte sich immer weiter hinein. Dann fing der Hund an zu knurren, dann ging der Hund zum Zaun und alle Hunde rundum bellten mit. Danach lag der Hund wieder ruhig unterm Tisch." Interview in Hamburg 14.7.2021.

George und Gottfried Benn.[3] Österreichs umstrittener Bundespräsident Kurt Waldheim wird ihn am Ende des Jahrzehnts mit dem höchsten Kulturorden des Landes auszeichnen: dem Ehrenzeichen für Wissenschaft und Kunst. Der Empfänger hat sofort zu geloben, dass die Erben die Schatulle der Republik zurückgeben. In den zehn Jahren bis 1990 häuften sich neben den öffentlichen Ehrungen auch die Erfolge bei Lesern und Zuhörern sowie Meinungsmachern, voran Marcel Reich-Ranicki, dem Redakteur für Literatur und literarisches Leben in der *F.A.Z.* Seine zwei neuen Gedichtbücher, das *selbstporträt des schachspielers als trinkende uhr*, 1983, sowie *idyllen*, 1989, wurden in den großen Feuilletons durchwegs gut besprochen. Der Branchenriese Ravensburger brachte 1988 Jandl-Gedichte zu den jüngsten Lesern im illustrierten Taschenbuch *OTTOS MOPS HOPST*.[4]

1981 wurde in Wien von Kristina Schewig, später Pfoser-Schewig, eine erste Dissertation über Jandls Leben und Werk fertiggestellt.[5] Im selben Jahr bekamen Forschung wie Interpretation neue Anstöße in einem internationalen Jandl-Symposion im Literaturquartier ‚Alte Schmiede‘. Im Duo mit Friederike Mayröcker stellte sich Jandl auf wochenlangen Tourneen an Universitäten in Frankreich und Italien bei den Germanistikprofessoren vor. Der Anton-Wildgans-Preis der Österreichischen Industrie erreichte ihn im Mai 1983. Im März 1984 wurde ihm in Wien der Große Österreichische Staatspreis überreicht, verbunden mit der Aufnahme in den ‚Kunstsenat‘, einer vom Staat finanzierten Akademie von ‚Unsterblichen‘. Im Oktober 1984 nahm er in Darmstadt den Georg-Büchner-Preis entgegen, den angesehensten Literatur-Lorbeer im deutschen Sprachraum, und hielt danach die ‚Frankfurter Poetikvorlesungen‘ an der Goethe-Universität samt einer ersten Personalausstellung in der Frankfurter Stadtbibliothek. Mit Dieter Glawischnig, den ‚Neighbours‘ und der NDR-Bigband sowie mit Mathias Rüegg und dessen Vienna Art Orchestra eroberte er sich ein neues Event- und Schallplattenformat: Lyrik und Jazz nicht im biederen Huckepack der sechziger Jahre, sondern in spannungsgeladenem Crossover mit ihm als Vokalisten. Groß- und Kleinstädte in Westdeutschland, der Schweiz und Österreich, von Aachen bis Zell am See und Zug, wurden reichlich mit Lesungen und Konzerten bedient und die Schallplatten gut verkauft. Als ihn erstmals die DDR-Politik 1982 im Theater im Palast in Ostberlin ans Lesepult bat, konnten dort Jugendliche einen

---

[3] *F.A.Z. Magazin* 33, 1980.
[4] Jandl 1988b.
[5] Schewig 1981.

anarchischen Muntermacher entdecken und feiern. 1986 wurde Jandl als korrespondierendes Mitglied in die DDR-Akademie der Künste aufgenommen. 1985, zur Halbzeit dieses wahren Jandl-Dezenniums, zeigte der Freund Otto Breicha in Salzburg zur Festspielzeit einen Querschnitt durch das zeichnerische Werk. Der Luchterhand Verlag brachte zum 60. Geburtstag 1985 eine Werkausgabe in drei Bänden heraus. Von 1983 bis 1987 hatte Jandl endlich, nach Artmann und Rühm, auch formell das Präsidentenamt der Grazer Autorenversammlung inne, die er seit der Gründung 1973 de facto leitete. Im Frühjahr 1987 wurde er in die Bayerische Akademie der Schönen Künste gewählt.[6] 1989 beteiligte er sich an der Gründung einer Internationalen Erich-Fried-Gesellschaft in Wien, in der er seine alte Idee einer Wiener Künstler-Akademie zumindest teilweise verwirklicht sah.

Doch im für Europa historisch markanten Jahr 1989 offenbarte sich im Gedichtband mit dem schmerzlich-ironischen Titel *idyllen* ein kranker Mann. Seine Depressionen, aus denen er sich bisweilen mit aggressivem Aktionismus rettete, zwangen ihn öfter und heftiger nieder. Sein Knochenbau zeigte Schwächen, die wegen seines Übergewichts doppelt gefährlich wurden. Als er im Dezember 1986 daheim aus dem Bett kollerte, zog er sich einen doppelten Bruch des Unterschenkels zu und musste fast ein Jahr auf Lesungen, Konzerte, Reisen und Tagungen verzichten. Sein linkes Knie gab nach. Immer mehr Mühe war nötig für den Aufstieg in der Wohllebengasse in den zweiten Stock in sein Wohn- und Arbeitsquartier. 1989 wurde bei ihm der seltene Morbus Ahlbeck diagnostiziert, bei welchem Knochengewebe im Kniegelenk abstirbt. Als er zur Behandlung 1990 in Wien in einer orthopädischen Klinik lag, fiel er aus dem Bett und brach sich die linke Kniescheibe. In den nächsten, seinen letzten zehn Lebensjahren hätte er leiser treten müssen. Er tat es nicht.

1983 ein *selbstporträt des schachspielers als trinkende uhr*

Am 2. Mai 1980 trat der 1977 in Essen als Germanist promovierte Klaus Siblewski bei Luchterhand als Lektor an.[7] Der Verlagschef Hans Altenhein war noch im März mit dem scheidenden Thomas Scheuffelen nach Wien

---

[6] Heinz Friedrich als Präsident an Jandl 1.6.1987. Die für das Aufnahmeverfahren nötige Würdigung verfasste Albert von Schirnding. Jandl hielt schon am 24.11.1977 in der Akademie eine Lesung. Bayerische Akademie der Schönen Künste, Archiv, Mitgliedermappe Ernst Jandl.

[7] Rundbrief von Hans Altenhein April 1980. 139/99, 2.4.1, Luchterhand. Bei Siblewski 2005, S. 32, am 1. April.

gereist. Jandl hatte ihn überredet, zu einer Generalversammlung der GAV zu kommen, um bei einem Verlagsempfang im Hotel Regina Autoren kennen-zulernen und auch ‚Multiplikatoren' zu treffen.[8] Vorab wies er Altenhein in einem Brief auf den jungen Vorarlberger Michael Köhlmeier hin, der soeben „einen außerordentlich guten Roman" beendet habe.[9] Siblewski war zunächst kaum gefordert, denn zwei Jandl-Bücher aus Scheuffelens Hinter-lassenschaft waren noch in der Herstellung: der Stücktext *Aus der Fremde* und der Gedichtband *der gelbe hund*. Wendelin Schmidt-Dengler hatte in Wien schon angefangen, für Luchterhand einen Jandl-Materialienband zusammenzustellen. Im Sommer 1980 meldete sich erstmals Siblewski bei Jandl mit dem Vorschlag, einen Auswahlband in der Sammlung Luchter-hand herauszubringen. Einen solchen hatte Jandl, ‚Hausautor' in Neu-wied und Darmstadt seit 1968, schon im Jahr davor abgelehnt. Stattdessen drängte er auf die mit Scheuffelen und Altenhein vereinbarte mehrbändige Werkausgabe, „und zwar außerhalb der Sammlung Luchterhand".[10]

Noch im September 1979 hatte Jandl seinem Freund Pastor Martin Schilling in Langen/Hessen geklagt: „Wie problematisch mein Leben geworden ist, weißt Du ja, und nicht nur aus meinem Stück. [...] Wenn ich wenigstens täglich ein Gedicht schreiben könnte, und sei es noch so klein und blöd."[11] Ihm gelang pro Woche nur mehr ein Gedicht, das ihm gut genug dünkte, es später aus der Hand zu geben. Seine Stimmungs-tiefs fanden in den Texten Niederschlag in Selbstbezichtigungen, Selbst-beschimpfungen, Ekel vor sich selbst. Erst im März 1980, nach der umjubelten Premiere von *Aus der Fremde* in der Berliner Schaubühne, fasste er sich wieder. Wenn auch mit vielen Verfalls- und Sterbensbezügen: Die Gedichte gewannen wieder Struktur, inneren Halt, gebunden in Strophen-und Reimmustern. Doch die Ängste blieben. Im Februar 1982, er hatte eben Auftritte in Zürich und Berlin hinter sich, gestand er in einem langen schrift-lichen Interview mit Jean-Michel Dauphin in Bordeaux seine Angst vor dem

> „nicht-mehr-schreiben-Können. Es ist eine sehr extreme Sache. Aber es gibt auch eine andere Möglichkeit, und auch die ist sehr irritierend, [...] daß man

---

[8] 19.12.1979. 139/99, 2.4.1, Luchterhand.

[9] 21.1.1980. 139/99, 2.4.1. Köhlmeiers Debütbuch *Der Peverl-Toni und seine abenteuerliche Reise durch meinen Kopf* erschien erst 1982 bei Hoffmann und Campe.

[10] Jandl an Siblewski 6.7.1980. 139/99, 2.4.1, Luchterhand.

[11] 13.10.1979. 139/B2208, Jandl schrieb an diesem Tag ein Sechs-Zeilen-Gedicht mit dem Titel „klein und blöd" und dem unentschlüsselten Wort *„schnagut"*. Jandl 2016, Bd. 3, S. 498.

zwar weiter schreibt, aber nur mehr Dinge produziert, wo alle, die den Autor einmal mochten, sagen: jetzt ist es nun mehr fertig, jetzt schreibt er nur mehr Dreck. [...] Und [...] daß man überhaupt nicht mehr schreiben kann, das ist, zumindest in meinem Alter, ich werde jetzt 57, eine Katastrophe. Und wie man damit fertig wird, würde, das weiß ich nicht. Es wär ein Selbstmordgrund."[12]

Der Lektor Klaus Siblewski bestärkte ihn indes: „Über einen neuen Gedichtband würde ich mich sehr freuen."[13] Da hatte Jandl schon zirka zwanzig Gedichte 1980 fertiggestellt und dreißig 1981 ins Reine getippt. Als er mit Fritzi nach einem Jahr Pause im Sommer 1982 wieder das ‚Haus Ipsen‘ in Rohrmoos mieten konnte, tappte er sich dort sogar in die wenig geliebte grüne Natur vor – in Gedichten wie „die grüne pest", „der sonnenschein ist auch" und „baumstamm". Im Februar 1983 bekam dann Luchterhand aus Wien ganze achtzig neue Gedichte. Das Buch sollte *selbstporträt des schachspielers als trinkende uhr* heißen, so wie ein Gedicht vom 24. Juli 1980 – dem schon das „selbstporträt 18. Juni 1980" vorausging, in welchem er sich im Tonfall wie *Aus der Fremde* selber beschrieben hatte:

[...] aus dreckigem glase
jetzo trinke er
das übliche gemisch, nur etwas
mehr mineralwasser, dafür
weniger whiskey"
[...]
[er] „müsse ja
dieses gedicht hier noch
schreiben und absegnen, ehe
er sich an das spiel
mit dem schach-computer mache, seinem
neuesten hausgenoss, bekanntlich
dem einzigen (immerhin
schon dritten, nachdem
den ersten und zweiten
innerhalb rückgabefrist
er verabschiedet habe).

---

12 9.2.1982. LIT 139/B237.
13 17.5.1982. LIT 139/99, 2.4.1, Luchterhand.

Abb. 1   Polaroid-Porträts von Ernst Jandl zu Weihnachten 1983. (Fotos: HH)

Im elaborierteren Selbstporträt vom 24. Juli lief alles in der Jandl gefälligen Präzision: Es ist 17 Uhr, „er" mache alle 15 Minuten einen Schachzug, alle 25 Minuten fülle er das Glas Gin Tonic nach, alle 4 bis 7 Minuten nähme er einen Schluck, alle 12 bis 14 Minuten zünde er eine Zigarette an. Für den 25. Juli in diesem Jahr hatte Jandl in den Taschenkalender eingetragen: „Ende Rückgabe Schach-Computer". Doch diesmal blieb der „hausgenoss" wahrscheinlich im Haus, und so durfte Reinhard Priessnitz aufatmen, der Jandl in jedes Gerät neu einschulen musste – und wusste, dass nicht der Computer die Fehler macht, sondern sein Freund; und je später der Abend und je leerer die Flasche desto mehr. Im deutsch und englisch geschriebenen Gedicht „partner, 18 minuten nach mitternacht"[14] vom 7. Januar 1982 nannte Jandl auch den genauen Namen seines Spielgenossen: ‚Chess Champion Super System III'.

Anders als im *gelben hund* von 1980 reihte er im *selbstporträt als schachspieler als trinkende uhr* die Gedichte nicht wie in einem Tagebuch chronologisch. Vor dem Druck des Buches veränderte er mehrmals die Reihenfolge,[15] auch schob er noch ins bereits abgelieferte Manuskript „3 andere dreizeiler" nach – mit dem Finale „wasser für celan / feuer für bachmann / erde fühl mich an". Ein Widerstandsgedicht aus dem Jahr 1966 stellte er allen seinen jüngsten Arbeiten voran: „my own song" mit den Eröffnungszeilen „ich will nicht sein / so wie ihr mich wollt".

Keine rezensierende Stimme antwortete auf die Trauer, Resignation und Verzweiflung in diesem Buch betroffener als der schwer depressive Schriftstellerkollege Hermann Burger, sechs Jahre vor seinem Freitod: „Das Sprach-

---

[14] 7.1.1982. Jandl 2016, Bd. 3, S. 412.
[15] LIT 139/99, 1.2.1.16.

spiel wird zum Schachspiel gegen sich selbst, gegen die Zeit und damit gegen den Tod. […] Wenn sich die Erlebnisse auf Schokolade, Whisky und Schach-Computer reduzieren, manifestiert sich im Wunsch, nach dem Strick zu greifen, eine massive Altersdepression."[16] Benedikt Erenz bekannte: „Diese Gedichte […] gehören zum Bittersten, Schwärzesten, das ich seit langem gelesen habe. Es ist nicht mehr die Sprache, mit der Ernst Jandl jongliert – es ist die Verzweiflung selbst."[17] Jörg Drews erkannte im Gedicht „der wahre vogel" vom März 1980[18] den „Ausdruck eines sadistischen Anfalls und Einfalls und ineins damit Ausdruck der Sehnsucht nach ‚Ableben'".[19]

der wahre vogel

fang eine liebe amsel ein
nimm eine schere zart und fein
schneid ab der amsel beide bein
amsel darf immer fliegend sein
steigt höher auf und höher
bis ich sie nicht mehr sehe
und fast vor lust vergehe
das müßt ein wahrer vogel sein
dem niemals fiel das landen ein

Die Amsel kann als ein Dichter-Ich gelesen werden, dass sich qualvoll selbst verstümmeln muss, um Höhe zu gewinnen, hoch über den Parnass oder Olymp hinaus.

Die großen Preise in Österreich und Deutschland 1984

Die erste Auszeichnung im neuen Dezennium bekam Jandl schon im November 1982 in der Grazer Burg überreicht: den mit 50.000 Schilling dotierten *manuskripte*-Preis „in Anerkennung seines Wirkens in der

---

[16] *F.A.Z.*, 8.10.1983.
[17] *Die Zeit*, 14.10.1983.
[18] Erstmals gedruckt vom Schriftsteller Martin Schweizer in seiner in Schaffhausen herausgegebenen Zeitschrift *Heft* 8, April 1982, S. 8.
[19] *Süddeutsche Zeitung*, 29./30.10.1983.

steirischen Literaturszene".[20] Er war der zweite Gewinner nach dem *manuskripte*-Herausgeber Alfred Kolleritsch. Doppelt so hoch war sein nächster Lorbeer dotiert – der Anton-Wildgans-Preis, den die Vereinigung Österreichischer Industrieller vergibt, benannt nach dem Wiener Anton Wildgans (1881–1932), einem Lyriker mit Blick auf die Armen und zweimal Burgtheaterdirektor. Wolfgang Kraus hatte diese jährliche Spende 1962 den selbstbewussten Unternehmern schmackhaft gemacht und lenkte seitdem die Jury. Thomas Bernhard machte den Preis 1967 bekannt, als er ihn ablehnte, weil ihm die Industriellen, einen Eklat fürchtend, die Urkunde mit der Post schickten.[21] Wie schon beim ‚kleinen' Staatspreis – er hieß amtlich bis 2009 ‚Würdigungspreis' – und dem Großen Österreichischen Staatspreis war Friederike Mayröcker auch beim Wildgans-Preis Ernst Jandl im Jahr 1981 vorgezogen worden. Wohl weil man ihr kein herbes Wort bei der obligaten Danksagung zutraute, jedoch dem oft zornigen, nicht mehr jungen, doch stimmstarken Mann. Als die Jury[22] Jandl ausgewählt hatte, luden ihn die Industriellen nur zu „einer eher familiären Feier"[23] am 18. Mai 1983 ein, ohne viel Öffentlichkeit. Jandl berichtete in seiner Dankrede von seiner Wildgans-Lektüre, vor langer Zeit und aktuell. Zum Verfasser des satirischen ländlichen Epos in Hexametern *Kirbisch oder der Gendarm, die Schande und das Glück*, 1927 erschienen, ging er höflich in Distanz: „Es ist kein Kriterium für die Qualität eines dichterischen Werkes, wie weit es heute Schreibenden als Anregung für ihr eigenes Schreiben dient oder gar Ansatzpunkte enthält. Ein Werk kann in dieser Hinsicht völlig unzulänglich sein, ohne deshalb von seinem Eigenwert einzubüßen."[24]

Nun wartete auf ihn der ‚Große Österreichische Staatspreis'. Er wird in den Sparten Architektur, bildende Kunst, Literatur und Musik vergeben, den Vorschlag an das Ministerium macht der ‚Österreichische Kunstsenat', in dem sich nur Träger dieses Preises beraten. Jandl kam zugute, dass Rudolf Henz im Alter von 83 Jahren den Vorsitz im Kunstsenat 1980 niedergelegt hatte. Dieser katholische Volksbildner, Kunst- und Radiofunktionär im ‚Ständestaat' 1933 bis 1938, hatte den Kunstsenat schon seit 1967 geleitet. Ihm folgte der ‚rote' Architekt Roland Rainer nach. Ein Geistesverwandter,

---

[20] Landesrat Kurt Jungwirth an Jandl 28.10.1982. Archiv HH.

[21] „Der Anton-Wildgans-Preis". Bernhard 2015, S. 422–226.

[22] Wolfgang Kraus (Österr. Gesellschaft für Literatur), Wendelin Schmidt-Dengler (Universität Wien), Volkmar Parschalk (ORF).

[23] LIT 139/L180.

[24] *Die Presse*, 19.5.1983.

könnte Jandl annehmen. Denn so wie er selbst die Moderne des frühen 20. Jahrhunderts weiterdachte, knüpfte Roland Rainer mit der Planung einer Gartenstadt bei Linz an deutsche Reformbewegungen der 1910er Jahre an. 1993 wurde allerdings Rainers NSDAP-Mitgliedschaft aufgedeckt. Ein Schock für Jandl; auch weil er wusste, dass sein 1987 verstorbener Erzfeind Rudolf Henz in seinem katholischen Humanismus gegen national-sozialistische Versuchungen – bei Rainer war es die Karriere – standhaft geblieben war.

In den Sitzungen des Kunstsenats vertraten zumeist nur Henz, Friedrich Heer und Christine Busta die Literatur, denn Elias Canetti lebte in London und dann in Zürich, Fritz Hochwälder in Zürich, und H.C. Artmann verweigerte sich aus Prinzip Gremiengeschäften. Henz lenkte den mit 200.000 Schilling dotierten Staatspreis zuerst zu Friederike Mayröcker. Seinen Antrag 1981 im Senat nutzte er zu einem Seitenhieb auf Jandl sowie die Konkrete Poesie, das Forum Stadtpark und die GAV:

> „Ich halte Friederike Mayröcker, für die ich bereits 1975 einen Würdigungspreis durchgesetzt habe, noch immer und heute erst recht für das stärkste dichterische Talent der mittleren Generation und vor allem der sogenannten Grazer Autoren. Die Autorin hat alle Stationen der sogenannten konkreten Dichtung durchlaufen, ist aber nicht wie die anderen Avantgardisten steckengeblieben, sondern hat sich stets sprachlich zu einer neugesehenen Wirklichkeit entwickelt. [...] Wichtig erscheint mir jedoch, daß sie sich von jedem Gruppenstreit anders als andere Autoren distanziert hat. Sie ist meiner Erfahrung nach auch dem praktischen Leben und der Wirklichkeit aufgeschlossener als viele literarische Kolleginnen und Kollegen."[25]

Nach kurzer Diskussion wurde der Vorschlag einstimmig angenommen, vermerkt das Protokoll. Am 3. Juni 1982 wurde Mayröcker der Preis überreicht. Dann begann im Kunstsenat, jetzt schon mit Friederike Mayröcker als Teilnehmerin, die Suche nach dem nächsten Namen. Rudolf Henz nannte Jeannie Ebner, Milo Dor – auch wegen dessen Verdiensten um die sozialen Einrichtungen – sowie den Trakl-Preisträger Michael Guttenbrunner, Schwiegersohn von Carl Zuckmayer. Zuletzt einigten sich die Kunstsenatoren auf den Architekten Hans Hollein. Endlich wurde im November 1983 Ernst Jandl für den Staatspreis 1984 nominiert. Die Kungelei davor ist nicht protokolliert.

---

[25] 10.12.1981. LIT 407/12.

Nach der Wahlniederlage der SPÖ am 24. April 1983, und damit dem Ende der Ära Kreisky, folgte eine Koalitionsregierung der SPÖ mit der rechten FPÖ; Minister für Unterricht, Kunst und Sport wurde der Journalist Helmut Zilk – in den frühen 1950er Jahren, wie Friederike Mayröcker, Lehrer im Arbeiterbezirk Favoriten, seit 1979 Wiener Kulturstadtrat und immer hilfreich, wenn Jandl zugunsten anderer Autoren – wie den Deutschen Thomas Kling, als der in Wien eine Wohnung suchte – als Bittsteller anklopfte. Zilk gab die Kür von Jandl im Januar 1984 bekannt.[26] Zur Überreichung des Preises am 19. März im Palais Starhemberg am Minoritenplatz reisten vom Luchterhand Verlag Hans Altenhein, Klaus Siblewski und der Organisator von Jandls Lesungen Reinhard Schlasa an. Jandls Freunde vom Vienna Art Orchestra spielten Erik Saties *Méditation*.

Rudolf Henz stellte sich in seiner Laudatio als „Horchposten an der Kulturfront" dar, der schon viele Moden und Literaturdoktrinen erlebt habe – „bis zu einem von Peter Handke angekündigten Neoklassizismus".[27] Eine eigene Sprache, donnerte Henz, werde „nur jenen geschenkt, die das Experiment, ja die Zertrümmerung der Worte, Wörter und Silben nicht scheuen, aber dann nicht als Zertrümmerer und Experimentierer alt werden." Über Gomringer und Bense machte er sich lustig. „Von den Stuttgarter Gefährten Jandls überzeugt noch Heißenbüttel." Weder sachkundig noch schmeichelhaft sprach Henz, als er freundlich sein wollte: „Ernst Jandl war kein einsamer Spinner wie so viele meinten, der eben durch konkrete Dichtung berühmt werden wollte. Er hat diese Art weiterentwickelt zur Lautmalerei und zum Optischen. Er war auch als reiner Neodadaist nie nur ein Macher, der sich das Dichten leicht machte."[28]

Jandl begann seine kurze Antwort mit gepressten Sätzen:

„Dankbarkeit, die, wenn überhaupt, dann nur zu *einem* verpflichtet: weiterzumachen wie bisher, als ob es das je für mich gegeben hätte. Dann also, wie bisher, ein kontrolliertes Stolpern, mit Zäsuren durch Niederfallen, wie ein Kind, beim Lauf über die schiefe Ebene im Belvedere, erwachend: ‚Ich sterbe.' Zur Labung ein Glas Wasser aus der Hand der Toilettenfrau."[29]

---

[26] APA 124 vom 31.1.1984.

[27] Lesemanuskript LIT 407/12, 1984.

[28] Michael Scharang erinnerte sich, dass Minister Helmut Zilk ein paar Mal während der Rede empört dazwischengeschrien habe. Interview am 9.3.2021.

[29] „Dankrede zur Verleihung des Großen Österreichischen Staatspreises 1984". Jandl 2016, Bd. 6, S. 263–265.

Dem steten Warner vor Kulturverlust Henz bot er nun die Stirn mit einer Gegenerzählung: „Das Gedicht hat heute seine gute Zeit. Die größten Säle werden zu klein, wenn die Dichter aus ihren Verstecken hervorkommen, um ihre Gedichte vor Publikum zu lesen. […] Und das große, neue, junge Publikum, gekommen, um zu jubeln." Zum Schluss konterte er Jean-Paul Sartres Merksatz „Die Hölle sind die anderen"[30] des auch von Katholiken wie Henz gerne bemühten Nachkriegs-Existentialismus mit eigenen realen Erfahrungen:

> Die Hölle – das ist man selber. Nicht permanent.
> Die Hoffnung – das sind die anderen. Nicht alle.

Von nun an hatte auch Jandl Sitz und Stimme im Kunstsenat. Das hieß Sitzungen alle zwei, drei Monate sowie in jedem Jahr ein Gesprächstermin bei dem für die Kunstförderung zuständigen Unterrichtsminister. Bald stieg Jandl auch zum Vizepräsidenten des Senats auf und leitete auch manchmal die Sitzungen. Er nahm seine Sache sehr genau. War über Komponisten zu entscheiden, ließ er sich deren Schallplatten kommen. Schon unter Henz war zur guten Übung geworden, dass sich der Senat vornehmlich in Konflikten im Landschafts- und Denkmalschutz engagierte.[31] Vergebens versuchte Jandl in den neunziger Jahren, den Jazz-Musikern Dieter Glawischnig und Hans Koller den Großen Staatspreis zu verschaffen.[32] Öfter als bisher kamen dank Jandl soziale Anliegen der Künstler auf die Tagesordnung, vorrangig die Kranken- und Altersversicherung freier Künstler und die Jandl und Mayröcker betreffenden ‚Ruhensbestimmungen'.[33] Unter beider Mitwirkung wurden bis zum Jahr 2000 Peter Handke, Oswald Wiener, Gerhard Rühm, Wolfgang Bauer, Ilse Aichinger und Andreas Okopenko in den Kreis der Staatspreisträger gewählt. Wie Jandl ergaben sich auch Rühm und Okopenko gerne den bürokratischen Ritualen der Erwählten-Gemeinschaft. Beherrscht wurde diese aber seit dem Abgang von Henz 1980 von der argumentationsstarken Architektenriege.

---

[30] Aus dem Drama *Geschlossene Gesellschaft*.

[31] Von Rudolf Henz ist der Spruch überliefert, ein schlechtes Buch sei im Nu vergessen, doch ein schlechter Bau könne hundert Jahre lang das Auge stören.

[32] 10.6.1993. LIT 139/S. 550/3. Interview mit Kurt Schwertsik 12.7.2021.

[33] Einkünfte aus selbständiger Tätigkeit, darunter die Herstellung von urheberrechtlich geschützten Werken, schmälern ab einer relativ niedrigen Grenze den Anspruch auf die Alterspension.

Helmut Zilk wechselte bereits im September 1984 vom Minister- auf den Wiener Bürgermeistersessel. Der Nachfolger Herbert Moritz stieß bei Jandl auf Widerstand, als er versuchte, die Auszahlung von Sozialgeldern an Schriftsteller an eine Qualitätsprüfung ihrer Manuskripte durch eine Jury zu knüpfen.[34] Über Fred Sinowatz, der nach Kreisky Bundeskanzler wurde, ließ Jandl nichts kommen: Seine Unterschrift fehlte, als der Kunstsenat im Dezember 1984 an Sinowatz einen wütenden Brief gegen die Rodung einer Donau-Au für einen Kraftwerksbau richtete.[35] Die Grün-Bewegung hatte bei dieser ersten Kraftprobe in Österreich im Auwald bei Hainburg ihre Macht bewiesen. An Jandl ging sie vorbei.

Die Nachricht, dass ihm die Deutsche Akademie für Sprache und Dichtung den Georg-Büchner-Preis zugesprochen habe, erreichte Jandl wenige Wochen nach seiner Wiener Versöhnungsposse mit Rudolf Henz. In diese Akademie war Jandl schon im März 1981 gewählt worden, auf Vorschlag von Marcel Reich-Ranicki.[36] Die Stadt Darmstadt vergab seit 1978 den Leonce-und-Lena-Preis für junge Lyrikschreibende. 1983 wurde Jandl in die Jury gebeten, doch konnte er sich mit Marcel Reich-Ranicki nur darauf einigen, dass der Preis in diesem Jahr nicht vergeben wurde.[37] Der Akademiesitzungen wegen kam Jandl nun öfter dem Luchterhand Verlag näher, dessen literarische Abteilung bis 1989 ihre Adresse in Darmstadt hatte.

Die Büchner-Preise gingen zuvor an Christa Wolf, Martin Walser, Peter Weiss und, 1983, an Wolfdietrich Schnurre. In Wien eilte Friederike Mayröcker bei den Ehrungen Jandl voraus, doch in Darmstadt wurde sie erst 1985 Akademie-Mitglied; erst 2001, im Trauerjahr nach Ernsts Tod, bekam sie endlich auch den Büchner-Preis. „Ich habe, als ich Vizepräsident und dann Präsident der Darmstädter Akademie war", so Klaus Reichert, „immer wieder versucht, der Fritzi den Büchner-Preis zu geben. Sie erwartete ihn auch ständig. Fritzi war in Stockholm auf der Liste. Der Ernst hat gesagt: ‚Wenn ich einmal tot bin, kriegst Du den Büchner-Preis'. Als ich sie dann anrief, sagte sie: ‚Wenn das der Ernst noch erlebt hätte!'"[38] Schon als 1995 Durs Grünbein ausgezeichnet wurde, schrieb sie an Schafroth:

---

[34] Archiv der LiterarMechana GmbH Wien.

[35] 11.12.1984. LIT 407/12, Kunstsenat.

[36] Bei der Sitzung 27.-29. März 1981. *Der Tagesspiegel*, 23.5.1981.

[37] *Basler Zeitung*, 8. März 1983.

[38] Interview in Salzburg am 11.6.2021.

„Daß sozusagen 1 ‚Schüler‘ von mir den heurigen Büchnerpreis bekommt, ist schon eine Ironie des Schicksals. Man könnte ihr dann posthum 1 verleihen."[39] Auch dass Reich-Ranicki ihren Partner mehr schätzte, empfand sie als Kränkung. Ihr Name fehlte drei Jahrzehnte auf der Liste der in der *Frankfurter Anthologie* besprochenen Autorinnen und Autoren. 2005 wurde sie in Reich-Ranickis ‚Kanon‘-Band der Lyrik nur mit drei Texten in den Ewigkeitsrand erhoben – Jandl aber mit neun.

Er bekam das offizielle Telegramm aus Darmstadt am 2. Mai 1984[40] und die Presse dazu auch die Begründung für die Wahl.[41] Als Laudator wünschte er Helmut Heißenbüttel, den Helfer und Freund in den 1960er Jahren in Stuttgart, und nun in der Berliner Akademie mit ihm immer seltener in Kontakt. Er sei der Akademie müde, schrieb ihm Heißenbüttel schon im Jahr 1980.[42] Anders als ein Staatspreis in Wien wurde der Darmstädter Büchner-Preis in den Medien weltweit gemeldet. Darum gratulierten etwa Lisa Kahn,[43] Germanistin und Lyrikerin in Houston, Texas, und der Dichter Andri Peer,[44] der seine Gedichte in Graubünden in Rätoromanisch veröffentlichte. In einem Brief an Ludwig Harig brachte Jandl dankbar unter, dass er wisse, Harig habe ihn in der Büchner-Jury unterstützt.[45]

Für die Ausarbeitung der erwarteten Rede nutzte er den Sommerurlaub im steirischen Rohrmoos. Es war jener Sommer, in welchem Thomas Bernhards Schlüsselroman *Holzfällen. Eine Erregung* die Zeitungsspalten füllte, weil das Buch nach der Privatanklage des Kärntner Künstlerpaares Lampersberg wegen Ehrverletzung vorschnell beschlagnahmt wurde. Der Komponist Gerhard und die Sängerin Maja Lampersberg hatten der Wiener Avantgarde um H.C. Artmann ihren Ansitz ‚Tonhof‘ in Maria Saal geöffnet, sie umsorgten die Kärntner Dichterin Christine Lavant und

[39] 10.5.1995. SLA Sammlung Heinz F. Schafroth, Karton 11. Friederike Mayröcker.

[40] LIT 139/99, 3.5.1.

[41] „Die Deutsche Akademie für Sprache und Dichtung verleiht den Georg-Büchner-Preis 1984 ERNST JANDL, der in seinem poetischen Werk mit unerschöpflichem Sprachwitz den Zustand unserer Gesellschaft bloßlegt und mit der Erfindung der von ihm so genannten heruntergekommenen Sprache einen neuen poetischen Raum für den Ausdruck heutiger Erfahrung geöffnet hat. Es ist ihm wie keinem anderen gelungen, so sowohl die unfreiwillig komischen wie auch die zutiefst verzweifelten Züge unserer gegenwärtigen Existenz zur Sprache zu bringen und zugleich daran zu erinnern, daß es in der Literatur vor allem auf den Wort-Laut ankommt."

[42] 12.1.1980. AdK-W, Helmut Heissenbüttel Archiv 99.

[43] 3.7.1984. LIT 139/B673.

[44] 16.4.1984. SLA Andri Peer B-2-Jandl.

[45] 4.12.1985. LIT 139/B1886.

auch ihren Mitbewohner Thomas Bernhard, der dort in zweieinhalb Jahren feudalen Stil aufsog. Von Kundigen in der Gegenwartsliteratur waren in Bernhards Buch auch Schatten Jandls und Mayröckers leicht zu erkennen: in sinistren Figuren, die durch das Kunstministerium schleichen, beide Staatspreisträger.[46] In einer frühen Fassung von Bernhards Manuskript hatte Mayröcker noch „Juniröcker" geheißen, im Buch war sie die „Anna Schreker", Lehrerin, und von einem Lebensgefährten begleitet.[47] Doch anders als Rudolf Henz, der einen Protestbrief an den Verleger Siegfried Unseld richtete, hielt sie still.[48] Es war dann Jandl, der mit Marcel Reich-Ranicki als Vermittler[49] den Verleger Unseld zu einem Abkommen mit den Lampersbergs lenkte, mit dem die Peinlichkeit der schon bevorstehenden Verurteilung Bernhards durch einen außergerichtlichen Vergleich abgewandt werden konnte.[50]

Das übliche Ritual der Preisverleihung in Darmstadt begann mit einer Lesung am Vorabend. Am 12. Oktober, einem Freitag, trat Helmut Heißenbüttel im Großen Haus des Staatstheaters vor dem ehemaligen Bundespräsidenten Walter Scheel, dem SPD-Fraktionsführer im Bundestag Jochen Vogel und Prinzessin Margret von Hessen ans Pult. Seine Laudatio begann er mit einer breiten poetologischen Einführung:

> „Was nun Ernst Jandl in seinem Werk entworfen hat, ist eine Umstrukturierung, in der nicht mehr die Metapher, sondern die Benennung die metaphorische Ebene besetzt. Das bildhafte Reden der traditionellen Poetik wird allmählich

---

[46] Bernhard 1984, S. 256–260.

[47] Bernhard 2007, S. 254. Die „größte Schweinerei", dass Juniröcker/Schreker ihrem Lebensgefährten den „Großen österr. Staatspreis für Literatur" verschafft habe, ist in der Endfassung ebenso gestrichen wie die Passage, in der die „Lautgedichte" des Lebensgefährten als „erfolgreich beim Massenproletariat" vorgestellt wurden.

[48] 16.11.1984. LIT 407/12.

[49] 29.9.1994: „Ich war schon ein wenig entsetzt darüber, lieber Herr Reich-Ranicki, das muß ich Ihnen gestehen, gerade weil Sie mir immer so freundlich begegnen, in Ihrer großen Rezension des neuesten Romans von Thomas Bernhard einen Abschnitt zu finden, der geeignet ist, den mir liebsten und nächsten Menschen, meine Verbündete seit dreißig Jahren, deren Werk ich weit höher veranschlage als meine eigenen literarischen Versuche, zutiefst zu verletzen. Das geschieht freilich ohne Namensnennung, jedoch zu einem Zeitpunkt, da in einer Flut von Veröffentlichungen die Verschlüsselungen von Bernhard bereits aufgedeckt worden sind. Im übrigen darf ich Ihnen versichern, daß ich die Beschlagnahme von Bernhards Buch in Österreich heftig mißbillige und jede Aktion unterstützen werde, die auf eine Aufhebung dieser Beschlagnahme und auf die Beseitigung jeder Voraussetzung zu solchen Eingriffen gerichtet ist." DLA, Marcel Reich-Ranicki 1981–1991.

[50] Voraussetzung dieser Einigung war, dass Suhrkamp die auf beiden Seiten angefallenen Verfahrenskosten übernimmt.

hinübergezogen in den Bereich der alltäglichen Vorgänge und Verrichtungen. Nicht das Höhere, das Glänzende, Bedeutende und nicht das Hintergründige, Geheimnisvolle, Raunende machen das Gedicht aus, sondern das Direkte, das Vordergründige, das Naheliegende, ja das Drastische."[51]

Doch wagte sich Heißenbüttel auch an den Rand des poetologischen Diskurses:

„Die psychoanalytisch erfaßbare Untergründigkeit, das Ungesicherte der Neurose, die Pathologie des Alltags, Desorientierung und Diskontinuität der Vorgänge, in denen jeder jeden Tag existiert, werden nicht durch eine neue modernere Methode abgebildet, sondern erscheinen im Gedicht, wie Ernst Jandl es entworfen hat, noch einmal. Text wird Realität, hinter der der biographische, der Autorenbezug verschwindet. Es gibt die Person Ernst Jandl nicht mehr, so könnte ich zuspitzend sagen, weil es den Text Ernst Jandl gibt. [...] Das Netz, das die biographische Person wie den Text auffangen konnte, war traditionell zugleich das, was beide zusammenhielt. Heute kann jeder nur auf eigene Faust, quasi selbstvernichtend, schreiben. Hier wird das Risiko zum Kriterium, das stärker und entscheidender ist als alle formalen oder ideologischen Kanons."

Der neue Preisträger konnte in seiner vorformulierten Antwort als Beleg für „die einzige authentische Beziehung, die ich zu Georg Büchner nachweisen kann" sein erstmals 1977 in Berlin vorgetragenes Lautgedicht „ein motiv aus georg büchners ,woyzeck'" zitieren, mit den Endzeilen „,die sprache' / man! / schneidet sich an ihr".[52] Er betonte mehrmals, er kenne Büchner nur von ferne, hatte aber zum feierlichen Anlass das ganze Werk wieder durchgeschaut. Von allem von Büchner Geschriebenem berühre ihn am stärksten der *Woyzeck* – wegen der Vielzahl an Szenen, alle mit eigener Kontur, die man in verschiedenen Kombinationen ausprobieren könne, wegen der Sprache auf zwei Ebenen, „auf einer niedrigen oder weniger niedrigen", wegen des bunten Sprachpanoramas insgesamt. Er suchte in Büchners Schriften Stellen, wo vom Lachen die Rede ist und fand die Sätze „Man nennt mich einen Spötter", und, in *Dantons Tod,* „die Erde müsse sich wälzen vor Lachen". Jandl las bei Büchner auch Gegenteiliges, ihm

---

[51] Rede in Jandl 1976b [ohne Pagina].
[52] Jandl 1984, S. 8.

Bekanntes auf: „Meine geistigen Kräfte sind gänzlich zerrüttet. Arbeiten ist mir unmöglich, ein dumpfes Brüten hat sich meiner bemeistert, in dem mir kaum ein Gedanke noch hell wird. Alles verzehrt sich in mir selbst [...]". Er endete mit einem Friedensappell aus dem Mund Dantons: „... wozu sollen wir Menschen miteinander kämpfen? Wir sollten uns nebeneinander setzen und Ruhe haben". In der *F.A.Z* scholt Franz Josef Görz Heißenbüttels Rede „eitle Selbstbespiegelung eines Poeten, der am liebsten Philologe geworden wäre". In der *Welt* nannte sie Hellmuth Jaesrich „eher langatmig und blaß", in der *Süddeutschen Zeitung* Verena Auffermann „ein hochgezüchtetes Gutachten" statt einer Laudatio.[53] Die *Frankfurter Rundschau* übernahm sie zum Abdruck.[54]

Poetik-Vorlesung Frankfurt:
Das Öffnen und Schließen des Mundes

Auch nach dem Auftritt in Darmstadt, der mit einem vom Verlagschef Hans Altenhein gegebenen Essen endete,[55] blieb Hessen in diesem Jahr Jandls große Bühne. Auf die bevorstehende Serie der fünf Poetik-Vorlesungen an der Universität Frankfurt hin vermehrte in der *F.A.Z.* Marcel Reich-Ranicki seine Hinweise auf Jandl. Er druckte neue Gedichte ab und brachte in der *Frankfurter Anthologie* einen Essay des am Rande Ostberlins lebenden Schriftstellers Rolf Schneider über das Gedicht „schtzngrmm"[56] sowie Jandls Kommentar zu Wilhelm Klemms Gedicht „An der Front" aus dem Ersten Weltkrieg.[57]

Als ‚Öffentliche Poetik-Vorlesung an der Johann Wolfgang Goethe-Universität Frankfurt' hat die Stiftungs-Gastdozentur seit 1959 einen festen Platz im akademischen Kalender. Ernst Jandls unmittelbare Vorgänger waren Friedrich Dürrenmatt und Paul Nizon. Schon im Frühjahr arbeitete er 1984 hart am Text. Eine Woche Badeurlaub im Juni an der Adria in Bibione musste Friederike allein antreten, weil Ernst mit dem Schreiben der Vor-

---

[53] Alle 15.10.1984.
[54] 20.10.1984.
[55] LIT Taschenkalender.
[56] 1.9.1984.
[57] 15.9.1984.

lesung und der Büchner-Preis-Rede überlastet war.[58] Nach Frankfurt war längst schon der Titel über dem ersten der fünf Auftritte vorausgeschickt: *Das Öffnen und Schließen des Mundes*.[59] So sollte auch der Band in der Sammlung Luchterhand heißen, der sofort auf den Markt kam.[60]

Zur guten Tradition war in Frankfurt auch die Zusammenstellung einer Ausstellung zu Leben und Werk des jeweiligen Vortragsgasts geworden. Diese Jandl-Schau begann in der Alten Mensa und wurde im Januar in die Stadt- und Universitätsbibliothek übersiedelt. Nie zuvor war Jandl eine solche Einzelausstellung gewidmet worden. Dem Begleitheft mit vielen graphischen Arbeiten und dreißig wichtigen Zeitungsessays[61] lag auch eine Schallplatte mit zehn Gedichten bei, von Jandl ausgewählt und gesprochen.[62] Für das Cover wurde ein „Selbstporträt" in Blau gewählt, das Jandl aus Dutzenden Abdrucken seines Adress-Stempels gebastelt hatte. Mit einer Auswahl von Kinderbriefen an den Dichter endete der Rundweg.

Am 23. Oktober 1984[63] begann Jandl mit didaktischer Routine die erste Vorlesung über das Laut- und Sprechgedicht. Seine exklusive These, dass das Gedicht eines hörbaren und sichtbaren Sprechers sowie eines Publikums bedürfe, musste durch die von ihm gesprochenen Exempel von Mal zu Mal an Gewicht gewinnen. Seinen wertenden Rückblick auf die Lyrik-Moderne begann er mit Hugo Ball, Hausmann und Schwitters; er endete bei vielen Namen aus seiner Generation, wobei er in der Konkreten Poesie Gerhard Rühm als Anreger herausstrich und den seit zwei Jahrzehnten in der DDR den Literaturdoktrinären mutig Widerstand leistenden Carlfriedrich Claus nicht vergaß. Die *Frankfurter Rundschau* meldete tags darauf weit über 1000 Zuhörer in den beiden großen Hörsälen.

Als zweite Vorlesung war *Das Röcheln der Mona Lisa* angekündigt. Doch Jandl erwähnte dieses von ihm selbst für den Bayerischen Rundfunk gesprochene Medley Konkreter Poesie aus 1970 nur beiläufig. Vielmehr war

---

[58] 25.5.1984. SLA Sammlung Heinz F. Schafroth, Karton 11, Friederike Mayröcker.
[59] Jandl 1983a.
[60] Siblewski schickte dem Autor am 14.12.1984 erste Belegexemplare. LIT 139/99, 2.4.1, Luchterhand.
[61] Estermann 1984.
[62] Seite 1 die Antikriegsgedichte, Seite 2 „ottos mops", „der gelbe hund", „der wahre vogel", „eulen", „der fisch".
[63] 23. Oktober: Das Öffnen und Schließen des Mundes, 6. November: Das Röcheln der Mona Lisa. 20. November: Szenen aus dem wirklichen Leben. 4. Dezember: Die Humanisten, 18. Dezember: Aus der Fremde oder Selbstporträt des Schachspielers als trinkende Uhr. Die Serie wurde vom Hessischen Fernsehen aufgezeichnet und am 8., 11., 12., 17. und 19. Dezember gesendet.

die „heruntergekommene Sprache" das Thema. An den zwei verwandten Gedichten „die morgenfeier. 8. Sept. 1977" und „ein bett, beim erwachen", beide am selben Tag geschrieben, demonstrierte er zweierlei Methoden, seine Entdeckung – ein Fliegenbein beim morgendlichen Erwachen im Bett – weiterzuspinnen. Ohne dessen Namen zu nennen, erinnerte er nebenbei an seinen Konflikt mit Siegfried Unseld, der ihn 1964 als einen „Lyriker ohne eigene Sprache" verhöhnt hatte. Dem dritten Teil stellte er ein Zitat von John Cage voran: „Ich habe nichts zu sagen / und ich sage es / und das ist Poesie / wie ich sie brauche". Hier gab sein Blaablaablaa-Gedicht „talk" den Anlass, die Schritte von der „außerpoetischen Realität" zur Wahrheit des Gedichts nachzuzeichnen, und ebenso deutlich in der Gegenüberstellung von „gespräch" aus 1956 und „rilke im gespräch" aus 1975. Er endete mit einer doppelten Verneigung: vor Gertrude Stein, deren Erzähltechnik ihn zur „prosa aus der flüstergalerie" animiert habe, und vor Kurt Schwitters, dessen „Kleines Gedicht für große Stotterer" er für sein akademisches Publikum stotterte und pfiff.

Im vierten Vortrag trug er lange Passagen aus dem nach den zwei Hauptfiguren benannten Einakter *die humanisten* vor und erklärte Hintergründe dieses „im Hinblick auf die österreichischen Zustände" geschriebenen Stücks. Helmut Heißenbüttel wurde gewürdigt mit der Rezitation seiner „Politischen Grammatik" – Jandl nannte es das vielleicht schönste deutsche Jagdgedicht: „Verfolger verfolgen die Verfolgten [...] Und so ad infinitum". Er holte tagesaktuell zu einem Seitenhieb auf Thomas Bernhard aus. Aus dessen neuem Stück *Ritter, Dene, Voss* brachte *Die Zeit* am 23. November 1984 die Zeilen „[...] die jungen Künstler/sollen sich selber helfen / dadurch wird ja aus den jungen Künstlern nichts / weil ihnen andauernd geholfen wird." Jandl sprach von den Nöten „von hochbegabten jüngeren Kollegen", wobei die Jahre zwischen dreißig und vierzig die „vielleicht kritischsten" wären.

„Die letzte Vorlesung hat sich der Autor für sein *Eigenleben* reserviert", so die Mitteilung an die Zuhörer. Er führte sie in seine Drei-Zeilen-Mechanik von *Aus der Fremde* ein:

zeilen jeweils drei
fortlaufend numeriert
bis es ein stück sei

dadurch wisse er genau
woran beim schreiben
er denken müsse

nämlich immer nur an drei
zeilen die zusammen
eine art strophe ergeben

er könne doch nicht schreiben
wenn er an sein stück
unentwegt als ganzes denke

Ernst Jandl deklarierte sich als „freisinniger Christ", dem das Kirchenlied „Wohin soll ich mich wenden / wenn Gram und Schmerz mich drücken" nicht minder naheginge als Brechts Rat „Laßt Euch nicht verführen! / Es gibt keine Wiederkehr." Er verabschiedete sich mit zwei Lautgedichten: zuerst mit dem Laut, den jeder kennt, wenn er mit dem Mund jemandem einen Kuss hinterherschickt, der wird im Einatmen generiert; und dann mit dem „gute nacht gedicht (gehaucht) für Friederike Mayröcker". Sie begleitete Ernst zum ersten und zum vierten Termin an die Universität. Vor dem zweiten schrieb sie an Schafroth: „Er ist sehr nervös und depressiv".[64] Jandl eröffnete später einer Verehrerin: „Die Vorbereitung der Vorlesung war mühsam und zeitraubend; [...] Die Sache selbst [...] war wunderbar: I kept them swinging, würde man im Jazz dafür sagen. Ja, das glaube ich: they were kept swinging, und das ist alles, was ich mir überhaupt wünschen kann."[65] In der *F.A.Z.*[66] resümierte Josef Quak: „Er allein ist für sein Gedichte der ideale Vortragende." In der gedruckten Fassung verloren die Vorlesungen ihren Glanz. Sich „Jandls Duktus, seine Intonation und Sprachmelodie zu vergegenwärtigen", traute Ulrich Janetzki den Lesern in seinem Verriss des Buches nicht zu. Ihm fehle die Theorie. „Er hat es sich leicht gemacht – zu leicht."[67] Doch die Frankfurter Vorlesungen brachten Jandl in der Scientific Community weiter: Er las neben Günter Grass, Martin Walser, Dürrenmatt und Heißenbüttel beim VII. Weltkongress der Internationalen Vereinigung für germanische Sprach- und Literaturwissenschaft (IVG) im August 1985 in Göttingen.

---

[64] SLA, Sammlung Heinz F. Schafroth, Karton 11, Friederike Mayröcker.
[65] An Annette Dauner 16.3.1985. LIT 139/B1740.
[66] 21.12.1984.
[67] *Der Tagesspiegel*, 16.6.1985.

Abb. 2 „Black & White", Kunst-Natur-Denkmal von Ian Hamilton Finlay im Schweizergarten in Wien unter Mitwirkung von Ernst Jandl 1985 errichtet. Zustand ca. 1990 und 2022. (Fotos: MUMOK/Christian Wachter, Elfriede Haider)

In Wien wurde Jandl im Sommer 1984 von Ian Hamilton Finlay überrascht.[68] Ohne sein Zutun bekam der Freund in Schottland vom Museum des 20. Jahrhunderts einen Auftrag für eine dauerhafte Kunst-Natur-Installation im Schweizergarten, unmittelbar neben dem Museumshaus und nahe von Jandls Geburtshaus am Landstraßer Gürtel.[69] Das vom Kunsthistoriker Stephen Bann (Glasgow) so bezeichnete „Black & White landscape feature"[70] ist ein mit Natursteinplatten ausgelegter Weg, begleitet von je fünf Stelen aus Kunststein einander gegenüber und von zwölf Birken (mit schwarz-weißer Rinde). Eine Stelenreihe trug Schrifttafeln aus Bronze in englischer Sprache, die Reihe gegenüber Übersetzungen – um welche Finlay den Wiener mit der Begründung bat, „my reasoning is, that as the

---

[68] 4.7.1984. LIT 139/B1, 2.3.3.5.

[69] Der damalige Direktor des Museums Dieter Ronte besichtigte eine Finlay-Arbeit im Kröller-Müller-Museum in Otterlo in Holland und schickte eine Kuratorin zu den Verhandlungen nach Schottland. Ian Hamilton Finlay konnte nicht nach Wien reisen, seine Frau Sue vertrat ihn.

[70] Schreiben vom 12.11.2022 an den Verfasser. Im Inventar des Museums für moderne Kunst Stiftung Ludwig Wien (MUMOK) ist das Werk unter der Nummer 269/P als „Ohne Titel" verzeichnet.

work (as a whole) includes an acknowledgment of Viennese concrete poetry".[71] Das Gartenamt der Stadt Wien ließ die Birken verschwinden, ca. 2013 wurden die Texttafeln von Metalldieben abmontiert. Das Finlay-Estate besteht auf den Birken als wesentlich für das Gesamtkonzept, die Stadtgärtner verweigerten die neuerliche Pflanzung von Birken, weil deren Pollen allergische Parkbesucher gefährden könnten.[72]

Gesamtwerk in drei Bänden zum 60. Geburtstag 1985

Im März 1982 wurde Wendelin Schmidt-Dengler mit seinem Jandl-*Materialienbuch* fertig.[73] Darin fanden noch Vorträge Platz, die beim Autorenseminar 1981 in der ‚Alten Schmiede' gehalten worden waren:[74] von Heinz F. Schafroth über die Sammlung *der gelbe hund*, von Klaus Schöning über Jandls Hörspiele und von Eugen Gomringer über „Sprache als Zugang zur Realität". Helmut Heißenbüttel und der junge Wiener Germanist Hubert Lengauer lieferten Theorie zur Konkreten Poesie, Jörg Drews und Karl Riha Interpretationen zu den Gedichten. Franz Mon fiel der Satz ein: „Jandls Texte sind mit Jandls Zunge genäht". Hansjörg Schmitthenner vom Bayerischen Rundfunk schickte seinen finalen Aufsatz über *Fünf Mann Menschen* und Ellen Hammer ihre Überlegungen als Regisseurin von *Aus der Fremde*.

Im selben Jahr wandte sich Hans-Joachim Gelberg an Jandl mit der Einladung, für das Programm von Beltz & Gelberg ein von einem Künstler zu illustrierendes Kinderbuch zusammenzustellen.[75] Hans Altenhein, dem das sofort gemeldet wurde, dachte nun an ein solches für Luchterhand. Die Illustrationen wollte er sich aus dem Fundus der Klassischen Moderne holen, in der Preislage von Joan Miró. Siblewski, selber Vater, fand für

---

[71] Begleitblatt „text(s) of the poem". MUMOK Hängefile 269. Die Texte: „white / and bark – weiss / und leicht; black / and light – schwarz / und licht; bark and light – leicht /und licht; white / and dark – weiss / und dunkel; black / and white – schwarz /und weiss". Über die Entsprechung von „bark" (Rinde) und „leicht" gab es Debatten zwischen den beiden Künstlern. Nischkauer 2014.

[72] Das Bundesdenkmalamt bestätigte am 16.1.2023: „In der Tat handelt es sich bei dem begehbaren Natur-Poesie-Ensemble von Ian Hamilton Finlay im Schweizergarten um ein bemerkenswertes Kunstwerk und Gartendenkmal von überregionaler Bedeutung". Archiv HH.

[73] Schmidt-Dengler 1982.

[74] Tagungsbericht *Die Presse*, 19.6.1981.

[75] Jandl an Altenhein 3.8.1982. LIT 139/99, 2.4.1, Luchterhand.

Luchterhand den Berliner Plakatkünstler und Kinderbuchautor Jürgen Spohn. Der malte einen Buben ohne Kopf vor dem Zelt eines ‚Circus Jandl‘, eine Eule, einen Glatzkopf in feinem Zwirn mit Brille und einen Baum mit erigiertem Jungtrieb. Jandl stellte selbst eine Liste[76] von rund vierzig Gedichten aus *der künstliche baum, dingsfest* und *bearbeitung der mütze zusammen,* die er für kindgerecht hielt. Gedruckt wurden dann 88 Gedichte in Siblewskis Auswahl, darunter „vater erzähl vom krieg“, „schtzngrmm“, „eulen“, „calypso“ und „auf dem land.“ Das Buch sollte nach Siblewskis erstem Vorschlag „ottos mops“ heißen. Jandl schlug „falamaleikum“ und als Alternative „liebervaterbittebiegemichlieber“ vor, eine Zeile aus dem Gedicht „redensart“ von 1964.

Als die Kollektion *falamaleikum. gedichte und bilder* von Jandl und Spohn 1983 auf den Markt kam,[77] war sie nicht speziell für Kinder ausgeschildert. So hatte Siblewski seinen 1980 vorgeschlagenen Jandl-Auswahlband in der Sammlung Luchterhand doch noch realisiert. Rezensionen kamen wenige. Der in einer österreichischen Emigrantenfamilie in Schottland geborene Literaturwissenschaftler Thomas Rothschild stellte lapidar fest: „Die Avantgarde ist bescheiden geworden. Geblieben ist interessanterweise Ernst Jandl.“

Bereits im Juni 1979, auf einer Rheinfahrt der Luchterhand-Mannschaft samt Autoren zum 80. Geburtstag des Miteigentümers Eduard Reifferscheid, hatte Ernst Jandl beim Verlagsdirektor Altenhein den Wunsch nach einer Gesamtausgabe zu seinem 60. Geburtstag deponiert. Weil die Vorbereitung dafür nicht in Gang kam, suchte er das direkte Gespräch mit Reifferscheid. Im Sommer 1983 erreichte ihn endlich in Rohrmoos die Einladung, Reifferscheid am 4. Dezember in dessen Haus zu besuchen. Altenhein wurde beigezogen. Reifferscheid versprach eine Dünndruckausgabe von 1500 Seiten. Erst daheim in Wien begann Jandl zu zweifeln, ob dieser Umfang ausreiche. Er fragte beim 83-Jährigen nach Details des Angebots,[78] – es „lies mein Herz höher schlagen“ – und bekam vom Verleger ein Machtwort zurück: „[…] zweifeln Sie bitte nicht an meiner Zusage, zu Ihrem Geburtstag eine Dünndruckausgabe, die ihr gesamtes Werk enthalten soll, in einem oder auch geteilt in zwei Bänden erscheinen zu lassen.“

---

[76] LIT 139/99, 2.4.1, Luchterhand.
[77] Jandl 1983b.
[78] Jandl an Reifferscheid 11.12.1983. LIT 139/B2169.

Eine Hausmitteilung von Reifferscheid stellte die Werkausgabe inner-
betrieblich auf Schiene. Die editorische Arbeit wurde ausgeschrieben. Dafür
bot sich Klaus Siblewski an: „Der Lektor fragte Ernst Jandl also zuerst einmal, ob er ihn als Herausgeber akzeptieren würde", so Siblewski.[79] Der
Dichter sei damit einverstanden gewesen und habe Siblewski dem Verlag vorgeschlagen. Der machte sich die Arbeit schwerer, indem er wissenschaftliche Editionskriterien, Register der Gedichte und Gedichtanfänge,
Abdrucknachweise, Datierungen sowie den Abdruck von Faksimiles von
Manuskripten durchsetzte und den Kaufleuten abrang, dass alle Text neu
gesetzt wurden. Er sammelte auch die vielen in oft kurzlebigen Kleinmedien
„verstreuten" Texte ein. Das erforderte etliche Reisen nach Wien.

Im Frühjahr 1985 war absehbar, dass die Edition nicht zum Jandl-
Jubiläum am 1. August fertig werden würde. Altenhein gab als neuen
Termin den 1. September aus[80] und wollte für diese Verzögerung Jandl
mit einem Fest sowie einer Leder-Vorzugsausgabe – 50 num. Exemplare
für den Handel, fünf für den Autor – entschädigen.[81] Er verstehe als Fest
ausschließlich eine wirksame Präsentation der dreibändigen Ausgabe,
antwortete Jandl erzürnt, nahm aber den Lektor in Schutz: „Klaus Siblewski,
der mit mir jüngst Berge von Material für diesen Zweck sichtete, arbeitet
hingebungsvoll an den Gesammelten Werken, die mir mein 60. Geburtstag dank Ihrer und Herrn Reifferscheids Initiative beschert."[82] Neun Tage
nach seinem Geburtstag klagte Jandl: „was an Werkskorrekturen bisher ein-
getroffen ist, ist einfach niederschmetternd".[83] Rechtzeitig zum Jubiläum
war indes ein Sonderband der Zeitschrift *Zirkular* fertig, welche die vom
Staat eingerichtete Dokumentationsstelle für neuere österreichische Literatur
herausgab: *Für Ernst Jandl. Texte zum 60. Geburtstag. Werkgeschichte.* Die
Herausgeberin Kristina Pfoser-Schewig konnte 33 Beiträge vereinen, vom
Dialektgedicht Friedrich Achleitners bis zum überlangen Sonett „Wieder
ein Wiener" von Wolf Wondratschek, und eine Werkgeschichte und Bibliographie unterbringen, die ihrer Broschüre dauernde Brauchbarkeit sicherte.

---

[79] Siblewski 2005, S. 32–65.
[80] Siblewski an Jandl 15.10.1984. LIT 139/99, 2.4.1, Luchterhand.
[81] Altenhein an Siblewski 4.2.1985. LIT 139/99, 2.4.1, Luchterhand.
[82] Jandl an Altenhein 13.2.1985. LIT 139/99, 2.4.1, Luchterhand.
[83] Jandl und Mayröcker an HH. 10.8.1985. Archiv HH.

Zu der für 21. November 1985 angesetzten Präsentation der Werkausgabe in der Österreichischen Gesellschaft für Literatur kamen Altenhein und Siblewski mit den drei Bänden nach Wien. Schon am 15. Dezember brachte *Der Spiegel* eine Rezension von Michael Scharang. „Wie eine letzte, noch nicht geschleifte Bastion der literarischen Moderne" nähme sich heute der Sechzigjährige aus, so Scharang, selber Luchterhand-Autor. Er nannte Jandl einen „der großen Neuerer der deutschsprachigen Lyrik dieses Jahrhunderts":

> „Daß das Publikum damit Schwierigkeiten haben wird, war Jandl von Anfang an klar. Wie alle großen Neuerer löste er das Problem nicht mit einem Kompromiß, sondern in direkter Auseinandersetzung mit dem Publikum. Wedekind ist ja auch selbst auf die Bühne gestiegen, wenn keiner seine Stücke spielte, und Brecht mußte für seine Stücke erst eine eigene Schauspielkunst entwickeln."[84]

System und Opposition: Doppelte Bande zur DDR

Jandls Verlag stellte, auf der Grundlage eines Vertrags mit ‚Aufbau' in Ostberlin, in der Spätzeit der DDR wie kein anderer Westverlag ostdeutsche Autoren in sein Schaufenster, darunter Anna Seghers, Hermann Kant und Christa Wolf. Im Gegengeschäft kam Luchterhand-Literatur in die DDR, so auch schon 1975 Michael Scharangs Roman über einen Arbeiter *Charly Traktor*. Von Jandls Gedichtbüchern aus der Sammlung Luchterhand wurde indes keines übernommen, denn sie widersprachen – Antikriegsgedichte ausgenommen – jeder DDR-Doktrin. Erst 1978 wurden in einer Österreich-Anthologie[85] des Verlags Volk & Welt, zuständig für internationale Literatur, 13 Gedichte von Jandl abgedruckt, darunter die Schlager „vater erzähl vom krieg" und „lichtung" sowie das Gemeinschaftshörspiel *Fünf Mann Menschen*. Jandl machte sich damals in einem Dankschreiben an den Mitherausgeber Dietrich Simon zum Sprecher aller Kollegen, „die [...] wünschen, die Grenzen ihres eigenen Landes mögen nicht zugleich die Grenzen ihrer literarischen Welt sein".[86]

---

[84] *Der Spiegel*, 51/1995, 16.12.1985, S. 156–159.
[85] *Österreich heute. Ein Lesebuch.* 1978.
[86] Jandl an Simon. 29.7.1978. AdK Volk & Welt. Zitiert nach Ulmer 2016, S. 383.

1980 bereitete der Verlag Volk & Welt in Ostberlin eine erste Auswahl aus Ernst Jandls Gedichten vor. Das Buch *Augenspiel. Gedichte*, mit einem unbedrucktem Umschlag aus transparentem Seidenpapier bibliophil aufgemacht, erschien 1981:[87] Der Herausgeber Joachim Schreck[88] vergaß nicht in seinem Nachwort Jandls Unabhängigkeit von der „Ideologie" von den – in der DDR ausgegrenzten – „Experimentellen" zu erwähnen: „Den Puristen unter den ‚Experimentellen', die im Kommunikationsbruch mit der Sprache ein Universalmittel sehen und zum Teil Hoffnung auf revolutionäre Gesellschaftsveränderung daraus ableiten, versagt er seine Gefolgschaft."[89] Das markant am Ende platzierte Gedicht „vom aufrechten gang",[90] das an Ernst Bloch wie an Bert Brecht erinnert, könnte als Appell an die Führung von Staat und Partei gelesen worden sein. Denn „die volksvertreter […] könnten es jederzeit / auch anders".

Die Entscheidung, dem österreichischen Lyriker ein erstes Buch zu widmen, war dem System des autoritären Staates gemäß eine politische. Jandl war zwar seit 1974 bei der Staatssicherheit angeschwärzt, als er dem regimekritischen Reiner Kunze den Salzburger Georg-Trakl-Preis für Lyrik verschaffte. Doch hatte der Sozialdemokrat auch einen Namen als Sprecher der Grazer Autorenversammlung, in welcher KP-Genossen und Sympathisanten mitwirkten wie Michael Scharang, Michael Springer, Marie-Thérèse Kerschbaumer, Elfriede Jelinek sowie der als ‚Max Maetz' schreibende Oberösterreicher Karl Wiesinger und dessen Landsmann Franz Kain. Jandl sollte sich der DDR auch bald nützlich erweisen – als ein prominenter Ausländer, der sich, in der Diktion der Springer-Presse, als „nützlicher Idiot" missbrauchen lasse. Er hatte 1976, als der National-preisträger Stephan Hermlin in die Westberliner Akademie gewählt wurde, einen direkten Zugang zur staatsnahen Literatur in der DDR bekommen. Hermlin war für sein Engagement zugunsten Wolf Biermanns gemaßregelt worden, doch in der SED geblieben. Er sollte, in Konkordanz mit der Partei, sein Ansehen zu einer spektakulären Aktion von Künstlern und Wissenschaftlern für den Weltfrieden nutzen. Für die mit Hermlin als Aus-

---

[87] Jürgen Gruner an Jandl 30.1.1980. LIT 139/99, 2.4.1, Volk & Welt.

[88] Pseudonym für Joachim Bechtle-Bechinger. Geboren als Joachim Schreck. Bis 1971 mit der Schrift-stellerin Irmtraud Morgner verheiratet. Er war SED-Parteisekretär im Aufbau Verlag und sollte diesen auf den ‚Bitterfelder Weg' bringen. Im Zusammenhang mit der Harich-Janka-Affäre 1956/57 verlor er seinen politischen Posten, änderte seinen Namen und arbeitete seitdem als freier Lektor. Er schrieb auch mit Christlieb Hirte ein Gutachten für die Veröffentlichung von *das öffnen und schließen des Munds* 1987 bei Volk & Welt. Bundesarchiv, Barsch DR 1/2389a.

[89] Jandl 1981, S. 127.

[90] S. 119. In *der gelbe hund*, datiert 28.7.78. Jandl 2016, Bd. 3, S. 183.

hängeschild geplante ‚Berliner Begegnung' erwies sich Jandl als brauchbarster österreichischer Gast. Im Vorfeld der für 13./14. Dezember 1981 angesetzten Berliner Ost-West-Gespräche sammelte Bernt Engelmann, Vorsitzender des westdeutschen Schriftstellerverbandes (VS) in der Industriegewerkschaft Druck und Papier, Unterstützung für einen „Appell der Schriftsteller Europas". Ein „breites Bündnis der Kulturschaffenden für Frieden und Abrüstung, gegen Raketen und Neutronenbomben" sollte dadurch entstehen, wünschte die Ostberliner Akademie der Künste.[91] Auch Jandl unterschrieb.[92]

Hermlin lud aus Österreich neben Jandl auch Friederike Mayröcker[93] ein sowie Günther Anders und Robert Jungk. Das Ministerium für Staatssicherheit bekam den Auftrag, die Teilnehmer kurzfristig zu überprüfen, lieferte jedoch nicht mehr als die Biographien im *Munzinger-Archiv*.[94] Nur für Jandl wurde eigens ein politisches Profil erstellt: „Jandl ist Mitglied der Sozialdemokratischen Partei Österreichs und vertritt konsequent sozialdemokratische Auffassungen. Auf der Grundlage der Schlußakte von Helsinki vertritt er die Positionen, daß strittige Probleme zwischen den Gesellschaftssystemen durch Regierungen auf politischem Wege gelöst werden müssen."[95] Somit wäre von ihm in der aktuellen Zuspitzung des Kalten Krieges durch den NATO-Doppelbeschluss 1979 – US-Mittelstrecken-Atomraketen nach Europa – ein Plädoyer für den Stopp des Wettrüstens zu erwarten.

Die Zahl der Teilnehmer „aus nichtsozialistischen Ländern und Berlin-West" schrumpfte. Böll sagte ab und auch Mayröcker, wegen Problemen mit ihrer greisen Mutter. Aus dem Westen kamen zuletzt neben den Österreichern nur Günter Grass, Adolf Muschg, Luise Rinser, Heinar Kipphardt, Günter Herburger und Peter Rühmkorf ins Hotel Stadt Berlin am Alexanderplatz, und aus dem Osten mit Stephan Hermlin: Stefan Heym, Hermann Kant, Christa Wolf, Erwin Strittmatter, Volker Braun, Rolf Schneider und Günter de Bruyn. Jandl begann im Plenum mit den Gedichten „vater komm

---

[91] AdK-O 998.

[92] Heinrich-Heine-Institut der Landeshauptstadt Düsseldorf, Abt. Rheinisches Literaturarchiv.

[93] Teilnehmerliste vom 26.11.1981. AdK-O 998. Nicht mehr in der Liste vom 8.12.1981. BStU. MfS – HA XX, 14.856.

[94] 1913 gegründeter deutscher Lose-Blatt-Informationsdienst für die Presse, seit 1997 Online-Datenbank mit inzwischen ca. 40.000 Biographien.

[95] BStU MfS ZAIG Nr. 3177.

erzähl vom krieg" und „schtzngrmm". Dem 5-Zeilen-Gedicht „fragment", das er schon 1967 in Westberlin in Walter Höllerers TV-Sendung „Ein Gedicht und sein Autor" vorgetragen hatte, schickte er nun, als sein Statement zur Friedensbewegung, eine Erklärung voraus:

> „[Das Gedicht] spricht von der törichten Hoffnung auf Rettung. Das bedeutet törichte Hoffnung, solange man hofft, ohne selbst aktiv zu werden. Es bezeichnet oder zeigt die bloß zustimmende Haltung zu schönen Predigten als ebenso töricht und stellt schließlich die Frage, daß man die gefürchtete Katastrophe auf einen Zeitpunkt übermorgen verlegen könnte, um in der eigenen Vorstellung das Morgen, den jeweils folgenden Tag immer noch frei von dieser Katastrophe zu wissen."[96]

Eine Diskussion gab es nicht. Im Wortprotokoll der Staatssicherheit entschuldigte sich ein professioneller Mithörer für sein Versagen: „eine stenographische Wiedergabe der im vorgetragenen ‚Gedicht' enthaltenen, die Kriegsgeräusche darstellenden Lautmalereien war nicht möglich".[97] In Wien zurück, lud Jandl Rolf Schneider und Robert Jungk in die Grazer Autorenversammlung ein.[98] Nur der in Salzburg wohnende Friedens- und Umweltaktivist Jungk trat bei.

Die DDR öffnete sich Jandl weiter. Am 18. und 20. Januar 1982 präsentierte ihn Vera Oelschlegel, Hermann Kants Exfrau und danach mit hohem Parteiadel liiert, in ihrem Theater im Palast der Republik (TIP).[99] Beide Termine waren restlos ausverkauft. „Es wirkt wie blanker Hohn und ist nicht leicht erträglich", hielt der Lyriker Adolf Endler im Tagebuch (*Sudelbücher*) fest, „wenn Ernst Jandl vor ausgesuchtem Publikum im TIP seine quirligen Texte vortragen darf – ein Beweis dafür, wie ‚liberal' die DDR ist –, die ihm geistesverwandten jüngeren Autoren im Land jedoch mit striktem Auftrittsverbot geschlagen sind, von der Drucklegung ihrer Werke ganz zu schweigen [...]".[100]

Während dieses kurzen Aufenthalts in Ostberlin wurde Jandl – wie schon 1975 von Bernd Jentzsch – am 19. Januar von Richard Pietraß und dem Volk-&-Welt-Lektor Christlieb Hirte zu einer ‚Wohnungslesung' ent-

---

[96] Berliner Begegnung, S. 87–88.
[97] AdK-O 998, Mappe Stenogramme.
[98] LIT Taschenkalender.
[99] Bundesarchiv, BArch DC 207/708.
[100] Endler 1996, S. 68–69.

führt.[101] Bei der Fotografin Helga Paris las Jandl als erster. Dann stellten sich Junge vom Prenzlauer Berg mit Texten vor: Sascha Anderson, Stefan Döring, Jan Faktor, Eberhard Häfner und Bert Papenfuß-Gorek. Dabei saß auch Ekkehard Maaß, in der DDR bekannt als Sänger der Lieder des regimekritischen Russen Bulat Okudschawa.[102] Papenfuß-Gorek (er legte später den zweiten Teil seines Namens ab) kannte Jandl am längsten; er hatte 1979 seinem Freund Richard Pietraß, Nachfolger von Bernd Jentzsch als Herausgeber des *Poesiealbums*, auf eine Reise nach Wien Texte für Jandl mitgegeben und bekam Widmungen von Jandl zurück. Sascha Anderson, seit 1975 Spitzel im Dienst der Staatssicherheit, hatte 1980 Kontakt zu Jandl gesucht in einem Brief aus Dresden, in dem er um einen Beitrag zu einer ‚edition sprachlos‘ bat, die er mit Berliner Schreibenden, er nannte Pietraß, Papenfuß, Elke Erb, Mickel, Braun, vorbereitete.[103]

Bei der Lesung bei Helga Paris gewann Papenfuß vollends Jandls Sympathie und Unterstützung. Als Jandl im Sommer 1983 von Papenfuß das Manuskript einer Gedichtsammlung bekam, schickte er es dem Luchterhand-Chef Hans Altenhein weiter mit einem Empfehlungsschreiben, das sogar eine DDR-Behörde überzeugen hätte können:

„Nur des unbeschränkt verbreitbaren Buches bedarf es noch, um Bert Papenfuß-Gorek als einen Dichter ersten Ranges sichtbar zu machen, einen Dichter, der die Düsterkeit unseres historischen Augenblicks in Versen von hoher Originalität festhält, einschneidend und herausfordernd wie experimentelle Poesie, zugleich, Brecht darin ähnlich, fußend auf dem Fundament der deutschen poetischen Tradition".

Derart superlativisch hatte Jandl in Wien noch für keinen der Jungen, die zur GAV stießen, geworben. So wie bald auch den jungen Rheinländer Thomas Kling beachtete er Papenfuß-Gorek voll Respekt ohne ihn in irgendeiner künstlerischen Abhängigkeit von sich zu sehen oder gar zu halten.

Hans Altenhein lehnte Papenfuß ab. Als dessen erstes Buch *harm* 1985 im kleinen Westberliner KULTuhr Verlag erschien, wurde Jandls für Luchterhand geschriebenes Gutachten als Vorwort mitgedruckt. „Ich fühlte mich natürlich sehr geehrt, war aber sauer auf die Erwähnung Brechts, weil ich damals meinte, mich doch wohltuend von dem altklugen Etatisten

---

[101] Interview mit Bert Papenfuß in Berlin 25.8.2020. LIT Taschenkalender.
[102] Schriftliche Mitteilung 19.6.2022.
[103] An Jandl 18.12.1980. LIT 139/B22.

Abb. 3 „Wohnungslesung" bei Helga Paris am 19. Januar 1982 in Ostberlin. V.l.n.r.: Ingeborg Quaas, im Verlag Volk & Welt u. a. für die schweizerischen und österreichischen Autoren zuständig, Bert Papenfuß-Gorek, Richard Pietraß, Organisator der Begegnung, Ernst Jandl, Christlieb Hirte, Lektor bei Volk & Welt, Eberhard Häfner (halb verdeckt), Stefan Orendt, Mitarbeiter bei Volk & Welt, Gerhard Wolf. (Foto: Helga Paris)

Brecht zu unterscheiden", so Papenfuß.[104] Jandl brachte Texte von Papenfuß in der Wiener *Presse* unter. Elke Erb, die schon prominente Kollegin, und bald auch mit Jandl und Mayröcker befreundet, bewahrte den durch Zwangslehre und Volksarmee traumatisierten Papenfuß mit einer Proforma-Anstellung 1985 bis 1990 als Sekretär vor einer Verfolgung durch den Staat als ‚Asozialer'. Als 1988 im Aufbau Verlag in der von Gerhard Wolf betreuten Edition *Außer der Reihe* sein 200-Seiten-Buch *dreizehntanz*[105] erschien, wurde Jandls Lob neuerdings als Vorwort nützlich.[106] 1997 traten Jandl und Mayröcker mit Papenfuß beim Festival Venezia Poesia am Rande der Biennale auf, zu dem sie der von Peter O. Chotjewitz übersetzte

---

[104] Interview in Berlin 25.8.2020.

[105] 1989 von Elisabeth Raabe und Regina Vitali in das Programm von Luchterhand in Frankfurt/M. übernommen.

[106] Pankow 2019.

Schriftsteller und Aktivist in der norditalienischen Arbeiterbewegung Nanni Balestrini einlud. Im Jahr darauf nahm Papenfuß in Wien den ihm vom Alleinjuror Volker Braun zugesprochenen Erich-Fried-Preis entgegen.

Im September 1983 kam Jandl neuerdings nach Ostberlin und las wiederum bei Vera Oelschlegel und auch in der Stadtbibliothek. Im TIP saß Valeri Scherstjanoi, ein aus der Sowjetunion in die DDR übersiedelter Lautpoet und oft mit Rezitationen von Velimir Chlebnikov, Schwitters und Hausmann auf Tour. Dieser Kollege, den Jandl ein paar Mal beim Bielefelder Colloquium wiedersah, erinnerte sich: „Im Publikum (der Saal, der Raum ist überfüllt) wird gekichert und manchmal laut gelacht. So was erlebe ich zum ersten Mal. Man lacht, aber der Dichter Jandl ist nicht lustig, hat große melancholische Augen und eine starke Stimme, die mich begeistert."[107] 1994, nach einer Lesung im Otto-Braun-Saal der Staatsbibliothek, wurde für Jandl kurz eine alte Wärmestube der inoffiziellen DDR-Szene wieder angeheizt: Ekke Maaß gab für ihn in seiner legendären Wohnküche ein Abendessen, mit Valeri Scherstjanoi, Gerhard Wolf und der Jandl-Freundin Sabine Hassinger als Gästen.[108]

Als die Staatssicherheit 1983 in Wien recherchieren ließ, welche Funktionäre aus der österreichischen IG Autoren „eine positive Grundhaltung zur Gestaltung der Beziehungen" zum Schriftstellerverband der DDR hätten, wurde ihr Ernst Jandl gemeldet.[109] Am 1. Juli 1986 wurde er zum Korrespondierenden Mitglied in der Akademie der Künste der DDR, zugleich mit Margarethe von Trotta, Walter Jens, Peter Rühmkorf und dem Komponisten Aribert Reimann. Im Jahr zuvor hatte Stephan Hermlin an Wolfgang Kohlhaase, Sekretär der Sektion Literatur und Sprachpflege, geschrieben: „Aus Österreich sollten wir Ernst Jandl und Friederike Mayröcker wählen. Jandl, Träger des Büchner-Preises, hat ebenso wie Friederike Mayröcker schon in der DDR gelesen und hat an der Berliner Begegnung teilgenommen."[110] Christa Wolf wollte die Zuwahl von Jandl, Adolf Muschg, Jannis Ritsos und Martin Walser unterstützen. Der formelle

---

[107] Schriftliche Mitteilung 29.3.2020.

[108] Schriftliche Mitteilung 19.6.2022.

[109] Neben Arthur West, Marie-Thérèse Kerschbaumer, Johannes Vyoral, Gerhard Ruiss, und Bernhard Frankfurter. Im selben Jahr ließ sich die Hauptabteilung XX des Ministeriums für Staatssicherheit in der Verlagsbranche eine Liste von in DDR gedruckter schöngeistiger österreichischer Literatur zusammenstellen, verbunden mit der Frage, welche fünf Autoren für eine Einladung in die DDR in Frage kämen. Die Fachleute verlangten nach Ernst Jandl, Gernot Wolfgruber, Peter Handke, Thomas Bernhard, Barbara Frischmuth. 12.6.1985. BStU MfS HA XX/ZMA Nr. 959.

[110] AdK-O 2567.

Vorschlag kam dann von Hermlin und Christa Wolf und wurde von Peter
Hacks unterstützt. In Christa Wolfs mehrmals umgeschriebener Begründung
ist Jandl beschrieben als:

„Die Sprache als Material verwendend und durch ihren überraschenden
Gebrauch neue Wirkungen erzielend, witzige, komische, aber auch gesell-
schaftskritische. Er verfremdet die Alltagssprache, die Sprache des Kritischen,
des Werbe-Klischees, er unterbricht dadurch die eingefahrenen, nicht
mehr befragten Bahnen zwischen den Zeichen und der Reaktion darauf bei
denen, die sie aufnehmen. Er schockiert, provoziert Nachdenken. Durch die
Ablösung des Klangbilds vom Schriftbild erweckt er Klanganalogien, die den
Leser/Hörer wieder sehend und hörend machen. Er ist selbst sein wirkungs-
vollster Interpret."

Bei der Abstimmung am 24. Juni 1986 bekamen der Russe Daniil Granin,
der nicaraguanische Dichter-Priester-Politiker Ernesto Cardenal, der süd-
afrikanische Dramatiker Athol Fugard und der Schweizer Muschg sieben
Stimmen; sechs fielen auf Jandl, so viele wie auf Italo Calvino, Natalia
Ginzburg und Walter Jens; Max Frisch bekam nur zwei. Muschg nahm die
Wahl nicht an. Für Jandl hatte sich nun wieder ein neues Forum aufgetan.
Der Akademiepräsident Manfred Wekwerth fragte ihn sogleich nach seinen
Wünschen.[111] Jandl schlug vor, dass das Volk-&-Welt-Bändchen *Augenspiel*
lieferbar bleibe, daneben hoffe er auf eine Inszenierung von *Aus der Fremde*
in der DDR, die Ausstrahlung von *Fünf Mann Menschen* sowie auf drei
Termine für Auftritte mit Musik vor Publikum. 1988 wurde *Augenspiel* in 3.
Auflage gedruckt.

Das Original der Aufnahme-Urkunde blieb in der Akademie im Akt
liegen.[112] Gottfried von Einem, der in die Musikabteilung gewählt wurde,
bekam seine Urkunde am 17. Dezember 1986 in der DDR-Botschaft in
Wien überreicht, im Beisein von Hugo Huppert. Jandl hatte sich am 2.
Dezember 1986 das Bein gebrochen, lag im Spital und war mehr als ein
halbes Jahr nicht reisefähig. Erst Mitte November 1987 kam er zu einer
ersten Plenartagung nach Ostberlin und stellte sich am Robert-Koch-
Platz, betreut von Karl Mickel, mit einer Lesung vor.[113] Sein Bewacher

---

[111] AdK-O KM 108 Präsidium.

[112] AdK-O 3475.

[113] AdK-O 2647 Jandl-Korrespondenz. Zur Lesung bestellte Jandl Karten für Jürgen Gruner, Dietrich
Simon und Christlieb Horte von Volk & Welt, Vera Oelschlegel, Klaus Pankow, Joachim Schreck und
Elke Erb.

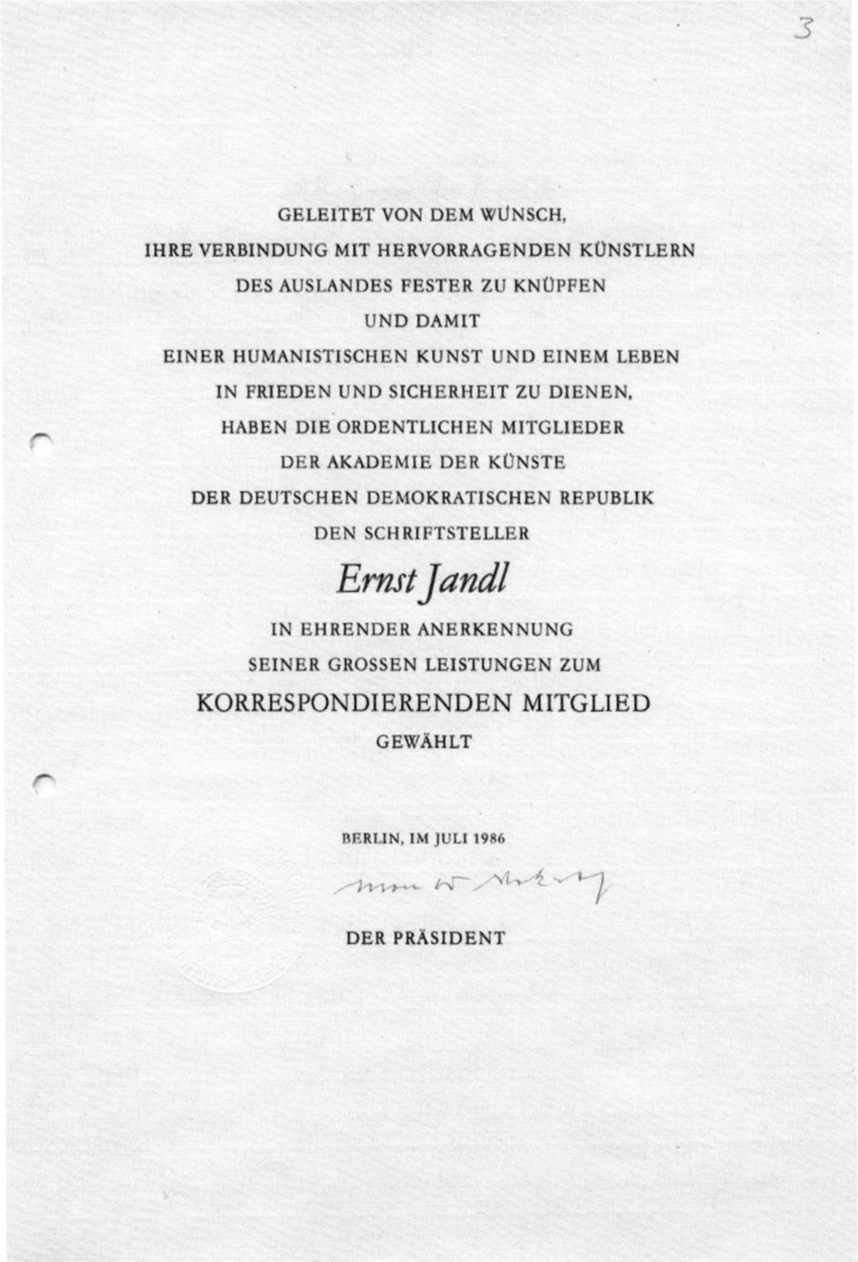

GELEITET VON DEM WUNSCH,

IHRE VERBINDUNG MIT HERVORRAGENDEN KÜNSTLERN

DES AUSLANDES FESTER ZU KNÜPFEN

UND DAMIT

EINER HUMANISTISCHEN KUNST UND EINEM LEBEN

IN FRIEDEN UND SICHERHEIT ZU DIENEN,

HABEN DIE ORDENTLICHEN MITGLIEDER

DER AKADEMIE DER KÜNSTE

DER DEUTSCHEN DEMOKRATISCHEN REPUBLIK

DEN SCHRIFTSTELLER

Ernst Jandl

IN EHRENDER ANERKENNUNG

SEINER GROSSEN LEISTUNGEN ZUM

KORRESPONDIERENDEN MITGLIED

GEWÄHLT

BERLIN, IM JULI 1986

DER PRÄSIDENT

Abb. 4   Aufnahme in die Akademie der Künste der DDR 1986. AdK-O, KM 108, Bl. 3

protokollierte, dass die Lesung nicht, wie ursprünglich geplant, ein Gespräch nach sich zog.[114] Von der Festveranstaltung sei der Dichter nicht sonderlich angetan gewesen: Sein Kommentar: „Zu politisch. Politisch ist ja alles, aber das war zu vordergründig, zu plakativ". Zu wenig Freiraum habe es gegeben für Gedankenaustausch und Gespräche mit Berufskollegen. „Von der Stadtrundfahrt war er so wenig angetan wie andere Gäste. Mit Taktgefühl überging er die Peinlichkeit, dass sein Name auf dem Anstecker falsch geschrieben war (Jandel statt Jandl)."

Stephan Hermlin wollte auch Friederike Mayröcker in die Akademie aufnehmen. Hermann Kant und der Schriftstellerverband luden sie schon für Mai 1987 ins TIP zu einer Feier ,750 Jahre Berlin' ein. In einer Doppellesung mit Ernst trat sie im September 1988 in der Ostberliner Akademie auf. „Auf Wunsch der Lesenden fand keine Diskussion statt",[115] hielt das Protokoll für das Zentralkomitee der SED fest. Diese Berlinreise führte Jandl auch wieder ins TIP. Einen Mitschnitt dieses Auftritts gab Christlieb („Chris") Hirte seiner bei Volk & Welt herausgebrachten 370 Seiten starken Jandl-Anthologie *das röcheln der mona lisa. gedichte, szenen, prosa* auf einer Kassette mit. Hirtes Edition wurde erst fertig, als die Mauer schon gefallen war – und Jandl zehn Verlagen in Westdeutschland und Österreich vergebens die Bitte vorgetragen hatte, Hirte als Lektor aufzunehmen.[116] Auch das zweite in der DDR begonnene Großprojekt verzögerte sich: die Sammlung *der beschriftete sessel*,[117] ein 290-Seiten-Buch, illustriert mit Farbradierungen von Thomas Ranft, erschien erst im Jahr 1991 bei Reclam-Leipzig. Dessen Herausgeber Klaus Pankow[118] hatte sich schon 1980 für Jandl eingesetzt: Als Joachim Schreck seine Auswahl *Augenspiel* dem Parteiapparat vorlegte, verfasste er ein positives Gutachten und danach eine der wenigen Rezensionen dieses in der DDR am bekanntesten gewordenen Jandl-Buchs. 1988 gab er ein Jandl-Bändchen für Kinder heraus: *im delikatessenladen*,[119] eine weit ambitioniertere Auswahl als alle späteren

---

[114] AdK-O 2647 Jandl-Korrespondenz.
[115] AdK-O 1713 Direktion. Informationsberichte für das Zentralkomitee der SED.
[116] Jandl an Hirte 6.6.1990. LIT 139/B1916.
[117] Jandl 1991. Nicht identisch mit Jandl 2012b.
[118] 1.8.1953–17.5.2022. Interview in Halle am 21.6.2020.
[119] Jandl 1988a.

Jandl-Bücher im Ravensburger Kinderbuchverlag. Im Sommer 1990 schrieb Klaus Pankow über Jandls Wirkung in der DDR: „Die Jandlschen Sprach-bewegungen und ‚Sprachüberraschungen' eröffneten tatsächlich Frei-Räume. Nun hatte das Sich-Verweigern nichts Spektakuläres oder Sektiererisches mehr an sich. Jandl-Leser wurden einfach unfähig, die offiziellen Sprachen des real existierenden Sozialismus zu verstehen."[120]

Soziale Fragen der österreichischen Schriftsteller

Die beiden ersten Präsidenten der 1973 gegründeten Grazer Autorenver-sammlung lebten fern von Wien: H.C. Artmann in Salzburg, Gerhard Rühm in Köln. Darum wurde Ernst Jandl als Vizepräsident sofort der Ansprechpartner des sozialdemokratischen Langzeitministers für Unter-richt und Kunst und späteren Bundeskanzlers Fred Sinowatz, der nicht müde wurde daran zu erinnern, dass Kulturpolitik auch Sozialpolitik sei. An der Gründung der Grazer Autorenversammlung war dieser vormalige Gymnasialprofessor aus dem Burgenland im Hintergrund mitbeteiligt. Doch durfte Sinowatz auch die Klientel im Österreichischen PEN-Club nicht vernachlässigen. Die dort dominante ältere Generation artikulierte deutlicher als die in der GAV versammelten Jüngeren ihre Forderungen nach einer Absicherung des Lebensabends in Österreich, wo es bis zum Jahr 2000 keine Kranken- und Pensionsversicherung für Schriftsteller geben sollte. Die Gruppe der „hauptberuflichen" Schriftsteller ohne Zugang ins staatliche Sozialversicherungssystem wurde auf eine Zahl zwischen 100 und 200 geschätzt. Sinowatz gab dem Drängen ihrer Vertretung – Hilde Spiel, Milo Dor, Reinhard Federmann – nach und ließ Richtlinien für einen mit vorerst vier Millionen Schilling dotierten „Sozialfonds für Schriftsteller" vorbereiten. Der wurde sofort bei der Literarischen Verwertungs-Genossen-schaft (LVG), der Schwesterorganisation der deutschen VG Wort, ein-gerichtet, wo der Geschäftsführer Franz-Leo Popp eine sparsame Verwaltung sicherstellen sollte. Weil der LVG-Präsident Milo Dor[121] tief im PEN-Club

---

[120] „an einen grenzen". *Wiener Zeitung, Lesezirkel* 3.7.1990. Pankow 2012, S. 94–95.

[121] Milo Dor, recte Milan Doroslovac (1923–2005), wurde von den deutschen Besatzern zur Zwangs-arbeit aus Belgrad nach Wien verschleppt und hatte 1952 mit dem Roman *Tote auf Urlaub* seinen ersten Erfolg als Schriftsteller und war Mitglied der Gruppe 47. Dor verbrachte in späteren Jahren den Winter in Rovinj in Istrien und war ein passionierter Casinospieler.

verankert war und der Minister immer Ausgewogenheit im Sinn hatte, wurde Ernst Jandl in den LVG-Vorstand gebeten. Denn vom beamteten Dichter Jandl war zu erwarten, dass er niemals selber um soziale Hilfe anklopfen würde. Zudem war er bekannt für seine bürokratische Sorgfalt, bisweilen Pedanterie; sie wirkte oft kleinlich gegenüber Milo Dors großem balkanischen Herzen, erwies sich aber als kompromissfähig.

Jandl hatte von nun an als Einzelner, nicht der GAV gegenüber verpflichtet, ein Instrumentarium für diskrete Hilfen bei Notfällen. Nicht selten ging er selber auf notleidende Autoren zu, denen er vergebens gepredigt hatte, nur ein angestellter Dichter sei ein „freier". Seine Vorschläge musste er in einer sechsköpfigen Kommission durchsetzen. Das Unterrichtsministerium vertrat darin bis 1987 dessen Kunstsektionschef Hermann Lein, ein ehemaliger KZ-Häftling aus dem katholischen Widerstand und mit Friederike Mayröcker befreundet. Das Justizministerium wurde beteiligt, weil es für Urheberrechte zuständig ist. Die Autoren besetzten zuerst zwei, später drei Sitze: mit Dor und Jandl, und mit Jeannie Ebner und Viktor Suchy zur Vertretung, später auch Hans Weigel und Barbara Frischmuth. Mit seiner Präsenz in 83 von 131 Sitzungen, zu denen er geladen war, erwies sich Jandl als der bei weitem fleißigste und informierteste unter den in der Geldverteilung Mitbestimmenden.[122]

Der Sozialfonds in der LVG übernahm ab 1977 die Prämien für private Krankenversicherungen. In den anfangs zwölf jährlichen Sitzungen der Kommission für den Sozialfonds im Büro der LVG an der Linken Wienzeile wurden zumeist dringliche, selten unverschämte Anträge besprochen: für neue Brillen und Zähne, Schreibgerät – zwei IMB-Kugelkopf-Schreibmaschinen für Marianne Fritz –, Prozesskosten, Begräbnisse – schon 1978 Jean Améry –, Spitalspflege und Kuraufenthalte, Haus- und Heizungsinstandsetzungen oder schlichtweg Überbrückungshilfen und Weihnachtszuwendungen. Aus dem Sozialfonds wurden auch die Operation und Rückholung des im Mai 1982 in Athen über eine Wirtshaustreppe gestürzten Reinhard Priessnitz beglichen – ein Unglück, das Jandl tage- und nächtelang zum Intervenieren bei Ämtern und Diplomaten ans Telefon band. Ein konkreter Wunsch von Minister Sinowatz waren Zahlungen an Autoren, die beim Konkurs des Verlags von Fritz Molden 1982 leer ausgingen.

Im Juni 1983, Fred Sinowatz hatte eben Bruno Kreisky als Bundeskanzler abgelöst und mit der FPÖ eine Koalition paktiert, durfte ein alter Wunsch

---

[122] Archiv der LiterarMechana GmbH, in der die LVG 2006 aufging.

der freien Autoren in die Richtlinien des Fonds aufgenommen werden: eine Grundpension für preisgekrönte Autoren. Die Alterskohorte sechzig plus in der prominenten österreichischen Literatur bildeten damals Günther Anders, H.C. Artmann, Ilse Aichinger, Christine Busta, Elias Canetti, Milo Dor, Jeannie Ebner, Erich Fried, Michael Guttenbrunner, Edwin Hartl (ein Kritiker), Fritz Hochwälder, Hans Lebert, Manès Sperber, Franz Tumler und Hans Weigel. Friederike Mayröcker kam 1984 dazu, Hilde Spiel und Ernst Jandl selbst 1985, Gerhard Rühm und Andreas Okopenko 1989.

Die verschiedenen Nöte der Schreibenden kamen im Sozialfonds als Einzelfälle auf Jandl zu. Dabei vermied er jede Debatte über literarische Qualität. Die breiten standespolitischen Vorstöße überließ er jüngeren Mitgliedern aus der Grazer Autorenversammlung. Gerhard Ruiss, Jahrgang 1951, und Johannes A. Vyoral, Jahrgang 1953, bereiteten für den 6. bis 8. März 1981 im Wiener Rathaus den ‚Ersten Österreichischen Schriftstellerkongreß'[123] vor. Die 19 Seiten des ‚Problemkatalogs' mit den Forderungen der GAV von 1975 wurden von Ruiss und Vyoral mit Daten aus der inzwischen aufgeblühten empirischen Sozialforschung auf 300 Seiten erweitert. Die SPÖ war im Rathaus am Rednerpult mit Bundeskanzler Kreisky, Unterrichtsminister Sinowatz, Bürgermeister Leopold Gratz und Kulturstadtrat Helmut Zilk stark vertreten. Der Schriftsteller Christian Ide Hintze (1953–2012), Flugzettelaktionist und Performer – er wird 1991 in Wien eine ‚Schule für Dichtung' gründen – brachte ins Rathaus revolutionäre Fröhlichkeit, als er dem Präsidenten des Parlaments bei der Abschlussveranstaltung das Mikrophon entriss. Ernst Jandl ließ sich beim Kongress nur als Teilnehmer registrieren und blieb stumm. Günther Nenning, Präsident der Journalistengewerkschaft und Vizepräsident der Gewerkschaft Kunst, Medien und Freie Berufe, scheiterte bei seinem Bemühen, die Schriftstellerverbände unter seinem Gewerkschaftsdach zu einen. Denn Ruiss und Vyoral holten sich per Abstimmung den Auftrag, die IG Autoren, wo Jandl 1975 im Vorstand mitarbeitete, in einen schlagkräftigen Kaderverein umzubauen, mit einem harten Kern von Direktmitgliedern und vielen an Köpfen starken Vereinen als einflusslosen Satelliten. Derart wurde die Zahl der Autoren bald auf mehrere Tausend hinaufgeschraubt. Und es brauchte Berufsfunktionäre für die vom Ministerium finanzierte Organisationsarbeit.

Geschäftsführer der neuen IG Autoren wurde Gerhard Ruiss, Vereinspräsident im Hintergrund blieb Milo Dor. Jandl war zufrieden, dass Ruiss

---

[123] LIT 139/99, 14.1.14.11.

und sein Kongress den nötigen Druck erzeugten, um den Sozialfonds in der LVG finanziell und rechtlich abzusichern – durch Einführung einer Bibliothekstantieme (‚Bibliotheksgroschen') und einer Tantiemenpflicht bei Schulbüchern. Den Vorstand der IG Autoren, dem er seit 1975 angehörte, verließ er im Jahr 1987. Er sei nicht der einzige gewesen, so Ruiss, „der sich ab Mitte der 1980er Jahre nach und nach aus der allgemeinen Autorenvertretung auf seine engere Interessensphäre zurückgezogen hat, bei ihm war es auffälliger, weil er exponierter als viele andere war".[124] Die Arbeit beim Sozialfonds wurde Ernst Jandl zunehmend beschwerlicher. Nach mehreren Bitten konnte er im Juni 1996 das Amt loswerden.

In der Grazer Autorenversammlung übernahm 1986 der als Schriftsteller noch kaum bekannte spätere Leiter des Literaturinstituts an der Universität Leipzig Josef Haslinger den Platz als Generalsekretär. An seiner Innenaufnahme der GAV unter dem Titel „Ich habe noch unter Jandl gedient" hielt er zu Jandls oft affektgelenktem Handeln als Kulturpolitiker dankbar fest: „Jandls ästhetischer Weg des größten Widerstands zur Anerkennung durch die Öffentlichkeit kannte eine zweite Seite: Den größten Widerstand gegen diejenigen, die der öffentlichen Anerkennung im Wege stehen. Und davon haben wir alle profitiert."[125] Seit mehr als zehn Jahren hatte Jandl in jedem Frühjahr eine Voll- und jedem Herbst eine Generalversammlung vorzubereiten und zu leiten und dazwischen noch die Vorstandssitzungen. 1987 gab er aus Gesundheitsgründen das Präsidentenamt an den in Linz lebenden Freund, Autor und Kleinverleger Heimrad Bäcker weiter;[126] es war das im Jahr seiner nie ganz gelungenen Rehabilitation nach dem Beinbruch.

Im Jazz vom Hörer zum Macher

Ernst Jandl hatte schon in der Kriegsgefangenschaft in England den Jazz als Fanal der Freiheit empfunden, und dann erst recht daheim, denn auch in Österreich war der Jazz für viele Lehrer, Polizisten und Priester „bis weit in die Nachkriegszeit ein Synonym für Zersetzung, Unreinheit, Verwahrlosung und Drogenmissbrauch" geblieben.[127] Schallplatten waren Pillen, die ihn über schlechte Tage retteten, er dröhnte sich mit Jazz zu. Doch weil ihn

---

[124] Mail-Interview 11.7.2022.
[125] Siblewski 1990, S. 182.
[126] *Die Presse*, 11.11.1987.
[127] Neundlinger 2014, S. 257.

Musik so beschäftige, dass er dabei nichts anderes denken könne, arbeite er nie zu Musik, deponierte er in einem Interview mit dem Wiener Jazz- und Popkritiker Thomas Kramar; und dass Friederike Mayröcker die Popmusik vor ihm für sich entdeckt habe.[128] Er machte aktiv Jazz und kämpfte für Jazz. Als ihm 1991 der höchste Kunstorden der Republik überreicht werden sollte, überraschte er mit dem Wunsch, dass nicht ein Dichter oder Literaturwissenschaftler sein Lebenswerk würdigen solle, sondern sein ältester Partner im Jazz: Dieter Glawischnig, Leiter der Bigband des Norddeutschen Rundfunks und mit ihm gezählte 26-mal auf Tourneen „in concert".[129]

Im Jahr 1993 klagte Jandl in einem Brief an das Bundesministerium für Unterricht und Kunst, dass der Jazz „von allen Künsten mit ihren strahlenden Leistungen, die unserem zwanzigsten Jahrhundert auch in Zukunft etwas vom Licht der Wahrheit und Menschlichkeit schenken werden, in unserem Lande Österreich trotz seiner an alle Menschen appellierenden Botschaft von Freiheit und Liebe die beklagenswerteste Diskriminierung erfährt."[130] Das Ministerium beantragte bald danach für Ingrid Karl bei dem Jazz-begeisterten Bundespräsidenten Thomas Klestil die Verleihung des Berufstitels ‚Professor'. Karl hatte 1982 mit dem Trompeter Franz Koglmann die nichtkommerzielle Wiener Musikgalerie gegründet und stellte dort viel Jazz neben dem Mainstream vor. Beim ersten Versuch, ihr die Professor-Urkunde bei einem Gedenkkonzert zum 20. Todestag von Duke Ellington am 24. Mai 1994 im Wiener Konzerthaus zu überreichen, kam es zu einem Eklat, der Jandl die Nachrede einbrachte, in manischer Erregung oder bei Widerspruch unberechenbar, unbremsbar zu sein. Am Ende des ersten Teils des Konzerts sollte Ingrid Karl von einem Bundesbeamten die Urkunde überreicht werden. Jandls lange Laudatio verzögerte den Gang zum Buffet in der Pause. Das wollten viele aus dem vornehmlich konservativen Publikum nicht hinnehmen. Jandl wurde beschimpft, und er schimpfte von der Bühne unflätig zurück. Der Drummer Louie Bellson aus dem amerikanischen Orchester entspannte die Lage mit einem Solo, danach wurde bis in den Morgen in der Residenz der amerikanischen Botschafterin gefeiert.[131] Ingrid Karls Ehrung wurde einen Monat später unauffällig

---

[128] *Die Presse*, 7.10.1992.

[129] Schweiger 2010, S. 49.

[130] 10.6.1993, LIT 139/S. 550.

[131] Interview mit Ingrid Karl und Franz Kogelmann 3.8.2022. Mitteilung Johannes Kunz, Verfasser von Jazzbüchern in Wien.

im Ministerium nachgeholt. In seiner Rede auf Ingrid Karl nannte Jandl den Jazz „die erste und weithin einzige Musik, die in ihrer ganzen atemberaubenden Entwicklung die Bezeichnung ‚spirituelle Musik‘" verdiene.[132] Noch 1997 trat er in einer spontanen Presseerklärung „aus tiefster Überzeugung" dafür ein, „daß die Jazzmusik, eine der größten musikalischen Errungenschaften des 20. Jahrhunderts, vorbehaltlos als ernste Musik anerkannt und nicht länger in dünkelhafter Weise herabgesetzt wird."[133] Damals waren schon die Wiener Jazz-Internationalen Hans Koller und Joe Zawinul mit Orden bedacht worden.

So wie Dieter Glawischnig. Dieser aus Graz gebürtige Professor an der Hamburger Musikhochschule hatte sich für Jandl schon 1964 bei einer Lesung im Grazer Forum Stadtpark begeistert. Glawischnig 1991: „Der Jazzfan und -kenner [Jandl] verwendet schon in seinen Sprachgedichten eine Art *Beat* in gleichmäßigen rhythmischen Schlägen. Seine Lautgedichte sind Vokalsoli – unterwegs zur Musik durch Rhythmus und Klang."[134] Als 1994 Glawischnig dekoriert wurde, bedankte sich Jandl in seiner Lobrede demütig für das Mitmachen-Dürfen – „auch wenn meine Stimme immer nur eine Sprechstimme war, also nie einen Ton so trifft, wie ein Jazzman seinen Ton trifft, jeden Ton, und jeden Ton zu seinem eigenen macht."[135] Vollends ins Schwärmen kam er 1998, als er zu Glawischnigs 60. Geburtstag für das Programmheft zu einer Festaufführung von *aus der kürze des lebens* in Hamburg einen Brief beisteuerte:

„Lieber großer Dieter Glawischnig, Freund meines Herzens, Bruder im Geiste [...] Der erste, der mir die Hand entgegenstreckte zu gemeinsamem Spiel, brüderlichem Zusammenschluß auf den blühenden Wiesen der Kunst, warst Du, lieber Dieter [...] ‚Was wir beide tun, Dein Dichten und Deklamieren, mein Erfinden als Musiker, mein Spiel auf dem Klavier, ist doch eng miteinander verwandt – wir sollten es gemeinsam versuchen.‘ Mir zersprang fast vor Wonne das Herz, als Du so zu mir sprachst. Eine wunderbare neue Welt

---

[132] Laudatio auf Ingrid Karl anläßlich der Verleihung des Berufstitels Professor. 24.5.1994. Jandl 2016, Bd. 6, S. 287–288.

[133] 26.9.1997, Archiv HH.

[134] Glawischnig 1991.

[135] „Laudatio Dieter Glawischnig". 22.4.1994, 2.20 am Morgen. Typoskript 5 Bl. Archiv HH. Überreichung im „Porgy & Bess" in Wien.

Abb. 5   Dieter Glawischnig und Ernst Jandl. (Foto: Matthias Creutzinger)

hatte für mich begonnen, ich war ein zweites Mal geboren. Bald standen wir gemeinsam vor staunendem Publikum [...]."[136]

Der Lehrer Jandl, der an jedem Schultagmorgen vor einer Klasse anzutreten hatte, musste sich ebenso wie seine Partnerin die langen Nächte im Jazz-Underground versagen. Er spielte auch kein Instrument wie Oswald Wiener das Cornet. Seine Leidenschaft kostete er in den großen Konzertsälen aus, denn auch in Wien machten die amerikanischen Großmeister auf ihren fast jährlichen Erwerbstouren durch Europa Station. Zudem arbeitete er sich mit akademischer Sorgfalt in die Literatur ein, holte bei Freunden Rat und begann mit eigenen Bandaufzeichnungen ein Archiv aufzubauen. Seine Vorlieben im Jazz lassen sich aus den weit über 1000 Langspielplatten und 700 CDs in seinem Nachlass nicht exakt herausfiltern. Es sind vornehmlich die in den vierziger, fünfziger und sechziger Jahren erfolgreichen großen Amerikaner schwarzer Hautfarbe, doch scheint es neben dem

---

[136] „Lieber großer Dieter Glawischnig, Freund meines Herzens, Bruder im Geiste". Programmfolder zum Festkonzert *aus der kürze des lebens* beim NDR, dat. 3.3.1998. LIT 130/S. 550/1 Sammlung Jazz, Sammlung Glawischnig. Jandls Rolle im Konzert übernahm der Hamburger Schauspieler Dietmar Mues.

Mainstream-Jazz keinen Randbezirk zu geben, aus dem nicht eine Probe den Weg in seine beinahe enzyklopädische Sammlung gefunden hätte.[137]

Jandl selbst zählte 1984 als seine Favoriten auf:[138] Louis Armstrong, Billie Holiday, Coleman Hawkins, Fats Waller, Lester Young, Duke Ellington, Charlie Parker, Dizzy Gillespie, Miles Davis, John Coltrane, Ornette Coleman, Charles Mingus, Cecil Taylor, Thelonious Monk, Eric Dolphy, Albert Ayler und Carla Bley. Helmut Moser, der Freund, der 1966 in Linz Jandl und Dieter Glawischnig zum ersten Zusammenspiel vereinte, ergänzte das Namedropping um Stan Kenton mit seinem Composer Bob Graettinger, Gil Evans, Jimmy Giuffre, Chet Baker[139] und Archie Shepp.[140] Als Jandl in seiner Laudatio auf Glawischnig 1994 mit Blick auf die NDR-Bigband auf berauschenden Orchester-Sound zu sprechen kam, nannte er als Beispiele Ellington, Fletcher Henderson, Count Basie, Gillespie, Woody Herman, Stan Kenton und Don Ellis. Ebenfalls 1994 machte Jandl seinem Luchterhand Verlag das Angebot, das Buch *The Jazz Tradition* des Musikkritikers Martin Williams zu übersetzen. Dazu kam es aber nie.[141]

Nach dem ersten Gig von Glawischnig und Jandl 1966 in Linz dauerte es acht Jahre bis zum nächsten. Sie traten im Wiener Club 45 auf, einem bald anrüchigen Etablissement, das sich sozialdemokratische Spitzenpolitiker über dem Traditionscafé Dehmel am Kohlmarkt als Herrenclub eingerichtet hatten.[142] Neuerdings ins Gespräch kam Jandl mit Glawischnig erst 1981 – im selben Jahr wie mit dem in Wien lebenden Schweizer Komponisten Mathias Rüegg sowie mit dem Wiener Organisten und Komponisten Martin Haselböck. Damals hatte Jandl in der Erfolgsserie von *Aus der Fremde* viel Bühnenluft geschnuppert, vermochte aber nicht zu liefern, was sein Bühnenverlag Kiepenheuer sich wünschte: ein Folgestück. Doch ermöglichte ihm das Zusammenspiel mit Musikern eine andere Erweiterung seines Repertoires und seiner Reichweite.

---

[137] Vgl. Gratzer 2010.

[138] Rede am 31.3.1984 in Graz bei der Überreichung des Steirischen Landes-Literaturpreises postum an den im Dezember 1983 im Alter von 41 Jahren verstorbenen Jazzfreund Gunter Falk sowie des Joseph-Marx-Musikpreises des Landes Steiermark an Dieter Glawischnig und die ‚Neighbours'. Faksimile des Typoskripts bei Kraller 1995, S. 82–85.

[139] Jandl kam in den 1990er Jahren auf den Wiener Trompeter Franz Koglmann mit der Idee zu, gemeinsam eine Oper über die Trompeter Chet Baker und Miles Davis zu schreiben. Baker starb 1988, Davis 1991. Obwohl die Berliner Festwochen Interesse signalisierten, gab Jandl die Idee auf. Interview Franz Koglmann 3.8.2022.

[140] Interview in Bad Ischl 3.6.2020.

[141] Jandl an Siblewski 27.5.1994. LIT 139/99 2.4.1, Luchterhand. In Jandls hinterlassener Bibliothek. 2. Ausgabe, Oxford University Press 1993.

[142] 31.1.1974. LIT Taschenkalender.

Im Juni 1981, eine Woche vor dem ersten Jandl-Symposion in Wien in der Alten Schmiede, reiste er mit dem Trio Neighbours – Glawischnig, Ewald Oberleitner (Bass), John Preininger (Schlagzeug) – ins schwäbische Marbach, zu den Schlossfestspielen Ludwigsburg und nach Innsbruck.[143] Die Konzerte waren als ‚Text und Musik' ausgeschildert, denn, so Glawischnig: „Zu vermeiden war in jedem Fall ‚Jazz und Lyrik' mit einem mehr oder weniger beziehungslosen Nebeneinander von Musik und Sprache."[144] Bald war ein nächstes, größeres Projekt geboren:

> „Nachdem 1980 Dieter Glawischnig die Leitung der Bigband des Norddeutschen Rundfunks Hamburg übernahm, wünschte er meine Mitwirkung als Sprecher eigener Texte im Rahmen seines Orchesters. Ich zögerte. Wie sollte ich es wagen, meine Stimme inmitten eines so gewaltigen, farbenreichen Klangkörpers zu betätigen? Im Frühjahr 1982 verließen mich meine Argumente am Telefon, das immer meine verletzlichste Stelle ist. Ich versprach Dieter Glawischnig, ihm für seine große Komposition zur Verfügung zu stehen. Mein Einwand, ich hielte eine echte Integration des von mir zu sprechenden Textes in die Musik des Orchesters für ausgeschlossen, verfing nicht. Eine Arbeit begann, wie ich sie mir in ihrer Schwierigkeit und Härte nicht vorgestellt hatte."[145]

Die beiden trafen sich noch Anfang August 1982 bei Jandl und Mayröcker im Sommerhaus in Rohrmoos. Glawischnig wählte Gedichte mit erprobter Wirkung für diesen ersten Versuch in der neuen Form: „him hanfang war das wort …" („fortschreitende räude") und „blaablaablaablaa …" („talk"), die Antikriegsgedichte „fragment", „schtzngrmm", „vater komm erzähl vom krieg", „falamaleikum", die Mundakrobatik „du worst zo mür eun gotes mödchen", die „heruntergekommene Sprache" von „tagenglas" und Geliebtes wie „eulen", „ottos mops" und das Tierstimmen-„bestiarium" sowie zum Schluss der „spruch mit kurzem o". Auch der Titel der 70-min-Komposition hatte schon vorher die Spur in viele Ohren gefunden: *Laut und Luise.*

Am 12. September 1982 wurde *Laut und Luise* beim 7. New Jazz Festival in der Hamburger Fabrik uraufgeführt, mit Jandl als Sprecher und der NDR-Studio-Band. Werner Burkhardt bewertete in der *Süddeutschen*

---

[143] Neighbours 1974–1983, eine Dokumentation. Hrsg. v. John A. Preininger. Typoskript. LIT 139/S. 550/2 Sammlung Jazz, Neighbours. LIT Taschenkalender.
[144] Glawischnig 1990, S. 150.
[145] Booklet 1995.

Zeitung[146] *Laut und Luise* als „alles überragenden Höhepunkt des Festivals". Glawischnig hatte seine Band mit dem Trompeter Manfred Schoof und dem Saxophonisten Gerd Dudek verstärkt. Jandls Platz neben den Bläsern dünkte Burkhardt als eine Selbstverständlichkeit: „Wer den hämmernden, hochvirtuosen Sprecher eigener Texte einmal angehört, wer erlebt hat, wie er Rhythmen skandiert, Vokale einfärbt, der fragt sich nicht mehr, was den Jazzmann Dieter Glawischnig angezogen und inspiriert hat." Dessen zweites ‚Melodram' hatte am 12. Juli 1989 nach Proben in Hamburg in Wolfsburg Premiere beim niedersächsischen Landesmusikfestival, ging dann weiter nach Hannover und kam noch einmal wieder beim Jazzfest Berlin 1995: *aus der kürze des lebens.* Dafür wählte Glawischnig unbekanntere Gedichte in Umgangssprache über das Schreiben, Liebe, Tod, Rauchen und Gott sowie den „gewöhnlichen Rilke". Ein intimes, besinnliches Programm aus fünfzig kurzen Texten. Noch ein drittes und letztes komponierte Glawischnig nach Jandls postum 2001 veröffentlichten *Letzten Gedichten*[147] und führte es im März 2003 in der Hamburger Musikhochschule auf beim Fest zu seiner Verabschiedung als Professor: *jedes ich nackt*, mit Dietmar Mues als Sprecher.[148]

„Meine kompositorische Absicht war tatsächlich eine Integration von Sprache und Musik", schrieb Glawischnig 1995. Da verwendete er schon als Gattungsbezeichnungen „Melodram mit dem Sprecher als Hauptsolisten im Mittelpunkt" und „durchkomponierter Opernakt".[149] Als ein ‚Konzertmelodram' bezeichnete der Leipziger Germanist Frieder von Ammon[150] Glawischnigs Komposition, und stellte sie in die Reihe von Vertonungen von Klopstocks *Frühlingsfeier,* geschrieben 1759, August Bürgers Ballade *Leonore* von 1773 und im 20. Jahrhundert u. a. Arnold Schönbergs *Ode an Napoleon* nach Lord Byrons Gedicht und Hanns Eislers *Palmström*-Studien nach Morgenstern.

Für an Jazz Interessierte wäre der Begriff „Melodram" auf dem Plakat ungeeignet als Verlockung. „Laut und Luise" wurde im Programm des ‚steirischen herbsts' 1983 als „Jazz-Opernakt nach Gedichten von Ernst Jandl" ausgeschildert. Von diesem Konzert berichtete ein Dichter von

---

[146] 1.10.1982.

[147] Jandl 2001a.

[148] APA 242 vom 24.2.2003.

[149] Jandl u. Glawischnig, CD 1995. Booklet S. 27.

[150] Ammon 2018, S. 409. Glawischnig im Mail-Interview 21.7.2021 zu Ammons Habilschrift: „Die Entwicklung von Jazz und Texten ist geschichtlich sehr gut dargestellt, bis hin zu meinen Orchesterwerken als ‚Höhepunkte der Gattung' (sehr ehrenvoll). (Ich hoffe, irgendein/e Muwi wird sich mal mit meinen Stücken auseinandersetzen; Ammon hat sich im Detail ja nur auf 1 Stück bezogen)".

besonderer Kompetenz: der Schweizer Jürg Laederach (1945–2018) spielte Saxophon und Klarinette und veröffentliche 1984 bei Suhrkamp das Buch *99 Arten den Blues zu spielen*:

> „Jandl, hinter einem Notenpult ganz vorne und sehr zusammengesunken sitzend, dominierte das Grossorchester mit schierer Willenskraft. Kein besonders glänzendes Orchester übrigens. [...] Jandl konnte es recht sein: der Blick fiel unverstellt auf ihn. Man hat es bei diesem begabten Vokalisten zu tun mit einer eher harten, im Bereich des tieferen Blechs liegenden Stimme, die jeder Nachtclub-Süsslichkeit vollkommen unfähig ist."[151]

Das Konzert wurde vom österreichischen Fernsehen aufgezeichnet und spätabends am 1. Februar 1984 als „Jandl-Gala" gesendet.[152] Mit den Neighbours ging Jandl noch 1983 auf eine Österreich-Tournee nach Linz, Innsbruck, Dornbirn und Graz. Im Jahr darauf bekam das Trio Glawischnig, Preininger, Oberleitner in Graz den Joseph-Marx-Musikpreis des Landes Steiermark, und Jandl sprach die Würdigung. Im Oktober 1986 traten die Neighbours in Prag mit Jandl und Mayröcker auf der legendären ‚Poetischen Bühne Viola' auf.[153] Das Fest am Vorabend von Jandls 70. Geburtstag bei den Salzburger Festspielen am 31. Juli 1995 im Landestheater begleitete ebenfalls dieses Trio. Noch 1997, schon schwer gehbehindert, kam Jandl mit der NDR-Bigband nach Hannover,[154] mit Glawischnigs Trio Cercle – mit dem Geiger Andreas Schreiber und dem Schlagzeuger Tom Oxley – in die Oper Leipzig und mit den Neighbours nach Frankfurt und Darmstadt.

Da waren für Jandl die Auftritte seit 1992 mit Erich Meixners Ziehharmonika-Begleitung seiner *Stanzen* längst kommoder, erträglicher geworden. Jandls Begeisterung für seine wienerisch-dialektalen *Stanzen* hatte das Ende der zehn Jahre währenden Zusammenarbeit mit Mathias Rüegg zur Folge. Der 1952 in Zürich geborene Komponist musste in seiner kulturellen Sozialisation eine weit schärfere Grenze zwischen Hoch- und Umgangssprache ziehen als ein Österreicher. „Gschtanzerln" wollte Rüegg nicht einbetten in seinen Mix von Jazz und akademischer Neuer Musik. Rüegg hatte 1977 in Wien mit dem Trompeter Wolfgang Puschnig und

---

[151] *Basler Zeitung*, 28.9.1983.
[152] Österreichische Mediathek, V-02211.
[153] APA 234 vom 14.10.1986.
[154] *Die Presse*, 6.3.1997.

dem Perkussionisten Woody Schabata sein Vienna Art Orchestra gegründet – eine Jazz Big Band mit einem Dutzend Instrumentalisten und bald auch der amerikanischen Sängerin Lauren Newton.[155] Jandl kam zu vielen Konzerten und suchte 1981 einen persönlichen Kontakt zu ihm, nachdem er in einer Kritik gelesen hatte, Rüegg habe seinen Satz „phallus klebt allus" in ein Programm eingebaut.[156] Bald fragte Rüegg bei Jandl an, ob er nicht für drei Sängerinnen „was Phonetisches, oder so" schreiben wolle.[157] Es sei dann, so Rüegg, „ein bisschen Liebe auf den ersten Blick gewesen", als Jandl sich mit Rüegg und Newton traf.[158] Der Dichter sei „das männliche Pedant zu Lauren Newton", meinte Rüegg, „da müssten sie doch was zusammen machen".[159] Eine erste Zeile für sich regte Rüegg bei Jandl an, als sie einmal über Schwitters diskutierten. Er bat um ein „Urwort" und bekam es: „Ci-Ni-Pref-Sta-Huk-Wo-Ei-Eu-Au-Bd-Gsch." Im Mai 1983 wurde die Komposition danach im Wiener Studio Kornhäusl aufgenommen.[160]

Rüeggs große Band war international viel beschäftigt. Mit Jandl arbeitete er nur in kleiner Besetzung, zumeist als Quartett; es wurde bisweilen von Veranstaltern und auch im ORF als „Jandl-Quartett" angekündigt.[161] Die Zusammenarbeit begann holprig. Rüegg stellte fest: „Jandl hatte nur ein Gefühl für *seinen* Rhythmus, doch der war nicht kompatibel. Eigentlich hatte er gar kein Gefühl für Rhythmus. Das erste Gedicht, das ich gemacht habe, war das ‚chanson'. Das habe ich mit Ernst einstudiert, dabei habe ich gemerkt, das geht überhaupt nicht. Wir haben das dann selber gesprochen. Und wir haben uns ihm angepasst." Seine erste Komposition *bist eulen?* brachte Rüegg am 10. März 1984 ins Wiener Künstlerhaus zur Premiere. Eine Tournee führte die vier im April in die Frankfurter Schirn, die Rote Fabrik in Zürich, das Kunstmuseum Bern und nach Mürzzuschlag in der Steiermark. Im Oktober 1984 erschien schon eine Studioaufnahme in Harald Quendlers Edition „Extraplatte".[162] Jürg Laederach beschrieb für

---

[155] Newton 2022, S. 118–119. Video-Interview 16.6.2022.

[156] Interview in Wien 8.7.2022.

[157] 1.2.1981. LIT 139/B1175.

[158] Im Restaurant Smutny in der Elisabethstraße, einer bodenständigen Lieblingsadresse von Jandl wenige Schritte vom Café Museum entfernt. Dort lernte die Amerikanerin die im „tagenglas"-Zyklus angesprochene „blunzen" (Blutwurst) kennen. Videointerview mit Lauren Newton 16.6.2022.

[159] 20.1.1982. LIT 139/B1175.

[160] From no art to Mo(z)art. Mathias Rüegg, Lauren Newton, Wolfgang Puschnig, George Lewis, Christian Radovan, Arnold Schoenberg Choir Vienna. Moers Music 02002 CD.

[161] ORF Mittagsjournal 26.11.1984. Österreichische Mediathek. jm-841126_k02.

[162] Ernst jandl: bist eulen? Extraplatte 316.141.

das Cover Jandls Stimme als „ein wesen von verfeinerter borstigkeit, in der
raunzend-metallenen feier ihres nichtbrechenkönnens befangen". Doch in
bist eulen? träfe Zärtlichkeit im Text auf minimalistischen Tonwitz – mit
Jandl zart hauchend und Newton tirilierend im *eulen*-Duett. Peter Ruedi
berichtete in der *Weltwoche*[163] von „so etwas wie die Explosionen eines
eigenständigen, höchst jazzverwandten poetischen Geistes."

Diese flatterhafte Leichtigkeit war verscheucht, als Rüegg und Jandl den
Auftrag zu einem Beitrag für das Wiener kommunale Festival ‚Literatur
im März' annahmen, wo als Antwort der Sozialdemokratie auf die Wahl
Kurt Waldheims zum Bundespräsidenten ein politisches ‚Bedenkjahr
1988' ausgerufen war, in Erinnerung an den „Anschluss" Österreichs an
Hitler-Deutschland 1938. Im Programm *vom vom zum zum* bekam für
22 Minuten das „deutsche gedicht" den Spitzenplatz – „seine poetische
Abrechnung mit Nationalsozialismus und Antisemitismus, 699 Zeilen,
sein längstes Gedicht überhaupt".[164] Rüegg wirkte als Sprecher mit neben
Newton und Jandl, an Woody Schabatas Platz rückte Uli Scherer am
Klavier. Newton: „Mathias hat aufgepasst, dass jeder sein Solo hat und
sein kleines Feature. Meine Funktion war zwischen Musik und Sprache,
Puschnig war auch als Komponist der Schmetterling drum herum.
Uli Scherer brachte gute musikalische Ideen mit". Zum Abschluss des
‚Bedenkjahres' öffnete George Tabori als Direktor des Wiener Schauspiel-
hauses – damals unter dem Namen ‚Theater Der Kreis' – für Jandl und die
Musiker mit ihm für vier Abende die Bühne für ein „Jandl total: Christmal
Special". Es begann mit *vom vom zum zum* und endete mit Friedrich-Cerha-
Vertonungen von Jandl-Gedichten unter dem Titel *Eine Art Chanson*.[165]
Im folgenden Jahr durfte Jandl für sich und sein Quartett in Mainz den
‚Deutschen Kleinkunstpreis' entgegennehmen.[166]

Die Premiere von Mathias Rüeggs nächster Komposition, *lieber ein saxophon*, im Mai 1990 im Wiener Metropol musste abgesagt werden, weil sich

---

[163] 20.6.1985.

[164] Der Dichter über sich selbst in einem Werbetext zur Neuauflage von *ernst jandl für alle* 1984 in der
Sammlung Luchterhand, Bd. 566. LIT 1939/99, 2.4.1, Luchterhand.

[165] Mit HK Gruber als Chansonnier, Kurt Prihoda (Schlagzeug), Reiner Keuschnig (Klavier), Josef
Picek (Kontrabass). Wolfgang Freitag: „Insgesamt hinterläßt der Abend einen schalen Nachgeschmack.
Ernst Jandl braucht niemanden, um ‚total' zu sein. Nur sich selbst. Alles andere sind Halbheiten." *Die
Presse*, 22.12.1988. In einem Gespräch im *Standard* zum 65. Geburtstag sagte Jandl über Cerha: „Das
war ein musikalisches Werk in beträchtlicher Distanz von mir und meiner Art des Vortrags, was ich
aber eigentlich begrüßen muß" (1.8.1990).

[166] APA 0057, 12.2.1989. Dotiert mit 20.000 DM. Der Preis wird alljährlich in den Kategorien
Kabarett, Chanson/Musik/Lied/und Kleinkunst vergeben.

Jandl nach seiner Beinoperation noch zu schwach fühlte.[167] Dieses feiner als *vom vom zum zum* elaborierte Werk kam erst im Dezember 1990 in Wien im Arbeiterkammertheater Akzent auf die Bühne, es wurde dort auf Video aufgezeichnet und bald als ‚Extraplatte‘ verbreitet.[168] Jandl begann den Vortrag seiner Serie von 53 kurzen Gedichten aus dem Band *idyllen* mit einer historischen Reminiszenz: „august stramm, der das gedicht verkürzte …“ Im Schlussteil breitete er in zugespitzter Deutlichkeit seine körperliche Hinfälligkeit aus.

Als im Frühjahr 1992 Jandls nächstes Buch mit seinen dialektalen *Stanzen* in Wien mit dem populären Ziehharmonikaspieler Erich Meixner – von der linken Folk-Politrock-Band Schmetterlinge – vorgestellt werden sollte, war das Interesse so groß, dass die Premiere an drei Tagen hintereinander auf die Gesellschaft für Literatur, die Alte Schmiede und das Literaturhaus aufgeteilt werden musste. Damit habe Jandl „von mir zum Meixner einen fliegenden Wechsel gemacht“, so Rüegg im Gespräch. „Das war dann eine Spur populärer, unseres war natürlich sehr artifiziell, elitär – genauso wie ich gedacht habe, dass es übereinstimmt mit seiner Sprache.“[169] Sie versöhnten sich wieder. Rüegg drängte Jandl, als „sein Vermächtnis im Jazz“ zu jedem seiner sechzig Lieblings-Tunes oder zu seinen vierzig Lieblingsmusikern aus der großen schwarzen Garde ein onomatopoetisches Gedicht zu schreiben. Doch stattdessen habe der Dichter eine nie fertiggestellte Serie von Kurzbiographien von Jazzlegenden angefangen.[170] Als Rüegg bald in Schwierigkeiten kam mit seinem 1993 im früheren Cabaret Fledermaus in der Spiegelgasse aufgesperrten Etablissement Porgy & Bess, kämpfte Jandl um mehr Unterstützung für ihn von der Stadt Wien.[171] Mit Lauren Newton und Uli Scherer trat Jandl weiter auf – so 1995 im Porgy & Bess und beim „Time“-Festival 1995 in Gent. Als Wolfgang Puschnig 1994 beim Jazzfest Saalfelden sein Programm *Metaphors* vorstellte, wirkte Jandl als *special guest* mit – an der Seite des amerikanischen Rap-Poeten Tariq Trotter, bekannter als ‚Black Thought‘.

---

[167] APA 169, 12.5.1990.

[168] EX 316-153. Mit Ernst Jandl, Lauren Newton, Uli Scherer, Klaus Dickbauer, Bumi Fian und Mathias Rüegg.

[169] Mathias Rüegg verwahrt als Beleg für einen vermeintlichen Meinungswandel im Umgang mit Dialekt einen Brief Jandls vom 20.2.1984: „Daß Dialekt-Gedichte für mich eine wichtige Sparte seien, stimmt nicht, das muß ich Dir versichern. Der Dialekt hat Normen, bindender sogar als die Hochsprache […]. Wichtig für meine literarische Arbeit ist immer wieder das Abweichen von jeder Sprachnorm, jeder Art von Normalsprache.“

[170] Interview in Wien 8.7.2022.

[171] Jandl an Stadträtin Ursula Pasterk 24.4.1994. Briefdurchschlag Archiv HH.

Wegen einer Erkrankung musste Jandl im November 1995 einen Auftritt in Glawischnigs *aus der kürze des lebens* beim Jazzfest Berlin absagen. Lauren Newton, die schon 1990 das Vienna Art Orchestra 1990 verlassen hatte, wurde nun als Einspringerin umworben: „It was a huge relief when Ernst Jandl called me up personally to encourage me to do what I always do and I was very thankful for his words (and not quite as doubtful)".[172] Mit Jandl studierte sie noch einige Stücke zu zweit ein. Dazu wurde sie auch das erste Mal in die Wohllebengasse gebeten. „Das war Neuland. Ich habe vorher keinen Dichter gekannt. Es gab nur einen schmalen Pfad neben all den Büchern."[173] Das letzte Mal im März 1999 kam Lauren Newton, mit dem Posaunisten Bertl Mütter zu Ernst Jandl ins Wohnbüro zur Probe für ein Konzert mit ihrem Vokalensemble Timbre.

In Wien wagten, mit Ernst Jandls Stimme im Ohr, Komponisten erst spät, die ihnen vom Urheberrecht eingeräumte ‚Vertonungsfreiheit' von veröffentlichten kürzeren Texten – der Dichter muss nicht eigens gefragt, aber muss honoriert werden – zu nutzen. Die ersten waren alte Bekannte aus den Aufbrüchen der fünfziger Jahre und schon unter den ‚Unsterblichen' im Österreichischen Kunstsenat installiert. Kurt Schwertsik, Jahrgang 1935, unterrichtete als Professor für Komposition am Wiener Konservatorium, als er als Opus 38 ein Dutzend Jandl-Gedichte vertonte. Mit ihm am Harmonium und seiner Frau Christa, Gesang und Gitarre, wurden es 1980 unter dem Titel *ich sein blumenbein* im Wiener Künstlerhaus zum ersten Mal aufgeführt. Die Texte hatte er selber ausgewählt.[174] Schwertsik, ein Joseph-Marx-Schüler, mit Rühm, Artmann und dem Komponisten Gerhard Lampersberg befreundet, hatte 1958 mit Friedrich Cerha ‚die reihe' gegründet, Wiens erstes auf Neue Musik ausgerichtetes Ensemble. Auch Cerha bediente sich aus Jandls Repertoire. Sein Potpourri mit Texten von Jandl, Rühm, Artmann *Eine Art Chanson* führte er im Juni 1988 in St. Pölten mit HK („Nali") Gruber als Chansonnier zum ersten Mal auf, mit Reprisen bei der Eröffnung des ‚steirischen herbsts' und im Wiener ‚Kreis' zu Weihnachten in diesem Jahr. Auch der früh verstorbene Wiener Wilhelm Zobl (1940–1991) komponierte für HK Gruber ein solches Programm mit Gedichten von Jandl und der Wiener Gruppe.[175]

---

[172] Newton 2022, S. 121.

[173] Videogespräch 16.6.2022.

[174] Mit den Gedichten „über stiegen", „motorradfahrer", „nasal", „dies eisenharte brot", „körpern und ewigen", „kein mund", „blumenbein", „klos", „während" u. a.

[175] Abschiede und Begegnungen. UA 9.3.1989 im Konzerthaus in einer ‚Langen Nacht der neuen Klänge'.

1978 näherte sich dem Dichter über Vermittlung von Helmut Moser der junge Wiener Organist und Komponist Martin Haselböck. Er bewunderte Jandls Texte und ebenso die Register von Jandls Mundorgel und gewann ihn als Sprecher bei der Einstudierung der Orgelsonate *94. Psalm* des Liszt-Zeitgenossen Julius Rübke. „Herr Gott / des die Rache ist / erscheine", grollte Jandl am 26. Juni 1978 in der wuchtvollen Diktion der Lutherbibel von 1545 in die gotischen Gewölbe der Augustinerkirche in Wien, wo Haselböck als Organist angestellt war.[176] „Unter allen Wortgewaltigen", widersprach Haselböck dem Kollegen Mathias Rüegg, habe er keinen erlebt, „der so rhythmusbegabt war, bis hin zur Proportionsbegabung". Bald entwickelten sie ein Format, bei dem Haselböck zu den von Jandl vorgetragenen Gedichten improvisierte. Verstärkt um den Posaunisten Rudolf Josel, kam es 1983 zur Uraufführung der literarisch-musikalischen Aktion *weltgebräuche*[177] im Konzertsaal des ORF in Wien. Sie gastierten damit in der Schweiz und Deutschland, u. a. im Oktober 1990 in der evangelischen Dreifaltigkeitskirche in Aachen. Orgel und Posaune schufen im Nu einen apokalyptischen Klangraum für Jandl, der den Tod herbeirief („der schnitter"). Zur Uraufführung der notierten Fassung der *weltgebräuche* kam es 1986 beim ‚Musikprotokoll' des ‚steirischen herbsts', mit Christian Muthspiel an der Posaune.

Nahe von Haselböcks Sommerquartier am Attersee in Oberösterreich hatte die Glasfenstermalerin Lydia Roppolt in einer profanierten gotischen Kirche ihr Atelier. Um sie herum fügte sich in den 1990er Jahren bald eine entspannte Sommergesellschaft im Salzkammergut, auch mit dem treuen Freund Helmut Moser aus Bad Ischl. Für Ernst und Fritzi war sie klein genug, um sie auszuhalten. In Roppolts Konradkirche wurde zum ersten Mal 1996 Haselböcks *Konradmesse*[178] aufgeführt, in lateinischer Sprache, erweitert um Jandl-Gedichte aus *der gelbe hund*.[179] In die Attergauhalle St. Georgen kamen 1998 mit Jandl auch Dieter Glawischnig mit John Marshall (Schlagzeug) und Andreas Schreiber (Violine), zusammen als Band Cercle. Mayröcker las in der Kalvarienbergkirche in St. Georgen. Die Malerin Maria Gruber gab dem Wiener Paar immer wieder ihre Wohnung in Bad Ischl für Wochen in Sommern anschließend an Ferien in Altaussee.

---

[176] Interview in Wien 13.6.2022.

[177] Gedicht aus dem Jahr 1963 in *Laut und Luise*.

[178] Partitur Universal Edition 30.451.

[179] „das lamm", „der nebel" aus den „gedichten an die kindheit", „der schnitter".

Abb. 6 Martin Haselböck und Ernst Jandl bei der Probe für den *94. Psalm* von Julius Rübke 1978 in der Augustinerkirche in Wien. (Foto: Helmut Moser)

1993 vollendete Haselböck *tagesgezeiten*, eine Komposition für Kammerorchester mit Mayröcker-Prosa. Die Verbindung *tagesgezeiten/weltgebräuche* erfuhr ihre szenische Uraufführung 1999 in Salzburg im Festspielquartier auf der Pernerinsel in Hallein durch den Regisseur Herbert Gantschacher und dessen Verein ‚Arbos‘. Nach dem Tod des Gefährten im Juni 2000 bat Friederike Mayröcker Martin Haselböck, ihr rasch geschriebenes, schon im Oktober 2000 in der Wiener Presse veröffentlichtes *Requiem* zu vertonen. Am 23. Juni 2001 wurde *„will nicht mehr weiden“ – Requiem für Ernst Jandl* in der Zisterzienser-Abtei Zwettl (Niederösterreich) uraufgeführt. Seinen letzten Auftritt mit Musikanten vor seinem Tod hatte Ernst ebenfalls in einer Kirche. Gemeinsam mit Fritzi gastierte er, am Stock mehr humpelnd als gehend, im Zisterzienser-Kloster in Wiener Neustadt beim Festival ‚Neu-Kloster-Musik‘ am 10. September 1999.

Ein Leben wie es war

In der Sprechoper *Aus der Fremde* aus dem Jahr 1979 stellte der Dichter den Dichter in einer Zustandsaufnahme, einem *frozen picture* auf die Bühne. Kein Jammerbild, sondern kleine Leiden und kleine Freuden in einer armseligen Balance, in die seine Partnerin sich einpasste, einpassen musste. Doch schon im Gedicht „selbstporträt 18. Juli 1988" sind Turbulenzen angedeutet: „es sei mit ihm was los. nein, so genau / wisse er selbst es nicht, spüre jedoch/daß nichts mehr sei wie es gewesen sei". Das erste halbe Jahr 1980 hatte ihn erschöpft: die große Premiere in der Berliner Schaubühne, die kleine in Zürich, die Fahnenkorrekturen für den *gelben hund*, das Colloquium in Bielefeld in größter Besetzung,[180] der Theaterpreis in Mühlheim, Lesungen in Graz, Berlin, Stuttgart, Liège und mit den Wiener Freunden vor Häftlingen in der Strafanstalt Krems-Stein. Schon im April 1980 holte er sich vom Internisten Dr. Falkner[181] ein Antidepressivum.[182] In ihm hatte er ersten Ersatz für seinen langjährigen Hausarzt Dr. Ehmsen gefunden, der ihn durch den Schuldienst begleitet hatte.

Jandl näherte sich Ärzten respektvoll, ängstlich und ließ, wenn Fragen nach dem Alkoholkonsum auf ihn zukamen, sein Haupt sinken. Er hatte daheim den *Pschyrembel* im Regal, das allen Hypochondern geläufige *Klinische Wörterbuch*. Zudem suchte er gerne im Freundeskreis Rat, so beim Zahnarzt Harry Ertl oder bei Kurt Neumann, dem Leiter der Alten Schmiede, der sein Jus practicandi nie nutzte. Weil er Fritzi von seinen Symptomen und Erstdiagnosen sofort berichtete, fragte auch sie rundum um Rat. Mehr als nur in ihrem Fach, der Inneren Medizin, wurde die Internistin Stefania Kolowratnik-Senjow in der Reisnerstraße in Wien III. gebraucht. Bei ihr konnte Fritzi das Herz ausschütten, wenn Ernst ihr wegen Nichtigkeiten Szenen oder in delirialen Zuständen Angst um sein Leben machte. „Stefa" stammte aus Polen, hatte als Ärztin zunächst in der Grazer Kunstszene Fuß gefasst und blieb auch nach ihrer Übersiedlung nach Wien eine Vertraute von Alfred Kolleritsch, Barbara Frischmuth, Wolfgang Bauer,

---

[180] Fritz Achleitner, Herbert Achternbusch, Jeremy Adler, Heimrad Bäcker, Chris Bezzel, Gunter Falk, Heinz Gappmayr, Pierre Garnier, Hartmut Geerken, Eugen Gomringer, Lily Greenham, Helmut Heißenbüttel, Bodo Hell, Ernst Jandl, Georg Jappe, Ferdinand Kriwet, Franz Mon, Friederike Mayröcker, Oskar Pastior, Reinhard Priessnitz, Gerhard Rühm, Siegfried J. Schmidt, Schuldt, Timm Ulrichsm, Liesl Ujvary, Peter Weibel, Oswald Wiener, Ror Wolf, Paul Wühr.

[181] Dr. Ferdinand Falkner, Johann Strauß Gasse 8–10, Wien V.

[182] Nortrilen, 4-4-0, 4-4-0, 5-5-0, 5-5-0, 5-5-0.

Gunter Falk. „Jandl, ein großer Humanist und großer Poet, war ein echter Freund", hinterließ sie in ihren Memoiren.[183]

„Ich weiß nicht, was ich tun soll": Mayröcker richtete Hilferufe auch an Freundinnen und Freunde in der Ferne, von denen sie wusste, dass sie bei den Adressaten keine andere Reaktion auslösen konnten als die Überforderte zu trösten.[184] Als Poetin verstanden und gefördert wusste sie sich von Heinz F. Schafroth in der Schweiz. Sequenzen in ihren Briefen an ihn[185] ergeben, wie in einem Zeitrafferfilm, eine Krisengeschichte auf ein Ende zu: „es überschlägt sich hier alles" (30.3.1981), „Hatte Kreislaufschwäche, aber keinen Herzschaden" (6.8.1983), „Ernst ist wieder niedergeschlagen" (16.2.1984), „Er ist sehr nervös und depressiv" (3.11.1984), „Ernst mit 4-fachem Unterschenkelbruch im Krankenhaus. Er stürzte am 2. Dezember nachts, er kann es sich selber nicht erklären, wahrscheinlich ein Aus-dem-Bett-Rollen im Schlaf." (18.12.1986), „Ernst geht es nicht viel besser, er kommt einfach nicht zurecht mit diesem Bein, mit dieser Behinderung, alles schmerzt, auch die Hände von der Abstützung auf den Krücken, es ist alles so schwierig." (12.2.1987), „Ernst quält das ‚gesunde' Bein (Knie)" (15.12.1988), „Ernsts linkes Knie sollte op. werden, aber wir können uns dazu nicht entschlieszen, schon wegen der angeblich halbjährigen ‚Invalidität' nach der OP." (11.6.1989), „Ernsts Knie ist eher schlimmer, er hat massive Gehbeschwerden." (4.8.1989), „Ernst hat nach dem Spital eine 3-wöchige Rehabilitationskur gemacht, weit weg von hier, in Kärnten, wo er sich nicht wohl gefühlt hat. Jetzt geht er nur noch mit einer Krücke. Seine Depression ist wieder sehr schlimm und manchmal habe ich das Gefühl, ich habe mich daran schon angesteckt." (18.5.1990) „Ernst geht besser, ja gut, aber im großen und ganzen hat sich an der depressiven Grundsituation nicht viel geändert." (7.9.1990), „Ernst in schlechtem gesundheitlichem Zustand, ich habe Angst, Angst, immerfort." (30.9.1991)

Schon im November 1982 hatte Ernst Jandl einen „sogenannten Übermüdungsbruch des Wadenbeins"[186] erlitten. Kurt Neumann übersetzte diese Diagnose ins Laiendeutsch: „Ernst hatte Glasknochen".[187] Nach Graz zur

---

[183] Kolowratnik-Senjow 2003, S. 107.

[184] Das immense Briefwerk der 2021 verstorbenen Friederike Mayröcker ist noch nicht überblickbar. Wenigen Männern dürfte sie sich so vertrauensvoll geöffnet haben wie dem Dozenten an der ETH Zürich und Literaturkritiker Heinz F. Schafroth in Alfermée am Bielersee in ihrer Korrespondenz seit 1978 bis über Jandls Tod hinaus.

[185] SLA Sammlung Heinz F. Schafroth, Karton 11, Friederike Mayröcker.

[186] LIT 139/99, 3.5.1.

[187] Interview in Wien 3.3.2020.

Abb. 7   Ernst Jandl: Polaroid-Selbstporträt, ca. 1990. Archiv HH

Entgegennahme des *manuskripte*-Preises reiste er mit einem Gipsverband. Nach dem Unfall im Wohnbüro in der Wohllebengasse am 2. Dezember 1986 kam er im Lorenz-Böhler-Unfallkrankenhaus im Bezirk Brigittenau erstmals in die Hände des exzellenten Chirurgen, Kunst- und Menschenfreundes Johannes Poigenfürst.[188] „Man wollte erst operieren, aber zu riskant. Jetzt dauert es", notierte Wolfgang Kraus nach einem Besuch, und weiter: „Hat schönes Zimmer mit Telefon, bewegt sich auf Rollstuhl ganz schnell dorthin, wenn es läutet. Sehr übergewichtig. Schwer depressiv. Redet fast nichts. Freut sich aber deutlich über meinen Besuch. Fragt aber, will erzählt hören."[189] Poigenfürsts Oberarzt Werner Vogt, ein naher Freund Michael Scharangs, hielt auch eine andere Realität fest:

> „Ging es ihm gut, war er ein reizender Dichter und Patient, er konnte aber auch entgleisen, wenn ihm einer der zahlreichen Besucher zu viel Whisky eingeschenkt hatte. Dann forderte er um Mitternacht von mir die Einberufung eines Ärztekonsiliums der Stadt Wien, wollte mit diesem obskuren Gremium seine weitere Therapie festlegen. Ich habe immer seinen Vorschlägen zugestimmt, denn bei der Morgenvisite wollte er dann wissen, was er angerichtet habe, bat um Verzeihung."[190]

Zur Weihnachtsfeier des Personals rollte Jandl mit Gedichten an. Den Krankenschwestern widmete er die bis zu seinem Tod gültig bleibenden Zeilen „mein bein tut mir weh".[191] Für zwei Monate wurde sein Einbettzimmer auch

---

[188] Poigenfürst errichtete mit Spendengeldern nach der Wende in Rumänien in der Banat-Metropole Temesvar/Timișoara ein Unfallkrankenhaus („Casa Austria").

[189] Tagebuch 21.1.1987.

[190] Vogt 2013, S. 274.

[191] Jandl 2016, Bd. 4, S. 114.

Büro. Er durfte rauchen und ließ sich stangenweise ‚Casablanca' bringen. Briefe schrieb er mit der Hand, andere diktierte er Fritzi, die fast jeden Tag stundenlang bei ihm saß, oder Kristina Pfoser-Schewig. „Wie gerne wäre ich an Dein Bett geeilt, Dein zerbrochenes Bein zu pflegen", antwortete ihm Ludwig Harig.[192] Dem Lektor Siblewski schrieb Jandl aus dem Krankenhaus: „Mit dem Jahr 1986 konnte ich nicht sonderlich zufrieden sein. Beifall [bei] Lesungen, Auftritte mit Musik [...] aber für mich war es eines der ödesten, unergiebigsten Jahre seit 1959–1961 oder 62. Kein gelungener Text."[193]

Alle für das Jahr 1987 geplanten Auftritte mussten abgesagt werden. In einem Neujahrsbrief erklärte Jandl Hans Altenhein:

> „daß es nie meine Absicht war, einige Jahre oder Jahrzehnte hindurch vor allem zu schreiben, um mich dann für den Rest meines Lebens als Vortragskünstler feiern zu lassen. Daß etwas dieser Art in den letzten Jahren geschehen ist, weiß ich, und es ist mir unerträglich. [...] Am meisten würde ich wohl die praktische Wiederlegung der gängigen Meinung brauchen, ich selbst sei der einzig mögliche Rezitator meiner Gedichte."[194]

Gegenüber dem Schlagzeuger der Neighbours John Preininger, mit dem er auf oft Tournee war, führte er den Sturz auf Schlafstörungen zurück und diese auf den

> „kontinuierlichen Streß der letzten Jahre, in denen ich fast pausenlos von Auftritt zu Auftritt hetzte bzw. mich hetzen ließ, wodurch auch jede Produktion zum Erliegen kam. (Fritzi geht es nicht viel anders, und so häufen sich ihre Hochdruckkrisen und verschlechtert sich ihr EKG; manchmal kann sie sich nur noch mühsam weiterschleppen.)"[195]

Mit einem hüfthohen Gipsverband kehrte Jandl im Februar 1987 nach Hause zurück, wo schon eine ‚Heimhilfe' und das kommunale ‚Essen auf Rädern' auf ihn warteten; Altenhein hatte für diese Notmaßnahmen beim Wiener Bürgermeister Helmut Zilk interveniert.[196] Auch eine junge

---

[192] 25.11.1987.

[193] An Siblewski 5.1.1987.

[194] 1.1.1987. LIT 139/99, 2.4.1, Luchterhand.

[195] 1.1.1987. LIT 139/B2150.

[196] 19.2.1987. Jandl schrieb als Testimonial im Wahlkampf Zilks im Herbst das Gedicht „kleiner hymnus auf helmut zilk, mit fußnoten", das am 10. Oktober in Zeitungen veröffentlicht wurde.

Deutsche, damals schon eine Verehrerin von Friederike Mayröcker, ging Jandl gegen Geld zur Hand: Sabine Hassinger, die bald im Luchterhand-Lyrikjahrbuch Gedichte veröffentlichte.[197] Im März ließ der Patient den Impresario und Freund Martin Mooij in Rotterdam wissen: „jedenfalls wird es bis zur völligen Wiederherstellung des Beines noch sehr lange dauern, ich rechne mindestens bis zum Jahresende. [...] Die Wohnung kann ich nicht verlassen, außer wenn mich die Sanität zur Kontrolle ins Krankenhaus bringt, es gibt also keine Anregung von außen, wie ich sie für mein Schreiben notwendig brauche." Vom Gips sollte er am 3. April befreit sein, doch es dauerte bis Mitte Mai.[198] Wolfgang Kraus besuchte auch daheim den Dichter, der „immer noch seinen rechten [*sic!*] Fuß in Gips hat. Schon mühsam für ihn. Angenehmer Besuch. Er kann nichts schreiben, denkt nur nach, erledigt Post."[199] Friederike Mayröcker stand in diesen Wochen noch dazu unter besonderem Stress durch die Bauarbeiten, die nötig waren, um in der Zentagasse ihre winzige Wohnung mit der nicht größeren Nebenwohnung zu verbinden.[200] Sie hatte in Helmut Moser, dem Jazzfreund in Linz und studiertem Wasserbauingenieur, in technischen Nöten immer eine Hilfe.

Der Luchterhand Verlag stärkte Jandls Genesungswillen mit der Ankündigung, dass für ihn und Friederike in Darmstadt Zimmer bestellt wurden zum 10. September, dem 60. Geburtstag von Hans Altenhein. Doch je näher dieser Termin heranrückte, desto weniger wollte er sich diese Reise zutrauen. Während der vier Wochen Sommerurlaub in Puchberg, in nächster Nähe zu Fritzis Mutter, begann er als Ersatz einen Glückwunschbrief zu entwerfen: „‚Grüß Gott‘, begrüßt mich Hans Altenhein, und ich grüße ebenso zurück. Er grüßt den Österreicher, denke ich, ehe ich weiß, daß zwei Katholiken einander begrüßt haben ..."[201]

Alles kam anders. Am 2. August 1987, einem Sonntag, sprach ihm Klaus Siblewski ins Telefon, dass Luchterhand an den niederländischen Kluwer-Konzern verkauft worden sei.[202] Die literarischen Absichten der Käufer seien „unsicher", erfuhr er, die Niederländer hätten in einem „Putsch" das

---

[197] Hassinger, Wohnsitz Berlin, publizierte in den 1990er Jahren Prosa und Gedichte und trat 2012 beim Ingeborg-Bach-Wettlesen an. Jandl korrespondierte mit ihr bis zu seinem Tod.

[198] LIT Taschenkalender.

[199] Tagebuch 7.5.1987. Zur Verfügung gestellt von Gertrude Kothanek, Wien.

[200] An Höllerer 17.3.1987. Literaturarchiv Sulzbach, Mappe Jandl 2, 41/21.

[201] Hs., unvollendet, undatiert. LIT 139/99, 2.4.1, Luchterhand.

[202] Hs. Notiz 2.8.1987. LIT 139/99, 2.4.1, Luchterhand.

Autorenstatut gekündigt. Doch werde sich der 1976 eingerichtete Autorenbeirat am 7. August treffen und es gäbe Initiativen von Hanser, Kiepenheuer
und der Holtzbrinck-Gruppe, Luchterhand nach Deutschland zurückzu-
kaufen. Am selben 4. August, an dem dann die Besitzer Eduard Reifferscheid
und Heinz Luchterhand – „beide ohne leibliche Erben" – den Verkauf
publik machten, erreichten Jandl vom Claasen Verlag, der Deutschen Verlagsanstalt Stuttgart und dem Salzburger Residenz Verlag Einladungen über-
zuwechseln. Doch Jandl versicherte Altenhein, bei Luchterhand bleiben zu
wollen.[203] Nach Gesprächen mit den Autorenvertretern Peter Bichsel, Peter
Härtling, Günter Grass und Max von der Grün erklärten sich die Niederländer bereit, die Literatursparte von Luchterhand einem deutschen Haus
weiterzuverkaufen. Den Zuschlag[204] erhielten die Eigentümerinnen des
Arche-Verlags in Zürich Regina Vitali und Elisabeth Raabe.[205] Auch weil sie
versprachen, dem Autorenrat weiter seine Rechte zu lassen. Hans Altenhein
sollte in Darmstadt im neuen Dreiervorstand mitarbeiten, doch er gab zum
Jahresende auf. Jandl wollte ihm mit der Darlegung seiner eigenen Verfasst-
heit die Angst vor dem Ruhestand nehmen: „Sie sind mein bester, mein
liebster Verleger gewesen. Mich schreckt der Gedanke, nicht länger Autor zu
sein, überhaupt nicht. Patient ist ein guter Beruf, fast eine Berufung, ebenso
Pensionist, nicht weniger Schachspieler."[206]

Im späten Herbst wagte er wieder länger zu reisen: nach Wiesbaden zu
einer Lesung mit Erich Fried, zur Plenartagung der Akademie der Künste
Ost und nach Kassel zur Überreichung des ‚Literaturpreises für grotesken
Humor'.[207] Wolfgang Kraus traf ihn kurz darauf in Wien und schrieb ins
Tagebuch: „J nach dem schweren Beinbruch immer noch behindert, nach
9 Tagen Reise todmüde, war ihm zuviel."[208] Bald darauf sandte Jandl einen
schroffen und von subtilem Hohn auf den Akademiebetrieb vollen Bericht
über seine Lage an die Bayerische Akademie, namentlich an Horst Bienek,
den Leiter der Literaturabteilung:

---

[203] 15.8.1987. LIT 139/99, 2.4.1, Luchterhand.

[204] Raabe 2015, S. 100–107.

[205] Schwester des Literaturwissenschaftlers Paul Raabe, langjähriger Leiter der Herzog-August-Biblio-
thek in Wolfenbüttel und nach der Wende Reorganisator der Franckeschen Stiftung in Halle/Saale.

[206] An Altenhein 22.12.1987. LIT 139/99, 2.4.1, Luchterhand.

[207] Eine Stiftung der Erfolgsschriftstellerin Christine Brückner und ihres Mannes Otto-Heinrich
Kühner.

[208] 3.12.1987. Zur Verfügung gestellt von Gertrude Kothanek, Wien.

„Beinbruch, Netzhautthrombose, Duodenalulkus, Depression, stressbedingte Zerrüttung, alles dies das Jahr 1987 durchziehend und ins Jahr 1988 boshaft hineinreichend, veranlassen mich zu der Bitte, wenigstens für eine Weile meine Zeit meine Zeit sein zu lassen und keine noch so wohlgemeinten Forderungen an mich zu stellen, mich also nicht zu Lesungen, Vorträgen, Symposien und jede andere Art persönlicher Mitwirkung einzuladen und mir überdies auch für die schönsten und wichtigsten Blätter, Zeitschriften, Almanache und Anthologien keine noch nicht erschienenen Texte abzuverlangen, auf Interviews zu verzichten und mir auch das Mikrophon vor dem Mund, die Kamera vor dem Kopf, zu ersparen."[209]

Jandls wichtigstes Instrument vor Publikum, sein Mund, war gefährdet: Er brauchte eine Zahnprothese und wechselte dazu von seinem alten Freund Harry Ertl zu einem neuen Zahnarzt.[210] Von seiner Sorge um seine Stimmkraft berichtete er Höllerer nach Berlin: „Die Poetik am Ende des Schreibens mischt sich in meine Vorstellung vom Ende des Redens."[211] Mayröcker klagte Heinz Schafroth: „Hier ist seit Monaten alles unüberblickbar chaotisch wie nie zuvor, zudem sind wir alle 3 immer wieder reihum krank oder sonstwie ‚verfolgt‘."[212] Am Ostersonntag spazierte er mit Fritzi durch den Privatpark der Fürsten Schwarzenberg, nahe bei seiner Wohnung, und schluckte außerdem eine doppelte Menge des Antidepressivums Deanxit.[213]

Die Proben für Mathias Rüeggs neues Opus *vom vom zum zum* mit Newton, Scherer und Puschnig standen an. Wie diese März-Premiere in der Secession gehörte auch ein einstündiges Interview des Historikers Peter Huemer für das ORF-Radio ins kulturpolitische Programm im ‚Bedenkjahr‘ 1938/1988. Jandls Kampf gegen Geschmacksdoktrinen des Nationalsozialismus wurde gründlicher abgefragt als seine Poesie.[214] Mitte April 1988 begann die Tournee mit dem Vienna Art Orchestra nach Frankfurt, Zürich,

---

[209] 18.1.1988. Bayerische Akademie der Schönen Künste, Archiv.

[210] ‚Wachsprobe‘ bei Dr. Werner Lill. 22.3.1988. LIT Taschenkalender.

[211] 5.1.1988. AE/1,1 Berlin. Literaturarchiv Sulzbach-Rosenberg.

[212] 15.1.1988. Mitgezählt ist die Mutter, die in den Wintern in Wien wohnte. Die Dichterin hatte eben ihr Buch *mein Herz mein Zimmer mein Name* vollendet, das zuerst „Obsession" heißen hätte sollen. SLA Sammlung Heinz F. Schafroth, Karton 11, Friederike Mayröcker.

[213] Der Schlüssel zum Schwarzenberggarten musste in jedem Frühjahr neu gemietet werden. 3.4.1988. LIT Taschenkalender.

[214] *Wespennest* 125, hrsg. v. Bernhard Kraller [Jandl-Sonderheft mit zahlreichen Fotos von Öhner Kraller] Januar 2002, S. 22–30.

Bern und Mürzzuschlag. In Bern kamen Jandls neue Verlegerinnen Regina Vitali und Elisabeth Raabe ins Konzert. Einen Auftritt in Manchester, der Geburtsstadt von Erich Fried, bei einer Österreichischen Kulturwoche musste er wegen seiner Beinprobleme absagen.[215]

Jandl wusste seine Orthopäden im Unfallkrankenhaus, aber er brauchte auch einen sogenannten ,niedergelassenen' Arzt mit eigener Ordination. Im Herbst 1988 wählte er für seine Schmerzen im Knie einen Spezialisten, der in Fritzis Heimatbezirk ordinierte: Dr. Heinz Zwerina. Dessen Diagnose ließ er sich Anfang Januar 1989 von Dr. Falkner bestätigen und erklären: Osteochondritis discens, Kondylus-Nekrose, Morbus Ahlbeck.[216] Einzig eine Operation könne ihm helfen. Just jetzt hätte er sich für einen Berlin-Aufenthalt im Frühjahr, verbunden mit einem Stückauftrag, entscheiden müssen. Er sagte ab.[217] „li Bein ganz schlecht, keinerlei Wirkung d. bisherigen Mittel", notierte er auf seiner To-do-Liste vom 9. Januar. Er suchte nun nach einer zweiten, dritten, vierten, fünften Meinung. Weil er vorherige Diagnosen verschwieg, musste er an jeder Station seines Ärzteparcours neu geröntgt werden. Rasch kam er zu dem als Kämpfer gegen Privilegien von Klinikchefs bekannten Primarius Dr. Martin Salzer in dessen Spital in Wien-Gersthof. Die Diagnose blieb dieselbe und ebenso der Therapievorschlag: eine Operation am linken Knie. Heinz F. Schafroth erfuhr im April von Friederike Mayröcker: „Seit ein paar Monaten ist hier alles noch schwieriger geworden. Wir laufen von Orthopädie zu Orthopädie, von Kapazität zu Kapazität. Niemand weisz so recht, was Ernst wirklich fehlt [...] Gehn kaum mehr möglich."[218] Für den 1. April hatte er in der Hofburg der Habsburger einen Platz an einem Fenster mit Blick auf den Michaelerplatz hinunter ergattert, über den der Leichnam von Zita, der letzten Kaiserin von Österreich und Königin von Ungarn, in die Kapuzinergruft geleitet wurde; er hätte das Pathos dieser historischen Stunde gesucht, doch schaffte er nicht mehr den Aufstieg über die Treppen zum Aussichtspunkt.[219]

---

[215] APA 199 vom 21.9.1988. LIT Taschenkalender.

[216] LIT Taschenkalender.

[217] Tageszettel 6.1. LIT 139/99, 1.7. Wahrscheinlich während des Telefonierens mit Berlin notierte er in Kurzschrift ein Gedicht in drei Strophen: „hier mir vielleicht / werden ein helfen sein / lauter reden // dies aber weiß ich/mir wird kein helfen sein / kein helfen sein // es wird jetzt alles endliches / es wird jetzt alles wieder gut". Darunter: „Kurt [ist] mein Gott das dritte Jahr." (Transkription: Martin Springinklee], Stenographen-Berufsverband Wien).

[218] 5.4.1989. SLA, Sammlung Heinz F. Schafroth, Karton 11, Friederike Mayröcker.

[219] LIT Taschenkalender.

Trügerische *idyllen* 1989

Beim Bielefelder Colloquium Anfang Mai 1988 las Ernst Jandl hinter verschlossenen Türen vor den Kollegen zwei neue Gedichte:[220] „puzzle boom", das nie mehr in einem Buch auftauchte, und das drei Seiten lange „oratorium" über ein „älterndes paar", ein verstörendes Hauptwerk im kommenden Buch *idyllen*. Auch die Gäste beim öffentlichen Aufmarsch der Dichter in Bielefeld bekamen von Jandl Neues über Altmännerprobleme zu hören: ein „kleines geriatrisches manifest" und „doktorgeschichten". Wie um auszuprobieren, wieviel er den ihm wohlwollenden Kunstverständigen zumuten könne, schickte er unter dem Übertitel „ERSTE HILFE" fünf „harte" Gedichte Otto Breicha für dessen *Protokolle* samt einer „Kurzen Selbsteinschätzung 1988"in der Länge einer Manuskript-Seite.[221] Sie war für einen Fragebogen der Bayerischen Akademie der Künste bestimmt, den er am 20.3.1988 ausfüllte.[222] Um sich den „Wahnwitz" zu schreiben leisten zu können, heißt es darin, habe er einen Brotberuf ergreifen müssen, aus dem ihm erst „die Verbindung, Verbündung, mit einer nicht minder ‚wahnwitzigen' Jugend (siehe Rock-Musik)" herausgeholfen habe. Sein Text endet in Moll:

> „Heute noch lebe ich, von den älteren Bürgern meines Landes wenig geachtet, in Österreich, wo ich ebenso gerne sterben will und begraben sein möchte wie irgendwo sonst. Weiterhin zerstören Dummköpfe diese Welt, und alles, was ein einzelner Dichter an Aufklärung versuchen kann, wird an der Mehrheit der Dummköpfe scheitern. Dennoch nicht aufgegeben zu haben, ist vom Leben her bedingt, dieser mächtigen Kraft in jedem von uns, die uns festhält, bis wir verschwunden sind."

Im Sommer 1988 kam das Paar wieder nach Puchberg. Vorsorglich hatte er mit Fritzi vor der Abreise noch die Mappen mit Gedichtentwürfen nach Brauchbarem durchgesehen.[223] Hier im Kurhotel fand er viel Ruhe zum Schreiben, weil Fritzi tagsüber mit der Mutter beschäftigt war. Ernst ließ sich sogar zu einer einwöchigen Kur überreden, deren Erfolg er jedoch selber gefährdete: „Fast täglich trinke ich [...] 4 cl. Whiskey (mit Soda);

---

[220] LIT Taschenkalender.

[221] *Protokolle* 1988/2, S. 37–41.

[222] 20.3.1988. Bayerische Akademie der Schönen Künste, Archiv, Mitgliedermappe Ernst Jandl.

[223] LIT Taschenkalender.

heute geschah das nicht, und ich spüre den Mangel."[224] Erste neue Gedichte kamen in die Hände von Freunden. Dr. med. Kurt Neumann warnte ihn in liebevoller Behutsamkeit vor zu vielen Selbstverletzungen:

> „ich denke mir, dasz die Huelle zwischen Selbstheruntermachergedichten und Selbstheruntermacherleben ja so duenn ist, dasz vielleicht sie nur manchmal zu erkennen ist. Es hat aber Dein Sprachwitz, hat Deine Sprachkraft genug Legitimation allein, dasz sie doch die Selbstattacke nicht immer benötigt. Ich wuensche, dasz Du nicht vergessen muszt, dasz Du ein liebenswerter Mensch bist, beim Dichten."

Aus seinen Ordnern „Neue Gedichte 1987" und „Neue Gedichte 1978" sowie Mappen mit Arbeiten und Skizzen aus früheren Jahren bediente sich Jandl, als er den neuen Band mit dem Arbeitstitel „idyllen" zusammenstellte.[225] Wobei er rund 170 Texte thematisch und formal in zwölf Gruppen anordnete, ähnlich wie schon in *Laut und Luise*, doch sind diese Gruppentitel im Buch nicht mehr ausgewiesen.[226] Die weitaus meisten reihte er unter ‚Selbstporträt' ein. Für seine Zukunft malte er sich ein langsames und ein schnelles Ende aus:

> aus der dichtung großem glück
> langsam zieh ich mich zurück
> oder tue einen schritt
> der mein dichtersein zertritt
> nur den lesern bleibe ich
> noch ein weilchen dichterlich[227]

Die letzte Zeile im Gedicht „zeilen", zugleich die letzte im Buch *idyllen*, sagt genial zweideutig „ganz ernst sieht gott zu".[228]

„Idyllen tippen", verordnete er sich auf vielen seiner Tageszettel. Während dieser strapaziösen Arbeit an der Maschine deutet er im Gedicht „25. Februar 1989" an: „das ist vielleicht / das ende der gedichte / muß

---

[224] 16.8.1988 an HH. Archiv HH.

[225] LIT 1.2.1.18. 139/W205.

[226] Dichtung – Vergangenheit (beginnt mit „kaisers geburtstag") – Religion (ab „der englische gruß") – Selbstporträt („mein vater und seine Mutter") – Medizin („ulcus") – ‚monströs' („duft") – Natur („seichende kuh") – „skizzen aus rohrmoos" – Widmungen („oskar zu pastior") – Sprachspiele („hand und fuß – ein wandergruß") – Sprüche („sprüche") – Zeilen („der verzwickte vogel"). LIT 139/W205.

[227] Jandl 2016, Bd. 4, S. 121.

[228] Jandl 2016, Bd. 4, S. 209.

aber nicht / des schreibens ende sein". Das Cover wurde bei Max Bartholl bestellt, der für Vitali und Raabe schon in Zürich die ‚Arche'-Bücher betreute. Jandl durfte eine Buntstiftzeichnung von Oswald Oberhuber vorschlagen, einem Mitstreiter in der GAV, lange Leiter der Galerie nächst St. Stephan und damals Rektor der Hochschule für angewandte Kunst in Wien.

Der in Paris lehrenden Germanistikprofessorin Erika Tunner wusste sich der Dichter besonders nahe, seit er aus ihrer 1981 begonnen Korrespondenz und bei persönlichen Begegnungen in Paris, Wien und Rohrmoos von ihren Depressionen erfahren hatte. Sie hatte ihn bezaubert mit einer poetischen Annäherung: „Die parallelen Wege: Lehrer, wir zwei. Du dann geblieben im Land, ich Ohneland und Ohneland bis zum Ende, begraben einmal in welchem Land, was tut's, vergraben sowieso schon lange."[229] Ihr schickte er im Mai 1989 einen Zustandsbericht:

> „manche Tür hätte ich gern offen, aber ich bring sie nicht auf oder bin zu furchtsam dazu. Was soll ich Dir sagen. Ich lebe einfach so dahin, und bin darüber gar nicht glücklich. Viele, die glauben, ich bin jemand, würden es überhaupt nicht für möglich halten, wie ich dahinvegetiere. [...] Gern würde ich wütend um mich schlagen, gerne würd ich an mich reißen, was mir gut tun könnte. Bin ich ein Stein? Ende August erscheint – nach fünf Jahren!! – mein neuer Gedichtband, ‚Idyllen', ein Ausschnitt aus meiner Hölle. Möge er Dich berühren."[230]

„Das war diesmal eine lange Pause, und ich weiß nicht, wie lang die nächste dauert. Jedenfalls habe ich mich verlangsamt, schreibe nicht flott dahin", meldete Jandl nach Berlin an Walter Höllerer aus Puchberg am Schneeberg.[231] Während er dort mit Fritzi wieder Ferien machte, wurden die *idyllen* gedruckt, schon mit Frankfurt am Main als Verlagsort, wohin Luchterhand aus den Darmstädter Büros, genannt „Pferdestall", in eine noble Villa übersiedelt war. Als das 204-Seiten-Buch im August in den Handel kam, lag ihm ein Blatt bei, auf dem das Lektorat[232] bei Lesern um Verständnis warb, auch für „blanke Obszönitäten", mit Sätzen wie „Jandl ist weit davon entfernt, aus seinen Erfahrungen ein Modell für seine Mit-

---

[229] 12.10.1988. LIT 139/B1460. Tunner verwahrt etwa 40 oder 50 Briefe von Friederike Mayröcker.

[230] 8.5.1989. LIT 139/B2329.

[231] 25.7.1989. Literaturarchiv Sulzbach-Rosenberg, AA/45,2.

[232] Die Verlegerin Elisabeth Raabe versicherte, dass es diesbezüglich keine Anweisung der Geschäftsführung gab. Im Jahr des Mauerfalls sei im Verlag die Festigung der Kontakte zu den ostdeutschen Luchterhand-Autoren prioritär gewesen. Telefoninterview 5.8.2022.

menschen und möglichst für die ganze Welt zu zimmern. Es sind die Erfahrung des alternden Dichters, der dennoch die Lust am Spiel nicht verloren hat". Die 4000 Exemplare der ersten Auflage waren sofort verkauft.[233]

Im Oktober 1989 präsentierte der Dichter die *idyllen* in der Österreichischen Gesellschaft für Literatur. Zuvor platzierte er in der lokalen *Presse*[234] das Friederike Mayröcker gewidmete Gedicht „wirklich schön", das in diesem Kontext wie eine Bitte um ihr Nachsicht klingt:[235]

[...] aber keinesfalls
sollte einer den anderen wegen seiner vorliebe schelten, sondern ihn gelten lassen
und sich selber auch, das allein
wäre dann erst wirklich schön.

Denn die Poetessa litt bei gemeinsamen Auftritten sichtlich darunter, wenn sich ihr „Liebes- und Lebensmensch" in Gedichten rücksichtslos entblößte – so wie in den „skizzen aus rohrmoos, sommer 1984", die übrigblieben, als dort Jandl die Frankfurter Poetik-Vorlesungen zusammenstellte.[236]

morgenrot

steht auf! sau!
's ist zehn!
pyjama schweißnaß
zahnersatz raus!
schrubb zahnbürst schrubb!
ha, odol!
die schwarzen stummel!
adel des maules!
kommen dran!
ab aufs klo!
erster dünnschiß!
finger voll brei!
arschloch nicht zugeht!
spül finger, stinker!

---

[233] An Sabine Hassinger 11.10.1989. LIT 139/B1892.
[234] 7.8.1989.
[235] Jandl 2016, Bd. 4, S. 34.
[236] Jandl 2016, Bd. 4, S. 171.

wasser ins arschgesicht!
sauschädel!
scheiß-rasur!
ha, pitralon!
zweiter dünnschiß!
knallt! knallt!
schaum vorm arschloch!
kunst after vision!
stotterpissen!
scheißaufsfrühstück!
rinninsbett!

Sofort wurde das neue Buch *idyllen* in den maßgeblichen Zeitungen rezensiert. Den Leitton schlug Volker Hage an: „[…] erbarmungsloser, entblößender, energischer ist nur selten jemand, auch als Schriftsteller, mit sich um-, gegen sich vorgegangen. […] Dazu gehört der Meister. Jandl ist einer – einer der ganz wenigen, die wir (auch unter gegenwärtigen Lyrikerinnen und Lyrikern) haben." Doch Hage sah ihn auch an Grenzen: „Ein wenig frühe Alterslyrik, schön und gut, er hat sie sich verdient – doch hoffen darf man auf einen neuen Aufschwung."[237] Michael Cerha lenkte in Wien den Finger auf „die hellwache Bereitschaft zur sexuellen Assoziation, wo immer ein Wort-Bild gestattet, was die Moral verbietet. Eine allgegenwärtige physische Mattigkeit macht das Ausleben der diesbezüglichen Phantasien allerdings zur Schwerarbeit, ja zum Gestopfe."[238] „Schonungslose Metaphernabsenz" bestätigte der deutsche Satire- und Komikspezialist Max Goldt;[239] „im Ausdruck der schlimmsten Wendungen und (Sprach-) Windungen" stellte sich dem Schweizer Peter Ruedi „ein trotzigkomisch heroischer Akt der Selbstbehauptung" dar.[240]

In der *Basler Zeitung*[241] diskutierten Schriftsteller ihre Eindrücke beim Lesen. Auf Jürg Laederach wirkte das Buch „nicht wie die Geschichte eines ungern erlittenen Altersprozesses, sondern wie das aggressive Programm eines entschlossenen ‚Grauen Panthers', […] der mit seinen Mitteln und seiner Situation gesamthaft und ungeschminkt zum Angriff über-

---

[237] *Die Zeit*, 8.9.1989.
[238] *Der Standard*, 23./24.9. 1989.
[239] *Die Welt*, 10.10.1989.
[240] *Die Weltwoche*, 12.10.1989.
[241] 11.10.1989.

geht"; Urs Allemann spürte in Jandls „Sprachdonner-, Sprachheulen und Sprachlachrohr" eine keinem Prozess des Alterns unterworfene physische oder geistige (vor allem aber: physische) Wucht. Jandls Freund Ludwig Harig im Saarland wollte nicht mehr bestätigen als: „Ernst Jandl ist, was sein Sprechen anbetrifft, jung und aggressiv geblieben."[242] Jörg Drews, der Bielefelder Professor, zeigte sich erschüttert: „Achselzuckend, klagend, heulend, gnadenlos präsentiert er sich als Fragment eines Menschen, der nicht mehr auf Vollendung hoffen kann. Das ist das künstlerische und mehr als künstlerische Ethos dieser Gedichte."[243]

Der Südwestfunk und das Land Baden-Württemberg sprachen Jandl für die allgemein akklamierten *idyllen* den Peter-Huchel-Preis zu. Der 1981 in Staufen verstorbene Huchel hatte 1971, dem Jahr, in dem er die DDR verlassen durfte, den Österreichischen Staatspreis für Europäische Literatur zugesprochen bekommen; er war schon länger als Jandl Mitglied der Westberliner Akademie. Am Tag der Überreichung, dem 3. April 1990, lag Jandl in Wien im Orthopädischen Krankenhaus, weshalb der Lektor Siblewski den mit 15.000 DM dotierten Preis entgegennahm.[244] Der Schweizer Urs Allemann sprach dabei die Lobrede auf den Österreicher. In einem in Staufen verlesenen kurzen „Dank" verbeugte sich Jandl mit den Zeilen „ausruhen und vergessen sein / am besten unter einem stein/den niemand hebt [...]" aus seinem Gedicht „kind und stein" vor einer Strophe aus Huchels „Thrakien": „Hebe den Stein nicht auf, / Den Speicher der Stille. / Unter ihm / Verschläft der Tausendfüßler / die Zeit."[245]

Die Berliner *tageszeitung* gratuliert zum 65. Geburtstag

Ernst ging schon 1989 am Stock.[246] Als er durch Zufall seine Leidensgeschichte dem Wiener Bürgermeister Helmut Zilk schildern konnte, wusste dieser Rat: In Floridsdorf, einem Arbeiterbezirk am Ostufer der Donau, gäbe es einen Arzt, der Kniegelenke heile mit einer dreimonatigen Serie ambulanter Behandlungen und einer Woche Spital – aber ohne eine

[242] *Frankfurter Rundschau*, 2.12.1989.
[243] *Süddeutsche Zeitung*, 10./11.2.1990.
[244] APA 407 vom 3.4.1990.
[245] Allemann 1991.
[246] An Erika Tunner 27.6.1989. LIT 139/B2329.

Operation. „Endlich fand ich einen Orthopäden, der nicht gleich operieren möchte, sondern es mit Laser und anderen Dingen versucht", schrieb er dem Weimarer Lehrer und Lyriker Hans-Jürgen Schultze, mit dem er sich, wie mit Erika Tunner in Paris, bisweilen über Depressionen austauschte.[247] Drei Monate lang ließ sich Jandl zweimal pro Woche von einem Taxi in die Ordination von Dr. Hans Tilscher bringen. Die Einstudierung seiner *szenen aus dem wirklichen leben* mit der Musik von Ernst Kölz beim Bayerischen Rundfunk im Februar konnte er nicht absagen – er war als Sprecher und Regisseur verpflichtet.

Am 12. März 1990 begleitete ihn Friederike Mayröcker ins Orthopädische Krankenhaus Speising. Am nächsten Tag erfuhr sie, dass Ernst in der Nacht aus dem Bett gefallen war und sich just jene Kniescheibe am linken Bein gebrochen hatte, das er vor eine Operation bewahren wollte. Eine Woche später wurde ihm ein ‚Halbschlitten' ins Kniegelenk eingebaut. Zur Rehabilitation wurde er für drei Wochen nach Althofen geschickt, eine malerisch auf einem Berg in Kärnten gelegene Stadt – „wo er sich nicht wohl gefühlt hat. Jetzt geht er nur noch mit einer Krücke [...] Seine Depression ist wieder sehr schlimm und manchmal habe ich das Gefühl, ich habe mich daran schon angesteckt", so Mayröcker an Schafroth.[248] Die für Mai angekündigte Premiere von *lieber ein saxophon* musste abgesagt werden. Mit Lauren Newton, Klaus Dickbauer, Bumi Fian, Uli Scherer und Mathias Rüegg wurde sie kurz vor Weihnachten im Wiener Arbeiterkammer-Theater Akzent nachgeholt und für Harald Quendlers Edition ‚Extraplatte' aufgezeichnet.

Im Luchterhand Literaturverlag waren die Vorbereitungen zu Jandls 65. Geburtstag am 1. August 1990 angelaufen. Klaus Siblewski bereitete ein „Autorenbuch" vor und schickte Einladungen zu Beiträgen rundum.[249] Somit bekam Wendelin Schmidt-Denglers *materialienbuch* von 1982 eine Nachfolge, wiederum in der Sammlung Luchterhand. *Ernst Jandl. Texte, Daten, Bilder*[250] wurde noch rechtzeitig vor dem Jubiläum fertig. Siblewski veröffentlichte die Korrespondenzen von Jandl, Otto F. Walter und Klaus Wagenbach rund um das Buch *Laut und Luise*. Das Gedicht, das Friederike Mayröcker Jandl widmete, entstand nach einem Besuch in der Klinik am Tag vor der Knieoperation: „ich hänge jetzt an der Flasche sagt er / rufe dich

---

[247] 9.1.1990. AdK, Hans-Jürgen-Schultze Archiv 124.

[248] 18.5.1990. SLA Sammlung Heinz F. Schafroth, Karton 11, Friederike Mayröcker.

[249] Siblewski an Jandl 16.11.1989. LIT 139/99, 2.4.1, Luchterhand.

[250] Siblewski 1990. Den Beitrag „Wir und Jandl – Jandl und wir" von Josef Hiršal und Bohumila Grögerová schickte Siblewski zurück. Archiv HH.

an wenn die Infusion vorüber ist sagt er / […]." Franz Mon schrieb über das Hörspiel *das röcheln der mona lisa,* Erika Tunner über *idyllen,* Siegfried J. Schmidt über die Gemeinschaftsarbeiten mit Mayröcker, Ellen Hammer über Jandl und das Theater und Josef Haslinger über seine Zeit als Jandls Generalsekretär bei der GAV.[251] Das zweite editorische Geschenk der Verlegerinnen Regina Vitali und Elisabeth Raabe war eine ‚Volksausgabe' der dreibändigen Werkausgabe von 1985, broschiert für 148 DM. Im Reclam-Verlag in Leipzig wurde im Katalog von 1990 Klaus Pankows Reader *Der beschriftete Sessel* als Beitrag „Zum 65. Geburtstag am 1. August 1990" angekündigt; er verspätete sich um ein Jahr.

In Berlin ehrte die Redaktion der *tageszeitung* Ernst Jandl auf eine so überraschende wie witzige Weise: Auf ihrer Frontseite vertauschte sie am 1. August 1990 – so wie Jandl im Gedicht „lichtung" – alle „l" und „r". Das ergab Titelzeilen und Sätze wie „Einheits-Machos blechen Muttellecht", „Eine MiG konveltiert sich nicht von serbst", „Ost-Berlin odel Blandenbulg: die Malzahnel pragen andele Solgen", „LAF bekennt: Zu wenig Splengstoff" und „Nach dem Zusammenbluch des ‚lear existielenden Soziarismus' scheint die ‚Systemflage' entschieden: Die – soziar-ökorogisch, demoklatisch velederte – Malktwiltschaft siegt." Zur Erklärung wurde das Gedicht „lichtung" ohne Kommentar auf die Seite 2 gestellt. In Wien erweiterte die regierungseigene *Wiener Zeitung* ihre Literaturbeilage für Ernst Jandl auf 16 Seiten.[252] „Einige Worte zu Ernst Jandl" wurden bei Heiner Müller eingesammelt: „Er ist eine merkwürdige Figur und das Merkwürdige ist diese Einheit, die es kaum noch gibt zwischen Person und Text. Wenn er seine Texte vorträgt – das kann niemand so wie er – ist das wie in alten Kulturen, eine orale Kultur, die es eigentlich sonst überhaupt nicht mehr gibt. […]"

Jandl selbst schrieb am 22. Juli zum Geburtstag zwei Gedichte, die er noch zu Ende derselben Woche in der Wiener *Presse* unterbrachte. Zwei Absterbensgrübeleien. Im Gedicht „gesichter" wird die Strophe „die augen offen / den mund offen" gespiegelt zu „die augen geschlossen / den mund geschlossen"; „wert" beginnt mit „alles war / zu oft / alles war / zuviel" und

---

[251] Haslingers Text erschien auch in *Sinn und Form* (5/1990). Dazu Franz Schuh, einige Jahre lang vor Haslinger Generalsekretär: „Haslingers Verteidigungsschrift […] hieß so schön ‚Ich habe noch unter Jandl gedient', ein Titel, der das Veteranenhafte unserer Literaturbetriebsexistenz ironisch distanziert, der mich aber auch im Ernst an Herrschaft und Knechtschaft erinnert." Fetz u. Schweiger 2010, S. 115.

[252] *Lesezirkel* 6. Jg., Nr. 46, 3.7.1990. Mit Gedichten vertreten: Reinhold Aumaier, Heimrad Bäcker, Gerald Bisinger, Elfriede Gerstl, Alfred Kolleritsch; Fotoarbeiten von Bodo Hell; eine Übersetzungsprobe von Michael Hamburger; Essays von Wendelin Schmidt-Dengler, Johanna Dorfer mit Matthias Marschick, Hannes Doblhofer, Hermann Schlösser, Werner Almhofer, Klaus Pankow.

endet mit „nichts war / zu oft / nichts war / zu viel".[253] Präzise für den 1. August luden die Verlegerinnen, als ihr drittes Geburtstagsgeschenk, zur Feier in Wien in das Gasthaus Zur Goldenen Glocke im Bezirk Margareten ein. Aus Zürich brachten sie eine dreistöckige Torte mit, mit Jandl-Zeilen in Schokolade.[254] Der Dichter wollte auch Schwester Anna, in die er sich im Unfallkrankenhaus verliebt hatte, beim Fest dabeihaben. Weil sie nicht auf der Liste stand, nahmen sie Michael Scharang und Elfriede Jelinek in die Mitte und schleusten sie ins Lokal.[255] Peter Turrini ließ sich Zeit. Erst am Neujahrstag 1991 schrieb er aus der Stadt Retz in Niederösterreich, wo die Jandl schon im 19. Jahrhundert siedelten und der Kärntner eine neue Heimat gefunden hatte:

„Lieber Ernst, als mich Dein Verlag zu Deinem Geburtstag einlud, wollte ich nicht hingehen, ich hatte zu wenig von Dir gelesen. Jetzt habe ich alles gelesen und kann nur sagen: Du bist nicht der Onkel der Wiener Gruppe, sondern der Vater von uns allen. Du bist die Quelle der österreichischen Nachkriegs-literatur."[256]

Staatsdichterehren: Erich Fried in Österreich willkommen

1982 wurde dem in London sesshaft gewordenen Emigranten Erich Fried die österreichische Staatsbürgerschaft zurückgegeben. Wolfgang Kraus hatte sich seit seiner Gründung der Gesellschaft für Literatur in den sechziger Jahren um diese Geste bemüht. Ernst Jandl verschaffte Fried, der ihm 1952 in London zu den ersten Funkhonoraren verholfen hatte, bereits ein wenig Heimat, als er ihn 1974 in die Grazer Autorenversammlung holte.[257] Obwohl ein dankbarer Freund, erlaubte sich der vier Jahre jüngere Jandl auch Kritik. Bei einer Diskussion während der ‚Österreichischen Buch-woche' 1977 nannte er Frieds politisches Gedicht „Sie"[258] schlecht und

---

[253] *Die Presse,* 29./30.7.1990.

[254] Telefoninterview mit Elisabeth Raabe 5.8.2022.

[255] Interview mit Michael Scharang 9.3.2021.

[256] LIT 139/1461.

[257] Innerhofer 1985, S. 169.

[258] Aus *Die Beine der größeren Lügen.* 1969. Berlin: Wagenbach.

seinen ebenso politischen „schtzngrmm" gut.[259] Jandls verlässlicher kritischer Begleiter Jörg Drews in Bielefeld urteilte härter: Er gab seinem Verriss von Frieds Bestseller *Liebesgedichte* den Titel „Neue Weinerlichkeit".[260]

Erich Fried widmete Jandl 1985 zu dessen 60. Geburtstag das Gedicht „Verwehrte Kelt" mit dem Satz „Im Esten / genau wie/im Wosten / verresten / oft grade / die Bosten".[261] Im Jahr danach begann in Österreich der Wahlkampf um das Amt des Bundespräsidenten mit Mutmaßungen über eine Nazi-Vergangenheit des ÖVP-Kandidaten Kurt Waldheim. Die Wortgewalt und das Charisma des vertriebenen und doch ‚heimgekehrten' jüdischen Dichters Fried waren der SPÖ beim Versuch, Waldheim zum Kriegsverbrecher abzustempeln, von Nutzen. Bei einem ‚Fest für Erich Fried' am 29. April 1986 im Konzerthaus, wenige Tage vor der Wahl, traten Bundeskanzler Sinowatz und dessen Vorgänger Kreisky als Redner auf.[262] Fried trug neue Anti-Waldheim-Gedichte vor.[263] Jandl ließ bei diesem ‚Fest für Erich Fried' kein politisches Wort fallen.[264] Kurt Waldheim siegte im ersten und zweiten Wahlgang und wurde für fünf Jahre Bundespräsident.

Erich Fried starb am 22. November 1988 in Baden-Baden, bis zuletzt umsorgt von seinem Agenten und Freund Michael Lewin. Der schlug dem Ministerium eine Gedenkfeier vor, die österreichische und deutsche Fried-Freunde zusammenführen sollte. Zu dieser ersten Fried-Matinee im Dezember kamen Oskar Lafontaine, Otto Schily, Klaus Wagenbach und Hans Mayer ins Burgtheater. Jandl machte sich dort in seiner Rede einen Deut lustig: „Hochgehoben durch die revoltierende Jugend des Jahres 1968 mussten ihm, in der vielleicht schönsten Zeit seines Lebens, die Themen für seine Gedichte nur so zugeflogen sein." Er zitierte Frieds Gedicht „Der linke Elfenbeinturm", in welchem der mehr in Deutschland als in Österreich bekannte politische Aktivist ein gutes Wort für ‚L'art-pour-l'art'-Dichtung hinterlassen hatte: „Kunst / um der Kunst willen / wird am schärfsten / von dem / verurteilt / der die Revolution / um der Revolution willen / will." Ein Jahr nach dieser Gedenkmatinee, wenige Tage nach dem Fall der Berliner

---

[259] „Jandl contra Fried". *Freibord* 8, 1977, S. 66–67.

[260] *Süddeutsche Zeitung*, 19./20.4.1980.

[261] Faksimile in Kaukoreit u. Lunzer 1992, S. 2.

[262] APA090 vom 30.4.1986.

[263] *Arbeiter-Zeitung*, 30.4.1986. Die SPÖ spielte in ihrer Zeitung das ‚Fest für Fried' herunter, wohl um Diskussionen ihres Wahlhelfers über seine Nähe zur linksradikalen Szene in Deutschland hintanzuhalten.

[264] Jandl. „Einfach Fried. Worte an Erich Fried für ‚Ein Fest für Erich Fried' am 29.4.1986 im großen Saal des Konzerthauses in Wien". In *Protokolle* 1988, Bd. 2, S. 137–138.

Mauer, stellte die Ministerin Hilde Hawlicek in Wien die ‚Internationale Erich Fried-Gesellschaft für deutsche Literatur und Sprache' vor, mit dem Hamburger Rechtsanwalt Kurt Groenewold als Vorsitzendem, Hans Mayer als Gründungspräsidenten und Jandl und Mayröcker als prominentesten Österreichern im Präsidium.[265]

In jedem Jahr sollte ein internationales Fried-Symposion in Wien vom Staat finanziert sowie ein Erich-Fried-Preis mit 200.000 Schilling dotiert werden. Die SPÖ erhob Fried mit diesem unvergleichbar hohen finanziellen Einsatz für die Pflege des politischen Erbes eines Dichters postum zum Staats- und Parteidichter. Zugleich wurde der nach dem Kollaps der DDR verstörten deutschen Linken eine gesellschaftliche Plattform gezimmert. Wer mit der jährlichen ‚Erich Fried-Ehrung' ausgezeichnet werde, dürfe den Preisempfänger des nächsten Jahres bestimmen. Hans Mayer begann am Nullpunkt und sprach den Preis dem Ostdeutschen Christoph Hein zu. Während der Überreichung im Burgtheater am 6. Mai 1990 an Hein[266] lag Jandl jedoch im Orthopädischen Spital. Zum ersten Erich Fried-Symposium im November 1990, programmiert von den Tübinger Professoren Hans Mayer und Walter Jens, kamen Volker Braun, Stephan Hermlin, Wolfgang Hildesheimer, Christoph Hein, Heiner Müller und Christa Wolf. In Berlin hatte mit der ‚Wende' 1989 die Auseinandersetzung über den Fortbestand der DDR-Akademie begonnen. Heiner Müller, seit 17. Juli 1990 an der Spitze der Akademie Ost, warb damals für eine Lösung des deutsch-deutschen Problems auf höherer Ebene: Er rief zur Gründung einer ‚Europäischen Künstler-Sozietät' auf. Jandl schloss sich ihm sogleich per Telegramm an.[267]

1990 wurde Jandl zum Juror für den Fried-Preis bestimmt und wählte für 1991 seinen – und noch mehr Friederike Mayröckers – Verehrer und Freund Bodo Hell, einen noch weithin unbekannten Schriftsteller und Fotografen, der aber schon in der österreichischen experimentellen Szene etabliert war. Hells Prosa mit den drei Bergnamen *Dom Mischabel Hochjoch* im Titel druckte Heimrad Bäcker 1977 in seiner ‚edition neue texte'. Hell hütete in jedem Jahr am Dachstein, in der Nähe von Jandls und Mayröckers steirischem Sommerquartier Rohrmoos, Almvieh und suchte mit Fotogeschichten ein Fortkommen im Galeriebetrieb. In die Begründung seiner

---

[265] Im ersten Präsidium: Elisabeth Borchers, Walter Jens, Klaus Wagenbach, Adolf Muschg, Wolfgang Hildesheimer, Stephan Hermlin, Ernst Jandl, Friederike Mayröcker, Hermann Beil, Walter Weiss, Alexander von Bormann, Kurt Groenewold. APA287 vom 21.11.1989.

[266] Christoph Hein blieb Wien durch seine Freundschaft mit Michael Scharang verbunden und bekam 2002 den Österreichischen Staatspreis für europäische Literatur.

[267] AdK-O 2647, Jandl-Korrespondenz.

Wahl schrieb Jandl, Bodo Hell dürfe heute „zu den bedeutendsten Prosa-schriftstellern seiner österreichischen Generation gezählt werden". Er habe sich internationale Anerkennung erworben „u. a. durch die vielen Jahre seiner Teilnahme am ‚Bielefelder Colloquium Neue Poesie', wo sich so renommierte Autoren wie Gerhard Rühm, Helmut Heißenbüttel, Franz Mon, Pierre Garnier, Oskar Pastior jeden Mai zu internen Diskussionen und öffentlichen Lesungen zusammenfanden".[268] In einem weiteren Papier für die Presse hob Jandl hervor, das Bodo Hell das Medium Fotografie mit „der vollen Härte konkreter Poesie" verwende.[269]

1991 wurde Jandl bei der von Alexander von Bormann, Germanist in Amsterdam und Verwalter von Frieds Nachlass, vorbereiteten Herbsttagung der Fried-Gesellschaft zu deren Präsidenten gewählt.[270] Sofort stellte er eine Liste österreichischer Autoren auf, die in die Gesellschaft eingeladen werden sollten: Andreas Okopenko, Bodo Hell, Alfred Kolleritsch, Elfriede Gerstl, Liesl Ujvary, Gerhard Roth, Michael Scharang, Barbara Frischmuth.[271] Von Alexander von Bormann verlangte Jandl eine „Verlebendigung der Fried-Gesellschaft als einer Mitglieder-Gesellschaft". Bormann verteidigte hingegen den Erfolg des Vereins als politische Eventagentur: „Hätten wir ‚normal' begonnen, hätte kein Hahn nach uns gekräht."[272]

Mit den Preisverleihungen in jedem Frühjahr und einem Symposion jeden Herbst war ein Betriebsmodell ähnlich den Akademien in Berlin, Darmstadt, Hamburg, Mainz, München installiert. Und wirklich kursierte bald die Idee, den Erich-Fried-Verein zu einer ‚Akademie' aufzuwerten.[273] Doch obwohl sich Jandl zehn Jahre zuvor bei der Stadtregierung für seine ‚Wiener Akademie' stark gemacht hatte, sprach er sich nun dagegen aus: „Ich werde mich einer solchen nominellen Veränderung widersetzen, soweit ich das nur vermag. Und niemand wird mich dazu bewegen können, ein-fach deshalb die Rolle eines Akademie-Präsidenten zu übernehmen, weil ich derzeit Präsident der EF-Gesellschaft bin."[274] In Berlin wurde 1993 der

[268] „Bodo Hell", Typoskript, sign. Ernst Jandl, 29.11.1990. Archiv HH.

[269] „Bodo Hells Verwendung von Fotos", Typoskript, sign. Ernst Jandl, 27.1.1991. Archiv HH.

[270] Mitglieder wurden Hell, Walter Hinderer, Inge Jens, Stéphane Mosès, Andreas Okopenko und György Konrád. Gäste waren u. a. Eduard Goldstücker, Hans Küng, Harry Kupfer und Herbert Steiner vom Dokumentationsarchiv der Österreichischen Widerstands. APA159 vom 27.11.1991.

[271] Tageszettel 2.10.1991. LIT 1,7.

[272] 25.2.1993. LIT 139/B133.

[273] Der Titel ‚Akademie' ist in Österreich nicht gesetzlich geschützt.

[274] An Michael Lewin 7.7.1993. LIT 139/B2025.

turbulente Vereinigungsprozess mit der Wahl von Walter Jens an die Spitze beendet. Noch im Oktober 1992 hatten Jandl und Mayröcker auf der Mitgliederversammlung der Westberliner Akademie über das Zusammengehen mitberaten – auch mit den ostdeutschen Mitgliedern Volker Braun, Günter de Bruyn und Christoph Hein. Von da an nahm Jandls Interesse am Tagungsrhythmus der Kolleginnen und Kollegen in Berlin ab. Die Akademien hatten ihre Attraktion als ideologische Trutzburgen, Solidargemeinschaften, politische Spielecken und Privilegienhorte verloren, denn alle deutsche Kunst war in die Freiheit des Marktes entlassen.

In Wien hielt das Akademiemodell in Frieds Namen noch fast zehn Jahre. Für das Herbstsymposion im Jahr 1992 wurde als Thema ausgegeben: „Unsere jüdischen Schriftsteller und unsere Gesellschaft für Literatur" – und so international wie später nie mehr eingeladen: Eduard Goldstücker, Hans Mayer, Walter Jens, György Konrád, Alexander von Bormann, Heiner Müller, Horst Eberhard Richter, Volker Braun, Adolf Muschg und der Londoner Verleger Lord George Weidenfeld, ein gebürtiger Wiener und ‚refugee‘ wie Fried. 1993 schlug Walter Jens den Wiener Robert Schindel für den Fried-Preis vor.

Als Vereinsgeschäftsführer hatte sich der als Künstleragent erfolgreiche Michael Lewin ein Erwerbsmodell geschaffen, das zugleich ein Dienst an Freunden war. Er agierte professionell, auch in der Pressearbeit, verblüffte Jandl mit seiner Dynamik – aber überforderte ihn bisweilen. Der Mittdreißiger Lewin zeigte ein Auge dafür, wo einem etwas fehlt, und half seinem Präsidenten Jandl auch kleine Probleme im Alltag zu lösen.[275] Da im Vereinsvorstand eine Beamtin aus dem Ministerium als Kassiererin installiert war, wusste Jandl die Verantwortung für die finanzielle Gebarung des Vereins bei der Politik bzw. seiner Partei.

Bei der Eröffnung einer Ausstellung aus dem Nachlass von Erich Fried am 23. September 1993 in der Nationalbibliothek[276] überraschte Jandl mit vordem nie so klar formulierten Aussagen zum Verhältnis der beiden Dichter zueinander:

---

[275] Lewin war wie für Fried auch für Erwin Ringel, Helmut Qualtinger und den Bildhauer Alfred Hrdlicka tätig. Er verschaffte 1993 Eduard Goldstücker einen österreichischen Orden. Hans Mayer nutzte die Reise nach Prag zur feierlichen Überreichung für einen ersten Besuch des Grabes von Franz Kafka auf dem Weinberger Friedhof.

[276] Der für die Nationalbibliothek zuständige Wissenschaftsminister Erhard Busek veranlasste den Kauf des Nachlasses von Erich Fried für sieben Millionen Schilling.

„[...] Der Nationalsozialismus erschien mir fürs erste als ein Triumph der Gewalt, den ich zu meiner internen Befreiung nutzbar machen wollte, gegen den eisernen Griff meiner Mutter auf Körper und Seele und, damit im Zusammenhang, gegen den mir damals längst unerträglichen katholischen Denkzwang. [...] Die Beschaffenheit und die Lage der Dichtkunst in Österreich galt uns als kläglich. Der Name, auf den wir uns augenblicklich in Zustimmung einigten, war Andreas Okopenko. Zu Begegnungen kam es nicht oft, und nach meinem Jahr in England nur zufällig. Noch durch Jahre kostete es Mühe, zur formlosen Anrede und zum freundschaftlichen ‚Du‘ zu gelangen. [...]"[277]

Als Präsident der Erich Fried-Gesellschaft war es auch an ihm, während des Herbstsymposions 1993 zur Eröffnung einer Walter-Jens-Ausstellung zu sprechen. Der Rektor der Hochschule – später Universität – für angewandte Kunst Oswald Oberhuber, als Leiter der Avantgarde-Galerie nächst St. Stephan ein Mitstreiter seit Jahrzehnten, hatte sie aus Berlin nach Wien geholt. Erich Fried war berühmt dafür, Einladungen auf ein Panel zu spontanen Aktionen zu nutzen. Damals war Oberhuber zu Unrecht verdächtigt worden, Objekte von Joseph Beuys gefälscht zu haben. Nun bog sich Jandl Erich Fried als Anwalt für Oberhuber zurecht:

„Immer jedoch wäre aus seinem Wort und Ton erkennbar gewesen, wo er das Recht und wo er das Unrecht sah, tatsächlich sah, wahrnahm, erkannte, nämlich nicht bloß vermutete. Zwischen Gut und Böse, Recht und Unrecht, Liebe und Haß, Freude und Trauer zu scheiden, kann niemals vermutend geschehen, sondern einzig und allein durch Sicht, Wahrnehmung und Erkenntnis."[278]

Für den Preis von 1994 wählte Adolf Muschg seinen Landsmann Jörg Steiner. Am 23. März 1994 schrieb Jandl an das Präsidium, dass er sein Präsidentenamt nach seinem Herzinfarkt am 17. Dezember, nach Spital und Rehabilitation, zurücklegen müsse.[279]

---

[277] „Worte zur Eröffnung der Ausstellung EINBLICKE DURCHBLICKE Fundstücke und Werkstattberichte aus dem Nachlaß von Erich Fried" Österr. Nationalbibliothek, 23.9.1993, 18.00 Uhr. Typoskript dat. 20./22.9.1993. Archiv HH.

[278] „Worte zur Eröffnung der Ausstellung Walter Jens in Wien am 12.11.1992." Typoskript dat. 10.9.1993. Archiv HH. Ein Gutachten bestätigte nach sieben Jahren Prozess die Echtheit des ‚Wiener Werkblocks' von Beuys.

[279] Akademie der Künste Berlin, Heiner-Müller-Archiv. Die Landespolizeidirektion Wien bereitet die Auflösung des Vereins vor, weil die Amtszeit der letzten ihr gemeldeten Funktionäre (Kurt Groenewold, Inge Jens, Walter Hinderer) 2004 abgelaufen ist. Auskunft LPD-W-SVA-3-Vereins-Versamml-Medien-Angel. 29.8.2022.

Kapitel 10: Auf dem Weg zurück: Dialekt-Poesie mit Ziehharmonika

Keine Predigt für Lübeck

Die meiste Geschäftigkeit verlangte Ernst Jandl in den Jahren 1990/91 die Fried-Gesellschaft ab. Am Schreibtisch gelangen ihm nur Winzigkeiten. In einem kurzen Gedicht, das er im Juli 1990 der *Presse* einsandte,[1] sprach er von einem Mann, der sich gezeichnet hat, und sich nun ausradiert; in einem zweiten halten die Zeilen „alles war / zu oft / alles war / zuviel" die Zeilen „nichts war / zu oft / nichts war / zu viel" in Schwebe.[2] Ebenso im Juli 1990 zählte er im Gedicht „atem" in sieben kleiner werdenden Schritten die verbleibende Lebensdauer herunter bis zum „jetzt", dem Tod, nach der letzten Sekunde.[3]

In diese leere Zeit platzte die Einladung eines ihm unbekannten Grafikers, zu einer Serie von 36 lithographierten Zeichnungen Texte zu erfinden. Die Malerin Linde Waber, seit Jahrzehnten verehrungsvoll Mayröcker und Jandl verbunden, hatte ihm Ernst Skrička empfohlen, der stolz war, eine schwere alte Druckerpresse in seinem Bauernhaus an der österreichisch-tschechischen Grenze in Heinrichs bei Gmünd in Betrieb zu halten. Skrička kam im Frühjahr 1991 zweimal zu Jandl in die Wohllebengasse.[4] In den spontanen Tusche-Zeichnungen einer Serie *Kopfstücke*, die er mitbrachte,

---

[1] „selbstbild". Jandl 2016, Bd. 4, S. 598.

[2] „wert". Jandl 2016, Bd. 4, S. 597.

[3] „atem". Jandl 2016, Bd. 4, S. 595.

[4] Interview in Heinrichs am 16.1.2020. LIT Taschenkalender.

muss Jandl Verwandtschaft zum eigenen Furor gespürt haben, als er in den 1970er Jahren Gesichter strichelte. In 36 mal drei Zeilen umriss er die bizarre Menschwerdung eines Knabenkörpers, welchem ein Chirurg brutal das noch fehlende Gesicht implementiert: „[…] aber herr doktor … / ich seh, sie möchten einen kopf / mit allen stücken dran // den sichtbaren; / was innen drin / ist ihnen scheißegal; mir auch // plastische chirurgie/wird dem balg/die nase ziehen // eine art ahle / sticht dort die löcher / womit er riechen kann […]". Der Anlass für dieses Gedicht: Im Juli 1990 war erstmals in Wien begonnen worden, siamesische Zwillinge operativ zu trennen – worüber sich der Dichter sehr erregte.[5] Darum Jandls Titel *Kopf-Stücke*.

Nach der Überreichung des Fried-Preises an Bodo Hell im Akademietheater im Mai 1991[6] reiste Jandl zu Auftritten im Frankfurter Mousonturm, in Bern und Amsterdam. Danach war in Eile für eine von der Evangelischen Kirche in Schleswig–Holstein begonnene Reihe ‚Dichter predigen' eine Rede auszuarbeiten, die für den 9. Juni in der St.-Petri-Kirche in Lübeck angekündigt war. Ein Titel war schnell gefunden: „Ich bin frei und mir ist schlecht".[7] Mit Aplomb, und in einem Zug auf einem neuen A-4-Block schreibend, grub er sich in existenzielle Kältezonen vor:

„[...] Ich bin ja schon, sage ich mir, zumindest zuweilen, mitten in der Hölle, tief darin mit anderen, meinen Freunden und Spitz-Gesellen, Spitzen der Ungeselligkeitsgesellschaft, aber nie, nie höre aus mir ich es sagen: ich sei schon im Himmel drin, mit ihnen allen, meinen Spritz- und Witz- und Aberwitz-Gesellen tief drin im Himmel, diesem langweiligen Ort mit seiner mich nicht, überhaupt nicht, befriedigenden Musik. Wir brennen, aber wir brennen auf etwas anderes. Oh Gott! rufe ich oft, oh Gott! Aber es ist keine Beschwörung, kein Hilferuf – nur ein Zeichen meines Erkennens einer abscheulichen ausweglosen Situation – wie komme ich da je wieder heraus? Nie."[8]

Nach mehreren weiteren Anfängen, bei denen ihm Erzählungen aus der Lebensgeschichte – Nazizeit, Krieg – nicht weiterhalfen, muss er sein Scheitern

---

[5] Mitteilung Toni Kurz, Verleger in Horn. Das Knabenpaar starb bald nach der geglückten Operation. „Kopfstück" hat auch die Bedeutung eines Schlags mit dem Fingerknöchel auf den Kopf.

[6] Mit Lesungen von ihm selbst und Friederike Mayröcker sowie am Vorabend einer Aufführung von *lieber ein saxophon* mit dem Vienna Art Orchestra.

[7] Erste Zeile des Gedichts „frei und schlecht", Jandl 2016, Bd. 4, S. 78. LIT 139/99, 2.3.4, Sachkonvolut Dichter predigen. In dieser Reihe predigten u. a. Ludwig Harig, Walter Jens, Lew Kopelew, Adolf Muschg, Günter Kunert, Hans Joachim Schädlich, F.C. Delius.

[8] LIT 139/W778. Nur handschriftliche Skizzen, keine Typoskripte.

eingesehen haben. Fünf Tage im Sanatorium Hera[9] nach seiner Kapitulation erlaubten ihm eine Absage an die Lübecker Veranstalter mit guten Gründen.

Am 12. Juni 1991 wurde im Wiener Schauspielhaus im Rahmen der Festwochen Friederike Mayröckers *NADA. NICHTS* uraufgeführt – ein Stück mit zwei Männerfiguren und einer Schriftstellerin, und Fritzis Antwort auf die 3-Personen-Sprechoper *Aus der Fremde* von Ernst.[10] Ihrem mit Material aus dem Prosabuch *Reise durch die Nacht* befüllten Text wurde wohl „erste poetische Qualität" bestätigt, doch dem Regisseur Reinhard F. Handl und den Darstellern ein völliges Versagen.[11] Jandl kam in diesen Tagen mit „schtzngrmm" zu Wort, als in der Wiener Innenstadt der letzte Teil von Alfred Hrdlickas Skulpturenensemble ‚Mahnmal gegen Krieg und Faschismus' enthüllt wurde. Am 30. Juni brach er sich den linken äußeren Knöchel; Poigenfürst sprach von einer „stabilen Fraktur" und versorgte ihn ohne Gips.[12] Für den 20. Juli hatte er in seinem Kalender einen Werbevortrag des Präsidenten der deutschen Gesellschaft für Sterbehilfe Hans Henning Atrott um 15 Uhr in einem Wiener Hotel notiert – strich diesen Eintrag aber aus und ersetzte ihn durch „PRATER".[13] Das 1991 erstmals veranstaltete ‚Jazz Fest Wien', mit Miles Davis als Abschluss, hielt ihn bis Ende Juli bei Laune. Dann wechselte er mit Fritzi ins Hotel nach Puchberg.

Ein neuer Motor 1991: *stanzen*

Aus der scheinbaren Ruhelage dort riss ihn ein „Schub" heraus. So bezeichnete er schon mehrmals die Kraft, wenn er für kurze, doch ertragreiche Phasen seiner literarischen Produktion eine Erklärung suchte. Ebenso der Lehre von der Dynamik entlehnte er den Begriff „Motor". Im Nachwort seines im Frühjahr 1992 erschienenen Gedichtbandes *stanzen* berichtete er über seinen Antrieb:

> „mitte august 1991, während eines vom 2. august bis 1. september dauernden urlaubs in puchberg am schneeberg in niederösterreich, gelang es mir unver-

---

[9] LIT Taschenkalender.

[10] Regie Reinhard F. Handl, mit Sylvia Fenz, Reinhard Hauser, Dietrich Hollinderbäumer.

[11] *Der Standard*, 14.6.1991.

[12] 23.-27.5.1991. LIT Taschenkalender.

[13] Grüngebiet zwischen Donaukanal und Donau mit einem Vergnügungspark und dem ‚Riesenrad' am Rande. Jandl hatte im Prater zumeist nur ein Ziel: das ‚Schweizerhaus' mit seinem Biergarten.

Abb. 1 Ernst Jandl und Susanne Widl, Model, Performancekünstlerin und Besitzerin des Cafés Korb in Wien bei der Uraufführung von *Nada. Nichts* von Friederike Mayröcker im Schauspielhaus 1991. (Foto: Christine de Grancy. Aus: *WIDL – mein Leben im Spiegel der Medien*. Wien 2016)

sehens, einen motor anzuwerfen, der für eine gewisse zeit eine kontinuierlich rapide gedichtproduktion ermöglichte, wie ich es in meiner schriftstellerischen laufbahn mehrmals erlebt hatte [...]."[14]

Jandl konfrontierte eine an Namen aus dem literarischen Leben Wiens reiche Trauergemeinde als erste mit seinen „Stanzen", vulgo „Gschdanzln". Am 12. August 1991 war der Tod von Hans Weigel, Schriftsteller, Molière-Übersetzer und Förderer von jungen und später vergessenen Autoren, bekannt geworden. Weigel, aus der Schweizer Emigration heimgekehrt, gab in den 1950er Jahren Jandl und Mayröcker Platz in seinem Jahrbuch *Stimmen der Gegenwart*. Er rief zum Brecht-Boykott in Österreich auf und schrieb treffsichere Theaterkritiken. An der „Sahnefront" stritt er für österreichisches Deutsch.[15] Den *newspeak* der Achtundsechziger, und damit ihre Ideologie, machte er im Buch *Die Leiden der jungen Wörter* lächerlich.

---

[14] Jandl 1992, S. 141; Jandl 2016, Bd. 4, S. 303.
[15] „Obers" statt „Sahne", „Servus" statt „Tschüss".

Etwa einmal im Jahr besuchten Jandl und Mayröcker den mit den Jahren erblindeten frankophilen Homme de lettres und Elfriede Ott, eine beliebte Schauspielerin, in deren Villa in Maria Enzersdorf nahe Wien. „Lieber Freund Jandl, Sie sind ein prima Bursch! Ich mag Sie sehr gerne", schrieb ihm Weigel 1978.[16] Ehe er ihn in eigenen Gedichten parodierte, bat er ihn anstandshalber um Erlaubnis.[17] Hans Weigels Witwe wünschte sich für das Begräbnis am 20. August Freund Ernst als Redner. Doch bis ihn diese Bitte in seinem Feriendomizil Puchberg überraschte, dauerte es Tage. Am 19. August eilte er nach Wien zurück. Über Nacht setzte er seine Rede auf, Zeit, sie ins Reine zu tippen, hatte er nicht mehr.

Ernst Jandl sprach zunächst englisch – „yesterday got back from my holiday-place, dear Hans" – und überraschte ein zweites Mal die Trauergäste, als er nach einem normdeutschen Zwischensatz mit fünf Vierzeilern in wienerischem Dialekt schloss.[18]

oh, i hob's ja /ned gwussd
dos i di nimma /mea sen wea
liaba Hans / des is
fia mei a gaunz grouss mallea

oowa wauni jetz /schreibn dua
an briaf, a gedicht
dua r is imma / mid ana fü(ü)feda
de wos i / fun dia hob

zua r rundn / gebuatsdog
wia ma bei uns / monchmoe sogt
do host du ma / de gschenkt
's is wos drin / des denkt

woan mai kopf schoo / gaunz laar is
und i de feda / in d'haund nehm
heari / a schdimm drin
de wos ma soggd /was i schreim kennt

[16] 18.3.1978. LIT 139/B1526.
[17] 24.1.1980. LIT 139/B15.26.
[18] Zitiert mit Betonungszeichen nach der Handschrift. Redigierte Fassung mit dem Titel *„20. August 1991"* in *Magazin der Wiener Stadt- und Landesbibliothek.* 1991, 2. Heft, S. 9–12. Jandl 2016, Bd. 4, S. 291.

o du liawa /Hans Weigel
mia hom jetz roodgwaande äägl
zoppln hinta dia drein
hoin de olle / amoe ein.

Mit dem Englischen als Vorspann setzte er sein Debüt als Gschdanzl-Dichter in einen gesellschaftlichen Rahmen, in welchem die Regel gilt: Dialekt sprechen darf nur, wer auch Hochdeutsch kann. Jandls Englisch schuf Distanz zum Toten, einem oft rabiaten Bewahrer des „richtigen" Deutsch. Doch zugleich verneigte er sich mit seinen Vierzeilern, die er in leicht singendem Ton vortrug, vor diesem weiland glühenden Propagandisten für Nestroy und seiner Frau, der Intendantin eines Nestroy-Festivals. Wie bei Nestroy lässt sich Jandls Dialektgebrauch nicht lokal spezifizieren, er „fluktuiert in schreibung und sprechweise", denn „es ging nicht an, eine normierung des dialekts zu erstreben, wo zu den poetisch nutzbaren vorzügen dieser art sprache gerade ihre unnormiertheit zählt", so Jandl selbst.[19]

Als handlichen Begriff für seine neue Art von Gedichten wählte er *Stanzen* – in kokettem Gleichklang mit der italienischen Strophenform und einem Verbum agens aus der Blechverarbeitung. Jandl kam sogar auf das klassische Stanzen-Maß mit acht Zeilen, sobald er für ein und dasselbe Thema zwei Vierzeiler zusammenspannte. Im Nachwort zum Buch erinnerte er an Bauernfestlichkeiten in der Sommerfrische in Niederösterreich, „natürlich im niederösterreichischen dialekt, der sich in einer gewissen nähe zu den wienerischen dialekten bewegte". Mit Gschdanzln, einer Männersache, unterhält ein dafür Begabter mit Witz ganze Hochzeitsgesellschaften. Die anzüglichsten Gschdanzln werden auf dem Lande bei Polterabenden sowie nach der Musterung eines Dorfburschenjahrgangs für das Heer gesungen.

Ernst Jandl nannte als Einflüsse den Rap[20] und außerdem die CD *most* des oberösterreichischen Duos Attwenger, das Wiener Dialekt-Lexikon von Wolfgang Teuschl – Verfasser der Bibeladaption *Da Jesus & seine Hawara* – und auch Mathias Rüeggs Bitte, Texte für seine Jazzformation in englischer Sprache zu liefern. Seine Leser warnte Jandl im Nachwort, sie hätten „ein buch poesie erworben, ein buch erhebender und niederschmetternder

---

[19] Jandl 1992, Nachwort S. 283–285.

[20] Jandl definierte Rap als einen „relativ jungen, in grossstädten entstandenen, von gossenvokabular bestimmten, essentiell improvisierten, sehr rasch und rhythmisch pointiert vorgetragenen kritischen sprechgesang junger amerikanischer farbiger". Jandl 1992, S. 142.

sprachkunde, und sonst nichts". Beim Wiederabdruck der *Stanzen* in der zehnbändigen Werkausgabe von 1997 gestand er:

> „Es war, in meiner Zeit als Autor, das erste und bisher einzige Mal, daß eine vorgegebene poetische Form so vollständig von mir Besitz ergriff, daß diese die alltäglichsten Themen in spielerischer Leichtigkeit sich entfalten ließ."[21]

In Jandls Nachlass fanden sich sechs im August 1991 in Puchberg mit Stanzen jedweden Vollendungszustands vollgekritzelte Notizheftchen und -Blöcke. Es waren Tage einer eruptiven Euphorie, von der auch eine Notiz nach der Niederschlagung des dreitägigen Putschs gegen Gorbatschow in Moskau am 21. August zeugt, bei der Boris Jelzin als neugewählter Präsident der Russischen SSR das Regierungsgebäude verteidigte (in keinem seiner tausenden Gedichte hat Jandl ein JA zum Leben so großgeschrieben):

> „Es sieht für mich jetzt wohl ganz schlimm aus. [...] DANN ist plötzlich ein BORIS JELZIN da, vieles, mit einemmal, steht fest, und innerhalb von drei Tagen versucht man es, erst leise ‚die Welt ist besser geworden', bald lauter, ‚........', und dann schreit man ‚Ja die .....‚ JA' – und hat Freude daran, endlich wieder Freude daran, daß man zu dieser Zeit, in diesem Moment, in diesem historischen Augenblick noch am Leben ist, in diesem wunderbaren Leben in dieser herrlichen Welt noch teilnimmt."[22]

Wenigstens zwei Dutzend Stanzen waren fertiggestellt, ehe sich Jandl die Möglichkeit auftat, sie beim Weigel-Begräbnis vor Publikum auszuprobieren. Die nächste Gelegenheit fand sich in Wien im Herbst, wo in der Seidengasse das vom Bundesministerium für Unterricht und Kunst finanzierte ‚Literaturhaus' fertiggestellt wurde. Jandl überraschte mit „15 stanzen zur eröffnung des literaturhauses wien am 30. September 1991", alle erst zwischen 26. und 29. September fertiggestellt. Die letzte Zeile: „unsa dichtung is guat".[23]

Wieder zwangen ihn im Herbst 1991 Schwächen des Körpers in ein Sanatorium, Termine in Deutschland musste er absagen, zum Abtippen der Gedichte fehlten ihm dort Schreibtisch und -maschine. Dem Lektor

---

[21] Jandl 1997, Bd. 9, S. 285. Als Jandl 1992 von Marcel Beyer gebeten wurde, fünf Gedichte von Gertrude Stein zu übersetzen, lieferte er Stanzen im Dialekt. LIT 139/99, W233.

[22] Notizheft 25.8.91. LIT 139/99, 1.2.1.18, w215.

[23] Eine 16. Stanze, „auftrag des dichters", wurde zurückgezogen. Archiv HH.

schickte er erst im November ein paar handgeschriebene „Stanzen"; sie sollten, bat er, „nicht auf einem ungeeigneten Weg an die Öffentlichkeit gelangen".[24] Vielleicht für den Klappentext fiel ihm die Warnung ein: „STANZEN ‚ein verletzliches Buch' da es mit bürgerl. Konventionen in Konflikt gerät".[25] Der Verlag, soeben dabei, aus Frankfurt nach Hamburg zu übersiedeln, legte Ende Januar 1992 als Abgabetermin fest. In sein Manuskript mit kunstdialektalen und einigen englischen Stanzen mischte Jandl vier normalsprachliche Zeilen in Jamben, dem Versfuß der klassischen Stanze. Er hatte sie am 3. Oktober in Puchberg notiert:

noch sitz ich fest
in letzter lebensphase
ein mensch, ein wenig hund
ein wenig hase

Klaus Siblewski hatte nun zu prüfen, welche Dialektworte von deutschen Lesern eben noch verstanden werden, welche in einem Glossar erklärt und welche überhaupt durch andere ersetzt werden müssen. Als Lektor bestärkte er den noch zweifelnden Dichter: „Auch die groben mißfallen mir keineswegs. In ihnen steckt Trauer oder Wut oder Begierde, und es ist nicht einzusehen, weswegen Verse ausscheiden sollten, die sich einer direkten und unverblümten Sprache bedienen."[26]

Ende Februar 1992 kam die Luchterhand-Miteigentümerin Elisabeth Raabe nach Wien und wurde von Jandl ins Café Landtmann eingeladen. Tags darauf hatte er einen Zusammenbruch, konnte nur mehr gestützt auf seine Begleitung wenige Schritte gehen und kam für neun Tage zum Neurologen Viktor Stellamor ins städtische Spital Rudolfstiftung.[27] Er war Jandl und Mayröcker schon in den sechziger Jahren in der Szene um die Galerie nächst St. Stephan begegnet, engagierte sich in der Bewegung ‚Demokratische Psychiatrie' und reiste mit Elfriede Gerstl nach New York und strebte auch zu Franco Basaglia, der in Italien gegen die Verwahrungspsychiatrie sturmlief. 1978 bekam er eine Stelle in der Rudolfstiftung als „Neuropsychiater, vor allem Neurologe".[28] Nun verfasste er einen drei Seiten

---

[24] 1.11.1991. LIT 139/99, 2.4.1, Luchterhand.

[25] LIT 139/99, W211.

[26] 17.2.1992. LIT 139/99, W224.

[27] Im Namen sind ‚stella' und ‚amor' zusammengezogen, der Großvater in Czernowitz hieß Sternlieb.

[28] Interview in Wien 27.2.2020.

langen neurologischen Befundbericht.[29] Jandl dankte Stellamor einmal
überschwänglich, als ein neues Medikament geholfen hatte.[30]

Mit seinem Patienten war Stellamor zuletzt per Du. Jandl sei ein
„emotionell schwankender Mensch" gewesen, so der Neurologe dreißig
Jahre später im Gespräch, „immer wieder depressiv, hat sich dann aber am
nächsten Tag wieder zusammengerafft". Zu den depressiven Schlafstörungen
mit 50 und 60 seien mehr und mehr organische Probleme gekommen.
Jandls „symptomatisches Trinken" stand im Zusammenhang mit seinen
Depressionen. Nach Lesungen kam er in manische Phasen, wurde „ganz
heiß" – und versuchte mit Alkohol wieder herunterzukommen. „In den
letzten zehn Jahren konnte er fast nichts mehr schreiben, er hat darunter
sehr gelitten und war oft bei mir. Organisch, aber auch vom Nervensystem
baute er viel ab. Es war auch ein intellektueller Abbau." Etwa zu Beginn
der neunziger Jahre wurde Ernst Jandls Hand, mit der er in seine Taschenkalender schrieb, wackeliger. Auch die Widmungen in Büchern zeigten
nicht mehr die saubere Lehrerschrift. So wie beim Orthopäden Johannes
Poigenfürst[31] bedankte sich Jandl auch bei Viktor Stellamor mit einer
Stanze.

Die Druckfahnen seines Buch *Stanzen* bekam Jandl, als er im Krankenhaus bei Stellamor lag. Beim Korrigieren halfen Friederike Mayröcker,
Kristina Pfoser-Schewig und Bernhard Fetz.[32] Ende März 1992 war der
neue Gedichtband schon gedruckt, mit einem Umschlag von Max Bartholl
mit ausgestanztem Fenster, hinter dem ein exakt in derselben Größe, doch
anderen Farben bedrucktes Vorsatzpapier sichtbar wird. Alle Stanzen sind
datiert, die meisten auf den Tag genau. Jandl reihte sie im Buch nach den
Anfangsbuchstaben der ersten Zeile, von „a schdiggal oobrechn fun an
finkerl" bis „zuwegschlichn". Mitte April hielt er das erste Exemplar in der

---

[29] Diagnose 9.3.1992: Hypertonie; Latente cardiale Dekompensation; Verterobasiläres Syndrom mit
passagerer Hypoxie in zentralen Vestibularisstrukturen; Cerebelläre Ataxie; Chronisches Polyneuro-
pathiesyndrom mit sensibler Ataxie; Vorbestehend depressive Verstimmungen, z. Z. gut ausgeglichen;
Chronische Bronchitis; Reincke-Ödem der Glottis. LIT 139/L335. Diverse Befunde.

[30] Telefonisch aufgegebenes Telegramm 27.5.1994: „die Beseitigung meiner 20 Jahre bestehenden
Depression durch Tolvin plus Seropram grenzt für mich an ein Wunder. Die Welt ist für mich gang
neu geworden. Ich danke Ihnen zutiefst und werde mich in jeder nervlich und psychisch schwierigen
Situation an Sie wenden."

[31] „a gschdanzl". Jandl 1996a, S. 140.

[32] LIT 139/99. W224. Fetz, der an der Universität Wien mit einer Arbeit über Wolfgang Koeppen
promovierte, arbeitete im staatlichen Programm ,Akademikertraining' in der Österreichischen
Nationalbibliothek.

Abb. 2 Friederike Mayröcker zeichnete F(ritzi), H(ans) und E(rnst). 1990/92. Archiv HH

Hand und begann mit dem Verschicken von Widmungsexemplaren an seine Freunde und Freundinnen, Ärztinnen und Ärzte.[33]

In der Wiener *Presse* erschien die erste große Rezension. Tom Appleton rückte gegen Verlag und Autor aus: die Auflage sei halbherzig niedrig, der Dialekt deutschen Lesern unverständlich, das Lektorat unkritisch, der gestanzte Buchdeckel instabil; im Vergleich Jandls mit Charles Bukowski sagte er beiden „Schmuddeligkeit und verkommene Altersmelancholie" nach; zuletzt behauptete der in Neuseeland beheimatete Deutsche, Jandl sei ein völlig ungeeigneter Vortragender seiner Texte.[34] Wendelin Schmidt-Dengler nannte diese Rezension mutwillig und verständnislos und hielt dagegen: „Kein Gedichtband Jandls [...] macht mit ähnlicher Entschiedenheit Ernst mit dem Bekenntnis zur Banalität, bricht Tabus so radikal und redet so

---

[33] LIT Taschenkalender. Am 30. Mai 1992 warnte er in einer Widmung: „So stecke ich zu früher Samstagstund / Hans ein paar süße Stanzen in den Mund, / die ja zu sprechen, besser: singen sind, / doch jede nicht vor unschuldigem Kind." Archiv HH.

[34] 23.5.1992. Am 3.6.1992 erschien eine Gegendarstellung der Verlegerin Elisabeth Raabe.

deutlich von Tod und Sexualität.“[35] In der *F.A.Z.* warnte Ulrich Weinzierl: „Längst fallen die literarischen Kinder seiner schlechten Laune nicht mehr in die Rubrik von Griesgram, es sind Produkte aus Überdruß, Verzweiflung und Haß auf sich selbst und die Welt: Ausdruck der Melancholie am Rande der Selbstzerstörung.“[36] „Knapper noch in der Form, verschwenderischer als bisher“ habe Jandl, so Michael Scharang, „ausgebreitet, was er an Kritik vorzubringen, an Witz anzubieten, an Wut und Ekel zu artikulieren, an Obszönität zu gestalten und an Einsicht zu bieten hat.“[37] Paul Jandl hinterließ im *Standard*[38] den Einwand, der Sinn mancher Gedichte sei unentschieden zwischen Plattheit und reiner Parodie, und versteckte Mitleid in einem Jandl-Zitat: „gez schauz ned olle auffe / oes ob i in da hee wa / i bin gaunz diaf do untn / es wiszas jo e a“. Bewunderung, Ehrfurcht, Trauer und auch Mitleid fasste Arno Dusini in seinem Schlusssatz zusammen: „Man nehme den Hut vom Kopf.“[39] Karl Riha würdigte Jandls „aus dem Trivialen aufsteigende Innovationspoetik“, mit der es ihm gelinge, „Alltägliches und Banales neu in den poetischen Prozeß einzubringen [...].“[40] In der *Neuen Zürcher Zeitung*[41] ergötzte sich André Bucher an einer „Mischung von Derbheit und Boshaftigkeit“. Doch richte sich „die Boshaftigkeit auch auf die eigene Existenz. Kommentiert wird der Verfall des Körpers, der dennoch seine Bedürfnisse anmeldet: trinken, scheissen, Sex oder was davon übriggeblieben ist, perverse Phantasien und zaghafte Wünsche [...] Auf musikalische Umsetzungen der Texte ist man gespannt, man möchte den Performer Jandl am liebsten gleich selber vortragen hören.“

Was sich der Rezensent der *N.Z.Z.* wünschte, war schon bald nach der Fertigstellung des *Stanzen*-Buches in der Alten Schmiede in Wien begonnen worden: Stanzen von und mit Jandl im Duo mit dem Akkordeonspieler Erich Meixner. Im Februar 1992 brachte Kurt Neumann den Dichter mit dem zwanzig Jahre jüngeren Mitbegründer der Folkband Schmetterlinge und der Edition ‚Extraplatte‘ zusammen. Jandl schickte an Neumann seine Auswahl von 75 Stanzen für Meixner. Im frühen Mai wurde in der Alten Schmiede für die Präsentation des Buchs geprobt. Kurz vor der Premiere

---

[35] *Der Falter,* 19.6.1992.

[36] 6.6.1992.

[37] *Profil,* 29.6.1992.

[38] 3.7.1992.

[39] *Wiener Zeitung, Lesezirkel,* Juli 1992.

[40] *Frankfurter Rundschau,* 31.10.1992.

[41] 18.12.1992.

quälten Jandl wohl Zweifel, denn er notierte im Taschenkalender den Nietzsche-Spruch „Cave musicam" [Warnung vor der Musik].[42]

Die Alte Schmiede teilte sich die Buchpräsentation mit der Gesellschaft für Literatur und mit dem Literaturhaus. Begonnen wurde am 2. Juni in der Literaturgesellschaft noch ohne Erich Meixner.[43] Für den 3. Juni 1992 war in der Alten Schmiede die Konzertpremiere angesetzt,[44] tags darauf folgte das Literaturhaus.[45] Meixner saß neben Jandl an einem Lesetisch, in Augenhöhe mit den Zuhörern. Manche Texte begleitete er, einige von ihm selbst ausgewählte sang er selber. Er konnte aus dem Formenreichtum der Volksmusik schöpfen, spielte dazu auch Wienerlieder an und Blues. Gedämpft und sich gegenüber Jandls Sprechstimme zurückhaltend schuf Meixner eine Grundstimmung von Zärtlichkeit und Melancholie. Jandl sah man in der Alten Schmiede die Anstrengung an, stiernackig, mit gesenktem Kopf wartete er seine Einsätze ab und ließ ihn danach wieder fallen.

Meixner hatte von Anfang an eine Platte in Planung. *Stanzen* als ‚Extraplatte'-CD, aufgenommen im Wiener Theater Akzent, sie erschien 1994 rechtzeitig vor dem großen Auftritt des Duos am 12. Oktober 1994 im Akademietheater – der legendären Pflegestätte der reinen deutschen Sprache. Die beiden reisten im Frühjahr 1995 zum Festival ‚Offene Grenzen' nach Stainz in der Steiermark und nach München in die Kammerspiele. Auf Tournee gingen sie erst wieder 1997, nach Dortmund und zu Klaus Ramm nach Bielefeld, wo das 20. ‚Colloquium Neue Poesie' groß gefeiert wurde. Im September wurden sie in die pfälzische Weinstadt Edenkoben gelockt. Zum Höhepunkt und Abschluss ihrer Zusammenarbeit wurde zwei Abende im Mozartsaal des Wiener Konzerthauses am 28. und 29. November 1997 – zugleich das Abschlusskonzert des Festivals ‚Wien modern'.[46] So wie Jandl und Meixner kam auch das Duo Attwenger unplogged (Markus Binder, Hans Peter Falkner), das sich selbstbeschränkt auf Steirische Ziehharmonika und Tuba „die goas" nennt, mit Gstanzln auf die Bühne.[47] Jandl hatte die beiden Oberösterreicher 1992 im Nachwort zu den *Stanzen* unter den

---

[42] Vorrede zu *Menschliches, Allzumenschliches*: „‚Cave musicam' ist auch heute noch mein Rath an Alle, die Manns genug sind, um in Dingen des Geistes auf Reinlichkeit zu halten […]."

[43] Haider Lydia 2012, S. 62. Österreichische Mediathek, v-01859_01_k02. Online verfügbar.

[44] Österreichische Mediathek, v-01859_02_b02_k02. Online verfügbar.

[45] Österreichische Mediathek, v-01859_02_b03_k02. Online verfügbar.

[46] Gert Korentschnig im *Kurier*, 30.11.1992: ein „musikalisch-sprachliches Naturereignis, das süchtig macht".

[47] Zu den wechselseitigen Beziehungen Kaukoreit 2005.

Anregern aufgezählt. Sie enttäuschten mit ihrem „quasi volkskundlichen Vortrag".[48]

Ein Versuch davor im Herbst 1992, die Stanzen mit größerer musikalischer Begleitung aufzuführen, brachte nicht den erwarteten Erfolg. Der Sänger und Gitarrist Roland Neuwirth bot sich mit seinen Extremschrammeln für einen Abend an im Vorstadtetablissement Metropol, einer Ersten Adresse des Wienerlieds. Jandls Sprechstimme musste in das Ensemble mit zwei Streichern, Akkordeon und Gitarre eingepasst werden. Neuwirths Erinnerungen, schriftlich:

> „Die Einsätze sind Jandl nicht leichtgefallen, aber es klappte. Der Jammer war nur, dass er beim Publikum nicht ankam. Die Leute verstanden seine Texte nicht und wollten nur uns hören. Bei späteren Treffen sagte er immer wieder traurig: ‚Roland, Roland haben sie nur gerufen.' Es ist klar, dass er die Lust verloren hatte, mit uns weiterhin aufzutreten. Meixners sprödes, verstimmtes Akkordeon passte sicher auch besser zu Jandls Versen, die ja auch spröde daherkamen. H.C. Artmann meinte, dass sie ‚hatschten'. Das stimmt, doch ich sah das als originelles Stilmittel."[49]

Ernst Jandl im Repertoire

In der klassischen arbeitsteiligen Übung, Gedichte zu vertonen und im Konzertsaal aufzuführen, fand Jandl alte und neue Partner. Christian Muthspiel war schon an Martin Haselböcks *weltgebräuchen* 1986 beteiligt. Dieser Jazzpianist, -posaunist und Komponist aus der Steiermark vertonte 1990 *ottos mops* für einen A-capella-Chor aus der Industriestadt Zeltweg, den sein Vater Kurt Muthspiel, ein berühmter Gesangspädagoge, leitete.[50] Als 2005 Michael Donhauser als Drittem nach Thomas Kling und Felix Philipp Ingold der Ernst-Jandl-Preis für Lyrik im Kloster Neuberg an der Mürz in der Steiermark überreicht wurde, stellte Muthspiel seine Soloperformance *für und mit ernst* vor, mit der Dichterstimme Ernsts als Zuspielung; bis 2017 folgten über hundert Aufführungen im ganzen deutschen Sprachraum.

---

[48] Thomas Kramar in *Die Presse*, 1.12.1992.

[49] 22.8.2022. LIT 139/B443. „hatschen" meint langsames, unsicheres Gehen, verursacht durch Müdigkeit oder ein Leiden.

[50] Uraufführung am 13.7.1990 im Stephaniensaal in Graz. *4 Voices. Das Chorbuch für gemischte Stimmen.* Kap. 4. CD im Helbling Verlag.

1994 lernte Jandl in Wien den an der Staatsoper engagierten Schweizer Basssänger Rudolf Mazzola kennen – einen Sarastro in der *Zauberflöte* und Ochs auf Lerchenau im *Rosenkavalier*. „Möge der Depressor mit den schwarzen Schwingen möglichst wenig bei Dir aufkreuzen und Dich nicht an Deiner Schaffenskraft hindern", wünschte Mazzola dem neuen Freund für das Jahr 1995.[51] Für sich bat er um eine Auswahl von Gedichten, die sein Schweizer Landsmann Jost Meier vertonen sollte. Meiers so entstandene Sonate für Bass und ein Kammerensemble *An diesen sonnigen Tagen* baute Mazzola in einen Soloabend im Wiener Konzerthaus am 13. März 1997 als Uraufführung ein.[52]

Lockerer näherten sich in Dresden Studenten Ernst Jandls Gedichten. Abseits der Hauptstadt der DDR und dem dortigen staatskulturellen Druck brachten sie schon 1988 als ,statt-theater FASSUNGSLOS' die musikalische Jandl-Revue *Das Röcheln der Mona Lisa* heraus.[53] Bertram Quosdorf, Robby Langer, Andrea Thelemann und Frank Schubert mussten ohne Jandl als Sprecher auskommen – zur Freude des Dichters, der sich oft in Interviews dagegen wehrte, als einziger und somit ,richtiger' Interpret seiner Texte hingestellt zu werden. „Wir führen", schrieben die Dresdner Theatermacher in einer programmatischen Erklärung, „kein Theaterstück von Ernst Jandl auf, sondern eine, unsere, radikal persönliche Interpretation von Jandl-Gedichten, und zwar von Gedichten, die uns nicht kalt gelassen haben […]."[54]

Nach der Wende konnte das Quartett mit seinem Stück auch im früheren ,Westen' auf Tournee gehen. 1991 kam es ins Wiener Theater im Konzerthaus für 17 Vorstellungen. Jandl lud sie in seine Arbeitswohnung ein und versprach ihnen die Mitwirkung bei der Erweiterung der Revue zu einer „akustischen Collage" mit 41 Nummern unter dem Titel *jandls dilemma*. Er schrieb dafür sieben neue Gedichte und sprach sie daheim auf Band. Sechs davon kamen 1992 in den Band *Stanzen* – nicht aber das Titelgedicht: „soggd ana gemma, jo wea stead denn da auf / der jandl gead mid eam, des is sei dilemma".[55] *Jandls dilemma* wurde in der Regie von Ulrich Bassenge vom Bayerischen Rundfunk als Hörspiel produziert, 1993 gesendet

---

[51] 24.12.1994. 139/B908.

[52] Mazzola/Harris & Meier J/Schostakov. Liederzyklen für Bass + Klavier. Aufgen. 12.1.1998. MGB.

[53] Premiere 1.12.1988 im Studentenklub Bärenzwinger. Nicht identisch mit Jandls Hörspiel beim Bayerischen Rundfunk 1970 und dem Hör- und Lesebuch im Verlag Volk und Welt 1990.

[54] Hörspieldatenbank. https://hspdat.to/?p7=Jandls+Dilemma.

[55] Mitschrift. Nicht in https://jandl.onb.ac.at.

Abb. 3   Szene im Arbeits- und Schlafraum aus dem Film *vom vom zum zum. Reise-ziel Ernst Jandl*, ZDF/3sat 1995. Im Hintergrund der Ölofen als einzige Heizung für die ganze Arbeitswohnung. Von links: Frank Schubert, Robby Langer, Ulrich Schwarz, Ernst Jandl, Bertram Quosdorf. (Foto: Robby Langer)

und auch als CD verbreitet.[56] Für die nächste Jandl-Revue, *Um die Särge irrt das Rebhuhn*[57] erwirkte Jandl für Oktober 1994 eine Einladung nach Wien ins Burgtheater-Kasino. In dem 1995 gesendeten ZDF-3sat-Film *vom vom zum zum. Reiseziel Ernst Jandl* zieht eine Schauspieler-Wandertruppe aus Dresden zu ihrem Dichteridol in Wien; die letzten Szenen wurden im Arbeitszimmer in der Wohllebengasse gedreht. Quosdorf komponierte auch das Jandl-Spiel für Kinder *gut gemuht uhu* und baute mit dem in Augsburg lehrenden Medienkünstler KP Ludwig John die interaktive CD-Rom *Ottos mops (trotzt)*.[58]

Nachdem die Sprechoper *Aus der Fremde* auf den großen Bühnen abgespielt war, übernahmen immer mehr ‚freie‘ Regisseure und Theatergruppen das

---

[56] 1993. Schneeball/Indigo 1273347.

[57] Der Titel folgt der Schlusszeile „das rebhuhn hatte sich sehr geirrt“ im Gedicht „darstellung einer beerdigung“. Jandl 2016, Bd. 1, S. 323.

[58] 1996. München: Digital Publishing. Anerkennungspreis auf der ARS Electronica Linz 1997.

ohne großen technischen Aufwand realisierbare Dreipersonenstück. Ein
Kenner von Dada und Bewunderer Ernst Jandls war der Regisseur und Schauspieler Reinhold Klinge. Das theater stiller wahnsinn in Lübeck, das er mit-
begründete, eröffnete er 1991 mit Jandls Dreizeilern im Konjunktiv. Im
schon genannten Theater im Konzerthauskeller in Wien brachte der junge
Regisseur Stephan Bruckmeier im Herbst 1988 mit seinem Wiener Ensemble
Aus der Fremde heraus.[59] 1992 zeigte er beim Donaufestival *die humanisten*
als Vorprogramm zu Jandl, der dort Stanzen vortrug. Als Bruckmeier 1997
in Stuttgart die Intendanz des Theaters Rampe antrat, wählte er *Aus der
Fremde* als Eröffnungspremiere. Jandl empfing ihn zu einem Interview, das
im Programmheft die Überschrift „Nur Schweindln brauchen kein Theater"
bekam.

Für den 23. Januar 1993, als bis zu 300.000 Demonstranten beim
sogenannten ‚Lichtermeer' gegen Fremdenfeindlichkeit und Intoleranz
am Wiener Heldenplatz zusammenkamen, wählte das Wiener Literatur-
Theater Gruppe 80 – gegründet 1980 durch Helmut Wiesner und Helga
Illich – *die humanisten* als szenischen Beitrag für diesen Anlass. Diese Einstudierung im Zusammenwirken mit der Wiener Theaterwissenschaftlerin
Hilde Haider-Pregler wurde von den Wiener Festwochen ins Theater an
der Wien übernommen und in den folgenden Jahren an jedem Silvesterabend gezeigt, oft auch vor dem Autor als Gast.[60] 2001 kam auch *Aus der
Fremde* ins Repertoire des Theaters in Wien-Gumpendorf. Mit dem Ende
ihrer Intendanz 2005 wechselten Wiesner und Illich mit ihren Silvester-
humanisten in den Saal des Vorstadtwirtshauses Lechner. Dort etablierte
sich eine Runde von Jandl-Freunden, die einmal pro Jahr am letzten Tag
zusammenkamen.

Eine für beide Paare nutzenstiftende Verbindung bauten Jandl und
Mayröcker zu Nika Brettschneider und Ludvik Kavin auf. Sie kamen aus der
alternativen Theaterszene aus Brünn, wurden als Unterzeichner der Charta
77 verfolgt und durften 1977 aus der ČSSR nach Wien ausreisen. Eine
Wohnung fanden sie in der Wohllebengasse 10, Tür 9 – im selben Haus,
in dem Jandl wohnte. Zufällig lernten sie ihn 1979 kennen. Er war darin
geübt, bei Behörden zu intervenieren, und half ihnen beim schwierigen
Aufbau einer Existenz. Brettschneider und Kavin übernahmen im Sommer
1981 beim ‚Impulse'-Festival in Maria Schutz am Semmering (Nieder-

---

[59] Premiere 13.9.1988.

[60] Mit Gabriela Hüttner, Alexander Lhotzky, Helmut Wiesner, Alfred Schedl. Gertraud Scholz Verlag
GSV CD 006, 1998.

österreich) die Regie bei der Uraufführung von Mayröckers schon 1974 veröffentlichtem „post-surrealistischen"[61] Bühnentext *Die Versatzstücke oder: So hat dieser Tag doch noch einen Sinn gehabt.*[62] Das inzwischen eingebürgerte Ehepaar eröffnete im Januar 1984 in der Wiener Münzwardeingasse eine Kleinbühne mit dem Namen ‚Theater Brett' und zeigte dort in der ersten und zweiten Saison *Eulen bleiben immer*,[63] eine szenische Collage von Jandl-Gedichten aus *Laut und Luise* und *sprechblasen*. Nach dem Fall des Eisernen Vorhangs reisten Brettschneider und Kavin im Oktober 1996 mit Jandl und Mayröcker nach Prag und mimten dort im Theater Ypsilon dieses Paar in *Aus der Fremde* in einer Nachdichtung durch Bohumila Grögerová.[64] Sie spielten auch szenische Collagen von Jiří Kolář, Daniil Charms und Mayröcker und 1998, deutsch und tschechisch, deren Stück *Nada. Nichts*.[65] In Wien wird die Bühnenkunst aus Steuergeldern großzügiger finanziert als in jeder anderen Stadt der Welt, das Burgtheater ist die bestdotierte deutsche Sprachbühne. Jandl und Mayröcker banden sich an keinen Theatermenschen freundschaftlicher und enger als an die beiden ständig um die Zukunft ihrer Kleinbühne bangenden Exilanten aus Mähren, die ihre Unterstützung brauchten.

Eine Wohnung in der Zentagasse für die alten Tage

1991, im Jahr der Luchterhand-Krise, tat sich in Wien für Ernst Jandl erstmals die Chance auf, ohne den Einsatz seiner für das Alter zurückgelegten Ersparnisse zu einer ordentlichen Wohnung zu kommen, noch dazu in unmittelbarer Nähe zu Friederike Mayröcker, nämlich in der Zentagasse 16 in der Etage über ihr. Ein ‚Verwerter' hatte das 1906 erbaute Zinshaus erworben und ‚parifiziert', das heißt im Grundbuch jede Wohnung zu einer einzeln verkaufbaren Einheit gemacht. Daraufhin wurden diese Wohnungen den ‚Altmietern' zum Kauf angeboten. Friederike Mayröcker fehlte dafür das Geld. Ihr wurde darum angekündigt, dass die Wohnung, ohne dass ihr Mietrecht damit erlösche, einem Dritten verkauft würde. Der Gedanke, dass

---

[61] Bezeichnung durch Mayröcker. An HH 26.4.1981. Archiv HH.

[62] *Protokolle* 1974/1, S. 39–60.

[63] Uraufführung am 5.6.1984.

[64] *Die Presse*, 28.10.1996.

[65] www.theaterbrett.at/chronologie/ [Repertoire des Theater Brett 1978–2004].

dann jemand auf ihren Tod warte – auf den Tod, den sie so verbannt wissen wollte wie Elias Canetti –, setzte ihr so zu, dass sie kaum noch arbeiten mochte. Der Geschäftsführer der LiterarMechana GmbH Franz-Leo Popp holte sich bei den Autoren und Verlegern in seinem Aufsichtsrat die Zustimmung, Mayröckers Wohnung zu kaufen und ihr zu den bisherigen Bedingungen zu vermieten. Mitgekauft wurde auch ein Raum nebenan, den sie als Bücherlager nutzte und wo ihr junger deutscher Dichterfreund Marcel Beyer zwischen 1986 und 1991 zuerst Manuskripte ordnete für die Übergabe an die Wiener Stadt- und Landesbibliothek im Rathaus 1988, dann für Mayröckers Bibliographie.[66]

Der Käufer des Hauses Zentagasse 16 bereitete sofort auch den Ausbau des Dachbodens zu Eigentumswohnungen vor. Womit sich die Perspektive auftat, dass Ernst Jandl, gehbehindert mit einem ,Halbschlitten' im Knie und einem Stock in der Hand, zu Friederike Mayröcker übersiedeln könnte – denn nun musste erstmals ein Lift im 1906 billig gebauten Haus installiert werden. 1991 bemühte sich die Dokumentationsstelle für neuere österreichische Literatur im Auftrag des Ministeriums um den Ankauf einer Gästewohnung für Künstler und Wissenschaftler.[67] 1992 war das Ministerium überzeugt, dass Jandl dort wohnen sollte.[68] Dennoch wurde sie ihm jetzt von der ,Doku' als Tauschobjekt für seinen ,Vorlass' an.[69] Jandl zeigte sich dazu auch bereit, zumal schon die dort tätige Kristina Pfoser-Schewig in der Wohllebengasse begonnen hatte, Jandls Papiere durchzuschauen. Doch Interesse an den Papieren zeigte auch die National-bibliothek, die eben im Michaelertrakt der Hofburg für Dichternachlässe ihr eigenes Österreichisches Literaturarchiv aufbaute – mit einem soliden Renommee als das Literaturhaus, in welchem Interessensvertreter von Autoren und Übersetzern den Ton angaben. In der Nationalbibliothek hin-gegen wusste Jandl seine Papiere sicherer verwahrt. Dort sollte sein Freund Wendelin Schmidt-Dengler die Leitung übernehmen. Bald kam fix am Dienstagvormittag seine erste Biographin Kristina Pfoser-Schewig in die Wohllebengasse. Sie bereitete den Vorlass zum Abtransport vor.[70]

---

[66] Beyer 1992, S. 102, 105.

[67] Schriftliche Darstellung 2022 durch Robert Ruiz, Geschäftsführer der Dokumentationsstelle für neuere österreichische Literatur. Archiv HH.

[68] DI Lothar Janig an HH 25.2.1992. Archiv HH.

[69] Heinz Lunzer an Jandl 5.8.1993. Archiv HH.

[70] Kristina Pfoser-Schewig bekam von der Nationalbibliothek einen Dienstposten angeboten, zog aber eine besser bezahlte Position beim ORF-Radio vor.

Auf Geheiß des Unterrichtsministeriums wurde Jandl die Wohnung hinter der Tür Nummer 46 gratis und ohne Gegengaben überlassen. Das Wissenschaftsministerium zahlte Jandl für seinen Vorlass 4,8 Millionen Schilling, doch deutlich weniger als für den Nachlass von Erich Fried. So bekam nun Jandl endlich, was er für sich seit 30 Jahren von Staat und Partei gewünscht hatte – und nach seiner Meinung jedem seinesgleichen zustehen sollte: eine geliehene Wohnung, die ihn zum Dauergast des Staates machte. Als sie ihm im März 1996 übergeben wurde, hätte eine Über-siedlung mit den Büchern und Platten Jandls Kräfte überfordert. Auch mit angeschlagener Gesundheit, und in der Wohllebengasse die Treppen nur mit Mühe hochsteigend, wollte er seine Freiheiten nicht aufgeben. Friederike Mayröcker brauchte die ihren und hatte schon 1978 bekannt: „Es war gut so, dass wir nicht in eine gemeinsame Wohnung gezogen sind. Wir leben in einer Beziehung wie im Walde. Ich stelle mir das mit den Bäumen vor. Man braucht Luft um sich herum wie die Bäume".[71] Die Luft um sie herum war spannungsgeladen: „ich erlebe nun eine liebesgeschichte (anm: meine letzte vermutlich). es ist verrückt, aber es schmeckt mir zuweilen eine heftige lebensfreude", schrieb sie ihrem Schweizer Vertrauten Heinz F. Schafroth 1995.[72]

Ihr Arbeitszimmer unten quoll längst über von Collagezetteln, Objets trouvés, Korrespondenzen, Büchern und Platten unter, neben und auf ihrem Konzertflügel, es war schon von vielen Besuchern beschrieben oder foto-grafiert geworden. Bald waren in der Wohnung über ihr Ikea-Regale auf-gebaut, von Helmut Moser, dem Mann für alles Praktische. In der Dachetage fehlte ihr freilich die Fernsicht, weil die Fenster vom Architekten ins schräge Dach eingeschnitten geworden waren. Jandl eröffnete dem Lektor Siblewski noch im November 1998: „Die neue Wohnung stehe leer, vollkommen leer, kein Bett, kein Schreibtisch, nichts befinde sich darin."[73] Damit meinte er jenen Teil der Wohnung, den ihm Friederike Mayröcker freihielt. Mayröcker übersiedelte in kleinen Schritten: „Zuerst war ich nur zum Teil heroben, weil ich es hier ein bisschen bequemer habe. Aber dann hat sich das so gewendet, dass ich das Gefühl hatte, meine Sachen klettern wie Efeu aus meiner Wohnung hier herauf. Dann habe ich auch ein paar Sachen zum Arbeiten

---

[71] Zit. nach Schafroth 1995, S. 52.

[72] 1.6.1995. SLA, Sammlung Heinz F. Schafroth, Karton 11.

[73] Siblewski 2001, S. 69, 10.11.1998.

heraufgenommen, und es hat sich hier konzentriert."[74] Selbstkritisch sagte sie in einem Interview: „[…] ich brauche Platz, brauche immer viel Platz. EDITH[75] sagt, kaum betrittst du einen Raum schon ist alles vollgeräumt mit deinen Sachen, finsteren Sachen, unappetitlichen Sachen, ich verstehe nicht […]."[76] Nach Ernsts Tod entschied das Ministerium, dass sie die Dachwohnung weiter gratis nutzen dürfe.

Ernst Jandl gegen Günter Grass in der Luchterhand-Krise

Während Ernst Jandl seit August 1991 Stanze um Stanze in eine ihn befriedigende Façon brachte, zog der Luchterhand Literaturverlag aus Frankfurt nach Hamburg um, in ein Fabrikloft an der Barmbecker Straße. Die dadurch möglichen Einsparungen sollten den Verlag nach gesunkenen Verkaufsergebnissen absichern helfen, denn die Schweizer Mitbesitzerin Regina Vitali wollte oder konnte nicht mehr zuschießen. Aus der Sicht von Elisabeth Raabe schienen sich die Lektoren darauf verlassen zu haben, „dass die reiche Schweizerin alles zahlt".[77] Nun sollte der Autorenrat eingreifen. Günter Grass lud Jandl ein, dabei mitzumachen.[78] Der sagte für die Sitzung am 20. November 1991 zu,[79] musste jedoch nach einem Kollaps Ende Oktober auf die Reise nach Hamburg verzichten. Die Besprechung mit den Eigentümerinnen endete ohne Konsens. Grass berichtete den Kolleginnen und Kollegen in einem Rundbrief: „Anlaß des Gesprächs war die angespannte wirtschaftliche Situation des Verlags und die Überforderung der Verlegerinnen. Frau Raabe und Frau Vitali konnten die Zweifel und Einwände des Autorenrates nicht ausräumen." Ernst Jandl unterschrieb eine Solidaritätsadresse für die zwei Damen – wie auch Christa Wolf und Christoph Hein und in Österreich Michael Scharang, Peter Turrini und der junge Alois Hotschnig. Obwohl der Autorenrat mehr Rechte bekommen sollte, verließ Grass bald darauf Luchterhand. „Der Kollege habe auch im Autorenbeirat zu allererst an sich selbst gedacht", ließ Jandl *Die Presse*

---

[74] *Profil*, 29.10.01.

[75] Edith Schreiber, Psychotherapeutin, vertraute Freundin und Pflegerin in Mayröckers letzten Lebensjahrzehnten, adoptiert.

[76] Mayröcker 2005, S. 56.

[77] Interview mit Elisabeth Raabe 5.8.2022.

[78] 30.9.1991.

[79] 9.10.1991. LIT 139/B1856.

Grass betreffend wissen.[80] Er selbst konnte zufrieden sein. Neben den neuen *Stanzen* wurden 1992 Neuauflagen von *serienfuss, aus der fremde* und *falamaleikum* in der Sammlung Luchterhand gedruckt.

Im Zuge der Sanierungsmaßnahmen wurde Jandls engstem Verbindungsmann zum Verlag gekündigt: Reinhard Schlasa, der seit 1978 die Lesereisen organisierte und oft auch Jandl begleitete.[81] Im Voraus musste er Buchhandlungen in Orten, wo ein Auftritt gebucht war, die Termine mitteilen; Jandl führte sie auf Listen, die er dem Verlag und Schlasa direkt sandte, und zeigte sich ungnädig, wenn der Buchverkauf nicht klappte. Schlasa, geboren 1949, hatte in Ostberlin bei einem Verlag gearbeitet, ehe er in den Westen wechselte. Ein Besuch von *Aus der Fremde* in der Westberliner Schaubühne gab ihm den Anlass, Jandl seine eigenen Depressionen zu bekennen: „Du bist mir oft sehr nah. Hatte mal wieder einen totalen ‚Absturz‘, tiefe Depressionen – Whisky. Ich kann es nur ahnen, was dich quält, nur Zustände gleich dieser, wie u. a. in der Sprechoper beschrieben, sind mir vertraute, haben uns, wie ich dir einst schrieb, näher gebracht, dich mir brüderlich werden lassen. Ich selbst habe ja solch ein ‚Jammertal‘ mal wieder hinter mir […]. Erinnerst Du Dich noch unserer gemeinsamen Rheinfahrt und dem [*sic!*] Essen und dem Kölsch trinken bei der Früh am Domplatz?"[82] Mit dem Verlag übersiedelte Schlasa 1984 nach Frankfurt. Er lud Jandl zu sich ein und verfolgte ihn mit Ergebenheitsbezeugungen.[83] Als Schlasa im Sommer 1991 Luchterhand verlassen musste, ließ ihn Jandl weiterarbeiten als seinen Reisemarschall und Terminkoordinator – gegen eine Beteiligung von 15 % an den Gagen. „Gottlob sind wir keine Engel, sondern alte Knaben, die sich gut verstehen", dankte er dem neuen Chef am letzten Arbeitstag bei Luchterhand.[84] Doch Schlasas Existenz war derart nicht finanzierbar. 1993 fand er eine Anstellung in einer Buchhandlung in Lohr, betreute aber weiterhin die Lesetermine. Jandl beendete dieses Arbeitsverhältnis 1995 kurz und bündig: „Sei bitte nicht böse, daß ich mich entschlossen habe, nach der Konsolidierung des Luchterhand Verlages meine Lesungen wieder mit diesem zu vereinbaren."[85]

---

[80] 10.1.1992.

[81] 25.7.1978. LIT 139/99, 2.4.1, Luchterhand.

[82] 16.12.1983. LIT 139/B1224.

[83] 29.10.85. LIT 139/B1224.

[84] 30.7.1991. LIT 139/B1224.

[85] 17.1.1995. LIT 139/B2212. Reinhard Schlasa wurde am 8.9.2019 in der *Frankfurter Rundschau* als langjähriger Mitarbeiter der lokalen AIDS-Hilfe erwähnt. Leermeldung bei Frankfurter Melderegister.

Die Besitzerinnen von Luchterhand verkauften 1993, um sich Liquidität zu beschaffen, die Vertriebsrechte und das Warenlager der Sammlung Luchterhand dem Deutschen Taschenbuch Verlag.[86] Doch die Erlöse reichten nicht, das Frühjahrsprogramm fiel aus. Im Januar 1994 suchten darum Regina Vitali und Elisabeth Raabe einen Mäzen, dem sie das Unternehmen für eine symbolische Mark weiterreichen konnten. Sie fanden ihn in Dietrich von Boetticher, einem Münchner Wirtschaftsanwalt und Gestütbesitzer. Der verlegte den Verlagssitz sofort nach München – die dritte Übersiedelung in sieben Jahren. In diesen turbulenten Wintertagen wussten sich nicht nur Autoren gefährdet. Klaus Siblewski bewarb sich, über Martin Walser als Mittelsmann, erfolglos bei Suhrkamp. Auch beim Fischer-Verlag klopfte er vergebens an. Käme er bei Kiepenheuer unter, schrieb Siblewski an Jandl,[87] würde er dort eine Peter-Härtling-Gesamtausgabe in Angriff nehmen, oder eine Jandl-Ausgabe, falls der Dichter zu Residenz wechsle, von wo schon 1988 ein Angebot kam.

Der neue Eigentümer Boetticher behielt Siblewski und kündigte eine Härtling-Ausgabe in neun Bänden an. Doch noch 1994, einige Bände waren schon gedruckt, verließ Härtling im Krach den Luchterhand Verlag, und damit Siblewski, und wechselte mit allen Rechten zu Kiepenheuer & Witsch. Boetticher setzte Christoph Buchwald als Verlagsleiter ein. In diesem Germanisten, der in Berlin bei Walter Höllerer studiert hatte, bekam Jandl einen Verleger von feinem Ohr und Urteil: Seit 1979 gab Buchwald das Luchterhand-Jahrbuch für Lyrik heraus und brachte in den ersten 25 Jahrgängen von Jandl zehn und von Mayröcker sogar 23 Gedichte unter. Er traf Jandl „ein paar Mal" auch persönlich. „Motor und Experte für Jandl" blieb im Verlag aber Klaus Siblewski. Jandl sei über den Lektor immer voll des Lobes gewesen.[88]

Kleist-Preis in Potsdam 1993

Im Juli 1993 wurde Ernst Jandl als Gewinner des 1985 wiederbegründeten Kleist-Preises bekanntgegeben. Das brachte ihn auf die Titelseite der angesehenen *Salzburger Nachrichten*, sogar mit einem Foto. Am selben

---

[86] Raabe 2015, S. 141.

[87] 7.2.1994. LIT 139/99, 2.4.1, Luchterhand.

[88] „Ich habe mit ihm vor allem über Jazz und die Mundstücke bei Saxophonen geplaudert." Schriftliche Mitteilung 5.9.2022. Interview 20.9.2022. Buchwald ging 2001 als Verleger nach Amsterdam.

Tag notierte der Dichter im Kalender: KLEIST WERKE – offenbar die Absicht, sich wieder einzulesen. Statutengemäß wird der Empfänger des Kleist-Preises von einer jährlich wechselnden ‚Vertrauensperson' genannt – für 1993 traf es den Wiener Ulrich Weinzierl, Germanist und Literaturkritiker u. a. für die *F.A.Z.* Die Entgegennahme konnte Jandl mit einer Reise zur Akademie in Berlin verbinden. Die hatte sich eben erst neu aufgestellt. Im Sommer 1993 unterschrieben 200 Künstler, darunter auch Jandl und Mayröcker, sowie 70, die bisher keiner der beiden Institutionen angehörten, einen Appell für die Vereinigung der Akademien der Künste Berlin-West und Berlin-Ost. Am 1. Oktober wurde der Zusammenschluss auf Grund eines Staatsvertrags zwischen Berlin und Brandenburg wirksam. Während die Akademie tagte, überreichte Brandenburgs Kulturminister Hinrich Enderlein am 23. Oktober Jandl im Schlossparktheater in Potsdam den, wie er sagte, bedeutendsten deutschen Literaturpreis.

Der Wiener Ulrich Weinzierl probierte in seiner Lobrede erst gar nicht, eine Verbindung zwischen Jandl und Kleist zu konstruieren.[89] Ernst Jandl habe die literarische Avantgarde „publikumsfähig" gemacht und „auch in breiten Leserschichten vom Odium der Sterilität und Langeweile befreit". Seit ihm 1984 der Büchner-Preis verliehen worden sei, sei sein Werk noch stetig gewachsen, somit auch wieder ein Preis zu erwägen gewesen. Für Jandls *stanzen* erklärte sich der Alfred Polgar, Karl Kraus, Stefan Zweig, Schnitzler und Hofmannsthal zugetane Laudator nicht kompetent. Der Kunstdialekt „behindert – wahrscheinlich ist's ein Glück – mangels Verständnismöglichkeit die Verbreitung der teilweise entschieden unzüchtigen Gedichte nordwestlich von München." Jandls Gesamtwerk, so Weinzierl final, „zeugt vom Glanz der Sprachkunst in unserer Zeit – und vom Elend des Sprachkünstlers, also des Lebens."

Mehr über Kleist, als dass er als Volksschüler *Michael Kohlhaas* gelesen habe, erfuhren Jandls Zuhörer nicht in seiner Rede „Kleist und frühes Lesen".[90] Jandl zerlegte zuerst die Tätigkeit des Schreibens in seine organischen Komponenten: Hirn, Hand, Auge – und gab nebenbei zu erwägen, in den Schulen jeden das Schreiben mit beiden Händen zu lehren. Zu den Zeilen, die ihn berühmt und bei der Schweizer Verlegerfamilie Walter unmöglich gemacht hatten, gehörte auch „him hanflang war das wort". Hier nun quoll Emphase aus einem Hohen Lied auf das Wort:

---

[89] Weinzierl 1994, S. 191–196.
[90] *Die Presse*, 25.10.1993. In *Kleist-Jahrbuch 1994*. Stuttgart: Metzler, S. 197–202.

„Und der Mensch hat es, das ihn durch und durch erfüllte und über und über an ihm klebte, und das immerzu von Mund zu Ohr ging und von Mund zu Ohr, er hat das Wort, er hat die Sprache aus sich herausgerissen und von sich losgerissen und aus der Luft gerissen, wo sie von Mund zu Ohr ging, wie sie es heute noch tut, ja aus der Luft gerissen, das ist das wunderbarste, und sie objektiviert, sie zum Objekt gemacht, zum Gegenstand, der sich transportieren läßt durch die Jahrhunderte und die Jahrtausende und über die weitesten Strecken, von den Toten zu den Lebenden, als Schrift, als Schreiben, das Geschriebene, das geschriebene Bleibende, alle Arten von Schrift."

Unvermittelt schwenkte Jandl zum Ethos des Schreibens um mit dem – vor Kleist sich verneigendem – Gebot „nichts vorzutäuschen, nie etwas vorzutäuschen, weil alles Vorgetäuschte offen und für immer das Stigma der Lüge trägt und auf dem Felde der Nichtkunst, der Unkunst alsbald zu Staube zerfällt, wogegen Kunst immer und einzig Wahrheit ist [...]."

In diesem Jahr 1993 hatte er auch Reden auf Erich Fried und Walter Jens zu schreiben. Er lieferte pünktlich Geburtstags- und Widmungsgedichte, in gestanztem Dialekt und normaldeutsch, für Walter Jens, Hans Mayer, Klaus Wagenbach, Gerhard Wolf, den Wiener Trompeter Hans Koller und Siglinde Balvin, die geschiedene Frau von Okopenko.[91] Der Nachschwall der *Stanzen* im Jahr 1992, nachdem das Buch im Frühjahr schon erschienen war, versiegte. Oft findet sich der Name Stellamor in Jandls Terminkalender. Ludvik Šváb aus dem Prager Underground, im Brotberuf Psychiater, empfahl ihm ein Gedächtnistraining, Stellamor gab ihm sogar die Adresse eines auf Hypnose spezialisierten Wiener Kollegen. Die Krankenkasse schickte ihn im Mai zur Kur nach Bad Aussee; Friederike Mayröcker fuhr allein zum Bielefelder Colloquium. Ein Wochenende schwänzte er im Kurhaus, um in Zürich in Martin Haselböcks *weltgebräuchen* mitzuwirken. Auch mit Erich Meixner, Dieter Glawischnig,[92] Christian Muthspiel und Mathias Rüegg kam er in Konzertsäle. Dazu waren Lesungen im Rathaus von Ulm, in Nürnberg, Reutlingen, Tübingen, Würzburg, Frauenfeld in der Schweiz vorzubereiten und die zwei jährlichen Pflichttermine der Erich-Fried-Gesellschaft: Preisverleihung und Symposion.

Anfang September 1993 erwartete ihn ein Wiedersehen mit Allen Ginsberg, der zuletzt 1980 in Wien aufgetreten war. Der Dichter, Performer und Aktionist Christian Ide Hintze hatte ihn als Aushängeschild und Lektor

---

[91] LIT 139/W239.

[92] 17.4.1993 im Wiener Akzent mit den Neighbours zum Jubiläum 25 Jahre *sprechblasen*, eine Veranstaltung des Luchterhand Verlags.

für die ‚September-Akademie 1993' seiner 1992 in Wien gegründeten Schule für Dichtung gewonnen.[93] Dieser Verein war 1991 nach dem Vorbild der Jack Kerouac School of Disbodied Poetics in Boulder, Colorado, gegründet worden, wo sich Hintze dank Ginsbergs Vermittlung einschreiben konnte. Ernst Jandl beeindruckten der Mut und die Beharrlichkeit, die den ‚Zettelpoeten'[94] Hintze in viele Konflikte mit Behörden brachte. 1981 klagte ihm Hintze in einem Brief Leid und Bitternis des Außenseiters.[95] Er suchte bei Jandl vergebens literarische Anerkennung und schrieb ihm 1990 unterwürfig: „Lieber Ernst! Leider bin ich kein Schriftsteller, wäre es aber gerne geworden." Mit seinem noch immer jugendlichen Drive und Gruppengeist imponierte der 40-jährige Hintze mehr H.C. Artmann und Gerhard Rühm als Jandl und Mayröcker; ihnen waren schon die Schulterschlüsse Alt mit Jung zweimal im Jahr bei den Treffen der Grazer Autorenversammlung eine Last geworden. Hintze, ein fast dreißig Jahre Jüngerer mit dem Charisma des Außenseiters und Verfolgten, implementierte nun in die Wiener Szene geballte Internationalität. Von der Erlernbarkeit der Schriftstellerei waren sie, obwohl die ‚creative writing'-Praxis an amerikanischen Universitäten kennend, ohnehin nicht überzeugt. Der amerikanische Botschafter in Österreich Ronald J. Post gab am 8. September 1993 einen Empfang für Ginsberg im Wiener Rathaus.[96] Jandl arrangierte sich am Tag darauf ein privates Treffen mit dem Partner von 1965 in der Royal Albert Hall. Ginsberg überreichte ihm dabei mit der Widmung „Some Theory for Ernst Jandl […]" drei Seiten mit „Mind Writing Slogans" – eine Sammlung von Theoremen und Geboten quer durch die Poesiegeschichte, von Walt Whitman über Ezra Pound, William Carlos Williams und Louis Zukofsky zu Jack Kerouac und Bob Dylan; und angereichert mit tibetisch-buddhistischen Weisheiten von Meister Chögyam Trungpa wie „First Thought, Best Thought".[97]

Im späten Herbst 1993 kam Jandl wieder in einen üblen Zustand. Um Mayröckers Ängste um Ernst zu mindern, zog Kurt Neumann ein paar Mal für ein einige Nächte in die Wohllebengasse. Die Ermahnung „Alkohol Ende!" schrieb er sich am 6. Dezember in den Kalender. Am 17. Dezember fällte ihn ein Vorderwandinfarkt. Er kam ins Allgemeine, zugleich das

---

[93] Weitere Klassen leiteten Dorothea Zeemann, Anne Waldman, H.C. Artmann, Wolfgang Bauer, Rolf Schwendter. APA100 vom 9.9.1993. Unter den Gästen auch Inger Christensen. WStLB Nachlass Hintze 3.13.3.2.6.
[94] Hintze verteilte als 25-Jähriger Gedichte im öffentlichen Raum als Flugblätter und Klebezettel.
[95] 22.3.1981. LIT 139/B573.
[96] 8.9.1993. Tageszettel. Beilagen. 139/W682.
[97] Vgl. Stuckatz 2014, S. 1–2.

Wiener Universitäts-Krankenhaus. Dort notierte er auf einem Kalenderblatt die Medikation seines neurologischen Hausarztes Viktor Stellamor[98] und jene der Psychiater im AKH.[99] Denn er war nicht nur Herzpatient. Nach zwei Wochen wurde er entlassen und Mitte Januar 1994 auf vier Wochen Rehabilitation nach Bad Schallerbach in Oberösterreich geschickt.

Nachtaktiv und tagaktiv

Als danach im Juni 1994 Klaus Siblewski aus München wegen eines neuen Buchs anfragte, antwortete ihm Jandl unheimlich euphorisch:

> „[...] von mir, kein Buch in Sicht, fürs Herbstprogramm. Wohl aber die folgende, vielleicht verwertbare Notiz. Ernst Jandl erlitt am 17. Dezember 1993 einen Herzinfarkt. Seither hat sich die Welt für ihn, wie er selbst sagt, in ‚atemberaubender Weise verändert.' Die Depression seines Alterns ist ‚wie weggeblasen.' Er schaltet sich laut in das öffentliche Geschehen in seinem Land, Österreich, ein. Seine Vorbilder sind Heinrich Böll, Max Frisch, Günter Grass und Adolf Muschg."[100]

Nicht erst 1994 verfasste der Dichter, zumeist spätabends, seinen Trinkgewohnheiten – Rotwein, Whiskey – folgend und hochgradig erregt Einmischungen ins öffentliche Geschehen. Da ihm zu fortgeschrittener Stunde kein ordentliches Schriftbild gelang, diktierte er gerne seine Briefe der telefonischen Telegrammannahme. Es waren das nicht Briefe, die er am nächsten Tag nicht oder anders geschrieben hätte. Denn er reichte Kopien davon dem Lektor Siblewski weiter, der sie 1995 im Reader *lechts und rinks* unterbringen sollte; doch nur der „Offene Brief an einen großen alten Mann" von 1994 an Roland Rainer wurde publiziert.[101] Jandls Versuche, die Welt in Ordnung zu bringen, zogen sich weit nach Mitternacht hin. „Es ist jetzt früh am Morgen des 12. Juni", schloss er ein Bittschreiben an den Bürgermeister Zilk, als der Zuschuss der Stadt für Mathias Rüeggs neue Jazzadresse Porgy & Bess auf der Kippe stand.[102]

---

[98] Morg. 1 Floxifrenal, 3 × 1 Pronero, 3–4 Cerebryl, 2 × ½ Copirin, 2 × 1 Temesta; abends Dorminal forte, 1–2 Gerodorm.

[99] Tolvon, Valium, abds. ev. Halcion, Infusion Heparin.

[100] 2.6.1994. LIT 139/99, 2.4.1, Luchterhand.

[101] Siehe unten.

[102] 12.6.1992. LIT 139/W235.

Mögen auch Ärger, ja Wut erste Auslöser für seine Interventionen gewesen sein – er trug sie immer vor in der Form dringlicher Bitten eines Besorgten, dem Frieden und Recht die höchsten Güter sind. Am 11. Januar 1991, fünf Tage vor Beginn des 2. Golfkriegs – mit UN-Rückhalt ‚zur Befreiung Kuweits' –, hatte er, auch im Namen von Friederike Mayröcker, dem Wiener Erzbischof Kardinal Hans Hermann Groër telegraphiert:

> „wir bitten Sie, in diesen Tagen der höchsten Kriegsgefahr das Heer der katholischen Österreicher und Österreicherinnen, die nicht mehr im Glauben an Gott leben und die nicht mehr gewohnt sind zu beten, in sämtlichen Medien eindringlich dazu aufzurufen, in unsere Kirchen zu kommen und dort gemeinsam mit ihren Brüdern und Schwestern, den praktizierenden Katholiken, an die Erhaltung des Weltfriedens zu denken. Dieses Denken wird sich von einem Beten um Frieden kaum unterscheiden. Wir wollen unter den Ersten sein, die Ihrem Ruf folgen."[103]

Der Kardinal dankte am nächsten Tag Jandl und Mayröcker – Anrede: „Hochgeschätzte Verantwortliche der Österreichischen Schriftsteller" – und erinnerte sie an seine eigenen Vorleistungen beim Beten um den Frieden.[104] Ebenfalls für den Frieden rückte Jandl im November 1991 aus, als in der Slowakei die Forderungen nach einem Austritt aus der neuen Tschechoslowakischen Föderativen Republik lauter wurden. „Liebe verehrte Freunde Josef Hiršal und Bohumila Grögerová", diktierte er, „wir bitten euch und alle unsere Freunde in der Tschechoslowakei alles zu tun um Frieden und Eintracht in eurem großartigen mutigen Land zu sichern."[105] Doch der Dichter schlug gröber zu, als er Arnold Schwarzenegger angegriffen sah: Die Wahl des Nachfolgers von Kurt Waldheim[106] als Bundespräsident stand 1991 an. Eine Boulevardzeitung hatte unter den möglichen Kandidaten auch den aus Graz nach Hollywood aufgestiegenen Muskelmann abtesten lassen. „Noch braucht das Land keinen Terminator. Wir wollen den vereinzelt hörbaren Ruf nach einem starken Mann nicht allzu wörtlich nehmen", schrieb ein Leitartikler in der *Presse*.[107] Am Anfang seines

---

[103] Archiv der Erzdiözese Wien.

[104] 12.1.1991. LIT 139/B451. Einen Friedensappell („Im Bewusstsein meiner totalen Ohnmacht") veröffentlichte Jandl am 26./27.1.1991 im *Standard*. Nicht in jandl.onb.ac.at.

[105] Telegramm-Entwurf 22.11.1991, 22.45 Uhr. LIT 139/B1915.

[106] Die Teilnahme an einem Empfang des Bundespräsidenten am 8.3.1991 sagte er telefonisch ab: „Auf Grund meiner Gesinnung Einladung nicht angenommen." LIT 139/1501.

[107] 13.7.1991.

Gegenkommentars in der *Kleinen Zeitung*[108] deutete Jandl auf sein eigenes Schicksal hin. „Wieder einmal wird in einem österreichischen Blatt […] ein kluger, in aller Welt bekannter und beliebter Österreicher geschmäht, der im Ausland glänzend Karriere gemacht hat." Er pries den Steirer Schwarzenegger als „ein vielseitiges Talent und einen Mann von großem Charme" und den Film *Terminator* als ein Kunstwerk und schloss unvermittelt mit dem Satz „Das ist das Ende des österreichischen Journalismus."

Für den 12. Juni 1994 sollte Österreich über den Beitritt zur Europäischen Gemeinschaft abstimmen. Jandl bewog prominente Künstler, in großen Tageszeitungen Inserate zu schalten mit einem Bekenntnis zu Europa;[109] die Kosten wollte man sich teilen. Die Aufrufe erschienen großflächig in der *Presse* und im *Standard*. Unter den EU-Gegnern tat sich neben dem Maler Friedensreich Hundertwasser der Architekt und Präsident des Kunstsenats Roland Rainer hervor. Jandl schickte ihm nachtens ein Telegramm mit der Aufforderung, sich zu distanzieren.[110] Als das nicht geschah, ließ er der *Presse* einen „Offenen Brief an einen großen alten Mann" zukommen, die ihn am Tag vor der Abstimmung abdruckte. Er spielte darin auf Rainers erwiesene Berliner Karriere im Dritten Reich an:

> „Alle Argumente gegen den Beitritt sind Scheinargumente, mehr oder minder geschickt getarnte Lügen, vorgetragen mit geheucheltem Verantwortungssinn, hinter dem sich eine teuflische Fratze verbirgt. […] Wir haben beide die Nazis und den zweiten Weltkrieg erlebt, Sie als ein aufstrebender junger Professionalist, ich als ein zu Boden getretener Gymnasiast – doch wir haben aus dieser schrecklichen Zeit vermutlich nicht die gleichen Konsequenzen gezogen."

Weil Jandl damals das Gerücht gehört hatte, Gerhard Rühm würde heim nach Wien übersiedeln, telegraphierte er ihm: „Das ist herrlich. Dann kämpfen wir gemeinsam und überrollen unsere Feinde. Nimm bitte teil an der Volksabstimmung am 12. Juni."[111] Diese endete mit zwei Dritteln der Stimmen für den Beitritt. Danach grübelte er:

---

[108] 17.7.1991.

[109] Friedrich Achleitner, Heimrad Bäcker, Paul Flora, Barbara Frischmuth, Hans Hollein, Franz Koglmann, Alfred Kolleritsch, Friederike Mayröcker, Gustav Peichl, Gerhard Rühm, Max Weiler.

[110] 31.5.1991. „DRINGEND NACHT". Archiv HH.

[111] LIT, Vorlass Gerhard Rühm.

„Selbst wenn nicht eine einzige Stimme durch unsere Resolution gewonnen wurde, zeigt mir das großartige Ergebnis der Volksabstimmung, wie gut es war, daß auch ein Dutzend Künstler sich zur Meinung von zwei Dritteln unserer Bevölkerung bekannt haben, wir also nicht als eine Kaste gelten wollen, die sich über öffentliche Angelegenheiten von höchster Bedeutung erhaben dünkt. Die Durchführung dieser öffentlichen Kundgebung war für mich unerwartet schwierig. Sie geschah aber jedenfalls so, daß mich in der Öffentlichkeit niemand als deren Initiator erblicken konnte, was der Sache nur schaden hätte können.“[112]

Außer Barbara Frischmuth dürfte Jandl niemand sein Teil für die Inserate bezahlt haben. Ein industriepolitischer Fonds befreite ihn von der Zahllast.

Das Nachttelefon wurde auch zur Intervention für seinen Freund und Helfer in der Schulverwaltung zur Hand genommen: „Ich protestiere schärfstens gegen die unverantwortliche Behandlung, die Herrn Hofrat Dr. Franz Austeda gegenwärtig seitens des Präsidiums des Wiener Stadtschulrates zuteil wird“, telegraphierte er dessen Präsidenten Kurt Scholz. Denn er kenne ihn „seit vierzig Jahren als den redlichsten und lautersten Menschen, ausgestattet mit reichstem Wissen, glänzender Intelligenz und einer von höchsten ethischen Prinzipien getragenen Weltsicht.“[113] Austeda war in einen Skandal um verkaufte Abiturnoten verwickelt und entging zuletzt knapp dem Strafgericht.

Seine Partei, die SPÖ, unterstützte er vor Wahlen unauffällig mit seinem Namen auf langen Unterschriftenlisten von „Kulturschaffenden“. Doch anders im November 1991, als der Jandl zugetane ehemalige Lehrer Helmut Zilk zum zweiten Mal für den Bürgermeistersessel zur Wahl stand. Er bat Jandl um zwei Gedichte für die Werbung.[114] Der Dichter hatte soeben bei Zilk, wie zwanzig Jahre zuvor beim Bundeskanzler Kreisky, um eine größere Kommunalwohnung angesucht, doch ebenso erfolglos.[115] Dennoch fielen ihm vier Sprüche ein: „du schönes wien, auf zilk gebaut!“, „wien ist, wo das zilk weidet“. „jedem wiener sein zilk!“ und „das zilk blickt tief / ins wiener herz. /tief blickt das zilk / ins wiener herz.“ Die Partei ließ daraus ganzseitige Zeitungsinserate basteln,[116] mit Jandls Namen in kaum lesbar kleinen

---

[112] An HH 20.8.1994. Archiv HH.

[113] Hs. Entwurf 22.5.1994. Archiv HH.

[114] 11.10.1991. LIT 139/1594.

[115] 3.1.1990. LIT 139/B1594.

[116] Der Standard, 31.10.1991. Zilk verlor viele Stimmen an die FPÖ rechts der Mitte, die damit erstmals zweitstärkste Partei im Gemeinderat wurde.

Lettern. Doch seine Loyalität kannte Grenzen. Im Oktober 1994 griff er zum Telefon, um den Text eines Inserats durchzusagen:

> „Seit vierzig Jahren Mitglied der SPÖ, fordere ich die Verringerung der politischen Macht in allen Bereichen; die Ausschaltung notorischer Lügner aus der Spitzenpolitik; das Ende des Mißbrauchs von Parteimitgliedschaften; die kraftvolle Förderung der direkten Demokratie und wähle daher am 9. Oktober erstmals im Leben nicht die SPÖ."[117]

Diese Reaktion Jandls auf ruchbar gewordene Spitzengehälter im roten Gewerkschaftsmilieu erschien drei Tage vor der Parlamentswahl in der *Presse*. SPÖ und ÖVP verloren Stimmen, die FPÖ gewann. Jandl trat gegen den freiheitlichen Abgeordneten Jörg Haider auf, als dieser im Parlament H.C. Artmanns Ehrenpension problematisierte, sowie gegen die Rechtschreibreform; er beteiligte sich auch an der deutschlandweiten Plakataktion von Sozialpsychologen gegen die Fremdenfeindlichkeit mit seinem Bekenntnisgedicht „my own song".[118]

Unter lauten internationalen Protesten trat am 4. Februar 2000 Wolfgang Schüssel als erster ÖVP-Bundeskanzler seit 1970 sein Amt an. Zuvor hatte die SPÖ die mit ihm bereits paktierte Koalition platzen lassen, wodurch die vom Kärntner Landeshauptmann Haider geführte FPÖ ihre Chance bekam, mitzuregieren. Die im Literaturhaus Wien beheimateten Autorenverbände begannen sofort eine Protestaktion „Kulturnation Österreich", in welcher der neuen Mitte-Rechts-Regierung die „moralische Qualifikation" abgesprochen wurde, „im Namen von Kunst und Kultur zu sprechen".[119] Jandl missfiel diese Argumentation. Er schickte der *Presse* einen taktisch wie rhetorisch überraschenden Aufruf, in dem er den Freiheitlichen, die die Nationalratswahlen gewonnen hatten, in zwar zynischen, doch freundlichen Worten nahelegte, sich vom Regieren fernzuhalten.

> „Jetzt, in diesen Stunden, hat Jörg Haider die Chance seines Lebens – wird er sie ergreifen? Diese seine Chance besteht darin, auf der Stelle alle Abmachungen mit Vizekanzler Schüssel und der Österreichischen Volkspartei für null und nichtig zu erklären und jede Teilnahme an einer österreichischen

---

[117] APA OTS141 vom 6.10.1994. Vor den Nationalratswahlen im Oktober 1999 sagte Jandl laut Siblewski am 29.11. [*sic!*]: „Er überlege sich, ob er bei den bevorstehenden Nationalratswahlen zum ersten Mal nicht die SPÖ wählen solle, sondern Grün". Siblewski 2001, S. 162.

[118] An Rolf van Dick 31.7.1995. LIT 139/N252.

[119] APA29 vom 5.2.2000.

Koalitionsregierung zum gegenwärtigen Zeitpunkt fallenzulassen. Seine Gegner wird er dadurch gründlich beschämen, und bei vielen Menschen aufrechten Sinnes in Österreich und in den übrigen EU-Ländern wird er Respekt erlangen."[120]

1994 und 1995: Zweimal ein 70. Geburtstag

Nach dem Herzinfarkt am 17. November 1993 und seiner Rehabilitation in Bad Schallerbach bis Mitte Februar 1994 stürzte Ernst Jandl bald wieder ab: „Rauchen – Rückfall gestern, Nikotinpflaster, Atemnot, Anzeichen Depression Kribbeln in den Fingern, Gewicht" hielt er im Kalender fest.[121] „Was mir derzeit fehlt, ist ein wirklicher Aufschwung. Dieses könnte durch neues Schreiben vermutlich eher eintreten als durch Lesungen, die vorerst ganz zurückgetreten sind."[122]

Einige Reden, aber keine Gedichte gelangen ihm in diesem Jahr. Für Dieter Glawischnig rückte er im April als Laudator aus. Sein Auftritt beim Duke-Ellington-Konzert im Mai endete, wie bereits erwähnt, turbulent. Das vom österreichischen Kulturattaché Valentin Inzko[123] am 14. April 1994 in Prag veranstaltete Symposion ‚Lyrik und Dramatik von Ernst Jandl im Kontext der tschechischen experimentellen Literatur' fand ohne ihn statt. Josef Hiršal, Bohumila Grögerová, Ladislav Novák und der Surrealist Ludvik Kundera sprachen dort, begleitet von Wendelin Schmidt-Dengler. Die Präsidentschaft der Fried-Gesellschaft legte er nieder.

Erst der gute Ausgang der EU-Abstimmung richtete ihn wieder auf sowie die Vorbereitung auf seinen Auftritt beim ‚Poetry International' in Rotterdam im Juni, das sein Freund Martin Mooij nun schon zum 25. Mal organisierte. Dort warteten alte Bekannte auf ihn wie Hans Magnus Enzensberger, Lars Gustafsson, Elke Erb, Judith Herzberg, Oskar Pastior; im Zentrum des Interesses aber standen der südafrikanische Anti-Apartheit-Aktivist Breyten Breytenbach und der nigerianische Nobelpreisträger Wole Soyinka. Als „special guest" des Trompeters Wolfgang Puschnig trat Jandl in dessen „Metaphors" beim 16. Internationalen Jazz-Festival Saalfelden am

---

[120] *Die Presse*, 5.2.2000. Aus dem Text klingt deutlich die Leitidee des „Niemals-Hassens" durch.

[121] 21.2.1994. LIT Bürokalender.

[122] An Robby Langer, Dresden, 5.3.1994. Archiv HH.

[123] Der Freund Václav Havels und Peter Handkes, ein Kärntner Slowene, wurde 1996 Botschafter in Sarajevo und 2009 bis 2021 im UN-Auftrag Hoher Repräsentant für Bosnien und Herzegowina.

27. August auf. Jandls gesundheitliche Schwierigkeiten hatten zur Folge, dass Friederike Mayröcker deutlich mehr Einladungen zu Lesungen im Ausland wahrnehmen konnte als er. Solo zu reisen hieß für sie auch: von Ernsts fürsorglichen, doch oft barschen Anweisungen, dies und jenes zu tun oder zu unterlassen, frei zu sein. Ihre Reisen markierte er immer in seinen Kalendern – 1994 nach Paris, Mailand, Florenz, Rom, Prag.

Als Stargast der Wiener Schule für Dichtung war 1994 Blixa Bargeld angesagt, Mitgründer und Frontsänger der Rockband Einstürzende Neubauten und daneben in Theater- und Filmprojekten unterwegs.[124] Christian Ide Hintze fehlte für seine September-Akademie 1994 noch Geld. Jandl half ihm mit einer Lesung und spendete verkaufbare Manuskripte.[125] Für den 8. November 1994 arrangierte Hintze für das Magazin der *Süddeutschen Zeitung* ein Zusammentreffen von Blixa Bargeld und Jandl in Wien im Café Mozart. Nur schwach brauste die gegenkulturelle Radikalität auf, die diese Inszenierung erwarten ließ.

> „Jandl: Wir sind eben schwierig und unberechenbar. Bargeld: Wir lassen uns nicht einordnen. Das ist doch auch das Schöne in der Natur. Jandl: Vor allem angesichts des ‚Wuchhandels'. Der Wuchhandel – alles Wucher. Dieses ungeheure Verlangen, alles Wuchernde in ein Ordnungssystem zu bringen, daran wird bei uns viel Zeit verschwendet. Viel zuviel."

Jandls Schlusswort, ehe Blixa Bargeld einen Witz erzählte: „Man darf beim Schreiben keine Ehrfurcht haben. Man muss alles einmal gemacht haben, selbst Brutalität und Sarkasmus. Man muß die Sprache quälen – bis sie schreit." Mit einem Coverfoto der beiden vor einer Spiegelwand sitzend, Jandl Pfeife rauchend, erschien das Interview am 16. Dezember 1994. Publicity versprach sich Hintze auch von einem gemeinsamen Auftritt von Ernst Jandl und dem theoriestarken jungen Ferdinand Schmatz gemeinsam mit Falco – doch der Austropop-Star erschien nicht zum Termin.

Friederike Mayröckers siebzigsten Geburtstag zu feiern stand an. Doch eben jetzt verschlechterte sich der Zustand ihrer Mutter. Immer wieder musste sie ins Spital. Friederike Mayröcker die Ältere, geboren im Jahr 1906, starb am 6. November 1994. Fritzi, knapp aus Rom heimgekehrt, war bei ihr und wollte sie nicht loslassen. Am 25. November nahmen Fritzi und

---

[124] 1994 spielte er den Mephisto in der Uraufführung Werner Schwabs *Faust:: Mein Brustkorb:: Mein Helm* im Hans Otto Theater Potsdam.
[125] Hintze an Jandl 10.1.1995. Archiv HH.

Abb. 4 Blixa Bargeld von den Einstürzenden Neubauten und Ernst Jandl am 8. November 1994 vor dem Café Tirolerhof in Wien. (Foto: Eva Leitolf)

Ernst Abschied von „Resi" im Krematorium.[126] „Ich glaube, ich bin überhaupt nicht reif für dieses Leben, oder für das Verständnis, das man dem Leben und dem Tod entgegenbringen sollte in meinem Alter. Vielleicht bin ich erst am Anfang, vielleicht kann ich noch ein paar Jahre hiersein und mich vervollkommnen", schrieb Mayröcker in Erinnerung an Mutters Tod ein Jahr später an Schafroth.[127]

Im Wiener Literaturhaus wurde am 29. November 1994 eine gemeinsam mit der Akademie der Künste Berlin-Brandenburg erarbeitete Geburtstagsausstellung über Leben und Werk der Dichterin eröffnet. Im Dezember versammelte die Alte Schmiede Freunde und Gelehrte zu einem

---

[126] Seelenmesse am 30. November, Einbettung der Urne im Familiengrab in Gumpoldskirchen am 7. Dezember. LIT Taschenkalender.

[127] 6.11.1995. SLA, Sammlung Heinz F. Schafroth, Karton 11.

Mayröcker-Symposion.[128] Ernst Jandl verfasste eine „Rede auf Friederike Mayröcker".[129] Darin feierte er ihr Einander-Kennenlernen 1954 als ein „Wunder am Ende unserer weitgehend zerstörten Jugend". Damals habe der Jazz auch noch beide gleichermaßen glücklich gemacht. Friederike Mayröckers Kunst, „von so vornehmen Geistern wie Bach und Hölderlin angeführt", habe eine glorreiche Höhe erklommen. „Mein Sinn, in Richtung einer aufgeklärten Massenkultur, konnte sich gleichermaßen durchsetzen. So ergänzen wir einander liebevoll und mit Respekt." Mit dem Bekenntnis, mit dem er endete, überraschte er die Gäste:

> „Wir sind Christen, ein Wort, das man heute wieder aussprechen darf. Friederike Mayröcker nennt den, oder einen, heiligen Geist die Quelle ihrer Inspiration; es gibt, für sie, in ihrer Kunst etwas, das von außen kommt, und zwar von oben, während ich nicht sicher bin, wo oben ist."

Am 30. Dezember 1994 starb in Regensburg überraschend Ernsts älterer Bruder Robert Jandl an Lungenkrebs. Er war mit 65 noch immer als selbstständiger Architekt gut beschäftigt. Beim letzten Besuch aus Wien war es zum Streit gekommen wegen Ernsts Bemerkung, „dass er froh und befreit gewesen sei, als seine Mutter Luise Jandl gestorben war."[130] Zur Beerdigung am 5. Januar 1995 auf dem Dreifaltigkeitsberg-Friedhof reiste Ernst mit Fritzi nach Regensburg. Roberts Witwe Erika Jandl, die Mutter der Söhne Stefan und Wolfgang, beide Architekten, nahm sich am 9. Mai 1995 das Leben.[131]

Früh im Jahr 1995 kränkelte Ernst Jandl wieder und musste wegen seines Herzens eine Woche ins Krankenhaus. Doch dann wagte er im März und April je vier Auftritte, darunter in Budapest[132] und mit Lauren Newton und Uli Scherer beim ‚Time'-Festival in Gent. Der Luchterhand Verlag bereitete inzwischen schon ein neues Buch zum bevorstehenden 70. Geburtstag am 1. August 1995 vor. Jandls Mappen gaben nicht genug her: Nur zirka 50 neue Gschdanzln jedwedes Vollendungsgrades hatten sich seit den *stanzen* 1992 angesammelt. Darum empfahl sich ein Reader querbeet durch das Gesamt-

---

[128] Marcel Beyer, Bernhard Fetz, Jörg Drews, Bodo Hell, Klaus Kastberger, Samuel Moser, Luigi Reitani, Klaus Ramm, Karl Riha, Siegfried J. Schmidt, Wendelin Schmidt-Dengler, Juliane Vogel.

[129] Jandl 2016, Bd. 6, S. 292–294.

[130] Stefan Jandl: „Robert Maria Jandl". Typoskript 2022. Archiv HH.

[131] „dreizeiler". Jandl 1996a, S. 92.

[132] Präsentation eines Bandes von Gedichten, die von Istvan Eörsi übersetzt und im Ferenczy Verlag gedruckt wurden: *nemkívánatos személy* [Der Unerwünschte oder Persona non grata].

werk. Diese „Best of"-Auswahl wurde in der Programmvorschau auf das Frühjahr 1995 annonciert, im Januar 1995 ging sie unter dem Titel *lechts und rinks. gedichte statements peppermints* in Satz. Im Buchdesign wurde nach dem Besitzerwechsel bei Luchterhand ein Neuanfang des Verlages signalisiert: Ina Munzinger entwarf farbensatte, geometrisch strenge Kartondeckel und damit eine optische Linie, die bis zum letzten zu Lebzeiten des Dichters erschienenen Luchterhand-Buch durchgehalten wurde.

Den Titel „statements and peppermints" hatte Jandl schon im Jahr 1971 der Eremiten-Presse für das Buch vorgeschlagen, das dann *flöda und der schwan* hieß.[133] 1974 wurden in *ernst jandl für alle* zwei Abschnitte so bezeichnet. 1994 schrieb Jandl über sich an Siblewski: „Denkt er an ein neues eigenes Buch, so weiß er dafür den Titel ‚Die Welt ist laut' und fügt hinzu: ‚laut ist schön'."[134] Diese zwei kurzen Sätze eröffneten nun als Motto den 144-Seiten-Band mit vielen der bekanntesten Gedichte. Die Anordnung folgte dem Lebensweg des Dichters: Sie beginnt mit dem Zweizeiler „erster weltkrieg", den die Großeltern erlebten, und endet bei der eigenen Hinfälligkeit und dem Abschiedsgruß bei vielen Lesungen: „wir alle wünschen jedem alles gute".[135] Dazwischen füllen die frühen Antikriegsgedichte, *die humanisten*, Gott, Liebe, Politik und Zeitgeschehen die Seiten. Nur drei aktuelle Texte brachte Jandl unter: „erich und ich", das war die Rede bei der Eröffnung einer Fried-Ausstellung in der Österreichischen Nationalbibliothek, die in der Alten Schmiede gehaltene „rede auf friederike mayröcker" sowie der „Offene Brief an Roland Rainer" im Zusammenhang mit dem EU-Beitritt 1994. Auf die nicht sonderlich elaborierte Kleist-Rede zur Preisverleihung 1993 wurde verzichtet.

Der Verlag verbreitete überdies in einer Auflage von 40.000 Stück ein Jandl-Plakat mit einem Foto von Werner Bern: der Dichter am Kaffeehaustisch das Amtsblatt zur Wiener Zeitung lesend, neben ihm auf der Bank lauert ein Mops, darunter Textzeilen aus den *humanisten*: „deutsche literaturen sein ein kulturenliteraturen / modenliteraturen nicht sein kulturenliteraturen."[136] Es wurde auch dem Sonderheft „Friederike Mayröcker – Ernst Jandl: An den Rändern der Sprache" beigelegt, welches

---

[133] Siehe Kap. 6.

[134] 2.6.1994. LIT 139/99, 2.4.1, Luchterhand.

[135] Hinten im Buch breitete der Verlag den lieferbaren Vorrat in diesem Jubiläumsjahr aus: die drei Bände der Gesamtausgabe in der Billigversion von 1990, teure Neuausgaben von *laut und luise* – hier klein geschrieben –, von *dingfest* und von *sprechblasen* in Leinen, sowie *stanzen* aus 1992; im Herbst folgte noch eine Neuausgabe von *die schöne kunst des schreibens*.

[136] Siblewski an Jandl 21.3.1995. LIT 139/99, 2.4.1, Luchterhand.

das Schweizer Kulturmagazin *du* zu den 70. Geburtstagen des Dichterpaars herausbrachte. Klaus Siblewski machte dort in einem Essay als Erster auf die Schaffensexplosion im Jahr 1957 aufmerksam[137] und Bernhard Kraller[138] zeichnete ein unverrückbares Bild der Liaison Jandl – Jazz.

Der Festreigen zum Jubiläum begann in Wien bei der Frühjahrs-Vollversammlung der GAV. Zweite Station war Mürzzuschlag in der Obersteiermark. Im dort neugebauten Kunsthaus der Stadt, in der 1946 Elfriede Jelinek geboren wurde, feierte Ernst Jandl mit seinen Freunden am 19. und 20. Mai nach einem außergewöhnlichen Reglement: Er gab jedem Redner präzise sein Thema vor.[139] Die Volksrockband Broadlahn spielte, das Vienna Art Orchestra, Dieter Glawischnig sowie der Jazzgeiger Andreas Schreiber als Jandls Begleiter.

Am 7. Juni 1995 nahm Ernst Jandl den mit 20.000 DM dotierten Hölderlin-Preis der Stadt Bad Godesberg in Empfang. 1993 war damit schon Friederike Mayröcker bedacht worden. Es sollte sein letzter Literaturpreis sein, danach bekam er nur mehr Orden. Als Laudator trat Jörg Drews einen begeisternden Eilmarsch durch Jandls Schaffen an bis zur „Altersradikalität" der *stanzen*.[140] Jandl hatte mit dem Verfassen der geziemenden Rede Schwierigkeiten.[141] Bisher hatte er erst für die *Frankfurter Anthologie* 1991 über Hölderlins „Zur Hälfte des Lebens" geschrieben. Vorweg zitierte er nun eine einzige Hölderlin-Zeile: „Und mein Jahrhundert ist mir

---

[137] Der Aufsatz wurde, wesentlich erweitert, im November 1995 bei einem Jandl-Symposion in Udine vorgetragen; Siblewski 1997.

[138] Kraller 1995.

[139] Wolfgang Bauer: „Glawaraaa. Zum Geschrei von Ernst Jandl"; Otto Breicha: „Lieber blöd als Jandl"; Jörg Drews: „Lieber Ernst Jandl"; Istvan Eörsi: „Der unübersetzbare Jandl"; Dieter Glawischnig: „Musikalität und Schweinsohren"; Hans Haider: „Der Schwerhörige und mein Flüstern"; Michael Hamburger: „Jandl in England?"; Fredi Kolleritsch: „Jandl auf steirisch"; Friederike Mayröcker: „Bernhardiner oder Mops"; Leo Navratil: „Jandl – eine Psychose"; Kurt Neumann: „Ernst Jandl als Patient und Hypochonder"; Klaus Ramm: „Jandls Cyberpunk"; Gerhard Rühm: „Die Plünderung der Wiener Gruppe durch Ernst Jandl"; Michael Scharang: „Ernst Jandl als Verderber der Jugend"; Wendelin Schmidt-Dengler: „Jandl in der Hexenküche"; Klaus Siblewski: „Der verlegte Jandl"; Wolfgang Unger (für die Literatur zuständiger Ministerialrat): „Der nüchterne Jandl". 11 der Texte wurden publiziert in *Was*, Nr. 82, Juli 1985.

[140] Drews 1995, S. 23–43.

[141] Jandl verwarf eine Interpretation der ersten Strophe von Hölderlins Gedicht „Lebenslauf": „‚Größeres wolltest auch du, aber die Liebe zwingt All uns nieder' – was ist das für eine Liebe? Sexualität, Kopulation, Fortpflanzung, niederzwingend all uns ins Erdreich des Maulwurfs, den Sand der Schlange, den Tümpel der Kröte, aber ‚die Liebe zwingt /All uns nieder' – Sex, Ficken, Puff. Allerdings: ‚das Leid beuget gewaltiger' – was Leid? Krebs, Syphilis, Aids? Oder das Leid der aufgeschlitzten Kriegshelden; der atomisierten Flugzeuginsassen, der Millionen vergaster Juden? ‚Doch es kehrt umsonst nicht', natürlich, ‚Unser Bogen, woher er kommt!' Wir wurden ins All geschossen, sind in der Kapsel verreckt, oder am Boden zerschellt." LIT 139/W940.

Abb. 5 Fest in Ernst Jandls Regie im Jahr seines 70. Geburtstags 1995 im Kunsthaus von Mürzzuschlag. Vor Jandl kniend Michael Scharang, mit der Geige Andreas Schreiber. (Foto: ÖhnerKraller)

Züchtigung" – die er „nur zu gern allem, das ich je geschrieben habe" als Motto voranstellen wolle. Indem er auf seine Anfänge zurückkam, auf seine „gespaltene Person" als Lehrer, der Nachhilfestunden gab, sowie als Dichter, erinnerte er an Hölderlins Hauslehrerjahre. Was brachten dem Heutigen die Opfer, die ihm seine Freiheit sicherten?

> „Man fährt vielleicht kein Auto, man hat vielleicht kein Haus, keine Familie, keinen Garten; aber man hat, was man geschrieben hat. Man streut es aus, man trägt es durch die Welt, diese herrliche Welt, diese abscheulich herrliche Welt ... man betreibt ununterbrochen Insemination, Befruchtung, die Weitergabe dessen, wodurch man selbst zum Menschen geworden ist."

Jandl war mit seiner Rede nicht zufrieden. Am Tag nach der Preisübernahme trat er schon bei den International Poetry Days in Malmö auf. Ernst Jandls Jubiläum rückte näher. Der deutsche Sozialminister Norbert Blüm, katholisch, bisweilen als „Herz-Jesu-Kommunist" diffamiert, überraschte mit einem Glückwunschschreiben.[142] Für den 1. August bereitete

---

[142] 28.7.1985, Archiv HH.

Barbara Frischmuth in ihrem Heimatdorf Altaussee einen Abend mit einigen Freunden und einheimischen Musikanten im Gasthof von Heinz Leuner vor. Das offizielle Fest fand am Tag davor in Salzburg statt. Peter Stein, damals Schauspielchef der Salzburger Festspiele, gewann für eine Würdigung Jandls Marcel Reich-Ranicki.[143] Jandl sei ein „Aufklärer", so Reich, und sei ein „Experimentator" geblieben und dabei ein „Klassiker" geworden. Er nannte sein Mittel, „um das Seinige auf immer neue Weise zu sagen", „Verfremdung". Ehe er aussprach, dass der stärkste Antrieb und das tiefste Thema von Jandls Dichtung die Depression sei, führte er ihn in tragikomischen Rollen vor: „er hat das Temperament eines Artisten, ja Komödianten", „er ist ein Spaßvogel, heiter und finster zugleich" und ein „Humorist, also ein schwermütiger Mensch, ein Desperado, aber mit Witz und Laune". Dann übernahmen die Festspielbühne Jandl und die Jazz-Partner von den Neighbours. Der Jubilar las Erinnerungen an seine Schulzeit unter den Nazis und aus den *humanisten*.[144]

Von einem vollen Erfolg vor dem Publikum berichteten die Zeitungen.[145] Wolfgang Kraus, ein Stimmführer der österreichischen Kulturkonservativen, klagte seinem Tagebuch:

> „E. Jandl mit Jazz, darunter die ‚Salzenburger Fetzenspiele' (‚Die Humanisten'). Sicher ein persönlicher Triumph, dies vor den Honoratioren während dieser Festspiele zu tun, wobei er sich nicht so ganz klar ist, dass er zunehmend als Kabarettist Erfolg hat. Dort stört dann auch der viel ernster gemeinte Nihilismus nicht, weil auf dieser Ebene kein allgemein-weltanschaulicher Anspruch besteht, den Jandl in seinem Werk aber sehr wohl geltend macht. Jandl, der jeden Preis nimmt und in allen Juries seine meist dominierende Lobby (mit F. Mayröcker) hat, ist einst gegen solche Lobbies (Henz) angetreten – welche Groteske dagegen die heutige Situation, wo er seine negative Ästhetik massiv durchsetzt. Der linke ästhetische Anarchismus – bei ihm sehr durchdacht und meist auf Niveau – beherrscht mit den Epigonen längst unser Kulturleben (Nitsch, Mühl, Breicha, Okopenko, Mayröcker, Grond,[146] „Manuskripte", etc., etc.)."[147]

---

[143] „Schreibtisch, für alle gedeckt". *F.A.Z.,* 5.8.1995.

[144] Dieter Glawischnig, Ewald Oberleitner, John Preininger, Andreas Schreiber.

[145] *Die Presse, Salzburger Nachrichten, Kurier,* 2.8.1995.

[146] Walter Grond: Schriftsteller, Literaturreferent des Forums Stadtpark in Graz.

[147] 2.8.1995. Zur Verfügung gestellt von Gertrude Kothanek, Wien.

In der *Zeit*[148] behauptete Ulrich Stock in seiner Gratulation, vielleicht nicht ganz ernsthaft, Jandl gelte „als Erfinder des *Rap* [...]. Ähnlich den schwarzen Vertretern des Genres (Ice-T, Snoop Doggy Dogg) verfügt Jandl in besonderem Maß über *street credibility*, die seinen Einfluß beständig wachsen ließ." In der Folge der Studentenbewegung habe er dann „weltweite Reputation" errungen. Jandl wurde in einem Geburtstagsinterview mit dem Wiener *profil* gefragt, ob er seinen Durchbruch den 68ern verdanke. Jandl: „In der Folge sind ja aus diesen Reihen ziemlich viele Lehrer hervorgegangen, die dann ihre veränderten Ansichten wieder an die Schüler weitergegeben haben".[149] Tilman Urbach wies in der *Neuen Zürcher Zeitung*[150] auf Jandls Mittelstellung zwischen Konkreter Poesie und politischer Lyrik hin. Für „wien: heldenplatz" gelte: „Niemals vor Jandl und wohl auch nicht danach ist die damalige Stimmung aus brutaler Demagogie, mühsam unterdrückter Sexualität und Aggression zu einer so unauflöslichen Melange verdichtet worden wie hier." Um Jandl heute machte sich Tilman Urbach Sorgen: Ihm scheine, als sei „die vor Jahren lustvoll betriebene Sprachverunzierung nun unversehens zum Abbild einer zunehmend beschädigten, selbstzerstörerischen Welt mutiert – als habe die eigens erfundene Methode den Meister eingeholt und gestellt."

Die Wiener *Presse* druckte Zueignungen von Friedrich Achleitner, Franz Schuh, Jürg Laederach, Wendelin Schmidt-Dengler, Michael Scharang und Elisabeth Reichart.[151] In der *Frankfurter Rundschau* gratulierte Peter Fitz, Jandls Alter Ego in *Aus der Fremde* auf der Berliner Schaubühne 1980.[152] In der *Süddeutschen Zeitung* stellte ihn Jörg Drews mit Gottfried Benn in den fünfziger Jahren und später Wolf Biermann und Robert Gernhardt in die Reihe von „sozusagen Schlagerdichtern" und erinnerte nebenbei, Jandl sei „als empirischer Mensch ein völlig humorloser Mensch."[153] Volker Kaukoreit, der in Wien den Erich-Fried-Nachlass betreut, und Kristina Pfoser-Schewig – die damals Jandls Archiv für die Überstellung in die Nationalbibliothek aufnahm – stellten für Heinz Ludwig Arnolds Reihe

---

[148] 28.7.1995.
[149] 31.7.1995.
[150] 29.7.1995.
[151] 29.7.1995.
[152] 1.8.1995.
[153] 1.8.1995.

text+kritik ein Jandl-Heft zusammen.[154] Friederike Mayröcker vollendete am 22. Juli 1995 ein Gedicht zu Ernsts 70. Geburtstag:

wie und warum ich dich liebe

wenn du es bist bin ich nicht sicher ob ich es bin
was dich bedroht ist bedrohlich für mich
der Spiegel in den ich blicke an jedem Abend
hält mir gleichzeitig entgegen dein Bildnis und meines
das Geheimnis im Dunkel deines Herzens ist nicht
um von irgendjemandem gelüftet zu werden
es zieht mich an am gründlichsten und am tiefsten
und ist vermutlich das Motiv meiner unbeirrbaren Liebe[155]

Für die ersten Wochen nach dem Geburtstagsrummel im August glaubten Ernst und Fritzi vorgesorgt zu haben: Im September wollten sie einer oft schon wiederholten Einladung Heinz Schafroths in dessen ständiges Sommerquartier auf der Kykladen-Insel Sifnos folgen. Wie sehr Fritzi sich darauf freute, zeigt eine Zeichnung, die sie Schafroth schon zu dessen Geburtstag am 18. März 1995 schickte: Das Paar Fritzi und Ernst (mit Stock) und Freund Heinz auf den Zinnen einer Burg Sappho rezitierend. Noch am 1. September gab Jandl mit Glawischnig und den Neighbours im Literaturhaus auf Kampnagel in Hamburg ein Konzert. Doch kaum heimgekehrt, musste Ernst wegen einer Operation ins Spital und die Reise nach Griechenland absagen. Die Sehnsucht nach Sifnos ließ Friederike Mayröcker nicht los. Noch 2007 schrieb sie an Schafroth: „einmal haben Du und ich es ja schon mit Ernst zusammen versucht, aber, wie Du weiszt, ist es fehlgeschlagen".[156]

Im Oktober 1995 brach sich Jandl eine Große Zehe. Der Unfallchirurg Johannes Poigenfürst im Lorenz-Böhler-Krankenhaus konnte ihn vor einer Amputation bewahren.[157] Doch im Spital versäumte er nicht nur die Frankfurter Buchmesse, die 1995 einen Österreich-Schwerpunkt hatte. Am 5.

---

[154] Ernst Jandl. 1996. text+kritik 129, München: edition text+kritik. Mit Beiträgen von Elfriede Gerstl, Hans Haider, Helmut Heißenbüttel, Roland Innerhofer, Walter Hinderer, Hermann Korte, Peter Horst Neumann, Andreas Okopenko, Karl Riha, Wendelin Schmidt-Dengler, Karl Wagner.

[155] Mayröcker 2004, S. 632. Typoskript-Faksimile in Fetz u. Schweiger 2010, S. 99.

[156] 29.7.2007. SLA SLA Sammlung Heinz F. Schafroth, Karton 11.

[157] Siehe Kap. 9.

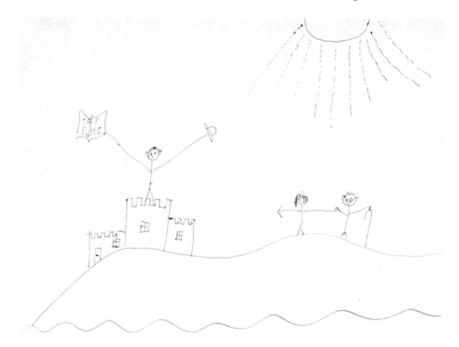

Abb. 6 Friederike Mayröcker für Heinz F. Schafroth: „Zum Geburtstag am 18.3.95: HEINZ, ERNST UND F. AUF DER GRIECHISCHEN INSEL / SEPTEMBER 95" [Ausschnitt]. (Foto: Schweizerische Nationalbibliothek (NB), Bern)

November sollte er beim Jazz Fest Berlin in Dieter Glawischnigs *aus der kürze des lebens* mit der NDR Big Band auftreten. Lauren Newton musste ihn dort ersetzen.[158] In den Weihnachtsfeiertagen brauchte er wieder Hilfe vom Neurologen Stellamor.[159] Am 16. Januar 1996 berichtete Mayröcker in die Schweiz an Schafroth:

> „Alle Ärzte, die wir kennen, raten Ernst zu einer Infusionstherapie im Kranken-
> haus gegen seine nun schon monatelang andauernde [*sic!*] Depressionszustände,
> aber er kann sich nicht entschlieszen dazu, ich möchte/ kann ihn nicht über-
> reden, wer weisz, wie es ihm nach dem Spitalsaufenthalt geht, ich weisz keinen
> Rat, keinen Trost, keine Abhilfe [...] unlängst überraschte mich Ernst: er möchte
> gerne nach Portugal reisen."[160]

---

[158] Siehe Kap. 9.
[159] LIT Taschenkalender.
[160] SLA, Sammlung Heinz F. Schafroth, Karton 11.

Jandl ließ Mathias Rüegg wissen: „Spätestens ab September war 1995 für mich kein gutes Jahr. Seit dem 9. Dezember verbrachte ich, in drei Raten, insgesamt 45 Tage im LBUK,[161] wegen einer blöde gebrochenen, zu operierenden und schlecht heilenden rechten Großzehe – so ergeht es einem 70-jährigen Trottel."[162] Der Depression in Jandls vom gebrochenen Zehenglied erzwungener Ruhepause sind wenigstens zwanzig von November 1995 bis Februar 1996 geschriebene normaldeutsche Gedichte zu verdanken, darunter ein Geburtstagsgruß an den aus Österreich stammenden Germanisten Paul Hoffmann, in Tübingen emeritiert und damals Gast an der University of Wellington:[163]

es geht mir so gut: wie gelähmt
so gut es mir, wie gelähmt, geht
wie? so gut es mir gelähmt geht

---

[161] Lorenz Böhler Unfallkrankenhaus der Allgemeinen Unfallversicherung (AUVA).
[162] 22.1.1996. LIT 139/B2191.
[163] 11.2.1996. DLA, Paul Hoffmann.

Kapitel 11: Mit Kraft und Mühe dem Ende zu

Lektors Kunst: *peter und die kuh*

In Österreich müssen von einer zu nächsten staatlichen Ehrung fünf Jahre vergangen sein; „Interkalarfrist" heißt diese eiserne Beamtenregel. 1991 bekam Ernst Jandl das Ehrenzeichen für Wissenschaft und Kunst überreicht, 1996 stand ihm das Große Goldene Ehrenzeichen für Verdienste um die Republik zu. Die Insignien wurden ihm im März vom Kunstminister Rudolf Scholten ausgehändigt.[1] In seiner kurzen Dankesrede bat der Dichter um Verständnis dafür, dass er es in seinem Schreiben nicht „zu sensationeller Kritik an der gegenwärtigen Gesellschaft gebracht" habe; denn er habe schlechtere Zeiten erlebt: Arbeitsdienst, Militär und die Heimkehr in eine „hungernde, ausgeblutete Heimat".[2] Jandls Lektor Klaus Siblewski war zu diesem Festakt von seinem Wohnsitz Holzhausen bei München nach Wien gereist. Er hoffte bei Jandl neue Gedichte zu finden. Denn seit dem Erscheinen der *stanzen* 1992 waren schon wieder vier Jahre vergangen. Diesmal wollte Siblewski nicht so lange warten, bis Jandl dem Verlag, wie bisher immer, ein penibel ins Reine getipptes Manuskript anbot. Er drängte – und Jandl gab nach, und damit die Auswahl und Zusammenstellung eines neuen Buches zum ersten Mal aus der Hand.

---

[1] Jandl besaß schon seit 1991 das Ehrenzeichen für Kunst und Wissenschaft. 1996 sprach die Laudatio Kristina Pfoser-Schewig. APA292 und 554 vom 26.3.1996.
[2] *Die Presse*, 9.4.1996. Jandl 1999c, S. 334–336.

© Der/die Autor(en), exklusiv lizenziert an Springer-Verlag GmbH, DE, ein Teil von Springer Nature 2023
H. Haider, *Ernst Jandl 1925–2000*, https://doi.org/10.1007/978-3-662-66639-5_12

Im Herbst 1996, nur wenige Monate nach dem Erscheinen des neuen Buches, veröffentlichte Siblewski einen Erfolgsbericht in den Grazer *manuskripten* unter dem Titel „die rache der sprache ist das gedicht' oder Wie Ernst Jandls Gedichtband ‚peter und die kuh' doch noch zustande kam".[3] Gewöhnlich verschweigen Lektoren ihren Anteil am Zustandekommen eines Buches. Siblewski aber platzte heraus, er habe sich „der Rolle des Autors annähern" müssen und an der Entscheidung über jedes Gedicht mitgewirkt – „Reifeprüfung" nannte er diesen seinen Beitrag –, denn dem schon siebzig Jahre alten Dichter sei „die Vorstellung abhandengekommen, wieviele Gedichte überhaupt entstanden seien, seitdem der letzte Gedichtband publiziert wurde." Mitten bei der Arbeit sei Jandl jedoch „schlicht krank" geworden – „und das, was sonst vom Autor getan worden wäre, mußte ganz vom Lektor übernommen werden." Zwischendurch wollte Jandl Siblewski bremsen: „[I]m Grunde sollte man bei der Anordnung davon ausgehen: alles gehört zu allem, alles paßt mit allem zusammen. Keine radikalen Änderungen der bisherigen ‚zufälligen' Anordnung. Sonst werden wir verrückt."[4] Doch der Lektor setzte sich durch und verteilte die 120 normaldeutschen, englischen und mundartlichen Gedichte auf fünf Abteilungen. Darunter auch „KdG"-Gedichte, Siblewskis Kürzel für „Körperdefekt-Gedichte". Dabei wehrte sich Jandl im programmatischen Gedicht „kleine körperliche biographie"[5] gegen vorschnelles Krankschreiben:

> [...] mein glied, täglich gewaschen
> hat verlernt
> den täglichen aufstand. rebellion
> geschieht in meiner seele
> um die ich kämpfe.

Die Gedichte im Band *peter und die kuh* wurden vom Herausgeber pauschal mit „1992–1996" datiert.[6] Der Buchtitel spielt auf Prokofjews Kindermärchen mit Musik *Peter und der Wolf* an und ist wohl auch vom Namen einer Eckschenke in Mayröckers Zentagasse inspiriert, die „Bunte Kuh" hieß und von Jandl öfter besucht wurde. Die Gstanzln bekamen Übersetzungen

---

[3] *Manuskripte* 134/1996, S. 4–10.

[4] Karfreitag [5.4.] 1996. 139/99, 2.4.1.

[5] Für Peter Horst Neumann zum 60. Geburtstag am 23.4.1996. Jandl 2016, Bd. 4, S. 313.

[6] Viele Manuskript-Blätter tragen genaue Vollendungsdaten. Demnach stammen die Dialektgedichte aus 1991/92, unter den jüngsten hochdeutschen wurden „ave maria" am 3.1.96 und „die knie" am 7.2.96 ins Reine geschrieben.

beigegeben. Ende Juni 1996 glichen der Autor und sein Lektor ihre Fahnen-korrekturen ab, schon Ende August 1996 wurde das Buch ausgeliefert – mit dem auf den Rückendeckel gedruckten Aperçu „die rache / der sprache / ist das gedicht".

Beatrice von Matt hob in einer großflächigen Rezension die neuen Gedichte über Ernsts Erziehung durch die Mutter hervor – Zeilen wie „für einmal onanieren / wirst du die hölle spüren" in „ave maria". Sie wagte das Wort „Alterslyrik" und sah deren „ehrliche Weisheit im Beharren auf der eigenen Einsicht – im Protest gegen erwartete Abgeklärtheit und voreilige Versöhnungen". Die hochdeutschen Übersetzungen der Stanzen lehnte sie ab.[7] Rüdiger Görner sah die eindrücklichsten Gedichte in der Mitte des Bandes, bei denen gehe es um „Ernüchterung, um Sehnsucht, um Abschied". Von Alterslyrik schrieb auch er: von der eines „Bajazzos des Wortes, Sprach-clowns, der in der Künstlergarderobe sitzt und sich abschminkt".[8]

„Die Literatur ist aus"

An der Universität Wien stand Wendelin Schmidt-Denglers Abschied bevor. Er bemühte sich noch um ein Ehrendoktorat für Friederike Mayröcker,[9] musste aber Jandl berichten, dass er an seinem Germanistik-Kollegen Werner Welzig, Präsident der Akademie der Wissenschaften, gescheitert sei.[10] Am 1. Januar 1996 nahm Schmidt-Dengler die Arbeit als Direktor im 1992 gegründeten Literaturarchiv der Österreichischen Nationalbibliothek auf.[11] Er einigte sich mit Jandl über den Verkauf von dessen Vorlass,[12] sodass als erster Schwung schon 34 Kartons aus der Oberen Augartenstraße und der Wohllebengasse in die Hofburg gebracht werden konnten.

Im April 1996 wurde H.C. Artmanns 75. Geburtstag groß in der Wiener Musical-Bühne Ronacher gefeiert; als Maître de Plaisir war Christian Ide Hintze von der Schule für Dichtung im Einsatz. Im September 1996 verlor Jandl einen erprobten Freund. Zur Beerdigung von Helmut Heißenbüttel reiste er nach Borsfleht in Schleswig-Holstein. Im Jahr 1991 hatte ihm

---

[7] *Neue Zürcher Zeitung*, 1.10.1996.

[8] *Die Presse*, 9.11.1996.

[9] Friederike Mayröcker wurde 2001 von der Universität Bielefeld und 2015 von der Universität Innsbruck mit einem Ehrendoktorat gewürdigt.

[10] Schmidt-Dengler an Jandl 12.1.1995. LIT 139/99, 2.3.3.25.

[11] APA165 vom 19.12.1995.

[12] Entwurf des Kaufvertrages vom November 1996. Archiv HH.

Jandl mit Ministergrüßen den Österreichischen Staatspreis für europäische Literatur überbringen müssen, denn der Radiomann konnte nach einem Schlaganfall 1987 nicht mehr nach Wien kommen. Der Wiener *Presse* schickte Jandl ein kurzes Adieu:

> „Nun ist mir Helmut Heißenbüttel einen gewaltigen Schritt voraus. So wie stets verbindet uns die Liebe zum Jazz, die Anerkennung des Kriminalromans und die zukunftsorientierte dichterische Praxis. Die Veröffentlichung von *Laut und Luise* danke ich ihm. Besonnen blickt er mich an, aus prüfenden strahlenden Augen. Er gibt mir Mut, und er bleibt mein Verbündeter."[13]

Schon bald nach Jandls 70. Geburtstag begannen im Luchterhand Verlag Vorbereitungen zu einer neuen großen Werkausgabe. Solche editorischen Kraftakte rechnen sich zumeist nicht, tun aber ihren Zweck als Geschenke an den Autor oder Treueprämien. Auch von den zuletzt zusammengestellten Jandl-Einzeltiteln in bunt bedruckten Kartonhüllen, *lechts und rinks* und *peter und die kuh*, konnten nicht die kostendeckenden Mengen von ca. 4000 Stück verkauft werden.[14] Bei der Zusammenstellung der zehnbändigen Ausgabe half Jandl mit, denn der Abschnitt „Verstreute Gedichte" aus den dreibändigen *Gesammelten Werken* von 1985 musste um die neuen inzwischen ausgestreuten Texte ergänzt werden. Ihm war es auch wichtig, dass nun seine Zeichnungen aus den Büchern der Eremiten-Presse mitgedruckt wurden. Die neue Edition machte Jandl „zunehmend größere Freude": „Nun muß ich Dir noch einmal sagen," schrieb er Siblewski, „wie sehr ich Dir für ihre musterhafte Herausgabe dankbar bin. Du hast so viel Zeit, Energie, Umsicht und – am allerrichtigsten – Liebe darin investiert: das werde ich Dir nie vergessen."[15] Die zehn Bände der *Poetischen Werke* mit ca. 2000 Seiten bekamen Titel aus der Reihe der längst bekannten Gedichtbücher und konnten so auch einzeln verkauft werden. Zur Präsentation dieser Werkausgabe in Wien am 10. September 1997 gab es so viele Anmeldungen, dass die Alte Schmiede das Odeon mieten musste, einen Theatersaal mit 300 Plätzen. Er war vollbesetzt, als Jandl ans Lesepult trat.[16] Im Jahr 1999 wurde noch ein elfter 360-Seiten-Sammelband in derselben nadelwaldgrünen Aufmachung nachgereicht: *Autor in Gesellschaft. Aufsätze und Reden.*

---

[13] 20.9.1996. Archiv HH.
[14] Telefoninterview Christoph Buchwald 20.9.2022.
[15] 8.12.1997. LIT 139/39, 2.4.1. „Luchterhand Verlag".
[16] *Die Presse*, 9.9.1997. APA107 vom 11.9.1997.

Die jedem Band der *Poetischen Werke* beigegebenen „Anmerkungen des Autors" lassen sich lesen als eine kohärente, stilistisch nachgeschärfte Erzählung Jandls über sich selbst – zugleich eine Summe des Lebens als Schreibender und ein Abschied. Sie beginnt mit den *Anderen Augen*, dem Büchlein von 1956, das zuerst „Zeichen" heißen hätte sollen.[17] Zu diesem „Vorstoß auf unmarkiertes Gelände" habe Achleitner sein Gesicht verzogen „und die Kulturgewalttäter brachen über mich den Stab". Diesen „gefahrvollen Weg" habe er „durch kurzes Verweilen auf den Oasen frühen Glücks zu mildern" versucht.[18] Noch 1963/64 sei es sein Bestreben gewesen, sich „der Disziplin des literarischen Experiments zu fügen", doch habe es „wiederholt Ansätze, über eine radikale sprachbezogene Dichtung hinauszugelangen" gegeben.[19] *Der künstliche baum*, 1970, sei binnen Monaten sein weitaus erfolgreichstes Buch gewesen und habe ihm den Ruf eingebracht, ein Konkreter Poet zu sein, „ein Ruf, von dem ich mich alsbald und für immer zu befreien gedachte".[20] Mit dem Buch *dingfest* habe er „die Einengung des Autors […] auf eine einzige zeitgenössische Spielart der Lyrik, die ‚konkrete Poesie', in aller Öffentlichkeit aufzusprengen" beabsichtigt.[21] Der Band *übung mit buben*, 1973 erschienen, könne, so der Dichter, unser Verlangen nach Poesie ähnlich befriedigen „wie unser Verlangen nach einer gedämpften Obszönität"; doch sein bis dahin „obszönstes Gedicht" – die „futoper"[22] – sei gar nie gedruckt worden, sondern nur auf einer Wagenbach-Platte erschienen.

Zum Band *serienfuss* merkte er an: „Ich liebe an dieser schlanken Sammlung auch heute fast alles, wenngleich mich nur weniges davon zu Tränen rührt."[23] Die „magische Welt" des Eremitenpresse-Bandes *der versteckte hirte* zeige nicht nur die antigrammatischen Tendenzen wie die „heruntergekommene Sprache" in *die bearbeitung der mütze*, 1978, sondern auch anarchistische.[24] *der schachspieler als trinkende uhr*, 1983, gebe „eine thematische Verdüsterung und eine Steigerung verbaler Aggressivität zu

---

[17] Jandl 1997, Bd. 1, S. 175.

[18] Jandl 1997, Bd. 2, S. 231. Am 9.3.1997 notierte er auf dem Tageszettel „56–57 Phase der Virtuosität". LIT 139/99, 1.7.

[19] Jandl 1997, Bd. 3, S. 186.

[20] Jandl 1997, Bd. 4, S. 191.

[21] Jandl 1997, Bd. 5, S. 202.

[22] Dazu: „ich liebe diese wörter: scheiße, fut, tod – ohne daß es mir gelungen wäre, sie in Gedichte zu integrieren." In „Regensburg", hs. Fragment undatiert, LIT 139/W942, „Reden ungeklärt".

[23] Jandl 1997, Bd. 6, S. 201.

[24] Jandl 1997, Bd. 7, S. 210.

erkennen, die vom Leben seines Autors vermutlich nicht völlig zu trennen ist. Er wird eben älter. Und, sofern er weiterschreibt, eben noch älter.“[25]

Zu den *idyllen,* 1989, gab der Autor preis: „Ich habe mich noch einmal aufgeschwungen zu alldem, was mir das Dichten ein Leben lang zur wertvollsten Sache der Welt machte.“ Und zu den *stanzen,* 1992: „Es war, in meiner Zeit als Autor, das erste und bisher einzige Mal, daß eine vorgegebene poetische Form so vollständig von mir Besitz ergriff, daß diese die alltäglichsten Themen in spielerischer Leichtigkeit sich entfalten ließ.“[26] Beide Theaterstücke, *die humanisten* und *Aus der Fremde,* seien, obwohl sie zum Lachen auffordern würden, „ein Ergebnis von Schmerz“. Im ersten „erhalten zwei österreichische Ehrenmänner die Sprache auf die Zunge gelegt, die sie sich verdient haben. Im zweiten dreht sich ein grammatischer Schriftsteller so lange um die eigene Achse, bis er erschöpft ist wie ein zu Ende gespitzter Bleistift.“[27]

Im Jahr 1996 war der Verkauf seines Archivs an die Nationalbibliothek besiegelt worden. Mit zu erwartenden 4,8 Millionen Schilling[28] würde sein Lebensabend abgesichert sein, ja er hätte sich, wie in seinem Gedicht „author’s last choice“[29] geschrieben, „a villa / of a minimum oft eight rooms / in a beautiful western district of Vienna“ leisten können; in einer solchen in der Auhofstraße hatten seine beiden Halbgeschwister ein Wohnrecht. Im Herbst 1997 wurde er vom Wiener Wochenblatt *Falter* gefragt: „Gibt es derzeit einen produktiven Motor?“ – „Nein, den gibt’s in mir jetzt nicht. […] Aber der Drang weiterzumachen ist da.“[30] Doch im Dezember 1997 brachte er Regeln für „hölzerne Gedichte“ zu Papier, vielleicht für einen Neuanfang in einer neuen Sprache: „Erlebtes und Bedachtes“ sollte „in einer knappen, sachlichen, schmucklosen Weise“ dargestellt werden.[31] Auf das Manuskriptblatt mit dieser Programmatik ist der Name „Fröbel“ geschrieben. Der Thüringer Friedrich Fröbel (1782–1852) begründete die Kindergartenpädagogik und warb für die einfachen Grundkörper Kugel, Zylinder und Würfel aus Holz als Spielgaben. Wollte der 72-Jährige die kindgerechte Einfachheit als seinen neuen, letzten „Motor“ anwerfen?

---

[25] Jandl 1997, Bd. 8, S. 304.

[26] Jandl 1997, Bd. 9, S. 285.

[27] Jandl 1997, Bd. 10, S. 259.

[28] Der Kaufpreis betrug rund 10 Millionen Schilling (730.000 Euro), doch holte sich der Staat die Hälfte als Einkommensteuer zurück.

[29] Jandl 2016, Bd. 4, S. 317.

[30] 12.9.1997, S. 56.

[31] Schweiger 2010b.

Haben ihn die Verkaufserfolge von Beltz & Gelberg in diese Richtung animiert? Der Kinderbuchverlag in Weinheim hatte 1996 mit dem Band *immer höher* begonnen, bekannte Jandl-Gedichte von Norman Junge illustrieren zu lassen. Mit je einem Bild zu jeder Zeile, sodass ein solches Buch im Querformat nur ein einziges Gedicht transportierte. Junge hatte das Wartezimmergedicht „fünfter sein" für einen Beitrag im populären WDR-Fernseh-Kindermagazin *Die Sendung mit der Maus* verwendet. 1977 wurde daraus das Buch mit gleichem Titel, es wurde mehrfach ausgezeichnet und übersetzt[32] und hielt 2022 bei der 12. Auflage. Auch *antipoden* (1999) und *ottos mops* (2001) wurden solche Longseller im Querformat mit bunten harten Einbänden. Der Verlag verkaufte bis 2022 150.000 Bücher mit Norman-Junge-Zeichnungen zu Jandl.

Doch all das waren schon Zweitverwertungen. „Stimmt es, dass Jandl sich in den letzten Jahren seines Lebens kaum mehr für das Schreiben interessierte", fragte Volker Hage Friederike Mayröcker 2001 für den *Spiegel*.[33] Sie antwortete:

> „Ja, er hatte das Interesse verloren. Ich habe ihm immer wieder gesagt: Leg doch die neuen Sachen in eine Mappe! Er hat ja hier und da etwas notiert, oft nur ein paar Zeilen. Aber das dann abzulegen und zusammenzuhalten, das konnte er nicht mehr. ‚Die Literatur ist aus', hat er gesagt."

Im Jahr 1997 suchte er Applaus bei vielen Lesungen. Im ersten Halbjahr trat er in Freiburg i. Br.,[34] Dortmund, St. Pölten, Düsseldorf, Meinerzhagen, Köln, Leipzig und – mit Mayröcker – in Venedig bei Nanni Balestrinis ‚Festival della Parola'[35] auf. „Ich habe dieses Jahr so gut wie nichts geschrieben, doch vielerorts gelesen, teils mit Musik, teils allein. Es macht mir großes Vergnügen", berichtete Jandl zwischendurch aus Wien nach langer Pause Reinhard Döhl, und dass er jetzt mit Fritzi in die Sommerfrische nach Altaussee und nach Bad Ischl aufbreche. Im Herbst folgten Gelsenkirchen, Edenkoben in Rheinland-Pfalz, Frankfurt, Darmstadt, München, Heidelberg und Nidda in Hessen. Gerhard Bronner bat ihn in

---

[32] Arabisch, portugiesisch, chinesisch, dänisch, englisch, französisch, italienisch, japanisch, koreanisch, niederländisch, paschto, schwedisch, slowenisch, spanisch, taiwanesisch, thai. Verlagsauskunft 11.11.2022.

[33] „Es ist ein einziges Chaos". 21.10.2001.

[34] Ein Augenzeuge berichtete nach Wien von Besuchern, die eineinhalb Stunden um ein Autogramm anstanden. *Die Presse*, 24.4.1997.

[35] *Der Standard*, 23.7.1997.

Abb. 1 Die „Neighbours" am 9. Dezember 1996 in Dresden, Kongresssaal des Hygienemuseums. V.l.n.r.: Dieter Glawischnig, Ewald Oberleitner, John Preininger, Ernst Jandl, als Gast Andreas Schreiber. (Foto: Matthias Creutziger)

eine Peter-Hammerschlag-Soiree in der Nationalbibliothek; 1979 hatte ihn dieser Kabarettist im Rundfunk niedergemacht, als er erstmals einen Preis vom Staat erhielt.[36] Im November 1997 bestritt er mit Erich Meixner im Wiener Konzerthaus das Schlusskonzert von ‚Wien modern'. In Wien begann schon am 8. April 1997 mit Jandl als Erstem eine Serie von „Bibliotheksvorlesungen" von Autoren im Germanistischen Institut der Universität. Jandl warb dabei wiederum für das Gedenken an seinen Lehrer im Gymnasium und Uni-Seminar Anton Sieberer.[37]

Das Colloquium Neue Poesie in Bielefeld feierte im Mai 1997 sein 20-Jahr-Jubiläum mit einer Ausstellung.[38] Es sollte Jandls letzte Begegnung mit frühen Mitstreitern aus der Konkreten Poesie bleiben – mit Chris Bezzel, Pierre und Ilse Garnier, Ludwig Harig, Franz Mon, Timm Ulrichs. Im Colloquium hatten sich längst schon junge Freunde von Jandl und

---

[36] Siehe Kap. 9. Auf einem Video sieht man Jandl missmutig neben Stephan Paryla stehen. Österreichische Mediathek vx-04351_01_k02.

[37] *Der Standard*, 10.4.1997.

[38] *Neue Poesie. 20 Jahre Bielefelder Colloquium* 1997.

Mayröcker festsetzen und bis zum letzten Treffen 2003 mitmachen können: Marcel Beyer, Franz Josef Czernin, Elfriede Czurda, Bodo Hell, Thomas Kling, Ferdinand Schmatz. Liesl Ujvary, von Jandl und Mayröcker eingeführt, verabschiedete sich schon früher. Gerhard Rühm empfahl dorthin die in Wien lebende Gundi Feyrer, seine Schülerin an der Hamburger Akademie, sowie Herbert J. Wimmer, den Partner Elfriede Gerstls bis zu ihrem Tod im Jahr 2009. Beredte Spuren der Bielefelder Gruppendynamik sind auf dem Plakat des Jahres 1993 zu finden. In einer Art Wordrap wurden den Teilnehmenden scherzhaft Wörter zugeeignet: dem Ehepaar Garnier „wir", dem dünnen Timm Ulrichs „nur", Franz Josef Czernin „quirlen", Ferdinand Schmatz „da", Franz Mon „geheim", Gerhard Rühm „100", und Gundi Feyrer „obwohl"; der Name Friederike Mayröckers wurde mit „streiten" assoziiert.[39] Vielleicht weil sie ihr Missbehagen ausdrückte, wenn sie Gedichte von Ernst als zu krass empfand. Auch ihm waren Grenzen des Zumutbaren bewusst, wenn er z. B. in ein Exemplar der von Ernst Skrička gezeichneten *Kopf-Stücke* als Widmung die Warnung schrieb „not for the family".[40]

Die oft hart und bisweilen verletzend ausgetragenen Positionskämpfe an der von den Teilnehmern besetzten Avantgardespitze wurden in Bielefeld hinter verschlossenen Türen geführt. Doch gemeinsam mit vielen Kollegen, die auf anderen Feldern der Literatur unterwegs waren, wehrten sie sich gegen die 1996 verordnete Rechtschreibreform. Hans Magnus Enzensbergers Aufruf zur „zivilen Sabotage" des neuen Regelwerks schloss sich bald Günter Grass an. Viele aus dem Bielefelder Kreis hatten eine Schreibreform gefordert, doch immer eine radikale Kleinschreibung vor Augen und schon selber in Verwendung. Nun war von der deutschen Kultusministerkonferenz eine forcierte Großschreibung diktiert worden. Jandl lehnte für die Literatur jede Zwangsverordnung ab. Er könnte sich, sagte er in einem Interview, für die Schule eine ‚gemäßigte Kleinschreibung' vorstellen, „wobei Großschreibung nur noch am Satzanfang ist, bei Eigennamen, eventuell die Anrede im Brief, Du und Sie und das Wort Gott".[41] Später trat er auch gegen die Kommaregeln auf: „Der Beistrich hat für jeden Schreibenden eine eigene Funktion und sollte daher möglichst liberal gehandhabt werden."[42]

---

[39] Jandl blieb 1993 wegen der Erich-Fried-Preis-Verleihung in Wien. Plakat: https://aktuell.uni-bielefeld.de/chronik/bedeutsam-kurioses-literaturereignis-gruendung-des-bielefelder-colloquiums-neue-poesie/.

[40] Archiv HH.

[41] *Süddeutsche Zeitung*, 26.10.1996.

[42] APA069 vom 27.6.1996.

Ein Muss sollte das Komma nur dort sein, wo sonst Irrtümer entstehen könnten. Die Beibehaltung der Groß- und Kleinschreibung in den Schulen und Ämtern nahm er hin. Doch die stärkere Betonung des Stammprinzips, die den „Stengel" zum „Stängel" macht, hielt er für eine Erfindung „verbohrter Germanisten". Er wollte überhaupt den Einfluss der Wörterbücher eingeschränkt sehen. Jandl und Mayröcker unterzeichneten, ebenso wie Artmann, Achleitner und Rühm, in Wien eine „Untersagungserklärung" gegen „unvereinbarte Änderungen unserer Texte durch die Rechtschreibreform oder durch andere Schulerfordernisse".[43]

Zu Silvester 1997 wurde ihm Beifall geklatscht im Wiener Theater Gruppe 80 nach den *humanisten* in der Regie von Helmut Wiesner. Im März 1998 fuhr er noch einmal mit Friederike Mayröcker nach Rauris im Land Salzburg zu den Literaturtagen. Dort lernten sie den 25 Jahre alten Schriftsteller und Tänzer Christian Felber kennen, im Jahr 2000 ein Mitbegründer des Österreich-Ablegers der globalisierungskritischen Organisation Attac. Felber widmete Jandl verehrungsvoll ein Gedicht.[44] Sie trafen dort auch wieder Reiner Kunze, ihren Trakl-Preis-Kandidaten von 1977. Danach trat Jandl eine Kur in Bad Schönau an, in Niederösterreich versteckt in einer sanften Landschaft mit dem Namen ‚Bucklige Welt‘. Eine Woche lang wohnte Fritzi bei ihm. Bald nach seiner Rückkehr lag er in der noblen Privatklinik Rudolfinerhaus, wo ihn der inzwischen pensionierte Unfallchirurg Johannes Poigenfürst als Privatpatient behandelte. Im Juni war er Mitveranstalter einer Lesung von Marie-Thérèse Kerschbaumer im Großen Schwurgerichtssaal des Wiener Landesgerichts anlässlich der Seligsprechung der von den Nazis hingerichteten Ordensfrau Restituta (Helene Kafka).[45] Kerschbaumer hatte in ihrem Buch *Der weibliche Name des Widerstands* das Schicksal dieser Drittordensschwester von den ‚Franziskanerinnen von der christlichen Liebe‘ zum Thema gemacht.[46] Im Hartmann-Spital nächst der Zentagasse, wo Schwester Restituta Kranken beigestanden hatte, wurde Friederike Mayröcker in den letzten Lebensmonaten bis zu ihrem Tod am 4. Juni 2021 gepflegt.

1997 wurde bei Jandl erstmals ein auffälliger Blutzuckerwert gemessen.[47] 1998 fragte er beim Schweizer Hans Geigenmüller an, „ob eine stationäre

[43] APA055 vom 12.6.1997.
[44] „Du auch? (Grüße an Ernst Jandl)". In: Felber 1999.
[45] APA vom 17.6.1999.
[46] Kerschbaumer 1980.
[47] 10. und 13.2. 1997, Tageszettel.

Einstellung des Diabetes notwendig sei", wie ihm von zwei Ärzten geraten wurde; doch der in Busswil (Kanton Thurgau) wirkende Psychoanalytiker, der ihn 1991 zu einer Lesung eingeladen hatte, konnte nur wenig raten.[48] Mayröcker klagte Schafroth 1998: „Wir sind beide, E. und ich, nicht gesund, E. hat Diabetes, ich selbst Herz-Beschwerden. Wir wollen aber trotzdem ab nächster Woche Ferien machen, Bad Ischl und dann zw. 4. und 12.9. Grado."[49] Die Woche in Bad Ischl endete für Fritzi im lokalen Spital. Trotzdem reiste das Paar an die Adria, wo für eine Woche ein Zimmer in der altbürgerlichen Pension ‚Ville Bianchi' reserviert war.[50] Erstmals schloss sich Edith Schreiber an, die spätere Begleiterin und Pflegerin von Friederike Mayröcker, und deren Erbin. Ernst hatte sie mit ihrem Mann Andreas („Andi") Schreiber kennengelernt, den Jazzgeiger in mehreren Formationen von Dieter Glawischnig. Sie fuhr nun Ernst und Fritzi in ihrem Auto nach Italien. Schon in der ersten Nacht stürzte Jandl, verletzte sich an der Hand und bekam wieder einen Gips – bis in den Oktober.[51] Friederike Mayröcker machte sich am 30. Oktober „5 h früh" in einem Brief nach Alfermée Vorwürfe, sich um Ernst nicht mehr zu kümmern, und verfluchte ihre Schreibarbeit, „die alles andere abwürgt". Im ganzen Herbst durchwanderte Jandl Wiener Spitäler, wurde stationär aufgenommen oder ambulant mit Infusionen gestärkt.[52] Auftritte in Solothurn und München musste er absagen. Am Silvesterabend kam er wieder zu den *humanisten* auf der Bühne der Gruppe 80. Seine Einnahmen aus seiner „freiberuflichen Tätigkeit" sanken von 903.000 Euro im Jahr 1996 auf 530.000 Euro 1998.[53]

An zwei Tagen hintereinander im März 1999 lasen Jandl und Mayröcker noch einmal auf der Buchmesse in Leipzig. Doch bald folgte der nächste Zusammenbruch: Herzrhythmusstörungen. Jandl musste in die Kardiologie des Spitales in Wien-Lainz. Erst jetzt, unter dem Druck der Ärzte, gab er

---

[48] 14.6.1998. LIT 139/B407. Geigenmüller korrespondierte seither mit ihm über dessen Depressionen. LIT Tageszettel 21.1.1991. 139/B407.

[49] 29.7.1998. LIT 139/B1207.

[50] Ville Bianchi an HH 20.6.1998. Archiv HH.

[51] 19.9.1998. Siblewski 2001, S. 22.

[52] Erinnerung des Verfassers.: „Ernst stolperte in dieser Zeit über eines der fünf Beine seines Bürodrehstuhls und wurde vom Rettungsdienst ins Spital geführt. Er diktierte telefonisch eine Liste von Gegenständen, die ihm fehlten. In seiner Wohnung war in die Schreibmaschine ein Gedicht eingespannt geblieben, an dem er wahrscheinlich gearbeitet hatte: ein verneinendes ‚Vater-unser'-Gebet. Ein Blatt Papier trug Friederike Mayröckers handgeschriebenes Testament: Ihr Eigentum sollte allein jene Person erben, die sie bis zu ihrem Ende gepflegt haben werde. In den Sarg wolle sie in ihrem alten Wintermantel mit Innenpelz gelegt werden, und zwar mit dem Gesicht nach unten, damit es niemand sehen kann."

[53] Bezirksgericht Wien – Innere Stadt, Verlassenschaftssache Ernst Jandl, 4A 268/00f.

seinen Widerstand gegen die Übersiedlung zu Friederike Mayröcker auf und ließ sich am 9. Juli von den Sanitätern in die Zentagasse transportieren.[54] Dort warteten in der von Fritzi mitbenutzten Wohnung seit einem Jahr auch schon Möbel auf Jandl.[55] Von nun an, in seinen letzten elf Lebensmonaten, kam er nur mehr in die Wohllebengasse, wenn ihn dort Sanitäter des Arbeiter-Samariterbundes in einem Sessel durch das Vorderhaus ins Hinterhaus und in die zweite Etage schleppten.

Klaus Siblewski, der Lektor und Herausgeber, führte seit November 1996 über seine Telefongespräche mit Jandl Protokoll. 2001 veröffentlichte er diese Notizen als Luchterhand-Taschenbuch, danach verwertete er sie weiter als Hörspiel und Bühnendialog.[56] Vor der Veröffentlichung legte er das Manuskript Friederike Mayröcker vor. Sie reagierte skeptisch, weil die Jandl-Sätze in den Konjunktiv transponiert waren wie in *Aus der Fremde*, weil die Texte persönliche Urteile über Freunde und Verlage enthielten sowie Angaben über Krankheiten, und weil sie sich als „Armutschgerl" hingestellt fühle, da ihr kein Raum in dem Buch gewidmet war.[57] Siblewski notierte: „Wasser in Jandls Lunge".[58] Der panzerte sich mit Ironie und Sarkasmus gegen jedwedes Mitleid. „Wie es ihm gehe, er wisse es nicht", überlieferte Siblewski. „Vielleicht werde ihm in vierzehn Tagen der Brustkorb aufgesägt und das Herz herausgeschnitten, wer weiß."[59] Als Jandl ein neues Fotobuch von Joseph Gallus Rittenberg[60] in die Hand bekam mit dem Bild von einer Inszenierung, der er sich selber gefügt hatte, tobte er:

> „Er habe nicht das geschrieben, was er geschrieben habe und damit in der Literatur etwas Ebenbürtiges neben Schönberg und Webern zu setzen versucht, daß jetzt jemand daherkomme und ihn mit einer Pappnase als Clown ablichte."[61]

---

[54] 5.7.1999. Siblewski 2001, S. 127.

[55] Tageszettel 26.3.1998. Jandl genoss im Wiener Möbelhaus ‚Leiner' des Kunstsammlers Herbert Koch eine Sonderbedienung.

[56] Siblewski 2001. Erstsendung im Bayerischen Rundfunk 13.3.2002. Uraufführung am 22.10.2007 in Wien im Theater in der Drachengasse in einer Adaption von Stephan Bruckmeier.

[57] Notiz 13.5.2001 (Muttertag) mit F.M. am Grab der Mutter in Gumpoldskirchen. Archiv HH.

[58] 23.7.1999. Siblewski 2001, S. 134.

[59] 8.9.1999. Siblewski 2001, S. 142.

[60] Rittenberg 1998, S. 14/15. Mit dem Zitat aus Math. 13,3: „wenn ihr nicht werdet wie die Kinder …"

[61] 7.10.1998. Siblewski 2001, S. 52.

Begleitung und Begegnung

Ernst Jandl und Friederike Mayröcker traten in den geschlossenen Zirkeln der Künstler-Akademien in Deutschland, im Österreichischen Kunstsenat und zuletzt in der Erich-Fried-Gesellschaft zumeist als Paar auf. Ernst nahm dort gerne das Wort für beide. Die Gefährtin gewann jedoch von Jahr zu Jahr mehr eigene Präsenz. Was sie als Kränkung hatte empfinden müssen, war nun ausgestanden: dass Ernst gegenüber Veranstaltern von Lesungen sein Auftreten an die Bedingung knüpfte, dass auch Fritzi eingeladen werden würde. Sie reiste trotz ihrer Herz- und Kreislaufprobleme zu immer mehr Lesungen allein. Radiosender vornehmlich in Deutschland, voran Klaus Schöning im WDR, produzierten Hörspiele nach ihren Manuskripten – ganze zwei Dutzend zwischen 1969, als sie mit Ernst die *Gemeinsame Kindheit* wachrief, und Jandls Todesjahr 2000. Die Einnahmen im Rundfunk glichen Enttäuschungen im Buchverkauf aus. Nach der Heirat Siegfried Unselds mit der 24 Jahre jüngeren Schauspielerin und Schriftstellerin Ulla Berkéwicz bekam sie 1990 im Suhrkamp-Verlag eine Fürsprecherin und bald auch Freundin.

Von Tränen des Glücks schrieb Friederike Mayröcker in ihrem nach Ernsts Tod geschriebenem Prosabuch *Und ich schüttelte einen Liebling*, „weil alle Freunde und Bekannten von EJ mich einschlossen in ihre Verehrung und Zuneigung für EJ".[62] Stetig wuchs die Zahl der Mayröcker in Freundschaft und Verehrung Verbundenen weiter. Sie schrieb auch Unbekannten zurück, sobald sie Anerkennung spürte, sie verwöhnte die sich ihr ergebenden Leserinnen und Leser mit Widmungen von Gedichten, sie füllte unzählige Briefe mit dicht gedrängten Zeilen aus ihrer ‚Hermes Baby'-Schreibmaschine. Friederike zog weibliche Seelen bis zum Eklat in ihren Bann: Eine sanfte Verehrerin ließ sich nächteweise vor ihrer Wohnungstüre nieder, gegen eine aggressive Stalkerin, ein alterloses dickes Mädchen, suchte sie Schutz bei der Polizei. Empfindsame und ihr schmeichelnde junge Schreibende durften auf Beachtung, Zuspruch, Förderung hoffen – weniger hingegen von Ernst, dem insbesondere Nachahmer lästigfielen.

Sie zog, so wie sie als Lehrerin in hohen Stöckelschuhen Knaben nervös gemacht hatte,[63] jüngere Männer in ihren Bann. Ernst wusste das. Auch er erlebte wohltuende Überraschungen. Die österreichisch-schweizerische Komponistin Patricia Jünger, die 2017 verstarb, schickte ihm, noch nicht

---

[62] Mayröcker 2005, S. 143.
[63] Siehe Kap. 3.

dreißig, einen Liebesbrief, schwarz und rot getippt.[64] Als die deutsche Grafik-studentin Babsi Daum 1992 an der Wiener ‚Angewandten' Hilfe suchte für ihre Diplomarbeit über Schwitters, kam Jandl zu ihr in die Klasse, dann zur Diplom-feier und endlich zur Überreichung des ersten Kunstpreises, den sie gewann.[65] Die deutsche Filmemacherin Wiltrud Baier, Grimme-Preis-Gewinnerin, fragte als Studentin an, ob er für ihren Zeichentrickfilm *Der Vampir*, ihre Jahresarbeit an der Akademie in Ludwigsburg, als dessen Stimme mitwirken könne; Jandl überraschte sie mit einem Anruf; er lehnte zwar ab, lobte aber ihr Projekt und prostete ihr mit Schnaps durchs Telefon zu.[66] Anneliese Larcher-Mathá, eine Künstlerin in Schwaz in Tirol, bat ihn für eine Vernissage um „ein Gedicht für ein ‚Gnu'" – und bekam sofort ein Gschdanzl geschickt:

alter gnu-bulle

s gawad scho boa   oede   gnu-kia
und de jungen   samma dscheen
wiari hoed   bis i hinbin
gaunz alaanich   wäda gehn[67]

Gegenüber jungen Schreibenden, die sich an ihn mit der Bitte um Rat und Unterstützung wandten, verhielt er sich strenger, doch versuchte er mit seinen Ablehnungen nicht zu verletzen. So schrieb er einmal: „Ich fühle mich von Ihren Gedichten weit entfernt, aber ich achte jedes ehrliche Bemühen."[68] In einem Hängeordner in seiner Bürowohnung sammelte er in einem Fach „Gute MSe junger Autoren". Manche Texte, die ihm gesandt wurden, reichte er sofort dorthin weiter, wo er sie am ehesten willkommen sah – bei Otto Breicha, Alfred Kolleritsch oder Heimrad Bäcker. Den jungen Linzer Rein-hold Aumaier aus dem Kreis um Bäcker unterstützte er mit Ratschlägen; doch als dieser um „werbende Sätze" für sein drittes Buch bat, ließ er ihn mit beißender Ironie spüren, dass ihm solche Aufgaben nicht behagen:

---

[64] 31.3.1980. LIT 139/B668. Sie gewann mit dem feministischen Hörspiel *Sehr geehrter Herr – Ein Requiem* 1996 den Karl-Sczuka-Preis, arbeite viel mit Elfriede Jelinek und machte u. a. aus deren *Klavierspielerin* eine einaktige Oper.

[65] Lit 139/B235. Daum lebt und arbeitet in Wien.

[66] LIT 139/B50. Mitteilung 26.8.2022: „Nur Friederike sei davon nicht begeistert, wenn er Schnaps trinke. Aber sie wird es ja nicht erfahren".

[67] 29.2.1996. LIT 139/B830. In Jandl 2016, Bd. 4, S. 355 mit Übersetzung: es gäbe schon ein paar alte gnu-kühe / und die jungen sind mir zu schön / werde ich eben bis ich hin bin/ganz allein weitergehen

[68] An Volker Siegel. Undatiert, Antwort auf Einsendung 14.7.1989. LIT 139/B2273.

„Wie die gegenwärtige Welt, enthält auch die moderne Literatur, gleich aller modernen Kunst, einen mehr oder minder großen Anteil an Ekelhaftem. Ich, als Zeitgenosse, liebe diesen leichten Brechreiz, der sich bei meinen Begegnungen mit moderner Kunst alsbald einstellt. Reinhold Aumeiers Gedichte und Collagen verfügen über solche Auslöser von Übelkeit in reichem Maße und entsprechen auf diese Weise den Anforderungen, die heute an Dichtung zu stellen ist."[69]

An Jandl wandten sich mit der Bitte um ein Urteil und um Unterstützung der Innsbrucker Aktionist Georg Decristel (1937–1997), der gerne mit seiner Maultrommel Dichterlesungen störte,[70] und der Innsbrucker Joyce- und Arno-Schmidt-Spezialist Egon A. Prantl, Jahrgang 1947.[71] Dem auch als Kindertherapeut angesehenen Salzburger Ingram Hartinger, Jahrgang 1949, verhalf er zu einem Nachwuchsstipendium.[72] Er bemühte sich auch um den in Salzburg wohnhaften Osttiroler Gerold Foidl, dessen Debüt-roman *Der Richtsaal* 1978 bei Walter in Olten erschienen war. Foidl las 1981 bei einer GAV-Vollversammlung aus seinem „fast fertigen Roman *Scheinbare Nähe*".[73] Er starb 1982, erst 43 Jahre alt. Peter Handke machte das Manuskript druckfertig und brachte es bei Suhrkamp unter.

Die in Paris lebende Nina Ranalter, für die sich auch Friederike Mayröcker und Alfred Kolleritsch interessierten, begann 1986 mit Jandl eine bis 1998 während verehrungsvolle Korrespondenz. Annegret Gollin, aus der DDR freigekauft, bat ihn 1985 um ein Vorwort für ihr Manuskript „ernster handel", doch lehnte er, kurz vor seiner Aufnahme in die DDR-Akademie der Künste, ab.[74] Der Berliner Herbert Pfeiffer ersuchte ihn 1991 um ein Vorwort zu einem Band mit Palindrom-Gedichten.[75] Jandl äußerte sich begeistert: „Nur ein außerordentliches Maß an Disziplin, Virtuosi-tät und Kombinatorik befähigt zu einer Leistung dieser Art; weiters eine ganz besondere Beziehung zur Sprache. [...] Ich jedenfalls bewundere sie, applaudiere ihrem Autor und danke als einer der Beschenkten."[76]

---

[69] 6.2.1988. LIT 139/B35.

[70] 23.8.1968. LIT 139/B1743. 18.8.1981. LIT 139/B240.

[71] 23.8.1968. LIT B139/B1743, 1.10.1068. LIT 139/B240. LIT Taschenkalender.

[72] 18.10.1977 u. 12.4.1989. LIT 139/B501.

[73] 13.3.1981. Dem Buch *Der Richtsaal* in Jandls Bibliothek beigelegt. ÖNB, Tiefspeicher.

[74] 18.10.1985. LIT 139/B428.

[75] Pfeiffer 1992.

[76] 31.7.1991. LIT 139/B2140.

Zu einem seelentiefen Hin und Her entfaltete sich die Korrespondenz mit Sabine Peters. Sie schickte 1987 aus Hamburg ihre Magisterarbeit über Jandls „experimentelle Sprachweise"[77] und zugleich das Geständnis „Natürlich bin ich eine heimliche Dichterin [...]".[78] Bald erreichte ihn auch ein erster literarischer Text und eine ganze Lebensbeichte. Jandl bekannte ihr sein Lebensziel: „unter den heute Schreibenden einen möglichst hohen Rang zu erreichen".[79] Weitere Geständnisse folgten: „Ich hasse die ‚neue Innerlichkeit' [...]. Meine Musik ist der Jazz, und zwar die extrovertierte Art [...]. Jeder der schreibt, muß, zu welcher Zeit immer, es ist nie zu spät, Queneaus ‚Exercises in style' gelesen haben [...], die ich in den fünfziger Jahren zu lesen das Glück hatte."[80] Der Briefwechsel lief bis 1990 weiter, als Peters mit ihrem 32 Jahre älteren Mann, dem Schriftsteller Christian Geissler, schon ins ostfriesische Rheiderland gezogen war, „um möglichst lang billig leben zu können und zu erproben, ob das literarische Schreiben eine Zukunft haben könnte."[81] Da hatte sie auch schon die ersten ihrer vielen Literaturpreise gewonnen.

Ernst Jandl wollte Studierende, auch wenn sie ihm gute erste Arbeiten schickten, wie von väterlicher Sorge getrieben vor der Flucht aus der Universität bewahren. Dabei blendete er aus, dass ein Gutteil der nach 1960 zu Rang und Namen gekommenen österreichischen Autoren – Handke, Bauer, Jonke, Jelinek voran – Studienabbrecher waren. Als ihm 1988 der Kärntner Alois Hotschnig, der in Innsbruck Germanistik und Anglistik studierte, sein erstes großes Prosamanuskript *Aus* schickte, antwortete Jandl postwendend: „Ich bin überzeugt, daß Ihr Text seine Liebhaber finden kann. Ich bin aber zugleich davon überzeugt, daß Sie und ich weitgehend unvereinbare Vorstellungen von moderner Literatur haben, wobei das Wort ‚modern' Ihnen in diesem Zusammenhang vielleicht wenig oder nichts, mir hingegen sehr viel bedeutet."[82] Er bestätigte dem Debütanten zwar eine „durchaus respektable Schreibweise", riet ihm aber nach Abschluss des Studiums zum Lehrerberuf, denn: „Die Vorstellung, sogleich als ‚freier' Schriftsteller

---

[77] Mitteilung 3.6.2021.

[78] 30.4. u. 23.8.1987.

[79] 12.12.1987. LIT 139/B2135.

[80] 19.2.1988. LIT 139/B2135. Raymond Queneaus Stilvariationen in der Erzählung einer Alltagsbegebenheit (1947) erschienen, übersetzt von Ludwig Harig und Eugen Helmlé, als „Stilübungen Autobus S" erst 1961 bei Suhrkamp.

[81] Mitteilung 3.6.2021.

[82] An Jandl 27.1.1988. LIT 139/B610. An Hotschnig 28.1.1988. LIT 139/B1929.

Abb. 2 Hängeordner in Ernst Jandls Arbeitswohnung 1995. Links hinten „Gute MSe jüngerer Autoren", vorne der Wiener Bürgermeister Helmut Zilk. (Foto: Robby Langer)

zu leben, führt so manchen an den Rand der persönlichen Katastrophe." Ein Jahr später nahm der Lektor und Übersetzer Klaus Binder Hotschnigs Vater-Sohn-Geschichte *Aus* bei Luchterhand ins Programm; sie wurde gut besprochen und zuletzt 2013 neu aufgelegt.[83]

Während Ernst seit den 1980er Jahren sein soziales Umfeld in die Musik-Szene ausdehnte, erweiterte Fritzi das ihre um Poeten, deren Arbeiten sie überzeugten. „Sie habe einige wenige sehr gute Freunde, denen sie ihre Sachen auch vorlese: Neben Ernst Jandl etwa Marcel Beyer, Thomas Kling und Bodo Hell", erzählte sie 1991 Beatrice von Matt[84] – die Schweizerin wird 1993 bei der Überreichung des Hölderlin-Preises an Mayröcker in Bad Homburg die Laudatio sprechen. Der gebürtige Salzburger Hell stieß 1975 zur Grazer Autorenversammlung, in deren sanftmütigen Flügel. Sein Verhältnis zu Ernst Jandl:

---

[83] Mitteilung von Alois Hotschnig 15.12.2022.
[84] *Neue Zürcher Zeitung*, 24.5.1991.

„selbstverständlich bewundernd, kein Briefwechsel, keine regelmäßigen Treffen und Textaustausch wie etwa mit Friederike Mayröcker, er hatte immer etwas von Lehrerstrenge und unberechenbarem Zorn (speziell Abwehr von Formulierungen/Zuschreibungen), bei Interviews (die ich mit ihm für das Radio gemacht habe) war er präzisest vorbereitet, er hat sich in den Gremien für die sozialen Belange der Kollegen selbstlos eingesetzt, konnte sehr herzlich sein, hat dem Besucher immer etwas geschenkt, selbstverständlich eigene Publikationen, aber mir […] zum Schluß entschuldigend gar ein 1. Mai-Abzeichen der SPÖ.“[85]

Mit seiner stets neugierigen Passivität löste Bodo Hell Andreas Okopenko ab als Mayröckers Partner in Gemeinschaftsarbeiten und bei gemeinsamen Büchern.[86] Mit ihr entwickelte er akustische Formen für den Rundfunk und für Hörbücher, noch lange nach Ernsts Tod. Hell war ihr Anker in der Wiener Kleinverlags- und Galerienszene, aus der oft Bitten nach Mayröcker-Texten zu Bildern und Fotos kamen. Darum wuchs die Zahl ihrer Gelegenheitsschriften neben ihren Büchern bei Suhrkamp rasch an. Hell begleitete Ernst und Fritzi auch mit praktischen Hilfeleistungen jahrzehntelang bis zu beider Tod.

Thomas Kling und Marcel Beyer lebten nur auf Zeit in Wien. Beide kamen erst durch Friederike in Ernsts Gesichtskreis. Der 1951 geborene Rheinländer Thomas Kling nannte sich einen „Wahl-Wiener“,[87] obwohl er insgesamt wenig mehr als zwei Jahre in Österreich zubrachte, und das in immer kürzer gewordenen Abschnitten. Er wusste sich schon als Student in Düsseldorf, wo er mit Gedichten auf Punk-Bühnen auftrat, österreichisch sozialisiert durch die Lektüre von Konrad Bayer, Jandl, Artmann, Celan und Karl Kraus. Friederike Mayröcker entdeckte er zunächst als Leser, er wagte aber erst nach vier Jahren, im Januar 1985, sie anzusprechen. Sie kam zu seiner ersten Perfomance in Wien[88] und am Tag darauf in ein Café. „Sie war keine sechzig damals, ein Greta-Garbo-Typ, hatte das Image einer Unnahbaren“, hielt er von der ersten Begegnung fest.[89] Er schickte ihr seinen

---

[85] Bodo Hell: „Jandl memoire“ 2021, Archiv HH. In einem darin von mitgeteilten Vierzeiler spielte er auf Hells Sommerbeschäftigung als Hirte von Almvieh an: „Bodo mit der Ziegenzunge / ist ein strammer alter Junge / dem das Herz nicht mehr bedeutet / als der Kuh die Glocke läutet / 28.6.1995.

[86] Hell u. Mayröcker 1986.

[87] Vgl. Strigl 2012.

[88] Zit. nach Strigl 2012. Die dort genannten ‚Margaretensäle‘ sind unbekannt, vielleicht war es der Saal im Kongresshaus am Margaretengürtel, wo einander Jandl und Mayröcker im Februar 1954 begegneten.

[89] Zit. nach Weingartner 2005.

Privatdruck *AMPTATE*, sie berichtete ihm von „atemloser Lektüre".[90] 1986 bat Kling Jandl in einem Brief, ihm dabei zu helfen, seinen „Arbeits- und Lebensmittelpunkt nach Wien zu verlegen".[91] Jandl riet, den Bürgermeister Zilk um eine Wohnung zu bitten, und schickte selbst eine Empfehlung – „hochbegabter jüngerer Lyriker" – ins Rathaus.[92] Gemeinsam mit Fritzi verfasste er ein Vorwort für Klings bald erfolgreichen Gedichtband *erprobung herzstärkender mittel*.[93] Kling – Selbstbezeichnung „Dichter und Sprachinstallateur" – gab nach langen Zweifeln[94] sein Studium auf und schrieb Jandl: „Das Erstaunlichste an Menschen wie Ihnen (Forschungsarbeit über Jahrzehnte) ist vielleicht, daß Sie, allen Umständen zum Trotz, NICHT aufgegeben haben. Dafür danke ich Ihnen ganz besonders."[95] Gemeinsame Essen in Jandls Lieblingsgasthaus Ubl in der Pressgasse sind in Jandls Taschenkalendern festgehalten. Kurt Neumann holte ihn mehrmals zu Lesungen in die von ihm von 1977 bis 2018 geleitete Alte Schmiede. Mitte der 1990er Jahre und mit Herz- und Kreislaufproblemen war Thomas Kling mit seiner Frau Ute Langanky in die Künstlerkolonie ‚Raketenstation Hombroich' gezogen. Auf eine Postkarte, undatiert, an Kling nach Köln setzte Mayröcker die Zeilen „den Atem haben wir getauscht die bloßen Seelen" und „und dennoch sagtest du ‚deine Indianerhaare'".[96]

Kling bekam im Oktober 2001 in Neuberg an der Mürz (Steiermark) den ersten nach dem Tod des Dichters von der Republik gestifteten ‚Ernst-Jandl-Preis für Lyrik'[97] vom Kunststaatssekretär Franz Morak, einem Burgschauspieler, überreicht. Die Lobrede sprach der deutsche Literaturkritiker Hubert Winkels. Schon am Vorabend wurden im hochgotischen Münster Jandl-Gedichte und Mayröckers *Requiem für Ernst Jandl* in Vertonungen von Martin Haselböck aufgeführt. Thomas Kling hatte nach Wien für eine Sonderbeilage der *Presse* zur Preisverleihung Gedanken zu Jandl vorausgeschickt – während er schon an der Büchner-Preis-Rede für Mayröcker arbeitete:

---

[90] 30.1.1984. Thomas-Kling-Archiv Hombroich.

[91] 27.1.1987. LIT 139/B726. Thomas-Kling-Archiv Hombroich.

[92] [1987] Thomas-Kling-Archiv Hombroich.

[93] Eremitenpresse 1986.

[94] An Mayröcker 14.8.1986.

[95] Undatiert [1987] Thomas-Kling-Archiv Hombroich.

[96] Mayröcker an Thomas Kling, Postkarte o. D., Thomas-Kling-Archiv Hombroich. Zeile im Hörspiel „Der Tod und das Mädchen": „mit Indianerhaaren, winzig, in meinen Armen". In: Mayröcker 1979, S. 263.

[97] Dotiert mit 200.000 Schilling. In der Jury: Jörg Drews, Alfred Kolleritsch, Friederike Mayröcker, Ilma Rakusa, Heinz F. Schafroth.

„Jandl: unvergesslich. Einer der Großen der Lyrik des 20. Jahrhunderts. Jetzt wird man, seine verklingende Stimme noch im Ohr, lernen müssen, ihn zu lesen. Gerade sein Spätwerk, das dem Barock und seiner HALTUNG zu Leben, Sterben und Tod so viel verdankt. Jandl: unvergesslich. Seine Großzügigkeit der Sprache gegenüber. Keiner konnte so unpeinlich Ich sagen im Gedicht. Er, letztlich ein Hinundhergerissener, von sich selbst fegfeuerhaft Geplagter – hierin Trakl gleich – wollte keinen überzeugen. Er liebte. Liebte die Sprache. Und seine Friederike."[98]

Kling schrieb über seine Beziehungen zu Österreich: „Als ich 1979 nach Wien kam,[99] für eineinhalb Jahre (ich war dann in den 80ern häufig, für längere Wochen u. Monate in Wien), konnte kein Mensch ahnen, daß ich zwanzig Jahre später der Verbindungsdichter zwischen Österreich und Deutschland werden sollte." Mit einer Anekdote erinnerte er an die „performative Wende öffentlicher Lyrik-Lesungen", die die Wissenschaft Jandl und nach ihm Kling als besonderes Verdienst gutschreibt.[100]

„Einmal, in der deutschen Provinz Mitte der 90er Jahre, saß ich kurz bei Ernst Jandl am Tisch, es waren Autoren in seinem Alter um ihn. [...] Er wurde tief pessimistisch, indem er, vor sich starrend, den Riesenkopf gesenkt zu mir sagte: ‚Ich habe *nie* Schüler gehabt!' Schweigen. Jandl schwieg: alles schwieg. Eine schlimme Situation. Dann fuhr er fort, in hohem Ekel und in hoher Trauer: ‚Und die ich gehabt habe, waren – *alle* – *Scheiße.'* Noch schlimmere Situation. In das Schweigen hinein ermannte ich mich zu sagen: ‚Aber Ernst! Das kannst Du doch nicht sagen! Heute kann doch keiner von den Jungen auf die Bühne gehen und seinen Text schlecht vortragen. Das hast Du doch geschafft, das haben wir doch Dir zu verdanken!' Das hat ihn, sah ich, für einen Moment beruhigen können; ein etwas zufriedenerer Ausdruck trat auf sein Gesicht. Jandl schwieg."[101]

Die alten Freunde Klaus Reichert, Heinz F. Schafroth, Jörg Drews waren nach Neuberg gekommen sowie auch junge Autoren mit Gedichten.[102]

---

[98] Mail an HH 23.9.2001. Archiv HH.

[99] Kling war im Wintersemester 1979/80 und im Sommersemester 1980 an der Universität Wien als ordentlicher Hörer inskribiert. Studienrichtungen: Deutsche Philologie und Geschichte. Studierenden-akt (Evidenzbogen) Matr.-Nr. 7906082, Archiv der Universität Wien.

[100] Vgl. Meyer-Kalkus 2000, S. 985–1015.

[101] *Die Presse*, 11.10.2001. Verlagsbeilage.

[102] Lesungen von Urs Allemann, Michael Donhauser, Helga Glantschnig, Norbert Hummelt, Kurt Neumann, Ulf Stolterfoht, Raphael Urweider. Lesungen und Kommentare von Franz Josef Czernin, Jörg Drews, Elfriede Gerstl, Ferdinand Schmatz.

Hier erst fand das Totenmahl für Ernst Jandl statt – im Gasthof des Johann Holzer, der auch selber die Zither schlug und sang. Beim ‚Holzer' in Neuberg hatten die Symposien zu runden Geburtstagen von Artmann, Rühm, Jandl und Mayröcker geendet, die im Kunsthaus in der nahen Stadt Mürzzuschlag – wo 1946 Elfriede Jelinek geboren wurde – ihren Anfang genommen hatten.

2005 erlag Thomas Kling in Hombroich einer Krebserkrankung. In einem Nachruf und einer Rezension der von Marcel Beyer herausgegebenen vierbändigen Gesamtausgabe 2020 bei Suhrkamp sprach Michael Braun vom „größten" bzw. „wirkungsmächtigsten" Dichter seiner Generation.[103] Auch für die *Die Welt* starb „der größte Dichter der Gegenwart" viel zu früh.[104]

Marcel Beyer, Jahrgang 1965, der zweite so künstlerische wie intellektuelle Begleiter Jandls und Mayröckers durch ihr spätes Lebensjahrzehnt, kam als Germanistikstudent, Schüler von Karl Riha in Siegen, nach Wien. Er hatte schon als 14-Jähriger einen „recht albernen" Brief an Jandl an die Augarten-Adresse geschickt und meldete sich bei ihm erstmals 1988 aus Neuss mit einem Neujahrsgedicht.[105] Dem Geburtstagswunsch im August legte er seine eigene Übersetzung von T.S. Eliots *Préludes* und jene von Enzensberger bei.[106] Für Friederike Mayröcker ordnete er ihre bereits publizierten Manuskripte samt Vorstufen, ehe sie im November 1988 in 27 Kartons dem in der Handschriftensammlung der Wiener Stadt- und Landesbibliothek eingerichteten ‚Friederike-Mayröcker-Archiv' übergeben wurden.[107] Auf dieses Ereignis hin zeichnete Beyer ein langes Interview auf mit Aussagen der Dichterin zu ihrem Schreiben. So gestand sie ihm: „[I]ch habe zum Beispiel kaum je etwas mit konkreter Poesie anfangen können".[108] In den folgenden Jahren katalogisierte er in Mayröckers staubigem Bücherlager – er hatte dort auch einen Schlafplatz – alle Werke, Übersetzungen, Essays, Kritiken etc. 1989 gab er in einer Schriftenreihe seiner Heimatuniversität eine Sammlung von ‚Gemeinschaftsarbeiten' von Jandl, Mayröcker und Okopenko heraus.[109] 1992 vollendete Beyer in Siegen seine Magister-

---

[103] www.freitag.de/autoren/michael-braun/seit-sonnenaufgang-bin-ich-vulcan. *Tagespiegel*, 29.11.2020.

[104] 18.11.2020.

[105] 2.1.1988. LIT 139/B94.

[106] 21.8.1988. LIT 139/B94.

[107] APA 105 vom 21.11.1988. Wegen dieser Schenkung ist Mayröckers Schriftenerbe auf zwei Orte verteilt, seit sie ihren Vorlass der Nationalbibliothek verkaufte.

[108] *Magazin der Wiener Stadt- und Landesbibliothek*, 1992, 3. Heft, S. 5–23.

[109] *Experimentelle texte* 21.

arbeit: eine Mayröcker-Bibliographie 1946–1990, ein 360-Seiten-Buch.[110] In Marcel Beyer gewann Friederike Mayröcker einen Seelenverwandten, der ihr auch im Schreiben am nächsten kam. Wäre die Rolle eines ‚Kronprinzen‘ dieser ‚Königin‘ zu besetzen gewesen, wäre ihre Wahl auf ihn gefallen, nicht auf Bodo Hell, der am meisten um sie herum war. Beim Ingeborg-Bachmann-Wettbewerb 1991 fand Marcel Beyer mit Prosa zu wenig Zustimmung. Doch bald sammelte er Prosa- und Lyrikpreise in ganz Deutschland ein. Im Gedenken an Jandl schrieb er im August 2001 das Gedicht „Der letzte Schlurf“: „und manchmal nachts, schuffele ich leise / durch dein Zimmer, doch meinen Namen / rufen sollst du nicht, auch von den alten // Platten nichts erzählen [...].“[111]

1988 kam wie Marcel Beyer auch der drei Jahre ältere Norbert Hummelt, damals Leiter der Kölner Autorenwerkstatt, nach Wien. Er stammte aus Neuss, studierte in Köln Germanistik, tat sich mit Beyer zu musikalischen Dada-Aktionen zusammen und lernte Jandl bei der Uraufführung der Komposition *vom vom zum zum* durch das Vienna Art Orchestra kennen.[112] Im Dezember 1989 trat Hummelt mit Beyer in der Alten Schmiede auf. Er wurde in Wien in der Gassergasse nahe der Zentagasse untergebracht.[113] Hummelt widmete Jandl[114] eine „oberflächenrückübersetzung“ des Hölderlin-Gedichts „Hälfte des Lebens“– in Anlehnung an Jandls Methode im Gedicht „oberflächenübersetzung“:[115] „met girl han burn and hang it / in vomit filled in rose in / does London ten sea /...“. [„Mit gelben Birnen hänget / Und voll mit wilden Rosen / Das Land in den See /...“].[116] Jandl wiederum schickte vier Gedichte von Hummelt an Walter Höllerer, als er um Texte „junger oder vernachlässigter“ Autoren für die *Akzente* gebeten wurde.[117] Hummelt hatte in Köln eine Hausarbeit über „Friederike Mayröckers Prosa in den achtziger Jahren“ geschrieben[118] und

---

[110] Beyer 1992.

[111] Mitteilung 8.10.2001. *Die Presse*, 11.10.2001. Verlagsbeilage. Im Gedichtband *Erdkunde* 2002 veröffentlicht, zur Verleihung des Büchner-Preises an Beyer von Gisela Trahms für die *Frankfurter Anthologie* besprochen. *F.A.Z.*, 4.11.2016.

[112] 26.3.1988. Interview 16.8.2022.

[113] Gassergasse 9/16 in 1050 Wien. Friederike Mayröcker hatte diese Wohnung gemietet, um dort bei Bedarf eine Pflegerin für ihre Mutter unterzubringen. LIT 4.2.4.13.2, 139/S. 569.

[114] 27.1.1989. LIT 139/B622.

[115] „mai hart lieb zapfen eibe hold“.

[116] „BASIC HOELDERLIN für Ernst Jandl“ in: Hummelt 1993, S. 57.

[117] „bösessöse böse“, „sanitär“, „für immer tot“, tekkno kids“. 1.3.1993. LIT 139/B597. 29.1.1993. 03WH/BT/7,2 Literaturarchiv Sulzbach-Rosenberg.

[118] Beyer 1992, S. 100.

wandte sich in Wien mehr Jandl zu. In einem Essay über „Die vierte Stimme der Dichtung" untersuchte er Modi der Gedichtrezeption, ausgehend von einem eigenen Erlebnis: „Etwas hallt fort in mir, seit ich zum ersten Mal ein Gedicht von T.S. Eliot gelesen habe [...]: Denn dieses Lesen war sofort ein Hören";[119] er hoffte, oder warnte: „Je dünner ein Buch mit Gedichten ist, desto unabschließbarer ist seine Lektüre". Im Gedicht „abend in wien" nahm er Abschied: „im gasthaus ubl sitzt ein mann allein / doch dieser mann kann nicht ernst jandl sein / es ist ein tag, an den ich denken werde / ernst jandl kommt morgen unter die erde".[120] Es ist der Abend vor dem Begräbnis am 26. Juni 2000. Wie mit Thomas Kling saßen Jandl und Mayröcker auch mit Beyer und Hummelt oft „beim Ubl".

Aus der Bildenden Kunst kannten sie die Jungen im Wien der sechziger Jahre von vielen Vernissagen, vornehmlich in der Galerie nächst St. Stephan und im Museum des 20. Jahrhunderts. Mit den erfolgreichsten saßen sie später im Kunstsenat zusammen. Sie bemühten sich aber schon in ihren ‚schlechten' Jahren auch um Außenseiter. Rudolf Petrik (1922–1991), Maler und Schriftsteller, kannte Mayröcker schon in den fünfziger Jahren. Er habe seine Ideen und Gedanken zu seinen aktuellen Werken in Form von lauter kleinen Zetteln auf Styropor genagelt, so Mayröcker – und sie so „die Technik des Montageverfahrens" gelehrt.[121] Später brachte Jandl den in bitterer Armut lebenden Verweigerer – der Kommerz war für Petrik „ein alter Wolf; der immer was haben möchte: der immer totschlägt" – in Kontakt mit den visuellen Poeten um Heimrad Bäcker in Linz sowie mit Otto Breicha, der Arbeiten in den *Protokollen* abdruckte.[122]

Mit Mayröcker teilte sich Jandl viele Begegnungen mit der in Wien tätigen Grafikerin und Malerin Linde Waber. Sie wurde mit ihrer Serie von „Tageszeichnungen", die sie 1988 begann, eine Bildchronistin der Wiener Kunst, Politik und Gesellschaft. Für die täglich gefüllten 35 × 35 cm großen Blätter gaben Fritzi und Ernst, als Paar oder einzeln, über 50 Mal das Motiv ab für solche Erinnerungsbilder: Lesungen, Konzerte, Atelierbesuche, Fotos, Ehrungen, Briefe. Linde Waber illustrierte mit Farbholzschnitten – eine Technik, die sie in Japan studiert hatte – Gedichte von Jandl und Ian Hamilton Finlay. Mit Bodo Hell und Ernst gestaltete sie für die Nationalbibliothek zu Mayröckers 75. Geburtstag ein bibliophiles Buch mit dem

---

[119] Hummelt 2000, S. 74.

[120] Hummelt 2004, S. 67. Sein Nachruf auf Ernst Jandl erschien in *Schreibheft* 55 im November 2000.

[121] Interview mit Ulrike Tropper. Petrik 1995, S. 6.

[122] Breicha an Petrik 1.12.1980. LIT 209/03.

Abb. 3 Linde Waber: Arbeitszimmer von Ernst Jandl aus ihrem Zyklus ‚Atelier-zeichnungen'. 64 × 48 cm. Mischtechnik

Titel *Schreibgehäuse*, darin ein Jandl-Porträt. Sie war es auch, die Jandl mit Ernst Skrička in Verbindung brachte, zu dessen Bilderserie *Kopf-Stücke* er die Texte lieferte.

Die international in der Frauenkunst bekannte Wienerin[123] Florentina Pakosta wollte für eine von den Charakterköpfen Franz Xaver Messerschmidts (1736–1783) inspirierte Porträtserie von Geisteskranken Jandl als Modell;

---

[123] Werkschau 2018 im Sprengel-Museum Hannover.

Abb. 4 Florentina Pakosta: Bildnisstudie Ernst Jandl II. Tinte auf Endlospapier, 30 × 32,5 cm (Foto: Albertina, Wien)

der Prager Psychiater Ludvik Šváb (1924–1997), auch Surrealist, Jazzer und Schöpfer paradoxer Stummfilme, mit dem sie eine langjährige Beziehung verband, hatte ihr seinen Freund Jandl als Studienobjekt empfohlen. 1994 nahm sie Kontakt auf.[124] 1995 schrieb er ihr: „Ich bin glücklich, Sie zu kennen".[125] Von ihrem Vorhaben blieben Fotos und Skizzen.[126]

1992/93 stellte Mayröcker Jandl als eine neue Freundin Elisabeth von Samsonow vor, Professorin an der Akademie für bildende Kunst am Wiener Schillerplatz, bildnerisch und als Philosophin tätig (und erkennbar als Figur in Peter Sloterdijks Kunst-Wissenschafts-Feminismus-Satire *Das Schelling-Projekt* aus dem Jahr 2016). Sie stand Fritzi an der Seite von Edith Schreiber nach Ernsts Tod bei. Der von Fritzi verehrte friulanische Maler Giuseppe Zigaina kam im September 1998 nach Grado, als Ernst dort mit ihr und Edith Schreiber eine Woche Urlaub machte. Eine besondere Zuneigung gewann Friedrike Mayröcker zu Nina Retti Reste, die mit ihrem Mann Marius nahe Innsbruck lebte. Sie reisten 1986 nach Rohrmoos und beherbergten Ernst und Fritzi mehrmals in Ferienwochen in ihrem

[124] 6.6.1994 u. 2.11.1997. LIT 139/B1036.

[125] 16.7.1995. LIT 139/B2122.

[126] Interview 10.9.2021.

Anwesen im Dorf Oberperfuß.[127] Mario Retti Reste war der Auftraggeber des Wiener Architekten Hans Hollein. Sein ,Kerzengeschäft Retti' von 1964 am Kohlmarkt in Wien mit blanker Aluminiumfassade brachte Hollein einen ,Pritzker-Preis' ein und damit den internationalen Durchbruch. Auf Jandl kam er als Bewunderer zu. Er wollte ihn noch 1998 mit buddhistisch-katholischen Segenssprüchen, Mantras, dem Tibetanischen Totenbuch etc. von seinen Depressionen heilen – in gutgemeinter, doch lästiger Betulichkeit.[128] Friederike telefonierte noch an jedem Sonntag mit Nina Retti bis zu deren Tod.[129]

Viel seltener als Mayröcker ließ sich Jandl zur Zusammenarbeit mit Künstlerinnen und Künstlern bewegen, ausgenommen die Gestaltung von Kinderbüchern. Den Wienern Loys Egg und Gero Schwanberg, beide damals 23 Jahre alt, schickte er 1970 auf Peter Weibels Bitte hin acht Gedichte zur Auswahl für die Kataloge ihrer ersten gemeinsamen Ausstellung in der Wiener Secession.[130] Fest fundiert war die freundschaftliche Beziehung zum Paar Harry Ertl und Angelika Kaufmann, er Zahnarzt und Fotograf, sie als Buchillustratorin viel beschäftigt. Der Wiener Fotokünstler Martin Scholz begleitete Jandl in den 1990er Jahren ins Theater, Kino und in Konzerte. Jandl besuchte 1994 im Schwulen-Café Berg in der Wiener Berggasse Scholz' Ausstellung mit erotisch unterkühlter Körperkunst *Männer*; er kaufte das Bildnis eines Unbekannten mit Kapuze in mönchischer Strenge und hängte es zuhause auf.[131]

Gegenüber dem in elektronischen Techniken ausgebildeten New-Media-Künstler Franz Krahberger, einem anarchistischen Einzelkämpfer, doch in Poesie verliebt, zeigte Jandl seine väterliche Seite. Krahberger (1949–2016) war ein Pionier im Internet und versuchte Jandl „den kern des neuen, auf elektrizität und deren ausbreitungsgeschwindigkeit beruhenden mediums" zu erklären: „es dient uns als telematische erweiterung, es ist tatsächlich eine räumliche expansion, einmal abgesehen von den publizistischen möglich-

---

[127] Ernst Jandl verkrachte sich mit der Apothekerin Ingrid Ipsen, die das Ferienhaus in Rohrmoos vermietete. Sie sagte ihm für 1994 ab und schob als Grund Reparaturarbeiten vor. Jandl schickt ihr am 30.5.1994 voll Zorn ein Telegramm: „Wir haben ein Sommerhaus in Tirol von hohem kulturellem Niveau gefunden und sind nun nicht auf ihr gewiss nicht irreparables Haus angewiesen".

[128] An Jandl 22.5.1998. LIT 139/B1142.

[129] Mitteilung Edith Schreiber, 17.10.2022.

[130] „komm rein", „zwei augen", „erscheinung" (diese drei abgedruckt), „erde/erbe", „lassen sie", „rosi's rio", „white", „das staunen".

[131] Für 4.000 Schilling. 13.6.1994. LIT Taschenkalender. Mitteilung 19.9.2022.

keiten."[132] Seit 1995 betrieb er die digitale Literaturzeitschrift *literatur primär*. Jandl ‚schenkte' ihm dafür fünf seiner Gedichte.[133] Dass Krahberger die anklagende Dokumentation „Briefe von und an Wolfgang Kraus. Die graue Eminenz und ihr langer Schatten"[134] ins Netz stellte, minderte nicht Jandls Wohlwollen. Für Friederike Mayröcker besorgte Krahberger die Herausgabe des Buchs *Blumenwerk* mit Fotos von Bodo Hell von ihrem Kindheitsparadies Deinzendorf im niederösterreichischen Weinviertel.[135] Mit Ernst Jandl spielte er Schach.

1991 wurde der Aktionist und Maler Otto Muehl (1925–2013) wegen schwerer Sittlichkeitsdelikte, auch mit Kindern als Opfern, zu sieben Jahren Haft verurteilt. Muehls französische Vertraute Danièle Roussel bat Jandl zu einem Besuch auf dem Friedrichshof im Burgenland, wo von Muehls Selbsterfahrungs-Kommune der 1970er und 1980er Jahre mit hunderten Bewohnern nur mehr die Landwirtschaft, Künstlerateliers und ein Museum übriggeblieben waren.[136] Jandl wurde zu einem Besuch bei Muehl in der Strafvollzugsanstalt Krems-Stein bewogen.[137] Im Juni 1995 suchte Therese Schulmeister, Muehls langjährige Favoritin, Unterstützung bei Jandl. Mehrmals notierte sich Jandl in diesem Zusammenhang Termine beim Kunstminister Rudolf Scholten.[138] Eine öffentliche Aussage Jandls zugunsten Muehls wurde nicht bekannt. Jandls prominente Künstlerkollegen im Kunstsenat hielten das Problem von ihrer Tagesordnung fern.[139] Muehl verbüßte seine Strafe bis zum letzten Tag.

Dreißig Jahre Freundschaft verbanden Ernst Jandl mit dem polnischen Dichter Tadeusz Rózewicz (1921–2014). Beide von ähnlicher Statur, Brillenträger, mit Mützen, auf der Straße als schlapfendes Altmännerpaar, mit zunehmendem Alter mürrischer und depressiver, doch auch eruptiv herzlich, milde und schelmisch lächelnd. Sie berichteten einander von

---

[132] 14.2.1996. LIT 139/B770.

[133] Jandl sprach am 26.1.1996 daheim in Krahbergers Mikrophon die Gedichte „wien: heldenplatz", „vater komm erzähl vom krieg", „frei und schlecht" „three wives, „visite" und besorgte dafür die Rechte bei Luchterhand. 17.4.1996. LIT 139/B770, Taschenkalender.

[134] http://www.ejournal.at/Essay/kraus.html.

[135] Krahberger 1992.

[136] 2.7.1994. LIT Taschenkalender.

[137] 17.10.1994. LIT Taschenkalender.

[138] Jandl war am 21.6.1995 beim Kunstminister Rudolf Scholten zuhause eingeladen, gemeinsam mit Roland Rainer, dem Präsidenten des Kunstsenats. LIT. Taschenkalender u. Mitteilung Scholten vom 16.11.2022.

[139] Interview mit Helmut Peschina, 1995 Sekretär des Kunstsenats, am 21.10.2022.

kleinen Freuden, ihrem Alkoholkonsum und Schreibkrisen.[140] Im Gasthaus Smutny in der Elisabethstraße, das sie liebten, wusste sich Rózewicz daheim, denn ‚smutny' heißt ‚traurig', ‚schwermütig'.[141] Beider Hoffnungen auf den Nobelpreis platzten in jedem Herbst. Schon im Oktober 1967 war der Lyriker, Dramatiker und Essayist das erste Mal aus seiner Heimatstadt Radomsk zu einer Lesung nach Wien in die Literaturgesellschaft gekommen. Bei seiner nächsten 1972 assistierte ihm Jandl. 1982 erhielt er den mit 200.000 Schilling reich dotierten Staatspreis für europäische Literatur. Der Pole, der ein brüchiges Deutsch und ebensolches Englisch sprach, nahm gerne alle Einladungen zu Lesungen an und kam alle zwei, drei Jahre auf ein, zwei Wochen nach Wien. Fast jeden Abend saß er dann im ‚Bellaria'-Kino, das auf deutsche und österreichische Filme aus den dreißiger und vierziger Jahren spezialisiert war.[142] Eine selbstquälerische Reminiszenz, denn während der deutschen Besatzung hatte er im Widerstand gekämpft; sein Bruder wurde hingerichtet. Tadeusz' Dramen wurden in der DDR viel gespielt. Jandl wollte dem Freund und Hanser-Autor auf österreichische Bühnen helfen. Immerhin zeigten die Wiener Festwochen 1991 *Die Falle*.

In wechselseitiger Hilfeleistung wuchs Jandls Freundschaft mit dem ungarischen Schriftsteller István Eörsi (1931–2005). Dieser Schüler des Philosophen Georg Lukács hinterließ in seinem 2003 bei Suhrkamp erschienenen autobiographischen Roman *Im geschlossenen Raum* ein ins Surreale entgleitendes Bild des Wieners:

„Ernst ist ein kleiner, dicker Mann, Mann, der seinen Wanst schräg vor sich her schiebt und den Kopf zur Seite neigt, wenn er seinen Gesprächspartner durch die Brille beäugt. Seinem Äußeren nach ist er der Inbegriff des schnitzelfressenden österreichischen Spießbürgers, zu dieser Zeit noch schüchtern und gehemmt, ein Mensch, dem man keinerlei illegale Neigungen zutrauen konnte. Doch diese Beschreibung gilt nur für seine Alltagsnatur. Es existiert in ihm auch ein Gedichte rezitierendes Ich, ein fanatischer, hemmungsloser Geselle, den seine eigenen lyrischen Strukturen aus unserem Gravitationsfeld geschleudert haben. Dann ist er fähig, während des Deklamierens in Sitzposition, samt seinem Stuhl aufzusteigen und unter der Decke heulend, kläffend und raunend um die Lampe zu kreisen."[143]

---

[140] An Jandl 27.3.1989. LIT 139/B1173.
[141] An Jandl 18.12.1986. LIT 139/B1173.
[142] Jandl an Altenhein 17.5.1988. LIT 139/B1635.
[143] Eörsi 2006, S. 234.

Der sechs Jahre jüngere István Eörsi stellte sich Jandl 1976 in einem Brief vor als der Übersetzer, bei dem der Staatsverlag für ausländische Literatur ‚Europa' einen Band mit Jandl-Gedichten bestellt hatte.[144] Drei Jahre saß der jüdische Bürgersohn nach der gescheiterten Revolte von 1956 in Haft. Nun war er abgeschoben als Dramaturg am Theater der Stadt Kaposvár nahe beim Plattensee. 1976 durfte er eine Übersetzung von Handkes *Kaspar* herausbringen. Als 1979 der Band *A fanatikus zenekar* (das fanatische orchester) fertig war, schrieb ihm Jandl: „Mit Freude sehe ich meinem ersten Buch in ungarischer Sprache entgegen – außer zwei ganz kleinen englischen Publikationen ist es mein erstes eigenes Buch in einer fremden Sprache."[145] Die Auflage von 3500 Stück war im Nu vergriffen. Mehr zu drucken hätten „die Kulturbürokratenschweine" nicht erlaubt, so der neue Freund in einem Brief.[146]

Wie Jandl in den kalten sechziger Jahren sehnte sich Eörsi nach dem Freiraum Westberlin. Ein erster Antrag beim DAAD wurde abgelehnt. Der Wiener ORF-Mann Paul Lendvai, ein Ungarnflüchtling, riet ihm zu einem Ansuchen um ein österreichisches Forschungsstipendium. Jandl schickte vergebens eine Empfehlung an die Ministerin Hertha Firnberg. An Wieland Schmied im DAAD und Ingeborg Drewitz im PEN-Club in Berlin schrieb er: „Ich bitte um ihre Hilfe für István Eörsi. Es ist für ihn lebenswichtig."[147] Eörsi übersetzte 1982 Jandls Sprechoper *Aus der Fremde* und gewann in Szolnok den Regisseur István Paál für die Uraufführung von *Idegenből*.[148] Jandl gewann ihn auch für Übersetzungen von Mayröcker-Gedichten, obwohl der marxistische Denker zunächst zögerte: „Es ist nicht so leicht in eine so geschlossene und originelle Welt wie ihre einzudringen."[149] Als sich Eörsi eine Chance für eine Aufführung seines antistalinistischen Gefängnisdramas *Das Verhör* in Berlin West auftat, bat er Jandl, das Manuskript in den Westen zu bringen.[150] 1983 bekam er das Berlinstipendium,[151] 1984 wurde *Das Verhör* in der Regie von George Tabori in der Schaubühne am Halleschen Ufer ein Sensationserfolg. Eörsi gab 1995 einen zweiten Band

---

[144] An Jandl 7.2.1976. LIT 139/99, 2.3.2.7.

[145] 19.1.1978. LIT 139/99, 2.3.2.7. Jandl 1979b.

[146] 22.3.1979. LIT 139/99, 2.3.2.7.

[147] Eörsi an Jandl 31.5.1980. LIT 139/99, 2.3.2.7.

[148] Jandl 1983c.

[149] Eörsi an Jandl 24.10.1979. LIT 139/99, 2.3.2.7.

[150] Eörsi 2003, S. 235.

[151] Eörsi an Jandl 13.3.1983. LIT 139/99, 2.3.3.7.

mit Jandl-Gedichten heraus – *A nemkívánatos személy* [die unerwünschte person][152] – und schrieb in der Mayröcker-Jandl-Sondernummer von *Du* die Würdigung „Jandl als politischer Dichter".[153]

1996 besuchte Wolf Wondratschek" Ernst Jandl. Die beiden lagen nach Alter, Lebens- und Schreibhaltung weit auseinander. Beide wurden mit ihren Gedichten in den 1970er Jahren Auflagenkönige – Jandl dank Wagenbach und Luchterhand, Wondratschek dank der alternativen Vertriebsschiene von ‚Zweitausendeins'. Der Deutsche mit österreichisch-böhmischen Vorfahren spendete 1985 das Gedicht „Wieder ein Wiener" für Pfoser-Schewigs Glückwunschsammlung zu Jandls 60. Geburtstag.[154] Nachdem er 1996 neben München Wien zum Wohnsitz gewählt hatte, telefonierte er dem Kollegen und kam am 28. September zu ihm in die Wohllebengasse, zuerst in die Wohnung, wo ihm drei Reiseschreibmaschinen auffielen, danach zum Essen im Restaurant Wohlleben in Jandls Vorderhaus. In zwei Berichten hielt er fest, dass nicht über Literatur oder Verleger gesprochen wurde, auch „nicht über Fußball oder Hollywood", sondern über Geld.[155] Man müsse sich, waren sich beide einig, Lesungen sehr gut bezahlen lassen. „Jandls Vorstellungen einer angemessenen Entlohnung lagen, was die Sache für mich unvergesslich macht, im Bereich des Utopischen. Aber hatte er nicht recht? Sollen sie uns, sagte er, für verrückt halten." Der auch für Liebesgedichte gerühmte Wondratschek besprach 2007 für Reich-Ranickis *Frankfurter Anthologie* Jandls „liegen, bei dir".[156]

Mit Helga Glantschnig auf dem Eis

Die letzten zehn Jahre seines Lebens machte Ernst Jandl eine junge Schriftstellerin kurzweiliger: Helga Glantschnig aus der Kärntner Bergbaustadt Radenthein, nun Deutschlehrerin für ausländische Kinder an einer Wiener Volksschule.[157] Sie stellte sich ihm im Jahr 1991 in der Alten Schmiede nach

---

[152] Jandl 1995c.

[153] Eörsi 1995.

[154] Auch *F.A.Z*, 10.10.1986.

[155] „Wie man den Jandl trifft". *Die Presse*, 18.12.2010. „Nur Ruhm glänzt heller als Luxus". *Süddeutsche Zeitung*, 12.9.2022.

[156] 30. Band, S. 178–180.

[157] Helga Glantschnig schrieb 2020 auf Bitte des Verfassers „Erinnerungen an Ernst Jandl" nieder. Der 5.200 Worte lange Text erschien zwei Jahre später in *manuskripte* 238/2022, S. 64–75.

einer Lesung vor. Dort hatte sie schon im Jahr davor eigene Gedichte vorgetragen. Glantschnig machte Jandl auf ihre als Pädagogikstudentin verfasste Doktorarbeit neugierig: „Liebe als Dressur", über die repressiven Erziehungsziele im 18. Jahrhundert. Diese erinnerten Jandl, Stichwort Onanieverbot, an die Qualen seiner Kindheit. Er schickte die Dissertation seinem Lektor Klaus Siblewski, doch der lehnte eine Publikation bei Luchterhand ab.[158]

Bald saß die 33 Jahre Jüngere bei Jandl und Mayröcker bei kalten Abendessen in der Wohllebengasse. Ernst nahm sie zum Festakt im Theater Akzent mit, als ihm das Ehrenzeichen für Wissenschaft und Kunst überreicht wurde. Sie begleitete das Paar in dessen Stammlokale am Südbahnhof und zum ‚Ubl'. Ernst überraschte sie zu Neujahr 1992 mit einem Buchgeschenk: *Die Lust an sich* vom Amerikaner Harry Mathews – sechzig Onanie-Szenen in aller Welt als Miniaturen in kühlem Protokollton ausgemalt, kaum eine eine halbe Seite lang. Helga Glantschnig wehrte sich gegen gelegentliche Verdächtigungen, sie habe ein Verhältnis mit ihm, und nahm auch immer Bedacht darauf, dass es nicht so ausschaute. Ernst mag sich ein solches erträumt haben und signalisierte unbefriedigte Wünsche. Doch die junge Doktorin begegnete ihm eher wie eine Nichte, wenn nicht wie eine Tochter – denn sie brachte aus Kärnten ein Vaterproblem mit. Fritzi war sie willkommen, denn sie nahm ihr fürsorglich ab und an eine Last ab.

1992 stellte Helga Glantschnig herzlich komische Sprüche ihrer primär türkischstämmigen Schulkinder zu einem Lesebuch zusammen, das sie „Lexikon der Falschheiten" nannte. Diesmal half seine Empfehlung bei Siblewski.[159] Das Buch erschien 1993 im Luchterhand Verlag unter dem Titel *BLUME ist Kind von Wiese oder Deutsch ist meine Zunge* und wurde in Wien in der Alten Schmiede vorgestellt. Die Kinder seien „in dieser Phase ihres Lebens zu einer Art von Sprachkünstlern geworden", bestätigte Jandl in einem kurzen Vorwort. Glantschnig folgte Jandls Vorbild aus den 1970er Jahren, als sie sich, mit einem Empfehlungsschreiben von ihm, die Lehrverpflichtung halbieren ließ und im Juli 1994 den Schuldienst ganz verließ. Sie kam auf Besuch, wenn Jandl und Mayröcker in der Autorenwohnung der LiterarMechana in Altaussee oder bei der Germanistin Christa Kühnhold am Mondsee kurz Ferien machten; sie fuhr zu Ernst auf Rehabilitation in Bad Schallerbach und Bad Schönau. Im Krankenzimmer in Johannes Poigenfürsts Unfallklinik entdeckte sie Rotweinflaschen.

---

[158] 12.4.1991. LIT 139/99, 2.4.1. Hermann Luchterhand Verlag.
[159] 26.6.1992. Taschenkalender.

Abb. 5 Helga Glantschnig bei Ernst Jandl in Bad Schönau (Niederösterreich). (Foto: Glantschnig)

Jandl erzählte ihr von Überlegungen, den Führerschein zu machen und ein Auto zu kaufen. Sie erstand für ihn ein Apple PowerBook und versuchte, ihn darauf einzuschulen. Das misslang. An einem Karsamstag besuchte er mit ihr, so wie er mit den Eltern mitgegangen war, das Heilige Grab in der Hernalser Kalvarienbergkirche. Mit Helga feierte er Silvester bei einer Aufführung der *humanisten* im Theater Gruppe 80. Sie teilte mit ihm auch Stunden von Schwermut: „Es schien, dass ohne Anmeldung eine düstere Stimmung aufstieg. Eine Stimmung, die geduldig wartete und wiederkam, und keinen Grund angab." In Verbindung mit seiner körperlichen Verfassung kam manchmal seine cholerische Seite zum Ausdruck, beobachtete die Freundin. Auch bei der Promotion ihres zweiten Buchs half Ernst. Dieses ‚Schlittschuhbuch‘ hieß *Meine Dreier*. Bei der Präsentation auf dem Spiegeleis des Wiener Eislaufvereins am 3. Dezember 1998 trug Jandl bei arger Kälte Klopstocks Ode *Winterfreuden* vor. Er nahm dann Glantschnig mit ihrem neuen Buch bei einer Lesung in Salzburg im Februar 1999 mit ins Programm.

Bruder Hermann Jandl

Sechs Jahr jünger als Ernst war Hermann, der jüngste von drei Brüdern. Bis zur zweiten Heirat seines Vaters 1942 wuchs er am Landstraßer Gürtel auf.[160] Ernst blieb dort, während Robert und Hermann mit dem Vater an den Westrand Wiens zur neuen ‚Mutter' übersiedelten. Dass Ernst, als den Ältesten, Vaters Züchtigungen mit dem ‚Pracker' trafen, wenn der Kleinste etwas angestellt hatte, wird er nicht vergessen.[161] Hermann wurde während des Weltkrieges aus Wien zu einer Pflegefamilie nach Vorarlberg evakuiert und besuchte ein Jahr lang eine Hauptschule in Feldkirch.[162] Nach seiner Rückkehr nach Wien maturierte er in einer Lehrerbildungsanstalt. Daheim in der Auhofstraße, wohin der Flügel seiner Mutter Luise mitgenommen wurde, spielte er gerne mit dem älteren Bruder Robert, der schon an der Wiener Technischen Hochschule Architektur studierte, die vierhändigen Sonaten und für Klavier transkribierten Sinfonien von Mozart.[163] Mit zwanzig wäre er lieber zur Bundesbahn gegangen als in den Schuldienst.[164] Da ihm die Bahn absagte, begann er zu unterrichten und trat, wie schon Ernst, der SPÖ bei. Bereits im Dezember 1952 druckte Friedrich Polakovics Prosa von Hermann in der Zeitschrift *neue wege* ab. 1957 schickte Ernst Texte von Hermann an Horst Bingel nach Deutschland – der sie aber ablehnte. 1959 wurde Herman für drei Monate in eine Lungenheilstätte in Tirol eingewiesen. Ernst begann eine rege Korrespondenz, und der Bruder dankte ihm dafür: „Wenn Du für jedes gute Wort, mit dem Du mir in meiner schweren Zeit geholfen hast, ein halbes Jahr länger leben dürftest, Du würdest gewiß weit über hundert Jahre alt."[165]

1968 zeigte das renommierte Kellertheater am Wiener Börseplatz *Geständnisse*, Hermann Jandls Dramatisierung von Sofia Fedortschenkos Fronttagebuch aus dem Ersten Weltkrieg *Der Russe redet*, mit Friedrich Polakovics als einem der Darsteller. S. Fischer in Frankfurt druckte 1970 den Lyrikband *Leute Leute* und 1971 *Vom frommen Ende*, von Kafka beeinflusste Erzählungen. Einen so starken Verleger fand er nie mehr. Ernst,

---

[160] Vgl. Inguglia-Höfle 2021 und Inguglia-Höfle 2022.
[161] Vgl. „Sebastian", siehe Kap. 8.
[162] LIT 454/L2.
[163] Stefan Jandl 2022.
[164] 28.8.52 u. 10.10.1952. LIT 454, Nachlass Hermann Jandl.
[165] 1.8.1959. LIT 454.

damals in Berlin, verschaffte Hermann dort einen Auftritt in Herbachs ‚Buchhändlerkeller'.[166] Hermann wiederum suchte, als er einmal nach Genf kam, im Archiv des Vermissten-Suchdienstes vom Roten Kreuz nach Ernsts Karteikarte nach der Gefangennahme im Saarland und brachte ihm eine Kopie mit.[167] Schon da er sich mit *Laut und Luise* ein erstes Renommee erworben hatte, setzte sich Ernst für Hermanns Schreiben ein. 1967 drängte er Alfred Kolleritsch: „Mein Bruder […] hat Dir einige kurze Gedichte und Szenen geschickt; ich möchte Dich bitten, sie Dir anzusehen; ich halte vieles von dem, was er produziert, für interessant und originell; […] warum soll es schließlich nicht zwei Jandl geben?" Otto Breicha nahm nur einmal Gedichte von Hermann Jandl in seine *Protokolle* auf, im Jahr 1971. Kolleritsch druckte 1983 eine Erzählung von Hermann in den *manuskripten*: „Erlebnisse eines Wanderers". Unvermutet gelang es Hermann 1976 als Schriftsteller mit einem Protest in die große literarische Öffentlichkeit vorzutreten: Er führte zurecht Klage, dass im Österreich-Band von *Kindlers Literaturgeschichte der Gegenwart* von Kurt Klinger sein Gedicht „der befehl" dem Bruder Ernst („eine seiner aufregendsten Montagen") zugeschrieben wurde.[168]

Ernst drängte Hermann 1988 zum Kauf eines Schachcomputers, obwohl er von sich meinte, er sei ein „miserabler und hoffnungsloser Schachspieler". Allerdings wirke das Spielen auf ihn entspannend, schalte trübe Gedanken aus und verbessere so die Stimmung.[169] Hermann Jandl antwortete: „[…] alles was ich unternehme, ist eigentlich nur mehr der Versuch, noch irgend-wie schreiben zu können. Die Aussichtslosigkeit, jemals einen ‚Durchbruch' zu schaffen, lähmt mich immer öfter. Früher hielten diese Lähmungen weniger lang an. Jetzt werden sie durch andere Beschwerden zusätzlich ver-stärkt."[170]

Seine erste eigene Wohnung fand Hermann Jandl in Perchtoldsdorf, nahe an der Wiener Stadtgrenze, im Bundesland Niederösterreich. 1974 übernahm er das Amt des Generalsekretärs des Niederösterreichischen PEN-Clubs – ein Affront gegen Ernst, der als Gegner des PEN-Clubs bekannt war, doch auch nützlich: 1988 verschaffte ihm eine mehrheitlich

---

[166] 9.1.1971. LIT 454.
[167] Letzte Anschrift: 41 681 D. Letzte Nachricht: 12.2.45. P.O.W 3/G-1.358 693. 25.2.1945.
[168] Klinger 1976, S. 443.
[169] 3.2.1988. LIT 454.
[170] 11.3.1988. LIT 454.

mit PEN-Kollegen beschickte Jury den staatlichen Würdigungspreis, auch ‚Kleiner Staatspreis' genannt. Obwohl er 1980 in den bürgerlichen Wiener Bezirk Hietzing übersiedelte,[171] behielt er ein provinzielles Image. 1993 bekam er den Niederösterreichischen Landeskulturpreis. 1992 setzte Ernst für Hermann eine Ehrenpension aus dem Sozialfonds der LVG durch. Hermann ging es nicht um dieses Geld, sondern die Ehre. Er bewarb sich auch oftmals um Literaturstipendien, obwohl er sie als wohlbestallter Beamter nicht brauchte – er suchte so eine Bestätigung seines literarischen Ranges.

Hermann Jandl hinterließ nach seinem Tod 2017 seine Lebensgefährtin Anna („Anni") Jandl. Diese war mit Kurt Jandl verheiratet gewesen, einem Cousin der Brüder Ernst, Hermann und Robert Jandl, und wie deren Vater Viktor Jandl in Hernals, Bergsteiggasse 1, aufgewachsen.[172] Kurt verstarb im Januar 1987 und wurde in Deutsch-Wagram begraben. Ernst konnte nicht auf den Friedhof kommen, er lag nach einem Beinbruch im Spital. In seinem Kondolenzbrief an Anni rief er seine Abenteuer mit Kurt im Prater in Erinnerung.[173] Anna behielt den Namen von Kurt. Hermann und Anna – eine Diplomkrankenschwester – heirateten nie, denn als Ehepaar hätten sie einen Teil ihrer Pensionsansprüche verloren. Hermann besaß eine Ferienwohnung in Mallnitz in Kärnten. Reisen führten das Paar bis nach Kanada. Mit Ernst wurden allmählich nur mehr Geburtstags- und Weihnachtgrüße ausgetauscht. Nach Deutsch-Wagram kam er nie. Am 8. April 2017 verstarb Hermann Jandl im Krankenhaus in Mistelbach an Herzversagen. Über den Tod hinaus klagte er über sein Lebensdefizit. Für sein Begräbnis hatte er angeordnet, dass seine Gedichte „danksagung" und „bruders leid" verlesen werden:

ich danke für die worte / an meinem grab / sie waren beeindruckend / leider kamen sie zu spät
ich habe einen / blöden namen / wieso das / ich heiße wie / mein bruder / und / er hatte erfolg / war berühmt / was machte er / er dichtete / das machst du / doch auch / das schon nur / was nur / wenn man / meinen namen / hört denkt man / nur an ihn / das ist wirklich / blöd[174]

---

[171] Hietzinger Hauptstraße 82–87/Stiege 1, Tür 15. LIT 454/L11.
[172] Interview 20.5.1920 in Deutsch-Wagram.
[173] 9.1.1987. Bei Anna Jandl, Kopie Archiv HH. Siehe Kap. 2.
[174] Texte bei Anni Jandl.

Abb. 6 Hermann Jandl, Ernst Jandl, Friederike Mayröcker bei Tisch in den 1950er und den 1990er Jahren. (Fotos: Anna Jandl)

Im Jenseits mit Jazzmusik

Leo Navratil, der Nervenarzt und Freund, versuchte in einem Aufsatz in der Weihnachtsnummer der *Presse* 1985 unter der Titelzeile „jedes gedicht ist jetzt ein brief an das christkind" die Aufmerksamkeit auf die religiöse Thematik in den Gedichten von Ernst Jandl zu lenken. Damit überraschte er. Denn es waren scheinbar rabaukige Rückgriffe in den christlichen Symbolfundus, etwa in den Gedichten „zweierlei handzeichen" und „fortschreitende räude" aus seinem ‚Explosionsjahr' 1957, die Jandl den Beifall der sich radikalisierenden Jugend in Wien, und bald auch in Berlin und Frankfurt, gesichert hatten. Doch vor Klerikern behielt er den anerzogenen Respekt. Zum Gründer der Galerie nächst St. Stephan Monsignore Otto Mauer kam er zu Vernissagen und Vorträgen, er schickte ihm auch Gedichte zum Abdruck in der Zeitschrift *Wort in der Zeit*. Im Internationalen Kulturzentrum (IKZ) in der Annagasse, einem Haus der Caritas, geleitet von Werner Reiss, trat Jandl auf und konnte dort immer wieder Konvente der Grazer Autorenversammlung veranstalten. Die Zusammenarbeit mit dem Wiener Organisten Martin Haselböck führte ihn schon 1978 in die Kirche der Augustiner-Mönche in Wien, wo er den Psalm 7 rezitierte.

Seit Beginn des Jahres 1991 schlugen sich der Krieg im Irak, sein Besuch bei Helmut Heißenbüttel in Norddeutschland nach dessen Schlaganfall, die Selbsterforschung in den langen Gesprächen mit Kristina Pfoser-Schewig für die *Bühne* und die Schreibblockade auf Jandls Gemüt. Er musste darum eine für den 9. Juni 1991 für die St.-Petri-Kirche in Lübeck bestellte Predigt absagen.[175] Bei den Lübecker Evangelischen wollte er sich vorstellen mit den Worten: „Ich bin 66 Jahre alt, bin getauft, bin Mitglied der römisch-katholischen Kirche [...] Ich zahle bis zum heutigen Tage den mir vorgeschrieben Kirchenbeitrag, ich bete nicht, ich besuche keinen Gottesdienst."[176]

Im Sommer 1991 befragte ihn Christoph Hirschmann, ein Redakteur der sozialdemokratischen – wenige Wochen später eingestellten – Wiener *Arbeiter-Zeitung*, zum ‚Leben nach dem Tode'. Über die ganze Zeitungsdoppelseite lief dann der Titel „wenn jetzt an gott glauben er wolle…"

---

[175] Siehe Kap. 10.
[176] Mehrere rasch beendete Entwürfe. LIT 139/W778.

Jandl plädierte in seiner Parteizeitung für ein Denken „über das wissenschaftlich Erforschte hinaus" und ließ sein Gedicht „an gott" abdrucken,[177] geschrieben 1979 während der Arbeit an der Sprechoper *Aus der Fremde:*

an gott

daß an gott geglaubt einstens er habe
fürwahr er das könne nicht sagen
es sei einfach gewesen gott da
und dann nicht mehr gewesen gott da
und dazwischen sei garnichts gewesen
jetzt aber er müßte sich plagen
wenn jetzt an gott glauben er wollte
garantieren für ihn könne niemand
indes vielleicht eines tages
werde einfach gott wieder da sein
und garnichts gewesen dazwischen

Ein Brief von Jandl am 17.8.1993 an den Philosophen und Freund Franz Austeda erlaubt eine Präzisierung dieser Wiederentdeckung auf etwa seinen 68. Geburtstag.

„Ich beschäftige mich, seit ich es besitze – d. h. seit dem 11.6.79, immer wieder und oft mit Deinem Lexikon der Philosophie,[178] aber erst zwei, drei Wochen mit der Unsterblichkeit meiner Seele, wie sie für mich bis etwa 1935 feststand. Es gibt vermutlich keinerlei Beweise dagegen; was sollte es mich kümmern, dass es keinerlei Beweise dafür gibt, wenn diese Vorstellung doch nur Positives enthält, außer ich hätte mich vor einer ewigen Verdammnis zu fürchten, was nicht der Fall ist. Mein Jenseits wird vor allem aus Jazzmusik bestehen, Deines wohl aus Philosophie."[179]

Jandl riskierte einen Zwist, als er den Brief an den Parteimann Austeda mit der Bemerkung schloss, die Philosophie sei für ihn wie schon 1957, als er das Gedicht „Philosophie" geschrieben habe, nur eine

---

[177] Jandl 2016, Bd. 3, S. 258. Vgl. Kurz 2001. Von Werner Ross 1985 in der *Frankfurter Anthologie*, Bd. 9, besprochen.

[178] 1979 erschien im Verlag Hollinek in Wien die 5. völlig neu bearbeitete Auflage.

[179] 17.8.1993. LIT 139/B1647.

Abb. 7   *Der Standard*, 9.10.1996

„Scheinwissenschaft".[180] In diesem Sommer 1993 war er eher zufällig in ein katholisches Milieu getreten. Mit Fritzi weilte er im Kreis von Martin Haselböck und Lydia Roppolt im Attergau in Oberösterreich. Er trat bei Lesungen am 31. Juli in St. Georgen und am 1. August in der profanierten Konradkirche in Oberwang auf. Seine alte Hoffnung,[181] dass sich ,seine' Sozialdemokratie mit dem christlich-sozialen politischen Lager, gegen das sie im Februar 1934 geputscht hatte, versöhne, wagte er sogar plakativ kundzutun: Als ihn die SPÖ um ein Testimonial für die Wiener Gemeinderatswahlen im Herbst 1996 bat, schickte er als Empfehlung für den Kandidaten für das Bürgermeisteramt Michael Häupl den Spruch „Wer Kunst und Wissenschaft besitzt, der hat auch Religion!"

An Ernst Jandl konnten Theologen, die Dichtung auf Gottesbezüge und Dichter auf Bekenntnisse abhorchten, nicht vorbeigehen. Der Deutsche

---

[180] Austedas *Lexikon der Philosophie* war als Behelf für den Unterricht in ,Philosophischer Propädeutik' in den Lehrplänen für Höhere Schulen gedacht. Der scheinbar ideologiefreie Rationalist nahm 1979 in die Neubearbeitung seines 1954 erstmals auf den Markt gebrachten Nachschlagwerks u. a. die Stichwörter Gesellschaftskritik, Religion, Strukturalismus und auch den Austrofaschismus neu auf.

[181] Vgl. das Gedicht „Der Auserwählte" bei der Österreichischen Jungendkulturwoche 1954 in Innsbruck.

Georg Langenhorst untersuchte die „spirituelle Tonhöhe" im postum veröffentlichten Gedicht „rot sei gott",[182] das er ein „alptraumhaftes Szenario der Gottesverfluchung" nannte, und befand: „Der de-profundis-Ruf ist hier zur literarisch-provokativen Blasphemie, zur härtesten möglichen Anklage gegen den vermeintlich guten und allmächtigen Gott mutiert."[183] Langenhorst versuchte mit einem Verweis auf Hiobs Klageschreie gegen Gott und seine Schöpfung („Die Erde ist in Frevlerhand gegeben, …" 9,23) eine Rechtfertigung von Jandls verzweifelt klarer Rede: „Vielleicht ist das tatsächlich mit Jandl vergleichbar: Dessen Intensität der Bildwahl, dessen Verzweiflungsdichte des Tons verweisen möglicherweise darauf, dass die Gottesbeziehung gerade so im letzten eingefordert, eingeklagt, eingelöst wird …"

Dem Wiener Literaturkritiker Cornelius Hell, germanistisch und theologisch gebildet, gelang es als einzigem, Ernst Jandl zu einem umfassenden öffentlichen Gespräch über Gott und Kirche zu bewegen.[184] Er veröffentlichte es unter dem Titel „ich klebe an gott". So beginnt das Gedicht „klebend" vom 20.7.1979,[185] es weist auf die ersten Worte des katholischen Glaubensbekenntnisses hin. Jandl stellte sich in diesem Gespräch in der Rolle als alter Mann vor, „der sich wiederum mit den religiösen Vorstellungen seiner Kindheit" beschäftigt:

> „Ich frage mich auch, ob das nicht eine Art Verrat an Jahrzehnten meines gottlosen Lebens ist, und suche dann nach einer Erklärung bzw. nach Trost, denn Verräter will man schließlich auch nicht sein. Aber vielleicht lieber den Atheismus seiner Mannesjahrzehnte hinter sich lassen als auf etwas möglicherweise unerhört Wertvolles, nämlich die Vorstellung des Eingebettetseins des menschlichen Lebens in eine höhere Ordnung, die von Gott bestimmt ist, zu verzichten. Dann lieber vielleicht Jahrzehnte gottlosen Lebens verraten im Sinne von: abschließend hinter sich lassen und den Anschluss an einen, wenn Sie so wollen, gottesfürchtigen Anfang suchen."

Jandl sprach bei einem zufälligen Zusammentreffen den Wiener Erzbischof Christoph Schönborn an, ob er ihm einen Geistlichen empfehlen könnte, mit dem er über ‚Glaubensfragen' reden könne. Ihm wurde DDr. Werner

---

[182] Jandl 2016, Bd. 4, S. 562.

[183] Langenhorst 2009, S. 250–251. Jandl ist im Abschnitt „Religion in der Lyrik der ‚älteren' Generation" zusammen mit den auch als Lyriker tätigen Germanistikprofessoren Richard Exner und Peter Horst Neumann vorgestellt; zu beiden pflog Jandl persönliche Kontakte.

[184] *Salz* Heft 91, April 1998, S. 18–25. http://www.literatur-religion.net/diskurs/d5hell.pdf.

[185] In Jandl 1980a, S. 208. Von Siblewski 2001 wieder veröffentlicht unter dem Titel „ich klebe" und dabei um ein Fragezeichen am Ende der 6. Zeile vermehrt.

Reiss genannt. Dieser war oftmals Gastgeber für die Grazer Autorenversammlung im Caritas-Kulturzentrum in der Annagasse gewesen. „Gewiss haben wir auch ‚Glaubensgespräche‘ in Ernsts Sinn geführt", erinnerte sich Werner Reiss, „aber das waren zehn Prozent der Unterhaltung, verflochten mit der Beobachtung des sozialen und kulturellen Lebens. Es waren also ‚Erwägungen‘, oder, um es in der Sprache der alttestamentarischen Exegese zu sagen, es war ‚gemeinsames Nachdenken in weisheitlicher Tradition‘".[186] Bei ihren Gesprächen in der Wohllebengasse war oft auch Friederike Mayröcker zugegen. Aus dieser Zeit, so der Wiener Theologe und Philosoph, Jahrgang 1941, sei ihm eine Zurechtweisung durch Ernst Jandl in Erinnerung. „Ich habe gesagt: ‚Ich hasse diese Phrase‘ – auf eine der gängigen Phrasen jener Zeit Bezug nehmend. Ernst Jandl sagte zu mir mit größter Bestimmtheit: ‚DU SOLLST NICHT HASSEN‘."[187]

Mayröcker und Jandl kurz wieder unter einem Dach

Zur Jahreswende 1958/59 hatte Ernst Jandl die gemeinsame Wohnung in der Zentagasse jählings verlassen: Nach fast 15 Monaten war der Versuch zusammenzuleben gescheitert. Am 7. Juli 1999 wurde der Dichter in einem Sanitätswagen in die Zentagasse gefahren. Am 9. Juni 2000 holte ihn dort ein Sanitätswagen ab. Nur mehr elf Monate dauerte, was vierzig Jahr zuvor ein Experiment gewesen und nun Notwendigkeit war. Zum Knieproblem war eine Herzinsuffizienz gekommen.[188] Den Aufstieg in die zweite Etage in seine Wohnung in der Wohllebengasse schaffte Jandl nicht mehr. Im Haus Zentagasse 16 gab es seit dem Dachausbau einen Lift; freilich nicht mit einer Station ebenerdig, sondern ein Dutzend Stufen höher.

Zum Schreiben brauchte Jandl in der Zentagasse nicht viel mehr als seine Maschine. Fernseher und Stereoanlage waren vorhanden. Doch immer gab es etwas, das er aus der Wohllebengasse verlangte – und das die zum Suchen ausgeschickte Partnerin dort nicht finden konnte. Darum musste er

---

[186] Reiss an HH 16.4.2020. Archiv HH.

[187] Dieser in Versalien geschriebene Appell taucht wie ein Mantra mehrmals auf Jandls späten Kritzelblättern auf.

[188] Diagnosen in Schreiben vom 18.9.1999 an Prof. Dieter zur Nedden, Innsbruck: Cordiale Insuffizienz, Vorderwandinfarkt 1993, verkalkte Aortenstenose mit einer Klappen-Öffnungsfläche von 1,0 cm, NYHA III Belastungsdyspnose bei Strecken 10 bis 30 Meter, hämodynamisch wirksamer maximaler Druckgradient 53 mm Hg, EF nach Simpson ca. 33 %. Archiv HH.

sich im Oktober und November vom Rettungsdienst in die alte Wohnung schleppen lassen. Für Fritzi, ein Jahr älter und ebenfalls mit Herz-Kreislauf-Problemen belastet, hatte mit Ernsts neuer Nähe ein dauerndes Bangen ein Ende gefunden. Oft hatte sie in die Wohllebengasse eilen müssen. Manchmal hörte er ihren Telefonanruf nicht, weil er laut Platten spielte oder beschwert von Rotwein oder Whisky eingeschlafen war. Da hieß es für sie bebenden Herzens die Treppen zu ihm hochsteigen und auf alles gefasst sein.

„Als Ernst eine Wohnung im selben Haus bezog, war sie glücklich", hielt Friederikes Freundin Elisabeth von Samsonow fest. „Sie meinte, sie habe gar nicht gewusst, wie schön es sei, nahe beieinander zu wohnen. Sie hat vielleicht das Getrenntleben bereut. Sie hätten beide Angst gehabt, sich ihrer Arbeit nicht angemessen widmen zu können, dafür wäre das getrennt Leben zu imperativ gewesen. Aber im Nachhinein kam es ihr unlogisch vor, als hätte diese Selbständigkeitsidee ein Versäumnis an Nähe verursacht."[189] Drei Wochen nach seiner Ankunft wurde in seiner neuen Bleibe Ernsts 74. Geburtstag gefeiert, in Helga Glantschnigs Erinnerung ein heißer, sonniger Tag. Ernst trug ein Hawaihemd und darüber breite Hosenträger. Um Ernst nicht zu verführen, wurde kein Alkohol serviert. Als er die Gäste verabschiedete, wirkte er schon erschöpft.

1999 stellte Klaus Siblewski ein Jandl-Buch mit veröffentlichten Arbeiten zusammen: *aus dem wirklichen leben. gedichte und prosa*, 200 Texte, orientiert „an der Chronologie von Jandls Biographie und den Phasen",[190] beginnend mit den von den Zuhörern geliebten Gedichten „lichtung", „ottos mops" und „zweierlei handzeichen", und verwoben darin die wenigen Ansätze Jandls, selber seine Biographie festzuhalten.[191] Siblewski verstand wohl, wie sehr Jandls Leben gefährdet war und drängte ihn nun, ihm unveröffentlichte Gedichte zu überlassen. Um solche unter den Papieren in der Wohllebengasse zu finden, wollte er nach Wien kommen, wurde aber von Mayröcker gebremst. Als er am 19. November anreiste, suchte er auch Material für die seit 1996 dem Verlag angekündigte Bildmonographie,[192] die unter dem Titel *a komma punkt* 2000 erscheinen sollte zum 75. Geburts-

---

[189] Schriftl. Mitteilung 31.10.2022. Archiv HH.

[190] „Editorische Notiz". Jandl 1999a, S. 182.

[191] Eine ähnliche Zusammenstellung legten noch einmal 2012 Bernhard Fetz und Klaus Siblewski vor in der von Fetz im Verlag Jung und Jung herausgegebenen Reihe *Österreichs Eigensinn. Eine Bibliothek*. Den Titel *Der beschriftete Sessel* hatte auch schon 1991 Klaus Pankow bei Reclam-Leipzig für seinen Jandl-Reader gewählt.

[192] Christoph Buchwald an Jandl 19.12.1996. LIT 139/99, 2.4.1. Luchterhand.

tag des Dichters und zugleich als Katalog einer Ausstellung.[193] In seinen Telefongesprächen mit Jandl sammelte er weitere biographische Daten und Fakten. Sie flossen in sein Buch *Telefongespräche mit Ernst Jandl* ein, das er 2001 wie auch die vermeintlich *letzten gedichte* veröffentlichte.

Im Herbst 1999 erreichte Jandl eine statistische Bestätigung, wie sehr er im deutschen Sprachraum geschätzt wurde. Anton Leitner fragte für die von ihm in Bayern herausgegebene Zeitschrift *Das Gedicht* über 50 Schriftsteller, Wissenschaftler und Kritiker nach den bedeutendsten Lyrikern deutscher Sprache im zu Ende gehenden Jahrhundert.[194] Jandl wurde an den siebten der zehn Plätze gereiht, als erster unter Lebenden. Gottfried Benn führte die Liste an, vor Paul Celan, Bert Brecht, Rainer Maria Rilke, Georg Trakl, Ingeborg Bachmann; hinter Jandl: Günter Eich, Friederike Mayröcker und Hans Magnus Enzensberger.[195] Mit Friederike als Partnerin und Stütze trat er am 10. September im ehemaligen Zisterzienserstift und jetzigem Priorat Neukloster in der Wiener Neustadt beim Eröffnungsabend eines ersten Festivals für Neue Kirchenmusik auf. Wie schon 1996 im Attergau wurde Martin Haselböcks *Konradmesse* aufgeführt, diesmal aber um liturgische Texte von Jandl und Mayröcker erweitert.[196] Jandls letzter Auftritt als Sprechkünstler fand so in einer Klosterkirche statt.

In diesem Herbst erschien Leo Navratils Buch *manisch-depressiv* mit dem Anfangskapitel „Jandl – eine Psychose", in welchem er seinen Auftritt bei Jandls Fest zum 70. Geburtstag in Mürzzuschlag nacherzählte; damals hatte ihm der Dichter als Thema für einen Sechs-Minuten-Vortrag „Jandl – eine Psychose" zugewiesen. Was Navratil 1985 in seinem Zeitungsfeuilleton „jedes gedicht ist jetzt ein brief an das christkind"[197] wichtig war, hielt er neuerlich mit Bezug auf Jandl fest: „Die glückhafte Geborgenheit an der Brust und im Schoße der Mutter und die Sehnsucht, dorthin zurückzukehren, ist aber auch der Ursprung und das Ziel allen literarischen Schreibens." Friederike Mayröckers 75. Geburtstag stand bevor. Er wurde

---

[193] 23.7.1999. Siblewski 2001, S. 135, 137, 157. Damals gehörten bereits sämtliche Originalmaterialien der Österreichischen Nationalbibliothek: Sie hatte den Vorlass mit Vertrag vom 5.6.1997 gekauft. Johanna Rachinger, Generaldirektorin der ÖNB, forderte von Siblewski am 14.10.2005 die Rückstellung der aus Jandls Wohnung verbrachten Schriften aus dem Deutschen Literaturarchiv in Marbach nach Wien. Archiv HH.

[194] *Das Gedicht*, Nr. 7, Herbst 1999, S. 100.

[195] Im internationalen Ranking: Pound, Apollinaire, Mandelstam, Inger Christensen, Ungaretti, Neruda, W.C. Williams, Achmatova, Heaney, T.S. Eliot.

[196] APA129 vom 11.8.1999.

[197] Siehe Kap. 8.

am 17. Dezember 1999 mit einem Fest im Literaturhaus gefeiert – auf dem Programm, so die Ankündigung, „vier Männer, die ihr Leben begleitet haben": Ernst Jandl, Bodo Hell, der Germanist und Übersetzer Luigi Reitani in Udine und der in Deutschland aufgewachsene, in Wien lebende Peter Waterhouse.

Im nächsten Frühjahr, seinem letztem, verletzte sich Jandl am Oberschenkel und war damit noch weiter eingeschränkt. Er brauchte eine Greifzange, um Papier vom Boden aufzuheben. An einem warmen Mai-Tag drängte es Ernst trotz seiner Krücken mit Fritzi und Helga in ein Gasthaus im Schweizergarten, dem Abenteuerrevier seiner Kindertage.[198] In diesen Wochen wurde Friederike Mayröcker in Graz groß herausgestellt: Das Kulturzentrum bei den Minoriten lud sie zu einer Lesung ein, zeigte eine Ausstellung ihrer Zeichnungen und szenischen Visualisierungen von Texten. In den ersten Junitagen 2000 fiel Ernst Jandl in manische Geschäftigkeit. Am 3. Juni richtete er einen Appell an den Klagenfurter Bürgermeister Scheucher, er möge mithelfen, das von Isabella Ban – Halbschwester von Gert Jonke – und ihrem Partner, dem Multiartisten Viktor Rogy (1924–2004), geführte Künstlercafé OM zu erhalten.[199] Für den 5. Juni rief das Wiener Literaturhaus einen ‚Aktionstag‘ aus, um auf seine „dramatische Finanzierungssituation" aufmerksam zu machen.[200] Der so attackierte Kunststaatssekretär Franz Morak reagierte wütend, weil er dem Literaturhaus eben erst ein Sonderbudget von 300.000 Schilling für Jandls bevorstehenden Geburtstag bewilligt hatte. Jandl ließ Morak ausrichten, er wünsche kein Geburtstagsfest, denn er feiere in aller Stille in Altaussee. Das Literaturhaus hatte, was Jandl nicht wusste, diesen hohen Betrag für eine Jandl-Ausstellung beantragt. Ebenso ärgerte sich Jandl über die Wiener Schule für Dichtung. Er hatte dort angerufen, doch nur ein Tonband erreicht, das die Abwesenheit ihres Leiters Christian Ide Hintze mit dem Satz erklärte „Wir jandeln". Der Dichter befürchtete nun weitere unangenehme Geburtstags-Überraschungen von Subventionsschnorrern in seinem Namen.

Am 9. Juni 2000, dem Freitag vor Pfingsten, mussten Fritzi und ihre Freundin Edith Schreiber am Vormittag Dr. Nikolaus Brinskele holen, der Jandl seit zwei Jahren als Praktiker behandelte und seine Ordination in nächster Nähe in der Laurenzgasse hatte. Edith rief überdies den Rettungs-

---

[198] Glantschnig 2022, S. 74–75.
[199] Brief am 3.6.2000 von Friederike Mayröcker getippt. Kopie Archiv HH.
[200] APA432 vom 5.6.2000.

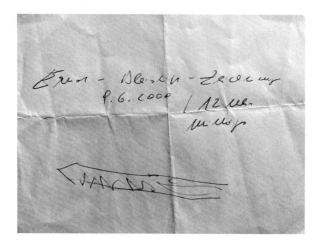

Abb. 8 Ernst Jandls letztes Zeichen. (Foto: Edith Schreiber)

dienst. Beim Zusammenpacken des Notwendigsten für den Transport ins Spital verlangte Ernst nach einem Bleistift. Edith brachte ihm aber einen Kugelschreiber. Statt sie nochmals mit Worten zu drängen, zeichnete er ihr flink einen Bleistift auf ein Blatt Papier. Friederike Mayröcker im Requiem als Ernst: „Warum zeichnete er am Morgen seines Todes 1 Bleistift auf ein Notizblatt, sage ich zu B., warum verlangte er nach 1 Bleistift, es lagen ja genug Kugelschreiber auf dem Tischchen vor seinem Bett."[201]

Fritzi fuhr im Rettungswagen zur Rudolfstiftung, Edith folgte mit ihrem Auto. Ernst wurde zunächst auf die Neurologie gebracht zum vertrauten Dr. Viktor Stellamor. Weil die Herzprobleme schlimmer wurden, musste er ihn weiterleiten auf die Überwachungsstation. Dort hatte Prof. Dr. Claudia Stöllberger[202] Dienst, die Jandl als Kardiologin schon seit zwei Jahren betreute. Gegen das Vorhofflimmern wurde eine Kardioversion vorbereitet. Dazu musste der Patient befragt werden, wie schwer er sei. „85 Kilo" habe er geantwortet, erinnerte sich Edith Schreiber. Es sollten Ernst Jandls letzte Worte bleiben. Der Patient begann plötzlich zu verfallen und wurde auf die Intensivstation gebracht. Er konnte nicht mehr sprechen und wurde blau im Gesicht. „Wir haben ihn intubiert und begonnen, ihn wiederzubeleben. Am Monitor kaum noch Herzschläge, nur Zuckungen. Wir versuchten es

---

[201] Mayröcker 2001, S. 33–34.

[202] Kardiologin und Intensivmedizinerin in der 2. Med. Abteilung Rudolfstiftung, Interview am 2.6.2020. Im Team auch Prof. Dr. Jörg Slany, Primar der 2. Medizinischen Abteilung.

mit Herzmassagen und Medikamenten. Er verstarb, ohne das Bewusstsein wiederzuerlangen, nach zwei, drei Stunden."[203] Die Uhr zeigte 17:28.[204] Friederike Mayröcker sagte später: „Eine Sache verfolgt mich ununterbrochen, auch dreieinhalb Jahre nach seinem Tod: der Moment, als der Primararzt herausgekommen ist und ganz lapidar gesagt hat: Ernst Jandl ist gestorben. Das ist wie ein Hieb."[205] Nun kam auch die alte Ärztin und Freundin „Stefa" Kolowratnik-Senjow ins Krankenhaus geeilt. Fritzi habe sich auf den toten Körper geworfen. Edith Schreiber brachte sie für drei Tage in einem Spital unter.

Die Austria Presse-Agentur sandte die Nachricht vom Tod Ernst Jandls um 19:37 Uhr als Eilmeldung aus, mit Franz-Leo Popp von der LiterarMechana als Quelle.[206] Nach der Verlesung des kurzen Texts in den ORF-Abendnachrichten eilte Kurt Neumann in die Rudolfstiftung.[207] Auch Helga Glantschnig kam dorthin, gemeinsam suchten sie den Toten. Die Freundin schrieb:

> „E.J. lag in einem Verabschiedungsraum. Bis zum Hals mit einem weißen Laken bedeckt. Geschlossene Augenlider. Das rasierte Gesicht erbleicht. Ein leicht verkrampfter Zug um den Mund. Ich hatte einen schlimmeren Anblick befürchtet, er war der erste Tote, den ich von Angesicht zu Angesicht zu sehen bekam."[208]

Nekrologium

Der Tod Ernst Jandls traf alle, die professionell darauf reagieren mussten, unvorbereitet. Am nächsten Morgen, es war Pfingstsamstag, sandte die Austria Presseagentur eine Stellungnahme des Kunststaatssekretärs Morak, Burgschauspieler und Rocksänger, mit dem Satz: „Österreich blickt einen Augenblick lang in einen leeren Spiegel". Gerhard Ruiss von der IG Autoren sprach von einer „ermutigenden Kraft", denn Jandl sei eben noch bei der

---

[203] Interview Stöllberger 2.6.2020.
[204] Bezirksgericht Wien – Innere Stadt. Verlassenschaftssache Ernst Jandl, 4A 268/00f.
[205] *Profil*, 27.10.2003.
[206] APA653 vom 9.6.2000.
[207] Mitteilung 24.7.2022.
[208] Glantschnig 2022, S. 75.

Ankündigung des Aktionstags gegen eine angebliche „Aushungerung" des Wiener Literaturhauses durch Morak dort öffentlich aufgetreten. Von Elfriede Jelinek verbreitete die APA den Satz: „Er hat immer versucht, für Kollegen und die Literatur was zu tun." Josef Haslinger kam Jandl spontan am nächsten, als er „zwei Bereiche traditioneller Unterordnung" nannte, mit denen Jandl gehadert habe: ,Vaterland' und ,Religion'.[209]

Richard Reichensperger, der 2004 mit nur 43 Jahren verunglückte helfende Schatten der schon lange kränkelnden Dichterin Ilse Aichinger, schrieb Jandl die „Schaffung einer Sprache des Schmerzes" zu.[210] In seinem Werk, „auch ein Alphabet der letzten Jahrzehnte Österreichs", habe er einen „der vielen leeren Kontinente der Sprache erschlossen und damit zu Politik gemacht", nämlich das Verschweigen körperlicher Gebrechen gebrochen. Dieses „Sprechen gegen die Macht" sollte mit der Todesmeldung nicht verschwinden. Reichensberger bat als Literaturkritiker des *Standard* österreichische Schriftstellerinnen und Schriftsteller, über ein Jandl-Gedicht ihrer Wahl zu schreiben.[211] Friederike Mayröcker schloss die Serie ab mit einem Satz über das Leben mit Ernst Jandl: „Ich wünsche mir, es würde uns ein einziges Jahr dieser für mich kaum mehr erinnerbaren Zeit zurückgegeben: wie intensiv würde ich es leben, wie behutsam und glücklich."[212]

„War er nicht der berühmteste Dichter des letzten Jahrhunderts?", fragte Rolf Michaelis in der *Zeit* mit Berufung auf „lechts" und „rinks" und die Frontseiten-Mutation der *taz* zu seinem Geburtstag 1990 und schloss mit Jandls Satz aus der Büchner-Preis-Rede „Dichtung, bisweilen, ist ein blutiges Geschäft, zwischen Selbstverletzung und Selbstzerfleischung."[213] „Einer der letzten großen Dichter des vorigen Jahrhunderts" war Jandl in der *F.A.Z.* für Thomas Steinfeld. Er verglich Jandl mit Reinhard Döhl: der Stuttgarter ein vom Glauben an den Algorithmus beseelter „Zeichengenerator", der Wiener ein „schnitzender Minimalist" mit einem Ohr, das in der Alltagssprache und erst recht in der politischen „jede Nuance des Tonfalls wahrnahm und den kleinsten Verrat der Absicht an der Sache schon im Wechsel

---

[209] APA178 vom 10.6.2000.

[210] *Der Standard*, 13.6.2000.

[211] Ilse Aichinger wählte „im park" (17.6.), Kurt Neumann „glückwunsch" (20.6.), Marie-Thérèse Kerschbaumer „calypso" (24.6.), Elfriede Jelinek „Ohne Titel" [„d'oideantisemitin …"] (28.6.), Wolf Haas „sentimental journay" (1./2.7.), Lisa Fritsch „tohuwabohu" (5.7.), Andreas Okopenko „Donnerstag" (8.7.), Ferdinand Schmatz „von leuchten" (15.7.) Sabine Scholl „fünfter sein" (19.7.), Robert Schindel „wien: heldenplatz" (20.7.), Friederike Mayröcker „ottos mops" (1.8.).

[212] Mayröcker 2001, S. 45.

[213] 15.6.2000.

der Stimmhöhe, ja der Färbung der Vokale bemerkte."[214] Für Karl Riha, seinen Werkchronisten im *KLG*, blieb Jandl „der im Deutschen wohl einflussreichste Sprachspieler". Jörg Drews, der Wissenschaftler, der ihm im deutschen Feuilleton am nächsten stand, nutzte in der *Süddeutschen Zeitung* den tristen Anlass, sein Ersturteil über das Gedicht „der wahre vogel" zu revidieren. 1983 hatte er darin noch einen „sadistischen Anfall und Einfall" gesehen.[215] Das Bild von der Amsel, der beide Beine abgeschnitten werden und die darum nie mehr landen kann, schien ihm nun zwar sadistisch – „und ist doch nur Ausdruck der Sehnsucht danach, ‚abheben' zu dürfen, des Leidens daran, nicht mehr richtig gehen zu können. Der Dichter singt bekanntlich wie der Vogel singt, und ganz am Ende kann und muss er einer werden." Dagegen setzte André Bucher in der *Neuen Zürcher Zeitung* ein Andenkenbild ohne Hoffnung: „Kaum jemand hat den Prozess des Alterns so konkret in Literatur umgesetzt: den Verfall des Körpers, die trostlose Lage eines, der sich ‚völlig abgestumpft' und ‚weltmüde' fühlt und dem die Poesie zum ‚widerlichen lebenszweck' geworden ist. Vor allem die im Dialekt verfassten ‚Stanzen' (1992) wehren sich noch einmal mit derbsten Phantasien gegen das drohende Nichts, das Jandl nun endgültig eingeholt hat."[216]

Die *Sunday Times* druckte ihren Nachruf über vier Spalten unter der Zeile „Austrian poet whose combination of avant-garde verse and anarchic humour brought him both critical and popular success". Der ungenannte Autor übertraf mit seiner lexikalischen Genauigkeit die vergleichbaren deutschen Feuilletons. Doch im Schlusssatz verwechselte er Jandl mit H.C. Artmann, als er schrieb: die jüngeren Schriftsteller hätten sich „in den Clubs und Cafés der florierenden künstlerischen Szene Wiens der Nachkriegszeit" um Jandl versammelt.[217] In der *New York Times* folgte der Nachruf-Routinier Eric Pace mit drei Spalten plus Foto über den „Viennese Poet of Many Moods" und „internationally known lyric poet whose work could be lighthearted or despairing". Pace grub im Archiv ein Statement von Peter Demetz aus, dem aus Prag stammenden Germanistikprofessor in Yale, der Jandl „among the best of the experimentalists" gezählt hatte.[218]

---

[214] 13.6.2000.

[215] *Süddeutsche Zeitung*, 29./30.10.1983.

[216] *Neue Zürcher Zeitung*, 13.6.2000.

[217] „Ernst Jandl". *Sunday Times*, 21 June 2000, The Times Digital Archive, link.gale.com/apps/doc/IF0501367602/TTDA?u=times&sid=bookmark-TTDA&xid=561ae3a0. Accessed 18 Oct. 2022.

[218] 24.7.2000.

Abschiede

Als nächstem Verwandten oblag es dem Bruder Hermann, die Formalitäten für das Begräbnis zu erledigen. Friederike Mayröcker war dazu weder legitimiert noch gesundheitlich stabil genug. Das Kulturamt der Stadt Wien und Kurt Neumann halfen in ihrem Namen. Doch die Traueranzeige zu formulieren, ließ sich Hermann Jandl nicht nehmen. Unter einem lateinischen Kreuzzeichen und dem Gedicht „zwei erscheinungen" am Kopf des Blattes meldete er: „Der große Dichter Ernst Jandl ist am 9. Juni 2000 in Wien gestorben". Dann folgte eine Liste mit allen Akademiemitgliedschaften, Ordenskreuzen, großen und kleinen Literaturpreisen, dicht gestopft in 19 Zeilen – ein Affront gegen Ernsts Sinn für Reduktion, Minimalismus, Entkleidung.

Alfred Kolleritsch leitete am 26. Juni auf dem Wiener Zentralfriedhof seine Trauerrede mit den Schlusszeilen von Rilkes Achter Duineser Elegie ein: „so leben wir und nehmen immer Abschied".[219] Er warnte vor einer schnellen „Entsorgung von Literatur" mit undifferenzierter Rede wie „du hast die konkrete Poesie dem Volke nähergebracht" oder „du hast mit der Sprache gespielt". Kolleritsch dagegen wie immer eher zaghaft: „Vielleicht besteht die Größe seiner Dichtung darin, daß er das Poetische ohne die Mittel der Metaphorik geleistet hat, die mit Bildern aushilft, wo er schon der bitteren Wahrheit nahe war." Er wünschte Jandls Werk, „dass ihm mehr beschieden sei, als der Zank um die gültige Auslegung." In seiner Predigt bei der Einsegnung legte Monsignore Werner Reiss eine Stelle bei Jesaia (55,11) aus über die Wirkung von Prophetenrede:

> „so ist es auch mit dem Wort,
> das meinen Mund verlässt:
> Es kehrt nicht leer zu mir zurück,
> sondern bewirkt, was ich will,
> und erreicht all das, wozu ich es ausgesandt habe."

Ernst Jandl hatte schon eine gute Zeit vor seinem Tod den Freund Werner gebeten, ihm einen Rosenkranz zu besorgen. Er wurde ihm im Sarg in seine Hände gelegt. Der Kondukt auf dem Wiener Zentralfriedhof bewegte sich hinter einem Vortragekreuz zum Ehrengrab, Gruppe 33 G, Nr. 29. Friederike Mayröcker warf ins Grab eine dunkelrote Rose hinterher, Bodo

---

[219] LIT 307/W58.

Abb. 9 Friederike Mayröcker im Trauerzug zum Ehrengrab für Ernst Jandl auf dem Wiener Zentralfriedhof am 26. Juni 2000. Hinter ihr in Schwarz Edith Schreiber. (Foto: Michaela Seidler-Bruckberger)

Hell ein Fläschchen Schnaps aus Bergblumenwurzeln.[220] Eine Unbekannte lies einen Brief ins Grab fallen.

Am 6. Juni 2000 begann im Wiener Literaturhaus die von Klaus Siblewski mit einer Bildmonographie gleichen Titels im Luchterhand Verlag begleitete Ausstellung *ernst jandl: a komma punkt*. Für das Buch wählte der Lektor ein Juxfoto für den Umschlag, auf dem der Pazifist Jandl mit einem Trommelrevolver auf den Leser zielt. Die Wiener Schriftstellerin Lotte Ingrisch (1930–2022), Witwe des Komponisten Gottfried von Einem, rühmte sich, als Medium mit Verstorbenen in Verbindung treten zu können. Laut einer in Wien zirkulierenden Anekdote habe ihr Friederike Mayröcker eine Liste mit Fragen an Ernst gegeben. Die Botschaften, die Ingrisch als Antworten zurückbrachte, waren allesamt Nachrichten für „Friederike".

---

[220] Bodo Hell: „jandl memoire". Undatiert. Archiv HH.

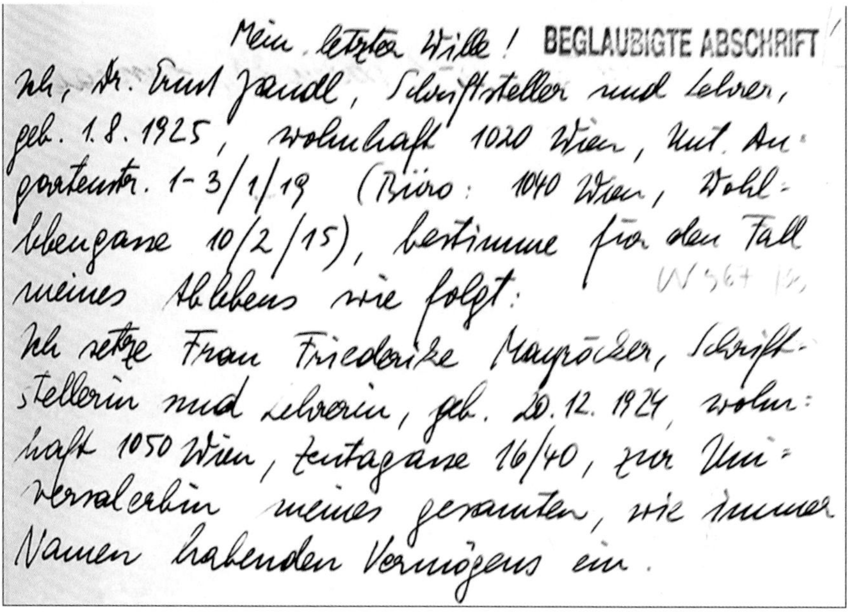

Mein letzter Wille! BEGLAUBIGTE ABSCHRIFT
Ich, Dr. Ernst Jandl, Schriftsteller und Lehrer,
geb. 1.8.1925, wohnhaft 1020 Wien, Unt. Augartenstr. 1-3/1/19 (Büro: 1040 Wien, Wohllebengasse 10/2/15), bestimme für den Fall meines Ablebens wie folgt:
Ich setze Frau Friederike Mayröcker, Schriftstellerin und Lehrerin, geb. 20.12.1924, wohnhaft 1050 Wien, Zentagasse 16/40, zur Universalerbin meines gesamten, wie immer Namen habenden Vermögens ein.

Abb. 10 Ernst Jandls Testament vom 6. Oktober 1977 (Ausschnitt)

Damit flog der Schwindel auf: „Ernst hätte mich nie als Friederike angesprochen, immer nur als Fritzi."[221] Der Literaturhaus-Verein forderte, als formaler Eigentümer, von Friederike Mayröcker nach Ernst Jandls Begräbnis die Räumung der Räume im Dachgeschoss der Zentagasse. Doch der Staatssekretär Morak sicherte ihr sofort zu, dass ihr die für Ernst Jandl von der Republik angeschaffte Wohnung „auf unbegrenzte Zeit zur Verfügung gestellt wird".[222]

Drei Jahre lang dauerte die Verteilung von Ernst Jandls Nachlass. In ersten Entwürfen im Jahr 1974 für ein Testament hatte er die Gründung einer Jandl-Mayröcker-Stiftung im Sinn, mit deren Erträgen experimentelle Kunst gefördert werden sollte.[223] Er fürchtete schon damals, dass seine uneheliche Tochter Edeltraud die Verfügungsgewalt über seinen Rechte-Nachlass bekommen – und als Friseurin damit überfordert wäre. Das

[221] Im Interview am 29.4.2021 dementierte Ingrisch diese Darstellung.

[222] Bundeskanzleramt GZ 15.513/II/5/00. Archiv HH.

[223] LIT 139/L32. Siehe Kap. 1.

Testament, das nun im Jahr 2000 dem Bezirksgericht Wien – Innere Stadt vorgelegt wurde, hatte der Dichter schon am 6. Oktober 1977 auf einem Blatt Papier mit eigener Hand niedergeschrieben. Darin setzte er Friederike Mayröcker als Alleinerbin ein, und im „Falle des Vorablebens von Friederike Mayröcker oder ihres Ablebens gleichzeitig mit mir" den Bruder Robert in Regensburg und den Bruder Hermann in Perchtoldsdorf zu gleichen Teilen. Jandls uneheliche Tochter Edeltraud (Traude) Slowaczek meldete im Verlassenschaftsverfahren ihren Anspruch auf ihren Pflichtteil an. Sie setzte durch, dass zwei Safes von Friederike Mayröcker amtlich geöffnet wurden. Darin fanden sich viele von Ernst zu Geburts- und Feiertagen geschenkte Goldmünzen, auf beigepackten Zettelchen mit Liebesgrüßen an Fritzi begleitet; für das Gericht war damit Mayröckers Eigentum am Goldschatz erwiesen. Der Wert des literarischen Urheberrechts über die Frist von 70 Jahren nach dem Tod des ‚Schöpfers' wurde auf 350.000 Euro geschätzt. Schließlich bekam Edeltraud Slowaczek „die Hälfte des Reinnachlasses" ausbezahlt.[224]

Mit dem Entwurf eines Grabsteins am Zentralfriedhof beauftragte Friederike Mayröcker den Steinbildhauer Franz Xaver Ölzant, damals Professor an der Wiener Kunstakademie. Schon zum Totengedenken Allerheiligen/Allerseelen im Jahr 2000 überraschte sie mit der Veröffentlichung eines Texts in der Wiener *Presse* mit dem Titel „Will nicht mehr weiden". Er wurde unter dem Titel *Requiem für Ernst Jandl* verbreitet, in einem dünnen Buch über den Verlust des „HERZ- und LIEBESGEFÄHRTEN".[225] Der Organist Martin Haselböck machte sich sofort an eine Vertonung des Textes.[226] Mayröcker deponierte im *Requiem* die Vision von ihrem eigenen Begräbnis: „Euer Grab liegt in herausragender Umgebung, schreibt Thomas Kling. Wenn ich also mit dem Kopf nach unten begraben werde, wie ich es wünsche, werden wir Mund an Mund liegen, schreibe ich an Thomas Kling."[227] Dem Wiener Literaturkritiker Paul Jandl (nicht mit Ernst verwandt) klagte sie im April 2001: „Nichts ist besser geworden […] Es ist, wie

---

[224] Edeltraud Slowaczek lebt im selben Ort wie ihr Sohn Franz Slowaczek – Ernst Jandls Enkel, ein Augenoptiker – in Niederösterreich. Sie feierte am 2. Dezember 2022 ihren 80. Geburtstag. *Unsere Generation NÖ. Das Mitgliedermagazin des Pensionistenverbandes Österreichs* 8/2022, S. 15.

[225] Mayröcker 2001.

[226] Mit Jutta Lampe als Sprecherin 2001 im Bayerischen Rundfunk gesendet, mit Chris Pichler und Werner Schwab als CD produziert.

[227] Mayröcker 2001, S. 40.

wenn etwas herausgepresst werden würde, als könnte sich der Schmerz nicht anders Luft machen als durch das Schreiben."[228] 2005 stellte Friederike Mayröcker ihre Komposition aus Erinnerungen, Gesprächen, Alltäglichkeiten und Träumen fertig, in der sie ihr unantastbares Bild vom Gefährten hinterließ: *Und ich schüttelte einen Liebling.*[229]

2001 wurde vom Luchterhand Verlag ein Jandl-Bändchen unter dem irreführenden Titel *Letzte Gedichte* nachgeschoben.[230] Der Lektor Siblewski bezeichnete die von ihm herausgegebenen 94 Texte, darunter manche nur eine Zeile lang, in seiner Editorischen Notiz als Gedichte, die sich mit „letzten Dingen" beschäftigen oder aus Mappen geborgen wurden, die in keiner offensichtlichen Beziehung zu den kanonisierten Gedichtbänden standen. Jörg Drews mutmaßte in seiner Rezension unter dem Titel „Hiob in Wien", dass man mit der Veröffentlichung von Fragmenten und Notizen Jandl keinen Gefallen getan habe.[231] Er wies auf konkrete editorische Mängel hin und wünschte sich Auskünfte über Textgrundlagen und Auswahlprinzipien.[232] Dem Herausgeber dankte Drews, „dass wir nun ein Dutzend bedeutende und zweifelsfrei vollendete Gedichte Ernst Jandls mehr haben oder von ihnen wissen." Unter diesen hob er besonders hervor: „rot sei gott …".[233] Drews riet: „Lesen Sie dort nach, wie Ernst Jandls Gottes-Porträt, sein Leviathan aussieht. So hätte Hiob von Gott reden können oder müssen, wenn er nicht so servil gottesfürchtig gewesen wäre, der im alten Testament."

Ab dem Jahr 2001 wurde alle zwei Jahre der Ernst-Jandl-Lyrikpreis in Neuberg an der Mürz überreicht.[234] Friederike Mayröcker zeigte sich nie

---

[228] *Neue Zürcher Zeitung*, 18.4.2001.

[229] Friederike Mayröcker. 2005. Und ich schüttelte einen Liebling. Frankfurt/M.: Suhrkamp.

[230] Jandl 2001a. Nur wenige Manuskriptblätter für dieses Buch blieben im Nachlass im Literaturarchiv der Nationalbibliothek erhalten, der größere Teil dürfte im Zuge der Drucklegung aus Wien verbracht worden sein. Nachweisliche Datierungen: „ich klebe an gott" 18.7.79, „leben und schreiben" 28.5.85, „auf deinem einstigen bauch" 12.9.87, „als dieses" 23.10.87, „kleiner wiener vierer" 4.10.88, „erogene zones" 14.7.91, „ein gedicht, ein einziges kurzes gedicht" 22.2.95.

[231] „Hiob in Wien". *Süddeutsche Zeitung am Wochenende*, 21.4.2001. Kritik an Siblewskis Edition auch in Helmer 2014, S. 198.

[232] Das 1979 geschriebene Gedicht „klebend" wurde neu unter dem Titel „ich klebe" abgedruckt, nur um ein Fragezeichen vermehrt. Vgl. Jandl 1980a, S. 209 mit Jandl 2001a, S. 65.

[233] Jandl 2001a, S. 111.

[234] Preisträger 2001: Thomas Kling. 2003: Felix Philipp Ingold. 2005: Michael Donhauser. 2007: Paul Wühr. 2009: Ferdinand Schmatz. 2011: Peter Waterhouse. 2013: Elke Erb. 2015: Franz Josef Czernin. 2017: Monika Rinck. 2019: Oswald Egger. 2021: Brigitta Falkner.

glücklich über diesen so ferne von Wien gelegenen Ort. Dennoch wurde das Dorf nahe Mürzzuschlag mit einem überdimensionierten gotischen Münster rasch das erste Zentrum der Forschung und des Gedenkens an den Dichter. Die Verleihung der Preise wurde eingebettet in ‚Ernst-Jandl-Lyriktage‘ und Dichter, Literaturwissenschaftler und Musiker dazu eingeladen. Das nächste Forschungszentrum wurde im Literaturarchiv der Nationalbibliothek eingerichtet von einem am Nachlass arbeitendem jungen Team, voran Bernhard Fetz und Hannes Schweiger. Sie bereiteten in Kooperation mit dem Ludwig Boltzmann Institut für Geschichte und Theorie der Biographie zum 10. Todestag des Dichters im Jahr 2010 die Ausstellung „Die Ernst Jandl Show“ im Wienmuseum am Karlsplatz vor, samt Katalogbuch und einer DVD mit Ton- und Bilddokumenten. Mit der Freigabe der Datenbank *jandl. onb.ac.at* 2016 wurden Jandl-„Biographeme"[235] im Internet zugänglich. Vanessa Hannesschläger[236] konzipierte diese von jedem Ideologieverdacht freie Datenbank in kompromissloser „Verweigerung der Narration“, theoriegestützt auf Bourdieus Essay „Die biographische Illusion"[237] und David Nyes „Anti-Biographie".[238] Dieser so umfangreiche wie nützliche Behelf bei einer Annäherung an Jandl aus jeder Richtung wird vom Literaturarchiv der Österreichischen Nationalbibliothek laufend ergänzt.

Der Wiener Magistrat benannte 2003 nach Jandl einen Weg in einem Neubauviertel am östlichen Stadtrand und 2005 einen kleinen Park in der Nähe von Jandls Schule in der Waltergasse im Bezirk Wieden. Eine Gedenktafel an seinem Geburtshaus am Landstraßer Gürtel gibt es ebenso wenig wie an einer anderen seiner Adressen. Als 2015 die Nationalbibliothek in der Johannesgasse im ehemaligen Hofkammerarchiv ihr Österreichisches Literaturmuseum eröffnete, druckte die Post eine Sondermarke mit einem Foto von Jandls „beschriftetem Sessel“.

Die Literaturadresse Alte Schmiede und Germanisten an der Wiener Universität begründeten schon 2010 nach dem Frankfurter Vorbild eine ‚Ernst-Jandl-Dozentur für Poetik‘, zu der als erster der aus Russland nach Wien

---

[235] „Biographeme löst die geschlossene, lineare Erzählform der Lebensbeschreibung zugunsten einer modularen Biographik auf, deren einzelne Bausteine sich je nach Interesse und Fragestellung immer wieder neu kombinieren lassen, sodass jeder User seinen eigenen Weg durch das Leben der Biographierten beschreiten kann." https://gtb.lbg.ac.at/de/4/2/1#:~:text=Biographeme (10.12.2022).

[236] Hannesschläger 2017, S. 257.

[237] Bourdieu 1990.

[238] Nye 1983.

zugewanderte Lyriker und Übersetzer Alexander Nitzberg gebeten wurde.[239] 2011 wurde Jandl zum ersten Mal mit einem ganzen Buch parodiert: Ein Außenseiter, der österreichische Kommunist Hans Alois Hackensellner, veröffentlichte im Jahr seines Todes 2011 unter dem Pseudonym „Siola Rallehn" *Jandl-ereien und -eskes* mit visuellen Gedichten und ‚Stanzen'.[240] 2016 investierte Luchterhand ein drittes Mal in eine Jandl-Werkausgabe, wiederum von Klaus Siblewski herausgegeben, mit rund 3500 Seiten und 80 Seiten Register. Der Verlag betreibt auch die Website www.ernstjandl.com.

Einen bekennenden Verehrer fand Ernst Jandl im Autor großer Prosa Clemens J. Setz, der 1982 in Graz geboren wurde und in Wien lebt. Auf die Frage in einem Zeitungsinterview nach seiner Initiation in die Literatur antwortete er:

> „Ich begann mit kurzen Texten, Reimen, Haikus. Eines Tages bekam ich ein Bändchen mit Gedichten von Ernst Jandl in die Finger. Eines mit dem Titel *Die Morgenfeier* handelt von einem Mann, der beim Aufwachen entdeckt, dass er im Schlaf eine Fliege zerdrückt und ihr ein Beinchen vom Körper weggerieben hat. Er betrachtet das tote Tier, gleichzeitig fällt ihm auf, wie schön das Morgenlicht durchs Fenster bricht. Ich las es und musste weinen. Danach habe ich alles gelesen, was mir in die Finger kam, Kafka, Rilke, Trakl. Ich habe mit der gleichen Obsession gelesen wie vorher Computer gespielt."[241]

Clemens J. Setz verbreitete 2018 auf Twitter bei 13.000 Followern Jandls Gedicht „von leuchten"[242] mit der Empfehlung „Trostreichstes hoffnungsschöpfendstes Gedicht, das ich kenne". Als er 2021 in Darmstadt den Georg-Büchner-Preis entgegennahm, schloss er in seine Dankesworte auch Ernst Jandl ein – „diesen ausgefuchsten, listenreichen Verbindungsmann zur

---

[239] 2011: Brigitte Kronauer. 2012: Ferdinand Schmatz. 2013: Marcel Beyer. 2014: Elfriede Czurda. 2015: Peter Rosei. 2016: Barbara Köhler. 2017: Valeri Scherstjanoi. 2018: Peter Waterhouse. 2019: Michael Lentz. 2020: Michael Donhauser. 2021: Franzobel. 2022: Péter Nádas.

[240] Rallehn [Pseudonym] 2011. Alois Hackensellner publizierte als Alois Hellner u. a. im Ritter Verlag in Klagenfurt. Geboren 1911 in Wien, überlebte er als Arzt Stalingrad. 1958 ging er mit Billigung der KPÖ und des Zentralkomitees der SED aus Wien nach Ostberlin und wirkte bis 1985 an der Humboldt-Universität und Charité. Archiv der Alfred Klahr Gesellschaft, Wien.

[241] *Süddeutsche Zeitung Magazin*, 24.9.2015.

[242] Jandl 2016, Bd. 3, S. 141.

Undergroundszene der Buchstaben und sprachlichen Abweichungen, meine allererste Liebe aus reclamgelben Jugendtagen".[243]

In Wien begann 2021 der Regisseur Kay Voges seine erste Spielzeit als Direktor im frisch renovierten Volkstheater mit Jandls Stück ohne Schauspieler *Der Raum*. 2022 folgte unter dem Titel *humanistää! Eine abschaffung der sparten* eine Collage aus den Texten *Aus der Fremde* und *die humanisten* sowie einer Reihe von Gedichten. Diese Inszenierung von Claudia Bauer, Dramaturgie Matthias Seier, wurde zum Berliner Theatertreffen eingeladen, gewann Preise in Berlin und Wien und erwies ihre Tauglichkeit sowohl vor überlebenden Jandl-Zeitgenossen als auch vor der Generation der ‚Millennials'. Ernst Jandl: Die Show geht weiter.

---

[243] https://www.deutscheakademie.de/de/auszeichnungen/georg-buechner-preis/clemens-J-setz/dankrede

Anhang

Genealogie von Ernst Jandl, 1925–2000

(1.) Ernst Jandl (* Wien, 1.8.1925; † 9.6.2000, ibid.)

I (2., 3.) Viktor Jandl (* Wien, 24.12.1894; † 28.4.1973, ibid.) ∞ [1.] Wien, 5.10.1924 m. Aloisia (Louise) Rappel (* Wiener Neustadt, 3.12.1902; † 6.4.1940, Wien); [2.] Wien, 18.4.1942 m. Hedwig Maria Nikitowicz (* Wien, 9.6.1912; † 26.8.1986, ibid.).

II (4., 5.) Gregor Jandl (* Retz, 8.9.1856; † 8.4.1917, Wien) ∞ Wien-Hernals, 22.6.1879 m. Maria Josefa Späth (* Szalakusz/Sokolníky, 9.3.1852; † 14.8.1935, Wien); (6., 7.) Anton Rappel (* Wiener Neustadt, 29.5.1864; † 1.2.1936, Weidling) ∞ Peterwardein/Petrovaradin, 21.1.1892 m. Anna Spüller (* Semlin/Zemun, 26.12.1868; † 27.12.1924, Wien).

III (8., 9.) Johann Jandl (* Retz, 6.10.1821; † 26.1.1885, ibid.) ∞ Mitterretzbach, 16.2.1852 m. Maria Prey recte Preyer (* Mitterretzbach, 7.8.1815; † nach 1885); (10., 11.) Anton Späth (*…; † vor 1879) ∞ … m. Apollonia Matejovská/Matyejovszky (*…; † vor 1879); (12., 13.) Anton Rappel [illegit.] (* Wien-Leopoldstadt, 31.1.1835; † 6.5.1919, Wiener Neustadt) ∞ Wiener Neustadt, 18.10.1863 m. Anna Dinhobel (* Wiener Neustadt, 20.3.1835; † 17.4.1906, ibid.); (14., 15.) Franz Spieller (* Semlin/Zemun, 1827; † 1890, ibid.) ∞ … m. Anna Sasz (* Semlin/Zemun, 1831; † 1913, ibid.).

IV (16., 17.) Andreas Jandl (* Mährisch Rothmühl/Radiměř, um 1788; † 6.12.1852, Retz) ∞ Retz, 8.8.1819 m. Elisabeth Strobl (* Retz, 17.9.1797; † 24.10.1875, ibid.); (18., 19.) Gottfried Preyer (* Mitterretzbach, 30.10.1766; † 17.9.1839, ibid.) ∞ Mitterretzbach, 30.1.1798 m. Juliana Kargl (* Mitterretzbach, 5.2.1775; † 28.3.1857, Retz); (22., 23.) Josef Matyejowsky vel Matejowsky (*...; †...) ∞ ... m. Suzanna Mieska (*...; †...); (24., 25.) N.N. (*...; †...), Barbara Rappel (* Klosterneuburg, 17.1.1811; † 28.8.1878, ibid.) [1.] Klosterneuburg, 6.3.1848 m. Franz Gnad (* Würmla, 10.7.1805; 17.5.1850, Klosterneuburg), [2.] Klosterneuburg, 29.6.1851 m. Stephan Laurenz Hanke (* Klosterneuburg, 26.12.1825; †...); (26., 27.) Mathias Dinnhobel (* Neusiedl am Steinfeld, 11.8.1798; † 10.6.1864, Wiener Neustadt) ∞ Wiener Neustadt, 10.2.1834 m. Elisabeth Hirschler recte Hiesel (* Siegersdorf, 16.11.1804; † 30.11.1888, Wiener Neustadt); (28., 29.) Christian Spieller (* Semlin/Zemun, ...; † nach 1842, ibid.) ∞ ... m. Anna Marinovic (* Semlin/Zemun, ...; † nach 1842, ibid.); (30., 31.) Anton Sasz (* Neusatz/Novi Sad, 1797; † ..., Semlin/Zemun) ∞ ... m. Josefine Manolino (* Semlin/Zemun, um 1800; †...).

V (32., 33.) Ignaz Jandl (* Mährisch-Rothmühl/Radiměř, ...; †...) ∞ ... m. Anna Maria (*...; †...); (34., 35.) Franz Strobl (* Slavathen/Slavetín, 27.1.1765; † 18.11.1808, Retz) ∞ Retz, 22.11.1796 m. Eleonora Gutmann (* Retz, 7.2.1766; † 9.6.1843, ibid.); (36., 37.) Johann Preyer (* Mitterretzbach, 8.11.1735; † 3.3.1771, ibid.) ∞ Unterretzbach, 28.1.1766 m. Martha Ruethner (* Mitterretzbach, 4.2.1739; † Mitterretzbach, 6.5.1812); (38., 39.) Sebastian Kargl (* Mitterretzbach, 25.12.1750; † 26.2.1832, ibid.) ∞ Retz, 22.11.1774 m. Rosalia Fritz (* Oberretzbach, 20.8.1750; † 13.2.1818, Mitterretzbach); [...] (50., 51.) Joseph Rappel (* Altmannshof/Hemau, Bayern, 1777; † 17.10.1834, Klosterneuburg) ∞ Schwechat, 12.5.1806 m. Katharina Eder (* Olmütz, um 1785; † 10.10.1853, Klosterneuburg); (52, 53.) Blasius Dinhoppl (* Neusiedl am Steinfeld, 30.1.1765; † 14.6.1835, ibid.) ∞ Urschendorf, 24.1.1797 m. Katharina Rumpler (* Urschendorf, 22.11.1776; † Neusiedl am Steinfeld, 13.2.1825); (54., 55.) Josef Hiesel (* Mittelberg, 1.3.1776; †...) ∞ Siegersdorf, 16.6.1801 m. Anna Maria Hönigsperger (* Kottingbrunn, 5.9.1779; †...) [...].

VI [...] (68., 69.) Joann Georg Strobl (*...; †...) ∞ Anna Maria (*...; †...); (70., 71.) Joannes Gutmann (*...; †...) ∞ Retz, 9.1.1753 m. Elisabeth Wißgott (*...; † 7.2.1792, Retz); (72., 73.) Simon Proier (*Mitterretzbach,

6.10.1676; † 2.8.1751, ibid.) ∞ Mitterretzbach, 7.8.1725 m. Katharina Hartmann (* Mitterretzbach, 17.11.1704; † 9.11.1765, ibid.); (74., 75.) Franziskus Ruethner (* Mitterretzbach, 29.3.1704; † 1.7.1782, ibid.) ∞ Mitterretzbach, 24.4.1731 m. Rosalia Teyffl (* Leodagger, 29.8.1707; † 14.11.1742, Mitterretzbach); (76., 77.) Leopold Kargl (* Unterretzbach, 6.9.1717; † 18.1.1806, Mitterretzbach) ∞ … m. Maria Aineder (*…; †…); (78., 79.) Joseph Fritz (* Unterretzbach, 31.1.1716; † 10.8.1782, Unterretzbach?) ∞ Retz, 16.11.1745 m. Catharina Graff (*…; †…) […] (100., 101.) Andreas Rappl (*…; † vor 1806, Altmannshof/Hemau) ∞ … m. Anna Barbara Paul (*…; † vor 1806, Altmannshof/Hemau); (102., 103.) Christoph Eder (*…; † nach 1806) ∞ … m. Anna Klema (?) (*…; † nach 1806); (104., 105.) (Johann) Georg Dinhoppl (*…; †…) ∞ Neusiedl am Steinfeld, 10.11.1761 m. Maria Glatzl (*…; †…); […] (108., 109.) Jakob Hiesel (*…; † 26.9.1819, Mittelberg) ∞ Schiltern, 23.11.1760 m. Eva Maria Amsüss (* Schiltern, 1.20.1737; † 2.8.1799, Mittelberg); (110.-111.) Michael Hönigsperger (* Grossau, 22.9.1753; † vor 1801) ∞ Grossau, 1.10.1775 m. (Maria) Elisabeth Lochner (* Gainfarn, 12.4.1745; † 23.12.1816, Unterhöflein) […].

VII […] (140., 141.) Stephan Gutmann (*…; † vor 1753) ∞ … m. Catharina (*…; †…); (142., 143.) Johannes Wißgott (*…; † vor 1753) ∞ … m. Barbara (*…; † vor 1753); (144., 145.) Georg Proier (*…; †…) ∞ Mitterretzbach, 14.1.1674 m. Margaretha Hofpauer (*…; †…); (146., 147.) Johann Hartmann (*…; † vor 1725) ∞ Mitterretzbach, 9.1.1685 m. Brigitta (*…; †…); (148., 149.) Joannes Ruethner (*…; †…) ∞ … m. Elisabetha (*…; †…); (150., 151.) Christoph Teyffl (*…; †…) ∞ … m. Maria (*…; †…); (152., 153.) Johannes Kargl (*…; †…) ∞ Unterretzbach, 22.11.1701 m. Elisabeth Wizmann (*…; † vor 1747); (154., 155.) Thomas Aineder (*…; † vor 1747) ∞ … m. … (*…; †…); (156., 157.) Augustin Fritz (*…; † vor 1745, Oberretzbach) ∞ … m. Barbara (*…; † vor 1745, Oberretzbach); (158., 159.) Adam Graff (*…; † vor 1745, Oberretzbach) ∞ … m. Rosina (*…; † vor 1745, Oberretzbach); […] (200., 201.) N. Rappl (*…; †…) ∞ … m. Margaretha (*…; †…) ; […] (210., 211.) Johann Glazl (*…; †…) ∞ … m. Maria (*…; †…); […] (216., 217.) Andreas Hiesel (*…; † nach 1760) ∞ … m. Katharina (*…; † vor 1760); (218., 219.) Peter Amsiehs (*…; † nach 1760) ∞ … m. Anna Maria (*…; † vor 1760); (220., 221.) Leopold Henigsperger (*…; †…) ∞ Grossau, 30.1.1746 m. Maria Pöckh (*…; † Grossau, 14.9.1774); (222., 223) Adam Lochner (*…; †…) ∞ … m. Maria (*…; †…); […].

VIII [...]

(290., 291.) Georg Hofpauer (*...; †...) ∞ ... m. Catharina (*...; †...); (292., 293.) Johann Hartmann (*...; †...) ∞ ... m. Elisabeth (*...; †...); (294., 295.) Paul Sindl (*...; †...) ∞ ... m. Eva (*...; †...); [...]; (304., 305.) Gregor Kärgl (*...; †...) ∞ Unterretzbach, 3.2.1669 m. Margaretha Hoffpauer (*...; †...); (306., 307.) Mathias Wizmann (*...; †...) ∞ ... Maria (*...; †...); [...] (440., 441.) Sebastian Henigsperger (*...; † vor 1746) ∞ ... m. Theresia Pöckh (*...; † nach 1746); (442., 443.) Georg Pöckh (*...; † nach 1746) ∞ ... m. Maria (*...; † nach 1746); [...]

(Hans und Michael Haider)

Literatur

Archive

AdK = Archiv der Akademie der Künste Berlin (mit Reinhard-Döhl-Archiv, Hugo-Huppert-Archiv, Günter-Grass-Archiv, Cornelius-Schnauber-Archiv, Walter-Huder-Archiv, Nicolas-Born-Archiv, Heiner-Müller-Archiv, Helmut Heißenbüttel-Archiv, Christa Wolf Archiv, Archiv Bielefelder Colloquium Neue Poesie, Hansjürgen-Bulkowski-Archiv, Hans-Jürgen-Schultze Archiv, Hans Mayer, Technische Universität Hannover, Seminar für deutsche Sprache und Literatur)

Alfred Klahr Gesellschaft, Wien

APA = Austria Presse Agentur. Wien

Archiv der Akademie der bildenden Künste Wien

Archiv der Bildungsdirektion Wien

Archiv der Erzdiözese Wien

Archiv der evangelischen Kirchengemeinde Langen (Hessen)

Archiv der LiterarMechana GmbH, Wien

Archiv der Universität Wien

Archiv des Museums moderner Kunst Stiftung Ludwig, Wien

Archiv des Schottengymnasiums, Wien

Archiv *Die Presse*, Wien

Archiv Doblinger, Wien

Archiv GRG 3 Kundmanngasse, Wien

Archiv GRG Zirkusgasse, Wien

Archiv Klaus Ramm, Hamburg

Archiv RG4, Waltergasse, Wien

Archives of the Wiener Holocaust Library, London

Austrian Cultural Forum New York

Bayerischer Rundfunk, Historisches Archiv, München

© Der/die Herausgeber bzw. der/die Autor(en), exklusiv lizenziert an Springer-Verlag GmbH, DE, ein Teil von Springer Nature 2023
H. Haider, *Ernst Jandl 1925–2000*, https://doi.org/10.1007/978-3-662-66639-5

BMBWF = Archiv des Bundesministeriums für Bildung, Wissenschaft und Forschung, Wien

BR = Bayerischen Akademie der Schönen Künste, München

Bruno-Kreisky-Archiv, Wien

BStU = Stasi-Unterlagen-Archiv, Berlin

DBA = Deutsches Bundesarchiv Berlin

DLA = Deutsches Literaturarchiv, Marbach am Neckar

Dokumentationsstelle für neuere österreichische Literatur Wien (Literaturhaus), Wien

Forschungsinstitut Brenner-Archiv – Universität Innsbruck

Franz-Nabl-Institut/Literaturhaus Graz

Heinrich-Heine-Institut. Rheinisches Literaturarchiv, Düsseldorf

HH = Archiv Hans Haider, Wien

Innsbrucker Zeitungsarchiv

LIT = Literaturarchiv der Österreichischen Nationalbibliothek, Wien

Literaturarchiv Niederösterreich, Krems

Literaturarchiv Sulzbach-Rosenberg, Bayern

Münchner Stadtbibliothek/Monacensia

National Archives Washington: Office of the Provost Marshal General, U.S. Army Records of the Army Staff, Records of the War Department, General and Special Staffs Records of the Central Intelligence Agency (CIA)

ORF-Archiv, Wien

Ossolineum Wrozlaw/Breslau

ÖStA = Österreichisches Staatsarchiv, Wien

Österreichische Mediathek, Wien

ÖVA = Österreichisches Volkshochschularchiv, Wien

PNP = Památník národního písemnictví, Prag-Strahov

Salzburger Landesarchiv

SLA = Schweizerisches Literaturarchiv, Bern

Staatsbibliothek zu Berlin

Staatsbibliothek Regensburg, Autographensammlung Schnetz

Stadt Wien, MA 37. Gebietsgruppe Süd – Planarchiv

Stadtarchiv Köln

Štátny archív Nitra

SWR Unternehmensarchiv, Baden-Baden

Thomas-Kling-Archiv, Hombroich

Tiroler Landesarchiv Innsbruck

TUWA = Archiv der Technischen Universität Wien

UA_WDR = Unternehmensarchiv des Westdeutschen Rundfunks, Köln

Wiener Schulmuseum

WStLA = Wiener Stadt- und Landesarchiv

WStLB = Wiener Stadt- und Landesbibliothek, Handschriftensammlung

Zitierte Bücher und Buchbeiträge Ernst Jandls

Jandl 1954. Rückkehr an einen Ort. In: *Stimmen der Gegenwart*, 89–92. Wien: Albrecht Dürer.

Jandl 1956. *Andere Augen. Gedichte.* Wien: Bergland.

Jandl 1964a. *lange gedichte* (rot text 16), Hrsg. Max Bense u. Elisabeth Walther. Stuttgart: o.V.

Jandl 1964b. *klare gerührt* (konkrete poesie/poesia concreta 8). Frauenfeld: Eugen Gomringer Press.

Jandl 1965. *mai hart lieb zapfen eibe hold* (Writers Forum Poets 11), Hrsg. Bob Cobbing. London: o.V.

Jandl 1966a. *Laut und Luise* (Walter-Druck 12). [Mit einem Nachwort von Helmut Heißenbüttel.] Freiburg im Breisgau: Olten.

Jandl 1966b. Bemerkungen zu: „szenen aus dem wirklichen leben" [Text für das Programmheft]. In: Jandl 2016, Bd. 5, 351.

Jandl 1966c. Nové tendence v rakouské poezii. In: *Svetová literatura* [Weltliteratur] 1, Heft 4, 118–124.

Jandl 1967a. Mein Gedicht und sein Autor. In: *Ein Gedicht und sein Autor*, Hrsg. Walter Höllerer, 383–390. Berlin: Literarisches Colloquium.

Jandl 1967b. *No Music Please* (Turret Booklets 9). [Übersetzungen von Lucie-Smith und Georg Rapp unter Mithilfe von Erich Fried]. London: Turret Books.

Jandl 1968. *sprechblasen. gedichte.* Neuwied: Luchterhand.

Jandl 1969. Ian Hamilton Finlay. In: *Akzente*, Heft 6, 481–497.

Jandl 1970a. *der künstliche baum* (Sammlung Luchterhand 9). Darmstadt: Luchterhand.

Jandl 1970b. Deutschunterricht für Deutschlehrer. In: *Neues Forum* 17, Heft 195/I, 227–228.

Jandl 1970c. NACHRUF – EIN FILM in schwarzweiß. In: *Vorletzte Worte. Schriftsteller schreiben ihren eigenen Nachruf*, Hrsg. Karl Heinz Kramberg, 105–110. Frankfurt/M.: Bärmeier & Nikel.

Jandl 1971. *flöda und der schwan. mit vier zeichnungen des autors* (broschur 23). Stierstadt/Taunus: Eremiten-Presse.

Jandl 1973a. *dingfest. gedichte. mit einem nachwort von hans mayer* (Sammlung Luchterhand 121). Darmstadt: Luchterhand.

Jandl 1973b. *übung mit buben.* Berlin: Berliner Handpresse.

Jandl 1973c. *die männer. ein film. Mit zeichnungen des autors* (broschur 42). Düsseldorf: Eremiten-Presse.

Jandl 1974a. *serienfuß* (Sammlung Luchterhand 157). Darmstadt: Luchterhand.

Jandl 1974b. *wischen möchten* (LBC-Editionen 34). Berlin: Literarisches Colloquium.

Jandl 1974c. *für alle.* Darmstadt: Luchterhand.

Jandl 1974d. Berlin – Kulturwüste oder Kunstmetropole Deutschlands? In: *Europäische Ideen*, Heft 7, 2–3.

Jandl 1975a. *der versteckte hirte. mit zeichnungen des autors* (broschur 62). Düsseldorf: Eremiten-Presse.

Jandl 1975b. *Alle freut was alle freut. Ein Märchen in 28 Gedichten. Frei nach Zeichnungen von Walter Trier.* Köln: Middelhauve.

Jandl 1976a. *Laut und Luise.* [Mit einem Nachwort des Autors: „Autobiographische Ansätze".] Stuttgart: Reclam (= Universal-Bibliothek 9940).

Jandl 1976b. meine arbeit an stücken. In: my right hand my writing hand, my handwriting. ernst jandl. *neue texte* 1985, Heft 16/17, ohne Pagina.

Jandl 1978. *die bearbeitung der mütze. Gedichte.* Darmstadt: Luchterhand.

Jandl 1979a. Wie kommt man zu einem Verlag? Einleitung zur Lesung „Sprechblasen" Alte Schmiede 17.9.1979. In: *Freibord* 4, Heft 17. In: Jandl 2016, Bd. 6, 430–434.

Jandl 1979b. *A fanaticus zenekar* [das fanatische orchester]. Budapest: Európa.

Jandl 1980a. *der gelbe hund. gedichte.* Darmstadt: Luchterhand.

Jandl 1980b. *Aus der Fremde. Sprechoper in 7 Szenen.* Darmstadt: Luchterhand.

Jandl 1981. *Augenspiel. Gedichte,* Hrsg. u. Nachwort Joachim Schreck. Berlin: Volk und Welt.

Jandl 1982. *frühlingshaft* (Weilheimer Hefte zur Literatur 8). Weilheim: Gymnasium Weilheim.

Jandl 1983a. *Selbstporträt des schachspielers als trinkende uhr.* Darmstadt: Luchterhand.

Jandl 1983b. *falamaleikum. gedichte und bilder* (Sammlung Luchterhand 488). [Mit 10 Illustrationen von Jürgen Spohn.] Darmstadt: Luchterhand.

Jandl 1983c. *Idegenböl. Beszédopera hét jelenetben* [Aus der Fremde. Sprechoper in sieben Sätzen]. Debrecen: Európa.

Jandl 1983d [1976]. *Die schöne Kunst des Schreibens.* Darmstadt: Luchterhand. 3., erw. Aufl. 1983.

Jandl 1984. *Dankrede zur Verleihung des Georg-Büchner-Preises 1984. Sonderdruck für Freunde des Luchterhand Verlages.* Neuwied: Luchterhand.

Jandl 1985a. *Das Öffnen und Schließen des Mundes. Frankfurter Poetik-Vorlesungen* (Sammlung Luchterhand 567). Luchterhand: Darmstadt.

Jandl 1985b. *Gesammelte Werke. Gedichte. Stücke. Prosa.* 3 Bde., Hrsg. Klaus Siblewski. Darmstadt: Luchterhand.

Jandl 1987. *Out of estrangement. Opera for speaking voices in seven scenes.* Übers. u. Einl. „Ernst Jandl: the creative contradictions" Michael Hamburger. Cambridge: Cambridge University Press.

Jandl 1988a. *im delikatessenladen. für große und kleine leser. Ausgewählte Gedichte,* Hrsg. Klaus Pankow. Berlin: Der Kinderbuchverlag.

Jandl 1988b. *OTTOS MOPS HOPST* (Ravensburger Taschenbuch 1673). Ravensburg: Otto Maier.

Jandl 1989a. *idyllen. gedichte.* Frankfurt/M.: Luchterhand.

Jandl 1989b. *Mletpantem.* Übers. Josef Hiršal u. Bohumila Grögerová. Praha: Odeon.

Jandl 1990. *das röcheln der mona lisa. gedichte. Szenen. Prosa,* Hrsg. Chris Hirte. [Mit einer Audio-Kassette von der Lesung im September 1988 im TIP.] Berlin: Volk und Welt.

Jandl 1991a. *Der beschriftete Sessel. Gedichte.* Mit 20 Radierungen von Thomas Ranft. Leipzig: Reclam.

Jandl 1991b. lebenszeichen: hurra! Ich lebe ja noch! [Wortprotokoll von Mitteilungen an Kristina Pfoser-Schewig]. In: *Bühne,* April-Heft, 12–18. Wien: Orac.

Jandl 1992. *stanzen.* Hamburg: Luchterhand.

Jandl 1995a. *OTTOS MOPS HOPST. Gedichte.* Mit 11 Zeichnungen von Bernd Henning (RTB Gedichte 2). Ravensburg: Ravensburger Buchverlag.

Jandl 1995b. *lechts und rinks. gedichte. statements. peppermints.* München: Luchterhand.

Jandl 1995c. *A nemkívánatos személy* [die unerwünschte person]. Budapest: Ferenczy.

Jandl 1996a. *peter und die kuh. gedichte.* München: Luchterhand.

Jandl 1996b. *immer höher.* [Mit Illustrationen von Norman Junge.] Weinheim: Beltz & Gelberg.

Jandl 1997: *Poetische Werke,* Hrsg. Klaus Siblewski. 10 Bde. u. ein Registerbd. München: Luchterhand.

Jandl 1998. *Fünfter sein.* [Mit Illustrationen von Norman Junge.] Weinheim: Beltz & Gelberg.

Jandl 1999a. *szenen aus dem wirklichen leben.* München: Luchterhand.

Jandl 1999b. *Antipoden. Auf der anderen Seite der Welt.* [Mit Illustrationen von Norman Junge.] Weinheim: Beltz & Gelberg.

Jandl 1999c. *Autor und Gesellschaft. Aufsätze und Reden,* Hrsg. Klaus Siblewski. München: Luchterhand.

Jandl 2001a. *Letzte Gedichte* (Sammlung Luchterhand 2001), Hrsg. Klaus Siblewski. München: Luchterhand.

Jandl 2001b. *Ottos Mops.* [Mit Illustrationen von Norman Junge.] Weinheim: Beltz & Gelberg.

Jandl 2005. *Briefe aus dem Krieg 1943–1946,* Hrsg. Klaus Siblewski. München: Luchterhand.

Jandl 2009. *Liebesgedichte.* Ausw. u. Nachwort Klaus Siblewski (Insel Taschenbuch 3429). Frankfurt/M.: Insel.

Jandl 2011. *Gedichte über Gedichte,* Hrsg. Klaus Siblewski. Stuttgart: Reclam.

Jandl 2012a. *mal franz mal anna. Gedichte* (Universal-Bibliothek 18949), Hrsg. Klaus Siblewski. Stuttgart: Reclam.

Jandl 2012b. *Der beschriftete Sessel. Autobiographische Gedichte und Texte,* Hrsg. u. Nachwort Bernhard Fetz u. Klaus Siblewski. Salzburg: Jung und Jung.

Jandl 2016: *Werke in 6 Bänden.* Zusammenst. u. Hrsg. von Klaus Siblewski. München: Luchterhand.

Jandl u. Cobbing, Bob. 1965. *Sprechgedichte/Sound Poems* (Writers Forum Poets 15). London: o.V.

Jandl u. Finlay, Ian Hamilton. 2017. *not/a concrete pot. Briefwechsel 1964–1985.* Ausw. u. Hrsg. Vanessa Hannesschläger. Übers. Barbara Sternthal unter Mitarbeit von Vanessa Hannesschläger. Wien: Folio.

Jandl u. Glawischnig, Dieter. 1999. Texte und Jazz. In: *Jazz und Sprache. Sprache und Jazz. Darmstädter Beiträge zur Jazzforschung,* Bd. 5, Hrsg. Wolfram Knauer, 59–76. Hofheim: Wolke.

Jandl u. Mayröcker, Friederike. 1971. *Fünf Mann Menschen. Hörspiele.* Neuwied: Luchterhand Typoskript.

Jandl u. Mayröcker 1975. *Drei Hörspiele.* [Mit einem Nachwort von Hilde Haider-Pregler.] Der Souffleurkasten. Wien: Thomas Sessler.

Jandl u. Schmekel, Sabine. 1999. *Bibliothek.* Erfurth: Logo Verlag.

Jandl u. Skrička, Ernst. 1991. *Kopfstücke.* Horn: Galerie Thurnhof.

Jandl u. Trier, Walter. 1975. *Alle freut, was alle freut.* Köln: Middelhauve.

Zitierte Literatur

Alker-Windbichler, Stefan. 2007. „… *das Andere nicht zu kurz kommen lassen" : Werk und Wirken von Gerhard Fritsch.* Diss. Univ. Wien.

Allemann, Urs. 1991. Die Sprache verhören – Laudatio auf Ernst Jandl. In: *Ernst Jandl, Jayne-Ann Igel: Texte, Dokumente, Materialien* (Peter-Huchel-Preis – ein Jahrbuch; Jg. 1990), Hrsg. Bernhard Rübenach, 31–43. Moos: Elster-Verlag.

Allmayer-Beck, Peter E. 2006. *Das Gutruf: ein Hinterzimmer wird 100.* Wien: Bibliophile Ed.

Ammon, Frieder von. 2016. „rolltreppe russland runter. Thomas Kling und andere 1991 in Moskau und Leningrad". In: *Gedichte schreiben in Zeiten der Umbrüche. Tendenzen der Lyrik seit 1989 in Russland und Deutschland.* Hrsg. Henrieke Stahl u. Hermann Korte, 267–284. Leipzig: Biblion Media.

Ammon, Frieder von. 2018. *Fülle des Lauts. Aufführungen und Musik in der deutschsprachigen Lyrik seit 1945: Das Werk Ernst Jandls in seinen Kontexten.* Stuttgart: J.B. Metzler.

Antonic, Thomas. 2018. *Wolfgang Bauer: Werk – Leben – Nachlass – Wirkung.* Klagenfurt: Ritter Verlag.

Arbeitskreis Österreichischer Literaturproduzenten (Hrsg.). 1971. *Null-Nummer.* Wien: Jugend & Volk.

Arnold, Heinz Ludwig (Hrsg.). 1971. *Konkrete Poesie I.* Text + Kritik 25. München: Edition Text + Kritik.

Arnold, Heinz Ludwig (Hrsg.). 1975. *Rilke? Kleine Hommage zum 100. Geburtstag.* München: Edition Text + Kritik.

Arnold, Heinz Ludwig (Hrsg.). 1996. *Ernst Jandl. Text + Kritik* 129. München: Edition Text + Kritik.

Arnold, Heinz Ludwig (Hrsg.). 1997. *Das erotische Kabinett.* Leipzig: Kiepenheuer.

Arnold, Heinz Ludwig (Hrsg.). 1999. *Lyrik des 20. Jahrhunderts.* München: Edition Text + Kritik.

Arnold, Heinz Ludwig (Hrsg.). 2000. *Thomas Kling. Text + Kritik* 147. München: Edition Text + Kritik.

Arp, Hans. 1963. *Gesammelte Gedichte 1: Gedichte 190–1939.* Zürich: Arche Limes-Verl.

Artmann, H.C. 1958. *med ana schwoazzn dintn: gedichta r aus bradnsee.* Salzburg: Otto Müller.

Artmann, H.C. 1994. *Der Wiener Keller. Anthologie österreichischer Dichtung.* Wien 1950. Klagenfurt: Wieser.

Auden, W.H. 1973. *Gedichte. Poems.* Wien: Europaverlag.

Austeda, Franz. 1962. *Wörterbuch der Philosophie*, 2. Aufl. Berlin: Gebr. Weiss.

Austeda, Franz. 1979. *Lexikon der Philosophie*, 5., völlig neu bearb. Aufl. Wien: Hollinek.

Bäcker, Heimrad (Hrsg.). 1976. my right hand. my writing hand. my handwriting. In: *neue texte*, Heft 16/17. Neuausgabe 1985. [unpaginiert].

Bann, Stephen u. Finlay, Ian Hamilton. 2014. *Midway: Letters from Ian Hamilton Finlay to Stephen Bann 1964–69.* London: Wilmington Square Books.

Bartsch, Kurt u. Koch, Adelheid (Hrsg.). 1996. *Raoul Hausmann.* Graz: Droschl.

Baum, Georgina u. Links, Roland u. Simon, Dietrich (Hrsg.). 1978. *Österreich heute. Ein Lesebuch.* Berlin: Volk & Welt.

Belloli, Carlo. 1969. *Poesia concreta. Indirizzi concreti, visuali e fonetici.* Venezia: La Biennale.

Benda, Oskar. 1926. *Die Lyrik der Gegenwart – Von der Wirklichkeits- zur Ausdruckskunst.* Wien u. Leipzig: Österreichischer Bundesverlag.

Benedikt, Erich. 1971. *Bericht über die Gesamtösterreichische Arbeitstagung für Lehrer an allgemeinbildenden höheren Schulen vom 25. August bis 29. September 1969 in Wien.* Wien: Bundesverlag.

Berliner Begegnung zur Friedensförderung. 1982. *Protokolle des Schriftstellertreffens am 13./14. Dezember 1981.* Darmstadt: Luchterhand.

Bernhard, Thomas. 1984. *Holzfällen. Eine Erregung.* Frankfurt/M.: Suhrkamp.

Bernhard, Thomas. 2004. *Werke 15, Dramen* I, Hrsg. Manfred Mittermayer u. Jean-Marie Winkler. Frankfurt/M.: Suhrkamp.

Bernhard, Thomas. 2007. *Werke 7*, Hrsg. Martin Huber u. Wendelin Schmidt-Dengler. Frankfurt/M.: Suhrkamp.

Bernhard, Thomas. 2015. *Werke 22/Teilbd. 2*, Hrsg. Wolfram Bayer, Martin Huber u. Manfred Mittermayer. Berlin: Suhrkamp.

Beyer, Marcel. 1992. *Friederike Mayröcker. Eine Bibliographie 1946–1990. Bibliographien zur Literatur- und Mediengeschichte*, Hrsg. Peter Gendolla u. Karl Riha. Bd. 2. Frankfurt/M: Peter Lang.

Bingel, Horst. 1961. *Deutsche Lyrik. Gedichte seit 1945.* Stuttgart: Deutsche Verlags-Anstalt.

Bloch, Peter André (Hrsg.). 1975. *Gegenwartsliteratur. Mittel und Bedingungen ihrer Produktion.* Bern: Francke.

Blümlinger, Christa. 2010. „Traube – ein Versuch über audiovisuelle Sprache". In: Fetz u. Schweiger 2010, 83–91. [Mit 29 Filmstills. https://hoerstadt.at/journal/traube/.]

Bosse, Anke. 2011. Depersonalisierung des Schauspielers. Zentrales Movens eines plurimedialen Theaters in Moderne und Avantgarden. In: *Études germaniques* 264, Heft 4, 875–890. Paris: Klincksieck.

Bourdieu, Pierre. 1990. Die biographische Illusion. Übers. Eckart Liebau. In: *Bios – Zeitschrift für Biographieforschung, Oral History und Lebensverlaufsanalysen,* Heft 1, 75–81. https://www.demokratie-goettingen.de/content/uploads/2010/04/BIOS_die-biographische-illusion.pdf.

Brügel, Fritz. 2001. *Noch mehr.* Hrsg. v. Eckart Früh. Wien: Selbstverlag.

Bundesministerium für Unterricht und Kunst. 1969. *Beiträge zur Lehrerfortbildung.* Wien: Österreichischer Bundesverlag.

Burdorf, Dieter (Hrsg.). 2005. *„An seiner Seite hätte ich sogar die Hölle ertragen": Friederike Mayröcker und Ernst Jandl.* Iserloh: Inst. Für Kirche und Gesellschaft.

Cage, John. 1969. *Silence. Vortrag über nichts. Vortrag über etwas, 45' für einen Sprecher.* Übers. aus dem Amerik. v. Ernst Jandl, Hrsg. Helmut Heißenbüttel. Neuwied: Luchterhand.

Cameron, Charles [u. Kriwet, Ferdinand]. 1965. *Catalogue of the Second International Exhibition of Experimental Poetry.* Oxford: Truexpress.

Chlebnikov, Velimir. 1972. *Werke. Poesie* 1, Hrsg. Peter Urban. Reinbek bei Hamburg: Rowohlt.

Cobbing, Bob. 1985. *erNst jaNdl.* In: Pfoser-Schewig 1985, 13.

Cobbing, William (Hrsg.). 2015. *Boooook: The life and work of Bob Cobbing.* London: Occasional Papers.

Cramer, Heinz von u. Jandl, Ernst u. Mayröcker, Friederike. 1972. TRAUBE. Ein Fernsehfilm. In: *Protokolle,* Heft 2, 163–181. Wien: Jugend & Volk.

Creeley, Robert. 1965. *Die Insel. Roman.* Übers. aus dem Amerik. v. Ernst Jandl. Frankfurt/M.: Insel.

Creeley, Robert. 1987. *Die Insel. Roman.* Übers. aus dem Amerik. v. Ernst Jandl. Salzburg: Residenz.

Cristini, Ermanno u. Puricelli, Luigi. 1977. *Der Klatschmohn.* Köln: Middelhauve.

Die Wiener Gruppe. 1987. Hrsg. Walter-Buchebner-Gesellschaft. Wien: Böhlau.

Dischner, Gisela. 1972. Ernst Jandl und die ästhetische Funktion. In: *neue texte,* Heft 7/8, ohne Pagina.

Dittberner, Hugo (Hrsg.). 1997. *Ludwig Harig. Text + Kritik* 135. München: Edition Text + Kritik.

Döhl, Reinhard o. J. Es gibt kein Firmament. In Memoriam Paul Pörtner. www.stuttgarter-schule.de/poertner3.htm.

Döhl, Reinhard (Hrsg.). 1963. *zwischen räume. 8 mal gedichte.* Wiesbaden: Limes.

Döhl, Reinhard. 1983. Von der Klangdichtung zum Schallspiel. Hörspielmacher Paul Pörtner. In: *Hörspielmacher. Autorenporträts und Essays*, Hrsg. Klaus Schöning, 37–58. Königstein/Ts.: Athenäum.

Döhl, Reinhard. 1990. Von der Alphabetisierung der Kunst. Zur Vorgeschichte der konkreten und visuellen Poesie in Deutschland. In: *Zeichen von Zeichen für Zeichen. Festschrift für Max Bense*, Hrsg. Elisabeth Walther u. Udo Bayer, 250–263. Baden-Baden: Agis. https://www.reinhard-doehl.de/konkret2.htm.

Döhl, Reinhard. [1994]. Wie konkret sind Ernst Jandls Texte oder Ernst Jandl und Stuttgart. https://www.stuttgarter-schule.de/jandlstu.htm.

Döhl, Reinhard u. Baumann, Felix (Hrsg.). 1970. *Text Buchstabe Bild.* Ausstellungs-katalog der Zürcher Kunstgesellschaft im Helmhaus Zürich. Zürich: Zürcher Kunstgesellschaft.

Döhl, Reinhard u. Kirsch, Hans-Christian. 1962. *Der Student. Polemik der geistigen Jugend.* München: List.

Dollinger, Hans. 1967. *Außerdem. Deutsche Literatur minus Gruppe 47 = wieviel?.* Wien: Scherz.

Drews, Jörg. 1983. Das Pathos verhunzen. Hörspielmacher Ernst Jandl. In: *Hörspielmacher. Autorenporträts und Essays*, Hrsg. Klaus Schöning, 197–214. Königstein/Ts.: Athenäum.

Drews, Jörg (Hrsg.). 1991. *Dialog ohne Grenzen. Beiträge zum Bielefelder Kolloquium zur Lage von Linguistik und Literaturwissenschaft in der ehemaligen DDR.* Bielefeld: Aisthesis.

Drews, Jörg. 1995. Laudatio auf Ernst Jandl [mit Dankrede von Ernst Jandl; Hölderlin-Preis 1995]. In: *Friedrich-Hölderlin-Preis*, 23–35. Bad Homburg: Magistrat der Stadt Bad Homburg.

Drews, Jörg. 2000. In die Dämmerung hinein schreiben. In: *Bayerische Akademie der Künste Jahrbuch* 14, Bd. 2. Schaftlach: Oreos.

Drews, Jörg. 2001. Gedichte: Brennstäbe aus Buchstaben. Zur Lyrik des Ernst Jandl-Preisträgers Thomas Kling. In: *Die Presse*, 11.10.2001 [Sondernummer zur Überreichung des Ernst-Jandl-Preises an Thomas Kling].

Eder, Thomas (Hrsg.). 2013. *Dichtung für alle. Wiener Ernst-Jandl-Vorlesungen zur Poetik. Brigitte Kronauer, Alexander Nitzberg, Ferdinand Schmatz.* Innsbruck: Haymon.

Egg, Loys u. Jandl, Ernst. 1970. *Loys Egg.* [Katalog zur Ausstellung in der Wiener Secession 2.-13.9.1970.] Wien: Secession.

Enderle-Burcel Gertrude, Neubauer-Czettl Alexandra, Stumpf-Fischer Edith (Hrsg.). 2013. *Brüche und Kontinuitäten 1933–1938–1945: Fallstudien zu Verwaltung und Bibliotheken.* Innsbruck: Studien-Verlag.

Endler, Adolf. 1994. *Tarzan am Prenzlauer Berg. Sudelblätter 1981–1983.* Leipzig: Reclam.

Engeler, Urs. Diskographie Ernst Jandl. http://www.engeler.de/jandldisko.html.

Eörsi, István. 1995. Jandl als politischer Dichter. In: *Du – Zeitschrift der Kultur.* Mai 1995, 68–69. Zürich: Conzett & Huber.

Eörsi, István. 2006. *Im geschlossenen Raum*. Frankfurt/M.: Suhrkamp.

Ernst, Gustav u. Wagenbach, Klaus (Hrsg.). 1979. *Literatur in Österreich: Rot ich Weiß Rot* (Tintenfisch 16). Berlin: Wagenbach.

Estermann, Alfred. 1984. *Ernst Jandl. Begleitheft zur Ausstellung der Stadt- und Universitätsbibliothek Frankfurt am Main*. Frankfurt/M.: Stadt- und Universitätsbibliothek.

Feichtinger, Johannes u. Mazohl, Brigitte. 2013. *Die Akademie der Wissenschaften in Wien 1938 bis 1945*. Wien: Verlag d. Akademie d. Wissenschaften.

Felber, Christian. 1999. *Von Fischen und Pfeilen*. Wien: Edition Doppelpunkt.

Felix, Zdenek u. Simig, Pia (Hrsg.). 1995. *Ian Hamilton Finlay. Works in Europe 1972–1995*. Ostfildern: Cantz.

Felmayer, Rudolf. 1955. *Tür an Tür. Dritte Folge. Gedichte von 32 österreichischen Autoren*. Wien: Bergland Verl.

Festausschuss der Kollegenvereinigung Walterrealschule (Hrsg.). 1955. *100 Jahre Realschule auf der Wieden 1855–1955*. Festschrift. Wien.

Fetz, Bernhard (Hrsg.). 2005. *Ernst Jandl. Musik Rhythmus Radikale Dichtung*. Wien: Zsolnay.

Fetz, Bernhard u. Schweiger, Hannes (Hrsg.). 2010. *Die Ernst Jandl Show*. [Katalog der Ausstellung des Wien-Museums und des Ludwig-Boltzmann-Instituts für Geschichte und Theorie der Biographie in Kooperation mit der Österreichischen Nationalbibliothek; Wien-Museum Karlsplatz, 4. November 2010 bis 13. Februar 2011; Literaturhaus Berlin, 11. März bis 15. Mai 2011]. Wien: Residenz.

Fialik, Maria. 1998. *„Strohkoffer"-Gespräche. H.C. Artmann und die Literatur aus dem Keller*. Wien: Zsolnay.

Finck, Adrien u. Weichselbaum, Hans. 1992. *Antworten auf Georg Trakl*. Salzburg: Otto Müller.

Fink-Belgin, Andrea. 2007. *Ian Hamilton Finlay – Werk, Sprache, Reflexion*. Diss. Universität f. angewandte Kunst Wien.

Fleck, Robert. 1982. *Avantgarde in Wien. Die Geschichte der Galerie nächst St. Stephan 1954–1982. Kunst und Kunstbetrieb in Österreich*. Wien: Löcker.

Fleischer, Wolfgang. 1996. *Das verleugnete Leben. Die Biographie des Heimito von Doderer*. Wien: Kremayr & Scheriau.

Fliedl, Konstanze. 2004. *Andreas Okopenko*. Graz: Droschl.

Fohrbeck, Karla u. Wiesand, Andreas Johannes. 1972. *Der Autorenreport*. Reinbek bei Hamburg: Rowohlt.

Fried, Erich. 1984. *Reich der Steine. Zyklische Gedichte*. Düsseldorf: Claassen.

Fritsch, Gerhard (Hrsg.). 1963. *Frage und Formel. Gedichte einer jungen österreichischen Generation*. Salzburg: Otto Müller.

Fritsch, Gerhard. 2019. *Man darf nicht leben, wie man will. Tagebücher*, Hrsg. Klaus Kastberger. Salzburg: Residenz.

Fritz-Hilscher, Elisabeth. 2011. *Wien. Musikgeschichte Bd. 2. Von der Prähistorie bis zur Gegenwart*. Wien: LIT.

Fuchs, Günter Bruno (Hrsg.). 1964. *Die Meisengeige. Zeitgenössische Nonsensverse.* München: Hanser.

Garnier, Pierre. 1986. *Poèmes Géométriques. Biographie.* Paris: Silvaire.

Geist, Peter. 1992. *Vom Umgang mit Lyrik der Moderne.* Berlin: Volk u. Wissen.

Gerstl, Elfriede. 1993. *Unter einem Hut.* Wien: Edition Falter/Deuticke.

Gewerkschaft der Öffentlich Bediensteten, Bundessektion Mittelschullehrer (Hrsg.). 1960–1962. *Handbuch der österreichischen Mittelschulen.* Wien: Eigenverlag.

Glantschnig, Helga. 1993. *Blume ist Kind von Wiese oder Deutsch ist meine Zunge.* München: Luchterhand.

Glantschnig, Helga. 2022. Erinnerungen an Ernst Jandl. In: *manuskripte* 238, 64–75. Graz: Forum Stadtpark.

Glatz Evamaria. 2009. *Was für Leute. Familien.geschichten.* Gösing/Wagram: Edition Weinviertel.

Glawischnig, Dieter. 1990. „Aus der Kürze des Lebens". Erläuterungen einer neuen Gemeinschaftsproduktion mit Ernst Jandl. In: *Darmstädter Jazzforum* 89 (Darmstädter Beiträge zur Jazzforschung 1), Hrsg. Ekkehard Jost, 135–151. Hofheim: Wolke.

Glawischnig, Dieter. 1991. „Aufklärer, Moralist, Erzieher ...". In: *Weg und Ziel,* 301–303. Wien: Globus Verlag.

Goldbaum, Helene. 1920. *Die Mutter als Lehrmeisterin ihres Kindes* (Lehrmeister-Bücherei 503/4). Leipzig: Hachmeister & Thal.

Gomringer, Eugen (Hrsg.). 1972. *konkrete poesie* (Universalbibliothek 9350). Stuttgart: Reclam.

Gratzer, Wolfgang. 2010. Ernst Jandl ohne Musik? Notizen zu einer müßigen Frage. In: Fetz u. Schweiger 2010, 39–48.

Greiner, Ulrich. 1979. *Der Tod des Nachsommers. Aufsätze, Porträts, Kritiken zur österreichischen Gegenwartsliteratur.* München: Hanser.

Grimm, Jacob u. Wilhelm. 1893. *Deutsches Wörterbuch.* Nachdruck München: dtv.

Grögerová, Bohumila u. Hiršal, Josef. 1994. *LET LET. Im Flug der Jahre.* [Geleitwort von Václav Havel.] Graz: Droschl.

Grögerová, Bohumila u. Hiršal, Josef. 1997. Prag, Stuttgart und zurück. https://www.stuttgarter-schule.de/pragstgt.htm.

Grohotolsky, Ernst (Hrsg.). 1995. *Provinz, sozusagen. Österreichische Literaturgeschichten.* 1995. [Interview mit Ernst Jandl.] Graz: Droschl.

Groot, Cegienas de. 1984. Interview mit Ernst Jandl am 14.3.1983. In: *Amsterdam. Deutsche Bücher*, Heft 14, 1–15. Berlin: Weidler.

Gymnasium und Realgymnasium in der Kundmanngasse in Wien (Hrsg.). 2019. *150 Jahre Kundmanngasse GRG3. Festschrift.* Wien.

Hage, Volker. 2022. *Was wir euch erzählen. Schriftstellerporträts.* Göttingen: Wallstein.

Haider, Hans. 1995. Der Schwerhörige und mein Flüstern – Der Schwerhörige und sein Flüstern. [Ernst Jandl zum 70. Geburtstag.] In: *Protokolle*, Heft 2, 3–4. Wien: Jugend & Volk.

Haider, Hans. 1996. Angespannt – eingespannt; Notizen zu Ernst Jandls kultur-politischem Engagement. In: *Ernst Jandl. Text + Kritik* 129, Hrsg. Heinz Ludwig Arnold, 76–83. München: Edition Text + Kritik.

Haider, Hans. 2008. Der Kartonismus 1965: Ende und Wende. Ein Streifzug durch die Literatur- und Kunstpolitik der Zweiten Republik. In: *Österreich: 90 Jahre Republik. Beitragsband der Ausstellung im Parlament*, Hrsg. Stefan Karner u. Lorenz Mikoletzky, 421–428. Innsbruck: Studien-Verlag.

Haider, Lydia. 2012. *Zur Poetologie der „stanzen" Ernst Jandls.* Diplomarbeit Universität Wien.

Haider-Pregler, Hilde. 1976. Zur Entwicklung des österreichischen Hörspiels nach 1945. In: Spiel 1976, 47–670.

Hamann, Christof (Hrsg.). 2018. *Marcel Beyer. Text + Kritik 147.* München: Edition Text + Kritik.

Hammer, Ellen. 1980. Das Stück der Saison: „Aus der Fremde" von Ernst Jandl. In: *Jahrbuch der Zeitschrift Theater heute*, 44. Berlin: Friedrich Verlag.

Hammer, Ellen. 1990. Ernst Jandl und sein Theater. In: Siblewski 1990, 153–160.

Handke, Peter (Hrsg.). 1969. *Der gewöhnliche Schrecken.* Salzburg: Residenz.

Hannesen, Hans Gerhard. 2005. *Die Akademie der Künste in Berlin. Facetten einer 300jährigen Geschichte.* Berlin: Akademie der Künste.

Hannesschläger, Vanessa. 2015. Die Vernetzung Ernst Jandls. In: *manuskripte* 208, 4–6. Graz: Forum Stadtpark.

Hannesschläger, Vanessa. 2017. Ernst Jandl Online. Lebenswerk und Leben eines Werkes im digitalen Raum. In: *Bios – Zeitschrift für Biographieforschung, Oral History und Lebensverlaufsanalysen*, Heft 1–2, 251–265.

Hausmann, Raoul. 1982. Briefe an Alfred Kolleritsch und Ernst Jandl. In: *manuskripte* 78, 65–83. Graz: Forum Stadtpark.

Hausmann, Raoul. 1985. *Briefe an Timm Ulrichs und andere Texte*, Hrsg. Andreas Berns. Siegen: Universität.

Hausmann, Raoul. 1988. *Briefe* [an Friederike Mayröcker und Otto Breicha, Briefwechsel mit Andreas Okopenko]. Linz: Edition Neue Texte 36/37.

Heißenbüttel, Helmut. 2021. *Textbücher* 1–6. Stuttgart: Klett-Cotta.

Heißenbüttel, Helmut. 1990. Ernst Jandls Rolle. Aus den Erinnerungen. In: Siblewski 1990, 68–71.

Heißenbüttel, Helmut. 1996. „Fünf Mann Menschen". Zum Hörspiel von Ernst Jandl und Friederike Mayröcker. In: *Ernst Jandl. Text + Kritik* 129, Hrsg. Heinz Ludwig Arnold, 61–63. München: Edition Text + Kritik.

Hell, Bodo u. Mayröcker, Friederike. 1986. *Der Donner des Stillhaltens. Larven Schemen Phantome.* Graz: Droschl.

Heller, André (Hrsg.). 2009. *Liebesgedichte an Frauen.* Frankfurt/M.: Insel.

Helmer, Debora. 2014. Portrait of the artist as a dying man – Ernst Jandls *Letzte Gedichte* als Negation von Sterbekunst. In: *‚Sterbender Mann mit Spiegel': Lyrisch reflektiertes Sterben bei Heiner Müller, Robert Gernhardt und Ernst Jandl*

(Epistemata Literaturwissenschaft), 193–244. Würzburg: Königshausen & Neumann.

Henneberg, Claus u. Döhl, Reinhard (Hrsg.). 1967. *Neue Literatur in Hof.* 2. Sonderheft der Kulturwarte für Kunst und Kultur – Monatsschrift 13, 34–37. Hof/Saale: Kulturbund Hof e. V.

Herrmann, Sylvia (Hrsg.). 1984. *Hommage à Jiří Kolář.* [Ausstellung im Institut für Moderne Kunst Nürnberg 1984.] Nürnberg: Galerie Ricard.

Hohler, Franz. 1973. *Fragen an Andere.* Bern: Zytglogge.

Hohmann, Joachim. 1989. *Melancholie. Ein deutsches Gefühl.* Trier: Ed. Trèves.

Höllerer, Walter (Hrsg.). 1967. *Ein Gedicht und sein Autor. Lyrik und Essay.* Berlin: Literarisches Colloquium.

Sperl, Gerfried u. Steiner, Michael (Hrsg.). 1995. Hommage an Ernst Jandl. In: *Was – Zeitschrift für Kultur und Politik,* Heft 82. Mürzzuschlag: Kunsthaus Mürzzuschlag GmbH.

Horovitz, Michael. 1970. *Children of Albion. Poetry of the Underground in Britain.* Harmondsworth, Middlesex: Penguin Books.

Horowitz, Michael. 2019. *100 Menschen, die Österreich bewegten.* Wien: Molden.

Huber, Florian. 2018. neue texte, heute gelesen. In: Die Referentin. http://diereferentin.servus.at/neue-texte-heute-gelesen/.

Hülsmanns, Dieter u. Reske, Fridolin (Hrsg.). 1972. *Schaden spenden. Anleitungen, mißvergnügt und das Leben verdrießlich zu machen.* Eine Anthologie zusammengestellt v. Dieter Hülsmanns u. Friedolin Reske. Stierstadt: Eremiten-Presse [mit Beiträgen u. a. von Andersch, Chotjewitz, Hagelstange, Jandl, Karasek, Kaschnitz, Kunert, Kunze, Neuss]. Düsseldorf: Eremiten Presse.

Hummelt, Norbert. 1993. *knackige codes.* Berlin: Druckhaus Galrev.

Hummelt, Norbert. 2000: „Merk dir, du heißt Ernst Jandl". Eine Vermißtenanzeige. In: *Schreibheft – Zeitschrift für Literatur* 55, 184–190. Essen: Homann & Weh.

Hummelt, Norbert. 2002. Die vierte Stimme der Dichtung. In: *Zwischen den Zeilen. Eine Zeitschrift für Gedichte und Poetik,* Heft 16, 74–82. Winterthur: Zwischen den Zeilen.

Hummelt, Norbert. 2004. *Stille Quellen.* München: Luchterhand.

Huppert, Hugo u. Links, Roland (Hrsg.). 1980. *Verlassener Horizont. Österreichische Lyrik aus vier Jahrzehnten.* Berlin: Volk und Welt.

Inguglia-Höfle, Arnhilt u. Rettenwander, Susanne. 2022. Friederike Mayröcker: FÜR ERNST. Eine Liebes-Bilder-Geschichte. https://www.onb.ac.at/forschung/forschungsblog/artikel/friederike-mayroecker-fuer-ernst-1.

Inguglia-Höfle, Arnhilt. 2021. Zerbrechliche Familienidylle. Die Glasplatten-Negative im Nachlass Hermann Jandls. In: *Pässe, Reisekoffer und andere »Asservate«. Archivalische Erinnerungen ans Leben,* Hrsg. Volker Kaukoreit, Tanja Gausterer, Arnhilt Inguglia-Höfle u. Marcel Atze, 204–212. Wien: Praesens.

Inguglia-Höfle, Arnhilt. 2022. „Der jüngere Bruder". Hermann Jandls Nachlass am Literaturarchiv. https://www.onb.ac.at/forschung/forschungsblog/artikel/der-juengere-bruder-hermann-jandls-nachlass-am-literaturarchiv.

Innerhofer, Roland. 1985. *Die Grazer Autorenversammlung (1973–1983). Zur Organisation einer „Avantgarde".* Wien: Böhlau.

Jahresbericht des Schottengymnasiums in Wien 1935/37–1937/38. Wien: Eigenverlag.

Jentzsch, Bernd (Hrsg.). 2008. *Ernst Jandl. Poesiealbum 278.* Wilhelmshorst: Märkischer Verlag.

Kaar, Sonja u. Schuster, Marc-Oliver (Hrsg.). 2021. *H.C. Artmann & Berlin.* Würzburg: Königshausen & Neumann.

Kastberger, Klaus. 2000. *Reinschrift des Lebens. Friederike Mayröckers „Reise durch die Nacht". Edition und Analyse.* Wien: Böhlau.

Kastberger, Klaus. 1998. *Andreas Okopenko. Texte und Materialien.* Wien: Sonderzahl.

Kaufmann, Angelika (Hrsg.). 2005. *Jandl lesend. Lesungsfotos von Harry Ertl aus den Jahren 1978 bis 1996.* Bielefeld: Aisthesis.

Kaukoreit, Volker (Hrsg.). 1993. *Einblicke – Durchblicke. Fundstücke und Werkstattberichte aus dem Nachlass von Erich Fried.* Wien: Turia & Kant.

Kaukoreit, Volker u. Lunzer, Heinz (Hrsg.). 1992. *Erich Fried und Österreich. Bausteine zu einer Beziehung.* [Katalog einer Ausstellung im Literaturhaus.] Zirkular. Sondernummer 33. Wien: Dokumentationsstelle für neuere österreichische Literatur.

Kaukoreit, Volker. 1996. Mit welch anderen Augen?. In: *Ernst Jandl. Text + Kritik 129*, Hrsg. Heinz Ludwig Arnold. München: Edition Text + Kritik.

Kaukoreit, Volker. 2005. „a oat inspiration". Mutmaßungen über Jandl & Attwenger. Ernst & die goas. In: Fetz 2005, 180–190.

Kefer, Rudolf (Hrsg.). 1969. *Welt im Wort. Ein Lesebuch für die Unterstufe der allgemeinbildenden höheren Schulen.* Wien: Österreichischer Bundesverlag.

Kellein, Thomas u. Drews, Jörg (Hrsg.). 1997. *Neue Poesie. 20 Jahre Bielefelder Colloquium.* [Katalog zur Ausstellung vom 10. April bis 4. Mai 1997 in der Kunsthalle Bielefeld.] Bielefeld: Kunsthalle.

Kerschbaumer, Marie-Thérèse. 1980. *Der weibliche Name des Widerstands. Sieben Berichte.* Olten: Walter.

Klein, Christian (Hrsg.). 2022. *Handbuch Biographie. Methoden, Traditionen, Theorien.* 2. akt. u. erw. Auflage. Berlin: J.B. Metzler.

Kling, Thomas. 2001. Selbstbefragung. In: *Die Presse*, 11.10.2001 [Sondernummer zur Überreichung des Ernst-Jandl-Preises an Thomas Kling].

Kling, Thomas. 2002. Friederike Mayröcker: Das Abscannen der Gesichtsdaten. Laudatio. In: *Deutsche Akademie für Sprache und Dichtung Jahrbuch* 2001, 173–179. Göttingen: Wallstein.

Klinger, Kurt. 1976. Lyrik in Österreich seit 1945. In: Spiel 1976, 293–476.

Koch, Adelheid. 1993. *Ich bin immerhin der größte Experimentator Österreichs. Raoul Hausmann und die österreichischen „Neodadaisten".* Graz: Univ. Diss.

Kolleritsch, Alfred u. Weinzettl, Franz (Hrsg.). 1993. *Dokumentationsausstellung manuskripte. Zeitschrift für Literatur 1960–1993 im Grazer Stadtmuseum.* Graz: Stadtmuseum.

Kolleritsch, Alfred. 1982. Ernst Jandl und Graz. In: *Ernst Jandl, Materialienbuch,* Hrsg. Wendelin Schmidt-Dengler. Darmstadt: Luchterhand.

Kolleritsch, Julian. 2005. *Protokolle. Zeitschrift für Literatur und Kunst. Im Kontext der sechziger und siebziger Jahre.* Dipl.-Arb. Universität Graz.

Kolowratnik-Seniow, Stefa. Ca. 2003. *Meine Erinnerungen.* Wien: Eigenverlag.

Konzag, Marianne. 1985. Gespräch mit Ernst Jandl. In: *Sinn und Form,* Heft 4. Berlin: Rütten & Loening.

Korte, Hermann. 2016. Gedichtpoetiken in Zeiten der Umbrüche. Exemplarische Positionen seit 1990. In: *Gedichte schreiben in Zeiten der Umbrüche Tendenzen der Lyrik seit 1989 in Russland und Deutschland,* Hrsg. Henrieke Stahl u. Hermann Korte, 53–80. Leipzig: BiblionMedia.

Kospach, Julia. 2008. *Letzte Dinge. Ilse Aichinger und Friederike Mayröcker. Zwei Gespräche über den Tod.* Wien: Mandelbaum [unpaginiert].

Krahberger, Franz (Hrsg.). 1992. *Gang durch das Dorf. Fingerzeig.* Weitra: Bibliothek der Provinz.

Kraller, Bernhard. 1995. Der alte Mann und der Jazz. In: *Du – Zeitschrift der Kultur.* Mai-Ausgabe, 78–87. Zürich: Conzett & Huber.

Kraller, Bernhard u. Famler, Walter. 1999. „Das ist wirklich die heiligste Ordnung". Gespräch mit Friederike Mayröcker. In: *Friederike Mayröcker. Die herrschenden Zustände,* Hrsg. Bernhard Kraller. Wien: Wespennest.

Kriwet, Ferdinand. 1964. Aktuelle Poesie. Seh- und Hörtexte. In: *NESYO – Zeitschrift für Dichtung und Graphik* 7, 14–18. München: Jürgen Willing Verlag.

Krolow, Karl. 1961. *Aspekte zeitgenössischer deutscher Lyrik.* Gütersloh: Mohn.

Krumbiegel, Krista (Hrsg.). 1985. *Geknebelte Gesellschaft. Dokumentation eines Symposions der Grazer-Autorenversammlung.* Wien: Eigenverlag.

Kunze, Reiner. 1990. *Deckname „Lyrik". Eine Dokumentation.* Frankfurt/M.: Fischer Taschenbuchverlag.

Kurz, Paul Konrad: 2001. Ernst Jandls anderer katholischer Gott. In: *Stimmen der Zeit* 126, Bd. 219, Heft 10, 700–708. Freiburg im Br.: Herder.

Laemmle, Peter (Hrsg.). 1975. *Wie die Grazer auszogen, die Literatur zu erobern. Texte, Porträts, Analysen und Dokumente junger österreichischer Autoren.* München: Edition Text + Kritik.

Lang, Eva. Ernst Jandls Einkommensentwicklung 1964–1993. Undatiertes Typoskript, 39 Bl. LIT.

Lang, Eva. 2005. *Schreiben – ein Beruf? Die ökonomischen Voraussetzungen des Schreibens in Österreich nach 1945 am Beispiel Ernst Jandls.* Dipl. Arbeit Universität Wien.

Langenhorst, Georg. 2009. Religion in der Lyrik der ‚älteren' Generation. Ernst Jandl/Richard Exner/Peter Horst Neumann. In: *„Ich gönne mir das Wort Gott". Gott und Religion in der Literatur des 21. Jahrhunderts,* 248–256. Freiburg im Br.: Herder.

Lartillot, Françoise. 2014. Autobiographie et poésie chez Ernst Jandl. In: *Études germaniques* 274, Heft 2, 233–254. Paris: Klincksieck.

Lehmstedt, Mark. 1997. *Das Loch in der Mauer. Der innerdeutsche Literaturaustausch.* Wiesbaden: Harrassowitz.

Lehrerhaus-Verein Wien (Hrsg.). 1957. *Wiener Lehrerbuch.*

Lektoratskollektiv des Verlages Volk & Welt (Hrsg.). 1985. *Stark und zerbrechlich. Ein Lesebuch. 80 Autoren aus 30 Ländern.* Berlin: Volk & Welt.

Lenhart, Johanna. 2017. Jeder muß ein Grenzgänger sein, wer das nicht schafft, muß aufgeben. – Ernst Jandls Übersetzung von Robert Creeleys The Island. Masterarbeit Univ. Wien. https://othes.univie.ac.at/47078.

Leucht, Robert. 2017. *Oder ist es eine Magnetische Kraft? T.S. Eliot in Österreich. Bausteine einer literarischen Rezeptionsgeschichte 1945–1981.* Berlin: Angermion.

Lionni, Leo. 1975a. *Am Strand sind Steine die keine sind.* Übers. Ernst Jandl. Köln: Middelhauve.

Lionni, Leo. 1975b. *Seine eigene Farbe.* Übers. Ernst Jandl. Köln: Middelhauve.

Lionni, Leo. 1993. *Mister Mc. Maus*, Hrsg. Gertraud Middelhauve. Übers. Ernst Jandl. Düsseldorf: Patmos.

Lühe, Irmela von der u. Runge, Anita. 2001. Einleitung. In: *Querelles. Jahrbuch für Frauenforschung* 2001, 9–17. Stuttgart: J.B. Metzler.

Mahlow, Dietrich u. Lora-Totino, Arrigo (Hrsg.). 1969. *Poesia concreta: indirizzi concreti, visuali e fonetici.* Venezia: La Biennale.

Marko, Gerda. 1995. *Schreibende Paare. Liebe, Freundschaft, Konkurrenz.* Zürich: Artemis & Winkler.

Mathews, Harry. 1990. *Die Lust an sich.* Berlin: Ed. Plasma.

Matthaei, Renate. 1970. *Grenzverschiebung. Neue Tendenzen in der deutschen Literatur der 60er Jahre.* Köln: Kiepenheuer & Witsch.

Maurer, Stefan. 2017. *Wolfgang Kraus und der österreichische Literaturbetrieb nach 1945.* Diss. Universität Wien.

Maurer, Stefan. 2020. *Wolfgang Kraus und der österreichische Literaturbetrieb nach 1945.* Wien: Böhlau.

Mayer-Szilágyi, Mária. 1999. *Wahlbekanntschaften. Literarische Beziehungen zwischen Österreich und Ungarn 1989–1999.* Wien: Zsolnay.

Mayröcker, Friederike. 1956. *Larifari. Ein konfuses Buch.* Wien: Bergland.

Mayröcker, Friederike. 1966. *Tod durch Musen. Poetische Texte.* Reinbek bei Hamburg: Rowohlt.

Mayröcker, Friederike, 1972. *Arie auf tönernen Füszen. Metaphysisches Theater.* Neuwied: Luchterhand.

Mayröcker, Friederike. 1978. *Schwarmgesang. Szenen für die poetische Bühne.* Berlin: Rainer.

Mayröcker, Friederike. 1979. *Ein Lesebuch*, Hrsg. u. Einl. Gisela Lindemann. Frankfurt/M.: Suhrkamp.

Mayröcker, Friederike. 1989. *Gesammelte Prosa 1949–1975.* Frankfurt/M.: Suhrkamp.

Mayröcker, Friedrike. 2001. *Requiem für Ernst Jandl*. Frankfurt/M.: Suhrkamp.

Mayröcker, Friederike. 2004. *Gesammelte Gedichte: 1939–2003*, Hrsg. Marcel Beyer. Frankfurt/M.: Suhrkamp.

Mayröcker, Friederike. 2005. *Und ich schüttelte einen Liebling*. Frankfurt/M.: Suhrkamp.

Mayröcker, Friederike u. Beyer, Marcel. 1992. Eigentlich ist es nichts anderes als ein poetischer Synthesizer. In: *Magazin der Wiener Stadt- und Landesbibliothek*, Heft 3, 5–23. Wien: Wiener Stadt- u. Landesbibl.

Meyer-Kalkus, Reinhart. 2020. *Geschichte der literarischen Vortragskunst*. Berlin: J.B. Metzler.

Middleton, Christopher. 1970. *Wie wir Großmutter zum Markt bringen*. Stierstadt: Eremiten-Presse.

Miles, Barry. 2016. Early Days of the London Underground Scene. https://lux.org. uk/writing/early-days-of-the-london-underground-scene-barry-miles.

Millner, Alexandra u. Schuster, Marc-Oliver. 2018. *Acht-Punkte-Proklamation des poetischen Actes. Weiteres zu H.C. Artmann*. Würzburg: Königshausen & Neumann.

Molden, Otto (Hrsg.). 1979. *Wissen und Macht. Europäisches Forum Alpbach 1978*. Wien: Fritz Molden.

Mon, Franz. 1990. „Das Lachen vollzieht sich im Innern der Kapsel". Über „Das Röcheln der Mona Lisa". In: Siblewski 1990, 134–142.

Mon, Franz. 2016. *Sprache lebenslänglich. Gesammelte Essays*, Hrsg. Michael Lentz. Frankfurt/M.: S. Fischer.

Mosser, Monique u. Teyssot, Georges. 1993. *Die Gartenkunst des Abendlandes von der Renaissance bis zur Gegenwart*. Stuttgart: Deutsche Verlagsanstalt.

Navratil, Leo. 1995. Jandl – eine Psychose. In: *Hommage an Ernst Jandl*, Hrsg. Gerfried Sperl u. Michael Steiner (Was – Zeitschrift für Kultur und Politik, Heft 82), 37–40. Mürzzuschlag: Kunsthaus Mürzzuschlag GmbH.

Navratil, Leo. 1999. *manisch-depressiv. Zur Psychodynamik des Künstlers*. Wien: Chr. Brandstätter.

Neumann, Peter Horst. 1976. „tagenglas" – Versuch über Ernst Jandl. Mit Kommentaren zu vierzehn Gedichten. In: *Merkur* 30, Heft 11, 1053–1064. Stuttgart: Klett-Cotta.

Neundlinger, Helmut. 2014. „Lieber ein Saxophon". Ernst Jandl und der Jazz. In: *Études germaniques* 274, Heft 2, 255–263. Paris: Klincksieck.

Neundlinger, Helmut. 2018. *Die Kunst der Erschöpfung. Lesen und Schreiben mit Ernst Jandl & Co.* Wien: Klever.

Newton, Lauren. 2022. *Vocal Adventures. Free Improvisation in Sound, Space, Spirit and Song*. Hofheim: Wolke.

Nicolai, Olaf. 1988. *Das lyrische Werk Ernst Jandls. Versuch eines Überblicks*. Leipzig: Dipl.-Arb. Univ. Leipzig.

Nicolai, Olaf. 1992. *Geste zwischen Expression und Kalkül. Zur Poetik der „Wiener Gruppe"*. Diss. Univ. Leipzig.

Niedlich, Wendelin. 1966. *Kritisches Jahrbuch*. Bd. 1. Stuttgart. Eigenverlag.

Niedlich, Wendelin. 1972. *Kritisches Jahrbuch*. Bd. 2. Stuttgart. Eigenverlag.

Nika Brettschneider und ihr Theater Brett. 2018. [Mit Repertoire 1978–2017.] Wien: Theater Brett – Compagnie Brettschneider.

Nischkauer, Astrid. 2012. *Ernst Jandl – Ian Hamilton Finlay. Die literarische Avantgarde der 1960er in Österreich und Schottland*. Diss. Univ. Wien.

Nischkauer, Astrid. 2014. Ernst Jandl-Ian Hamilton Finlay: Freundschaft, Zusammenarbeit und wechselseitige Beeinflussung. In: *Études germaniques* 274, Heft 2, 265–272. Paris: Klincksieck.

Nye, David. E. 1983. *The Invented Self. An Anti-Biography, from documents of Thomas A. Edison*. Odense: Odense University Press.

Ohff, Heinz (Hrsg.). 1970. *Werkstatt Rixdorfer Drucke. Œuvre Verzeichnis*. Berlin: Merlin.

Okopenko, Andreas. 1964. Ärger, Spaß, Experiment u. dgl. In: *Wort in der Zeit*, Heft 1, 8–18. Graz: Stiasny Verlag.

Okopenko, Andreas. 1966. Der Fall „Neue Wege". Dokumentation gegen und für einen Mythos. In: *Literatur und Kritik*, Heft 9/10, 89–104; erweitert 1967 in: *Aufforderung zum Misstrauen. Literatur, Bildende Kunst, Musik in Österreich seit 1945*, hrsg. Otto Breicha u. Gerhard Fritsch, 279–304. Salzburg: Residenz.

Okopenko, Andreas. 1980. *Gesammelte Lyrik*, Hrsg. Otto Breicha. Wien: Jugend & Volk.

Okopenko, Andreas. 1989. Wiens junge Dichter der 50er Jahre. Wiener Vorlesungen zur Literatur 1989/II. In: *Freibord* 70, Heft 4, 52–126. Wien: Edition Freibord.

Okopenko, Andreas. 1996. Mit Ernst durch die Jahre. In: *Ernst Jandl. Text + Kritik* 129, Hrsg. Heinz Ludwig Arnold, 5–7. München: Edition Text + Kritik.

Okopenko, Andreas. 1998. Meine Wege zum Schriftsteller. In: Kastberger 1998, 9–25.

Okopenko, Andreas. 2000. Dann fällt der Donner um [über Ernst Jandls Gedicht „Donnerstag"], In: *Der Standard*, 8.7.2000.

Okopenko, Andreas. 2019. *Tagebücher 1949–1954. Digitale Edition*, hrsg. Roland Innerhofer, Bernhard Fetz, Christian Zolles, Laura Tezarek, Arno Herberth, Desiree Hebenstreit, Holger Englerth. Wien: Österreichische Nationalbibliothek und Universität Wien. Version 2.0, 21.11.2019. URL: https://edition.onb.ac.at/okopenko.

Okopenko Andreas u. Mayröcker, Friederike u. Jandl, Ernst. 1989. *Gemeinschaftsarbeit*. Mit einem Nachwort von Marcel Bayer (experimentelle texte 21). Siegen: Universität.

Paetel, Karl O. (Hrsg.). 1962. *Beat. Eine Anthologie*. Reinbek bei Hamburg: Rowohlt.

Pankow, Klaus. 2012. *Die Einzelheit. Gespräche, Porträts und Kritiken zur Gegenwartsliteratur*. Halle: Rohe.

Pankow, Klaus. 2019. Ruhe im Objekt? Gerhard Wolfs Projekt Außer der Reihe im Rückblick. In: *Zeitschrift für Kunst in Sachsen-Anhalt*, Hrsg. Akademie der Künste Sachsen-Anhalt, Heft 3, 38–41. Halle: Hasenverlag.

Papenfuß-Gorek, Bert. 1985. *harm*. [Vorbemerkung von Ernst Jandl]. Berlin: KULTuhr Verlag.

Papenfuß-Gorek, Bert. 1989. *dreizehntanz*. Frankfurt/M.: Luchterhand.

Paris, Helga. 2019. *Für Helga Paris*. [m. Texten von Peter Kahane, Elke Erb, Christian Grashof, Bert Papenfuß, Helmut Brade, Annett Gröschner; Ausstellungskatalog, Akademie der Künste Berlin, 08.11.2019–12.01.2020.] Berlin: Akademie der Künste.

Pauler, Monika. 2010. *Bewußtseinsstimmen. Friederike Mayröckers auditive Texte. Hörspiele, Radioadaptionen und ‚Prosa-Libretti' 1967–2005*. Diss. Univ. Hamburg. Berlin: LIT.

Pein, Elisabeth. 2014. *Empfindungsschrift. Die Darstellung von Kunst in einigen Hörspielen Friederike Mayröckers. Die affektiven Phänomene und Ich-Sensationen in Kunstfiguren*. Dipl.-Arb. Universität Wien.

Petrik, Rudolf. 1995. *Malerei und Objekte von 1945 bis 1978*. [Nachlass-Verkaufskatalog.] Wien: Kunsthaus Zacke.

Pfefferle, Roman u. Hans. 2014. *Glimpflich entnazifiziert. Die Professorenschaft der Universität Wien von 1944 in den Nachkriegsjahren*. Göttingen: V&R.

Pfeiferova, Dana. 2013. „Wenn ich beten könnte, würde ich für Gorbatschow beten". Geschichte einer Freundschaft zwischen Prag und Wien im Kontext der politischen Verhältnisse: Bohumila Grögerová, Josef Hiršal und Ernst Jandl. In: Schweiger u. Nagy 2013, 79–97.

Pfeiffer, Herbert. 1992. *Oh Cello voll Echo: Palindrom-Gedichte*. Frankfurt/M.: Insel.

Pfoser-Schewig, Kristina (Hrsg.). 1985. *Für Ernst Jandl. Texte zum 60. Geburtstag*. Zirkular. Sondernummer 6. Wien: Dokumentationsstelle für neuere österreichische Literatur.

Pfoser-Schewig, Kristina. 1987. „...keine Figur in einem gemeinsamen Spiel". Ernst Jandl und die „Wiener Gruppe". In: *Die Wiener Gruppe*, Hrsg. Walter-Buchebner-Gesellschaft, 69–82. Wien: Böhlau.

Plohn, Helene (née Goldbaum). My experiences in Vienna and Shanghai 1938–1947. Vienna January 1960/Eyewitness Accounts: Doc. No. P.II.b. No. 1165: 8 pages. London: Archives of the Wiener Library.

Polakovics, Friedrich. 2002. *Versuch über den Krieg. Das Buch von zweimal elf Jahren. Roman*. Klagenfurt: Wieser.

Polt-Heinzl, Evelyne. 2006. *Im Keller der Untergrund des literarischen Aufbruchs um 1950*. Wien: Sonderzahl.

Priessnitz, Reinhard. 1990. *literatur, gesellschaft etc. Aufsätze*. Linz: edition neue texte.

Raabe, Elisabeth. 2015. *Eine Arche ist eine Arche ist eine Arche. Verlegerinnenleben*. Zürich: Edition momente.

Raddatz, Fritz. 2012. *Tagebücher*. Bd. 1. Reinbek bei Hamburg: Rowohlt.

Rallehn, Siola [d.i. Alois Hallner, recte Hackensellner]. 2011. *Jandl-ereien und -eskes*. Frankfurt/M.: R.G. Fischer.

Ramm, Klaus. 1971. *Reduktion als Erzählprinzip bei Kafka*. Diss. Univ. Würzburg. Frankfurt/M.: Athenäum.

Rappel, Anton. 1908. *Übersicht über die Feld-, Gebirgs-, Belagerungs-, Festungs- und Küstengeschütze und deren Munition*. Ödenburg: Röttig.

Reichert, Monika. 2014. *Auch Joyce saß mit am Tisch oder das Lämpchen im Eisschrank. Aus den Erinnerungen einer Gastgeberin*. Wiesbaden: Kramer.

Reich-Ranicki, Marcel. 1976–2017. *Frankfurter Anthologie. Gedichte und Interpretationen*. Frankfurt/M.: Insel.

Reich-Ranicki, Marcel. 2002. *1400 deutsche Gedichte und ihre Interpretationen*. 12 Bde. Frankfurt/M.: Insel.

Reitani, Luigi (Hrsg.). 1997. *Ernst Jandl. Proposte di lettura*. [Akten des Jandl-Symposions 1995 in Udine.] Udine: Forum.

Renoldner, Andreas. 2013. *Die Grazer Autorinnen Autorenversammlung. Die ersten vierzig Jahre 1973–2012*. Wien: GAV.

Reske, Friedolin u. Hülsmanns, Dieter (Hrsg.). 1976. *Unartige Bräuche*. Düsseldorf: Eremiten-Presse.

Riccabona, Christine u. a. 2006. *Die Österreichischen Jugendkulturwochen 1950–1969 in Innsbruck*. Innsbruck: Studien-Verlag.

Riha, Karl. 1995. „als ich anderschdehn mange lanquidsch". In: *Ernst Jandl: siebzig Jahre. neue deutsche literatur* (NDL), Heft 4, 61–72. Berlin: Aufbau-Verl.

Rittenberg, Joseph Gallus. 1998. *Terra obscura. Vermessung einer Persönlichkeit*. Cadolzburg: Ars Vivendi.

Ritter, Paul. 1941. *Lebensgrundlagen britischer Weltherrschaft*. München: Zentralverlag der NSDAP.

Roček, Roman. 2000. *Glanz und Elend des P.E.N. Biographie eines literarischen Clubs*. Wien: Böhlau.

Römer, Veronika. 2012. *Dichter ohne eigene Sprache? Zur Poetik Ernst Jandls*. Münster: LIT.

Roth, Gerhard u. Killmeyer, Franz u. Egg, Loys. 1986. *Gsellmanns Weltmaschine*. Wien: Jugend und Volk.

Roussel, Danièle. 1995. *Der Wiener Aktionismus und die Österreicher. Gespräche*. Klagenfurt: Ritter.

Rübenach, Bernhard (Hrsg.). 1991. *Ernst Jandl, Jayne-Ann Igel: Texte, Dokumente, Materialien* (Peter-Huchel-Preis – ein Jahrbuch; Jg. 1990). Moos: Elster-Verlag.

Rühm, Gerhard (Hrsg.). 1985. *Die Wiener Gruppe. Achleitner, Artmann, Bayer, Rühm, Wiener. Texte, Gemeinschaftsarbeiten, Aktionen*. Erw. Neuausgabe. Reinbek bei Hamburg: Rowohlt.

Ruiss, Gerhard. 1980. *Mürzzuschlager Manifest*. Wien: Walter-Buchebner-Gesellschaft.

Salis, Richard (Hrsg.). 1971. *Motive. Deutsche Autoren zur Frage: Warum schreiben Sie?* Tübingen: Erdmann.

Saucier, Jillian Carey. 2018. „*Wir haben ein Gedicht im Kopf*". *Ernst Jandl and Friederike Mayröcker in Conversation*. Diss. Boston Univ.

Schafroth, Heinz F. 1995. Paarweisheit. In: *Du – Zeitschrift der Kultur*, 52–57. Zürich: Conzett & Huber.

Schätzlein, Frank. 1995. Produktionsprozess und Stereophonie im Hörspiel „Fünf Mann Menschen" von Ernst Jandl und Friederike Mayröcker. https://www. frank-schaetzlein.de/texte/fmm.htm.

Schediwy, Robert. 2014. *Rückblick auf die Moderne*. Wien: Lit-Verlag.

Scheichl, Sigurd Paul (Hrsg.). 1986. *Österreichische Literatur des 20. Jahrhunderts. Akten der Jahrestagung 1982 der französischen Universitätsgermanisten in Innsbruck*. Innsbruck: AMŒ.

Scherstjanoi, Valeri. 2011. *Mein Futurismus*. Berlin: Matthes & Seitz.

Schewig, Kristina. 1981. *Ernst Jandl. Versuch einer Monographie*. Diss. Univ. Wien.

Schmidt, Siegfried J. u. Zobel, Reinhard. 1983. *Empirische Untersuchungen von Persönlichkeitsvariablen von Literaturproduzenten*. Braunschweig: Vieweg.

Schmidt, Siegfried J. 1990. Gemeinschaft(s)Arbeit: Ernst Jandl und Friederike Mayröcker. In: Siblewski 1990, 143–152.

Schmidt, Ulrich u. Vogt, Michael. 2002. *aussicht – absicht – ansicht. 25 Jahre Bielefelder Colloquium Neue Poesie*. Hörbuch. Bielefeld: Aisthesis.

Schmidt-Dengler, Wendelin (Hrsg.). 1982. *Ernst Jandl, Materialienbuch*. Darmstadt: Luchterhand.

Schmidt-Dengler, Wendelin. 1993. *Von Friedrich Achleitner bis Dorothea Zeemann. 25 Jahre „protokolle"*. [Mit alphabetischem Gesamtverzeichnis der Autoren 1966–1992.] Wien: Jugend & Volk.

Schmidt-Dengler, Wendelin. 2001. *Der wahre Vogel. Sechs Studien zum Gedenken an Ernst Jandl*. Wien: Praesens.

Schmidt-Dengler, Wendelin. 2005. Die Zerlegung in „Moos" und „Kau". Ein Reisebericht. In: *Volltext: Zeitung für Literatur*, Sonderausgabe 1, 27. Wien: Volltext-Verl.

Schmidt-Dengler, Wendelin. 2010. *Bruchlinien I. Vorlesungen zur österreichischen Literatur 1945–1990*. 3., korr. Aufl. St. Pölten: Residenz.

Schmidt-Dengler, Wendelin. 2012. *Bruchlinien II. Vorlesungen zur österreichischen Literatur 1990–2008*. St. Pölten: Residenz.

Schmidtke, Tabea. 2022. Gekreuzte Wege. Bild und Schrift bei Ernst Jandl. Masterarb. Univ. Münster. [Manuskript]. Archiv HH.

Schmied, Wieland. 2001. *H.C. Artmann 1921–2000. Erinnerungen und Essays*. Aachen: Rimbaud.

Schmied, Wieland. 2008. *Lust am Widerspruch*. Stuttgart: Radius.

Schmitt, W. Christian. 1986. *Die Buchstaben-Millionäre. Begegnungen, Gespräche und Erfahrungen mit vierzig Schriftstellern*. Karlsruhe: Loeper.

Schmitthenner, Hansjörg. 1982. Eine Stelle, wo vorher nichts da war. Bemerkungen zu dem Hörspiel ‚Fünf Mann Menschen' von Ernst Jandl und Friederike Mayröcker. In: Schmidt-Dengler 1982, 95–109.

Schönauer, Helmuth. 2016. *Tagebuch eines Bibliothekars*. Klagenfurt: Sisyphus.

Schöning, Klaus. 1969. *Neues Hörspiel. Texte, Partituren*. Frankfurt/M.: Suhrkamp.

Schöning, Klaus. 1970. *Neues Hörspiel. Essays, Analysen, Gespräche*. Frankfurt/M.: Suhrkamp.

Schöning, Klaus. 1983. hörspiel to end all hörspiels. Ernst Jandl. In: *Hörspielmacher. Autorenporträts und Essays*, Hrsg. Klaus Schöning, 215–227. Königstein/Ts.: Athenäum.

Schönwiese, Ernst (Hrsg.). 1980. *Literatur in Wien zwischen 1930–1980*. Wien: Amalthea.

Schuh, Franz. 2022. *Vom Guten, Wahren und Schlechten. Ein Lesebuch*, Hrsg. Bernhard Kraller. Wien: Sonderzahl.

Schuster, Gernot u. Zöchbauer, Peter (Hrsg.). 1997. *Haltestelle Puchberg am Schneeberg. Porträts berühmter Gäste und Gönner*. [Mit Geleitworten von Friederike Mayröcker und Ernst Jandl, 9–11.] Horn: Berger.

Schweiger, Hannes u. Nagy, Hajnalka. 2013. *Wir Jandln! Didaktische und wissenschaftliche Wege zu Ernst Jandl*. Innsbruck: Studien-Verlag.

Schweiger, Hannes. 2010a. „Freund meines Herzens, Bruder im Geiste!" Ein E-Mail-Interview mit Dieter Glawischnig von Hannes Schweiger, August 2010. In: Fetz u. Schweiger 2010, 49–53.

Schweiger, Hannes. 2010b. *Ernst Jandl vernetzt. Multimediale Wege durch ein Schreibleben*. [DVD]. Wien: ZONE Media.

Schweiger, Hannes. 2013. Intermedialität und Internationalität. Ernst Jandl und die Avantgarden der 1960er Jahre. In: *Österreich im Reich der Mitte*, Hrsg. Wei Liu u. Bernhard Fetz, 127–148. Wien: Praesens.

Schwertsik, Kurt. 2020. *was & wie lernt man?* Wien: Lafite.

Siblewski, Klaus (Hrsg.). 1990. *Ernst Jandl. Texte, Daten, Bilder*. Frankfurt/M.: Luchterhand.

Siblewski, Klaus. 1997. „Am Anfang war das Wort..." – Ernst Jandl 1957. In: Reitani 1997, 37–49.

Siblewski, Klaus. 2000. *a komma punkt. Ernst Jandl. Ein Leben in Texten und Bildern*. München: Luchterhand.

Siblewski, Klaus: 2001. *Telefongespräche mit Ernst Jandl. Ein Porträt*. München: Luchterhand.

Siblewski, Klaus. 2005. *Die diskreten Kritiker. Warum Lektoren schreiben – vorläufige Überlegungen zu einem Berufsbild*. Aachen: Rimbaud.

Siblewski, Klaus. 2020. *Es kann nicht still genug sein. Schriftsteller schreiben über ihre Schreibtische*. Zürich: Kampa.

Sienell, Stefan. 2019. *Das Verwaltungs- und Dienstpersonal der Akademie der Wissenschaften 1847–1960* (Archiv für österreichische Geschichte Bd. 143). Wien: Verlag d. Akademie d. Wissenschaften.

Simon, Dietrich. 1983. *Erkundungen. 41 österreichische Erzähler*. Berlin: Volk & Welt.

Simpson, Nicola (Hrsg.). 2012. *Notes from the Cosmic Typewriter. The Life and Work of Dom Sylvester Houédard.* London: Occasional Papers. https://ualresearchonline.arts.ac.uk/id/eprint/5625/1/dsh-bio-selected_pages.pdf.

Skrička, Ernst. 1991. *Kopfstücke. Zeichnungen mit einem Text „Kopf-Stücke" von Ernst Jandl.* Horn: Galerie Thurnhof.

Solt, Mary Ellen. 1968. A World look at Concrete Poetry. [Aufsatzsammlung Konkrete Poesie.] Artes Hispanicas. In: *Hispanic Art* 1, Heft 3 u. 4. New York: Macmillan.

Solt, Mary Ellen. 1970. *Concrete poetry. A world view.* Bloomington: Indiana University Press.

Sonntag, Ingrid. 2016. *An den Grenzen des Möglichen. Reclam Leipzig 1945–1991.* Berlin: Ch. Links.

Spiel, Hilde. 1968. *Rückkehr nach Wien. Tagebuch 1946.* München: Nymphenburger.

Spiel, Hilde (Hrsg.) 1976. *Die zeitgenössische Literatur Österreich. Kindlers Literaturgeschichte der Gegenwart* Bd. 4. München: Kindler.

Spiel, Hilde. 1995. *Briefwechsel.* München: List.

Spiel, Hilde. 2009. *Rückkehr nach Wien. Ein Tagebuch.* Mit einem Vorwort von Daniela Strigl. Wien: Milena.

Stein, Gertrude. 1971. *Erzählen. Vier Vorträge,* Einl. Thornton Wilder, Übertr. Ernst Jandl. Frankfurt/M.: Suhrkamp.

Steinwendtner, Brita u. Holl, Hildemar. 2000. *30 Jahre Rauriser Literaturtage.* Rauris: Kulturverein „Forum Rauris".

Stieber, Julius. 1998. *Fritz Brügel im Exil 1934–1955. Studien zu Leben und Werk eines sozialdemokratischen Schriftstellers.* Diss. Univ. Wien.

Stomps, Victor Otto. 1962. *Gelechter. Eine poetische Biographie.* Frankfurt/M.: Europ. Verlags-Anstalt.

Storch, Ursula. 2010. *Schriftspur – Zeichenspur. Ernst Jandl und die bildende Kunst.* In: Fetz u. Schweiger 2010, 69–81.

Straub, Wolfgang. 2016. *Die Netzwerke des Hans Weigel.* Wien: Sonderzahl.

Strigl, Daniela. 2012. Kling in Wien. Zu einem literarischen Myzel. In: *Das Gellen der Tinte. Zum Werk Thomas Klings,* hrsg. Frieder von Ammon, Peer Trilcke u. Alena Scharfschwert, 81–85. Göttingen: V & R Unipress.

Stuckatz, Katja. 2014. *Ein Beitrag zur modernen Weltdichtung. Ernst Jandl und die internationale Avantgarde.* Diss. The Pennsylvania State University. https://etda.libraries.psu.edu/files/final_submissions/9421.

Stuckatz, Katja. 2017. „Meine Gefangenschaft, die meine Befreiung war". Ernst Jandl kehrt heim. In: *Bilderbuch-Heimkehr? Remigration im Kontext,* Hrsg. Katharina Prager u. Wolfgang Straub, 119–134. Wuppertal: Arco.

Tauschinski, Oskar Jan u. Koenig, Alma Johanna. 1981. Briefe an Helene Lahr. In: *Zeitgeschichte* 8, 260–302. Wien: Geyer.

Theweleit, Klaus. 1978. *Männerphantasien.* Frankfurt/M.: Roter Stern.

Thiers, Bettina. 2016. *Experimentelle Poetik als Engagement. Konkrete Poesie, visuelle Poesie, Lautdichtung und experimentelles Hörspiel im deutschsprachigen Raum von 1945 bis 1970.* Hildesheim: Olms.

Thurnher, Eugen (Hrsg.). 1976. *Lyrik. Dichtung aus Österreich*, Bd. 3, Teilbd. 2. Wien: Bundesverlag.

Todorovic, Olja. 2011. *Ernst Jandls Theaterstücke „Aus der Fremde" und „die humanisten" und ihre Rezeption.* Dipl.-Arb. Universität Wien.

Töfferl, Sabine. 2017. *Friedrich Cerha. Doyen der österreichischen Musik. Eine Biographie.* Wien: new academic press.

Treiber, Alfred. 2007. *Ö 1 gehört gehört.* Wien: Böhlau.

Uhrmacher, Anne. 2007. *Spielarten des Komischen. Ernst Jandl und die Sprache.* Tübingen: Niemeyer.

Ulmer, Konstantin. 2016. *VEB Luchterhand? Ein Verlag im deutsch-deutschen literarischen Leben.* Berlin: Ch. Links.

Unseld, Siegfried. 1973. *Günter Eich zum Gedächtnis.* 1973. Frankfurt/M.: Suhrkamp.

Urbach, Reinhard. 2009. *Von Jandl weg, auf Jandl zu. 47 Begegnungen und Überlegungen.* [Zum Ernst-Jandl-Preis für Lyrik 2009.] Wien: Czernin.

Urbach, Reinhard. 2011. Du lieben den deutschen sprach? ernst jandl: „die humanisten". In: *die humanisten* [Programmheft zum Ernst-Jandl-Preis für Lyrik 2011]. Wien: Bundesministerium für Unterricht, Kunst und Kultur.

Verband der Mittelschullehrer u. Neugebauer, Theodor (Hrsg.). 1954 ff. *Taschenjahrbuch für Mittelschullehrer in Österreich.* Wien: Bundesverlag.

Vogt, Werner. 2013. *Mein Arztroman. Ein Lebensbericht.* Wien: Edition Steinbauer.

Wagenbach, Klaus. 2014. *Buchstäblich Wagenbach. 50 Jahre: der unabhängige Verlag für wilde Leser.* Berlin: Wagenbach.

Walter, Otto F. (Hrsg.). 1975. *Luchterhand. Die ersten 50 Jahre 1924–1974.* Neuwied: Luchterhand.

Walther, Elisabeth. 1990. *Zeichen von Zeichen für Zeichen. Festschrift für Max Bense.* Baden-Baden: Agis.

Weber, Elisabeth. 1988. *Österreichische Kulturzeitschriften der Nachkriegszeit.* Frankfurt/M.: Lang.

Weibel, Peter. 1966. Eine Kette schweigsamer Abschwörungen. Zur Lyrik Friederike Mayröckers. In: *diskus*, Heft 1, und Kunst der Kritik. es says & I say [Auswahl von Texten 1965–1973.], 13–20. Wien: Jugend & Volk; Wiederabdruck in: jardin pour friederike mayröcker. In: *neue texte* 1978, 20/21.

Weibel, Peter. 1976. ernst jandl – peter weibel. gespräch 6.7.1976. In: *neue texte* 16/17.

Weibel, Peter (Hrsg.). 1997. *Die Wiener Gruppe. Ein Moment der Moderne, 1954–1960.* [Die österreichische Ausstellung im Rahmen der Biennale von Venedig 1997]. Wien: Springer.

Weibel, Peter. 2019. *Kunst und Medien. Die Transformation des Bildes in der Ära der Apparate* (Enzyklopädie der Medien, Bd. 3). Berlin: Hatje Cantz.

Weiermair, Peter (Hrsg.). 1975. *Weibel, Kunst aus Sprache. Auditive Poesie ... Video ... Film.* Telfs: Hörtenbergdruck.

Weigel, Sigrid. 2003. *Ingeborg Bachmann. Hinterlassenschaften unter Wahrung des Briefgeheimnisses.* München: dtv.

Weingartner, Gabriele. 2004. *Schreibtisch Leben.* [zu Thomas Kling: 48–57]. Frankfurt/M.: Brandes & Apsel.

Weinzierl, Ulrich. 1994. Rede auf Ernst Jandl. In: *Kleist-Jahrbuch* 1994, Hrsg. H.J. Kreutzer. Stuttgart: J.B. Metzler.

Weitbrecht, Andreas (Hrsg.). 1963–1965. *Neues bilderreiches Poetarium I–V.* Frankfurt: Weitbrecht.

Widmer, Urs. 1975. „Bildnisse von Dichtern". In: *manuskripte,* Heft 47–48, 68–72.

Wiesmayr, Elisabeth. 1980. *Die Zeitschrift manuskripte 1960–1970.* Königstein/Ts.: Hain.

Williams Emmett. 1967. *An anthology of concrete poetry.* New York: Something Else Press.

Winkler, Dagmar. 1996. *Die neo-kybernetische Literatur.* Amsterdam: Rodopi.

Wulff, Michael. 1977. *Wirklichkeit konkret. Untersuchungen zu Möglichkeiten von Literatur. Von der konkreten Poesie Ernst Jandls bis zur sprachimmanenten Lüge.* Diss. Univ. Salzburg.

Wulff, Michael. 1978. *Konkrete Poesie und sprachimmanente Lüge. Von Ernst Jandl zu Ansätzen einer Sprachästhetik.* Stuttgart: Heinz.

Wykydal, Eva. 2000. *Ernst Kölz. Ein österreichischer Komponist im Spiegel des kulturellen Lebens seiner Zeit.* 3 Bde. Diss. Univ. Wien.

Wyss, Nikolaus. 1980. Innere Motoren, Gespräch mit dem Schriftsteller Ernst Jandl. In: *Der Alltag – Sensationen des Gewöhnlichen* 9, 10–17. Zürich: Verlag Der Alltag.

Yeats, William Butler, 1970. *Werke I. Ausgewählte Gedichte.* Neuwied: Luchterhand.

Personenregister

A

Achenreiner-Newesely, Annemarie 88
Achleitner, Friedrich 108, 115, 120, 122, 133, 158, 168, 181, 266, 280, 303, 314, 393, 421, 470, 481, 489, 494
Achmatova, Anna Andrejewna 527
Achternbusch, Herbert 326, 421
Adamek, Erwin 114
Adler, Alfred 28
Adler, H.G. 78, 299
Adler, Jeremy 78, 351, 421
Adonis 297
Adorno, Theodor W. 70, 235
Aichinger, Ilse 70, 199, 262, 330, 381, 406, 531
Allemann, Beda 249
Allemann, Urs 433, 434, 504
Almhofer, Werner 436
Altenhein, Hans 273, 296, 312, 367, 373, 380, 386, 391, 392, 394, 398, 424–426
Althaus, Peter F. 293
Altmann, René 71–73, 108, 277
Ambrozi, Ludwig 41
Améry, Jean 172, 238, 292, 355, 405

Ammon, Frieder von 413
Anders, Günther 313, 329, 396, 406
Anderson, Sascha 398
Andrian, Leopold von 40
Apollinaire, Guillaume 270, 527
Appleton, Tom 452
Arendt, Hannah 171
Ariost (Ludovico Ariosto) 234
Armstrong, Louis 57, 263, 368, 411
Arnold, Heinz Ludwig 304, 352
Arp, Hans 137, 178, 194
Artaud, Antonin 255
Artmann, H.C. 71, 72, 79, 94, 96, 99, 100, 102, 103, 108, 112, 114, 115, 118, 120–122, 126, 128, 132, 133, 137, 141, 163, 165, 168, 181, 183, 185, 186, 196, 209, 212, 218, 221, 226, 230, 231, 252, 253, 258, 262, 277, 280, 285, 286, 290–292, 296, 302, 303, 318, 332, 333, 353, 356, 379, 383, 404, 406, 418, 455, 467, 472, 487, 494, 502, 532
Ashton, Sir Frederick 156
Astel, Arnfried 190, 252

Atrott, Hans Henning 445
Attersee, Christian Ludwig 212
Auden, W.H. 73, 142, 262, 270, 304
Auffermann, Verena 386
Augstein, Rudolf 167
Aumaier, Reinhold 436, 498
Austeda, Franz 68, 87, 106, 139, 142, 273, 355, 471, 522
Ayler, Albert 411

B

Bach, Johann Sebastian 476
Bacher, Gerd 167, 230
Bächler, Wolfgang 142
Bachmann, Ingeborg 70, 167, 181, 200, 231, 262, 330, 506, 527
Bäcker, Heimrad 121, 177, 183–185, 224, 239, 270, 285, 292, 302, 303, 310, 314, 407, 421, 436, 439, 470, 498, 507
Bäcker, Margret 183
Baconsky, Anatol 162
Baermann Steiner, Franz 78
Baier, Lothar 333
Baier, Wiltrud 498
Baker, Chet 411
Balestrini, Nanni 400, 491
Balint, Michael 247
Ball, Hugo 102, 387
Balvin, Siglinde 261, 466
Ban, Isabella 528
Bann, Stephen 151, 156, 184, 390
Bansemer, Jürgen 325, 360, 365
Bartholl, Max 431, 451
Bartock, Willy 194
Basaglia, Franco 450
Basie, Count 411
Basil, Otto 91
Bassenge, Ulrich 456
Battisti, Carlo 17
Baudelaire, Charles 270
Bauer, Claudia 326, 540

Bauer, Otto 107
Bauer, Wolfgang 146, 154, 183, 198, 220–222, 225, 226, 231, 244, 262, 277, 280, 285, 303, 322, 333, 361, 381, 421, 467, 478, 500
Baumann, Herbert 119, 243
Baumgartner, Ulrich 170
Bayer, Konrad 79, 108, 115, 121, 122, 136, 140, 141, 165, 168, 253, 502
Bayerle, Thomas 133
Beauvoir, Simone de 357
Becher, Johannes R. 42, 43, 137, 187
Becker, Jurek 189, 250
Becker, Jürgen 260
Beckermann, Thomas 318
Beckett, Samuel 321
Beil, Hermann 439
Bellson, Louie 408
Benda, Oskar 42
Bender, Hans 107, 153, 162, 185, 209, 217, 238, 247, 298
Benn, Gottfried 137, 372, 481, 527
Bense, Max 74, 130, 134, 135, 138, 139, 148, 151, 169, 176, 180, 184, 188–190, 193, 234, 260, 380
Benseler, Frank 272
Berendt, Joachim-Ernst 184
Berkéwicz, Ulla 497
Bern, Werner 477
Bernhard, Frank 197
Bernhard, Thomas 11, 126, 140, 145, 148, 170, 194, 231, 253, 270, 333, 363, 378, 383, 388, 400
Beuys, Joseph 442
Beyer, Marcel 449, 460, 476, 493, 501, 502, 505, 506, 539
Bezzel, Chris 270, 273, 349, 351, 352, 421, 492
Biak, Kurt 326
Bichsel, Peter 130, 191, 241, 252, 426

Bienek, Horst 111, 426
Biermann, Wolf 241, 306, 329, 331, 395, 481
Binder, Klaus 501
Binder, Markus 454
Bingel, Horst 97, 111, 120, 132, 135–137, 145, 166, 517
Birti, Anton 13, 62
Birti, Eva 62, 63, 65, 81
Birti, Franz 62
Bisinger, Gerald 108, 121, 141, 148, 176, 185, 197, 212, 231, 237, 238, 259, 277, 281, 285, 289, 333, 436
Bissegger, Rudolf 365
Bitzos, Anastasia 168
Blaine, Julien 163
Blapik, Jodik 262
Blecha, Karl 289
Bley, Carla 411
Blixa Bargeld 474, 475
Bloch, Ernst 139, 167, 181, 314, 395
Blüm, Norbert 479, 480
Blüminger, Christa 245
Bock, Oskar 60
Böckmann, Gerd 365
Bode, Dietrich 310, 313
Boeckl, Herbert 85
Boehlich, Walter 112, 144, 272
Boetticher, Dietrich von 464
Bogner, Franz Josef 244
Böll, Heinrich 71, 141, 276, 283, 284, 325, 396, 468
Borchers, Elisabeth 134, 136, 144, 195, 439
Borchert, Wolfgang 200
Bormann, Alexander von 439–441
Bory, Jean-François 163, 168
Bourdieu, Pierre 2, 117, 538
Braem, Helmut M. 169
Brandstetter, Alois 279
Brandt, Willy 273, 277
Brasch, Thomas 304

Braun, Felix 96, 108, 175, 231, 234, 241, 287
Braun, Karlheinz 212
Braun, Michael 505
Braun, Volker 396, 398, 400, 439, 441
Brecht, Bertolt 70, 187, 230, 241, 307, 329, 389, 394, 395, 398, 527
Breicha, Otto 53, 121, 129, 146, 177, 185, 205, 222, 231, 244, 252, 277, 281, 285, 303, 315, 341, 361, 367, 373, 429, 478, 480, 498, 507, 518
Breker, Arno 47
Bremer, Claus 154, 171, 184, 197, 244, 266
Bremer, Uwe 132
Brettschneider, Nika 150, 458
Breytenbach, Breyten 473
Brinskele, Nikolaus 528
Brock, Bazon 353
Bronner, Gerhard 153, 358, 491
Brown, Pete 161–163, 172, 173
Bruckmeier, Stephan 458, 496
Brückner, Christine 426
Brügel, Fritz 79, 299
Brunmayr, Hans 163
Brus, Diana 262
Brus, Günter 182, 212, 221–223, 262
Bruyn, Günter de 396, 441
Bucher, André 453, 532
Büchner, Georg 3, 385
Buchwald, Christoph 464
Bukowski, Charles 268, 452
Bulgakow, Michail 249
Bülow, Vicco von (Loriot) 246
Bürger, August 413
Burger, Hermann 368, 376
Burian, Paul 361
Burkhard, Dietrich 42, 44, 71, 275
Burkhardt, Klaus 134
Burkhardt, Werner 412
Burroughs, William S. 161
Busek, Erhard 441

Busta, Christine 88, 231, 379, 406
Butor, Michel 297
Byron, Lord (George Gordon) 413

C

Cage, John 202, 214, 237, 250, 267, 388
Calvino, Italo 401
Cameron, Charles 157
Campos, Augusto de 156, 267
Campos, Haraldo de 147, 156
Canetti, Elias 83, 115, 238, 261, 277, 379, 406, 460
Cardenal, Ernesto 401
Carracci, Annibale 210
Carroll, Lewis 157, 166
Cassirer, Ernst 61
Castle, Eduard 60, 66
Cattaneo, Anne 366
Celan, Paul 96, 122, 251, 334, 502, 527
Cerha, Friedrich 126, 416, 418
Cerha, Michael 433
Chagall, Marc 83
Char, René 111, 304
Charms, Daniil 459
Chlebnikov, Velimir 251, 266, 400
Chögyam Trungpa 467
Chopin, Henri 149, 164, 169, 182, 266
Chotjewitz, Peter O. 180, 190, 197, 219, 399
Christensen, Inger 527
Christl, Steve 184
Churchill, Winston 83
Cioran, E.M. 338
Ciulei, Liviu 366
Claus, Carlfriedrich 266, 387
Clay, Cassius (Muhammad Ali) 208
Cobbing, Bob 156–161, 163, 164, 169, 172, 173, 182, 184, 202, 266, 333

Čolaković, Enver 168
Coleman, Ornette 411
Coltrane, John 155, 411
Corso, Gregory 3, 126, 161, 162
Cortis, Egon Caesar 48
Coudenhove-Kalergi, Richard 42
Courths-Mahler, Hedwig 66
Cox, Kenelm 172
Craig, Gordon 242
Cramer, Heinz von 199, 202, 207, 209, 214, 233, 237, 244, 364
Creeley, Robert 144, 154, 155, 162, 169, 186, 199
Csokor, Franz Theodor 231
Cummings, Edward Estlin 57, 67
Czechowski, Heinz 305
Czeitschner, Bruno 243
Czernin, Franz Josef 185, 351, 353, 493, 504, 537
Czurda, Elfriede 185, 282, 292, 302, 303, 493, 539

D

Dalí, Salvador 101
Daum, Babsi 498
Dauphin, Jean-Michel 374
Davis, Miles 155, 262, 411, 445
Decristel, Georg 499
Delius, F.C. 444
Demetz, Peter 313, 532
Dencker, Klaus Peter 248, 288, 333
Derdak, Franz 113
Derrida, Jacques 182
Dickbauer, Klaus 417, 435
Dienst, Rolf-Gunter 138
Dinhobel, Elisabeth 19
Dinhobel, Mathias 19
Dischner, Gisela 270
Doblhofer, Hannes 436
Doderer, Heimito von 11, 96, 115, 120, 130, 133, 142, 179
Doderer, Maria 179

Döhl, Reinhard 74, 116, 120, 130, 134–136, 138, 143, 145, 148, 149, 152, 154, 156, 162, 163, 172, 175, 180, 184, 189, 190, 217, 350, 491, 531
Dollfuß, Engelbert 33, 50, 107
Dollinger, Gerhard 189
Dolphy, Eric 411
Domin, Hilde 330, 331
Donat, Heinrich 34
Donhauser, Michael 455, 504, 537, 539
Donnenberg, Josef 270
Doppler, Alfred 66, 112, 279
Dor, Milo 11, 70, 231, 290, 357, 379, 404, 406
Dorfer, Johanna 436
Döring, Stefan 398
Dörmann, Felix 42
Dorsey, Tommy 57
Drewitz, Ingeborg 287, 513
Drews, Jörg 202, 211, 215, 248, 274, 295, 298, 320, 333, 336, 349, 351, 352, 369, 377, 391, 434, 438, 476, 478, 481, 503, 504, 532, 537
Drimmel, Heinrich 96, 129
Droschl, Maximilian 185
Dudek, Gerd 413
Dufrêne, François 333
Dürrenmatt, Friedrich 200, 386, 389
Dusini, Arno 453
Dylan, Bob 467

E

Ebner, Jeannie 70, 71, 301, 326, 379, 405, 406
Egg, Loys 510
Egger, Oswald 537
Ehmsen, Horst 196, 335, 339, 421
Eich, Günter 200, 203, 262, 527
Einem, Gottfried von 11, 401, 534

Einhorn, Nikolaus 215
Eisendle, Helmut 277, 353
Eisenreich, Herbert 71, 195
Eisler, Hanns 413
Eisserer, Elisabeth 66
Elburg, Jan 111
Eliot, T.S. 72, 73, 86, 270, 505, 507, 527
Ellington, Duke 57, 368, 408, 411
Ellis, Alison 84
Ellis, Don 411
Éluard, Paul 72
Enderlein, Hinrich 465
Endler, Adolf 397
Engelmann, Bernt 396
Engelmann, Paul 44
Enquist, Per Olov 333
Enzensberger, Hans Magnus 130, 144, 146, 148, 180, 228, 273, 304, 334, 473, 493, 505, 527
Eörsi, István 338, 366, 476, 478, 512, 513
Erb, Elke 398, 399, 401, 473, 537
Erenz, Benedikt 377
Ernst, Gustav 281, 291, 303
Ernst, Max 83
Ertl, Harry 196, 421, 427, 510
Esser, Manfred 134
Evans, Gil 411
Exner, Richard 269, 524
Export, Valie 247, 287

F

Faber, Hans 88
Fainlight, Harry 161
Faktor, Jan 398
Falco 474
Falk, Gunter 154, 178, 188, 198, 220, 222, 226, 277, 352, 411, 421
Falkner, Brigitte 537
Falkner, Ferdinand 421, 428
Falkner, Hans Peter 454

Federmann, Reinhard 70, 279, 280, 284, 404
Fedortschenko, Sofia 517
Felber, Christian 494
Felmayer, Rudolf 85, 88–90, 96, 116, 140
Fenz, Sylvia 445
Ferlinghetti, Lawrence 126, 158, 159, 161, 162, 186
Fetz, Bernhard 5, 6, 451, 476, 526, 538
Feyrer, Gundi 493
Fian, Bumi 417, 435
Fichte, Hubert 225
Fietkau, Wolfgang 145
Fink, Humbert 88, 218
Finlay, Ian Hamilton 32, 135, 151–153, 155, 157, 163, 164, 168, 196, 225, 237, 244, 250, 251, 255, 270, 297, 353, 390, 507
Finlay, Sue 390
Firnberg, Herta 277, 513
Fischer, Ernst 70, 141, 147
Fischer, Peter O. 336
Fitz, Peter 361–363, 481
Fitzbauer, Erich 106
Flanagan, Barry 161
Fleischer, Wolfgang 179
Fleißer, Marieluise 261
Flora, Paul 470
Foidl, Gerold 499
Fontane, Theodor 42
Fontgalland, Guy de 30
Forster, Leonard 156, 162, 227
Foucault, Michel 117, 183
Frankfurter, Bernhard 400
Franz Ferdinand, Erzherzog 10
Franz Joseph, Kaiser 10
Franzobel 539
Freitag, Wolfgang 416
Frenzel, Ivo 264
Freud, Sigmund 59
Freytag, Gustav 323

Fried, Erich 70, 78, 127, 156, 190, 196, 231, 292, 299, 406, 426, 428, 437, 438, 441, 442, 461, 466
Frisch, Marianne 261, 263
Frisch, Max 261, 263, 401, 468
Frischmuth, Barbara 130, 198, 227, 231, 253, 261, 277, 280, 281, 285, 400, 405, 421, 440, 470, 471, 479
Fritsch, Gerhard 70, 71, 73, 74, 88, 108, 121, 127, 129, 140, 141, 177, 227
Fritsch, Lisa 531
Fritz, Marianne 353, 405
Fröbel, Friedrich 490
Fröhlich-Sandner, Gertrude 236, 312, 327
Fuchs, Günter Bruno 111, 132, 142, 169
Fugard, Athol 401
Furnival, John 156, 158, 163, 164, 168, 169, 172, 251, 266
Fürst, Martin 119
Fürst, Paul 45, 90, 117, 119, 163, 208, 243, 348
Fussenegger, Gertrud 91, 93

G

Gabor, Hans 117
Gadney, Reg 156
Gamper, Herbert 171, 244
Gandhi, Indira 161
Gantschacher, Herbert 420
Gappmayr, Heinz 148, 169, 178, 184, 421
Gardner, Donald 268
Garnier, Ilse 134, 148, 151, 163, 366, 492
Garnier, Pierre 134, 148, 151, 163, 168, 197, 254, 349, 366, 421, 440, 492

Gatterer, Claus 326
Geerken, Hartmut 273, 333, 349, 351, 421
Geigenmüller, Hans 494
Geissler, Christian 500
Geißner, Hellmut 189
Gelberg, Hans-Joachim 391
Genet, Jean 222
George, Stefan 371
Geraudy, Roger 147
Germann, Leonore 154
Gernhardt, Robert 481
Gerstl, Elfriede 113, 141, 176, 185, 229, 303, 436, 440, 450, 482, 493, 504
Gerz, Jochen 164, 273, 349, 351
Geyrhofer, Friedrich 289, 303
Giese, Alexander 115
Gillespie, Dizzy 411
Ginhart, Karl 85
Ginsberg, Allen 3, 126, 158–162, 466, 467
Ginzburg, Natalia 401
Giuffre, Jimmy 411
Glantschnig, Helga 504, 514–516, 526, 528, 530
Glatz, Evamaria 20, 45
Glawischnig, Andreas 480
Glawischnig, Dieter 143, 183, 372, 381, 408–412, 418, 419, 466, 473, 478, 482, 483, 492, 495
Glück, Anselm 185, 221, 303
Glück, Johann 128
Godwyn, Tony 159
Goeritz, Mathias 168
Goes, Albrecht 238
Goethe, Johann Wolfgang von 14, 45, 249, 254
Goldbaum, Helene 28
Goldstücker, Eduard 147, 440, 441
Goldt, Max 433
Gollin, Annegret 499
Gombrich, Ernst 79, 84, 299

Gombrich, Ilse 79, 84
Gomez de Liano, Ignacio 168
Gomringer, Eugen 74, 104, 133, 136, 139, 147, 151, 164, 177, 184, 234, 240, 260, 261, 292, 313, 329, 334, 349, 352, 380, 391, 421
Gomringer, Nora 133
Goodman, Benny 57
Gorbatschow, Michail 449
Görner, Rüdiger 487
Gorsen, Gorsen 353
Görz, Franz Josef 386
Graettinger, Bob 411
Gramsci, Antonio 289
Grancy, Christine de 446
Granier, Pierre 163
Granin, Daniil 401
Grass, Günter 186, 188, 238, 273, 329, 389, 396, 426, 462, 468, 493
Gratz, Leopold 406
Green, Julien 96
Greene, Graham 348
Greenham, Lily 349, 421
Greer, Robin 168
Greiner, Erwin 114
Greiner, Ulrich 264
Grillparzer, Franz 39, 141
Grimm, Reinhold 141, 163, 196
Groenewold, Kurt 439, 442
Groër, Hans Hermann 469
Grögerová, Bohumila 146–150, 217, 306, 337, 349, 354, 435, 459, 469, 473
Grond, Walter 480
Gruber, HK 416, 418
Gruber, Maria 419
Gruber, Reinhard P. 323, 325
Grün, Max von der 194, 426
Grünbein, Durs 382
Gründmandl, Otto 231
Gruner, Jürgen 401
Gsellmann, Franz 342, 343

Guevara, Ernesto 198
Gurk, Paul 350
Gustafsson, Lars 240, 313, 329, 333, 473
Gütersloh, Albert Paris 126
Guttenbrunner, Michael 379, 406

H

Haas, Wolf 531
Habeck, Fritz 231, 326, 357
Haberl, Horst Gerhard 221
Hacks, Peter 401
Haderer, Franz 289
Haeusserman, Ernst 70
Häfner, Eberhard 398, 399
Hage, Volker 491
Hahnl, Hans Heinz 210, 285
Haider, Hans 6, 343, 357, 478, 482
Haider, Jörg 230, 472
Haider-Pregler, Hilde 458
Hajnal, Gabor 196
Hakel, Hermann 78, 86, 223, 224, 280
Halenke, Gustl 364
Hamburger, Michael 162, 169, 261, 366, 436, 478
Hamm, Peter 190
Hammer, Ellen 360, 362, 363, 391, 436
Hammerschlag, Peter 358, 491
Hammond, Annie 156
Händel, Friedrich 83
Handke, Peter 167, 171, 190, 194, 195, 198, 199, 207, 226, 229, 231, 244, 253, 268, 270, 280, 282, 363, 380, 381, 400, 473, 499, 500, 513
Handl, Reinhard F. 445
Hannak, Jacques 107
Hannesschläger, Vanessa 538
Hanson, Sten 333
Harig, Ludwig 134, 135, 189, 318, 383, 424, 434, 444, 492, 500

Hartinger, Ingram 499
Hartl, Edwin 406
Härtling, Peter 273, 313, 426, 464
Haselböck, Martin 411, 419, 420, 455, 466, 521, 523, 527, 536
Haslinger, Adolf 301
Haslinger, Josef 7, 407, 436, 531
Hassinger, Sabine 400, 425
Hauer, Rainer 325, 341, 359, 361
Häupl, Michael 221, 523
Hauser, Reinhard 445
Haushofer, Marlen 70
Hausmann, Raoul 108, 148, 158, 163–166, 169, 175, 178, 188, 197, 266, 303, 387, 400
Havel, Václav 148, 150, 473
Hawelka, Leopold 128
Hawkins, Coleman 411
Hawkins, Spike 161
Hawlicek, Hilde 150, 439
Hazelton, Dave R. 168
Heaney, Seamus 527
Hebbel, Friedrich 42
Hedin, Benkt-Erik 356
Heer, Friedrich 231, 278, 284, 379
Heidegger, Martin 225
Heidsieck, Bernard 164, 169
Hein, Christoph 439, 441, 462
Heindl, Georg 90, 93
Heindl, Gottfried 268
Heinemann, Gustav 262
Heißenbüttel, Helmut 39, 133, 135, 136, 148, 151, 162, 168, 169, 172, 180, 190, 193, 206, 213, 237, 250, 260, 261, 273, 299, 322, 329, 347–350, 352, 380, 383, 384, 388, 389, 421, 440, 482, 487, 488, 521
Heißenbüttel, Ida 138
Hell, Bodo 185, 193, 210, 421, 436, 439, 440, 444, 476, 493, 501, 506, 507, 510, 511, 528, 533
Hell, Cornelius 524

Heller, André 230, 339
Helmlé, Eugen 500
Helms, Hans G 180, 250
Hemingway, Ernest 57, 58
Henderson, Fletcher 411
Henisch, Peter 280
Henneberg, Claus 154, 189
Henz, Rudolf 96, 115, 116, 129,
    140, 165, 324, 326, 327, 357,
    378–382, 384
Herbach, K.P. 238, 518
Herbeck, Ernst 232, 262, 339
Herbert, Katarzyna 238
Herbert, Zbigniew 186, 238, 240, 329
Herbst, Werner 114
Herburger, Günter 228, 241, 252, 396
Herman, Woody 411
Hermlin, Stephan 187, 287, 305, 318,
    395, 400, 403, 439
Herrmann, Fritz 282, 283
Herzberg, Judith 366, 473
Hessen, Prinzessin Margret von 384
Heuermann, Lore 219
Heym, Georg 42
Heym, Stefan 396
Hiesel, Franz 198
Hildesheimer, Wolfgang 121, 200, 261,
    313, 318, 439
Hindemith, Paul 44
Hinderer, Walter 440, 442, 482
Hintze, Christian Ide 406, 466, 474,
    487, 528
Hiršal, Josef 145–148, 150, 196, 217,
    354, 435, 469, 473
Hirschmann, Christoph 521
Hirte, Christlieb 395, 397, 399, 403
Hitler, Adolf 10, 34, 40, 52, 164
Hitschmann, Eva 43, 45
Ho Chi Minh 304
Hochreiter, Paula 109
Hochwälder, Fritz 379, 406
Hoff, Hans 36

Hoffer, Klaus 221, 277, 284–286, 292,
    302
Hoffmann, Joachim 331
Hoffmann, Paul 484
Hofmann, Werner 129, 235, 302
Hofmannsthal, Hugo von 40, 143,
    234, 336, 347, 465
Hohenwart, Georg 268
Hohler, Franz 254
Hohmann, Joachim 338
Hohoff, Curt 238
Hölderlin, Friedrich 3, 77, 84, 107,
    231, 476, 478
Holiday, Billie 411
Hollein, Hans 128, 167, 470, 510
Höllerer, Walter 107, 111, 121, 142,
    177, 185, 186, 188, 217, 237,
    238, 252, 259–261, 268, 296,
    303, 313, 397, 427, 431, 464,
    506
Hollinderbäumer, Dietrich 445
Hollo, Anselm 138, 161
Holtzmann, Thomas 364
Holz, Hans Heinz 292
Holzer, Johann 505
Holzinger, Alfred 253
Honecker, Erich 305
Horovitz, Michael 160–163, 169, 235,
    254
Horte, Christlieb 401
Hostnig, Heinz 215
Hotschnig, Alois 462, 500
Houédard, Dom Sylvester 152, 157,
    158, 163, 169, 172, 173, 182,
    266
Hrachovec, Herbert 14
Hrdlicka, Alfred 441, 445
Hübner, Zygmunt 366
Hübsch, Hadayatullah 255
Huchel, Peter 434
Huelsenbeck, Richard 164
Huemer, Peter 427

Hülsmanns, Dieter 255
Humboldt, Alexander von 270
Hummelt, Norbert 504, 506
Humula, Anna 13, 19, 22
Humula, Herbert 22, 50
Humula, Karl 13, 21
Hundertwasser, Friedensreich 219, 470
Huppert, Hugo 70, 141, 285, 301,
    354, 401
Hüttner, Gabriele 458

I

Illich, Helga 326, 458
Ingold, Felix Philipp 455, 537
Ingrisch, Lotte 534
Innerhofer, Roland 482
Inzko, Valentin 473
Ipsen, Ingrid 375, 510
Ivask, Ivar 269, 297

J

Jaesrich, Hellmuth 386
Jäger, Bernhard 133
Jahnn, Hans Henny 260
Jandl, Andreas 14, 15
Jandl, Anna 519
Jandl, Anni 25
Jandl, Bruder 85
Jandl, Elisabeth 15
Jandl, Emmerich 16
Jandl, Erika 287, 476
Jandl, Gregor 16, 36
Jandl, Hedwig 23, 27, 45, 48, 57, 64,
    118, 287
Jandl, Hermann 25, 32, 45, 48, 51, 57,
    64, 85, 111, 162, 196, 240, 286,
    296, 517–519, 533, 536
Jandl, Ignaz 15
Jandl, Johann 15
Jandl, Kurt 25, 519

Jandl, Luise 9, 17, 19, 20, 27–30,
    33–35, 37, 38, 240, 286, 338,
    476
Jandl, Maria 13, 15, 16, 25, 36
Jandl, Nikolaus 23, 64, 124, 286
Jandl, Paul 453, 536
Jandl, Robert 25, 32, 48, 51, 57, 64,
    154, 240, 286, 310, 476, 517,
    519, 536
Jandl, Roswitha 13, 23, 57, 62–68, 76,
    79–81, 84, 87, 90, 93, 118, 124,
    132
Jandl, Rudolf 14
Jandl, Stefan 287, 476
Jandl, Viktor 9, 13, 16, 17, 20, 24,
    26–28, 33, 37, 45, 48, 51, 53,
    57, 80, 82, 97, 118, 124, 240,
    285, 338, 345, 517, 519
Jandl, Wolfgang 287, 476
Janetzki, Ulrich 389
Janka, Heinrich 395
Jappe, Georg 421
Jarry, Alfred 242
Jaschke, Gerhard 353
Jelinek, Elfriede 197, 229, 231, 281,
    303, 395, 437, 478, 498, 500,
    531
Jelzin, Boris 449
Jens, Inge 440, 442
Jens, Walter 237, 241, 314, 400, 401,
    439, 441, 444, 466
Jentzsch, Bernd 304, 305, 397
Jeziorkowski, Klaus 320, 336
John, KP Ludwig 457
Johnson, Uwe 238, 262
Jonas, Franz 232
Jonke, Gert 244, 247, 253, 261, 270,
    277, 280, 281, 285, 303, 343,
    500, 528
Jörg, Wolfgang 257, 258
Josel, Rudolf 419
Joyce, James 178, 194

Jung, Jochen 170
Junge, Norman 491
Jünger, Patricia 497
Jungk, Robert 396, 397

K
Kafka, Franz 78, 147, 441, 517, 539
Kafka, Helene 494
Kafka, Vladimir 147
Kagel, Mauricio 202
Kahane, Patricia 224
Kahl, Kurt 357
Kahn, Lisa 383
Kain, Franz 395
Kaiser, Joachim 282, 364
Kalmer, Josef 79
Kaltenbeck, Franz 224, 291
Kant, Hermann 140, 235, 305, 394,
    396, 397, 403
Kappacher, Walter 353
Karasek, Hellmuth 359, 362
Karl, Ingrid 408
Karl I., Kaiser 12, 38
Kastberger, Klaus 476
Kästner, Erich 307
Kaufmann, Angelika 510
Kaufmann, Paul 323
Kaukoreit, Volker 481
Kavin, Kavin 458
Kavin, Ludwig 150
Kefer, Rudolf 240
Kein, Ernst 71, 73, 108
Kenton, Stan 411
Kernstock, Ottokar 14
Kerouac, Jack 467
Kerschbaumer, Marie-Thérèse 229,
    281, 395, 400, 494, 531
Keuschnig, Reiner 416
Kieseritzky, Ingomar von 273
Killy, Walther 330, 331
King, Francis 286

Kipphardt, Heinar 396
Kirchner, Ernst Ludwig 362, 363
Kirsch, Rainer 305
Kirsch, Sarah 305
Klaus, Josef 231
Kleist, Heinrich von 3, 464, 465, 477
Klemm, Wilhelm 42, 43, 51, 386
Klestil, Thomas 408
Kling, Thomas 230, 274, 380, 398,
    455, 493, 501–503, 507, 536,
    537
Klinge, Reinhold 458
Klingemann, Hans 132
Klingemann, Roswitha 51, 64, 286
Klinger, Kurt 357, 518
Klopstock, Friedrich Gottlieb 413
Knilli, Friedrich 200
Koch, Adelheid 165
Koch, Herbert 496
Koeppen, Wolfgang 451
Kofler, Werner 218, 223, 303
Koglmann, Franz 408, 411, 470
Köhler, Barbara 539
Kohlhaase, Wolfgang 400
Köhlmeier, Michael 374
Kohout, Pavel 150
Kolář, Jiří 145, 147, 148, 459
Koller, Hans 381, 409, 466
Kolleritsch, Alfred 122, 129, 148, 164,
    165, 185, 197, 225–227, 229,
    231, 247, 253, 268, 277, 282,
    284, 285, 292, 299, 303, 315,
    318, 325, 343, 362, 378, 421,
    436, 440, 470, 478, 498, 499,
    503, 518, 533
Kolowratnik-Senjow, Stefania 421, 530
Kölz, Ernst 126, 170, 171, 244, 251,
    435
Komrij, Gerrit 240
Konrád, György 440, 441
Kopelew, Lew 444
Kopland, Rutger 240

Korlén, Gustav 261, 333
Körner, Theodor 27
Korte, Hermann 482
Kostelanetz, Richard 270
Kräftner, Hertha 70
Krahberger, Franz 510
Kraller, Bernhard 478
Kramar, Thomas 408, 455
Krammer, Stefan 7
Kraus, Karl 275, 465, 502
Kraus, Wolfgang 39, 129, 156, 177,
    235, 236, 273, 306, 328, 334,
    338, 348, 378, 423, 425, 426,
    437, 480, 511
Kreid, Harald 235
Kreisky, Bruno 53, 217, 236, 259, 311,
    380, 382, 405, 406, 438, 471
Kreisler, Georg 153
Kren, Kurt 182
Krenek, Ernst 44
Kriwet, Ferdinand 149, 165, 180, 184,
    190, 421
Krleža, Miroslav 178
Krolow, Karl 135, 136, 175, 217, 330
Kronauer, Brigitte 539
Kudrnofsky, Wolfgang 289
Kuffner, Edle von 17
Kuhlmann, Quirinus 79
Kühner, Heinz-Otto 426
Kühnhold, Christa 515
Kulterer, Hubert Fabian 126
Kundera, Ludvik 473
Kunert, Günter 241, 305, 318, 444
Kunert, Marianne 305
Küng, Hans 440
Kunz, Johannes 408
Kunze, Elisabeth 305, 332
Kunze, Reiner 291, 305, 323, 329–
    331, 395, 494
Kupfer, Harry 440
Kusche, Lothar 309

L
Lacan, Jacques 224
Lachmann, Eduard 88
Ladiges, Peter Michael 204
Laederach, Jürg 414, 415, 433, 481
Lafontaine, Oskar 438
Lagercrantz, Olof 297, 333, 337
Lahr, Helene s. Helene Obermayer
Laible, Eva 338
Laing, Ronald D. 145
Lämmert, Eberhard 371
Lampe, Jutta 361, 536
Lampersberg, Gerhard 126, 170, 383,
    418
Lampersberg, Maja 383
Lanckoroński, Karl 11
Langanky, Ute 503
Langenhorst, Georg 523
Langer, Robby 456, 457
Langewiesche, Marianne 246
Larcher-Mathá, Anneliese 498
Lasker-Schüler, Else 42
Lavant, Christine 383
Lawrence, D.H. 65, 78
Lebert, Hans 231, 406
Lechner, Franziska 29
Lechner, Hans 301, 331
Ledig-Rowohlt, Heinrich Maria 186
Lehbert, Margitt 4
Lein, Hermann 357, 405
Leitner, Anton 527
Lendvai, Paul 513
Lengauer, Hubert 391
Lentz, Michael 181, 539
Lenz, Siegfried 238, 261
Lernet-Holenia, Alexander 141, 231,
    276, 278
Lettau, Reinhard 273
Leuner, Heinz 480
Levine, Philip 268
Lewin, Michael 438, 441

Lhotzky, Alexander 458
Lichtenauer, Fritz 303
Lichtenberg, Georg Christoph 338
Lichtenfels, Peter 366
Lieb, Hans-Heinrich 138
Lincoln, Abraham 208
Lionni, Leo 308
Lippe, Eduard von der 85
Löbl, Karl 170
Logothetis, Anestis 289
Logue, Christopher 161
Lora Totino, Arrigo 168
Lorca, Federico García 86
Lothar, Ernst 70
Lotschak, Peter 325
Luchterhand, Heinz 426
Lucie-Smith, Edward 162, 168
Lukács, Georg 366, 512
Lüthi, Kurt 293
Lykiard, Alexis 161

M

Maaß, Ekkehard 398, 400
MacBeth, George 162, 171, 202
Mader, Helmut 275
Maeterlinck, Maurice 242
Maetz, Max (Karl Wiesinger) 395
Magritte, René 275
Maier, Theophil 351
Maier, Wolfgang 144
Majakowski, Wladimir 141
Mallarmé, Stéphane 166, 270, 292
Mandelstam, Ossip 527
Mann, Golo 167
Mann, Thomas 35
Marcuse, Herbert 273
Maria Theresia, Kaiserin 10
Marko, Gerda 2
Marmorek-Hannak, Hilde 107
Marschick, Matthias 436
Marshall, John 419

Marti, Kurt 130, 189
Martin, Peter D. 158
Martini, Fritz 136
Marx, Karl 304
Matejka, Viktor 27
Matejka-Felden, Gerda 27
Mathews, Harry 515
Matt, Beatrice von 336, 487, 501
Matthaei, Renate 271
Mauer, Otto 128, 219, 220, 233, 357, 521
Mauthner, Fritz 182
Maximilian I., Kaiser 19
May, Karl 35, 252
Mayer, Hans 194, 195, 237, 238, 261, 266, 267, 271, 274, 275, 297, 313, 329, 438, 439, 441, 466
Mayer, Hansjörg 139, 169, 184
Mayreder, Rosa 63
Mayröcker, Franz 90, 211, 298, 310, 355
Mayröcker, Friederike sen. 310, 355, 474
Mazzola, Rudolf 456
McCarthy, Cavan 151, 157
McGrath, Tom 161
Mechtel, Angelika 290
Meckel, Christoph 130, 241
Mehring, Franz 164
Meier, Jost 456
Meister, Ernst 111
Meister, Richard 60
Meixner, Erich 414, 417, 453, 454, 466, 492
Mell, Max 231, 234
Menzel, Wolfram 138, 168
Messerschmidt, Franz Xaver 508
Meszöly, Miklos 194
Metzger, Gustav 145, 164, 182
Michaelis, Rudolf 531
Michaux, Henri 111
Mickel, Karl 398, 401

Middelhauve, Gertraud 307
Middleton, Christopher 162, 169, 241, 261, 266, 268, 368
Miles, Barry 159, 160, 182
Miller, Glenn 57
Miller, Henry 118
Minder, Robert 238
Mingus, Charles 411
Miró, Joan 391
Miskin, Lionel 316
Mitchell, Adrian 161, 240
Mitterer, Felix 353
Mixner, Manfred 253
Molden, Fritz 405
Mon, Franz 74, 134, 135, 145, 148, 164, 180, 184, 189, 190, 202, 213, 266, 273, 329, 333, 335, 349–352, 391, 421, 436, 440, 492
Monk, Thelonious 411
Mooij, Martin 240, 241, 285, 305, 425, 473
Moore, Henry 83
Morak, Franz 503, 528, 530, 535
Morgan, Edwin 152, 157, 163, 168, 169, 353
Morgenstern, Christian 166, 329, 413
Morgner, Irmtraud 395
Moritz, Herbert 382
Morshäuser, Bodo 264
Moser, Helmut 183, 196, 339, 411, 419, 425, 461
Moser, Luigi 476
Mosès, Stéphane 440
Motte, Diether de la 235
Mozart, Wolfgang Amadeus 10, 517
Muehl, Otto 182, 221, 222, 285, 480, 511
Mues, Dietmar 413
Müller, Heiner 305, 326, 436, 439, 441
Munzinger, Ina 477
Murphy, Hayden 172

Muschg, Adolf 318, 396, 400, 401, 439, 441, 442, 444, 468
Musil, Robert 20, 227, 236
Muthspiel, Christian 419, 455, 466
Muthspiel, Kurt 455
Mütter, Bertl 418
Mytze, Andreas W. 79, 263, 308

N

Naber, Hermann 204, 205
Nabl, Franz 231
Nádas, Péter 539
Navratil, Klaus 262
Navratil, Leo 196, 232, 233, 310, 332, 339, 340, 344, 355, 478, 521, 527
Nedden, Dieter zur 525
Nef, Ernst 319, 369
Nenning, Günther 218, 219, 279, 281, 285, 303, 406
Neruda, Pablo 527
Nestroy, Johann 286
Neumann, Kurt 361, 421, 422, 430, 453, 467, 478, 503, 504, 530, 531, 533
Neumann, Peter Horst 274, 322, 369, 482, 524
Neumann, Robert 83, 278, 284, 287
Neuss, Wolfgang 228
Neuwirth, Roland 455
Neven DuMont, Alfred 366
Newton, Lauren 415–417, 427, 435, 476, 483
Niedermayer, Max 137
Niedlich, Wendelin 134, 189
Nietzsche, Friedrich 46, 454
Nikitowicz, Anna 48
Nikitowicz, Maria 48
Nikitowicz, Michael 48
Nikitowicz, Theophil 48
Nitsch, Hermann 182, 222, 223, 262, 285, 289, 291, 480

Nitzberg, Alexander 539
Nizon, Paul 386
Novák, Ladislav 147, 148, 151, 235, 473
Nye, David 538
Nyssen, Ute 325, 365

O

Oates, Joyce Carol 297
Oberhuber, Oswald 357, 431, 442
Oberleitner, Ewald 184, 412, 414, 480, 492
Obermayer, Helene 62
Obrist, Hans Ulrich 191
Oelschlegel, Vera 397, 400, 401
Oesterlein, Christine 361
Ohlbaum, Isolde 351
Ohnesorg, Benno 181
Okopenko, Andreas 71–76, 79, 81, 85, 86, 89, 91, 99, 100, 102, 108, 130, 132, 147, 164, 165, 181, 194, 221, 230, 231, 252, 261, 262, 286, 288, 298, 314, 343, 381, 406, 440, 442, 480, 482, 502, 505, 531
Okudschawa, Bulat 398
Olson, Charles 155
Ölzant, Franz Xaver 536
Orendt, Stefan 399
Orlovsky, Peter 126
Ortmann, Friedhelm 214
Oslon, Charles 186
Ott, Elfriede 447
Oxley, Tom 414

P

Paál, István 513
Pabst, Georg Wilhelm 35
Pace, Eric 532
Paeschke, Hans 321
Pakosta, Florentina 508, 509

Panizza, Oskar 164
Pankow, Klaus 401, 403, 436, 526
Papenfuß-Gorek, Bert 398, 399
Paris, Helga 398, 399
Parker, Charlie 155, 411
Parschalk, Volkmar 378
Paryla, Stephan 492
Pastior, Oskar 184, 217, 238, 251, 259, 273, 349, 350, 421, 440, 473
Pataki, Heidi 185, 218, 249, 281, 285, 303
Pecavar, Friederike 90
Peer, Andri 383
Peichl, Gustav 470
Peschina, Helmut 511
Peteani, Maria von 43
Peters, Sabine 500
Petersen, Jes 164
Petöfi, Sandor 305
Petrik, Rudolf 507
Petschauer, Friederike 90
Pettegrove, James P. 60
Peymann, Claus 167, 230, 326
Pfeiffer, Herbert 499
Pfoser-Schewig, Kristina 6, 393, 424, 451, 460, 481, 485, 514, 521
Picek, Josef 416
Pichler, Chris 536
Pietraß, Richard 397–399
Piwitt, Klaus 190
Poigenfürst, Johannes 423, 445, 482, 494, 515
Polakovics, Friedrich 71, 73, 86, 88, 103, 105, 111, 113, 114, 517
Polgar, Alfred 465
Ponge, Francis 297
Popa, Vasko 240
Popp, Franz-Leo 404, 460, 530
Popper, Karl 355
Pörtner, Paul 203, 215
Post, Ronald J. 467
Pound, Ezra 467, 527
Powell, Bud 155

Prantl, Egon A. 499
Prawer, Siegbert S. 227
Preininger, John 412, 414, 424, 480, 492
Preiser, Otto 154
Pretzell, Rainer 258
Prévert, Jacques 187, 230, 329
Priessnitz, Reinhard 128, 145, 185, 194, 198, 218, 222, 224, 231, 280, 281, 285, 303, 319, 339, 352, 376, 405, 421
Prihoda, Kurt 416
Prinzhorn, Hans 232
Prokofjew, Sergei 486
Prokop, Hans J. 301
Puls, Erwin 68
Pursglove, Glyn 151, 168
Puschnig, Wolfgang 414, 417, 427, 473

Q

Quaas, Ingeborg 399
Quak, Josef 389
Qualtinger, Helmut 153, 441
Quendler, Harald 415, 435
Queneau, Raymond 500
Quosdorf, Bertram 456, 457

R

Raabe, Elisabeth 426, 428, 431, 436, 450, 452, 462, 464
Raabe, Paul 426
Raabe, Wilhelm 209
Rachinger, Johanna 527
Raddatz, Fritz J. 186
Raimund, Ferdinand 174
Rainer, Arnulf 220
Rainer, Roland 42, 378, 468, 470, 477, 511
Rakusa, Ilma 503
Rallehn, Siola 539

Ramm, Klaus 54, 213, 235, 248, 249, 251, 252, 258–260, 265, 272–274, 276, 296, 317, 333, 349, 351, 352, 371, 454, 476, 478
Ramm, Susi 248
Ranalter, Nina 499
Rappel, Anna 13, 19, 24, 25, 28
Rappel, Anton (Großvater) 9, 10, 14, 19–26, 32, 211
Rappel, Anton (Urgroßvater) 19
Rappel, Barbara 19
Rappel, Johann Georg 18
Rappel, Joseph 18
Ratyński, Michal 366
Raworth, Tom 268
Razumovsky, Andreas 11
Razumovsky, Gregor 11
Razumovsky, Marie 10, 12
Recalcati, Antonio 361–363
Redding, Otis 208
Reger, Max 301
Reichart, Elisabeth 481
Reichensperger, Richard 531
Reichert, Jasia 169
Reichert, Klaus 144, 154, 155, 162, 169, 172, 196, 212, 233, 382, 504
Reichert, Monika 212, 233
Reich-Ranicki, Marcel 43, 352, 372, 382–384, 386, 480, 514
Reifferscheid, Eduard 249, 392, 426
Reimann, Aribert 400
Reinhardt, Max 67
Reiss, Werner 220, 521, 524, 533
Reitani, Luigi 476, 528
Retti Reste, Mario 510
Retti Reste, Nina 509
Reumann, Jakob 10
Richter, Hans 164
Richter, Horst Eberhard 441
Riddell, Alan 168
Rieder, Sepp 53
Riemerschmid, Werner 110

Riha, Karl 133, 142, 166, 169, 189, 252, 352, 391, 453, 476, 482, 505, 532
Rilke, Rainer Maria 78, 275, 297, 304, 335, 527, 533, 539
Rinck, Monika 537
Ringel, Erwin 441
Rinser, Luise 238, 313, 396
Ritsos, Jannis 400
Rittenberg, Joseph Gallus 496
Roček, Roman 94, 115
Rogy, Viktor 528
Rohracher, Hubert 298
Ronte, Dieter 390
Roppolt, Lydia 419, 523
Rosei, Peter 303, 353, 539
Ross, Werner 522
Roth, Dieter 184
Roth, Gerhard 277, 303, 440
Rothenberg, Jerome 334
Rothschild, Thomas 392
Rousseau, Jean-Jacques 293
Roussel, Danièle 511
Roussel, Raymond 249
Rowan, John 163
Rózewicz, Tadeusz 185, 270, 511
Rübke, Julius 419
Rudisch, Ferdinand 41
Ruedi, Peter 416, 433
Rüegg, Mathias 296, 372, 411, 414–416, 419, 427, 435, 448, 466, 468, 484
Rühm, Gerhard 3, 74, 75, 79, 90, 99, 100, 102, 103, 108, 115, 120–122, 126, 132–134, 137, 140, 141, 145, 158, 164, 165, 167–169, 175, 181, 184, 185, 190, 197, 202, 212, 215, 218, 219, 221, 231, 238, 244, 251, 253, 262, 266, 273, 277, 280, 281, 285, 286, 289, 290, 292, 296, 314, 315, 333, 339, 349, 350, 352, 353, 381, 387, 404, 406, 418, 421, 440, 467, 470, 478, 493, 494
Rühmkorf, Peter 227, 241, 396, 400
Ruhrberg, Karl 302, 318
Ruiss, Gerhard 400, 406, 530
Rütting, Barbara 187

S

Salzer, Martin 428
Salziger, Helmut 197
Samsonow, Elisabeth von 509, 526
Sandburg, Carl 57, 67, 89, 103, 143, 187, 230
Sanguinetti, Edoardo 186, 259
Saroyan, Aram 266
Saroyan, William 141
Sartre, Jean-Paul 381
Satie, Erik 170, 380
Sauter, Lilly von 90, 93, 97, 148
Schabata, Woody 415, 416
Schädlich, Hans Joachim 444
Schäfer, Wolfram 250
Schafroth, Heinz F. 270, 337, 369, 389, 391, 422, 427, 428, 435, 461, 475, 482, 483, 495, 503, 504
Scharang, Michael 140, 197, 198, 227, 228, 231, 273, 277, 280, 281, 285, 291, 295, 303, 333, 380, 394, 395, 423, 437, 439, 440, 453, 462, 478, 479, 481
Schättle, Otto 183
Schaub, Urs 326
Schäuffelen, Konrad Balder 145, 147, 196, 217, 246, 260, 349
Schedl, Alfred 458
Scheel, Walter 384
Scherer, Uli 416, 417, 427, 435, 476
Scherstjanoi, Valeri 400, 539
Scheucher, Harald 528
Scheuffelen, Thomas 260, 295, 296, 312, 319, 335, 367, 373

Schiller, Edeltraud 124
Schiller, Gertrude 27, 45, 125
Schilling, Martin 196, 273, 361, 374
Schily, Otto 438
Schindel, Robert 441, 531
Schlasa, Reinhard 380, 463
Schlösser, Hermann 436
Schlüter, Marguerite 138
Schmatz, Ferdinand 185, 353, 474,
   493, 504, 531, 537, 539
Schmeller, Alfred 129, 302, 314
Schmidt, Adalbert 270
Schmidt, Arno 189, 231
Schmidt, Helmut 262
Schmidt, Siegfried J. 245, 349, 350,
   421, 436, 476
Schmidt-Dengler, Wendelin 6, 292,
   299, 354, 374, 378, 391, 435,
   436, 452, 460, 473, 476, 478,
   481, 482, 487
Schmied, Wieland 88, 97, 140, 274,
   318, 513
Schmitthenner, Hansjörg 202–205,
   212, 391
Schmitz, Alexander 319
Schnauber, Cornelius 269
Schnebel, Dieter 196, 333
Schnedel, Aloisius 262
Schneider, Rolf 305, 386, 396, 397
Schnell, Raoul Wolfgang 209, 211
Schnitzler, Arthur 66, 465
Schnurre, Wolfdietrich 382
Schödel, Gerhard 361
Scholl, Sabine 531
Schollum, Robert 170
Scholten, Rudolf 485, 511
Scholz, Hans 282, 318
Scholz, Kurt 471
Scholz, Martin 510
Schönberg, Arnold 413, 496
Schönborn, Christoph 524
Schöning, Klaus 200, 205, 207, 211,
   214, 326, 361, 391, 497

Schönwiese, Ernst 115, 116, 205, 279,
   280, 284, 326
Schoof, Manfred 413
Schreck, Joachim 395, 401, 403
Schreib, Werner 145
Schreiber, Andreas 414, 419, 478–480,
   492, 495
Schreiber, Edith 8, 462, 495, 509, 528,
   529, 534
Schubert, Frank 456, 457
Schuh, Franz 279, 282, 283, 292, 339,
   436, 481
Schuldt, Herbert 421
Schulmeister, Therese 511
Schultze, Hans-Jürgen 435
Schulz-Behrend, Georg 266
Schupp, Ferdinand 38
Schürrer, Hermann 224, 292
Schurz, Carl 266
Schuschnigg, Kurt 40
Schüssel, Wolfgang 230, 314
Schütte, Wolfram 282
Schwab, Werner 474, 536
Schwanberg, Gero 510
Schwarz, Libgart 361
Schwarz, Ulrich 457
Schwarzenegger, Arnold 469
Schweiger, Hannes 160, 538
Schweiger, Peter 363
Schweizer, Martin 377
Schwendter, Rolf 220, 467
Schwertsik, Christa 418
Schwertsik, Kurt 418
Schwitters, Kurt 148, 165, 166, 172,
   173, 175, 178, 189, 194, 266,
   334, 387, 388, 400, 415, 498
Schwitzke, Heinz 200, 202
Sedlmayr, Hans 112
Seer, Alexander 326
Seferis, Giorgos 111
Segebrecht, Dieter 175
Seghers, Anna 140, 249, 273, 394
Seide, Adam 196

Seidlhofer, Waltraud 185, 289
Selge, Edgar 364
Selm, Jutta van 269
Setz, Clemens J. 539
Shakespeare, William 325
Sharkey, John J. 163, 169
Shepp, Archie 411
Show, Artie 155
Siblewski, Klaus 5, 6, 23, 99, 230, 296,
    373, 375, 380, 391, 393, 394,
    424, 425, 434, 435, 450, 461,
    464, 468, 477, 478, 485, 488,
    496, 515, 524, 526, 534, 537
Sickinger, Richard 156, 268
Sieberer, Anton 41, 43, 61, 492
Siegel, Volker 498
Silvaire, André 163
Silver, Horace 155
Simon, Dietrich 394, 401
Sinowatz, Fred 268, 278, 282, 283,
    290, 355, 365, 382, 404–406,
    438
Skalnik, Kurt 50, 223
Skrička, Ernst 443, 493, 508
Slansky, Rudolf 149
Slany, Jörg 529
Sloterdijk, Peter 509
Slowaczek, Edeltraud 27, 51, 53, 535,
    536
Slowaczek, Franz 124
Slowaczek, Franz jun. 124, 536
Smekal, Giselher 198
Smith, Bessie 368
Solschenizyn, Alexander 249
Solt, Mary Ellen 152, 156, 184, 266,
    267
Sommer, Gerhard 303
Sommer, Harald 277
Sommer, Maria 366
Sorescu, Marin 259
Soyinka, Wole 473
Speiser, Paul 10
Sperber, Manès 167, 406

Sperr, Martin 235
Spiel, Hilde 11, 60, 231, 276, 278,
    279, 404, 406
Spiel, Jean 222
Spohn, Jürgen 392
Springer, Michael 219, 259, 281, 395
Springinklee, Martin 428
Staudacher, Hans 169
Staudinger, Franz 68
Steadman, Philip 151, 156
Steele, Jeffrey 152
Steiger, Dominik 222
Stein, Gertrude 57, 67, 137, 145, 178,
    194, 234, 250, 267, 269, 299,
    300, 329, 349, 388, 449
Stein, Peter 361, 480
Stein, Werner 237
Steiner, Herbert 440
Steiner, Jörg 442
Stellamor, Viktor 340, 450, 451, 466,
    468, 483, 529
Sterk, Harald 179
Stifter, Adalbert 270
Stock, Ulrich 481
Stoica, Petre 162
Stöllberger, Claudia 529
Stolterfoht, Ulf 504
Stomps, Victor Otto 111, 255, 258
Stonborough, Margarethe 44
Storm, Theodor 42
Stoyanov, Samouil 326
Stramm, August 42, 49, 51, 102, 137,
    178, 194
Strand, Raul Henrik 88
Strauss, Richard 11
Strelka, Joseph Peter 115
Strindberg, August 46
Strittmatter, Erwin 396
Strobl, Eleonore 15
Strobl, Franz 15
Strotzka, Hans 344
Suchy, Viktor 357, 405
Sutter, Sonja 365

Šváb, Ludvik 147, 210, 466, 509
Svensson S.J., P. Jón 30
Sýkora, Zdeněk 147
Szeemann, Harald 293
Szondi, Peter 238

T

Tabori, George 416, 513
Tauschinski, Oskar Jan 63
Taylor, Cecil 411
Teuffenbach, Ingeborg 198, 223
Teuschl, Wolfgang 448
Thelemann, Andrea 456
Theresia vom Kinde Jesu 37
Theweleit, Klaus 248
Thimig, Helene 67
Thomas, Dylan 111, 304
Tiel, Katja 145
Tilscher, Hans 435
Tolar, Günter 68
Toman, Walter 71
Torberg, Friedrich 11, 231, 236, 279, 287
Toth, Tihamer 35
Trahms, Gisela 506
Trakl, Georg 3, 42, 78, 301, 527, 539
Tramin, Peter von 286
Treiber, Alfred 230, 253
Treusch, Hermann 183
Treusch-Dieter, Gerburg 183
Trier, Walter 307
Trocchi, Alexander 161
Trojan, Felix 60
Tropper, Ulrike 507
Trotta, Margarethe von 400
Trotter, Tariq 417
Tumler, Franz 237, 314, 406
Tunner, Erika 431, 435, 436
Turrini, Peter 279, 280, 289, 291, 437, 462

U

Ujvary, Liesl 421, 440, 493
Ulrichs, Timm 172, 254, 349, 351, 352, 421, 492
Ungaretti, Giuseppe 111, 527
Unger, Wolfgang 478
Unseld, Siegfried 140, 144, 145, 162, 250, 262, 384, 388, 497
Urbach, Reinhard 306, 357
Urbach, Tilman 481
Urban, Peter 251
Urweider, Raphael 504
Urzidil, Johannes 178

V

Valoch, Jiří 147
Vegesack, Thomas 333
Vinkenoog, Simon 161
Vitali, Regina 426, 428, 431, 436, 462, 464
Vogel, Alois 357
Vogel, Jochen 384
Vogel, Juliane 476
Voges, Kay 243, 540
Vogt, Werner 423
Vordtriede, Werner 250
Vree, Paul de 152
Vyoral, Johannes A. 400, 406

W

Waber, Linde 443, 507, 508
Wachmann, Karin 53, 124
Wachmann, Reinhard 125
Wachsmann, Michael 364
Wagenbach, Klaus 154, 190, 238, 262, 296, 353, 371, 435, 438, 439, 466
Waggerl, Karl Heinz 39
Wagner, Karl 482
Wagner, Richard 46
Waldert, Gabriele 123

Waldheim, Kurt 416, 438, 469
Waldman, Anne 467
Waldrop, Rosmarie 268
Waller, Fats 411
Wallmann, Jürgen P. 256, 369
Walser, Martin 382, 389, 400, 464
Walter, Otto F. 54, 169, 173, 176, 191,
    195, 249, 258, 260, 272, 273,
    294, 297, 319, 367, 435
Walther, Elisabeth 139
Wameling, Gert 361
Waterhouse, Peter 528, 537, 539
Weaver, Mike 151, 155, 156, 202, 314
Webern, Anton 496
Wedekind, Frank 394
Weibel, Peter 103, 122, 129, 167, 181,
    182, 220, 222, 226, 247, 275,
    280, 285, 287, 291, 292, 306,
    314, 315, 347, 354, 421, 510
Weidenfeld, George 441
Weiermair, Peter 133, 169, 185, 196,
    285, 314, 315
Weigel, Hans 58, 70, 78, 82, 91, 131,
    326, 328, 405, 406, 446, 448,
    449
Weikert, Alfred 129
Weiler, Max 470
Weinheber, Josef 39
Weininger, Otto 46
Weinzierl, Ulrich 453, 465
Weiss, Peter 382
Weiss, Walter 279, 330, 332, 439
Weissenborn, Hanns 71, 73, 125
Weitbrecht, Andreas 122, 135, 145
Wekwerth, Manfred 401
Welzig, Werner 299, 326, 487
Werfel, Franz 42
Wessely, Rudolf 365
West, Arthur 400
Wetzels, Walter 266
Weyrauch, Wolfgang 130, 189, 200,
    204
Whitehead, Peter 160

Whitman, Walt 467
Widl, Susanne 446
Widmer, Urs 174, 212, 302, 318
Wiegand, Wilfried 282
Wiener, Ingrid 212, 239
Wiener, Oswald 79, 115, 121, 122,
    145, 168, 181, 183, 184, 196,
    212, 218, 219, 222–224, 226,
    231, 238, 239, 241, 252, 253,
    262, 277, 280, 282, 284, 289,
    290, 292, 305, 306, 349, 350,
    352, 381, 410, 421
Wiens, Wolfgang 212
Wiesner, Helmut 326, 458, 494
Wilde, Oskar 119
Wilder, Thornton 250
Wildgans, Anton 39, 378
Willett, John 169, 297
Williams, Emmett 184
Williams, Martin 411
Williams, William Carlos 467, 527
Willson, A. Leslie 266
Wilson, Nancy 155
Wimmer, Herbert J. 493
Winkler, Günter 277
Winter, Hans von 96
Wisnewski, Peter 371
Wittgenstein, Ludwig 44, 182, 270
Wohmann, Gabriele 273, 314
Wolf, Christa 194, 382, 394, 396, 400,
    439, 462
Wolf, Gerhard 399, 400, 466
Wolf, Ror 189, 227, 421
Wolfgruber, Gernot 400
Wondratschek, Wolf 196, 393, 514
Wordsworth, William 159
Woroszylski, Wiktor 111
Wosnessenski, Andrei 159, 161, 162,
    186
Wühr, Paul 318, 421, 537
Wulff, Michael 270
Wünsch, Ernst 323, 325
Wurm, Franz 130

Würthle, Michel 212, 239
Wyss, Tobias 363

Y

Yeats, William Butler 250
Young, Lester 411

Z

Zand, Herbert 93, 231
Zankl, Horst 171, 244, 364
Zawinul, Joe 409
Zeemann, Dorothea 115, 277, 353, 467

Zenker, Helmut 303
Ziegler, Rosemarie 251
Zigaina, Giuseppe 509
Zilk, Helmut 221, 380, 382, 406, 424, 434, 468, 471, 501, 503
Zimmer, Dieter E. 298
Zimmermann, Hans Dieter 238, 308
Zobel, Konrad 253
Zobl, Wilhelm 229, 418
Zuckmayer, Carl 379
Zukofsky, Louis 467
Zweig, Stefan 354, 465
Zwerenz, Gerhard 190
Zwerina, Heinz 428
Zykan, Otto M. 353, 354